TRATADO
DE
DIREITO
PENAL

Cezar Roberto Bitencourt

TRATADO DE DIREITO PENAL

Volume 3

PARTE ESPECIAL

(Arts. 155 a 212)

Crimes contra o patrimônio até crimes contra o sentimento religioso e contra o respeito aos mortos

21ª edição
revista e atualizada
2025

■ O autor deste livro e a editora empenharam seus melhores esforços para assegurar que as informações e os procedimentos apresentados no texto estejam em acordo com os padrões aceitos à época da publicação, *e todos os dados foram atualizados pelo autor até a data da entrega dos originais à editora*. Entretanto, tendo em conta a evolução das ciências, as atualizações legislativas, as mudanças regulamentares governamentais e o constante fluxo de novas informações sobre os temas que constam do livro, recomendamos enfaticamente que os leitores consultem sempre outras fontes fidedignas, de modo a se certificarem de que as informações contidas no texto estão corretas e de que não houve alterações nas recomendações ou na legislação regulamentadora.

■ Data do fechamento do livro: 14/10/2024

■ O autor e a editora se empenharam para citar adequadamente e dar o devido crédito a todos os detentores de direitos autorais de qualquer material utilizado neste livro, dispondo-se a possíveis acertos posteriores caso, inadvertida e involuntariamente, a identificação de algum deles tenha sido omitida.

■ Direitos exclusivos para a língua portuguesa
Copyright ©2025 by
Saraiva Jur, um selo da SRV Editora Ltda.
Uma editora integrante do GEN | Grupo Editorial Nacional
Travessa do Ouvidor, 11
Rio de Janeiro – RJ – 20040-040

■ **Atendimento ao cliente: https://www.editoradodireito.com.br/contato**

■ Reservados todos os direitos. É proibida a duplicação ou reprodução deste volume, no todo ou em parte, em quaisquer formas ou por quaisquer meios (eletrônico, mecânico, gravação, fotocópia, distribuição pela Internet ou outros), sem permissão, por escrito, da **SRV Editora Ltda.**

■ Capa: IDÉE arte e comunicação
Diagramação: SBNigri Artes e Textos Ltda.

■ **OBRA COMPLETA 978-85-5360-767-9**
DADOS INTERNACIONAIS DE CATALOGAÇÃO NA PUBLICAÇÃO (CIP)
VAGNER RODOLFO DA SILVA - CRB-8/9410

B624t Bitencourt, Cezar Roberto
Tratado de direito penal – volume 3 – parte especial / Cezar Roberto Bitencourt. – 21. ed. – São Paulo: Saraiva Jur, 2025.

560 p.
ISBN: 978-85-5362-758-5 (impresso)

1. Direito. 2. Direito penal. I. Título.

2024-3243 CDD 345
CDU 343

Índices para catálogo sistemático:
1. Direito penal 345
2. Direito penal 343

PUBLICAÇÕES DO AUTOR

Tratado de direito penal — parte geral, 31. ed., São Paulo, Saraiva, 2025, v. 1.

Tratado de direito penal — parte especial, 25. ed., São Paulo, Saraiva, 2025, v. 2.

Tratado de direito penal — parte especial, 21. ed., São Paulo, Saraiva, 2025, v. 3.

Tratado de direito penal — parte especial, 19. ed., São Paulo, Saraiva, 2025, v. 4.

Tratado de direito penal — parte especial, 19. ed., São Paulo, Saraiva, 2025, v. 5.

Tratado de direito penal — parte especial, 3. ed., São Paulo, Saraiva, 2025, v. 6.

Direito penal das licitações, 2. ed., São Paulo, Saraiva, 2021.

Reforma penal da lei anticrime, São Paulo, Saraiva, 2021.

Falência da pena de prisão — causas e alternativas, 6. ed., São Paulo, Saraiva, 2025 (no prelo).

Tratado de direito penal econômico, São Paulo, Saraiva, 2016, v. 1.

Tratado de direito penal econômico, São Paulo, Saraiva, 2016, v. 2.

Código Penal comentado, 10. ed., São Paulo, Saraiva, 2019.

Comentários à Lei de Organização Criminosa: Lei n. 12.850/2013 (em coautoria com Paulo César Busato), São Paulo, Saraiva, 2014.

Crimes contra o sistema financeiro nacional e contra o mercado de capitais, 4. ed., São Paulo, Saraiva, 2023.

Crimes contra a ordem tributária (em coautoria com Luciana de Oliveira Monteiro), São Paulo, 2 ed. Saraiva, 2023.

Erro de tipo e erro de proibição, 6. ed., São Paulo, Saraiva, 2013.

Penas alternativas, 4. ed., São Paulo, Saraiva, 2013.

Crimes falimentares. São Paulo, Saraiva, 2024.

Crimes contra as finanças públicas e crimes de responsabilidade de prefeitos, 2. ed., São Paulo, Saraiva, 2010.

Reforma penal material de 2009 — crimes sexuais, sequestro relâmpago, Rio de Janeiro, Lumen Juris, 2010.

Direito Penal no terceiro milênio — estudos em homenagem ao Prof. Francisco Muñoz Conde (Organizador), Rio de Janeiro, Lumen Juris, 2008.

Teoria geral do delito — uma visão panorâmica da dogmática penal brasileira, Coimbra, Almedina, 2007.

Juizados Especiais Criminais Federais — análise comparativa das Leis 9.099/95 e 10.259/2001, 2. ed., São Paulo, Saraiva, 2005.

Direito penal econômico aplicado (em coautoria com Andrei Z. Schmidt), Rio de Janeiro, Lumen Juris, 2004.

Teoria geral do delito (bilíngue) (em coautoria com Francisco Muñoz Conde), 2. ed., São Paulo, Saraiva, 2004.

Código Penal anotado (em coautoria com Luiz R. Prado), São Paulo, Revista dos Tribunais.

Elementos de direito penal — parte especial (em coautoria com Luiz R. Prado), São Paulo, Revista dos Tribunais.*

Elementos de direito penal — parte geral (em coautoria com Luiz R. Prado), São Paulo, Revista dos Tribunais.*

Juizados Especiais Criminais e alternativas à pena de prisão, Porto Alegre, Livraria do Advogado Ed.*

Lições de direito penal, Porto Alegre, Livraria do Advogado Ed.*

Teoria geral do delito, São Paulo, Revista dos Tribunais.*

---

* Títulos esgotados.

ABREVIATURAS

ADPCP — *Anuario de Derecho Penal y Ciencias Penales* (Espanha)
AICPC — *Anuario del Instituto de Ciencias Penales y Criminológicas* (Venezuela)
CF — Constituição Federal do Brasil
CLT — Consolidação das Leis do Trabalho
CP — Código Penal brasileiro
CPC — *Cuadernos de Política Criminal* (Espanha)
CPP — Código de Processo Penal brasileiro
CTB — Código de Trânsito Brasileiro, antigo Código Nacional de Trânsito (CNT)
CTN — Código Tributário Nacional
DP — *Doctrina Penal Argentina*
IBCCrim — Instituto Brasileiro de Ciências Criminais
ILANUD — *Instituto Latinoamericano para la Prevención del Delito y Tratamiento del Delincuente* (ONU, Costa Rica)
LCP — Lei das Contravenções Penais
LEP — Lei de Execução Penal
NPP — *Nuevo Pensamiento Penal* (Argentina)
PPU — *Promociones y Publicaciones Universitarias*
REEP — *Revista de la Escuela de Estudios Penitenciarios* (Espanha)
REP — *Revista de Estudios Penitenciarios* (Espanha)
RIDP — *Revue International de Droit Penal* (Paris)
RIPC — *Revista Internacional de Política Criminal* (ONU)

ÍNDICE

CAPÍTULO II | FURTO DE COISA COMUM

CAPÍTULO III | ROUBO

CAPÍTULO IV | EXTORSÃO

CAPÍTULO V | EXTORSÃO MEDIANTE SEQUESTRO

CAPÍTULO VI | EXTORSÃO INDIRETA

CAPÍTULO XV | DA APROPRIAÇÃO INDÉBITA

CAPÍTULO XVI | APROPRIAÇÃO INDÉBITA PREVIDENCIÁRIA

CAPÍTULO XIX | DUPLICATA SIMULADA

CAPÍTULO XXVIII | RECEPTAÇÃO DE SEMOVENTE DOMESTICÁVEL DE PRODUÇÃO

CAPÍTULO XXIX | DISPOSIÇÕES GERAIS DOS CRIMES CONTRA O PATRIMÔNIO

CAPÍTULO XXX | VIOLAÇÃO DE DIREITO AUTORAL

CAPÍTULO XXXI | USURPAÇÃO DE NOME OU PSEUDÔNIMO ALHEIO

CAPÍTULO XXXII | AÇÃO PENAL NOS CRIMES CONTRA A PROPRIEDADE INTELECTUAL

CAPÍTULO XXXIII | ATENTADO CONTRA A LIBERDADE DE TRABALHO

CAPÍTULO XL | FRUSTRAÇÃO DE LEI SOBRE A NACIONALIZAÇÃO DO TRABALHO

CAPÍTULO XLI | EXERCÍCIO DE ATIVIDADE COM INFRAÇÃO DE DECISÃO ADMINISTRATIVA

CAPÍTULO XLII | ALICIAMENTO PARA O FIM DE EMIGRAÇÃO

CAPÍTULO XLIII | ALICIAMENTO DE TRABALHADORES DE UM LOCAL PARA OUTRO DO TERRITÓRIO NACIONAL

NOTA DO AUTOR À 16ª EDIÇÃO

Agradecemos a compreensão e agilidade da prestigiosa Editora Saraiva que, prontamente, suspendeu a impressão em curso para 2020 de nosso *Tratado de Direito Penal*, e nos concedeu o período natalino para que pudéssemos atualizar os cinco volumes, principalmente os três primeiros, que sofreram alterações significativas das Leis n. 13.964 e 13.968, ambas publicadas nos dias 24 e 26 de dezembro, respectivamente.

No primeiro volume trabalhamos o insignificante acréscimo relativo à legítima defesa de terceiros, que já existia no *caput* do art. 25; a definição do juiz de execução para executar a pena de multa considerada dívida de valor, como defendemos há décadas; o pequeno acréscimo nas condições do livramento condicional e o inconstitucional acréscimo do art. 91-A, que cria, sub-repticiamente, a inconstitucional "pena de confisco" travestida de "efeito da condenação". Examinamos, ainda, com mais profundidade as novas *causas suspensivas da prescrição* acrescidas no art. 116, que abordamos no capítulo da prescrição. No entanto, aprofundamos o exame das alterações acrescidas no art. 112 da LEP, sobre as quais sustentamos sua inconstitucionalidade porque, na nossa concepção, suprimem a possibilidade de "progressão nos crimes hediondos". Tecemos fundadas considerações sobre essa inconstitucionalidade, no capítulo da pena de prisão, que, certamente, acabará sendo declarada pelo STF, como já ocorreu relativamente à Lei n. 8.072 (que criou os crimes hediondos), no julgamento do HC 82.959.

No segundo volume, os acréscimos sugeridos pelo Projeto de Lei n. 13.964 nos arts. 121 e 141 foram vetados. No entanto, a Lei n. 13.968 alterou, profundamente, o art. 122 acrescentando ao estímulo ao suicídio a *automutilação*, redefinindo, inclusive, o crime anterior, com o acréscimo de vários parágrafos e incisos. Esse capítulo do volume segundo tivemos que reescrever por completo, com sérias críticas à elaboração do novo texto legal, principalmente por não ter sido criado um tipo penal autônomo dedicado exclusivamente à automutilação, que é, por certo, uma conduta extremamente grave e necessita de uma disciplina adequada para combater e reprimir um *modismo* que está se espalhando perigosamente entre a juventude, não apenas no Brasil, mas também no exterior.

No terceiro volume, com pequenas alterações, além da mudança da natureza da ação penal no crime de estelionato, houve, basicamente, o acréscimo de uma *causa especial de aumento* no crime de roubo, qual seja o *emprego de arma de uso restrito ou proibido*. No quarto volume, por sua vez, não houve alterações legais, mas fizemos as correções e ajustes de entendimentos, e, finalmente, no quinto volume, houve somente uma correção na pena do crime de concussão (art. 316), elevando a pena máxima para 12 anos, com o objetivo de adequá-la às penas aplicadas ao peculato e aos crimes de corrupção (ativa e passiva), considerados de mesma gravidade.

Assim, desejando um feliz Ano Novo a todos, encerramos nossas atualizações na noite de sábado, dia 4 de janeiro de 2020. Em breve os volumes atualizados do nosso *Tratado* estarão disponíveis nas principais livrarias e *e-commerces*.

Que Deus abençoe a todos nós!

Rio de Janeiro, 4 de janeiro de 2020.

O Autor

NOTA DO AUTOR À 1ª EDIÇÃO

É com imenso prazer que trazemos a público a primeira edição do terceiro volume de nosso trabalho que, como já mencionado nos volumes anteriores, passou a denominar-se *Tratado de Direito Penal* em razão de certa profundidade que achamos necessária para podermos imprimir-lhe alguma renovação conceitual, particularmente em relação à Parte Especial do Código Penal.

Mantendo nossa linha de trabalho, procuramos revigorar conceitos que o pensamento jurídico atual aprimorou, na tentativa de adequar o tratamento dos crimes em espécie à reforma penal de 1984 (Lei n. 7.209/84), que alterou toda a Parte Geral do Código de 1940. Na verdade, a exemplo do que ocorreu no segundo volume, esforçamo-nos por fazer uma releitura dos velhos tipos penais de acordo com a atual dogmática e, particularmente, segundo os princípios que inspiraram a referida reforma. Sustentamos, como em todos os nossos trabalhos, uma postura crítica, procurando contribuir para a evolução da dogmática penal brasileira.

Este volume abrange os Títulos II (Dos crimes contra o patrimônio) a V (Dos crimes contra o sentimento religioso e contra o respeito aos mortos) da Parte Especial do Código Penal. Procuramos manter o nível de abordagem, especialmente em relação aos crimes contra o patrimônio. Nosso interesse é oferecer conteúdo mais denso aos operadores do direito, uma vez que a bibliografia nacional ressente-se de obras com um pouco mais de fôlego, particularmente em relação à Parte Especial.

No tocante ao tratamento dos demais crimes (Títulos III, IV e V), realizamos uma análise objetiva, oferecendo o estritamente necessário para os estudantes dos cursos de graduação. A pequena importância dessas infrações penais e a pouca frequência com que ocorrem no quotidiano conduziram-nos à adoção dessa postura.

As críticas, como sempre, além de bem-vindas, serão recebidas como estímulo.

Porto Alegre, inverno de 2003.

FURTO I

Sumário: 1. Considerações preliminares. 2. Bem jurídico tutelado. 2.1. A natureza do dano inserto em outras figuras típicas. 2.2 Não podem ser objeto de furto. 3. Sujeitos ativo e passivo. 4. Tipo objetivo: adequação típica. 4.1. Elemento normativo: coisa “alheia”. 4.2. Proprietário que subtrai coisa da qual não tem a posse: atipicidade. 4.3. Lesão patrimonial: bem economicamente apreciável. 4.4. Coisa perdida, abandonada e coisa comum. 5. Natureza e efeito do consentimento da vítima no crime de furto. 6. Tipo subjetivo: adequação típica. 7. Consumação e tentativa. 7.1. Consumação. 7.2. Tentativa. 8. Classificação doutrinária. 9. Furto durante o repouso noturno. 10. Furto de pequeno valor. 10.1. Aplicabilidade da privilegiadora no furto qualificado. 10.2. Pequeno valor e pequeno prejuízo: distinção. 11. Furto qualificado: tipo derivado. 11.1. Com destruição ou rompimento de obstáculo (I). 11.2. Com abuso de confiança, ou mediante fraude, escalada ou destreza (II). 11.3. Com emprego de chave falsa (III). 11.4. Mediante concurso de duas ou mais pessoas (IV). 11.5. Subtração de semovente domesticável de produção. 11.5.1. Considerações preliminares. 11.5.2. Objeto material desta qualificadora. 11.5.3. Subtração de semovente domesticável de produção. 11.5.4. A sanção cominada — qualificadoras simultâneas. 11.6 Alterações na tipificação dos crimes de furto e de roubo introduzidas pela Lei n. 13.654/2018. 11.6.1. Duas novas qualificadoras: meio de execução e objeto da subtração. 11.6.2. Emprego de explosivo ou artefato análogo. 11.6.2.1 Elementar típico-normativa: meio que cause perigo comum. 11.6.2.2 Coexistência de duas qualificadoras no crime de furto. 11.6.3 Substâncias explosivas ou acessórios como objeto da subtração (§ 7º). 11.6.4 Furto qualificado (art. 155 do CP) *versus* crime de explosão (art. 251 do CP). 11.6.5 A tipificação do crime de roubo recebeu várias modificações da Lei n. 13.654/2018. 11.6.5.1 A revogação do inciso I do § 2º do art. 157. 11.6.5.2 Acréscimo trazido pelo inciso VI ao § 2º do art. 157 — subtração de substâncias explosivas ou de acessórios. 11.6.5.3 A inclusão do § 2º-A ao art. 157 do CP prevê duas causas especiais de aumento de pena. 11.6.5.4 Se a violência ou ameaça é exercida com emprego de arma de fogo. 11.6.5.5 Destruição ou rompimento de obstáculo mediante o emprego de explosivo ou de artefato análogo que cause perigo comum. 11.6.6 A Lei n. 13.654/2018 alterou a redação do § 3º do art. 157 do CP. 12. Furto mediante dispositivo eletrônico ou informático. 12.1. Furto mediante fraude cibernética. 12.2. Com utilização de programa malicioso. 12.3. Por qualquer outro meio fraudulento análogo. 12.4. Novas causas especiais de aumento (majorantes) de pena no furto cibernético. 13. *Concursus delinquentium* e concurso de duas ou mais pessoas. 13.1. Coautoria e participação em sentido estrito. 13.2. Causalidade física e psíquica: elemento objetivo-subjetivo. 13.3. Participação impunível: impede a configuração da qualificadora. 13.4. Autoria colateral: atipicidade da qualificadora do concurso de pessoas. 14. Autoria mediata: impossibilidade da qualificadora de concurso de pessoas. 15. Punibilidade do concurso de pessoas e da qualificadora similar. 16. Comunicabilidade ou incomunicabilidade da qualificadora.

17. Punibilidade desproporcional da qualificadora do concurso de pessoas. 18. Furto de veículo automotor: qualificadora especial. 18.1. Furto de uso: intenção de restituir. 19. Furto de energia: equiparação a coisa móvel. 19.1. Furto de energia e furto de sinal de TV paga. 20. Erro jurídico-penal no crime de furto: erro de tipo e de proibição. 21. Pena e ação penal.

TÍTULO II | DOS CRIMES CONTRA O PATRIMÔNIO

Capítulo I
DO FURTO

Furto

Art. 155. Subtrair, para si ou para outrem, coisa alheia móvel:

Pena — reclusão, de 1 (um) a 4 (quatro) anos, e multa.

§ 1º A pena aumenta-se de um terço, se o crime é praticado durante o repouso noturno.

§ 2º Se o criminoso é primário, e é de pequeno valor a coisa furtada, o juiz pode substituir a pena de reclusão pela de detenção, diminuí-la de um a dois terços, ou aplicar somente a pena de multa.

§ 3º Equipara-se à coisa móvel a energia elétrica ou qualquer outra que tenha valor econômico.

Furto qualificado

§ 4º A pena é de reclusão de 2 (dois) a 8 (oito) anos, e multa, se o crime é cometido:

I — com destruição ou rompimento de obstáculo à subtração da coisa;

II — com abuso de confiança, ou mediante fraude, escalada ou destreza;

III — com emprego de chave falsa;

IV — mediante concurso de duas ou mais pessoas.

§ 4º-A. A pena é de reclusão de 4 (quatro) a 10 (dez) anos e multa, se houver emprego de explosivo ou de artefato análogo que cause perigo comum.

• § 4º A acrescido pela Lei n. 13.654, de 23 de abril de 2018.

§ 4º-B. A pena é de reclusão, de 4 (quatro) a 8 (oito) anos, e multa, se o furto mediante fraude é cometido por meio de dispositivo eletrônico ou informático, conectado ou não à rede de computadores, com ou sem a violação de mecanismo de segurança ou a utilização de programa malicioso, ou por qualquer outro meio fraudulento análogo.

§ 4º-C. A pena prevista no § 4º-B deste artigo, considerada a relevância do resultado gravoso:

I — aumenta-se de 1/3 (um terço) a 2/3 (dois terços), se o crime é praticado mediante a utilização de servidor mantido fora do território nacional;

II — aumenta-se de 1/3 (um terço) ao dobro, se o crime é praticado contra idoso ou vulnerável.

• §§ 4º-B e 4º-C, incisos I e II, acrescentados pela Lei n. 14.155, de 27 de maio de 2021.

§ 5º A pena é de reclusão de 3 (três) a 8 (oito) anos, se a subtração for de veículo automotor que venha a ser transportado para outro Estado ou para o exterior.

• § 5º acrescentado pela Lei n. 9.426, de 24 de dezembro de 1996.

§ 6º A pena é de reclusão de 2 (dois) a 5 (cinco) anos se a subtração for de semovente domesticável de produção, ainda que abatido ou dividido em partes no local da subtração.

• § 6º acrescentado pela Lei n. 13.330, de 4 de agosto de 2016.

§ 7º A pena é de reclusão de 4 (quatro) a 10 (dez) anos e multa, se a subtração for de substâncias explosivas ou de acessórios que, conjunta ou isoladamente, possibilitem sua fabricação, montagem ou emprego.

• § 7º acrescido pela Lei n. 13.654, de 23 de abril de 2018.

---

1. Considerações preliminares

A *Lei das XII Tábuas* já punia o crime de *furto*, distinguindo-o em manifesto e não manifesto. Ocorria o *furtum manifestum* quando o agente era surpreendido em flagrante delito, praticando a ação ou no lugar em que essa fora praticada. As penas aplicadas eram as próprias da época, quais sejam, de *natureza corporal* para o furto manifesto e *pecuniárias*[1] para o furto não manifesto. A própria Lei das XII Tábuas previa que o ladrão podia ser morto se fosse surpreendido durante furto noturno.

Na expressão de Magalhães Noronha, "o furto é, em geral, crime do indivíduo de casta ínfima, do pária, destituído, em regra, de audácia e temibilidade para o roubo ou para a extorsão; de inteligência para o estelionato; e desprovido de meios para usurpação. Frequentemente é o crime do necessitado"[2].

Nosso Código Penal vigente, no Título dos Crimes contra o Patrimônio, dividiu-os em oito capítulos: I — *furto*; II — *roubo e extorsão*; III — *usurpação*; IV — *dano*; V — *apropriação indébita*; VI — *estelionato e outras fraudes*; VII — *receptação*; VIII — *disposições gerais*. Contudo, nem todos os crimes contra o patrimônio estão incluídos nesse capítulo da Parte Especial. Nas leis extravagantes e no próprio Código Penal encontraremos outros crimes que também ofendem o patrimônio público ou particular, tais como a usura (art. 4º da Lei n. 1.521/51) e os crimes falimentares (Lei n. 11.101/2005); nos crimes de peculato (art. 312 do CP), corrupção (arts. 317 e 333) e concussão (art. 316) há também a lesão patrimonial, embora o legislador tenha preferido incluí-los no Título relativo aos Crimes contra a Administração Pública.

Nos chamados crimes *pluriofensivos* (ofensa a mais de um bem jurídico), como o roubo e a extorsão, os códigos anteriores (Criminal do Império, de 1830, e o Republicano, de 1890) os classificavam, a nosso juízo com acerto, em Título autônomo, "Crimes contra a Pessoa e contra a Propriedade".

---

1. A pena pecuniária foi longamente aplicada na Antiguidade, conforme deixa claro a própria Bíblia Sagrada (Samuel, II, 12,6; Êxodo, XXI e XXII; Levítico XXIV).

2. Magalhães Noronha, *Direito Penal*; Parte Especial, 15. ed., São Paulo, Saraiva, 1979, v. 2, p. 221.

Por fim, a Lei 13.964, publicada no dia 24 de dezembro de 2.019, em seu art. 5º, altera, entre outros diplomas legais, além do Código Penal, o art. 1º da Lei 8.072, de 25 de julho de 1990, para incluir, entre os crimes hediondos, alguns crimes previstos neste código, ou apenas reforçando alguns, como é o caso do homicídio, do homicídio simples ou qualificado "I — homicídio (art. 121), quando praticado em atividade típica de grupo de extermínio, ainda que cometido por um só agente, e homicídio qualificado (art. 121, § 2º, incisos I, II, III, IV, V, VI, VII, VIII e IX — incluído pela Lei n. 14.344, de 24 de maio de 2022); II — o crime de roubo: a) circunstanciado pela restrição de liberdade da vítima (art. 157, § 2º, inciso V); b) circunstanciado pelo emprego de arma de fogo (art. 157, § 2º-A, inciso I) ou pelo emprego de arma de fogo de uso proibido ou restrito (art. 157, § 2º-B); c) qualificado pelo resultado lesão corporal grave ou morte (art. 157, § 3º); III — extorsão qualificada pela restrição da liberdade da vítima, ocorrência de lesão corporal ou morte (art. 158, § 3º); (...) IX — furto qualificado pelo emprego de explosivo ou de artefato análogo que cause perigo comum (art. 155, § 4º-A).

2. Bem jurídico tutelado

Bens jurídicos protegidos diretamente são a *posse* e a *propriedade* de coisa móvel, como regra geral, e admitimos também a própria detenção como objeto da tutela penal, na medida em que usá-la, portá-la ou simplesmente retê-la já representa um bem para o possuidor ou detentor da coisa[3]. A *posse*, como bem jurídico protegido pela criminalização da conduta de *furtar*, remonta ao direito romano, desde Justiniano, que prescrevia: *De obligationibus quae ex delicto nascuntur* (Furto é a tomada fraudulenta de uma coisa de seu uso ou de sua posse) (*Institutas de Justiniano* — Livro IV, Título I, § 1º). Carrara já destacava que, para os práticos, o crime de furto consistia tanto na violação do direito de propriedade quanto no de posse, constituindo, na última hipótese, furto impróprio, pois o proprietário já se encontrava privado da coisa subtraída[4].

Nesse aspecto, equivocava-se Nélson Hungria quando afirmava: "A posse, como mero *fato*, só por si, ou não correspondente ao direito de propriedade, embora protegida pelo direito civil, não entra na configuração do furto"[5]. Magalhães Noronha, pontificando a corrente majoritária, em sentido diametralmente oposto a Hungria, sustentava que o objeto jurídico imediato do crime de furto é a proteção da posse, e apenas secundariamente a propriedade é protegida[6]. Somente a posse legítima, contudo, recebe a proteção jurídico-penal: assim, ladrão que furta de ladrão

---

3. No mesmo sentido: Luiz Regis Prado, *Curso de Direito Penal brasileiro*; Parte Especial, v. 2, São Paulo, Revista dos Tribunais, 2000, v. 2, p. 367; Weber Martins Batista, *O furto e o roubo no direito e no processo penal*, 2. ed., Rio de Janeiro, Forense, 1997, p. 23.

4. Francesco Carrara, *Programa de Derecho Criminal*, Bogotá, Temis, 1973, § 2.279.

5. Nélson Hungria, *Comentários ao Código Penal*, 4. ed., Rio de Janeiro, Forense, 1980, v. 7, p. 17.

6. Magalhães Noronha, *Direito Penal*, cit., v. 2, p. 221. No mesmo sentido, Damásio de Jesus, *Direito Penal*, 22. ed., São Paulo, Saraiva, 1999, v. 2, p. 30; Heleno Cláudio Fragoso, *Lições de Direito Penal*; Parte Especial, 10. ed., Rio de Janeiro, Forense, 1995, v.1, p. 293.

responde pelo crime de furto[7]; apenas o sujeito passivo do segundo furto não será o ladrão, mas o verdadeiro dono ou possuidor legítimo de quem a coisa fora anteriormente subtraída.

A lei protege, igualmente, a *propriedade*, pois não se pode negar que o proprietário sofre dano patrimonial com a subtração ou o desaparecimento da coisa sobre a qual tinha a posse, direta ou indireta. Somos obrigados a admitir, contudo, que a proteção da *posse* vem em primeiro lugar, e só secundariamente se tutela a *propriedade*. Esta é o direito complexo de usar, gozar e dispor de seus bens — *jus utendi, fruendi et abutendi*; aquela, a posse, é, na expressão de Ihering, a relação de fato estabelecida entre o indivíduo e a coisa, pelo fim de sua utilização econômica. Enfim, posse é fato, protegida pelo direito como fato, enquanto fato. E é exatamente essa situação de fato que o diploma legal protege, imediatamente.

2.1 *A natureza do dano inserto em outras figuras típicas*

Afinal, qual é o bem jurídico protegido, regra geral, nos crimes contra o patrimônio? Ora, é simples, o patrimônio alheio. Em todos os crimes contra o patrimônio há, invariavelmente, lesão ou ofensa a esse bem jurídico, ou seja, *dano*! Os crimes contra o patrimônio são crimes materiais, isto é, que produzem resultado material, que é representado pelo *dano* ao patrimônio da vítima. Vamos simplificar: não há crime contra o patrimônio sem lesão ou ofensa a esse bem jurídico, isto é, sem dano patrimonial.

E como é que se identifica cada modalidade desses crimes? Pela *consunção*? Pela *subsidiariedade*? Não! Identifica-se a verdadeira infração praticada pela *tipicidade*, que decorre da especialidade, ou, sendo mais preciso, da especificidade da descrição de cada conduta incriminada.

E mais: a *destruição* ou o *rompimento de obstáculo* não causa automaticamente, por si só, um *dano relevante* com idoneidade para tipificar autonomamente o *crime de dano*. Trata-se de uma elementar qualificadora do próprio crime de furto! Com efeito, poderá não produzir prejuízo mensurável ao ofendido, e sem esse *prejuízo* não se pode falar em crime de dano. Na verdade, desde que o dano deixe de ser um fim em si mesmo, passando a ser meio ou modo para executar ou realizar outro crime, desconfigura-se como crime autônomo, passando a integrar uma figura complexa ou progressiva de outra infração penal. Há inúmeros exemplos em nosso CP, v. g., arts. 155, § 4º, I; 161; 202, 210 etc. O dano resultante nessas hipóteses não configura crime de dano autônomo, como uma figura independente, mas integra a figura típica descrita no *caput* que se examina, com a função que ali se lhe atribui.

2.2 *Não podem ser objeto de furto*

Objeto de furto somente pode ser coisa móvel. O *ser humano*, vivo, não pode ser objeto de furto, pela singela razão de que não se trata de *coisa*. Poderá responder

7. Damásio de Jesus, *Direito Penal*, cit., v. 2, p. 301.

por inúmeras outras infrações, não de natureza patrimonial, tais como sequestro, cárcere privado, subtração de incapazes, lesão corporal etc. A própria *subtração de cadáver*, em princípio, não pode ser objeto material de furto; constitui, na verdade, crime contra o respeito aos mortos (art. 211). No entanto, quando, eventualmente, o cadáver for propriedade de alguém, passando a ter valor econômico, pode ser objeto de furto, como, por exemplo, quando algo que pertence a uma instituição de ensino para estudos científicos é furtado.

Não podem ser objeto do crime de furto, por exemplo, aquelas coisas que não pertencem a ninguém, tais como *res nullius* (coisa que nunca teve dono), *res derelicta* (coisa que já pertenceu a alguém, mas foi abandonada pelo proprietário)[8] *e res commune omnium* (coisa de uso comum, que, embora de uso de todos, como o ar, a luz ou o calor do Sol, a água do mar e dos rios, não pode ser objeto de ocupação em sua totalidade ou *in natura*). Para efeitos penais, constitui *res derelicta* qualquer objeto abandonado pelo dono e, como tal, por ele declarado sem valor econômico, ainda que para terceiro possa ser valioso; apoderar-se de coisa de ninguém — *res nullius* — constitui, para o direito privado, forma de aquisição da propriedade de coisa móvel (ocupação), algo impossível de ocorrer quando a coisa tem dono. E assim o é porque a coisa subtraída, para constituir objeto de furto, deve pertencer a alguém, e em qualquer das hipóteses antes mencionadas, não pertence a ninguém.

Os direitos, reais ou pessoais, não podem ser objeto de furto. Contudo, os títulos ou documentos que os constituem ou representam podem ser furtados ou subtraídos de seus titulares ou detentores.

3. Sujeitos ativo e passivo

Sujeito ativo pode ser qualquer pessoa, menos o *proprietário*; este não pode ser sujeito ativo do crime de furto, mesmo em relação ao *possuidor*, pois faltará à coisa a elementar normativa "alheia", ou seja, ninguém pode furtar "coisa própria"; poderá, no máximo, praticar o crime do art. 346. Pelas mesmas razões, condômino, coerdeiro ou sócio também não podem ser sujeito ativo desse crime de furto.

Na mesma linha de raciocínio, o possuidor tampouco pode ser sujeito ativo do crime de furto, na medida em que, estando de posse da coisa, não pode subtraí-la de outrem. Ademais, se inverter a natureza da posse que detém, o crime que praticará não será este, mas o de apropriação indébita (art. 168).

Sujeitos passivos são o *proprietário*, o *possuidor* e, eventualmente, até mesmo o *detentor* da coisa alheia móvel, desde que tenha algum interesse legítimo sobre a coisa subtraída. Na verdade, para o possuidor, inegavelmente, a perda da posse também representa um dano patrimonial. Assim, tanto o proprietário quanto o possuidor são sujeitos passivos do crime de furto. Ter a coisa, a qualquer título, ou simplesmente poder usá-la constitui um bem para o possuidor ou mesmo o detentor[9].

---

8. Observar o disposto no art. 1.263 do Código Civil.
9. Weber Martins Batista, *O furto e o roubo no direito e no processo penal*, cit., p. 27.

Essa conclusão é coerente com a posição que assumimos, pois, se posse e detenção são equiparadas a um bem para o possuidor ou detentor, é natural que os titulares desse bem se sintam lesados quando forem vítimas de subtração.

A *posse* ou *detenção*, contudo, não pode ser confundida com a *disposição momentânea* da coisa. Por exemplo, alguém entrega a coisa a terceiro, que, de inopino, põe-se em fuga: essa entrega e posse correspondente não convertem a conduta em *apropriação indébita*. O crime cometido, na realidade, configura *furto*.

Para a configuração do crime de furto é irrelevante a identificação e individualização da vítima, pois a lei não protege o patrimônio de alguém em particular, mas de todos em geral; por isso, basta a certeza de que a *res furtiva* não pertence ao ladrão, isto é, trata-se de coisa alheia. Logo, o fato de não ser descoberto ou identificado o proprietário ou possuidor da coisa furtada, por si só, não afasta a tipicidade da subtração de coisa alheia.

4. Tipo objetivo: adequação típica

Subtrair coisa alheia móvel, para si ou para outrem. *Subtrair* significa tirar, retirar, surrupiar, tirar às escondidas. Subtrair não é a simples retirada da coisa do lugar em que se encontrava; é necessário, a *posteriori*, sujeitá-la ao poder de disposição do agente. A finalidade deste é dispor da coisa, com *animus* definitivo, para si ou para outrem. O ordenamento jurídico brasileiro continua não punindo criminalmente o furto de uso. A *coisa* objeto da subtração tem de ser *móvel*, sendo-lhe equiparada a energia elétrica. A coisa móvel tem de ser *alheia*. Coisa sem dono ou por esse abandonada não pode ser objeto de furto. Subtrair *coisa própria* constitui conduta atípica. A coisa móvel precisa ser economicamente apreciável.

A estrutura da descrição típica do crime de furto não se limita a dados puramente objetivos, encontrando-se enriquecida por elementos extraídos das searas da antijuridicidade e da antiga definição da culpabilidade, com grande carga normativa e subjetiva. Para a concretização dessa infração penal é insuficiente que o agente subtraia coisa móvel: é indispensável que o faça, *para si ou para outrem*, e que a *coisa* subtraída seja *alheia*. Esses dois elementos — o primeiro normativo e o segundo subjetivo —, exigindo, ambos, *juízos valorativos*, indispensáveis para que se encontrem seus verdadeiros significados, afastam a objetividade pura própria dos chamados *tipos normais*.

Enfim, a tipificação do crime de furto materializa-se com a subtração da coisa móvel, pertencente a outrem, orientada pela intenção do agente do assenhoreamento, próprio ou de terceiro.

Coisa, para fins penais, é tudo que possa constituir objeto da ação física de subtrair, isto é, *coisa corpórea* passível de ser deslocada, removida, apreendida ou transportada de um lugar para outro. A eventual intangibilidade da coisa não afasta sua idoneidade para ser objeto de subtração. Contudo, em princípio, a luz, o ar, o calor, a água, do mar ou dos rios, não podem ser apreendidos, consumidos ou utilizados em sua totalidade. Mas, como lembra Nélson Hungria, parcialmente, podem ser aproveitados ou consumidos como *força* ou *energia*, e, nesse caso, são passíveis de furto[10].

Coisa imóvel, com efeito, pode ser objeto de inúmeras infrações, mas nunca dos crimes de furto e roubo. As definições de coisa móvel e imóvel, no direito penal, não têm exatamente a mesma correspondência no direito civil ou mesmo no direito comercial. Apesar da prescrição, em sentido contrário, do Código Civil, para fins penais são consideradas *coisas móveis* apólices da dívida pública com cláusula de inalienabilidade (art. 79 do CC), materiais separados provisoriamente de um prédio (art. 81, II), navios (art. 1.473, VI) e aeronaves (art. 1.473, VII)[11]. Em verdade, todos esses objetos podem facilmente ser subtraídos e retirados do lugar onde se encontram sem que o dono ou possuidor o perceba; são, em outros termos, de acordo com sua natureza, *coisas móveis*, configurando, portanto, a elementar exigida pelo tipo penal. Por isso merecem a tutela penal, a despeito da natureza jurídica de *imóveis* que o Código Civil lhes atribui.

Coisa móvel, para o direito penal, é todo e qualquer objeto passível de deslocamento, de remoção, apreensão, apossamento ou transporte de um lugar para outro. Na definição de Hungria, "a noção desta, em direito penal, é escrupulosamente *realística*, não admitindo as equiparações fictícias do direito civil"[12]. Assim, os *imóveis*, somente se, por qualquer meio, forem mobilizados poderão ser objeto de furto. Os *acessórios do imóvel* — árvores, arbustos, casas, madeira, plantas — que forem mobilizados também podem ser objeto de furto.

Nessa mesma linha, a despeito de o Código Civil considerar *coisa móvel* os *direitos reais* (art. 83), eles não podem ser objeto do crime de furto, por não serem coisas suscetíveis de *serem apreendidas, subtraídas, removidas ou transportadas pelo sujeito ativo*.

4.1 *Elemento normativo: coisa "alheia"*

A condição "alheia" é *elemento normativo* indispensável à tipificação da subtração de coisa móvel; sua ausência torna a conduta atípica. A expressão *alheia* tem o sentido de coisa que pertence a outrem, ou seja, que é de alguém e por isso deve ser respeitada e preservada. Coisa sem dono não apresenta essa característica de "alheia", pois não pertence a ninguém. Por isso, as coisas sem dono (*res nullius*), abandonadas (*res derelicta*) e as coisas comuns (*res communes omnium*) não podem ser objeto de furto em sua totalidade. Esta última — *res communes* —, já destacava Hungria, "pode ser, entretanto, parcialmente captada e aproveitada como força ou energia (ar liquefeito, calor solar como força motriz etc.), incidindo essa parte *especializada* na propriedade de alguém e, assim, tornando-se objeto adequado do furto. As águas das cisternas ou as colhidas e depositadas para uso exclusivo de alguém

10. Nélson Hungria, *Comentários ao Código Penal*, cit., v. 7, p. 20.

11. Nesse sentido, ver Damásio de Jesus, *Direito Penal*, cit., v. 2, p. 303.

12. Nélson Hungria, *Comentários ao Código Penal*, cit., v. 7, p. 21.

podem ser, como é claro, *res furtiva*"[13]. Observe-se, porém, que o *desvio* ou *represamento* de águas correntes alheias, em proveito próprio ou alheio, tipifica o *crime de usurpação* (art. 161, § 1º, I, do CP), e não o crime de furto.

Faz-se necessário demonstrar que a *res furtiva* pertence a alguém. Não há necessidade de identificar o proprietário ou possuidor. A comprovação de que pertence a alguém tem a finalidade de excluir a *res nullius, res derelicta* e *res desperdita*. No caso da última hipótese, poderá caracterizar apropriação indébita (art. 169).

4.2 *Proprietário que subtrai coisa da qual não tem a posse: atipicidade*

Afinal, pode o proprietário de uma coisa, da qual não tem a posse, furtá-la? Não esqueçamos a afirmação que fizemos sobre a impossibilidade de o proprietário não poder ser sujeito ativo do crime de furto de coisa própria, por faltar a característica de *alheia* na coisa cujo domínio lhe pertence. Contudo, a questão, num aspecto mais abrangente, não é assim tão simples.

Magalhães Noronha, refletindo sobre o tema, exemplifica com um *direito real* de garantia, como o penhor, quando alguém dá ao credor, em garantia de dívida, coisa móvel a título de penhor[14]. Posteriormente, impossibilitado de honrar o crédito, e não querendo ficar privado de sua coisa, resolve subtraí-la. Não temos dúvida de que a subtração é ilegítima, para não dizer ilícita, ou ainda, criminosa: se criminosa, é certo que a objetividade jurídica é patrimonial. Admitindo tratar-se do crime de furto — prossegue Noronha —, a despeito de ter havido subtração de *coisa própria*, há sujeito ativo (o dono), há sujeito passivo (o credor), há ação (o apoderamento), há objeto material (a coisa) e há lesão a um bem jurídico (o direito real de garantia do credor). Magalhães Noronha afasta, ainda, a possibilidade de ser admitida a modalidade do art. 346, que, segundo afirma, é "modalidade do delito de exercício arbitrário das próprias razões, devendo, no caso, o proprietário ter certa ou supostamente uma pretensão legítima a satisfazer".

A infração penal, se houver, e acredita-se que há, é de natureza patrimonial. O penhor ficou sem objeto, houve lesão patrimonial, na medida em que o direito real de garantia, representado pelo penhor, integrava o patrimônio do credor, que foi diminuído pelo devedor, proprietário da coisa penhorada. Mas, afinal, será furto subtrair coisa própria, de que não se tem a posse direta? E a tipicidade estrita, que exige a presença da elementar normativa, "alheia", para configuração típica desse crime?

Bento de Faria, na mesma linha de Magalhães Noronha, admitia essa possibilidade, da qual discordava Carlos Xavier[15]. Para Nélson Hungria e Heleno Cláudio

---

13. Nélson Hungria, *Comentários ao Código Penal*, cit., v. 7, p. 20.

14. Magalhães Noronha, *Direito Penal*, cit., v. 2, p. 223.

15. Bento de Faria, *Código Penal brasileiro (comentado)*; Parte Especial, Rio de Janeiro, Record, 1961, v. 4, p. 44; Carlos Xavier, *Tratado de Direito Penal brasileiro*, 1942, v. 7, p. 34.

Fragoso haveria infração ao art. 346 do CP[16]. Damásio de Jesus e Paulo José da Costa Jr. acompanham o entendimento esposado por Hungria[17]. Este último, contrariando expressamente Magalhães Noronha, que afirma estar equivocado, justificando sua opção pela tipificação do art. 346, sustenta: "O que aí se apresenta, inquestionavelmente, é a solução para a hipótese de subtração da *res própria* na legítima posse de outrem (a qual, erroneamente, o Código de 1890, no seu art. 332, considerava furto)"[18]. Mais recentemente, Luiz Regis Prado não se posiciona, limitando-se a trazer à colação as duas correntes sobre o tema[19].

Contudo, a despeito de os dois entendimentos perdurarem por mais de meio século, temos dificuldades dogmáticas em aceitar qualquer das orientações anteriormente mencionadas, no marco de um direito penal garantista, em um Estado Democrático de Direito. Afinal, de plano não se pode esquecer que o direito penal somente se legitima quando objetiva proteger bens ou interesses jurídicos, e a partir daí, exatamente, começa nossa grande dificuldade. A figura do crime de furto, desde o direito romano, tem como objetividade jurídica a proteção do patrimônio (posse, propriedade, detenção etc.); de igual sorte, o verbo nuclear representativo desse crime tem sido, sistematicamente, "subtrair". Por fim, dentro da harmonia adotada pelo Código Penal de 1940, todos os crimes contra o patrimônio têm sede própria, qual seja, o Título II de sua Parte Especial.

A infração penal descrita no art. 346 do Código Penal está inserta no Título XI, que disciplina os Crimes contra a Administração Pública, mais especificamente aqueles que forem praticados contra a administração da justiça. Ora, nenhum desses crimes tem como objetividade jurídica o patrimônio alheio ou, principalmente, o próprio. Já por esse aspecto, eventual furto de coisa própria, por si só, deve ser afastado da moldura descrita no art. 346, que tem outra finalidade protetiva. Por outro lado, nos crimes de furto (inclusive de coisa comum) e de roubo o verbo nuclear, "subtrair", tem forma livre, não estabelecendo meio, forma ou modo de ser executado, adquirindo sentido específico, qual seja, de apossamento da *res furtiva*. Assim, os verbos "tirar", "suprimir", "destruir" ou "danificar" são inadequados ou impróprios para significar subtração de coisa móvel, própria ou alheia. Ademais, o *especial fim de agir*, típico do crime de furto, tampouco se faz presente na figura descrita no art. 346, que, como afirma Noronha, constitui modalidade de *exercício arbitrário das próprias razões*. O fato de não existir a rubrica lateral com o *nomen juris* do tipo penal não causa nenhuma estranheza, na medida em que existem inúmeros dispositivos com essa técnica, sem que a omissão permita atribuir a proteção de bens jurídicos estranhos ao próprio capítulo ou título a que pertençam.

---

16. Nélson Hungria, *Comentários ao Código Penal*, cit., v. 7, p. 18 e 19; Heleno Cláudio Fragoso, *Lições de Direito Penal*; cit., v. 1, Parte Especial, Rio de Janeiro, Forense, 1988, p. 316.
17. Damásio de Jesus, *Direito Penal*, cit., v. 2, p. 302; Paulo José da Costa Jr., *Comentários ao Código Penal*; Parte Especial, São Paulo, Saraiva, 1988, v. 2, p. 197.
18. Nélson Hungria, *Comentários ao Código Penal*, p. 19.
19. Luiz Regis Prado, *Curso de Direito Penal brasileiro*, cit., v. 3, p. 367.

Por fim, os estudiosos do Código Penal são unânimes em reconhecer que se trata de um diploma legal metódico, harmonioso e coerente. Pelo menos não se lhe tem atribuído, ao longo de sua existência, nenhum paradoxo, como seria deslocar um tipo penal protegendo um bem jurídico fora daquele Título que lhe foi cientificamente reservado. Que seria de nosso diploma legal se nos onze Títulos de sua Parte Especial pudessem ser encontrados aqui e acolá tipos penais disciplinando e protegendo bens jurídicos distintos de suas rubricas? Certamente não teria recebido o reconhecimento internacional como um dos melhores Códigos Penais da primeira metade do século XX.

Assim, com essa sucinta argumentação, afastamos a adequação do crime de furto de coisa própria da descrição contida no art. 346.

Melhor sorte, contudo, não assiste ao entendimento esposado por Magalhães Noronha, independentemente de a proteção imediata ser da *posse* ou da *propriedade*, em especial nos tempos atuais, quando se sustenta a necessidade absoluta da tipicidade estrita, como garantia máxima da proteção das liberdades individuais. A imensa maioria da doutrina, inclusive a estrangeira, não admite o furto de coisa própria, por faltar-lhe a elementar *alheia*: o dono não pode ser sujeito ativo do crime de furto de coisa que lhe pertence![20] *Alheio*, seja no sentido comum, seja em sentido jurídico-penal, significa "o que não é nosso, o que não nos pertence". Esse é o sentido empregado pelo Código Penal, nos crimes de furto e roubo e também naqueles descritos nos arts. 163, 164, 168 e 169, todos contra o patrimônio.

O fato de o direito do detentor da coisa subtraída pelo dono necessitar de proteção legal não autoriza interpretação extensiva para admitir a tipificação de condutas que não encontram correspondência típica em nenhum dispositivo penal. O reconhecimento da existência de eventual dano patrimonial tampouco é fundamento suficiente para burlar toda a estrutura dogmática da teoria do delito, construída ao longo de séculos de evolução científica.

Com efeito, se dano patrimonial existir, indevidamente, necessita da proteção legal que, por certo, ante a ausência de tipificação específica, não estará no âmbito penal. Porém, o ordenamento jurídico como um todo tem condições de estender seu manto protetor para assegurar eventual lesão de quem assim se sentir; institutos tais como busca e apreensão, sequestro, ações possessórias, indenizatórias etc., enfim, um arsenal de medidas estará à disposição de eventual lesado, sem necessidade de destruir o direito penal para suprir uma lacuna desconhecida pelo então legislador.

4.3 *Lesão patrimonial: bem economicamente apreciável*

Determinada corrente condiciona a existência de crime patrimonial à lesão de *interesse economicamente apreciável*; outra corrente, embora reconheça a importância do aspecto econômico nos crimes patrimoniais, adverte que, se algum *bem*

20. O *Projeto Alcântara Machado* admitia o crime de furto praticado pelo próprio dono da coisa móvel (art. 350, § 1º).

moral for constituído por alguma coisa, deve ser considerado "coisa" no sentido jurídico, pois é nessa condição que assume valor patrimonial[21]. Efetivamente, determinada coisa pode não ter valor para o agente, mas ser extremamente valiosa para a vítima.

Para Heleno Fragoso, não pode existir crime patrimonial se não houver lesão a interesse jurídico apreciável economicamente, aplicando-se, nesses casos, a noção civilística, segundo a qual é elementar ao conceito de patrimônio a avaliação econômica dos bens ou relações que o compõem[22]. Em sentido contrário posicionava-se Nélson Hungria, reconhecendo que, embora a nota predominante do elemento patrimonial seja seu caráter econômico, deve-se advertir que, "por extensão, também se dizem patrimoniais aquelas coisas que, embora sem valor venal, representam uma *utilidade*, ainda que simplesmente moral" (Hungria). Manzini adotava essa orientação, considerando que o *conceito de valor patrimonial* não corresponde necessariamente ao de *valor econômico*, e o conceito de dano patrimonial não se identifica necessariamente com o de dano econômico. Se um bem moral é constituído por uma *coisa*, ele é coisa no sentido jurídico[23]. No mesmo sentido era o magistério de Antolisei[24], para quem "O patrimônio não compreende apenas as relações jurídicas economicamente apreciáveis — isto é, os direitos que são avaliáveis em dinheiro — senão também as que versam sobre coisas que têm mero valor de afeição (recordações de família, objetos que nos são caros por motivos especiais etc.). Posto que também essas coisas fazem parte do patrimônio, a subtração delas representa, sem dúvida, uma diminuição patrimonial e, assim, constitui dano patrimonial".

Trata-se de crime material por excelência, sendo indispensável a superveniência do *eventus damni*. Não se pode falar em crime de furto, em nossa concepção, sem a existência efetiva de *diminuição do patrimônio alheio*. A coisa subtraída não deve ter, enfim, para o sujeito passivo, apenas valor monetário, mas representar, pelo menos, *alguma utilidade*, de qualquer natureza, para que possa ser considerada integrante de seu patrimônio.

A descrição típica não exige que a finalidade do agente seja a obtenção de vantagem ilícita ou, mais precisamente, agir com *animus lucrandi*, como algumas legislações fazem. A despeito dessa omissão, alguns doutrinadores sustentam a necessidade dessa finalidade que, segundo afirmam, estaria implícita na definição do crime de furto. Assim Weber Martins Batista, para quem "é evidente que ele é essencial ao furto e está implícito na expressão 'para si ou para outrem'"[25]. Contraditoriamente, no parágrafo anterior, Weber Martins Batista afirma que "nada importa,

---

21. Luiz Regis Prado, *Curso de Direito Penal brasileiro*, cit., v. 3, p. 369.

22. Heleno Cláudio Fragoso, *Lições de Direito Penal*; Parte Especial, 11. ed., Rio de Janeiro, Forense, 1995, v. 1, p. 186.

23. Apud Weber Martins Batista, *O furto e o roubo no direito e no processo penal*, cit., p. 4.

24. Apud Weber Martins Batista, *O furto e o roubo no direito e no processo penal*, cit., p. 5; Francesco Antolisei, *Manuale di Diritto Penale*; Parte Speciale, Milano, 1954, v. 1, p. 189.

25. Weber Martins Batista, *O furto e o roubo no direito e no processo penal*, cit., p. 33.

para a caracterização do fato, o *motivo* do crime, o fim último que levou o agente a cometê-lo. Basta que o tenha praticado com a intenção de ficar com a coisa — que sabia ser alheia — para si ou para terceiros"[26]. É indiferente que pratique um furto infamante ou, ao contrário, o faça como um moderno *Robin Hood*, furtando dos ricos para distribuir aos pobres.

Na verdade, em nosso entendimento, é irrelevante o *motivo* ou finalidade que orientou a conduta do agente, ou seja, é absolutamente desnecessário que o sujeito ativo tenha praticado a subtração visando a *obtenção de lucro* ou mesmo que tenha conseguido efetivamente algum lucro, sendo suficiente que o tenha feito para "si ou para outrem", sabendo que se trata de *coisa alheia*, e apresente algum *dano patrimonial*. Igualmente, a motivação de vingança contra a vítima ou apenas proporcionar um agrado a um amigo, desafeto da vítima, não altera a tipicidade do crime, desde que presente o *animus rem sibi habendi*.

Não se pode esquecer, contudo, que, se o *animus* orientador da conduta tipificar outra infração penal, por exemplo, *exercício arbitrário das próprias razões*, responderá por esse crime, e não pelo de furto. Assim, aquele que, visando satisfazer pretensão, legítima ou não, subtrai valor de seu devedor que não lhe paga comete esse crime (art. 345), e não o de furto.

Quando o *objeto da subtração* (aspecto examinado em tópico próprio) for de *pequeno valor*, configurará a minorante prevista no art. 155, § 2º, do CP. Esse "valor diminuto", convém registrar, não constitui descriminante ou mesmo qualquer causa de atipicidade; no entanto, as coisas *juridicamente irrelevantes* não podem ser objeto do crime de furto, tais como um palito, um cotonete, um alfinete, uma agulha etc.

4.4 *Coisa perdida, abandonada e coisa comum*

Ao examinarmos o objeto jurídico do crime de furto, destacamos que, prioritariamente, é a posse e, secundariamente, a propriedade, estendendo-se até a detenção legítima. Assim, a *coisa perdida* não se encontra na posse de ninguém. Mas coisa perdida não é coisa abandonada; consequentemente, o dono não renunciou a sua propriedade, apenas e tão somente ignora o local onde ela se encontra. Por isso a coisa perdida não pode ser objeto de subtração. Teoricamente até se poderia discutir a existência residual da proteção do direito de propriedade. Seria, no entanto, mera discussão acadêmica, no caso improdutiva, na medida em que o art. 169, II, tipifica essa conduta como *apropriação de coisa achada* (a especialidade afasta a generalidade).

A coisa abandonada — *res derelicta* — não pode ser objeto de subtração nem de apropriação indébita. Constitui *res derelicta*, repetindo, qualquer objeto abandonado pelo dono e, nessa circunstância, por ele declarado sem valor econômico, ainda que, eventualmente, possa ser valioso para terceiro.

---

26. Idem, ibidem.

Mas convém ter presente que o abandono da coisa deve ser evidente, inequívoco, preciso, não o caracterizando, por exemplo, o simples fato de ser uma coisa velha, com as aberturas em precárias condições, facilitando inclusive o acesso. Essas circunstâncias, por si sós, não autorizam estranho a penetrar em seu interior e dispor de seus bens.

A subtração de coisa de propriedade ou posse comum, praticada por sócio, condômino ou coerdeiro, está tipificada no art. 156, e, por todas as suas peculiaridades, será abordada em capítulo próprio.

5. Natureza e efeito do consentimento da vítima no crime de furto

Destaca-se, por fim, que o crime de furto pressupõe o *dissenso da vítima*, sendo irrelevante, contudo, que seja praticado na presença ou ausência desta, na medida em que a clandestinidade, embora seja a regra, não constitui elemento estrutural desse crime. Na verdade, a subtração da coisa alheia móvel pode ser realizada por meio da apreensão manual, com a utilização de algum instrumento, animal adestrado ou por intermédio de agente incapaz (autoria mediata).

No entanto, ao se examinar a natureza e importância do *consentimento do ofendido*, devem-se distinguir aquelas situações que caracterizam *exclusão de tipicidade* das que operam como *excludentes de antijuridicidade*. Na verdade, se fizermos uma análise, ainda que superficial, constataremos que em muitas figuras delituosas, de qualquer Código Penal, a *ausência de consentimento* faz parte da estrutura típica como *característica negativa do tipo*. Logo, a presença de consentimento afasta a tipicidade da conduta que, para configurar crime, exige o *dissenso* da vítima, por exemplo, a *invasão de domicílio* (art. 150), a *violação de correspondência* (art. 151) etc. Outras vezes, o consentimento do ofendido constitui verdadeira *elementar do crime*, como ocorre, por exemplo, no *aborto consentido* (art. 126). Nesses casos, o consentimento é elemento essencial do tipo penal.

Enfim, são duas formas distintas de o *consentimento do ofendido* influir na *tipicidade*: para excluí-la, quando o tipo pressupõe o dissenso da vítima; e para integrá-la, quando o assentimento da vítima constitui elemento estrutural da figura típica.

6. Tipo subjetivo: adequação típica

O tipo subjetivo é constituído pelo *dolo*, que é seu elemento subjetivo geral, e pelo *especial fim de agir*, que é seu elemento subjetivo especial. O dolo, por sua vez, constitui-se pela *vontade consciente* de subtrair *coisa alheia*, isto é, que pertença a outrem. É indispensável que o dolo abranja todos os elementos constitutivos do tipo penal, sob pena de configurar-se o erro de tipo, e, como não há previsão da modalidade de furto culposo, a *evitabilidade* ou *inevitabilidade*[27] do erro é irrelevante, pois ambos excluirão a tipicidade, salvo se se tratar de simulacro de erro.

27. Cezar Roberto Bitencourt, *Erro de tipo e erro de proibição — uma análise comparativa*, 2. ed., São Paulo, Saraiva, 2000, p. 95.

É indispensável, enfim, que o agente saiba que se trata de *coisa alheia*. Quando, no entanto, o agente, por erro, supuser que a coisa "subtraída" é *própria*, não responderá pelo crime de furto, por faltar-lhe o conhecimento ou a consciência da elementar *normativa alheia*. O sujeito crê que seu atuar é permitido, em virtude de não saber o que faz, não estando, consequentemente, sua vontade dirigida à realização do tipo, como reconheceu a célebre jurisprudência alemã de 18 de março de 1952[28]. Estar-se-á diante do que se chama de *crime putativo*, que, evidentemente, crime não é.

O *elemento subjetivo especial do tipo*, por sua vez, é representado pelo *fim especial* de apoderar-se da coisa subtraída, *para si* ou *para outrem*. A ausência desse *animus* apropriativo (finalidade de apossamento) desnatura a figura do crime de furto. Logicamente, quando essa circunstância se fizer presente, haverá uma espécie de inversão do ônus da prova, devendo o agente demonstrar, *in concreto*, que a finalidade da subtração era outra e não a de apoderar-se da coisa, para si ou para outrem.

7. Consumação e tentativa

7.1 *Consumação*

Quanto ao momento consumativo do crime de furto podem-se destacar, basicamente, três orientações distintas: a) que é suficiente o deslocamento da coisa, mesmo que ainda não tenha saído da esfera de vigilância da vítima; b) que é necessário afastar-se da esfera de vigilância do sujeito passivo; c) que é necessário um estado de posse tranquilo, ainda que momentâneo.

Consuma-se o crime de furto com a retirada da coisa da esfera de disponibilidade da vítima, assegurando-se, em consequência, a posse tranquila, mesmo passageira, por parte do agente; em outros termos, consuma-se quando a coisa sai da posse da vítima, ingressando na do agente. A posse de quem detinha a coisa é substituída pela posse do agente, em verdadeira inversão ilícita. Para Magalhães Noronha, a consumação "verifica-se quando a coisa é substituída à esfera de atividade da vítima, isto é, quando ela é colocada em situação tal que aquela não mais pode exercer os atos que sua posse lhe confere"[29]. Enfim, o apossamento ou assenhoreamento ocorre quando a coisa alheia sai da vigilância ou disponibilidade do ofendido, embora seja bastante difícil precisar, aprioristicamente, o momento em que ocorre essa verdadeira inversão da posse. Apesar de tratar-se de crime material, a fase executória, não raro, é tão exígua que ação e consumação praticamente se confundem; assim, por exemplo, quando o agente subtrai alimento e, ainda no local, o ingere.

A despeito da necessidade dessas duas circunstâncias — sair da disponibilidade da vítima e estar na posse tranquila do agente —, é possível, teoricamente, ocorrer

---

28. Juan Córdoba Roda, *El conocimiento de la antijuridicidad en la teoría del delito*, Barcelona, 1962, p. 37.
29. Magalhães Noronha, *Direito Penal*, cit., v. 2, p. 234.

a consumação do furto, sendo o agente *preso em flagrante*. Com efeito, a amplitude do conceito de flagrante estabelecido pelo art. 302, IV, do Código de Processo Penal permite essa interpretação. Segundo esse dispositivo, considera-se em flagrante delito até mesmo quem "é encontrado, logo depois, com instrumentos, armas, objetos ou papéis que façam presumir ser ele o autor da infração". Nessas circunstâncias, nada impede que a *res furtiva* tenha saído da esfera de vigilância da vítima e, ainda que momentaneamente, o agente tenha tido sua posse tranquila, tendo-se consumado o furto[30]. Enfim, a prisão em flagrante, com consequente brevidade da posse, não descaracteriza o furto consumado, pois para que o delito se consuma não é necessária posse definitiva ou prolongada da *res furtiva*, bastando a posse efêmera, com a saída da esfera de vigilância da vítima. Existem circunstâncias em que o furto deve ser considerado consumado, como ocorre mesmo que a *res furtiva* permaneça no âmbito pessoal ou profissional da vítima, como destacava Hungria: "É o caso, por exemplo, da criada que sub-repticiamente empolga uma joia da patroa e a esconde no seio ou mesmo nalgum escaninho da casa, para, oportunamente, sem despertar suspeitas, transportá-la a lugar seguro"[31]. Nesses casos, esclarecia Hungria, não há possibilidade material, por parte do ofendido, de exercer o seu poder de disposição da coisa, cujo paradeiro desconhece.

A orientação do STJ é em sentido distinto, como é possível observar no seguinte julgado de Tema Repetitivo n. 934: "Consuma-se o crime de furto com a posse de fato da *res furtiva*, ainda que por breve espaço de tempo e seguida de perseguição ao agente, sendo prescindível a posse mansa e pacífica ou desvigiada" (STJ, REsp 1524450/RJ, rel. Min. Nefi Cordeiro, julgado em 14-10-2015, publicado em

---

30. Questão tormentosa é a dos tradicionais furtos em supermercados, cuja definição fica adstrita aos detalhes de cada caso, por exemplo: "Quem retira mercadoria de um estabelecimento e chega a sair do local, ocultando-a fora da esfera de vigilância dos empregados da loja, comete furto consumado e não meramente tentativa" (TACrimSP, AC, rel. Des. Luiz Ambra, *RT*, *700*:332); "Furto de mercadorias à venda em supermercado, em conluio com funcionária em serviço de caixa por onde passariam as mercadorias cuja posse definitiva era pretendida — Registro de custos em importância muito inferior ao montante de mercadorias apresentadas no momento — Pretensão criminosa obstaculizada por fiscal funcionário que tudo percebeu, efetuando a apreensão da mercadoria e nota de caixa — Delito que se mantém, assim, no campo da tentativa" (TARJ, AC, rel. Des. Monteiro de Carvalho, *RT*, *717*:414); "Há mera tentativa de furto quando, embora a *res* tenha deixado a posse da vítima, esta não se tornou desvigiada, visto que o ofendido não a perdeu de sua visão" (TACrimSP, AC, rel. Des. Lopes da Silva, *RT*, *725*:588); "*Crime impossível — Descaracterização — Réus que praticam furto em estabelecimento comercial — Vigilância ocasional de policiais — Prisão por estes à saída do estabelecimento — Inidoneidade relativa desse meio — Tentativa caracterizada — Sentença condenatória mantida* — Vigilância ocasional de policiais sobre a ação delituosa. Falta de repercussão sobre a potencialidade do meio executório, considerado em si mesmo. Mera inidoneidade relativa desse meio" (TACrimSP, AC, rel. Des. Ricardo Dip, *RT*, *721*:450).

31. Nélson Hungria, *Comentários ao Código Penal*, cit., v. 7, p. 27.

29-10-2015). O posicionamento citado vem sendo mantido, como é possível observar neste julgado: "[...] Esta Corte Superior tem entendimento consolidado que o crime de furto se consuma com a inversão da posse da *res*, independentemente do tempo decorrido desde a efetiva subtração, conforme a teoria da *amotio* (ou *apprehensio*)" (STJ, AgRg no HC n. 871.969/SP, rel. Min. Joel Ilan Paciornik, Quinta Turma, julgado em 8-4-2024, *DJe* de 11-4-2024).

7.2 *Tentativa*

O furto, como crime material, admite com segurança a *figura tentada*. Sempre que a atividade executória seja interrompida, no curso da execução, por causas estranhas a vontade do agente, configura-se a tentativa. Em outros termos, quando o processo executório for impedido de prosseguir antes de o objeto da subtração ser deslocado da esfera de vigilância e disponibilidade da vítima para a posse tranquila do agente, não se pode falar em crime consumado. "Consuma-se o delito — afirma Damásio de Jesus — no momento em que a vítima não pode mais exercer as faculdades inerentes à sua posse ou propriedade, instante em que o ofendido não pode mais dispor do objeto material"[32].

Não se pode falar em *crime consumado* quando, por exemplo, a vítima percebe que está sendo furtada pelo punguista e sai em sua perseguição, prendendo-o em seguida na posse da *res furtiva*. Inegavelmente o evento jurídico pretendido pelo agente — apossamento da coisa alheia — não se realizou, uma vez que o objeto pretendido não saiu da esfera de vigilância da vítima e, consequentemente, não entrou na pose tranquila do agente.

Por outro lado, para a punibilidade da tentativa, nosso Código Penal seguiu a teoria objetiva, segundo a qual "o que justifica a punibilidade da tentativa é o perigo objetivo que o início da execução representa para o bem jurídico protegido pela norma penal. E esse perigo só existirá se os meios empregados na tentativa forem adequados à produção do resultado e se o objeto visado apresentar as condições necessárias para que esse resultado se produza"[33]. A tentativa, em outros termos, não é punível quando é *absoluta a ineficácia do meio* ou *absoluta a impropriedade do objeto* (art. 17). Não há tentativa quando, por exemplo, o agente introduz a mão no bolso da vítima para subtrair-lhe os valores, mas esta não traz consigo nenhum centavo. Equivocadamente, Nélson Hungria posicionava-se em sentido contrário, considerando que a inexistência de dinheiro fora meramente acidental e que o insucesso do meliante resultou de puro *caso fortuito*[34]. Deve-se, na verdade, distinguir duas hipóteses: (1) se a vítima tem dinheiro acondicionado em outro bolso, o bem jurídico (patrimônio) corre sério risco, pois há o perigo efetivo de dano; (2) contudo, se a vítima não tem dinheiro algum no momento, não há qualquer risco a seu patrimônio, em face da inexistência do bem. A ação do agente, desde o princípio,

---

32. Damásio de Jesus, *Direito Penal*, cit., v. 2, p. 306.
33. Cezar Roberto Bitencourt, *Tratado de direito penal — Parte Geral*, 29. ed., v. 1, p. 536.
34. Nélson Hungria, *Comentários ao Código Penal*, cit., v. 7, p. 28 e 29.

estava destinada ao insucesso, pois não se pode furtar o nada. Enfim, na primeira hipótese, a impropriedade do objeto é relativa; na segunda, a impropriedade é absoluta, tratando-se de crime impossível (art. 17 do CP).

Ocorre furto tentado, não havendo que se falar em crime impossível, no caso do agente que subtrai diversas mercadorias de supermercado, só não consumando o delito porque, aleatoriamente, é revistado ao passar pela portaria do estabelecimento. Caracteriza-se o furto tentado simples quando o crime material não se consuma por circunstâncias alheias à vontade do agente, não chegando a *res furtiva* a sair da esfera de vigilância do dono e, consequentemente, não passando para a posse tranquila daquele.

Se o agente teve a posse tranquila da *res furtiva*, apesar do pouco tempo, de forma totalmente desvigiada, é indiscutível a ocorrência do furto consumado, sendo, portanto, irrelevante o tempo de duração da disponibilidade da coisa.

8. Classificação doutrinária

Trata-se de *crime comum* (aquele que não exige qualquer condição especial do sujeito ativo); *de dano* (consuma-se apenas com lesão efetiva ao bem jurídico tutelado); *material* (que causa transformação no mundo exterior, consistente à diminuição do patrimônio da vítima); *comissivo* (é da essência do próprio verbo nuclear, que só pode ser praticado por meio de uma ação positiva; logicamente, por intermédio da omissão imprópria também pode ser praticado, nos termos do art. 13, § 2º); *doloso* (não há previsão legal para a figura culposa); *de forma livre* (pode ser praticado por qualquer meio, forma ou modo); *instantâneo* (a consumação opera-se de imediato, não se alongando no tempo); *unissubjetivo* (pode ser praticado, em regra, apenas por um agente); *plurissubsistente* (pode ser desdobrado em vários atos, que, no entanto, integram uma mesma conduta).

9. Furto durante o repouso noturno

O § 1º do art. 155 determina o aumento de um terço da pena "se o crime é praticado durante o repouso noturno". Constata-se que o furto praticado *durante o repouso noturno*, embora *não qualifique* o crime, *majora* a pena aplicável.

Trata-se de vetusta previsão legal que remonta ao direito romano — *furtum nocturnum* —, já abandonada pelas legislações da segunda metade do século XX[35]. Acreditamos, ademais, que o fundamento é absolutamente equivocado e não tem razão de ser mantido no limiar do século XXI. Não se ignora que o legislador, em 1940, considerou que a noite facilita o furto, proporciona ao agente maiores *probabilidades de êxito, assegura-lhe mais facilmente a fuga, enfim, diminui os meios de defesa do indivíduo e amplia os de execução e êxito do delinquente*. Acreditamos

35. O natimorto Código Penal brasileiro de 1969, na contramão da história, transformava o furto durante o repouso noturno em crime qualificado se "praticado *durante a noite*", adotando o critério físico-astronômico.

equivocado o argumento de que aquele que procura furtar durante a noite revela maior temibilidade, quando o quotidiano urbano se encarrega de nos mostrar diariamente que os crimes mais graves e cruéis estão sendo praticados à luz do dia, com absoluto destemor às autoridades policiais, como ocorre com os assaltos aos estabelecimentos bancários. Aliás, esse já era o lúcido magistério de Magalhães Noronha, *in verbis*: "Se se pode dizer que o agente que procura a noite age insidiosamente para não ser descoberto, pode falar-se também que assim age por maior temor à Polícia. Mais temíveis são os que não receiam a luz do sol para assaltar o patrimônio alheio. Menos perigosos são os ladrões que assaltam um Banco durante a noite do que os que o fazem à luz solar, como frequentemente acontece entre nós..."[36].

Teria sido melhor não prevê-lo. Contudo, trabalhando com um Código Penal que tem mais de meio século de vigência, não nos resta outra alternativa senão interpretá-lo. Como o desuso, a desatualização ou superação político-científica não o revogam, deve-se procurar, pelo menos, dar-lhe interpretação a mais restritiva possível.

Não entraremos na superada discussão sobre o que deve ser entendido por noite, que deu origem aos critérios físico-astronômico e psicossociológico, uma vez que nosso legislador optou pelo último critério, adotando expressamente a locução *repouso noturno*, sem qualquer referência à palavra *noite*. Por opção, também não questionaremos a possível distinção entre casa habitada e repouso noturno.

Com a expressão *durante o repouso noturno*, por certo, a lei não se refere ao nascer e ao pôr do sol, mas ao período de recolhimento, aquele em que a população deve dormir. Essa circunstância, de natureza puramente sociológica, deve ser analisada, casuisticamente, considerando os hábitos e costumes da localidade onde o fato ocorreu. A existência ou não da majorante é matéria de fato, que deve ser examinada em cada caso concreto. Embora tecnicamente irrepreensível, mostra-se absolutamente superada a velha orientação de Magalhães Noronha, que afirmava: "Para nós, existe a agravante quando o furto se dá durante o tempo em que a cidade ou o local repousa, o que não importa necessariamente seja a casa habitada ou estejam seus moradores dormindo"[37]. Com efeito, na linha restritiva a que nos propomos, para se configurar a majorante do repouso noturno necessita ser praticada em casa habitada, já em horário de repouso, porque, nessas circunstâncias, efetivamente, afrouxa-se a vigilância do sujeito passivo, facilitando não só a impunidade, mas também o êxito do empreendimento delituoso.

Levantaram-se sobre o tema algumas orientações distintas: a) o lugar precisa ser habitado, com pessoa repousando (*RT*, *559*:358); b) o lugar não precisa ser habitado (*RT*, *537*:372 e *590*:361); c) os moradores não devem estar acordados (*RT*, *498*:323); d) não se exige a presença de moradores (STF, *RTJ*, *64*:593 e *RT*, *637*:366).

Não se pode perder de vista dois aspectos fundamentais: a finalidade protetiva da norma e a necessidade de sua interpretação restritiva, como já referimos. Nessa

---

36. Magalhães Noronha, *Direito Penal*, cit., v. 2, p. 239 e 240.
37. Magalhães Noronha, *Direito Penal*, cit., v. 2, p. 242.

linha, sustentamos a conveniência político-criminal de adotar a primeira opção, qual seja, para se admitir caracterizada a majorante do repouso noturno, é necessário *que o lugar seja habitado e se encontre com pessoa repousando*. O próprio Nélson Hungria, em seu tempo, já reconhecia que essa agravante não se aplica quando o furto é praticado em local onde os moradores não se encontram repousando, mas festejando, "pois, em tal caso — sustentava Hungria —, desaparece a razão de ser da maior punibilidade".

Jurisprudência e doutrina dominantes, com acerto, reconhecem a inaplicabilidade da majorante do *repouso noturno* quando o furto é praticado em *lugar desabitado* (estabelecimento comercial, por exemplo) ou *na ausência dos moradores*. O acerto dessa orientação reside no fato de que a majorante está diretamente ligada à cessação ou afrouxamento da vigilância. Ora, em lugar desabitado ou na ausência de moradores não pode cessar ou diminuir algo que nem sequer existe[38].

Indubitavelmente, a *majorante* do repouso noturno é inaplicável às hipóteses de furto qualificado, podendo, contudo, ser considerada na dosimetria da pena, como circunstância do crime (art. 59).

Esta é a orientação do STJ: "A interpretação sistemática pelo viés topográfico revela que a causa de aumento de pena relativa ao cometimento do crime de furto durante o repouso noturno, prevista no art. 155, § 1º, do CP, não incide nas hipóteses de furto qualificado, previstas no art. 155, § 4º, do CP" (STJ, REsp 1.888.756/SP, rel. Min. João Otávio de Noronha, Terceira Seção, julgado em 25-5-2022, *DJe* de 27-6-2022).

10. Furto de pequeno valor

Destacamos, desde logo, que não nos agrada a consagrada terminologia "furto privilegiado", na medida em que se trata somente de uma causa *sui generis* de diminuição de pena ou, como preferimos denominar, de minorante. Em nossa concepção, para configurar verdadeira *figura privilegiada*, contrapondo-se à *qualificada*, deveria apresentar novos limites mínimo e máximo, inferiores àqueles do furto simples.

O § 2º do art. 155 prevê a possibilidade de reduzir a sanção cominada para o crime de furto, quando se tratar de réu primário e de pequeno valor a coisa subtraída. Presentes esses dois requisitos, a pena de reclusão pode ser substituída pela de detenção, somente pela pena de multa ou apenas ser reduzida de um a dois terços. Em outros termos, o pequeno desvalor do resultado e a *primariedade* do agente recomendam menor reprovação deste, determinando, em obediência ao princípio da *proporcionalidade*, a redução da sanção para adequá-la à menor gravidade do fato. Esse dispositivo procura corrigir, pela equidade, o excessivo rigor da sanção cominada a um simples crime de furto; aplica-se tanto ao *furto simples* quanto ao *furto durante o repouso noturno*, excluindo-se, segundo interpretação majoritária, do furto qualificado.

---

38. Em sentido contrário, Luiz Regis Prado, *Curso de Direito Penal brasileiro*; Parte Especial, São Paulo, Revista dos Tribunais, 2000, v. 2, p. 371.

A despeito da tradição e da solidez desse entendimento, não vemos nenhuma base sólida, contundente e jurídica para excluir essa minorante do furto qualificado. A inaplicabilidade da majorante do repouso noturno justifica-se pela incidência de duas agravações da pena: a simples qualificadora já dobra a sanção penal da figura simples, não havendo razão lógica para ainda ser elevada em mais um terço. Contudo, na hipótese da minorante do pequeno valor não se está cuidando de duas causas de aumento, mas tão somente de redução sobre um tipo qualificado. Não há, com efeito, fundamento político-jurídico para punir um réu primário, que subtrai coisa de pequeno valor, com abuso de confiança, com a mesma pena daquele que subtrai coisa valiosa, nas mesmas circunstâncias. São coisas diferentes, que merecem reprimendas igualmente diferentes, devendo incidir, por isso mesmo, a minorante para aquele, conforme demonstraremos em outro tópico.

A *primariedade*, como primeiro requisito necessário para a configuração da minorante, embora encerre um conceito negativo, não se confunde com *não reincidência*, especialmente a partir da reforma penal de 1984 (Lei n. 7.209), que introduziu um novo conceito, qual seja, o de "não reincidente". A Parte Geral do Código adota um critério distinto do da Parte Especial: trabalha com os conceitos de "reincidente" e "não reincidente", enquanto a Parte Especial utiliza os conceitos de "reincidente" e "primário". Anteriormente, "reincidente" e "primário" constituíam definições excludentes: ou uma ou outra, tanto que se adotava o seguinte conceito: "primário é o não reincidente".

A partir da reforma penal referida, essa concepção deixou de ser verdadeira, na medida em que passaram a existir três, digamos, categorias: *primário, reincidente e não reincidente*. Com efeito, chama-se *primário* quem nunca sofreu qualquer condenação irrecorrível; *reincidente*, quem praticou um crime após o trânsito em julgado de decisão condenatória (em primeiro ou segundo grau), enquanto não tenha decorrido o prazo de cinco anos do cumprimento ou da extinção da pena; *não reincidente*, como categoria, é aquele que não é primário e tampouco ostenta a condição de reincidente (essa é definição exclusiva para o direito brasileiro, sendo inaplicável, genericamente, às legislações alienígenas). Não é reincidente, por exemplo, quem comete o segundo ou terceiro crime antes do trânsito em julgado de crime anterior; quem comete novo crime após o decurso de cinco anos do cumprimento de condenação anterior ou da extinção da punibilidade etc. Dessa forma, discordamos frontalmente do conceito de *primário* concebido por Damásio de Jesus, segundo o qual "Criminoso primário... é o não reincidente. Assim, entendemos que é primário não só o sujeito que foi condenado ou está sendo condenado pela primeira vez, como também aquele que tem várias condenações, não sendo reincidente"[39].

Constata-se, enfim, que o termo "primariedade" tem, tecnicamente, um conceito bem delimitado. Eventuais condenações anteriores, por si sós, ou meros antecedentes criminais negativos não são causas impeditivas do reconhecimento da existência desse requisito à luz de nosso ordenamento jurídico em vigor. Tratando-se de norma criminal, não pode ter interpretação extensiva, para restringir a liberdade do cidadão.

---

39. Damásio de Jesus, *Direito Penal*, cit., v. 2, p. 311.

O segundo requisito legal é que se trate de "coisa de pequeno valor", definição que está longe de ser pacífica quer na doutrina quer na jurisprudência. Como *elemento normativo do tipo*, para interpretá-lo adequadamente, dever-se-á ter em consideração as peculiaridades e as circunstâncias pessoais e locais do fato.

A doutrina, em geral, tem definido como *pequeno valor* aquele cuja perda pode ser suportada sem maiores dificuldades pela generalidade das pessoas. "Ao rico — lembrava Magalhães Noronha — porque, talvez, nem perceberá sua falta; ao pobre porque, na sua penúria, de pouco lhe valerá"[40]. Embora nos desagrade a fixação de determinado *quantum*, por sua relatividade, ante a necessidade de um paradigma, aceitamos a orientação majoritária, segundo a qual de *pequeno valor* é a coisa que não ultrapassa o equivalente ao salário mínimo.

Avaliando a incidência do princípio da insignificância ao tipo penal de furto, o STJ, ao julgar o Tema Repetitivo n. 1.205, firmou a tese de que: "A restituição imediata e integral do bem furtado não constitui, por si só, motivo suficiente para a incidência do princípio da insignificância". No caso concreto julgado, a *res furtiva* tinha valor aproximado de 55% do salário mínimo vigente à época da prática da conduta pelo agente, além de ter sido praticada em concurso de pessoas.

Contudo, na seara tributária, a própria receita encarregou-se de estabelecer valores muito superiores para os quais não admite a execução fiscal (no momento, fixado em R$ 20.000,00, conforme Portaria MF n. 130/2012). Diante desse entendimento da receita, é natural que se considere, nos crimes fiscais ou tributários, não apenas "pequeno valor", mas valor insignificante, para excluir a própria tipicidade da conduta, segundo o princípio da insignificância[41].

10.1 *Aplicabilidade da privilegiadora no furto qualificado*

Reina profunda desinteligência sobre a possibilidade de o privilégio contido no § 2º incidir em qualquer das figuras qualificadas previstas no § 4º do mesmo artigo. Razões das mais variadas são invocadas para fundamentar esse entendimento, mas nenhuma apresenta fundamento cientificamente sustentável.

A jurisprudência majoritária historicamente tem negado essa possibilidade e tem encontrado eco na própria doutrina. Contudo, mais recentemente, essas orientações têm cedido espaço a uma interpretação racionalmente mais liberal, com uma análise mais político-dogmática e menos anatômico-anacrônica, que sempre procurou dar sentido à norma segundo a ordem crescente ou decrescente que aparecem nos dispositivos legais.

Não há nenhuma razão lógica, metodológica ou científica para que um tipo fundamental de crime possa receber a incidência ora de privilegiadora ora de qualificadora, mas nunca de ambas. Quando determinado crime satisfizer, *in concreto*,

---

40. Magalhães Noronha, *Direito Penal*, cit., v. 2, p. 243.

41. Cezar Roberto Bitencourt, *Tratado de Direito Penal — Parte Geral*, 29. ed., São Paulo, Saraiva, v. 1, p. 26.

os requisitos legais exigíveis para caracterizar a privilegiadora, como é o caso da *primariedade* e do *pequeno valor* da coisa furtada, se incidir, ao mesmo tempo, alguma qualificadora, não há fundamento jurídico que autorize a não aplicação da privilegiadora. Por que razão, optando-se por uma linha excludente, se deve dar preferência à qualificadora em detrimento da privilegiadora? E por que não se pode interpretar em sentido contrário, na medida em que, em se tratando de normas criminalizadoras, recomenda-se sempre a interpretação mais favorável?

Todo sistema jurídico bem estruturado deve ser harmônico, intercomunicando-se os diversos ramos e normas que o compõem. Essa harmonia sugere a conjugação das diversas normas, inclusive daquelas aparentemente contraditórias, como são as privilegiadoras e qualificadoras de determinada infração penal.

Com efeito, não há razão que justifique a punição de *réu primário* que subtrai coisa de *pequeno valor*, com abuso de confiança, com o mesmo grau de pena daquele que subtrai coisa de valor considerável, nas mesmas circunstâncias. Como destacou o Ministro Cernicchiaro, o tratamento normativo traduz a característica jurídica da infração penal, e, se houver eventuais complexidades, devem ser consideradas; caso contrário, a pena não projetará a expressão que o direito lhe atribuiu[42]. Enfim, a circunstância de situar-se o preceito privilegiador em parágrafo anterior àquele que define o furto qualificado não impede a aplicação daquele benefício, conforme entendimento do STJ: "É possível o reconhecimento do privilégio previsto no § 2º do art. 155 do CP nos casos de crime de furto qualificado, se estiverem presentes a primariedade do agente, o pequeno valor da coisa e a qualificadora for de ordem objetiva" (Súmula n. 511 do STJ). 3. A qualificadora do abuso de confiança, por ser de ordem subjetiva, inviabiliza o reconhecimento da figura privilegiada do crime de furto"(STJ, AgRg no HC n. 655.120/PR, rel. Min. João Otávio de Noronha, Quinta Turma, julgado em 7-12-2021, *DJe* de 14-12-2021).

O Supremo Tribunal Federal assumia postura mais conservadora, mas atualmente tem entendimento semelhante ao do STJ, como demonstra o seguinte julgado: "[o] furto qualificado privilegiado encerra figura harmônica com o sistema penal no qual vige a interpretação mais favorável das normas penais incriminadoras, por isso que há compatibilidade entre os §§ 2º e 4º do art. 155 do Código Penal quando o réu for primário e a *res furtivae* de pequeno valor, reconhecendo-se o furto privilegiado independentemente da existência de circunstâncias qualificadoras" (STF, RHC 199629 AgR, rel. Min. Roberto Barroso, Primeira Turma, julgado em 31-5-2021, publicado em 9-6-2021).

Sintetizando, a *primariedade* e o *pequeno valor* da *res furtiva* permitem a substituição da pena de reclusão por detenção, reduzi-la de um a dois terços ou aplicar somente multa. *Pequeno valor* não se confunde com *pequeno prejuízo* (art. 171, § 1º). Essa minorante, direito público subjetivo do réu, é aplicável ao *furto simples* e ao *furto noturno*.

---

42. STJ, RE, rel. Min. Luiz Vicente Cernicchiaro, *DJ*, 9 fev. 1998.

10.2 *Pequeno valor e pequeno prejuízo: distinção*

Para fins de aplicação do disposto no § 2º do art. 155 do CP, não se identificam "pequeno valor" da *res furtiva* e "pequeno prejuízo" resultante da ação delituosa. Quando o legislador deseja considerar o prejuízo sofrido pela vítima, o faz expressamente, como no estelionato (art. 171, § 1º, do CP).

O valor da *res furtiva* deve ser medido ao tempo da subtração, não se identificando com o pequeno prejuízo que dela resultar. Como a previsão legal refere-se a *pequeno valor* da coisa furtada, é irrelevante a circunstância de a vítima recuperar o bem subtraído e não sofrer prejuízo algum. Nos crimes contra o patrimônio, a recuperação do bem subtraído não pode ser admitida como causa da atipicidade da conduta do agente e nem mesmo como fundamento da *privilegiadora* "pequeno valor". Os crimes patrimoniais tipificam-se pelo assenhoreamento da coisa subtraída, orientada pela intenção dolosa do agente.

11. Furto qualificado: tipo derivado

O *modus operandi*, no crime de furto, pode apresentar particularidades que representem maior gravidade na violação do patrimônio alheio, produzindo maior alarma social, tornando a conduta mais *censurável* e, por isso mesmo, merecedora de maior punibilidade, quer pelo maior *desvalor da ação*, quer pelo maior *desvalor do resultado* (destruição ou rompimento de obstáculo). Como adverte Luiz Regis Prado, "é inegável a maior gravidade do injusto, pois não só o desvalor da ação, mas também os efeitos deletérios da infração, são acentuadamente maiores do que na hipótese do furto comum"[43].

Essas particularidades podem assumir diversos *graus de intensidade*, recebendo, de acordo com sua gravidade, a qualificação de *agravantes*, *majorantes* ou *qualificadoras*. Observando o princípio da reserva legal, optou-se por estabelecer taxativamente aquelas circunstâncias que, por sua gravidade, tornam o *crime qualificado*, que, a rigor, constituem novos tipos penais, derivados, mas autônomos, com novos parâmetros sancionatórios, bem mais graves, distintos da figura fundamental — furto simples. Destacava Nélson Hungria que, "segundo o critério geral, não poderiam passar de *accidentalia* do furto, mas a lei, destacando, no caso, para apriorístico rigor de punição, uma *species* do *genus* 'furto', considera-as, *ipso facto, essentialia* em relação a esta"[44].

A *graduação do injusto penal* observa sua maior ou menor danosidade, que ora é representada, como dissemos, pelo desvalor da ação, ora pelo desvalor do resultado. Inegavelmente, como destaca Weber Martins Batista[45], a reprovabilidade é maior para quem utiliza meios excepcionais para superar obstáculos defensivos do patrimônio

---

43. Luiz Regis Prado, *Curso de Direito Penal brasileiro*, cit., v. 7, São Paulo, Revista dos Tribunais, 2000, p. 374.

44. Nélson Hungria, *Comentários ao Código Penal*, cit., v. 7, p. 38.

45. Weber Martins Batista, *O furto e o roubo no direito e no processo penal*, cit., p. 114.

alheio, ou se organiza para essa finalidade, ou, ainda, trai a confiança que alguém lhe depositara, descuidando-se, por isso mesmo, da vigilância de seu patrimônio. Nesse crime, as qualificadoras, com exceção do *abuso de confiança*, são de natureza objetiva e, por conseguinte, comunicam-se aos coautores, nos termos do art. 30 do CP.

A presença de apenas uma delas é suficiente para qualificar o crime, mudando sua capitulação e, substancialmente, sua punição; eventual concurso de duas ou mais qualificadoras não modifica a pena abstratamente cominada; contudo, deve ser considerada na medida da pena concretizada, ou seja, uma delas, a nosso juízo a mais grave ou mais bem comprovada nos autos, servirá para estabelecer a pena-base, fixando o marco do tipo penal derivado, enquanto as demais devem ser trabalhadas na operação dosimétrica da pena, visando encontrar o resultado definitivo.

Cabe mencionar a Lei n. 14.155/2021, que alterou o texto do art. 155 do Código Penal a fim de combater a fraude eletrônica, trazendo em sua ementa agravantes ao crime de furto "pela fraude com uso de dispositivo eletrônico ou de dados eletrônicos fornecidos indevidamente, com aumento de pena nos casos de vítima idosa ou de utilização de servidor de rede fora do país".

Façamos uma análise individualizada dessas *elementares* definidoras de novos tipos penais.

11.1 *Com destruição ou rompimento de obstáculo (I)*

Este dispositivo concretiza a distinção que o Código Penal faz ao incriminar a *violência praticada sobre a, coisa* e a *violência praticada contra a pessoa*. Assim, somente a violência empregada contra a coisa caracteriza a qualificadora do furto, pois quando for utilizada contra a pessoa, o crime será de roubo. A violência deve ser *contra obstáculo* que dificulte a subtração, e não contra a própria coisa que é o objeto da subtração.

Obstáculo é tudo o que é empregado para proteger a coisa contra eventual ação delitiva. Não se considera obstáculo aquilo que integra a própria coisa, como, por exemplo, os vidros do automóvel, a menos que sejam rompidos para subtrair objetos que se encontram no interior do veículo, mas não para subtrair o próprio; da mesma forma, o simples *desparafusamento* dos faroletes ou dos pneus de um automóvel não tipifica a qualificadora. É indispensável que a violência seja exercida contra um *obstáculo exterior à coisa* que se pretende subtrair[46]; contudo, o obstáculo pode ser interno ou externo: *externo*, quando a violência se direciona, por exemplo, a obstáculo que objetiva impedir o acesso à parte interna de uma casa ou edifício ou qualquer outro ambiente fechado; *interno*, quando a ação violenta se dirige a obstáculo interno, isto é, que se encontra no interior do local da subtração,

46. Nélson Hungria, *Comentários ao Código Penal*, cit., v. 7, p. 42: "Os obstáculos podem ser *externos* ou *internos*, *ativos* (*offendicula*, fios elétricos de uma campainha de alarma e, em geral, dispositivos automáticos de segurança), ou *passivos* (muros, paredes, vidraças, portas, grades, redes ou telas metálicas, aparelhos *antifurto* de automóveis, selos de chumbo, etc. etc.)".

tais como cofres, armadilhas, armários etc.[47]. Enfim, para efeitos penais, não constitui *obstáculo* a resistência inerente à própria coisa, que por si mesma dificulte sua subtração. O obstáculo deve ter a finalidade de proteger o patrimônio, e para vencê-lo o agente deve empregar violência para *destruí-lo* ou *rompê-lo*. Mas, registre-se, é indispensável que exista obstáculo a ser vencido, isto é, que haja resistência a ser vencida, caso contrário não se poderá falar nessa qualificadora.

A qualificadora contida no inciso I do § 4º do art. 155 apresenta duas hipóteses distintas: destruição e rompimento. *Destruir* significa desfazer completamente o obstáculo, demoli-lo, ao passo que *romper* é arrombar, arrebentar, cortar, serrar, perfurar, deslocar ou forçar, de qualquer modo, o obstáculo, com ou sem dano à substância da coisa. Há *destruição* quando ocorre a demolição, o aniquilamento ou o desaparecimento de eventual obstáculo que, de alguma forma, sirva de proteção ao objeto da subtração. O *rompimento*, por sua vez, consiste no arrombamento, deslocamento ou supressão do obstáculo, visando facilitar a subtração da coisa alheia. Não é necessário que o agente ingresse de corpo inteiro no local onde se encontra a *res*, sendo suficiente retirá-la, pela abertura forçada, seja com a mão, seja com algum instrumento apropriado.

A ausência de previsão legal dos meios, modos ou formas de produzir destruição ou rompimento autoriza a utilização de quaisquer deles — manuais ou mecânicos —, desde que idôneos para o fim proposto.

A *violência*[48], na verdade, é o meio para concretizar a subtração da coisa alheia. Magalhães Noronha sustentava que a violência devia ser anterior ou contemporânea à apreensão, refutando, inclusive, autores alienígenas, como Manzini, por exemplo, pois trabalhavam sobre textos legais distintos[49]. Nélson Hungria, em posição antagô-

---

47. Galdino Siqueira, *Tratado de Direito Penal*; Parte Especial, Rio de Janeiro, Konfino, 1947, t. 4, p. 458.

48. Weber Martins Batista, *O furto e o roubo no direito e no processo penal*, cit., p. 117: "Em regra, quanto maior a violência empregada ou mais difícil o obstáculo superado, mais acentuada a audácia e temibilidade que infunde o agente. No furto simples, resta à vítima, como consolo, a ideia de que o fato não teria ocorrido se tivesse, de algum modo, protegido a coisa. Quando, no entanto, a proteção não foi suficiente para evitar o furto, pois o ladrão superou os obstáculos defensivos e logrou subtrair a coisa, é grande a sensação de insegurança, de impotência da vítima".

49. Magalhães Noronha, *Direito Penal*, cit., v. 2, p. 245. Pela pertinência e precisão das considerações críticas de Weber Martins, que subscrevemos integralmente, merecem ser transcritas, *in totum*: "Noronha está certo na crítica que faz à redação do dispositivo, não, na interpretação do mesmo. As palavras 'subtração da coisa' — como diz Hungria — podem ser substituídas por 'à sua execução', pois se referem a toda fase de execução do crime, e não apenas à apreensão do objeto. Sendo assim, enquanto não se consumar o furto, enquanto o ladrão não apreender a coisa e lograr tirá-la da esfera de vigilância do dono ou possuidor, a violência por ele praticada qualifica ao furto. No mesmo sentido, Damásio de Jesus, *Direito Penal*, cit., v. 2, p. 322; Heleno Fragoso, *Lições de Direito Penal*, cit., v. 1, p. 197.

nica, seguida por Heleno Fragoso, contestava Magalhães Noronha, pois a subtração contida no texto legal abrange não apenas a apreensão, mas também a remoção[50].

Na verdade, não há qualquer relevância se a violência contra a coisa se opera antes ou depois de sua apreensão, desde que, logicamente, se concretize antes da consumação do crime[51]. Assim, *destruição* ou *rompimento* praticado para consumar a subtração, mesmo após a apreensão física da coisa, também qualifica o crime; agora, se o rompimento ou a destruição for praticado após a consumação do furto, constituirá crime autônomo.

Um aspecto que ganha relevância — mais no plano acadêmico e menos no plano pragmático — é a definição sobre o fundamento pelo qual a "destruição ou rompimento de obstáculo" no crime de furto funciona como qualificadora desse crime, e não como figura autônoma do *crime de dano* (art. 163 do CP). Parece-nos que não se trata de uma questão muito complicada, salvo o fato de, no ano de 2013, ter sido objeto de uma questão de Concurso para Magistratura do Estado de São Paulo, no qual se teria formulado o seguinte enunciado:

"O crime de dano (CP, art. 163), norma menos grave, funciona como elemento do crime de furto qualificado pelo rompimento de obstáculo à subtração da coisa (CP, art. 155, § 4º, inciso I). Nesta hipótese, o crime de dano é excluído pela norma mais grave; em função do princípio da: (A) consunção; (B) subsidiariedade expressa ou explícita; (C) especialidade; (D) subsidiariedade tácita ou implícita".

Consta que o gabarito oficial teria apontado a alternativa "D" como a alternativa correta! Independentemente da veracidade da ocorrência dessa formulação, vale a pena para refletirmos sobre essa temática.

Nessa questão, há dois aspectos absolutos: são defensáveis as hipóteses constantes das alíneas "A" e "C"; são absolutamente indefensáveis as hipóteses constantes das alíneas "B" e "D". Nossa preferência recai na hipótese "C", qual seja da especialidade.

Na verdade, a alternativa correta, na nossa avaliação, seria a "C", qual seja o princípio da *especialidade*, sem dúvida alguma. Embora não nos pareça importante para avaliar conhecimento de ninguém, mas, logicamente, a solução é encontrada pelos *princípios relativos ao conflito aparente de normas*. Acontece que a violência representada pela *destruição ou rompimento de obstáculo* configura uma *elementar normativa* do furto qualificado e, portanto, é integrante do próprio tipo penal.

De acordo com esse entendimento, que está correto, pode-se substituir *'subtração da coisa' por 'à sua execução', ou por 'ao seu cometimento'. Assim, o dispositivo examinado corresponde, na realidade, como o afirma* Noronha, *a 'se o crime é cometido'. Melhor teria sido, portanto, que o item I, do § 4º, em análise, se limitasse à expressão 'com destruição ou rompimento de obstáculo'*".

50. Nélson Hungria, *Comentários ao Código Penal*, cit., v. 7, p. 40 e 41; Heleno Cláudio Fragoso, *Lições de Direito Penal*, cit., v. 1, p. 197.

51. No mesmo sentido, Luiz Regis Prado, *Curso de Direito Penal brasileiro*, cit., v. 3, p. 374.

Nessa hipótese, a violência não é vista como causadora de dano, mas apenas como *elementar* do crime de furto, que *produz um dano material* a mais à vítima. Aliás, não se pode esquecer que a própria subtração de coisa alheia móvel também é uma forma de dano causado à vítima.

No entanto, como integra a descrição do crime de furto qualificado, a destruição ou rompimento de obstáculo perde a autonomia de *crime de dano* em razão da própria estrutura tipológica, e não porque este seja subsidiário (na realidade não é), e tampouco por ser mais ou menos graves. Dito isso, não resta a menor dúvida de que a solução é apresentada pelo *princípio da especialidade*, que, além de ser o princípio mais importante do conflito aparente de normas, é por meio dele, regra geral, que se definem as especificidades dos tipos penais.

Enfim, a razão pela qual a destruição ou rompimento de obstáculo integra o crime de furto qualificado, e não o *crime autônomo de dano*, em concurso com o crime de furto, explica-se pelo *princípio da especialidade*, conjugado com a *tipicidade estrita.*

A regulamentação especial tem a finalidade, precisamente, de excluir a lei geral e, por isso, deve precedê-la (*lex specialis derogat lex generalis*). O princípio da especialidade evita o *bis in idem,* determinando a prevalência da norma especial em comparação com a geral, e pode ser estabelecido *in abstracto,* enquanto os outros princípios exigem o confronto *in concreto* das leis que definem o mesmo fato. Por essa razão, como se pode afastar, *in abstracto*, a aplicação do crime de dano, via princípio da especialidade, não precisamos aguardar a aplicação concreta para afastá-la, *a posteriori*, com o princípio da consunção.

Não ignoramos a existência de respeitável entendimento de significativo setor da doutrina, capitaneada por Juarez Cirino dos Santos, para quem o *princípio da consunção* afasta o *crime de dano* na hipótese de *furto qualificado pelo rompimento de obstáculo*. A despeito de esse entendimento ser absolutamente defensável, e mostrar-se dogmaticamente também correto, lembramos que é o próprio Cirino dos Santos que destaca: "na atualidade, o critério da *consunção* está imerso em controvérsia irreversível, e a tendência parece ser sua própria *consunção* por outros critérios, especialmente pelo critério da *especialidade* e pelo *antefato* e *pós-fato* copunidos: a literatura contemporânea oscila entre posições de *aceitação* reticente e de *rejeição* absoluta do critério da consunção, no conflito aparente de leis penais"[52].

Inclinamo-nos pela "aceitação reticente", na linguagem de Cirino dos Santos, optando por resolver, *in abstracto,* a questão ainda no plano da *tipicidade*, adotando o princípio da especialidade e o antefato e pós-fato, reservando a *consunção* para aquelas hipóteses em que um crime constitui meio necessário para a execução de outro crime (que não é o caso), consumado e tentado, dano e perigo etc.

---

52. Juarez Cirino dos Santos, *Direito Penal*; Parte Geral, 4. ed., Campinas, Conceito Editorial, 2010, p. 414.

Não se pode esquecer, por fim, que as denominadas categorias ou espécies de *conflito aparente de normas* têm mais valor classificatório do que prático, e que a sua solução deve ocorrer via *interpretação*, observando-se toda a sua sistemática conceitual. Ademais, devemos acrescentar que o *princípio fundamental* para a solução do conflito aparente de normas é o *princípio da especialidade*, que, por ser o de maior rigor científico, é o mais adotado pela doutrina especializada. Os demais princípios são subsidiários e somente devem ser lembrados quando o primeiro não resolver satisfatoriamente o conflito. Assim, consideramos que se resolve melhor a questão proposta pelo *princípio da especialidade*. Aliás, para resolvê-la, na verdade, não necessitamos de nenhum desses princípios, pois seu enquadramento correto configura-se com o simples *juízo de adequação típica* (tipicidade). A rigor, a indicação do princípio mais recomendável não passa de mero exercício acadêmico intelectual, qual seja puro diletantismo jurídico, sem maior utilidade prática.

11.2 *Com abuso de confiança, ou mediante fraude, escalada ou destreza (II)*

Neste inciso são criminalizados quatro meios ou modos de ser executado o crime de furto em forma qualificada, merecedores de maior reprovação penal. No primeiro deles, o agente pratica a subtração valendo-se de relação de confiança que mantém com o sujeito passivo, que lhe facilita o acesso à *res furtiva*, cuja violação justifica sua maior censurabilidade.

Confiança é um sentimento interior de credibilidade, representando um vínculo subjetivo de respeito e consideração entre o agente e a vítima, pressupondo *especial relação pessoal* entre ambos. *Abuso de confiança*, por sua vez, consiste em uma espécie de *traição à confiança*, produto de relações de confiabilidade entre sujeitos ativo e passivo, exatamente a razão pela qual, foi facilitado o acesso à coisa alheia. Exemplos típicos são os casos dos empregados domésticos, incluindo-se também quem se vale da relação de hospitalidade ou coabitação. Convém advertir, contudo, que não basta a simples relação empregatícia para caracterizar a qualificadora, sendo indispensável um vínculo subjetivo caracterizador da confiança e, por isso mesmo, passível de ser quebrado[53]. Assim, simples furto de objetos no local de trabalho não qualifica o furto por *abuso de confiança*, que não é uma condição natural e obrigatória das relações trabalhistas ou domésticas; pode, no máximo, incidir, no furto simples, a agravante genérica *das relações domésticas, de coabitação ou hospitalidade* (art. 61, II, *f*). E mais: não basta a existência de uma relação de confiança entre sujeito ativo e sujeito passivo; é necessário que o sujeito ativo se tenha valido dessa relação para praticar o crime, isto é, tenha abusado dela para a execução criminosa. É a velha relação de causa e efeito.

É necessário que a confiança seja natural, conquistada normalmente, isto é, sem ardil, caso contrário a qualificadora que se apresenta não é o *abuso de confiança*, mas a *fraude*. Dois requisitos se fazem necessários: abuso da confiança depositada pelo

53. Damásio de Jesus, *Direito Penal*, v. 2, p. 323.

ofendido e que a coisa se encontre, em razão dessa confiança, na esfera de disponibilidade do agente[54]. É indispensável, ademais, que o agente tenha *consciência* de que pratica o crime abusando da relação de confiança que mantém com a vítima.

Confiança é uma circunstância de "caráter pessoal" e, como tal, em princípio, é *incomunicável* aos diversos participantes de uma mesma infração penal (art. 30); contudo, na hipótese, ela constitui "elementar do crime" qualificado, incidindo na ressalva do mesmo art. 30, que determina, nesses casos, a comunicabilidade das elementares típicas, independentemente de sua natureza objetiva ou subjetiva. Convém destacar, no entanto, que a *comunicabilidade*, não apenas de elementares subjetivas, mas de qualquer natureza, somente existe se o participante conhecer essa circunstância antes da prática delituosa; caso contrário, ela não terá sido abrangida por seu dolo, resultando incomunicável, por sua natureza subjetiva, mas pelo desconhecimento do agente que, em relação à elementar, não agiu com dolo.

O *furto qualificado*, ora examinado, difere da *apropriação indébita*, basicamente, por dois aspectos fundamentais: o momento da deliberação criminosa e o do apossamento da *res*. Na apropriação indébita o agente exerce a posse em nome de outrem, enquanto no furto com abuso de confiança tem mero contato, mas não a posse da coisa; naquela, o dolo é superveniente, enquanto neste há *dolus ab initio*[55].

Nélson Hungria advertia, com acerto, que não se deve confundir esse *furto qualificado* com a *apropriação indébita*, que, em princípio, pressupõe *abuso de confiança*. Nessa, o agente exerce "desvigiada posse de fato sobre a coisa", que, em razão da confiança, lhe fora autorizada pelo *dominus*, para determinado fim; no *furto*, em razão da confiança, o agente tem *contato* com a coisa, mas não a *posse*, que continua na plena esfera de vigilância e disponibilidade do dono. Em outros termos, o *abuso de confiança*, elementar que qualifica o crime de furto, não se confunde com a *confiança*, implícita, na apropriação indébita. Nesse sentido, é impecável o exemplo citado por Damásio de Jesus, pela semelhança e proximidade entre as duas situações, que apenas se distinguem no detalhe essencial: "Suponha-se que o sujeito, numa biblioteca, apanhe o livro que lhe foi confiado pela bibliotecária e o esconda sob o paletó, subtraindo-o. Responde por delito de furto qualificado pelo abuso de confiança. Suponha-se, agora, que o sujeito, da mesma biblioteca pública, tome emprestado o livro e, levando-o para casa, venda-o a terceiro. Neste caso, responde por apropriação indébita"[56]. Embora pareça sutil, é uma distinção que faz a diferença efetiva entre um crime e outro. No mesmo sentido, o exemplo de Hungria é lapidar: "Assim, o caixeiro-viajante que se apropria de dinheiros recebidos da clientela do patrão, comete *apropriação indébita*; mas o caixeiro *sedentário* que, iludindo a vigilância do patrão, subtrai mercadoria das prateleiras, ou dinheiro da caixa registradora ou recebido no balcão, comete *furto qualificado*"[57].

---

54. Damásio de Jesus, *Direito Penal*, v. 2, p. 322.
55. Fernando de Almeida Pedroso, *Apropriação indébita, estelionato e furto qualificado pelo emprego de fraude: distinção típica entre as espécies*, *RT*, 697:261, nov. 1993.
56. Damásio de Jesus, *Direito Penal*, v. 2, p. 323.
57. Nélson Hungria, *Comentários ao Código Penal*, cit., v. 7, p. 43.

Mediante fraude é a segunda qualificadora contemplada no inciso II do § 4º do art. 155. *Fraude* é a utilização de artifício, de estratagema ou ardil para vencer a vigilância da vítima; em outros termos, trata-se de manobra enganosa para ludibriar a confiança existente em uma relação interpessoal, destinada a induzir ou a manter alguém em erro, com a finalidade de atingir o objetivo criminoso. Na verdade, a *fraude* não deixa de ser uma forma especial de *abuso de confiança*, ou, na feliz expressão de Guilherme Nucci, "é uma relação de confiança instantânea, formada a partir de um ardil"[58].

A qualificadora aperfeiçoa-se quer a fraude seja utilizada para a *apreensão* da coisa, quer para seu *assenhoreamento*. Não há nenhuma restrição quanto à forma, meio ou espécie de fraude, basta que seja idônea para desviar a atenção do dono, proprietário ou simples "vigilante" da disponibilidade e segurança da *res*. Assim, caracteriza *meio fraudulento* qualquer artimanha utilizada para provocar a desatenção ou distração da vigilância, para facilitar a subtração da coisa alheia.

Embora a *fraude* seja característica inerente ao crime de *estelionato*, aquela que qualifica o furto não se confunde com a deste. No furto, a fraude burla a vigilância da vítima, que, assim, não percebe que a *res* lhe está sendo subtraída; no estelionato, ao contrário, a fraude induz a vítima a erro. Esta, voluntariamente, entrega seu patrimônio ao agente. No furto, a fraude visa desviar a oposição atenta do dono da coisa, ao passo que no estelionato o objetivo é obter seu consentimento, viciado pelo erro, logicamente.

O dissenso da vítima no crime de furto, mesmo fraudulento, e sua aquiescência, embora viciada, no estelionato são dois aspectos que os tornam inconfundíveis. Examinando, com acerto, essa distinção, Fernando de Almeida Pedroso destaca "a unilateralidade do furto majorado pela fraude, pela dissensão da vítima no apoderamento, e a bilateralidade do estelionato, pela aquiescência — embora viciada e tisnada — do lesado"[59].

Escalada, em sentido vernacular, significa "assaltar, subindo por escalada; subir a algum lugar usando escadas; trepar a, subir a, galgar, atingir"[60]. *Escalada*, que em direito penal tem sentido próprio, é a penetração no local do furto por *meio anormal*, artificial ou impróprio, que demanda esforço incomum. Escalada não implica, necessariamente, subida, pois tanto é escalada galgar alturas quanto saltar fossos, rampas ou mesmo subterrâneos, desde que o faça para vencer obstáculos. O acesso ao local da subtração deve apresentar determinada dificuldade, a ponto de exigir esforço incomum, habilidade ou destreza para superá-la. Se para ingressar no recinto, mesmo através de uma janela ou saltando um muro, não for exigível *desforço anormal*, não se pode falar em escalada, como qualificadora do crime de furto. Esse já era o magistério de Carrara, que, criticando a doutrina francesa, exageradamente liberal na interpretação do obstáculo, pontificava: "É exagerada essa doutrina, porque estende ao

58. Guilherme Souza Nucci, *Código Penal comentado*, 2. ed., São Paulo, Revista dos Tribunais, 2002, p. 435.

59. Fernando de Almeida Pedroso, *Apropriação indébita...*, Revista cit., p. 263.

60. *Novo dicionário Aurélio da língua portuguesa.*

proprietário incauto a proteção que deve ser dada ao precavido, e um simples *arremedo*, uma mera aparência de defesa, não se equipara à defesa efetiva"[61].

Os *meios artificiais* utilizáveis para a superação de obstáculo à subtração, sem violência, são quaisquer meios idôneos para consegui-lo, estejam no local ou sejam levados pelo agente. A existência de obstáculo, por si só, não caracteriza a qualificadora, sendo-lhe indispensável a idoneidade para dificultar a ação delitiva. Importa, isso sim, é a *realidade da defesa*, sendo irrelevante a intenção do dono. Qualquer que seja o obstáculo, necessita ser contínuo de forma a inviabilizar o acesso, a não ser mediante escalada. Assim, segundo Hungria, "se o muro galgado apresenta rombos que permitam a passagem de pessoas ou não rodeia todo o prédio, não existirá a qualificativa (não passando a circunstância de mero capricho ou inadvertência do agente)"[62].

Em síntese, a *escalada* consiste no fato de penetrar o agente no lugar em que se encontra a coisa objeto da subtração, por via anormal, por entrada não destinada a esse fim, e da qual não tem o direito de utilizar-se. E mais: consiste não apenas em ingresso no local por via incomum, mas, sobretudo, superando obstáculo difícil, que demande o uso de instrumento especial ou de invulgar habilidade do agente[63]. Afinal, o *fundamento* dessa qualificadora é, como destacava Sebastian Soler, o mesmo que determinou a agravação do furto praticado com *chave falsa*, ou seja, punir mais gravemente aquele que, mesmo sem usar violência, mas com habilidade ou grande esforço, vence obstáculos efetivamente defensivos da *res*[64].

Finalmente, a *destreza*, que é a última qualificadora constante do inciso II do § 4º do art. 155. Significa *especial habilidade* capaz de impedir que a vítima perceba a subtração realizada em sua presença. É a subtração que se convencionou chamar de *punga*[65]. A destreza pressupõe uma atividade dissimulada, que exige habilidade incomum, aumentando o risco de dano ao patrimônio e dificultando sua proteção. O folclórico batedor de carteiras, o conhecido punguista, é o exemplo mais característico do furto com destreza, que não se confunde com o "trombadinha", que se choca com a vítima e, com violência, arranca-lhe os pertences. Não configura a destreza quando o ladrão age a descoberto, mesmo que o faça com rapidez invulgar, pois não eliminou totalmente a possibilidade de defesa da vítima. Não se pode falar em destreza quando, por inabilidade do agente, é surpreendido pela vítima no momento da ação. Contudo, se for descoberto, logo após a subtração, por mero acidente ou simples suspeita, sem qualquer vínculo com a perfeição ou imperfeição da ação, a qualificadora deve ser reconhecida. A habilidade assegurou o êxito da exe-

---

61. Francesco Carrara, *Programa de Derecho Criminal*; Parte Especial, Bogotá, Temis, 1974, v. 4, n. 6, p. 207.

62. Nélson Hungria, *Comentários ao Código Penal*, cit., v. 7, p. 44.

63. Weber Martins Batista, *O furto e o roubo no direito e no processo penal*, p. 152.

64. Sebastian Soler, *Derecho Penal argentino*, 3. ed., Buenos Aires, Tipográfica Editora Argentina, 1970, v. 4, p. 222.

65. Weber Martins Batista, *O furto e o roubo no direito e no processo penal*, p. 161: "A *punga*, no entanto, é o crime do profissional, da pessoa que faz desse tipo de furto verdadeiro meio de vida. O adestramento ao longo dos anos traduz grande intensidade do dolo".

cução; outras causas podem ter impedido, num momento posterior, a disponibilidade definitiva. Na verdade, a destreza deve ser analisada sob a ótica da vítima e não de terceiro. Assim, se ela não percebe a *punga*, é irrelevante para caracterizá-la que terceiro impeça sua consumação.

Destreza não se confunde com *audácia*, que se caracteriza, por exemplo, com o *arrebatamento violento*. O arrebatamento não revela destreza do autor, mas exagerada distração da vítima. No entanto, o arrebatamento com o rompimento de obstáculo constitui furto qualificado (§ 4º, I). Embora o arrebatamento, por si só, praticado sem violência à pessoa, constitua furto simples, havendo violência à pessoa constituirá roubo. Tampouco se pode reconhecer a *destreza* quando a subtração é praticada com vítima que se encontra dormindo, mesmo que o faça com o cuidado necessário para não despertá-la.

Sintetizando, a *destreza* constitui a habilidade física ou manual empregada pelo agente na subtração, fazendo com que a vítima não perceba o seu ato. É o meio empregado pelos batedores de carteira, *pick-pockets* ou punguistas, na gíria criminal brasileira. O agente adestra-se, treina, especializa-se, adquirindo habilidade tal com mãos e dedos que a subtração ocorre como um passe de mágica, dissimuladamente. Por isso, a *prisão em flagrante* (próprio) do punguista afasta a qualificadora, devendo responder por tentativa de furto simples; na verdade, a realidade prática comprovou exatamente a inabilidade do incauto.

11.3 *Com emprego de chave falsa (III)*

Chave falsa é qualquer instrumento de que se sirva o agente para abrir fechaduras, tendo ou não formato de chave. Exemplos: grampo, alfinete, prego, fenda, gazua etc.

A *chave verdadeira*, à evidência, não qualifica o crime, pois lhe falta a elementar normativa "falsa". O emprego de chave falsa traduz maior perigosidade do agente, que, dessa forma, demonstra a instabilidade da normal proteção patrimonial, que uma fechadura, por si só, não pode elidir o risco de sua violação. Equivocado, nesse particular, o antigo magistério de Magalhães Noronha, que professava o seguinte: "Na mesma ordem de ideias, são também falsas as chaves verdadeiras furtadas ou perdidas. Não há como excluí-las da disposição legal. Se o que a lei veda é a abertura ilícita da coisa que representa a custódia, maior razão existe contra o emprego da chave subtraída ou achada, pois já é obtida criminosamente, quer por ter sido furtada, quer por não ter sido devolvida ao dono"[66]. Na verdade, se a *chave verdadeira* for *ardilosamente* conseguida pelo agente, a qualificadora será pelo *emprego de fraude* (art. 155, § 4º, II, 2ª figura)[67]; contudo, se aquela for esquecida na fechadura ou encontrada, normalmente, em algum lugar, pelo agente ou por terceiro, indiferentemente, o furto será simples[68], ao contrário do que sustentava Noronha.

---

66. Magalhães Noronha, *Direito Penal*, cit., v. 2, p. 251.

67. Damásio de Jesus, *Direito Penal*, cit., v. 2, p. 325.

68. Hungria entendia que, nas duas hipóteses, o furto seria qualificado pelo meio fraudulento. Esse entendimento, *venia concessa*, está absolutamente superado (*Comentários ao Código Penal*, cit., v. 7, p. 46).

A locução "se o crime é cometido" traduz ideia de ação, não se referindo, portanto, a resultado; logo, refere-se ao *modus operandi*, sendo, por conseguinte, irrelevante o êxito do empreendimento delituoso para que a qualificadora se aperfeiçoe. É suficiente que a chave falsa seja utilizada pelo agente, independentemente de conseguir seu intento de apreender a *res* pretendida.

A simples *posse* de chave falsa, por mais suspeita que seja, não passa de autêntico *ato preparatório*, teoricamente, impunível. Excepcionalmente, porém, desde que satisfeitas as elementares específicas, pode tipificar a contravenção do art. 25 da LCP. Para representar pelo menos o início de execução — *elemento objetivo da tentativa* — é necessário, ao menos, que o agente esteja introduzindo o instrumento falso na fechadura, quando é interrompido, por causa estranha à sua vontade (art. 14, II, do CP).

11.4 *Mediante concurso de duas ou mais pessoas (IV)*

Finalmente, estamos diante da última, mais complexa e mais polêmica das qualificadoras elencadas para o furto: se o crime é cometido "mediante concurso de duas ou mais pessoas". Sem sombra de dúvida, é a qualificadora que produz maior diversidade de opiniões e que apresenta, ao mesmo tempo, o maior número de sugestões quer quanto a sua configuração, quer quanto a sua natureza jurídica. Para melhor interpretá-la, deve-se começar repassando as manifestações que sobre ela externaram alguns dos principais especialistas, a partir, inclusive, de Nélson Hungria.

O magistério de Hungria pode ser sintetizado no seguinte: trata-se de crime eventualmente coletivo, devendo-se, em princípio, observar as regras sobre a participação criminosa (concurso de pessoas), com algumas modificações: a necessidade da presença *in loco* dos concorrentes, ou seja, participação efetiva na fase executiva; é necessária uma consciente combinação de vontades, sendo insuficiente uma adesão voluntária, mas ignorada. É irrelevante que algum dos participantes seja inimputável ou isento de pena; pela mesma razão, é indiferente que apenas um seja identificado. Ajuste prévio que não chega sequer a ser tentado é impunível[69].

Para Magalhães Noronha, a qualificadora pretende impedir a conjugação de esforços e evitar o enfraquecimento da defesa privada; é indispensável acordo de vontades, sob pena de caracterizar a *autoria colateral*; a exemplo de Hungria, a inimputabilidade de qualquer dos participantes não elimina a qualificadora, que, nesse particular, deve ser avaliada sob o critério objetivo; é aplicável ao instigador a agravante genérica[70].

Heleno Fragoso, por sua vez, preleciona: não se exige a presença dos "coautores" na fase executória, nem ajuste prévio ou combinação, bastando a consciência recíproca de cooperar na ação comum; o fundamento do gravame reside na maior eficiência do crime organizado ou associado. É irrelevante a inimputabilidade de qualquer dos concorrentes. Disciplina-se pela previsão do concurso de pessoas[71].

69. Nélson Hungria, *Comentários ao Código Penal*, cit., v. 7, p. 46 e 47.
70. Magalhães Noronha, *Direito Penal*, cit., v. 2, p. 251.
71. Heleno Fragoso, *Lições de Direito Penal*, cit., v. 1, p. 199.

Damásio de Jesus, por seu turno, defende: é desnecessária a presença *in loco* dos concorrentes, lembrando a autoria mediata; a exemplo de Fragoso, adverte que comete crime "quem de qualquer modo concorre" para ele; é desnecessário acordo prévio, e, como a lei não faz nenhuma exigência, deve-se aplicar os princípios do concurso de pessoas[72].

Em apertada síntese, procuramos retratar o pensamento desses ilustres penalistas, que fizeram escola entre nós. Numa coisa praticamente todos concordam, com mais ou menos restrições: para a boa interpretação dessa qualificadora, devem-se aplicar os *princípios orientadores do concurso de pessoas*, com o que, aliás, estamos de pleno acordo. A partir daí, começam profundas diferenças, especialmente com o advento da reforma penal de 1984 (Lei n. 7.209), que deu outra roupagem ao *concursus delinquentium*, a começar pela terminologia, que de "coautoria" (espécie) passou a "concurso de pessoas" (gênero), além de acrescentar que cada concorrente responde "na medida de sua culpabilidade", o que era exigência natural de um Estado Democrático de Direito. Portanto, é a partir dessa ótica que faremos nossa análise da indigitada qualificadora.

11.5 *Subtração de semovente domesticável de produção*

11.5.1 Considerações preliminares

A Lei n. 13.330, de 4 de agosto de 2016, alterou o Código Penal — para tornar mais gravosos os crimes de furto e de receptação —, acrescentando-lhe, em primeiro lugar, o § 6º no art. 155, com a seguinte redação:

> *§ 6º A pena é de reclusão de 2 (dois) a 5 (cinco) anos se a subtração for de semovente domesticável de produção, ainda que abatido ou dividido em partes no local da subtração.*

De plano, deve-se questionar: qual o significado que se pode emprestar, adequadamente, à locução "*semovente domesticável de produção*"?

Sabe-se que a pretensão dos projetos legislativos nem sempre atinge os objetivos pretendidos pelo legislador. Alguns deles chegam a beirar grandes mediocridades por várias razões, seja pela falta de técnica legislativa, seja por desconhecimento da matéria legislada, seja por flagrantes inconstitucionalidades, além de muitas outras inconsistências que ocorrem nos porões do Legislativo contemporâneo.

No caso da Lei n. 13.330/2016, denota-se que o objetivo é exasperar a punição do conhecido *crime de abigeato*, ou seja, o furto de animais (boi, vaca, ovelha etc.), nas propriedades rurais de nosso imenso Brasil[73]. Contudo, a nosso juízo, a *locução*

---

72. Damásio de Jesus, *Direito Penal*, cit., v. 2, p. 325 e 326.

73. Rogério Sanches, abordando esse tema em suas primeiras impressões, destacou: "Na discussão do projeto, os parlamentares afirmaram que esses tipos de crimes têm gerado prejuízos aos produtores rurais e estão em pleno crescimento em todo o País. E, conforme dados da Secretaria de Agricultura, somente no Rio Grande do Sul, o abigeato (furto de animais) é

tipificada para essa finalidade — *semovente domesticável de produção* — é de uma ambiguidade terrível, demandando profunda reflexão, e possibilita graves divergências a respeito de seu alcance e de seu significado específico. Por esse motivo, torna-se, no mínimo, imprópria para a definição de qualquer conduta criminosa. Pode-se questionar a sua impropriedade por várias razões, das quais destacaremos apenas algumas, aquelas que têm reflexos diretos na tipificação propriamente da conduta incriminada, por ofender o princípio da tipicidade estrita.

Abigeato é uma modalidade de furto de animais do campo e das fazendas, dentre os quais se destaca o gado *(vacum)*[74]*, e tem por característica básica o fato de ser praticado, normalmente, durante o período noturno, haja vista a escuridão ou a pouca vigilância, que facilitam a execução do delito e também tornam difícil a identificação do agente praticante. Trata-se, em outros termos, da subtração de animais* destinados ao abate, animais de carga ou leiteiros, os quais são criados no campo e nas fazendas, ou seja, em locais que se caracterizam por certa clandestinidade em razão da grande dificuldade de sua proteção e vigilância.

Diante dessas características, *venia concessa*, não nos parece adequado equiparar, acriticamente, a nova modalidade de furto de *semovente domesticável de produção* ao denominado crime de *abigeato*, embora, *lato sensu*, possa, no futuro, numa linguagem não muito técnica, acabar sendo tratado como tal. Inegavelmente, começamos por enfrentar dificuldade para definir e distinguir "semovente domesticável de produção".

Referindo-se a animais, não se pode olvidar que existe uma infindável classificação, mas, para o que aqui interessa, lembramos que existem animais que se agrupam nas seguintes classificações: selvagens, silvestres, domésticos, domesticáveis e domesticados (que não é a mesma coisa). Afinal, a elementar normativa do § 6º — *semovente domesticável* — adapta-se a qual desses grupos? O complemento "de produção" não parece facilitar essa identificação, pois acreditamos que significa, tão somente, que se trata de animais destinados ao abate ou à comercialização.

Acreditamos que facilmente se pode excluir alguns desses grupos, sem maiores dificuldades jurídicas, linguísticas ou mesmo biológicas. Referimo-nos aos animais selvagens e alguns silvestres; os demais podem ser considerados domésticos ou domesticáveis. Para contextualizarmos o debate, devemos observar uma pequena definição de animais selvagens, silvestres e domésticos:

---

responsável por 20% dos abates clandestinos. 'É um crime que gera impactos negativos em toda a sociedade, sobretudo, nas violações à segurança pública, na sonegação de impostos e à saúde pública, já que o consumidor não tem garantia da origem do alimento adquirido. Muitas vezes o produto é vendido clandestinamente para comercialização no varejo: os animais e o abate não passam pela fiscalização sanitária', apontou Afonso Hamm, autor do projeto" (Rogério Sanches, <https://www.cers.com.br/noticias-e-blogs/noticia/lei-1333016-breves--comentarios>. Consulta em: 27-8-2016, 23h45).

74. *Vacum* é o nome científico para o **gado** da espécie dos bovinos e outros ruminantes de chifres de aparência semelhante.

a) *Animais selvagens* são os ferozes, que vivem na selva ou grandes regiões de mata virgem; fazem parte da fauna, isto é, são animais que não se pode ter em casa. São patrimônio do País e dificilmente podem ser domesticados.

b) *Animais silvestres* são todos os que vivem ou nasceram em um ecossistema natural, como florestas, rios e oceanos mas não se confundem com os animais selvagens porque, normalmente, estão mais próximos da população e são pacíficos, apenas podem amedrontar-se com a aproximação das pessoas. Deve-se respeitar o seu espaço, mas podem facilmente ser domesticados, pelo menos alguns deles, v. g., papagaios, macacos, caturritas, entre outros.

c) *Animais domésticos*, por sua vez, são aqueles que não vivem mais em ambientes naturais e tiveram, ao longo do tempo, seu comportamento alterado pelo convívio com o homem. Domesticáveis, portanto, não são, genuinamente, animais domésticos, mas podem ser domesticados.

Os animais domésticos ou domesticados que dependem do ser humano para viver, se alimentar e se abrigar. Enfim, os animais domésticos têm uma relação, pode-se afirmar, de dependência com os seres humanos. Aliás, essa relação é praticamente recíproca, pois o ser humano também tem grande dependência, em relação a eles, inclusive para se alimentar. O próprio IBAMA exemplifica como *animais domésticos* os seguintes: gato, cachorro, cavalo, vaca, búfalo, porco, galinha, pato, marreco, peru, avestruz, codorna-chinesa, perdiz-chukar, canário-belga, periquito-australiano, abelha-europeia, *escargot*, manon, mandarim, entre outros[75].

No entanto, devemos destacar que animais "domésticos" não precisam ser domesticados, pois, via de regra, nascem domesticados, pelo menos na sociedade contemporânea. Logo, *animais domésticos* não se confundem com *animais domesticáveis*, ou, na linguagem do texto legal, *semoventes domesticáveis*, pois já são domésticos. *Domesticáveis* são animais não domésticos, mas que, por sua natureza não feroz, não muito agressiva ao ser humano, com algum treinamento adequado, podem vir a ser domesticados.

Por essas razões, consideramos inadequado denominar "semoventes domesticáveis", de produção ou não, *vacuns*, equinos, suínos, ovinos, caprinos etc., pois esses animais são *domésticos* (e não apenas domesticáveis), tanto que são criados, alimentados, controlados, produzidos e reproduzidos pelo controle humano e, como tais, não precisam ser *domesticados*: nascem domésticos, são domésticos e morrem domésticos. Só é *domesticável* o que não doméstico, seguindo a linha estrutural de nosso vernáculo. Agora, o javali, a capivara, o macaco, o papagaio e a caturrita, por exemplo, são *domesticáveis*, mas esses, teoricamente, não são "semoventes de produção"; consequentemente, não podem ser objeto material dessa qualificadora.

Por fim, a despeito da distinção existente, e que demonstramos acima, entre semoventes domesticáveis e semoventes domésticos, consideramos razoável preten-

75. Fonte: <http://www.beanimal.com.br/index.php/2010/05/20/voce-sabe-a-diferenca-entre-animal-silvestre-domestico-e-exotico/>. Consulta em: 26-8-2016, 00h31.

der que qualquer dos dois — domesticáveis e domésticos ou domesticáveis — possa adequar-se à descrição típica contida no parágrafo *sub examine*, para permitir melhor funcionalidade dessa previsão legal.

11.5.2 Objeto material desta qualificadora

Pelo já exposto, no nosso entendimento, a previsão da Lei n. 13.330/2016 não alcança os animais selvagens, e tampouco os considerados silvestres *lato sensu*. Excepcionalmente, contudo, os animais silvestres que forem domesticados e puderem ser objeto de produção, v. g., o javali, também poderão, excepcionalmente, ser objeto material da qualificadora constante do § 6º do art. 155. Igualmente, não são objeto material dessa figura qualificada os animais domésticos, diríamos, caseiros, tais como galinha, pinto, porco, cabra etc. Nesse particular, discordamos da afirmação de Cleber Masson, para quem, a partir de agora, quem subtrai esses animais não responderia mais por furto simples, mas incidiria nessa qualificadora. Com efeito, assim se manifestou, *verbis*: "Desse modo, se o agente subtrai semovente domesticável de produção (ex.: um boi, uma galinha, um porco, uma cabra etc.), ele não mais responderá pela pena do *caput* do art. 155 do CP e sim por este § 6º"[76].

Aliás, quando se quer falar, numa linguagem simplória, em *crimes de bagatela*, utiliza-se frequentemente como exemplo o "furto de galinha". Por simples lógica, o legislador não teria transformado mero "furto de galinha" em um crime grave (pela pena cominada), a despeito de sabermos que o legislador brasileiro não tem sido nada coerente e muito menos lógico.

Na realidade, se o legislador pretendia coibir o crime de *abigeato*, como demonstram os debates do referido projeto, por que não o fez diretamente, usando o próprio termo *abigeato*, que é de todos conhecido e evitaria maiores complexidades na valoração de sua abrangência? De qualquer sorte, para simplificar e evitar exageros interpretativos, deve-se concebê-lo como tal, ou seja, como *abigeato*, tendo como objeto material da conduta aqui qualificada a subtração de animais destinados ao abate, animais de carga ou leiteiros, criados no campo e na fazenda, ou nos modernos confinamentos de produção (sistema intensivo de produção), a despeito de não se caracterizarem pela clandestinidade.

11.5.3 Subtração de semovente domesticável de produção

O verbo da conduta nuclear desta qualificadora é o mesmo do *caput* do crime de furto, qual seja, "subtrair", que significa, repetindo, tirar às escondidas, retirar, surrupiar o objeto da subtração, no caso, semovente domesticável de proteção, por isso consideramos desnecessário desenvolver esse aspecto aqui. Contudo, o objeto da subtração não é qualquer coisa móvel, como ocorre na hipótese do *caput*: apenas "semovente domesticável de produção" configurará essa qualificadora. Assim, a

---

76. Cleber Masson, in <http://www.dizerodireito.com.br/2016/08/breves-consideracoes-sobre-o-furto-e.html>. Consulta em: 26-8-2016, 18h41.

subtração de qualquer outro semovente (entenda-se animal não domesticável) não se adequará a esse tipo penal qualificado de furto.

Essa é a razão da nossa preocupação em definir com a maior precisão possível o que significa "semovente domesticável de produção", pois se trata de uma elementar normativa constitutiva desse tipo qualificado. Admitir qualquer outro semovente que não exatamente o descrito nessa qualificadora significa ampliar, indevidamente, a abrangência desse tipo penal, punindo injustamente, com toda essa gravidade, conduta que não apresenta correspondência típica com o descrito no § 6º do art. 155.

Por fim, é preciso muito cuidado com a seguinte elementar constitutiva do tipo qualificado: "ainda que abatido ou dividido em partes no local da subtração". Significa dizer que não apenas a subtração do semovente vivo e inteiro é criminalizado; o animal *abatido e dividido em partes, ou não, configura a qualificadora*. Contudo, deve-se atentar para o fato de que comprar ou adquirir partes ou pedaços de carne (picanha, costela, fraldinha etc.) no comércio, açougues, mercados, mercearias etc., produto de furto ou abigeato, não configura essa qualificadora, por si só, porque referida elementar típica exige mais: que o abate ou a divisão em partes do semovente ocorra *no próprio local da subtração*. Faltaria, no mínimo, o *elemento subjetivo* da ação, o dolo, e sem dolo não há crime; ressalva-se, desde logo, a possibilidade de um crime de receptação, que será examinado em sede própria.

A razão para essa restrição que destacamos — "no local da subtração" —, além de integrar a descrição típica, constitui uma elementar normativa espacial/temporal, devendo, por conseguinte, o "esquartejamento" da *res furtiva* ocorrer no local e no momento da subtração do semovente.

11.5.4 A sanção cominada — qualificadoras simultâneas

A sanção cominada — dois a cinco anos de reclusão — limita-se à pena de prisão, pois se deixou de cominar a pena de multa, a exemplo do que ocorre com a qualificadora de furto de veículos. As demais qualificadoras (§ 4º) cominam reclusão de dois a oito anos, cumulada com pena de multa, a exemplo do que ocorre com a previsão do *caput*.

Teoricamente, com essa previsão o legislador criou certo paradoxo, na medida em que as demais qualificadoras aplicam pena mais grave, além de cominarem também a pena pecuniária. Nesse sentido, destaca Vicente de Paula Rodrigues Maggio[77]: "Para exemplificar, antes da nova lei, um furto de um semovente qualificado pela destruição ou rompimento de obstáculo, ou com abuso de confiança, ou mediante concurso de pessoas (CP, art. 155, § 4º, I, II e IV) teria uma pena em abstrato de reclusão, de 2 a 8 anos. Com o reconhecimento da nova qualificadora, o mesmo delito terá uma pena em abstrato de reclusão, de 2 a 5 anos".

---

77. Vicente de Paula Rodrigues Maggio. Furto e receptação de semovente domesticável de produção, in <http://vicentemaggio.jusbrasil.com.br/artigos/369425204/furto-e-receptacao--de-semovente-domesticavel-de-producao>, acesso em 26-8-2016, 20h34.

Dizemos "teoricamente" porque, a rigor, na nossa concepção, trata-se de uma qualificadora de menor gravidade, a qual, aliás, na nossa avaliação, ficaria melhor e seria mais técnica como *causa de aumento*, pois traria menos dissabores, apresentando melhor *funcionalidade*. Com efeito, a aplicação dessa qualificadora afastará as demais, que são relacionadas ao meio de execução do crime de furto (§ 4º). A coexistência das outras qualificadoras (que cominam penas mais graves) deverá ser aplicada, no máximo, como circunstâncias judiciais, se houver correspondência de previsão legal.

Rogério Sanches, relativamente à ocorrência simultânea de qualificadoras no crime de furto, levanta uma questão muito interessante, *verbis*:

"No entanto, sabendo que esse tipo de crime, especialmente quando envolve a subtração dos animais vivos, quase nunca é praticado por um só agente, mas em concurso, com rompimento de obstáculos e uso de via anormal para ingressar na propriedade rural (escalada), pergunta-se: os furtadores vão responder pelo crime de furto qualificado pelo § 6º (punido com 2 a 5 anos) ou pelo § 4º (punido com 2 a 8 anos, em razão do rompimento de obstáculos, escalada e/ou concurso de pessoas)?".

Sem uma reflexão mais aprofundada, acreditamos que deve prevalecer a qualificadora do § 6º, em razão do *princípio da especialidade*. Ademais, as outras qualificadoras poderão, no máximo, ser aplicadas se houver correspondência, como *circunstância judicial* (art. 59). Aliás, falando na ocorrência de mais de uma qualificadora, simultânea, Rogério Sanches sintetiza seu entendimento doutrinário da seguinte forma: "nas hipóteses de coexistência de qualificadoras, não existindo entre elas relação de especialidade — mas pluralidade de circunstâncias —, deve prevalecer aquela que pune o comportamento do criminoso com mais rigor, sob pena de se violar os princípios da proporcionalidade e da razoabilidade. A outra deve ser considerada pelo magistrado na fixação da pena-base, salvo se prevista também como agravante, caso em que será aquilatada pelo juiz na segunda fase da aplicação da reprimenda"[78].

Contudo, relativamente à ocorrência de mais de uma qualificadora do mesmo fato, passamos a adotar outra posição, embora reconheçamos a correção da orientação seguida por Sanches. Alguns aspectos de ordem dogmática levaram-nos a reformular nosso entendimento, no sentido que passamos a expor a seguir.

Doutrina e jurisprudência, acriticamente, têm admitido, na hipótese de duas qualificadoras, a *conversão* de uma delas em agravante legal ou em causa de aumento, desde que sejam observadas algumas peculiaridades em respeito à tipicidade estrita. Demonstraremos, no entanto, algumas *dificuldades* para superar questões de ordem jurídico-dogmática a fim de legitimar essa questionável *praxis judicial*. Imagine-se, exemplificativamente, o motivo torpe, que, além de qualificadora do homicídio, constitui, igualmente, uma agravante descrita no art. 61, II, *a*, do CP. Mesmo assim,

---

78. Rogério Sanches Cunha, in <https://www.cers.com.br/noticias-e-blogs/noticia/lei-1333016-breves-comentarios>, acesso em 27-8-2016, 23h45.

essa qualificadora do homicídio não poderia ser convertida na agravante similar constante do dispositivo último citado, porque o seu próprio *caput* o proíbe.

Um Estado Democrático de Direito não transige com *responsabilidade penal objetiva*, tampouco com interpretações analógicas *in malam partem*, como ocorre, por exemplo, na *conversão de uma qualificadora* (a 2ª reconhecida para o mesmo crime) *em uma agravante legal*, inclusive em crimes da competência do Tribunal do Júri. Aliás, a impropriedade decorre da própria tipificação dessas agravantes e, fundamentalmente, em respeito à *soberania da instituição do Júri*, mantida pela atual Constituição Federal (art. XXXVIII, *c*).

Com efeito, dogmaticamente, a existência de *duas qualificadoras não autoriza* o julgador a adotar a segunda como *circunstância genérica ou causa de aumento*, a ser valorada na segunda ou terceira operação da dosimetria da pena, a despeito da orientação jurisprudencial majoritária. Na verdade, estamos propondo uma revisão doutrinário-jurisprudencial desse entendimento, por razões jurídico-constitucionais. Passamos a sustentar que eventual majoração da punição decorrente dessa *conversão* de uma categoria jurídica em outra (qualificadora em agravante) deve ser suprimida da *praxis* judiciária. Ocorre que o legislador não conferiu ao magistrado essa *discricionariedade — alterar a categoria jurídico-dogmática de institutos penais* — no *processo de individualização da pena* do agente, inclusive alterando a metodologia de sua aplicação.

Sendo adotado esse procedimento em primeiro grau — inclusive em crimes da competência do Tribunal do Júri —, deve-se rever o cálculo da pena, fixando a pena-base entre os limites mínimo e máximo previstos para o crime qualificado, com uma ou mais qualificadoras, como se fosse única. Referidas *qualificadoras* — não importa quantas — integram a própria tipificação da figura qualificada, dela não podendo ser afastadas principalmente para agravar a situação do acusado, aumentando a sua punição.

As *qualificadoras do crime* não são meros acessórios ou simples características que apenas circundam o crime, como as agravantes e majorantes; são verdadeiras *elementares* que *compõem* ou *constituem* o próprio tipo penal qualificado, e, como tais, não podem dele ser retiradas para serem valoradas, em separado, para majorar a própria pena cominada ao "crime qualificado como um todo". A rigor, não se pode ignorar que as *qualificadoras* integram, como *elementares normativo-subjetivas*, o próprio tipo penal, por isso a impossibilidade de serem extirpadas para serem valoradas em outra etapa da dosimetria penal, especialmente em um sistema penal que adota o critério trifásico. Entendimento diverso, *mutatis mutandis*, significa autorizar, em determinadas circunstâncias, o julgador a retirar certas elementares do tipo penal, *decompondo-o*, para compor, completar ou integrar agravantes ou majorantes a fim de elevar a pena final definitiva do acusado. Em outros termos, o magistrado poderia "jogar" com o tipo penal, desconstituindo-o ou alterando-o de acordo com as conveniências ou as circunstâncias processuais ou procedimentais, violando gravemente o *princípio da tipicidade estrita*.

Enfim, a existência de *mais de uma qualificadora* não serve para agravar mais a pena-base ou a pena provisória, pois a variedade ou pluralidade de qualificadoras previstas serve somente para ampliar as hipóteses que podem *qualificar* um crime, mas sua ocorrência simultânea em uma mesma conduta criminosa não autoriza a extrapolar o limite mínimo fixado em cada tipo penal.

Em outros termos, a pluralidade de qualificadoras em uma mesma conduta deve receber o mesmo tratamento que se atribui aos chamados crimes de *ação múltipla* ou *de conteúdo variado*, ou seja, aqueles crimes cujo tipo penal contém várias modalidades de condutas, e, ainda que sejam praticadas mais de uma, haverá somente um único crime (v. g., arts. 122, 180 e 234 do CP, ou arts. 33 e 34 da Lei n. 11.343/2006). Assim, a segunda ou terceira qualificadoras em um mesmo crime não podem multiplicar sua punição, pois ela já está integrada na valoração da pena mínima cominada.

Por essas razões é inadmissível, na nossa concepção, a utilização de *qualificadoras* deslocadas do tipo penal, para a segunda ou terceira fase do cálculo da pena, convertidas em agravantes ou majorantes, pois isso infringiria o disposto no *caput* do art. 61, que determina, *verbis*: "São circunstâncias que sempre agravam a pena, *quando não constituem ou qualificam o crime*".

Há, a rigor, uma absoluta *inadequação típica*, na medida em que esse dispositivo legal somente admite como agravante "circunstância que não constitua ou qualifique o crime". Ora, a impossibilidade dessa *conversão* de qualificadora em circunstância agravante é de uma clareza meridiana: o texto legal exclui expressamente a aplicação de qualificadora como agravante, pela singela razão de que qualificadora é elementar constitutiva de um tipo penal qualificado, e, como tal, não pode dele ser separada para funcionar, autonomamente, como agravante. Afirmar que tal *qualificadora* não está sendo aplicada como "qualificadora" não a desnatura, isto é, não lhe retira a natureza de "circunstância que qualifica o crime"; consequentemente, argumentar diferentemente é burlar a proibição do *caput* do art. 61 do CP.

Com efeito, a proibição do *caput* não é apenas de referida circunstância qualificadora ser aplicada nas duas funções, simultaneamente, pois isso seria uma obviedade ululante; na verdade, o dispositivo legal proíbe a utilização de qualificadora como agravante legal, independentemente de ser aplicada simultaneamente como qualificadora.

O máximo que se poderá admitir, mesmo com reservas — sem violentar o sistema trifásico da dosimetria penal e, principalmente, a estrutura tipológica dos crimes qualificados e o princípio da tipicidade estrita —, será valorar uma segunda ou terceira qualificadora como *circunstância judicial*, na definição da pena-base, desde que adequada a alguma delas. Mas, nessa hipótese, não pode ser supervalorizada, pois, assim, seria uma *agravante* disfarçada de circunstância judicial, burlando o sistema trifásico. Nessa linha, inadmitindo adoção da segunda qualificadora como agravante ou majorante, destacamos decisão do Colendo Tribunal de Justiça de Minas Gerais, *verbis*:

"PENAL — APELAÇÃO CRIMINAL — HOMICÍDIO DUPLAMENTE QUALIFICADO — PENA — REDUÇÃO — NECESSIDADE — CONCURSO DE

QUALIFICADORAS. Existindo mais de uma qualificadora no crime de homicídio, uma delas deve qualificar o delito enquanto as demais devem ser tidas para aumentar a pena-base quando da aplicação da pena na 1ª fase dosimétrica, e não como agravante genérica na 2ª fase" (TJMG, 4ª CCrim, Ap. 1.0392.11.001313-3/001, rel. Des. Júlio Cezar Guttierrez, v. u., j. 23-1-2013, pub. *DJe* de 31-1-2013). No mesmo sentido: TJMG, 3ª CCrim., Ap. 10525.07.108744-5/002, rel. Cruvinel, v. u. j. 8-6-2010; pub. *DJe* de 29-7-2010).

No Superior Tribunal de Justiça o entendimento é diverso e mais flexível, por permitir a utilização da circunstância como agravante caso sejam legalmente previstas: "Sobre as agravantes decorrentes das qualificadoras remanescentes do crime de homicídio, o acórdão recorrido está em sintonia com o entendimento deste STJ, segundo o qual, na existência de múltiplas qualificadoras, uma delas é empregada para utilizar o crime, enquanto as qualificadoras remanescentes podem ser utilizadas na segunda fase da dosimetria da pena, caso correspondam a agravantes legalmente previstas, ou residualmente como circunstâncias judiciais, na primeira etapa" (STJ, AgRg no HC n. 887.263/SP, rel. Min. Ribeiro Dantas, Quinta Turma, julgado em 15-4-2024, *DJe* de 18-4-2024).

Por todos esses fundamentos, concluindo, havendo mais de uma qualificadora do crime, nenhuma delas pode migrar para o campo das agravantes ou causas de aumento, mesmo que o conteúdo da referida *qualificadora* também seja previsto como agravante ou majorante, pois repercutirá sobre a pena-base, indevidamente, e desrespeitará o sistema trifásico consagrado no art. 68 do CP. Ademais, essa migração de elementares constitutivas do tipo qualificado representará inadmissível *interpretação extensiva ou intepretação analógica* em prejuízo do acusado.

Finalmente, tratando-se de *qualificadora objetiva*, não há nenhum óbice que se possa reconhecer, ao mesmo tempo, à *privilegiadora* constante do § 2º deste art. 155, nos termos da Súmula 511 do STJ, com o seguinte verbete: "É possível o reconhecimento do privilégio previsto no § 2º do art. 155 do CP nos casos de crime de furto qualificado, se estiverem presentes a primariedade do agente, o pequeno valor da coisa e a qualificadora for de ordem objetiva".

11.6 *Alterações na tipificação dos crimes de furto e de roubo introduzidas pela Lei n. 13.654/2018*

A Lei n. 13.654, de 23 de abril de 2018, alterou a redação dos arts. 155 e 157, ambos do Código Penal, dispondo sobre os *crimes de furto qualificado* e de *roubo* quando envolvam *material explosivo* e, especificamente, sobre o crime de roubo praticado *com emprego de arma de fogo* ou do qual resulte *lesão corporal de natureza grave*. Alterou, igualmente, a Lei n. 7.102, de 20 de junho de 1983, determinando às instituições financeiras ou similares que disponibilizem caixas eletrônicos a instalar equipamentos especiais para inutilizar cédulas de moeda corrente "em caso de arrombamento, movimento brusco ou alta temperatura". Como esta lei não tem conotação penal, pelos menos diretamente, não a abordaremos neste contexto.

11.6.1 Duas novas qualificadoras: meio de execução e objeto da subtração

Quanto ao crime de furto, a referida lei incluiu dois parágrafos neste art. 155, quais sejam, o § 4º-A e o § 7º. Com o primeiro criou uma nova modalidade de "furto qualificado", pelo "emprego de explosivo ou de artefato análogo que cause perigo comum", cujas sanções são "reclusão de 4 a 10 anos e multa"; e, com o segundo, criou outra figura qualificada quando o *objeto da subtração* for *substâncias explosivas ou acessórios* que permitam sua montagem, cominando as mesmas sanções penais. Ambos os parágrafos trouxeram duas inovações específicas: a inclusão de explosivo e substâncias explosivas como qualificadoras de crimes contra o patrimônio, bem como a equiparação da pena de reclusão cominada àquela prevista para o crime de roubo simples (*caput* do art. 157).

11.6.2 Emprego de explosivo ou artefato análogo

Pela previsão do § 4º-A, se o crime de furto for praticado com "emprego de explosivo ou de artefato análogo", configura a *qualificadora especial*, cujas penas são de quatro a dez anos de reclusão e multa. Ou seja, *explosivo* ou *substâncias explosivas,* que eram ignorados nos crimes contra o patrimônio, agora podem ser *meio* para a subtração de coisa alheia móvel, como também *objeto material* da subtração, nos termos do § 7º. Inegavelmente, essas duas previsões legais direcionam-se ao combate dos frequentes e insuportáveis estouros de caixas eletrônicos bancários, agora não apenas nas grandes cidades, mas em qualquer lugar do Brasil para subtração dos valores neles depositados.

Explosivo é qualquer *objeto ou artefato* (aliás, agora aqui equiparado a explosivo) capaz de provocar explosão ou qualquer corpo capaz de se transformar rapidamente em uma explosão. O *emprego de explosivo* pode ocorrer pelo manuseio de dinamite ou qualquer outro material explosivo, v. g., bomba caseira, coquetel *molotov* etc. Já "artefato análogo" que causa *perigo comum* é aquele que se assemelha a explosivo e produz efeitos similares. Por exemplo: coquetel *molotov* — mistura líquida inflamável contida no interior de uma garrafa de vidro e com um pano embebido do mesmo combustível na mistura de um pavio. Enfim, qualquer "artefato" que, manipulado ou "trabalhado", pode tornar-se um material causador de explosão. Aliás, acreditamos que a utilização de material altamente inflamável em ambiente fechado, como residência habitada ou em estabelecimento com a presença de inúmeras pessoas, pode configurar a elementar normativa "artefato análogo que cause perigo comum". Somente as circunstâncias do casuísmo permitirão a sua adequada interpretação.

11.6.2.1 *Elementar típico-normativa: meio que cause perigo comum*

De notar-se, ademais, que do "emprego de explosivo ou de artefato análogo" podem produzir-se consequências díspares para efeitos de adequação típica, na medida em que são de natureza distinta em termos de potencialidade lesiva. Com efeito, o *emprego de explosivo* produz, automaticamente e por seu potencial lesivo, real perigo gravíssimo, de proporções imprevisíveis, e, por isso, o texto legal se satisfaz, para sua tipificação, com o seu "emprego", presumindo-o, na verdade, *capaz de causar perigo comum*. Por outro lado, se a prática do furto for realizada com o "emprego de artefato análogo" não será suficiente que resulte "perigo potencial", isto é, meramente possível, sendo indispensável que se trate de perigo efetivo, concreto, real, como se dessume da locução "que cause perigo comum". Ademais, na nossa concepção, essa elementar típica destina-se somente à utilização de "artefato análogo", o qual não tem a mesma potencialidade lesiva, não sendo aplicável ao "emprego de explosivo", cuja *causação de perigo comum* é presumida *iuris et de iuri* (presunção absoluta).

11.6.2.2 *Coexistência de duas qualificadoras no crime de furto*

O legislador contemporâneo olvidou-se de revogar o inciso I do § 4º deste art. 155, o qual *qualifica o crime de furto* praticado "com destruição ou rompimento de obstáculo". Não se ignora, por outro lado, que a *utilização de explosivos* para a prática do crime de furto decorre exatamente da existência de *obstáculo à subtração da coisa*, por exemplo, os assaltos aos caixas eletrônicos bancários, que aterrorizam a população urbana nos últimos anos. Na hipótese do § 4º-A podem ocorrer, simultaneamente, duas qualificadoras, quais sejam, esta do novo diploma legal (§ 4º-A) e aquela do inciso I do § 4º acima mencionado, que não foi revogado e tampouco derrogado. Logicamente, pelo *conflito aparente de normas*, ambas não podem ser aplicadas ao mesmo fato; por isso, deve-se aplicar somente a nova qualificadora, que é a mais grave, mas também a mais recente, com força, inclusive, de derrogar o texto anterior, a exemplo do que estabelece o art. 68, *in fine*. O *rompimento de obstáculo* — assim como eventual *escalada de obstáculo* — poderão ser utilizados no cálculo da pena, como circunstância do crime, logicamente com o peso de uma circunstância judicial.

11.6.3 Substâncias explosivas ou acessórios como objeto da subtração (§ 7º)

Por outro lado, a Lei n. 13.654/2018, com a inclusão no art. 155 do § 7º, também pune com reclusão de 4 (quatro) a 10 (dez anos) e multa a *subtração de substâncias explosivas ou de acessórios* que, conjunta ou isoladamente, possibilitem sua fabricação, montagem ou emprego. Pune-se, a rigor, com maior severidade a simples *subtração de explosivos ou de acessórios*, por sua própria natureza e finalidade. *In casu*, não se pune a utilização, como *meio*, de substâncias explosivas (ao contrário da previsão do § 4º-A), mas por *tê-las* como *objeto da subtração*, cujo objetivo — e a realidade cotidiana de nosso país tem demonstrado — é conseguir material explosivo para a prática de crimes. O legislador já pune com maior severidade o crime de *furto*, em razão da natureza e finalidade do objeto, como ocorre com a conduta descrita no § 5º deste mesmo artigo (subtração de veículo automotor).

Na hipótese deste § 7º, a gravidade da punição decorre não apenas do valor do objeto material — *substâncias explosivas ou de acessórios* similares —, mas do maior *desvalor da ação* pela *natureza e finalidade* do seu objeto (utilização para prática de outros crimes), ou seja, pelos gravíssimos danos que o objeto da ação propriamente — *material explosivo* — pode causar à sociedade em um futuro imediato. Dito de outra forma, a *gravidade da ação tipificada* não decorre da sua forma de execução ou do meio utilizado, mas do *desvalor da própria ação* executada em razão direta da natureza do objeto da subtração (subtração de material explosivo).

11.6.4 Furto qualificado (art. 155 do CP) *versus* crime de explosão (art. 251 do CP)

Para autores do crime de furto com o emprego de explosivo, antes desta lei, estavam sendo imputados, em regra, o crime de "furto qualificado pelo rompimento de obstáculo" cumulado (concurso formal impróprio) com o crime de "explosão" (art. 251) majorado pelo fato de o crime ter sido cometido com intuito de obter *vantagem pecuniária*. Além disso, imputavam-se, quando fosse o caso, os crimes de associação criminosa ou de organização criminosa, dependendo das circunstâncias tipificadoras de cada infração penal. A partir da nova tipificação da Lei n. 13.654, fica inviabilizada a aplicação em concurso com o crime de explosão (art. 251), na medida em que a "explosão" está tipificada como nova qualificadora do crime de furto.

Antes dessa tipificação, somadas as penas do *furto qualificado* com as da *explosão majorada*, resultavam superiores as novas penas cominadas, tomando-se por base as penas mínimas cominadas. Logo, da nova cominação penal decorre punição menos severa, comparando-se com a que vinha sendo praticada. Decorre dessa constatação a necessidade de aplicar-se retroativamente (art. 2º, parágrafo único do CP) a nova previsão legal aos infratores, mesmo já condenados, por fatos anteriores à sua vigência. Assim, por exemplo, alguém condenado pelo crime de "furto qualificado" em concurso formal impróprio com "explosão majorada" pode ser beneficiado pela retroatividade benéfica da nova qualificadora.

11.6.5 A tipificação do crime de roubo recebeu várias modificações da Lei n. 13.654/2018

Na configuração do crime de roubo, a Lei n. 13.654 realizou várias alterações, sendo duas delas relativas ao § 2º do art. 157 — revogando um inciso e acrescentando outro. Aproveitou para inserir um novo parágrafo, o 2º-A, além de atribuir nova redação ao § 3º, do mesmo dispositivo, conforme demonstraremos adiante. Relativamente às novas "majorantes" previstas para o crime de *roubo*, convém destacar desde logo, o legislador simplesmente "transportou", digamos assim, as mesmas hipóteses que incluiu como as duas novas qualificadoras do crime de furto, sem tirar nem pôr, como veremos adiante. A Lei n. 13.964/2019, por sua vez, fez apenas dois acréscimos ao crime de roubo: incluiu o inciso VII no § 2º e incluiu o § 2º-B. As demais inovações ocorreram por conta da Lei n. 13.654/2018.

11.6.5.1 *A revogação do inciso I do § 2º do art. 157*

Primeiramente, revogou-se o inciso I do § 2º do art. 157 do CP, o qual aumentava a pena do roubo de um terço até metade se a *violência ou grave ameaça* fosse exercida com "emprego de arma", sem fazer distinção entre *arma branca* e *arma de fogo*. Essa revogação do inciso I do § 2º constitui, inequivocamente, previsão legal mais benéfica (*novatio legis in mellius*), devendo, portanto, retroagir para atingir todos os roubos praticados com emprego de arma branca antes da vigência deste diploma legal.

Inegavelmente, o legislador optou por excluir da abrangência da majorante os objetos ou artefatos (considerados arma branca) que, embora possam ser utilizados para ferir ou intimidar alguém, não foram concebidos para essa finalidade. Em compensação, a pena para o *roubo* praticado com o uso de *arma de fogo* tornou-se muito mais severa, pois a majoração fixa é de dois terços, sendo lícito afirmar que atinge o nível de gravidade de uma verdadeira "qualificadora" do crime de roubo, não fosse a metodologia estrutural das qualificadoras, que tipificam verdadeiro "tipo penal qualificado", com a cominação de mínimo e máximo para esse tipo de figura penal.

Não se ignora, diga-se de passagem, que a conduta de utilizar *arma de fogo* é consideravelmente mais grave que o uso de *arma branca* para a prática da mesma espécie de crime, pelas consequências que podem produzir. No entanto, a revogação expressa do referido inciso pelo novel diploma legal não pode ser ignorada, buscando dar interpretação que acabe anulando essa previsão legal. Assim, na hipótese de crime praticado com *arma branca* (v. g., faca, canivete etc.) abriu-se uma lacuna, exigindo-se que doutrina e jurisprudência encontrem a solução mais adequada para essa circunstância, sem ignorar a *mens legis*. Logicamente, haverá algumas possíveis alternativas. Poder-se-á, por exemplo:

a) reconhecer-se que o legislador desejou (*mens legislatoris*), simplesmente, equiparar o roubo praticado com arma branca ao roubo simples (art. 157, *caput*, do CP), devendo-se, contudo, ter presente que a publicação da lei acrescenta-lhe autonomia e, por isso, deve ser interpretada de acordo com os métodos específicos para interpretação de toda norma penal;

b) considerar-se que a utilização de *arma branca* deva ser avaliada pelo julgador na primeira fase do cálculo da pena, como *circunstância judicial* (art. 59 do CP), na nossa concepção, como "circunstância do crime", reputando-a como negativa, não se olvidando, contudo, o que o dispositivo legal em apreço elenca.

11.6.5.2 *Acréscimo trazido pelo inciso VI ao § 2º do art. 157 — subtração de substâncias explosivas ou de acessórios*

O art. 157 recebeu, como nova *causa de aumento*, o acréscimo do inciso VI ao § 2º, prevendo o aumento da pena do roubo de um terço até metade se a subtração for de *substâncias explosivas ou de acessórios* que, conjunta ou isoladamente, possibilitem sua fabricação, montagem ou emprego. Constata-se que o legislador adotou aqui para o crime de roubo, como *causa de aumento*, o conteúdo que acresceu, como *qualificadora*, ao crime de furto, prevista pelo novo § 7º, razão pela qual se admite a utilização das mesmas considerações que lá fizemos.

Pune-se com maior rigor, a exemplo do *furto qualificado*, a simples *subtração de substâncias explosivas ou de acessórios*, por sua própria natureza e finalidade, qual seja, possibilitar sua fabricação, montagem ou emprego como explosivo, que, certamente, será para a prática de outros crimes. Não se pune a utilização, como *meio*, de *substâncias explosivas*, que seria mais grave, mas pelo simples fato de ser *objeto da subtração*, na presunção, *iuris et de iuri*, de que se destinam à prática de crimes. Somente presunção dessa natureza pode justificar majoração de tal gravidade em razão do objeto da subtração, consideração que, aliás, vale também para a hipótese da qualificadora correspondente prevista para o crime de furto (§ 7º do art. 155).

11.6.5.3 *A inclusão do § 2º-A ao art. 157 do CP prevê duas causas especiais de aumento de pena*

A anatomia do crime de *roubo* em nosso Código Penal, ao contrário do que ocorre com o crime de *furto*, não contempla a tipificação de qualificadoras, limitando-se a consagrar em sua definição *causas de aumento* (majorantes). O novo diploma legal *sub examine* segue essa orientação prevendo mais duas *causas de aumento* que, por sua gravidade e adotando aumento fixo, teria sido mais feliz se, finalmente, as tivesse incluído como *qualificadoras*, pois assim, pelo menos, permitiria ao julgador dosar melhor a pena em cada caso concreto, com limites mínimo e máximo. Na verdade, as novas *causas de aumento* trazem grave exasperação, na medida em que cominam, de forma fixa, a elevação da pena-base em dois terços, impedindo a adequação, pelo julgador, às circunstâncias fáticas e à gravidade da situação. Faltou, na realidade, um pouco de criatividade ao legislador que, para o crime de *roubo*, repetiu as mesmas hipóteses que incluiu como qualificadoras do crime de furto, quais sejam, *subtração de substâncias explosivas ou de acessórios* (§ 2º, VI) e *emprego de explosivo ou de artefato análogo* (§ 2º-A, II).

11.6.5.4 *Se a violência ou ameaça é exercida com emprego de arma de fogo*

Quanto à *arma de fogo*, a causa de aumento permanece, embora tenha sido excessivamente exasperada para dois terços, pois foi incluída pelo § 2º-A, I, ao artigo *sub examine*. A previsão expressa de *violência* ou *ameaça* exercida com emprego de *arma de fogo* exclui a *majoração* quando qualquer delas for realizada com a utilização de *arma branca*, e, principalmente, pela revogação do inciso I do § 2º, que admitia arma de qualquer natureza. Essa causa de aumento — *emprego de "qualquer arma"* — previa a majoração de pena de um terço até metade (antigo inciso I do § 2º). Trata-se, portanto, de *novatio legis in pejus*, não podendo retroagir a fatos anteriores à sua vigência.

Segundo a dicção do texto legal, é necessário o *emprego efetivo* de *arma de fogo*, sendo insuficiente o simples *portar*, uma vez que a tipificação legal condiciona *ser a violência ou grave ameaça* "exercida com emprego de arma de fogo", e "empregá-la" significa uso efetivo, concreto, real, isto é, a utilização de *arma de fogo* no cometimento da violência. Não era outro o magistério de Sebastian Soler que, ao comentar o Código Penal argentino, com previsão semelhante ao nosso, pontificava: "A lei exige que o roubo tenha sido cometido com armas, o que não quer dizer que o ladrão apenas as *tenha*, razão pela qual acreditamos sinceramente infundado levantar dúvidas a esse respeito ante o texto de nossa lei. Outras leis, não a nossa, merecem censura por referir-se ao mero fato de portá-la"[79].

11.6.5.5 *Destruição ou rompimento de obstáculo mediante o emprego de explosivo ou de artefato análogo que cause perigo comum*

Cabe aqui a mesma análise realizada no item 11.6.2, relativo ao emprego de explosivo ou artefato análogo na prática do crime de furto, para onde remetemos o prezado leitor. Destina-se, contudo, esta previsão à hipótese corriqueira de *roubos* praticados contra empresas transportadoras de valores ou caixas eletrônicos, em que criminosos utilizam explosivos para destruir carros-fortes, caixas eletrônicos, portas e paredes, objetivando apoderar-se dos valores transportados ou armazenados.

De plano, pode-se afirmar que, basicamente, o que dissemos para o crime de *furto* aplica-se ao crime de *roubo*, sendo desnecessário repeti-lo por inteiro, relativamente ao "emprego de explosivo ou de artefato análogo que cause perigo comum". Com efeito, na execução do crime de *roubo*, se houver "destruição ou rompimento de obstáculo mediante o emprego de explosivo ou de artefato análogo", configurará esta majorante especial, sendo a pena aplicada elevada, obrigatoriamente, em dois terços. Denominamos "especiais" as novas *majorantes do crime roubo*, por serem extremamente graves, para distingui-las das anteriormente previstas. Configurando-se, simultaneamente, qualquer das outras majorantes (causas de aumento), o julgador poderá, nos termos do art. 68 do CP, aplicar somente uma delas, no caso, a que mais aumente, ou seja, a "especial", prevista no § 2º-A. Considerando a gravidade dessas ditas *causas especiais*, acreditamos que o magistrado deverá aplicar somente uma delas, a mais grave, para evitar indevida punição excessiva.

A elementar normativa "destruição ou rompimento de obstáculo", copiada do crime de furto qualificado (art. 155, § 4º, I), apresenta duas hipóteses distintas: destruição e rompimento. *Destruir* significa desfazer completamente o *obstáculo*, demoli-lo, ao passo que *romper* é arrombar, arrebentar, cortar, serrar, perfurar, deslocar ou forçar, de qualquer modo, o obstáculo, com ou sem dano à substância da coisa. Há *destruição* quando ocorre a demolição, o aniquilamento ou o desaparecimento de eventual obstáculo que, de alguma forma, sirva de proteção ao objeto da subtração. O *rompimento*, por sua vez, consiste no arrombamento, deslocamento ou supressão do obstáculo, visando facilitar a subtração da coisa alheia. Relativamente à elementar normativa "meio que cause perigo comum", remetemos o leitor para as considerações que fizemos ao examinarmos a mesma elementar constitutiva do crime de *furto qualificado*.

11.6.6 A Lei n. 13.654/2018 alterou a redação do § 3º do art. 157 do CP

Promoveu, por fim, duas modificações no § 3º do art. 157, que qualifica o roubo pela lesão grave e pela morte. Dividiu-o em dois incisos, tratando, individualmente, cada uma dessas causas. Aumentou a pena máxima da lesão corporal grave para dezoito anos. Manteve inalterada a pena pela morte entre 20 e 30 anos de reclusão e

---

79. Sebastian Soler, *Derecho penal argentino*, Buenos Aires, TEA, 1970, v. 4, p. 266.

multa. Por fim, a presente lei entrou em vigor na data de sua publicação, qual seja, em 24 de abril de 2018. As alterações específicas relativas ao crime de roubo serão encontradas no capítulo em que examinamos essa matéria, mas, por razões didáticas e para facilitar o exame comparativo, também foram abordadas aqui.

12. Furto mediante dispositivo eletrônico ou informático

Em relação aos §§ 4º-B e 4º-C, acrescentados ao art. 155 pela Lei n. 14.155, de 28 de maio de 2021, trata-se, inegavelmente, de uma tipificação esdrúxula, prolixa e mal constituída, sem qualquer objetividade, como tem ocorrido frequentemente com as alterações criadas pelo atual legislador. Exige, a rigor, um grande esforço do intérprete para dissecar seus elementos constitutivos, inclusive os *meios* e *modos* utilizados pelo infrator na prática criminosa. O legislador contemporâneo, pelo que se depreende, motivado pelo acréscimo desse *modus operandi* adotado na *subtração da coisa alheia móvel*, qual seja, a utilização da *eletrônica* no crime de furto, decidiu "qualificar" essa conduta considerada fraudulenta pelo legislador, na "subtração da coisa alheia móvel", elevando absurdamente a pena cominada para essa modalidade *de furto qualificado*, qual seja, fixando-a entre 4 (quatro) e 8 (oito) anos de reclusão. Criou subespécies da prática dessa modalidade de crime, utilizando sempre, como meio, *dispositivo informático ou eletrônico*.

Esse texto legal cria três hipóteses dessa qualificadora por meio *eletrônico-virtual*, que classificamos como (i) furto mediante fraude cibernética (com o uso de *dispositivo eletrônico ou informático), (ii) com a utilização de programa malicioso e (iii) por qualquer outro meio fraudulento análogo*, as quais passamos a examinar.

12.1 *Furto mediante fraude cibernética*

Segundo o legislador, a primeira figura qualificada do furto cibernético é a *subtração* da coisa alheia móvel praticada, *mediante fraude* (modo), com o uso de *dispositivo eletrônico ou informático*. E complementa-se a descrição típica, "conectado ou não, à rede de computadores, com ou sem a violação de mecanismo de segurança. É irrelevante, para a definição legal, que referido dispositivo esteja ou não conectado à *rede de computadores* e que haja ou não violação de mecanismo de segurança porventura *existente*. No entanto, a não conexão da rede de computadores praticamente diminui ou até elimina a periculosidade se estiver desconectado da rede de computadores, sem a qual, isto é, sem rede e sem conexão reduz-se consideravelmente o dano que a gravidade dessa ação delituosa poderia produzir. Convém destacar que a gravidade da conduta estando conectado à *internet* (ou similar) é uma e, na sua ausência, será outra consideravelmente inferior, isto é, na hipótese em que não haja tal conexão. Pois, para o legislador a maior gravidade dessa *conduta fraudulenta de subtrair* coisa alheia móvel, ciberneticamente, reside exatamente na utilização da rede mundial de computadores (Internet), na comunicação virtual e instantânea, na maior facilidade de execução (além da maior vulnerabilidade e dificuldade da vítima), quando o infrator se utiliza de *meio eletrônico ou informático*.

Em outros termos, a maior punição dessa forma qualificada de subtração da coisa alheia móvel fundamenta-se, principalmente, *na utilização dessa tecnologia avançada* para *fraudar* ou *ludibriar* a atenção da vítima, mas, na nossa ótica, quando ligada a redes virtuais de comunicação, dificultando e, por vezes, até inviabilizando sua autoproteção patrimonial. Ademais, nessas circunstâncias, qualquer vítima fica totalmente *vulnerável*, à mercê da picardia, da habilidade e da maldade dos denominados "ladrões cibernéticos", justificando-se, na ótica do legislador, a punição desse tipo de crime, com uma pena de reclusão de quatro a oito anos e multa, qual seja, a mesma pena mínima do crime de roubo, que é cometido com violência à pessoa. A maior gravidade da *conduta fraudulenta de subtrair* coisa alheia móvel reside na utilização de *meios eletrônico ou informático* que, segundo a *exposição de motivos*, "explodiram" no período pandêmico, com gravíssimos danos a grande quantidade de vítimas. Em outros termos, a maior punição dessa forma qualificada fundamenta-se, principalmente, na utilização de tecnologia para *fraudar* ou *ludibriar* a atenção da vítima, dificultando e, por vezes, até inviabilizando sua autoproteção pessoal ou patrimonial. Ademais, nessas circunstâncias, qualquer vítima fica totalmente *vulnerável*, à mercê da picardia, da habilidade e, por que não dizer, da maldade dos denominados "ladrões cibernéticos", justificando-se, na ótica do legislador, a qualificação desse tipo de crime.

A rigor, *o texto legal não identifica com segurança a configuração de fraude* no simples *uso de dispositivo eletrônico informático*, especialmente quando desconectada da rede mundial de computadores, que constituiria a *mera utilização da tecnologia moderna*, aliás, usada no quotidiano. Seria *somente a utilização de um meio informático*, nada especial na era informatizada. Poderia, no máximo, *configurar uma agravante legal*, nessas circunstâncias, não mais do que isso, porque a sua utilização em si mesma *não tem nenhum caráter fraudulento*, ardiloso ou artificioso, embora o legislador o tenha considerado como tal. Essa definição demanda uma boa interpretação de nossos Tribunais, especialmente pela gravidade da punição, quem sabe possa considerá-la somente como uma agravante e recepcioná-la como tal, especialmente quando não conectado na rede mundial de computadores ou outras redes similares.

12.2 *Com utilização de programa malicioso*

Contudo, a valoração deve ser outra quando se examina a *segunda modalidade dessa qualificadora*, qual seja, "a utilização de programa malicioso", porque aí, nessa modalidade, reside realmente o *aspecto fraudulento*, pois tal descrição pode ser interpretada efetivamente como modo ou *meio fraudulento, sorrateiro, ardiloso* ou algo semelhante ao uso de *"artifício", justificando-se, inclusive, a equiparação a "qualquer outro meio fraudulento análogo", que o próprio texto legal utiliza.* Essa *elementar típica* representada pela locução "com utilização de programa malicioso", constitui, digamos, uma espécie *sui generis* de modo de execução de *subtração do patrimônio alheio*, mas usando, necessariamente, o mesmo *meio executório*, qual seja, "dispositivo eletrônico ou informático". Muda-se somente o *modo de execução*:

na primeira figura utiliza-se a "subtração mediante fraude", embora não identificada pela descrição legal em que consistiria tal *fraude*. Nesta segunda figura, mantém-se o mesmo "meio" — uso de *dispositivo eletrônico ou informático* — alterando-se somente o "modo" de sua execução, qual seja, "com utilização de programa malicioso". Mas o que seria "programa malicioso"? Não teria sido mais adequado "com a utilização de programa ardiloso, artificioso ou fraudulento", considerando-se que, segundo o texto legal, se trata de "furto mediante fraude" ou fraudulento? Na verdade não, pois, pelo que se depreende do contexto, "programa malicioso" foi utilizado pelo legislador para se referir à utilização de *vírus*, modo pelo qual, na linguagem universal da internet, são denominados os programas maliciosos, modo pelo qual (*malwares*), desenvolvidos com a finalidade de realizar ações danosas, viciadas, criminosas em um computador. Com a instalação de "códigos maliciosos" passam a acessar os dados armazenados em computadores alheios e podem, inclusive, executar ações em nome dos usuários, produzindo ou podendo causar danos incomensuráveis. Daí a utilização adequada dessa terminologia, porque, realmente, de formas variadas, essa conduta pode fraudar não apenas pessoas desavisadas, mas qualquer do povo, com a malícia, habilidade e técnica desses criminosos cibernéticos. Assim, podem, das formas mais diversas, infectar ou comprometer computadores alheios. Destaca-se algumas hipóteses ardilosas ou maliciosas[80]:

a) pela exploração de vulnerabilidades existentes nos programas instalados;

b) pela autoexecução de mídias removíveis infectadas, como *pen-drives*;

c) pelo acesso a páginas *Web* maliciosas, utilizando navegadores vulneráveis; pela ação direta de atacantes que, após invadirem o computador, incluem arquivos contendo códigos maliciosos;

d) pela execução de arquivos previamente infectados, obtidos em anexos de mensagens eletrônicas, via mídias removíveis, em páginas *Web* ou diretamente de outros computadores (através do compartilhamento de recursos).

Nesta figura, embora o texto não o diga expressamente, o infrator adota um comportamento *ardiloso, sorrateiro* ou de qualquer modo dissimulado, obtendo, inclusive, os "dados eletrônicos" da própria vítima ou de terceiro, embora, normalmente, acessem os aparelhos sorrateiramente, sem que a vítima perceba, inclusive à distância. No entanto, esta qualificadora — em suas três modalidades — (a) furto *mediante fraude* com uso de dispositivo eletrônico ou informático; (b) com a utilização de programa malicioso; e (c) ou por *qualquer outro meio fraudulento análogo* — implicam no abuso da boa-fé da vítima, aliás, o *modus operandi* indica esse aspecto. Poder-se-ia afirmar que se trata de uma qualificadora *que traz implícita a má-fé do infrator* que age enganando, ludibriando a confiança, a atenção e o controle da vítima, configurando, *mutatis mutandis*, um certo *status*, digamos assim, de "furto-estelionato", pela forma ou modos em que é executada.

---

80. Códigos Maliciosos — *Cartilha de Segurança para Internet*. Disponível em:< https://cartilha.cert.br/fasciculos/codigos-maliciosos/fasciculo-codigos-maliciosos-slides-notas.pdf>. Acesso em: 9 jun. 2021.

12.3 *Por qualquer outro meio fraudulento análogo*

Destaca-se, desde logo, o equívoco, pelo menos aparente, em que incorre o legislador ao tipificar um crime de furto como *fraudulento*, equiparando-o, conceitualmente, ao crime de estelionato. Com efeito, a utilização de *artifício, ardil (espécies de fraudes)* ou qualquer outra forma de *manobra ou subterfúgio, mais ou* menos elaborados, para *enganar a vítima*, é *característica intrínseca* do crime de *estelionato*. Não do crime de furto, cuja característica (uma delas) especial ou intrínseca *é o descuido ou a desatenção da vítima*, segundo a tipologia adotada pelo Código Penal em vigor. Nesse sentido, lembramo-nos da lição de Magalhaes Noronha[81] relativamente à peculiaridade especial do crime de furto, *verbis*: "O furto é, em geral, crime do indivíduo de casta íntima, do pária, destituído, em regra, de audácia e temibilidade para o roubo ou para a extorsão; de inteligência para o estelionato e desprovido de meios para a usurpação. Frequentemente é o crime do necessitado". Essa é a regra geral, com exceções evidentemente. Mudaram os tempos e também mudaram as habilidades, os hábitos e as necessidades sociais, mas a distinção do *furto* continua imensa se comparada aos crimes de *roubo*, de *extorsão* e de *estelionato*, especialmente em relação à gravidade e à forma de execução dessas infrações penais. Ademais, nada justifica, político-criminalmente, equiparar a pena desse "suposto furto fraudulento" ao crime de r*oubo*, por exemplo, que é praticado com violência à pessoa.

De notar-se, por outro lado, que não será qualquer outra forma ou modo do crime de furto que poderá ser equiparado a esse furto cibernético, ao contrário do que ocorre na hipótese do crime de estelionato, porque o legislador, intencionalmente ou não, restringiu essa equiparação quando utilizou a locução "ou por *qualquer outro meio fraudulento análogo*". Observe-se que na definição no crime de *estelionato* na regra genérica similar — ou *qualquer outro meio fraudulento* — o vocábulo "análogo" não aparece, sendo, portanto, mais aberta no estelionato a equiparação de *artifício* e *ardil* com *qualquer outro meio fraudulento*. Logo, na novel qualificadora é mais restrita essa equiparação, exigindo que eventual *outro meio fraudulento* seja "análogo aos descritos nesta nova figura, na qual, é bom que se destaque, não se encontram os meios fraudulentos, "mediante artifício, ardil". Com efeito, nessa permissão de equiparação o legislador foi mais consciente e mais técnico exigindo que o *meio fraudulento "seja análogo"* ao disposto nessa qualificadora, qual seja, que o crime de furto seja "cometido por meio de dispositivo eletrônico ou informático", conectado ou não à rede de computadores.

No entanto, resulta muito claro, pelo texto legal, que há a necessidade indispensável de que qualquer que seja "o outro meio fraudulento" utilizado na prática de um crime de furto, seja realizado por "meio de dispositivo eletrônico ou informático", caso contrário não será por "meio fraudulento análogo", aliás, até pode

---

81. Magalhães Noronha. *Direito Penal, Parte Especial*, 15. ed., São Paulo, Saraiva, 1979, v. 2, p 221.

ser "outro meio fraudulento", mas se não for "análogo" não se enquadrará ao descrito no § 4º-B. Dito de outra forma, o crime pode ser praticado por outro modo ou de outra forma, mas somente, e necessariamente, se for executado por "meio de dispositivo eletrônico ou informático" poderá ser considerado "análogo".

12.4 *Novas causas especiais de aumento (majorantes) de pena no furto cibernético*

Destacamos, desde logo, que *majorantes* não se confundem com *qualificadoras*, posto que estas constituem um novo tipo penal, com novos limites mínimos e máximos, distintos da figura do *caput* do artigo, enquanto as *majorantes* apenas determinam quantidades, fixas ou variáveis, de aumento de pena, tanto na parte geral quanto na parte especial do Código Penal. E mais que isso: quando as majorantes forem fixadas na Parte Especial do Código Penal, incidindo mais de uma delas no mesmo crime, o juiz poderá optar por apenas uma, no caso, a que mais aumente, segundo o disposto no parágrafo único do art. 68 do CP. Ao passo que as qualificadoras verificadas e comprovadas não podem deixar de ser aplicadas, pois constituem verdadeiros tipos penais derivados e são de aplicação obrigatória.

Este parágrafo (§4°-C, incisos I e II) acrescenta *duas majorantes* nesse *furto qualificado*, que incidem somente sobre a nova qualificadora (§4°-B), sendo que o inciso I determina o aumento *de um a dois terços da pena aplicada*, se o crime for "praticado mediante a utilização de servidor mantido fora do território nacional". O inciso II, por sua vez, determina o aumento *de um terço até o dobro da pena aplicada*, se o crime for "praticado contra idoso ou vulnerável". Como destacamos acima, é absolutamente desarrazoada a própria tipificação do *§ 4°-B* (qualificadora) com previsão de quatro a oito anos de reclusão, além de multa, ainda sofre a incidência de *duas absurdas causas especiais de aumento*, as quais podem, inclusive, ocorrer simultaneamente no mesmo fato. Em outros termos, o crime pode ser praticado com a utilização de "servidor instalado fora do Brasil" e, ao mesmo tempo, "contra pessoa idosa", incidindo, simultaneamente, as duas majorantes, a despeito de, por se tratar de majorante prevista na Parte Especial do Código Penal, o juiz poder aplicar só uma delas, no caso, a mais grave (art. 68, parágrafo único, do CP).

Trata-se de cominações penais absolutamente *desproporcionais* para um mero crime de furto, uma verdadeira insanidade essa forma brutal de cominação de penas de prisão, a exemplo do que ocorre com a previsão contida no art. 273 do Código Penal, com pena de dez a quinze anos de reclusão. Nesse dispositivo legal examinamos, com maior profundidade, a abusiva forma de apenar *desproporcionalmente* determinadas condutas no Brasil, para onde remetemos o leitor interessado nessa temática. Confunde-se, injustificadamente, o crime de *furto* com o crime de *estelionato*, que são estruturalmente distintos, especialmente em seus fundamentos político-jurídicos, *metodológicos*, filosóficos e político-criminais. De todos os *crimes contra o patrimônio*, o mais grave deles é o *crime de roubo* (ao lado dos crimes de extorsão), exatamente porque são os únicos *crimes patrimoniais* praticados com *violência contra a pessoa*. A integridade física e saúde, para o legislador de 1940, são bens jurídicos muito mais valiosos que o patrimônio pessoal ou individual do cidadão. Essa hierarquia jurídico-penal dos *bens pessoais e patrimoniais*, meticulosamente organizada e estruturada na criteriosa elaboração do Código Penal em vigor, deve ser mantida e não pode ser subvertida pelo legislador contemporâneo.

A rigor, para *justificar* essa penalização abusiva e despropositada, sem qualquer razoabilidade, deveria o legislador, pelo menos, ter integrado na descrição do § 4°-B a primeira majorante (inciso I), qual seja, "*praticado mediante a utilização de servidor mantido fora do território nacional*", para torná-la menos *desarrazoada* e, quiçá, ponderável a sua criminalização, aliás, como era no projeto original. Mas, contrariamente, se fez questão de excluir, como *elemento especial negativo do tipo*[82], essa possibilidade, exatamente para poder agravar ainda mais o seu delírio punitivista, com as previsões das *causas de aumento*, que são absolutamente supérfluas, excessivas e injustificáveis ante a gravidade exagerada das penas cominadas no § 4º. Trata-se de *causa especial de aumento de pena* destinada, injustificadamente, para esta modalidade de *furto qualificado*, pois, repetindo, deveria ter sido integrada na descrição do § 4º-B *como elementos constitutivos do tipo*, se não para justificar a gravidade da pena, pelo menos para torná-la menos desproporcional.

A duplicação da pena prevista para quando se tratar de *vítima idosa ou vulnerável* (II), também é absolutamente desproporcional. Admitimos que até seria razoável, nessas hipóteses, a previsão de uma majorante, por exemplo, de até um terço da pena aplicada. Aliás, lamentavelmente, o legislador descobriu três ou quatro hipóteses para aumentar todas as penas cominadas a quaisquer crimes (previstos no Código Penal ou em leis estravagantes), como se isso atenuasse suas responsabilidades pelo desatendimento de outros interesses e necessidades de vítimas especiais, tais como, idoso, vulnerável, menor, criança, questões de gênero, raça, cor etc. Não é exagerando na penalização excessiva em crimes sofridos por esses segmentos sociais que absolverá o legislador por omissões históricas nos atendimentos de seus direitos, prerrogativas ou necessidades específicas, haja vista a quantidade de ADPFs e ADIs no STF, que só comprovam tais omissões e deficiências do legislador. Ademais, essas punições excessivas não fortalecem e nem satisfazem eventuais segmentos vitimizados, que seriam melhor atendidos se houvesse, por exemplo, a denominada multa reparatória, em casos semelhantes.

Por outro lado, essas majorantes previstas não são facultativas ou opcionais, mas obrigatórias, pois *determinam*, compulsoriamente, os seguintes aumentos: I — aumenta-se de 1/3 (um terço) a 2/3 (dois terços), se o crime é praticado mediante a utilização de servidor mantido fora do território nacional; II — aumenta-se de 1/3 (um terço) ao dobro, se o crime é praticado contra idoso ou vulnerável. Mas o absurdo dos absurdos dessas *majorantes é a gravidade das majorações autorizadas e a*

82. "Conectado ou não à rede de computadores, com ou sem a violação de mecanismo de segurança."

compulsoriedade de sua aplicação, isto é, o julgador não tem a alternativa de deixar de aplicá-las ou aplicá-las em menor grau, quer por considerá-las excessivas, quer por considerar o dano final de pequeno porte, ou mesmo por ser *furto de pequeno valor*, não poderá elevar a pena aplicada pela qualificadora em limite inferior a um terço, previsto nos dois incisos. Não se ignora, é verdade, que o § 4º-C observa, para a dosagem das majorantes sobre a pena prevista no § 4º-B, que deve ser "considerada a relevância do resultado gravoso", mas esse aspecto servirá somente para auxiliar o julgador a dosar a majoração da causa especial de aumento entre um a dois terços na hipótese do inciso I, e entre um terço e o dobro na hipótese do inciso II.

Trata-se de um verdadeiro *penduricalho* na cominação de penas, incidindo sobre uma qualificadora já exacerbada as duas *causas de aumentos*, as quais podem, inclusive, ocorrer simultaneamente, no mesmo fato delituoso. Eventuais ladrões, mais ou menos perigosos, normalmente, não são esses criminosos que causam os maiores danos à ordem jurídica, à propriedade privada e à própria sociedade como um todo.

Atende-se com essa criminalização específica, é bom que se destaque, demanda dos denominados "líderes em segurança contra fraudes", em uma espécie de, digamos, "entrega em domicílio", como *se o Congresso Nacional atendesse pedidos* a la carte, *uma espécie de* fast food, que sai rapidinho. A rigor, o § 4º-C inovou com o acréscimo de duas *causas especiais de aumento* sobre uma qualificadora, digamos, uma espécie *sui generis,* de "direito penal de duas velocidades", ou, melhor, majorantes em dois graus de acréscimos. Referidas majorantes só incidem nessa qualificadora e, com frequência, para não dizer sempre, poderão ser cumuladas em um mesmo fato concreto (pois, não raramente, poderão incidir ambas no mesmo fato criminoso, isto é, mediante utilização de servidor externo e contra idoso ou vulnerável)! Em outros termos, o crime pode ser praticado com a utilização de "servidor instalado fora do Brasil" e, ao mesmo tempo, "contra pessoa idosa" ou vulnerável, incidindo, simultaneamente, as duas majorantes na prática do mesmo fato delituoso, que já é qualificado. Por outro lado, regra geral, as pessoas não têm conhecimento e, normalmente, nem podem tê-lo sobre a instalação do "servidor", se no Brasil ou no exterior, o que constitui, não raro, *autêntica responsabilidade penal objetiva*, inadmissível em um *direito penal da culpabilidade* de um Estado democrático de direito. Por vezes, o julgador terá dificuldade de reconhecer referidas majorantes, exatamente pelo seu excesso, elevando desmesuradamente a pena a ser aplicada *in concreto*, que já é extremamente elevada, podendo, inclusive, ultrapassar a pena mínima de um homicídio qualificado (doze anos de reclusão)[83].

13. *Concursus delinquentium* e concurso de duas ou mais pessoas

O exame dessa qualificadora, comparada ao instituto concurso eventual de pessoas, deve iniciar destacando a mudança de tratamento que a reforma penal de 1984 deu ao *concursus delinquentium.*

83. Conferir em Cezar Roberto Bitencourt. *Tratado de Direito Penal — Parte Geral*, 29. ed. Ed. Saraiva Jur, São Paulo, 2023, p. 32 v. 1.

Incorre em grave equívoco quem afirmar que, segundo nosso Código Penal, "*comete* crime quem de qualquer forma concorre para ele". Na realidade, a assertiva não é verdadeira, e o legislador não pode ser acusado desse paradoxo, pois em nenhum momento incidiu nesse erro crasso, pois nem mesmo implicitamente afirmou que "*comete* o crime quem de qualquer modo concorre para ele". Na verdade, o texto legal afirma que "quem de qualquer modo concorre para o crime" *incide nas penas a ele cominadas*, o que são coisas muito diferentes. *A contrario sensu*, com efeito, está afirmando, implicitamente, que *não o comete* quem, de qualquer modo, concorre para o crime. Nesse sentido, precisa e enfática é a crítica de Weber Martins Batista, que merece ser transcrita, *in verbis*: "O Código Penal não comete a heresia de consagrar, expressa ou implicitamente, que *comete* o crime quem de qualquer forma concorre para ele. O que está na lei, corretamente, é que *incide* nas penas cominadas ao crime — expressão com que, implicitamente, se afirma que *não o comete* — quem, de qualquer modo, concorre para ele. Comete o crime — ninguém afirma de outro modo — quem participa materialmente de sua execução. Não fora isso, e seria desnecessária a norma de extensão do art. 29 do Código Penal"[84].

Enfim, todos os que *concorrem,* moral ou materialmente, para o crime são punidos pelo Código Penal (art. 29, *caput*), mas a *qualificadora* somente se configurará no furto *cometido* por duas ou mais pessoas que, necessariamente, *devem encontrar-se no local do crime*, pois, como adverte Weber Martins, "o furto só *será cometido* 'mediante o concurso de duas ou mais pessoas' se estas participarem na fase executiva do delito"[85]. Somente assim se pode fazer presente *a maior temibilidade e eficiência da delinquência coletiva*, que seria o fundamento da maior punibilidade. O próprio Supremo Tribunal Federal já reconheceu — ainda na vigência da lei anterior — a necessidade da *participação efetiva* dos agentes na execução do crime. Argumentou, então, com muita propriedade, o relator, Ministro Djaci Falcão, que "se o legislador visa, no caso, a punir mais gravemente a soma de esforços para a prática do crime, circunstância a que se agrega a da redução de capacidade de defesa da vítima, razão, a nosso ver, dessa agravação, parece-nos evidente que o preceito deva ser interpretado, teleologicamente, como endereçado à hipótese de cooperação de agentes na fase de execução do crime, única hipótese em que, aquelas duas circunstâncias se fazem realmente presentes"[86]. Mais não precisaria ser dito.

Incorre em erro grosseiro quem, sustentando entendimento contrário, continua afirmando que "não há mais diferença entre autor principal e autor secundário no atual sistema brasileiro"[87]. Na verdade, não se pode ignorar que, embora a reforma penal de 1984 tenha mantido a *teoria monística* da ação, adotou a *teoria*

---

84. Weber Martins Batista, *O furto e o roubo no direito e no processo penal*, cit., p. 189.

85. Weber Martins Batista, *O furto e o roubo no direito e no processo penal*, cit., p. 189.

86. Acórdão unânime da 2ª Turma do STF, rel. Min. Djaci Falcão, j. 16-10-1979, *RTJ*, *95*:1.242.

87. Acórdão unânime do TACrimSP, 4ª Câm., j. 1º-2-1979, JTACrimSP 57/235.

restritiva de autor[88], fazendo perfeita distinção entre *autor* e *partícipe* que, *abstratamente*, incorrem na mesma pena cominada ao crime que praticarem, mas que, *concretamente*, variará segundo a *culpabilidade* de cada participante (art. 29 e §§ 1º e 2º)[89]; em relação ao *partícipe*, variará ainda de acordo com a *importância causal* da sua contribuição[90].

---

88. Veja-se o que afirmamos sobre essa teoria: "*5.1 Conceito restritivo de autor* — Segundo esta teoria, *autor* é aquele que realiza a conduta típica descrita na lei, isto é, o que pratica o verbo núcleo do tipo: mata, subtrai, falsifica etc. Para esta teoria, ao contrário do conceito extensivo de autor, nem todo o que interpõe uma causa realiza o tipo penal, pois 'causação não é igual a realização do delito'. As espécies de participação, instigação e cumplicidade, serão, nesta acepção, 'causas de extensão da punibilidade', visto que por não integrarem a figura típica constituiriam comportamentos impuníveis.

Realizar a conduta típica é objetivamente distinto de favorecer a sua realização. Deduz-se daí, por si só, que *autoria* e *participação* também devem ser distinguidas através de *critérios objetivos*. Por isso, segundo Jescheck, o conceito restritivo de autor necessita ser complementado por uma *teoria objetiva de participação*, que pode assumir dois aspectos distintos:

a) teoria objetivo-formal

Embora sem negar a importância do elemento causal, destaca as características exteriores do agir, isto é, a conformidade da ação com a descrição formal do tipo penal. Esta teoria atém-se à literalidade da descrição legal e define como *autor* aquele cujo comportamento se amolda ao círculo abrangido pela descrição típica e, como *partícipe*, aquele que produz qualquer outra contribuição causal ao fato.

b) teoria objetivo-material

Nem sempre os tipos penais descrevem com clareza o injusto da ação, dificultando a distinção entre a autoria e participação, especialmente nos crimes de resultado. A teoria objetivo-material procurou suprir os defeitos da formal-objetiva considerando a *maior perigosidade* que deve caracterizar a contribuição do autor em comparação com a do partícipe; em outras palavras, considerando a maior importância objetiva da contribuição do autor em relação à contribuição do partícipe. No entanto, a desconsideração do aspecto subjetivo e a dificuldade prática de distinguir *causa* e *condição* ou mesmo de distinguir causas mais ou menos importantes levou a doutrina alemã a abandonar a teoria objetivo-material e a adotar expressamente a *teoria restritiva de autor, sob o critério formal-objetivo* (§ 25, I).

Apesar de distinguir autoria e participação, a teoria restritiva de autor, mesmo complementada com a teoria objetiva de participação, não contempla a figura do autor mediato e, eventualmente, casos de coautoria em que não haja uma contribuição importante" (Cezar Roberto Bitencourt, *Manual de Direito Penal*, cit., 6. ed., v. 1).

89. Cezar Roberto Bitencourt, *Tratado de Direito Penal — Parte Geral*, cit., v. 1, p. 584.

90. Cezar Roberto Bitencourt: "O Código Penal de 1940, em sua versão original, adotou a *teoria monística* ou unitária da ação, evitando, assim, uma série de questões que naturalmente decorreriam das definições de autores, partícipes, auxílio necessário, auxílio secundário, participação necessária, etc. A *Reforma Penal de 1984* permanece, no entanto, acolhendo essa teoria. Procurou, contudo, atenuar os seus rigores distinguindo com precisão a *punibilidade* de autoria e participação. Estabeleceu alguns princípios disciplinando determinados *graus de participação*. Adotou, como regra, a *teoria monística*, determinando que todos os participan-

Ora, esse tratamento diferenciado de *autor* e *partícipe*, adotado pela reforma penal de 1984, não pode ser ignorado quando estivermos perante a *qualificadora do crime de furto* que, segundo a orientação dominante, deve ser orientada pelos princípios que fundamentam o instituto concurso de pessoas, especialmente considerando que um *sistema jurídico* não pode abrir mão da harmonia e coerência, características fundamentais que devem presidi-lo.

O *ajuste* e a *determinação*, reconhece o próprio Código Penal (art. 31), são penalmente irrelevantes se, pelo menos, não participarem de sua execução; aliás, não constituem nem agravante genérica, quanto mais qualificar um crime. Nesse particular já era o magistério do velho Hungria[91], que continua com a razão ao exigir, para configurar a qualificadora, a presença *in loco* dos concorrentes, isto é, a participação efetiva na execução do crime.

Enfim, para reconhecer a configuração da qualificadora deve-se observar os princípios orientadores do instituto concurso de pessoas, notadamente a distinção entre *coautoria* e *participação*, a começar pela necessidade da causalidade física e psíquica, que passamos a analisar.

13.1 *Coautoria e participação em sentido estrito*

Coautoria é a realização conjunta, por mais de uma pessoa, de uma mesma infração penal. Coautoria é, em última análise, a própria autoria[92]. É desnecessário um acordo prévio, como exigia a antiga doutrina, bastando a consciência de cooperar na ação comum. É a atuação consciente de estar contribuindo na realização comum de uma infração penal. Essa *consciência* constitui o *liame psicológico* que une a ação de todos, dando o caráter de crime único. A resolução comum de executar o fato é o vínculo que converte as diferentes partes em um todo único. Todos participam da realização do comportamento típico, sendo desnecessário que todos pratiquem o mesmo ato executivo. Basta que cada um contribua efetivamente na realização da figura típica e que essa contribuição possa ser considerada importante no aperfeiçoamento do crime.

---

tes de uma infração penal incidem nas sanções de um único e mesmo crime e, como exceção, a *concepção dualista*, mitigada, distinguindo a atuação de *autores* e *partícipes*, permitindo uma adequada dosagem de pena de acordo com a efetiva participação e eficácia causal da conduta de cada partícipe, na medida da culpabilidade perfeitamente individualizada.

Na verdade, os parágrafos do art. 29 aproximaram a teoria monística da teoria dualística ao determinar a *punibilidade diferenciada da participação*. Por outro lado, como diz René Ariel Dotti, a referência à culpabilidade no final do referido artigo 'é uma proclamação de princípio que ilumina todo o quadro do concurso e introduz uma 'cláusula salvatória' contra os excessos a que poderia levar uma interpretação literal e radicalizante da teoria monística pura'" (Cezar Roberto Bitencourt e Francisco Muñoz Conde, *Teoria geral do delito*, São Paulo, Saraiva, 2000, p. 486 e 487).

91. Nélson Hungria, *Comentários ao Código Penal*, cit., v. 7, p. 46 e 47. No mesmo sentido, Sebastian Soler, *Derecho Penal argentino*, cit., v. 4, p. 236.

92. Hans Welzel, *Derecho Penal alemán*, Santiago, Ed. Jurídica de Chile, 1987, p. 154 e 155.

A coautoria fundamenta-se no princípio da "divisão de trabalho"[93], em que todos tomam parte, atuando em conjunto na *execução da ação típica*, de modo que cada um possa ser chamado verdadeiramente autor. É o que pode ocorrer especialmente naqueles crimes que Beling chamou de crimes de "ação dupla"[94], como, no crime de estupro: enquanto um dos agentes segura a vítima, o outro a possui sexualmente.

Na coautoria não há relação de *acessoriedade*, mas a imediata imputação recíproca, visto que cada um desempenha uma função fundamental na consecução do objetivo comum. O decisivo na coautoria, segundo a visão finalista, é que o domínio do fato pertença aos vários intervenientes, que, em razão do princípio da divisão de trabalho, apresentam-se como peça essencial na realização do plano global.

O Código Penal não define o que deve ser entendido por participação. Essa omissão, contudo, não impediu que a doutrina nacional reconhecesse a distinção ontológica que está não apenas na lei, mas na situação fenomenológica da *coautoria* e da *participação*. O novo tratamento dado pela reforma ao instituto do concurso eventual de pessoas facilita e até recomenda essa distinção ao determinar consequências penais diferenciadas, segundo a culpabilidade de cada *participante*, e nos limites da contribuição causal de cada *partícipe*.

A participação em sentido estrito, como *espécie* do *gênero* concurso de pessoas, é a intervenção em um fato alheio, o que pressupõe a existência de um autor principal. O *partícipe* não pratica a conduta descrita pelo preceito primário da norma penal, mas realiza uma atividade secundária que contribui, estimula ou favorece a execução da conduta proibida. Não realiza atividade propriamente executiva. A norma que determina a punição do partícipe implica uma *ampliação da punibilidade de comportamentos* que, de outro modo, seriam impunes, pois as prescrições da Parte Especial do Código não abrangem o comportamento do partícipe. Bettiol insiste que o critério distintivo entre autor e partícipe deve apoiar-se na tipicidade, sendo que a tipicidade da conduta do partícipe decorre da norma referente à participação, enquanto a tipicidade da conduta do autor decorre da norma principal incriminadora. Por isso, o penalista italiano define o partícipe como "quem concorre para a prática de crime, desempenhando atividade logicamente distinta da do autor principal, porque recai sob o âmbito das normas secundárias de caráter extensivo sobre a participação"[95].

Para que a contribuição do partícipe ganhe relevância jurídica é indispensável que o autor ou coautores iniciem, pelo menos, a execução da infração penal. A *participação* pode apresentar-se sob várias formas: instigação, determinação, chefia,

---

93. H. H. Jescheck, *Tratado de Derecho Penal*, p. 937; Hans Welzel, *Derecho Penal alemán*, p. 155.

94. Ernest von Beling, *Esquema de Derecho Penal. La doctrina del delito tipo*, trad. Sebastian Soler, Buenos Aires, Depalma, 1944.

95. Giuseppe Bettiol, *Direito Penal*, São Paulo, Revista dos Tribunais, 1977, v. 1, p. 247.

organização, ajuste, cumplicidade etc. A doutrina, de modo geral, tem considerado, porém, duas espécies de participação: *instigação*[96] e *cumplicidade*[97].

Por derradeiro, qualquer que seja a forma ou espécie de *participação*, é indispensável a presença de dois requisitos: *eficácia causal* e *consciência de participar* na ação de outrem. É insuficiente a exteriorização da vontade de participar. Não basta realizar a atividade de partícipe se esta não influir na atividade final do autor. Não terá relevância a participação se o crime não for, pelo menos, tentado. Que importância teria o empréstimo da arma se o autor não a utiliza na execução do crime ou nem sequer se sente encorajado a praticá-lo com tal empréstimo? Por outro lado, é indispensável saber que coopera na ação delitiva de outrem, mesmo que o autor desconheça ou até recuse a cooperação. O *partícipe* precisa ter consciência de participar na ação principal e no resultado.

13.2 *Causalidade física e psíquica: elemento objetivo-subjetivo*

De plano, deixamos consignado que não aceitamos a afirmação de que a qualificadora do concurso de pessoas tem natureza puramente objetiva; para nós, essa qualificadora não tem caráter objetivo e tampouco subjetivo, mas objetivo-subjetivo: *objetivo* quanto à necessidade da presença efetiva de duas ou mais pessoas na execução do crime, independentemente da *responsabilidade* ou da *punibilidade* do comparsa; *subjetivo* quanto à exigência de participação *in concreto* dos concorrentes efetivamente contribuindo conscientemente na realização efetiva do crime de furto.

A causalidade é apenas o *elemento material*, objetivo do concurso de pessoas — a contribuição causal física —, importante, necessária, mas insuficiente para aperfeiçoar o instituto. É indispensável a presença, ao mesmo tempo, de um *elemento subjetivo*, a vontade e a consciência de participar da obra comum. O *concurso de pessoas* compreende não só a *contribuição causal*, puramente objetiva, mas também a *contribuição subjetiva*, pois, como diz Soler, "participar não quer dizer só produzir, mas produzir típica, antijurídica e culpavelmente"[98] um resultado proi-

---

96. Cezar Roberto Bitencourt e Francisco Muñoz Conde, *Teoria geral do delito*, cit., p. 499: "Ocorre a instigação quando o partícipe atua sobre a vontade do autor, no caso, do instigado. *Instigar* significa animar, estimular, reforçar uma ideia existente. O instigador limita-se a provocar a resolução criminosa do autor, não tomando parte nem na execução nem no domínio do fato; *induzir* significa suscitar uma ideia. Tomar a iniciativa intelectual, fazer surgir no pensamento do autor uma ideia até então inexistente. Esta forma de instigação os autores têm denominado de 'determinação', que nós preferimos chamá-la de *induzimento*".

97. Bitencourt e Muñoz Conde, *Teoria geral do delito*, p. 500: "Esta é a participação material, em que o partícipe exterioriza a sua contribuição através de um comportamento, de um auxílio. Pode efetivar-se, por exemplo, através do empréstimo da arma do crime, de um veículo para deslocar-se com mais facilidade, de uma propriedade etc. Enfim, na cumplicidade o partícipe contribui materialmente para a prática do crime".

98. Sebastian Soler, *Derecho Penal argentino*, cit., v. 4, p. 240.

bido. É indispensável a *consciência* e vontade de participar, elemento que não necessita revestir-se da qualidade de "acordo prévio", que, se existir, representará apenas a forma mais comum, ordinária, de adesão de vontades na realização de uma figura típica. A *consciência* de colaborar na realização de uma conduta delituosa pode faltar no verdadeiro autor que, aliás, pode até desconhecê-la ou não desejá-la, bastando que o outro agente deseje aderir à empresa criminosa. Porém, ao *partícipe* é indispensável essa adesão consciente e voluntária, não só na ação comum, mas também no resultado pretendido pelo autor principal.

A *causalidade física* é apenas um fragmento do complexo problema do concurso de pessoas, que exige também o *liame subjetivo* para completar-se. É necessário, na expressão de Soler, a integração de um "processo físico de causação e um processo humano de produção de um resultado"[99]. Assim, inexistindo o *nexo causal* ou o *liame subjetivo*, qualquer dos dois, não se poderá falar em concurso de pessoas. Por exemplo, alguém, querendo contribuir com a prática de um homicídio, empresta a arma, que, afinal, não é utilizada na execução do crime e não influi de forma alguma no ânimo do autor; ou, então, o criado que, por imprudência ou negligência, deixa aberta a porta da casa durante a noite, favorecendo, inadvertidamente, a prática de um furto. No primeiro caso, não houve *eficácia causal* da participação; no segundo, faltou o *elemento subjetivo*, não sendo, consequentemente, em qualquer das hipóteses, puníveis as condutas dos pseudopartícipes.

Assim, não basta a constatação puramente objetiva da existência de mais de um indivíduo na cena do crime ou no cenário criminal: é indispensável comprovar a efetiva contribuição e a existência real dos dois elementos — objetivo-subjetivo — que acabamos de examinar, sob pena de não se configurar a qualificadora.

13.3 *Participação impunível: impede a configuração da qualificadora*

Verificamos que a *participação* está condicionada a dois requisitos fundamentais: *eficácia causal* e *consciência de participar na ação comum*. De outro lado, sabe-se que, em regra, o crime não será punido se não for, pelo menos, *tentado*; ou seja, as duas primeiras fases do *iter criminis*, elaboração mental e preparação do crime, não são puníveis, desde que esta última não constitua em si mesma algum crime. Na mesma linha de orientação estão as *formas de participação*, que o art. 31 do Código Penal exemplifica como ajuste, determinação, instigação e auxílio. A *participação* em um crime que não chegou a se iniciar não teve *eficácia causal*, e sem essa eficácia não há falar em participação criminosa. Nessas circunstâncias, como *atividade acessória* que é, a participação, em qualquer de suas formas, não será punível. Em relação à qualificadora, a interpretação não pode ser outra, sob pena de consagrar-se a odiosa responsabilidade objetiva, evocando-se verdadeiro *direito penal de autor*.

Com efeito, a conduta de cada participante deve integrar-se à corrente causal determinante do resultado. Nem todo comportamento constitui "participação", ou,

---

99. Sebastian Soler, *Derecho Penal argentino*, cit., v. 4, p. 257.

no caso, a qualificadora em exame, pois precisa ter "eficácia causal", provocando, facilitando ou ao menos estimulando a realização da conduta principal. Assim, no exemplo daquele que, querendo participar de um homicídio, empresta uma arma de fogo ao executor, que não a utiliza e tampouco se sente estimulado ou encorajado com tal empréstimo a executar o delito, aquele não pode ser tido como partícipe pela simples e singela razão de que seu comportamento foi irrelevante, isto é, sem qualquer eficácia causal. Por outro lado, deve existir também, repetindo, um *liame psicológico* entre os vários participantes, ou seja, *consciência* de que participam na obra comum. A ausência desse elemento psicológico desnatura o concurso eventual de pessoas, transformando-o em condutas isoladas e autônomas. Ora, tratando-se de obras ou condutas isoladas, autônomas, não se pode falar em concurso de pessoas, que traria implícito aquele fundamento majorativo da qualificadora.

O simples conhecimento da realização de uma infração penal ou mesmo a *concordância psicológica* caracterizam, no máximo, "conivência", que não é punível, a título de participação, se não constituir, pelo menos, alguma forma de contribuição causal, ou então, constituir, por si mesma, infração típica. Tampouco será responsabilizado como partícipe quem, tendo ciência da realização de um crime, não o denuncia às autoridades, salvo se tiver o dever jurídico de fazê-lo.

13.4 *Autoria colateral: atipicidade da qualificadora do concurso de pessoas*

A ausência do vínculo subjetivo não apenas afasta o concurso de pessoas, como já destacamos, mas também impede a configuração da qualificadora do art. 155, § 4º, IV, que não passaria de circunstância puramente objetiva, uma espécie de *autoria mediata*.

Há *autoria colateral* quando duas ou mais pessoas, ignorando uma a contribuição da outra, realizam *condutas convergentes* objetivando a execução da mesma infração penal. É o agir conjunto de vários agentes, sem reciprocidade consensual, no empreendimento criminoso que identifica a autoria colateral. A *ausência do vínculo subjetivo* entre os intervenientes é o elemento caracterizador da autoria colateral. Na autoria colateral, não é a adesão à resolução criminosa comum, que não existe, mas o dolo dos participantes, individualmente considerado, que estabelece os limites da responsabilidade jurídico-penal dos autores. Ora, o reconhecimento da qualificadora, nessas circunstâncias, quando um dos agentes ignora que participa ou contribui na subtração praticada por outrem, implica autêntica responsabilidade objetiva; logo, os agentes devem responder, isoladamente, pelo crime de furto simples.

Quando, por exemplo, dois indivíduos, sem saber um do outro, colocam-se de tocaia e, ao passar a vítima, desferem tiros ao mesmo tempo, matando-a, cada um responderá, individualmente, pelo crime cometido. Se houvesse liame subjetivo, ambos responderiam como coautores de homicídio qualificado. Havendo *coautoria*, será indiferente saber qual dos dois disparou o tiro fatal, pois ambos responderão igualmente pelo delito consumado. Já na *autoria colateral* é indispensável saber quem produziu o quê. Imagine-se que o tiro de um apenas foi o causador da morte da vítima, sendo que o do outro a atingiu superficialmente. O que matou responde por homicídio, e o outro responderá por tentativa. Se houvesse o liame subjetivo, ambos responderiam por homicídio em coautoria.

14. Autoria mediata: impossibilidade da qualificadora de concurso de pessoas

Heleno Fragoso e Damásio de Jesus[100] sustentam a desnecessidade da presença dos "coautores na fase executória" (Fragoso) ou "no local da execução" (Damásio) para a configuração da qualificadora "mediante concurso de duas ou mais pessoas", lembrando Damásio, aliás, a figura do "mandado", que, segundo afirma, também qualificaria o crime.

A doutrina consagrou a figura da *autoria mediata*, e algumas legislações, como a alemã (§ 25, I) e a espanhola (Código Penal de 1995, art. 28), admitem expressamente sua existência. É autor mediato quem realiza o tipo penal servindo-se, para a execução da ação típica, de outra pessoa como *instrumento*. A *teoria do domínio do fato* molda com perfeição a possibilidade da figura do autor mediato. Todo o processo de realização da figura típica, segundo essa teoria, deve apresentar-se como obra da vontade reitora do "homem de trás", o qual deve ter absoluto controle sobre o executor do fato. O *autor mediato* realiza a ação típica por meio de outrem, que atua sem culpabilidade.

Originariamente, a autoria mediata surgiu com a finalidade de preencher as lacunas que existiam com o emprego da teoria da acessoriedade extrema da participação. A consagração da *acessoriedade limitada* não eliminou, contudo, a importância da autoria mediata. Modernamente se defende a prioridade da autoria mediata diante da participação em sentido estrito. Em muitos casos se impõe a autoria mediata, mesmo quando seja possível, sob o ponto de vista da *acessoriedade limitada*, admitir a participação (caso do executor inculpável), desde que o homem de trás detenha o domínio do fato[101]. Nessas circunstâncias, o decisivo para distinguir a natureza da responsabilidade do homem de trás reside no *domínio do fato*. O *executor*, na condição de instrumento, *deve encontrar-se absolutamente subordinado em relação ao mandante*.

As hipóteses mais comuns de *autoria mediata* decorrem do *erro, da coação irresistível* e do uso de *inimputáveis* para a prática de crimes, o que não impede a possibilidade de sua ocorrência em ações *justificadas* do executor, quando, por exemplo, o agente provoca deliberadamente uma situação de exclusão de criminalidade para aquele, como já referimos neste trabalho.

---

100. Heleno Fragoso, *Lições de direito penal*, cit., v. 1, p. 199; Damásio de Jesus, *Direito Penal*, cit., v. 2, p. 325.

101. Jescheck, *Tratado de Derecho Penal*, cit., p. 920.

Em todas essas hipóteses, normalmente, o executor age sozinho, isto é, sem a presença do "homem de trás" ou mandante, desaparecendo, por conseguinte, aquele fundamento da agravação da censura comportamental. Assim, em princípio, em caso de autoria mediata, não há fundamento político ou jurídico para a agravação da sanção penal por meio da qualificadora.

15. Punibilidade do concurso de pessoas e da qualificadora similar

A reforma penal de 1984 manteve a *teoria monística*. Adotou, porém, a *teoria restritiva de autor*, fazendo perfeita distinção entre *autor* e *partícipe*, que, *abstratamente*, incorrem na mesma pena cominada ao crime que praticarem, mas esta, *concretamente*, variará segundo a *culpabilidade* de cada participante. E em relação ao *partícipe* variará ainda de acordo com a *importância causal* da sua contribuição.

A rigor, para punir o coautor — que intervém materialmente na execução do crime —, o art. 29 do CP seria desnecessário, uma vez que a *tipicidade* de sua conduta decorre da norma incriminadora violada. Contudo, esse dispositivo é indispensável para a punibilidade do *partícipe*, cuja tipicidade se fundamenta nessa norma de extensão.

De notar que, a partir da reforma penal (1984), autores e partícipes sofrem punições diferentes, com limites igualmente distintos. Para os *autores* (ou coautores), valem os limites mínimo e máximo cominados *abstratamente* no tipo penal violado, ao passo que, para os *partícipes*, concedem-se outros parâmetros e procura-se, segundo os princípios da ofensividade, culpabilidade e, principalmente, da proporcionalidade, ajustar melhor a sanção que lhes deve ser aplicável. Assim, para estes, a própria lei encarrega-se de graduar-lhes a pena, adotando modulação mais flexível e mais ajustada à magnitude do injusto e, particularmente, segundo a culpabilidade individual, nos termos da *eficácia causal e psíquica* de cada partícipe.

Visando facilitar e dinamizar a operacionalidade dessa individualização penal, adotou-se (a) a *participação de menor importância* e (b) a *cooperação dolosa distinta*. Com efeito, *se a participação for de menor importância, a pena pode ser diminuída de um sexto a um terço* (art. 29, § 1º, do CP).

A *participação* aqui referida diz respeito exclusivamente ao *partícipe* e não ao *coautor*, porque, ainda que a participação do coautor tenha sido pequena, terá ele *contribuído* diretamente na execução propriamente do crime. Sua culpabilidade, naturalmente superior à de um simples *partícipe*, será avaliada nos termos do art. 29, *caput*, do Código Penal, e a pena a ser fixada obedecerá aos limites abstratos previstos pelo tipo penal infringido. Já o *partícipe* que houver tido "participação de menor importância" poderá ter sua pena reduzida de um sexto a um terço, podendo ficar aquém do limite mínimo cominado, nos termos do art. 29, § 1º[102]. Ora, essa

102. Reconhecida a participação de menor importância, a redução se impõe. Será, porém, *facultado* ao juiz reduzi-la em maior ou menor grau, se constatar maior ou menor *intensidade volitiva* do partícipe, maior ou menor culpabilidade deste. Poderá efetuar a redução no sen-

previsão legal não pode, em hipótese alguma, deixar de ser considerada quando se examina a qualificadora do concurso de pessoas, sob pena de violentar-se totalmente o instituto, que recebeu nova roupagem na Parte Geral, exatamente para adequar-se aos dogmas de um direito penal da culpabilidade, como o próprio texto legal se encarrega de apregoar.

A figura do partícipe, em se tratando da qualificadora, deve receber tratamento diferenciado: ninguém discute que atividade do partícipe (instigador ou cúmplice) é *acessória, secundária*, isto é, sem intervenção direta na execução material do crime. Em outros termos, o partícipe pode existir e responder como partícipe, mesmo sem estar no lugar do crime no momento da sua execução: basta que a sua atividade de partícipe tenha sido eficaz, ou seja, concorrido efetivamente para o crime.

É exatamente aqui que apresentamos algumas restrições à possibilidade de a *figura do partícipe* poder concorrer para a qualificadora do crime de furto: calma, primeiro não afastamos essa possibilidade, admitimos sua viabilidade; contudo, precisa ser um outro partícipe, necessita ter um outro perfil, deve ser participativo, isto é, precisa estar presente no local e no momento da prática do crime, isso sem desnaturar sua condição de mero partícipe, ou seja, sem realizar atividade executivamente típica.

Ora, não podemos esquecer o fundamento político dessa qualificadora: a presença e a participação de mais de uma pessoa asseguram o êxito do empreendimento, garantem maior danosidade da conduta, aumentam a periculosidade dos meliantes e, em contrapartida, enfraquecem a defesa da vítima e aumentam o risco da vulnerabilidade patrimonial; mas tudo isso somente será verdadeiro se o mencionado participante — partícipe ou não — se fizer presente *in loco* na hora do cometimento do crime. Assim, admitimos qualificadora com partícipe, mas, repetindo, somente um partícipe presente, participativo, atuante, quase um coautor, caso contrário o fundamento do gravame não se faz presente, impedindo sua imputação.

Mesmo assim, se esse partícipe de corpo presente tiver participação de menor importância, deve-se-lhe reconhecer o benefício. Mas participação insignificante, necessariamente, não irrelevante apenas para o verdadeiro autor, com certeza também para as consequências que fundamentam majoração penal igualmente; logo, a aplicação da pena não pode limitar-se exclusivamente ao partícipe. Se assim fosse, bastaria aplicar a redução prevista no art. 29, § 1º, e estaria resolvido o problema. Contudo, examinando-se politicamente, o partícipe teria praticado grande injustiça para com o autor: além de não lhe ajudar em nada, ainda agravou desnecessária e exageradamente a situação. Nessas circunstâncias, sugerimos que, reconhecido, objetiva e subjetivamente, que houve participação de menor importância, não se admita a qualificadora: o verdadeiro autor responde pelo furto simples e o partícipe pelo mesmo furto, ainda com a pena reduzida pela minorante.

---

tido inverso da intensidade da culpabilidade: maior *censurabilidade*, menor redução; *menor censurabilidade*, maior redução.

Sintetizando, para o reconhecimento da participação de menor importância no crime de furto, a consequência é afastar a qualificadora, que não deve ser reconhecida, para ninguém.

A segunda grande flexibilização da *teoria monística* refere-se ao reconhecimento da *cooperação dolosamente distinta*. Nessa hipótese, ocorre o chamado *desvio subjetivo de condutas*.

Isso acontece quando a *conduta executada* difere daquela idealizada a que aderira o partícipe, isto é, o conteúdo do elemento subjetivo do partícipe é diferente do crime praticado pelo autor. Por exemplo, "A" determina a "B" que dê uma surra em "C". Por razões pessoais, "B" mata "C", excedendo-se na execução do *mandato*. Pela lei anterior, os dois responderiam pelo delito de homicídio, podendo o partícipe beneficiar-se com uma causa de diminuição de pena (art. 48, parágrafo único). Ainda na vigência da lei anterior a doutrina e a jurisprudência repudiavam essa punição pelo delito mais grave, por caracterizar autêntica responsabilidade objetiva.

Realmente, o *desvio subjetivo de condutas* recebeu tratamento especial e mais adequado da reforma penal, ao estabelecer no art. 29, § 2º, que, "se algum dos concorrentes quis participar de crime menos grave, ser-lhe-á aplicada a pena deste; essa pena será aumentada até metade, na hipótese de ter sido previsível o resultado mais grave". A solução dada pela reforma leva à punição de "A", no exemplo supracitado, pelo delito de lesões corporais, que foi o crime desejado, cuja pena será elevada até a metade, se o homicídio for previsível. Como afirmava Welzel, "cada um responde somente até onde alcança o acordo recíproco"[103]. A regra da disposição em exame pretende ter aplicação a todos os casos em que o *partícipe* quis cooperar na realização de delito menos grave. O concorrente deverá responder de acordo com o que quis, segundo seu dolo, e não de acordo com o dolo do autor.

Afinal, como se poderá deixar de aplicar esse preceito na qualificadora em exame, se ele foi criado exatamente para evitar as aberrações jurídicas e as punições absolutamente injustas e desproporcionais? E, ademais, a imensa maioria da doutrina reconhece a necessidade de aplicar aqui os princípios orientadores do instituto concurso de pessoas. Apenas acreditamos que se deve acrescentar: a flexibilização do desvio subjetivo de condutas, no caso da qualificadora, deve ser aplicada para qualquer das partes: ou seja, para o partícipe, que pretendia contribuir numa infração menos grave, mas também para o autor ou coautor que, pela praticamente insignificante contribuição do partícipe, não teve sua tarefa facilitada, não aumentou a dificuldade da defesa da vítima, enfim, a participação não produziu o efeito que o fundamento da qualificadora quer punir.

A questão pragmática: como se deve, afinal, operacionalizar essa individualização penal? Quer-nos parecer que a questão é singela: em princípio, para o partícipe, aplica-se literalmente o disposto no art. 29, § 2º, não se lhe reconhecendo a qualificadora pelo concurso; para o autor, embora seja o executor efetivo da conduta

---

103. Hans Welzel, *Derecho Penal alemán*, cit., v. 4, p. 155.

tipificada, não contava ou não desejava a contribuição de ninguém, e mesmo assim a recebeu. Ora, apesar de, teoricamente, a simples anuência de um na ação do outro ser suficiente para configurar o concurso de pessoas, a nosso juízo, para a configuração da qualificadora, as circunstâncias mudam um pouco de figura, pela gravidade das consequências, uma vez que *dobra a pena* aplicável, e isso não se pode ignorar. Assim, a simples dúvida sobre a anuência do autor em aceitar a ajuda do partícipe já recomenda, em relação a ele, o não reconhecimento da qualificadora.

Enfim, a casuística é sempre rica no oferecimento de detalhes e, consequentemente, de alternativas.

16. Comunicabilidade ou incomunicabilidade da qualificadora

Esta é outra regra prevista para o instituto de concurso de pessoas de absoluta pertinência à qualificadora "mediante concurso de pessoas", sob pena de consagrar-se autêntica responsabilidade objetiva. Com efeito, é possível que a qualificadora se aplique a um e não a outros concorrentes do mesmo crime. Na verdade, essa previsão legal tem como corolário o *desvio subjetivo de condutas*, qual seja, o agente responde pelo que quis, segundo o que quis.

O art. 30 do Código Penal determina que as *circunstâncias* e as *condições* de caráter pessoal não se comunicam, *salvo quando elementares do crime*. Por serem pessoais, dizem respeito exclusivamente ao agente que as tem como atributo. Cada agente responderá de acordo com suas circunstâncias e condições pessoais. Na verdade, seria uma heresia aplicar esse mandamento como dogma, na Parte Geral, e agora, na Parte Especial, especificamente sobre o crime, *in concreto*, negar-lhe vigência, principalmente porque serve para dobrar a pena, sem qualquer possibilidade de dosá-la.

A *comunicabilidade* das circunstâncias objetivas, quando desconhecidas do agente, já era criticada pela doutrina sob o império da lei anterior, que a via como autêntica responsabilidade objetiva[104]. A reforma de 1984, comprometida inteiramente com o direito penal da culpabilidade, procurou afastar todo e qualquer resquício da responsabilidade objetiva. Mas, para que essa filosofia se faça verdadeira, é indispensável adequar os postulados da Parte Geral do Código Penal à velha Parte Especial, que, necessariamente, deve receber os influxos da moderna orientação consagrada nos fundamentos gerais do Código.

A comunicabilidade das circunstâncias objetivas e das elementares do crime deve ser examinada nos termos do art. 29, *caput*, na medida da culpabilidade de cada participante. É imperioso que o participante tenha agido ao menos culposamente em relação à qualificadora, isto é, em relação à contribuição na ação de outrem, para que possa haver *comunicabilidade*. Esses postulados, à evidência, aplicam-se integralmente à qualificadora do concurso de pessoas, sob pena de se reconhecer a famigerada responsabilidade objetiva. Assim, aquele indivíduo que pratica a

---

104. Basileu Garcia, *Instituições de Direito Penal*, São Paulo, Max Limonad, 1982, v. 1, t. 1, p. 425.

subtração da coisa, ignorando que estava recebendo o auxílio de alguém, não pode responder pelo crime qualificado; agora, o concorrente que conscientemente contribui com o autor direto da ação, que ignorava a contribuição, como dissemos, responde pela qualificadora. O princípio do desvio subjetivo de condutas autoriza essa interpretação: um dos participantes responde pelo *furto qualificado* e outro, por *furto simples*, sem nenhum problema de ordem dogmática.

17. Punibilidade desproporcional da qualificadora do concurso de pessoas

Para o "legislador" brasileiro, praticar um *furto* mediante a participação de mais de uma pessoa constitui circunstância mais grave que cometer um *roubo*, nas mesmas circunstâncias! Essa é, sem sombra de dúvida, a única conclusão a que se pode chegar ao se comparar a punibilidade que o Código Penal atribui aos dois crimes *praticados mediante concurso de pessoas*: no caso do roubo, a pena é elevada de um terço até metade, ao passo que, na hipótese de furto, a pena é duplicada (dois a quatro anos); em outros termos, no crime de furto o concurso de pessoas *qualifica* o crime, enquanto no roubo não passa de simples *causa de aumento* (majorante).

Constata-se, de plano, que estamos diante de uma questão de extrema relevância jurídica, necessitando ser enfrentada num plano superior, acima, portanto, da legislação infraconstitucional. Trata-se, com efeito, de flagrante violação do *princípio da proporcionalidade*, representado pela duplicação da pena na hipótese do crime de *furto*, quando praticado *mediante concurso de pessoas*. A equação é simples: tanto no furto como no roubo, o concurso de pessoas "qualifica" o crime, com a diferença de que no primeiro a pena dobra, enquanto no segundo, que é mais grave, é acrescida de um terço até metade. Essa é apenas uma das incontáveis previsões paradoxais de nosso vigente Código Penal (1940), que vai de encontro (deveria ir ao encontro) à moderna principiologia adotada pela atual Constituição Federal (1988). Com efeito, como destaca Lenio Luiz Streck, "entre tantas distorções que existem no Código Penal (e nas leis esparsas), *este é um ponto que tem sido deixado de lado nas discussões daquilo que hoje denominamos de 'necessária constitucionalização do direito penal*'"[105] (grifo do original).

Os dois tipos penais protegem, em princípio, o mesmo *bem jurídico* (o patrimônio); o roubo, como crime complexo, protege, ao mesmo tempo, "a liberdade individual e a integridade física e a saúde, que são simultaneamente atingidos pela ação incriminada"[106]. Logo, o roubo é um crime bem mais grave, como se verifica pelos limites, mínimo e máximo, das sanções cominadas: para o furto, um a quatro anos

---

105. Lenio Luiz Streck, O "crime de porte de arma" à luz da principiologia constitucional e do controle de constitucionalidade: três soluções à luz da hermenêutica, *Revista de Estudos Criminais do ITEC*, *1*:61, 2001.

106. Ver o Capítulo III deste volume, item n. 2, onde definimos o bem jurídico protegido no crime de roubo.

de reclusão; para o roubo, quatro a dez anos. No entanto, paradoxalmente, a participação de mais de uma pessoa no crime de roubo representa majoração de pena bem menor que a prevista para o crime de furto. E, convenhamos, a simples mudança terminológica — qualificadora no furto e causa de aumento no roubo — não altera a essência das circunstâncias fático-jurídicas: *praticar a subtração mediante concurso de pessoas*. Nesse sentido, merece ser invocada, mais uma vez, a doutrina de Lenio Streck, que preleciona: "Ora, no furto a presença de mais de uma pessoa não coloca em risco a integridade física da vítima, e, sim, facilita o agir subtraente; já no roubo, a presença de mais pessoas colocam em risco sobremodo a integridade física da vítima. *Não obstante isto, o Código Penal valoriza mais a coisa (propriedade privada) que a vida/integridade física*"[107]. Ademais, essa desuniformidade de tratamento de situações semelhantes fere também o *princípio da isonomia*, igualmente assegurado constitucionalmente.

Pela beleza plástica do pensamento externado por Amilton Bueno de Carvalho, invoco aqui sua feliz manifestação, referindo-se ao princípio da isonomia, quando afirma: "Há que se constitucionalizar o direito penal; toda análise penal deve ser banhada, atravessada, pelo viés constitucionalizante. Assim, ao contrário do que alguns poderão pensar, não se está violando leis, mas sim colocando-a no quadro maior: o do direito. E o princípio da isonomia está inserto na Constituição, logo há, até no discurso kelseniano, obediência ao sistema"[108]. Estamos, na realidade, diante de *crime da mesma espécie*, ambos contra o patrimônio, que integram o mesmo capítulo e se situam, no Código Penal, lado a lado. Com efeito, a única nota destoante, em nível de *caput*, é que a tipificação do roubo é enriquecida pela elementar da "violência ou grave ameaça à pessoa" (que torna o roubo muito mais grave), sendo idênticas as demais locuções. A previsão do *concurso de pessoas* como fator agravador da punibilidade é idêntica para ambos os delitos; o argumento político para a agravação da resposta penal é o mesmo: facilitação da execução do crime, maior dificuldade de defesa da vítima, maior perigosidade do agente. Por que então a grande desproporção na majoração penal de um e outro? A conclusão é inevitável: iguais são tratados desigualmente! Se se houvesse de dar tratamento diferenciado, necessariamente o crime de roubo deveria receber tratamento mais grave, e jamais o inverso. Por isso, deve-se aplicar ao crime de furto a mesma majoração prevista para caso de roubo, após declarada a inconstitucionalidade do art. 155, § 4º, IV, do CP, interpretando-o conforme a Constituição.

O desprezo pelo controle de constitucionalidade — direto ou difuso — na seara criminal, no sistema brasileiro, beira as raias da imoralidade, na medida em que tem

---

107. Lenio Luiz Streck, parecer na Apelação Criminal n. 70000284455, da 5ª Câmara Criminal, rel. Amilton Bueno de Carvalho, que adotou integralmente o parecer como razão de decidir *(Revista de Estudos Criminais do ITEC, 1*:120-31, 2001).

108. Relatando o Acórdão n. 70000284455, da 5ª Câmara Criminal do TJRGS, que acolheu integralmente, por unanimidade, o parecer antes referido de Lenio Luiz Streck (*Revista de Estudos Criminais do ITEC, 1*:125).

sido sistematicamente omitido, quando não sonegado desarrazoadamente pelo Judiciário, de primeiro e de segundo graus, postura inadmissível em um Estado Democrático de Direito[109]. No controle direto, quem tem legitimidade para a propositura das ADIns não tem "interesse" em fazê-lo, e, no controle difuso, o clamor da doutrina não faz eco nos tribunais, que, nesse particular, fazem ouvidos moucos. O Judiciário brasileiro tem ignorado que deve aplicar a norma somente quando estiver conforme com o Texto Constitucional, pois, como destaca Lenio Streck, "lamentavelmente, examinando a tradição jurídica brasileira, é possível constatar a existência de um certo fascínio em torno do Direito infraconstitucional, ao ponto de se adaptar a Constituição às leis ordinárias... *e não o contrário! Enfim, continuamos a olhar o novo com os olhos do velho*... A Constituição — e tudo o que representa o constitucionalismo contemporâneo — ainda não atingiu o seu devido lugar no campo jurídico brasileiro"[110].

Os exemplos desse "desvio de controle constitucional", especialmente no *controle difuso*, ocorrem com frequência intolerável, podendo ser verificados diariamente, em situações como quando se invoca que os *recursos excepcionais* (especial e extraordinário) não têm efeito suspensivo e, por isso, determinam a antecipação do cumprimento da pena, priorizando o vetusto Código de Processo Penal de 1942 e fazendo letra morta do Texto Constitucional, que assegura a *presunção de inocência* enquanto não houver trânsito em julgado. Desconhecem que previsão semelhante da Lei n. 8.038/98 deve ter aplicação restrita ao âmbito cível, porque nesse há exigência legal determinando o *caucionamento* da execução provisória da sentença recorrível, visando assegurar o executado, ante eventual reforma do julgado; ademais, é impensável caucionar a execução provisória de uma decisão penal condenatória recorrível! Como se restabeleceria o *status quo ante* quando ocorre a reforma do julgado cuja execução se tenha antecipado? À evidência, esse dano é irreparável e, por sua própria natureza, não há como caucioná-lo previamente. Tantas outras situações semelhantes ocorrem, que não podem ser aqui examinadas, que demonstram a necessidade urgente de, digamos, "constitucionalizar o direito penal brasileiro". Enquanto o Poder Legislativo não elaborar as necessárias e indispensáveis readaptações, "cabe ao Poder Judiciário, em sua função integradora e transformadora, típica do Estado Democrático de Direito, *efetuar as correções (adaptações) das leis*, utilizando-se para tal dos modernos mecanismos hermenêuticos, como a interpretação conforme a Constituição (*Verfassunskonforme Auslegung*), a nulidade parcial sem redução de texto (*Teilnichtigerklärung ohne Normtextreduzierung*) e a declaração da inconstitucionalidade das leis incompatíveis com a Constituição, para citar alguns"[111].

---

109. "Em síntese, há que se ter claro que o Estado Democrático de Direito, muito mais do que uma fórmula ou modelo de Estado, é uma proposta civilizatória; é um '*plus normativo*', vinculando a um todo principiológico o agir dos demais entes estatais" (Lenio Streck, O "crime de porte de arma" à luz da principiologia constitucional, p. 59).

110. Lenio Luiz Streck, O "crime de porte de arma" à luz da principiologia..., *Revista* cit., p. 62.

111. Idem, ibidem.

Na verdade, o legislador infraconstitucional não tem o direito ou mesmo o poder de estabelecer livremente tipos penais e cominar sanções aleatórias, sem obedecer materialmente à Constituição Federal, que é traduzida basicamente pelos princípios que dão o verdadeiro sentido e conteúdo de valores do texto constitucional brasileiro. O controle desse perfil deve ser feito por meio de uma filtragem hermenêutico-constitucional, permanentemente. Aliás, afrontando esses limites, o legislador infraconstitucional acaba por editar mais um texto legal absolutamente inconstitucional (Lei n. 10.268, de 28-8-2001), elevando, por exemplo, a pena do art. 343 do Código Penal para o mínimo de três e o máximo de quatro anos de reclusão, impedindo, dessa forma, a *individualização judicial* da pena aplicável[112]. A cominação de pena, nesses limites (mínimo de três e máximo de quatro anos), não só viola o *princípio da individualização* da pena como caracteriza verdadeira *tarifação penal* (taxatividade absoluta das penas), eliminada pelo Código Napoleônico de 1810 e seguida pelas legislações modernas, inclusive pelos Códigos Penais brasileiros.

Por todo o exposto, urge que se faça uma revisão à luz da moderna principiologia adotada pela Constituição Federal de 1988, isto é, uma releitura de todo o sistema criminal brasileiro, especialmente nas cominações das sanções penais, inclusive nas qualificadoras e causas de aumento, que, como demonstrado, apresentam inúmeros vícios de inconstitucionalidade. Adotamos, para concluir, a lúcida e corajosa sugestão de Lenio Streck, como mecanismo de controle de constitucionalidade, "a interpretação conforme a Constituição, originada na Alemanha, e que vem sendo adotada pelo Supremo Tribunal Federal há alguns anos". Assim, como afirma Lenio Streck, "... o texto da Lei (CP) permanece com sua literalidade; entretanto, a norma, fruto da interpretação, é que exsurgirá redefinida em conformidade com a Constituição. *Desse modo, analogicamente, o aumento de pena decorrente do concurso de pessoas (circunstância especial de aumento de pena) do roubo (art. 157, par. 2º, II), que é de 1/3 até a metade, torna-se aplicável ao furto qualificado por concurso de agentes*"[113] (grifo do original).

---

112. Especificamente sobre essa inconstitucionalidade nos manifestamos, rapidamente, nas breves anotações que fizemos para nosso *Código Penal comentado* (São Paulo, Saraiva, 2002), que já se encontrava no prelo, *in verbis*: "11. Inconstitucionalidade: individualização da pena — A cominação de pena nos limites mínimo e máximo de 3 (três) a 4 (quatro) anos viola o *princípio da individualização* da pena, caracterizando verdadeira *tarifação penal* (taxatividade absoluta das penas), eliminada pelo Código Napoleônico de 1810 (ver, nesse sentido: Andrei Zenckner Schmidt, *O princípio da legalidade penal no Estado Democrático de Direito*, Porto Alegre, Livr. do Advogado Ed., 2001, p. 263; Salo de Carvalho, na apresentação da mesma obra de Andrei Z. Schmidt). Esses parâmetros — três a quatro — impedem a *individualização judicial* da pena, consagrada no texto constitucional. Ademais, é *desproporcional* a elevação do mínimo de 1 (um) para 3 (três) anos, e, no próprio art. 342, que é similar, foi mantido os limites de um a três anos. No caso concreto, deve-se declarar essa inconstitucionalidade e aplicar o limite mínimo da cominação anterior".

113. Para brindar o leitor, transcrevemos a essência do magnífico parecer de Lenio Streck, que foi adotado, como razão de decidir, pelo acórdão da lavra de Amilton Bueno de Carvalho,

in verbis: "Tenho, pois, que fere a Constituição — entendida em sua principiologia (materialidade) — a previsão legal do Código Penal que determina a DUPLICAÇÃO da pena toda vez que o furto for cometido por duas ou mais pessoas, o que, aliás, acarreta um paradoxo em nosso sistema penal. Entre tantas distorções que existem no Código Penal (e nas leis esparsas), este é um ponto que tem sido deixado de lado nas discussões daquilo que hoje denominamos de 'necessária constitucionalização do direito penal'. Vale frisar, nesse sentido, que no recente Congresso de Direito Penal e Processual Penal ocorrido em Curitiba nos dias 1, 2 e 3 de setembro de 1999, a questão atinente à discrepância entre as diversas qualificadoras do Código Penal veio à baila, em debate promovido entre Amilton Bueno de Carvalho, Salo de Carvalho, Afrânio Jardim, James Tubenchlak e o Procurador de Justiça signatário. A conclusão apontou para a urgente — e necessária — releitura das majorações de pena decorrentes das qualificadoras e das causas de aumento de pena, tendo por base o princípio da proporcionalidade.

Com efeito, esse paradoxo decorre do fato de que, enquanto no furto a qualificadora do concurso de pessoas tem o condão de duplicar a pena, no roubo a majorante (causa de aumento de pena), neste caso de concurso de agentes, é de (apenas — *sic*) 1/3, podendo ir no máximo até a metade. Atentemo-nos para a discrepância: tanto no furto como no roubo, o concurso de agentes qualifica; no primeiro, a pena dobra; no segundo, a pena fica acrescida de 1/3. *Ora, no furto a presença de mais de uma pessoa não coloca em risco a integridade física da vítima, e, sim, facilita o agir subtraente; já no roubo, a presença de mais pessoas coloca em risco sobremodo a integridade física da vítima. Não obstante isto, o Código Penal valoriza mais a coisa (propriedade privada) que a vida/integridade física.*

Por isto, é necessário fazer uma (re)leitura constitucional do tipo penal do furto qualificado (por concurso de pessoas) à luz do princípio da proporcionalidade, que é ínsito e imanente à Constituição Federal. Para tanto, mediante uma interpretação conforme à Constituição, e levando em conta o princípio da isonomia constitucional, há que se redefinir a norma do art. 155, par. 4º, IV, do Código Penal. Necessária observação: entendo, a partir da doutrina de Friedrich Müller, Eros Roberto Grau e H. G. Gadamer, que a *NORMA* é sempre o resultado da interpretação de um *TEXTO* jurídico — nesse sentido, meu livro *Hermenêutica Jurídica e(m) Crise*, Livraria do Advogado, 1999.

Não se está a propor aqui — e até seria despiciendo alertar para este fato — que o Judiciário venha a legislar, modificando o teor do dispositivo do Código Penal que estabelece a duplicação da pena nos casos de furto qualificado por concurso de pessoas. Na verdade, trata-se, nada mais nada menos, do que elaborar uma RELEITURA da lei sob os parâmetros da devida proporcionalidade prevista na Constituição Federal. O mecanismo apto para tal é o da INTERPRETAÇÃO CONFORME A CONSTITUIÇÃO, que se originou da Alemanha, que vem sendo utilizado pelo Supremo Tribunal Federal já há mais de 10 anos.

Ou seja, o texto da Lei (CP) permanece com sua literalidade; entretanto, a norma, fruto da interpretação, é que exsurgirá redefinida em conformidade com a Constituição. *Desse modo, analogicamente, o aumento de pena decorrente do concurso de pessoas (circunstância especial de aumento de pena) do roubo (art. 157, par. 2º, II), que é de 1/3 até a metade, torna-se aplicável ao furto qualificado por concurso de agentes.*

E não se diga que o concurso de pessoas nas duas hipóteses não tem a mesma natureza jurídica. O que muda é tão somente a denominação: no caso do furto, o concurso de pessoas é chamada de qualificadora; no caso do roubo, a participação de mais de duas pessoas é chamada de causa de aumento de pena... Não se olvide que, a uma, ambos os tipos penais pretensamente protegem o mesmo bem jurídico (o patrimônio), e, a duas, muito embora o roubo seja

18. Furto de veículo automotor: qualificadora especial

A Lei n. 9.426, de 24 de dezembro de 1996, cria uma nova figura de *furto qualificado*, distinta daquelas relacionadas no § 4º do art. 155, sempre que a *coisa móvel*, objeto da ação, consistir em *veículo automotor* (automóveis, caminhões, lanchas, aeronaves, motocicletas, *jet skis* etc.). Com essa nova qualificadora (§ 5º),

---

um crime bem mais grave, paradoxalmente o nosso sistema alça a participação de mais de uma pessoa à condição de qualificadora com uma majoração de pena bem menor...

De maneira bem mais simples, pode-se dizer que, para o 'legislador' brasileiro, cometer um furto mediante a participação de mais de uma pessoa é circunstância mais gravosa do que cometer um roubo em circunstâncias semelhantes!!! E parece óbvio que o moderno direito penal e o contemporâneo direito constitucional não podem compactuar com tais anomalias. Desnecessário referir que uma norma tem dois âmbitos: vigência e validade (Ferrajoli). Pode ela ser vigente e não ser válida. No caso dos autos, o dispositivo legal (texto) em questão, que estabelece a duplicação da pena, é vigente; entretanto, sua validade deve ser aferida na confrontação com o princípio da proporcionalidade e o da isonomia.

Dito de outro modo, no caso sob exame, a teoria garantista de Ferrajoli pode oferecer um importante e fundamental contributo para o deslinde da controvérsia. Com efeito, em tendo os textos jurídicos sempre dois âmbitos — vigência e validade, *uma norma somente será válida se seu conteúdo estiver em conformidade com a Constituição, entendida em sua materialidade e substancialidade.* Ora, o legislador (ordinário) não é livre para estabelecer leis e tipos penais. O grande problema é que, mesmo com o advento de uma nova Constituição, milhares de leis continuam 'em vigor' no sistema. *Isto ocorre porque, de forma positivista, o jurista tradicional confunde vigência com validade. Por isto, as correntes críticas do Direito apontam para a necessária filtragem hermenêutico-constitucional do sistema jurídico, fazendo com que todo o ordenamento fique contaminado pelo 'vírus' constitucional.* A questão é tão grave que o grande jurista Jiménez de Azúa chegou a propor que, quando da promulgação de uma nova Constituição, todos os Códigos deveriam ser refeitos, *para evitar o mau vezo de se continuar a aplicar leis não recepcionadas ou recepcionadas apenas em parte pelo novo topos de validade, que é texto constitucional.*

No caso em tela — e para tanto estou acompanhado da moderna teoria constitucional (Canotilho, Hesse, Müller, Bonavides, Ribas Vieira, Guerra Filho, Bandeira de Mello, Clèmerson Clève, L. R. Barroso, Souto Maior Borges, somente para citar alguns) —, enquanto o poder encarregado de fazer as leis não elaborar as necessárias readaptações legislativas, cabe ao Poder Judiciário, em sua função integradora e transformadora, típica do Estado Democrático de Direito, efetuar as correções das leis, utilizando-se para tal dos modernos mecanismos hermenêuticos, como a interpretação conforme à Constituição (*Verfassungskonforme Auslegung*), a nulidade sem redução de texto e a declaração da inconstitucionalidade das leis incompatíveis com a Constituição, para citar alguns. *É o caso dos autos: o texto da lei (art. 155, par. 4º, IV) continua vigente; sua validade, porém, é que vem confortada por uma interpretação constitucional, mediante o uso analógico — para os casos de furto qualificado por concurso de agentes — do percentual de acréscimo decorrente da majorante do concurso de pessoas no roubo.* Além de obedecer ao princípio da isonomia, estar-se-á fazendo a readequação da norma ao princípio da proporcionalidade" (Lenio Luiz Streck. Parecer transcrito na Apelação n. 70000284455, da 5ª Câmara Criminal do TRJRGS, *Revista de Estudos Criminais do ITEC*, 1:122-5, 2001).

pretendeu-se inibir a conduta de *subtrair veículo automotor*, exasperando exageradamente a sanção correspondente, fixando-a entre três e oito anos de reclusão. O texto legal é o seguinte:

"A pena é de reclusão de 3 (três) a 8 (oito) anos, se a subtração for de veículo automotor que venha a ser transportado para outro Estado ou para o exterior".

Essa nova previsão merece, objetivamente, dois destaques: a) esqueceu-se de tipificar o chamado *furto de uso*, tão corriqueiro na atualidade, que, reconhecidamente, constitui figura atípica; e, b) para a configuração da nova qualificadora, não basta que a subtração seja de veículo automotor: é indispensável que este "venha a ser transportado para outro Estado ou para o exterior". Se o veículo automotor ficar na mesma unidade federativa, não incidirá a qualificadora, pois essa elementar integra o aspecto material dessa especial figura qualificada; igualmente, o simples *furto de uso* continua atípico.

Sintetizando, os furtos de veículos automotores, em geral, não são atingidos pela nova qualificadora acrescentada pela referida lei. Em outros termos, as tradicionais e costumeiras subtrações de veículos automotores, que perturbam o quotidiano do cidadão, não serão alcançadas pela nova qualificadora se não vierem, efetivamente, "a ser transportados para outros Estados ou para o exterior". Com efeito, a incidência da qualificadora, nos termos legais, exige que o veículo tenha ultrapassado os limites territoriais do Estado-membro ou do próprio território nacional, pois se trata de elementar objetiva espacial.

Essa qualificadora cria um problema sério sobre o momento consumativo da nova figura delitiva. Afinal, pode um tipo penal apresentar dois *momentos consumativos* distintos, um no momento da subtração e outro quando ultrapassar a fronteira de um Estado federado ou do próprio País? Com efeito, quando o agente pratica a subtração de um veículo automotor, em princípio é impossível saber, com segurança, se será transportado para outro Estado ou para fora do território nacional. Assim, essa qualificadora somente se consuma quando o veículo ingressa efetivamente em outro Estado ou em território estrangeiro. Na verdade, não basta que a subtração seja de veículo automotor. É indispensável que este "venha a ser transportado para outro Estado ou para o exterior", atividade que poderá caracterizar um *posterius* em relação ao crime anterior já consumado. Nessas circunstâncias, é impossível, em regra, reconhecer a tentativa da figura qualificada quando, por exemplo, um indivíduo é preso, no mesmo Estado, dirigindo um veículo furtado.

Teria sido mais feliz a redação do § 5º se tivesse, por exemplo, se utilizado do tradicional *elemento subjetivo do injusto*, isto é, prevendo, como *especial fim de agir*, a *venda* ou *transporte* "para outro Estado ou para o exterior". Como se sabe, o *especial fim de agir*, embora amplie o aspecto subjetivo do tipo, não integra o dolo nem se confunde com ele. Efetivamente, os elementos subjetivos especiais do injusto especificam o dolo, sem com ele se confundir. Não é necessário que se concretizem, sendo suficiente que existam no psiquismo do autor.

Paradoxalmente, fugindo completamente à tradição brasileira em relação aos *crimes contra o patrimônio*, a nova "qualificadora" deixou de cominar a *pena pecuniária*. Assim, diante do *princípio da reserva legal*, não se pode imaginar que a supressão seja decorrência de "mero esquecimento", que, aliás, ainda que tenha ocorrido, será irrelevante. Resultado: não há previsão legal de pena de multa para essa hipótese.

Não apenas a subtração de veículo automotor, para *uso*, continua sendo uma *figura atípica* como a *subtração de componentes* do veículo, como pneus, rodas, motor, acessórios etc. não tipifica o furto qualificado do § 5º, uma vez que a eles o texto legal não se refere. Restará, logicamente, a configuração do furto normal.

Realizamos, apenas, uma análise sucinta das principais inovações trazidas pela lei epigrafada.

18.1 *Furto de uso: intenção de restituir*

Nosso Código Penal de 1940 criminaliza somente a subtração com *animus* definitivo da coisa alheia (art. 155). Ao contrário do direito romano, seguido pelo Código Criminal do Império, o *furto de uso* não se inclui nas condutas tipificadas pelo Código ora em vigor. O próprio Von List, em seu tempo, já reconhecia o acerto dessa orientação dogmática, afirmando: Quanto mais se desenvolveu a ideia moderna do furto, tanto menos se faz compatível com o uso indevido, a que falta inteiramente a intenção de assenhoreamento. O natimorto Código Penal de 1969 criminalizava o furto de uso, nos seguintes termos: "Se a coisa não fungível é subtraída para fim de uso momentâneo e, a seguir, vem a ser imediatamente restituída ou reposta no lugar onde se achava: Pena — detenção, até 6 (seis) meses, ou pagamento não excedente a 30 (trinta) dias-multa".

Ocorre o denominado *furto de uso* quando alguém, indevidamente, subtrai coisa alheia infungível para utilizá-la momentaneamente, restituindo-a, na íntegra, à esfera de disponibilidade do sujeito passivo[114]. Conduta que satisfaça essas características não excede os limites do ilícito civil. Constitui, em outros termos, figura atípica perante o atual Código Penal.

O furto de uso também possui elementos normativo e subjetivo. O elemento objetivo caracteriza-se pela pronta restituição; o subjetivo, pelo fim especial de uso momentâneo. A locução "para si ou para outrem", caracterizadora do *elemento subjetivo especial* do tipo, constitui elementar subjetiva definidora do propósito de assenhorear-se em definitivo da *res furtiva*. Exatamente esse *especial fim de agir* distingue a subtração tipificada no art. 155 do CP e o conhecido "furto de uso". Neste, sem sombra de dúvida, a finalidade especial deve ser o uso momentâneo da *res* e não seu apossamento definitivo, embora, em ambos, esteja presente o *dolo*, constituído pela vontade consciente de subtrair coisa alheia móvel. Para adequar-se à descrição típica do crime de furto é insuficiente que o agente pretenda apenas usar,

---

114. Para aprofundar os estudos sobre o tema recomenda-se a leitura de Maria Celeste Cordeiro Leite dos Santos, *Do furto de uso*, Rio de Janeiro, Forense, 1986.

momentaneamente, a coisa alheia; é indispensável que o *animus furandi*, isto é, a intenção de apoderar-se em definitivo, seja o móvel de sua ação.

De modo geral se exigem, para reconhecer o crime de furto de uso, os seguintes requisitos: a) devolução rápida, quase imediata, da coisa alheia; b) restituição integral e sem dano do objeto subtraído; c) devolução antes que a vítima constate a subtração; d) elemento subjetivo especial: fim exclusivo de uso.

A coisa deve ser *restituída* integralmente, isto é, intacta em si mesma e em seus acessórios, no próprio local em que fora subtraída. Assim, a restituição *in integro* é elemento constitutivo do furto de uso. O simples abandono da *res* é ato possessório incompatível com a ação de quem pretendia apenas usar, na medida em que o abandono ocorre quando o proprietário ou possuidor, renunciando à posse, se desfaz da coisa. Nesse sentido já pontificava Nélson Hungria, afirmando que: "A *res* deve ser devolvida a local em que seja exercível o imediato poder de disposição do dono: se o agente a deixa alhures, sem qualquer aviso ao proprietário, assume o risco de que não se opere a restituição (pouco se lhe dá que esta se realize ou não), e a hipótese se equipara à do ladrão que, depois de assenhorear-se da coisa, resolve abandoná-la, o que não o exime de responder a título de furto"[115].

A subtração de veículo alheio, por exemplo, para usá-lo em fuga de perseguição policial, não exclui o *elemento subjetivo* do furto, não apenas porque o motivo é irrelevante à tipificação desse crime, mas também porque o propósito de evadir-se torna evidente a ausência da intenção de restituí-lo. Incumbe ao réu demonstrar a inexistência de dolo no *furto de uso*, especialmente se o objeto material da subtração não for por ele restituído ou deixado no local em que foi subtraído. Flavio Martins sintetiza, com precisão, os contornos dessa figura típica, nos seguintes termos: "A restituição da coisa subtraída, portanto, depois do uso momentâneo, é elemento indispensável para a configuração do furto de uso. Mas não basta; deve ser imediata. Isso porque, se a coisa não for imediatamente devolvida, demonstrará o *animus* do agente em exercer qualidades de proprietário sobre a coisa, fato que caracteriza o furto propriamente dito ('... para si...' — art. 155, CP)"[116]. Usar um veículo, sem autorização do dono ou possuidor, quer para fugir da polícia, quer devolvendo-o danificado, é, como sustenta Guilherme de Souza Nucci, "o modo que o autor possui de demonstrar a sua franca intenção de dispor da coisa como se não pertencesse a outrem. Além disso, é preciso haver imediata restituição, não se podendo aceitar lapsos temporais exagerados"[117].

Logicamente, havendo a subtração de um veículo para dar uma volta, sendo devolvido, pouco tempo depois, batido ou danificado, ou ainda, com razoável consumo de combustível, não se pode negar que houve diminuição no patrimônio da vítima; nesses casos, caracterizou-se o crime de furto.

---

115. Nélson Hungria, *Comentários ao Código Penal*, cit., v. 7, p. 24/25.
116. Flavio Martins Alves Nunes Jr., *O furto de uso*, disponível em www.direitocriminal.com.br.
117. Guilherme de Souza Nucci, *Código Penal comentado*, cit., p. 427.

19. Furto de energia: equiparação a coisa móvel

O Código Penal brasileiro, a exemplo do Código Penal Rocco de 1930 (art. 624), equiparou a coisa móvel a *energia elétrica* ou *qualquer outra que tenha valor econômico*. Essa opção do legislador de 1940 fundamentou-se na divergência doutrinal sobre a qualificação de "coisa" atribuída à energia elétrica; nessa linha, negava-se a possibilidade de admitir a tipificação de furto à *apropriação de energia*. Partidário dessa corrente, Fontán Balestra[118] afirmava que a energia elétrica não tem "corporalidade", característica essencial das coisas, e, por essa razão, não podia integrar a noção jurídica de coisa, objeto material de furto. O direito civil pode socorrer-se da analogia para equiparar a eletricidade à coisa; não o pode, contudo, o direito penal, que o veda, ao menos *in malam partem*, sustentava Balestra.

Objetivando evitar a impunidade da *subtração de energia* ou, no mínimo, o debate sobre o tema, muitos códigos dos países ocidentais adotaram a *equiparação* de uma coisa a outra. Foi o que ocorreu, como destaca Weber Martins Batista, "na Alemanha, com a lei de 9-4-1900, na Suíça, com a de 24-6-1902, na Espanha, com a lei de 10-1-1941 etc."[119].

Como destaca Luiz Regis Prado, "a energia deve ser suscetível de apossamento, podendo ser separada da substância ou matéria a que está ligada, ou ainda, de sua fonte geradora"[120]. No entanto, nem todo *uso indevido de energia elétrica* vem a se adequar à conduta tipificada como furto (art. 155, § 3º). Na verdade, a energia elétrica *pode ser desviada antes ou depois do medidor oficial* da companhia energética. Quando esse "desvio" ocorre antes do medidor oficial, em nossa concepção, configura a efetiva subtração de energia elétrica, que, legalmente, é equiparada a coisa móvel, tipificando-se o crime de furto. A figura do furto pressupõe uma *ligação clandestina*, desde a origem, ilícita. Ademais, essa subtração nada tem que a torne "qualificada", amoldando-se, por isso, com perfeição, à figura do *furto simples*, ao contrário do que normalmente se tem entendido. Seria demais, além de suportar uma "ficção" de *coisa*, ainda agravar exageradamente uma "subtração" simples.

Contudo, *quando o desvio da energia ocorre após o medidor*, o agente, para "subtraí-la", necessita *fraudar* a empresa fornecedora, induzindo-a a erro, causando-lhe um prejuízo em proveito próprio. A ligação da energia continua oficial; o fornecedor, ludibriado, acredita que a está fornecendo corretamente, desconhecendo o estratagema adotado pelo consumidor. Enfim, nessa hipótese, com certeza, a conduta amolda-se à figura do *estelionato*. A *ligação lícita*, preexistente, afasta uma conduta cujo verbo nuclear é "subtrair coisa alheia móvel", que pressupõe a inexistência da posse do objeto subtraído.

---

118. Fontán Balestra, *Tratado de Derecho Penal*, Buenos Aires, 1969, t. 5, p. 440.

119. Weber Martins Batista, *O furto e o roubo no direito e no processo penal*, cit., p. 103.

120. Luiz Regis Prado, *Curso de Direito Penal brasileiro*; Parte Especial, São Paulo, Revista dos Tribunais, v. 2, 2000, p. 373; Guilherme de Souza Nucci, *Código Penal comentado*, cit., p. 432: "Energia é a qualidade de um sistema que realiza trabalhos de variadas ordens, como elétrica, química, radiativa, genética, mecânica, entre outras".

Mas o dispositivo em exame equipara a coisa móvel, além da energia elétrica, também *qualquer outra que tenha valor econômico*!!!

A Exposição de Motivos justificou-se da seguinte forma: "Para afastar qualquer dúvida, é expressamente equiparada à coisa móvel e, consequentemente, reconhecida como possível objeto de furto 'a energia elétrica ou qualquer outra que tenha valor econômico'. Toda energia economicamente utilizável suscetível de incidir no poder de disposição material e exclusiva de um indivíduo (como, por exemplo, a eletricidade, a radioatividade, a energia genética [sêmen] dos reprodutores etc.) pode ser incluída, mesmo do ponto de vista técnico, entre as coisas móveis, a cuja regulamentação jurídica, portanto, deve ficar sujeita" (item n. 56).

Passadas seis décadas, pode-se ampliar o rol exemplificativo da Exposição de Motivos, lembrando, por exemplo, da energia solar, térmica, luminosa, sonora, mecânica, atômica etc. Sobre a energia genética, tão em voga, Magalhães Noronha já destacava que o esperma do reprodutor é coisa tanto como o leite que se ordenha. Assim, concluía Noronha apesar da diferente forma de apoderar-se, no caso por meio da cobertura da fêmea, inegavelmente se deve concluir que a hipótese é adequada ao *caput* do art. 155. Deve-se, evidentemente, considerar que Magalhães Noronha não conheceu as técnicas de inseminação artificial, *in vitro*, proveta etc. Na verdade, o modo ou forma de "subtrair" a energia genética não altera, em tese, sua tipificação criminal.

Essa equiparação de energia a coisa apresenta dois aspectos que são, pode-se dizer, no momento, tormentosos: "furto" de sinal de TV paga e natureza da "subtração" de energia: permanente ou instantâneo.

Primeiramente se deve decidir a *natureza do crime* de subtrair energia, na medida em que há inúmeras espécies de energia: algumas delas podem caracterizar *crime permanente* e outras, quem sabe, *crime continuado*. Em relação à energia elétrica, a mais comum, a ligação clandestina e o uso prolongado (dias, meses e até anos) caracterizam crime permanente ou crime continuado? A importância da solução dessa questão reside na diferença da punibilidade de uma e outra situação, pois, no caso de configurar crime continuado, incidirá a majoração prevista no art. 71 do Código Penal.

Como tivemos oportunidade de definir, "ocorre crime continuado quando o agente, mediante mais de uma conduta (ação ou omissão), pratica dois ou mais crimes da mesma espécie, devendo os subsequentes, pelas condições de tempo, lugar, maneira de execução e outras semelhantes, ser havidos como continuação do primeiro. São diversas ações, cada uma em si mesma criminosa, que a lei considera, por motivos de política criminal, como um crime único"[121]. Há, portanto, reiteração da ação inicial. Por outro lado, "permanente é aquele crime cuja consumação se alonga no tempo, dependente da atividade do agente, que poderá cessar quando este quiser (cárcere

121. Cezar Roberto Bitencourt, *Tratado de Direito Penal*, 29. ed., São Paulo, Saraiva, 2023, v. 1, p. 851.

privado, sequestro). Crime permanente não pode ser confundido com *crime instantâneo de efeitos permanentes* (homicídio, furto), cuja permanência não depende da continuidade da ação do agente"[122]. O que se alonga no tempo não são os efeitos, mas a atividade do agente consumadora da infração penal. Com efeito, no crime *permanente*, embora a ação praticada seja única, ela não se esgota na execução, como ocorre nos crimes instantâneos, mas se prolonga no tempo. Assim, na *subtração de energia elétrica*, considera-se consumado o crime quando o agente faz a ligação e começa a usufruir da energia, mas ele continua a consumar-se enquanto perdurar a fruição da *res*, sem solução de continuidade, enquanto não for interrompida. Logo, estamos perante um crime permanente, cuja consumação se protrai no tempo.

Assim, a pena a ser imposta não pode sofrer a incidência da majorante do art. 71, uma vez que se trata de crime de ação única, cuja consumação se alonga no tempo, ao contrário do crime continuado, que se constitui de condutas reiteradas.

O segundo aspecto, igualmente importante, refere-se ao *"furto" de sinal de TV paga*, de que, por sua importância e extensão, nos ocuparemos em tópico próprio.

19.1 *Furto de energia e furto de sinal de TV paga*

A "modernidade" tem sido fértil no oferecimento de novas situações, comportamentos inimaginados, valores impensados, enfim, uma gama de novos valores surge todos os dias, desafiando a operacionalidade e o dinamismo do sistema jurídico. No aspecto criminal, no entanto, essa dinamicidade apregoada e, por vezes, até desejada, encontra-se limitada pelos dogmas que são, em última instância, garantidores do Estado Democrático de Direito, como, por exemplo, os *princípios da reserva legal e da tipicidade estrita*.

Mais recentemente, a exemplo do que acontece com a eletricidade, constatou-se que não é incomum pessoas interceptarem, clandestinamente, *sinal de televisão a cabo*, utilizando-o sem o respectivo pagamento. Essa conduta imoral, antiética e, admita-se, ilícita tem sido definida por grande campanha publicitária, como *furto qualificado*. Essa definição, afinal, "patrocinada" pelos publicitários, poderia ser respaldada no marco de um direito penal da culpabilidade?

O art. 155, § 3º, equipara a coisa móvel "a energia elétrica ou qualquer outra que tenha valor econômico". Certamente, "sinal de TV a cabo" não é *energia elétrica*; deve-se examinar, por conseguinte, seu enquadramento na expressão genérica "qualquer outra" contida no dispositivo em exame. A locução "qualquer outra" refere-se, por certo, a "energia" que, apenas por razões linguísticas, ficou implícita na redação do texto legal; mas, apesar de sua multiplicidade, seja ela energia solar, térmica, luminosa, sonora, mecânica, atômica, genética, entre outras, inegavelmente "sinal de TV" não é, e nem se equipara a "energia", seja de que natureza for. Na verdade, energia se consome, se esgota, diminui e pode inclusive terminar, ao passo que "sinal de televisão" não se gasta, não diminui, mesmo que metade do País acesse o sinal ao mesmo tempo, ele não diminui, ao passo que, se fosse energia elétrica, entraria em colapso.

---

122. Cezar Roberto Bitencourt e Francisco Muñoz Conde, *Teoria geral do delito*, cit., p. 26.

Não se pode adotar *interpretação extensiva* para sustentar que o § 3º equiparou *a coisa móvel* "a energia elétrica ou qualquer outra *coisa*", quando na verdade se refere a "qualquer outra *energia*". Se a pretensão do legislador fosse essa, equiparar coisa móvel a coisa que tenha valor econômico, poderia ter utilizado uma forma mais clara, por exemplo: "equipara-se à coisa móvel qualquer outra que tenha valor econômico". Mais recentemente, seguindo nosso entendimento, a Segunda Turma do Supremo Tribunal Federal declarou a atipicidade da conduta de *efetuar ligação clandestina de sinal de TV a cabo*, por não se tratar de "energia". Ressaltou, ainda, o digno rel. Min. Joaquim Barbosa, "a inadmissibilidade da analogia *in malam partem* em Direito Penal, razão pela qual a conduta não poderia ser considerada penalmente típica" (HC 97.261/RS, rel. Min. Joaquim Barbosa, 2ª T., j. 12-4-2011, *Informativo 623*).

Por outro lado, adotando um entendimento absolutamente equivocado, na contramão de todos os princípios informadores de um direito penal da culpabilidade, em um Estado Democrático de Direito, o Superior Tribunal de Justiça, por meio de sua Quinta Turma, já admitiu que "a captação irregular de sinal de TV a cabo configura o delito previsto no art. 155, § 3º, do CP" (STJ, REsp 2009/0124165-5, rel. Min. Gilson Dipp, 5ª T., *DJe*, 1º-2-2011). Menos mal que essa aberração adotando *interpretação extensiva* de norma penal incriminadora não pode ser tida como orientação daquela Corte Superior. O referido equívoco foi percebido pelo STJ, que passou a adotar o posicionamento oposto, conforme o seguinte julgado: "RECURSO ESPECIAL. PENAL. ART. 155, §§ 3.º, E 4.º, INCISO IV, DO CÓDIGO PENAL. CAPTAÇÃO CLANDESTINA DE SINAL DE TELEVISÃO POR ASSINATURA. EQUIPARAÇÃO AO FURTO DE ENERGIA ELÉTRICA. INVIABILIDADE. PRECEDENTES DO SUPREMO TRIBUNAL FEDERAL E DO SUPERIOR TRIBUNAL DE JUSTIÇA. RECURSO ESPECIAL DESPROVIDO. 1. A jurisprudência do Superior Tribunal de Justiça se inclinava no sentido de que o furto de sinal de televisão por assinatura se enquadraria na figura típica do art. 155, § 3.º, do Código Penal. 2. O Supremo Tribunal Federal, no julgamento do HC n. 97.261/RS, entendeu que o sinal de televisão não se equipararia à energia elétrica, bem assim que não haveria subtração na hipótese de captação indevida de sinal, motivo pelo qual a conduta não se amoldaria ao crime do art. 155, § 3.º, do Código Penal. Asseverou também que a ausência de previsão de sanção no art. 35 da Lei n. 8.977/1995, que definiu a captação clandestina de sinal como ilícito penal, somente poderia ser suprida por outra lei, não podendo ser utilizado o preceito secundário de outro tipo penal, sob pena de haver indevida analogia *in malam partem*. Precedente da Sexta Turma desta Corte Superior. 3. Recurso especial desprovido" (REsp 1.838.056/RJ, rel. Min. Laurita Vaz, Sexta Turma, julgado em 9-6-2020, *DJe* de 25-6-2020.)

Afora o fato de, em não sendo energia, não poder ser objeto material do crime de furto, o "sinal de televisão" tampouco pode ser subtraído, pois, como já afirmamos, *subtrair* significa retirar, surrupiar, tirar às escondidas a coisa móvel de alguém. Ora, quem utiliza clandestinamente "sinal de televisão" não o retira e tampouco dele se apossa, não havendo qualquer diminuição do patrimônio alheio que, em última instância, é o bem jurídico protegido no crime de furto. Nesse sentido, sustenta João Eduardo Grimaldi da Fonseca, com precisão: "Não há desfalque no patrimônio, o prejuízo decorre do que a empresa — em virtude da utilização indevida do sinal que retransmite — deixa de receber, não do que desta se subtrai"[123].

Por outro lado, *subtrair* não é a simples retirada da coisa do lugar em que se encontrava; é necessário, *a posteriori*, sujeitá-la ao poder de disposição do agente, e, na hipótese, o *uso* clandestino de "sinal de televisão" não apresenta aquele elemento subjetivo de apossamento para si ou para outrem.

20. Erro jurídico-penal no crime de furto: erro de tipo e de proibição

Quem subtrai coisa que erroneamente supõe ser sua encontra-se em *erro de tipo*: não sabe que subtrai coisa alheia. Porém, quem acredita ter o direito de subtrair coisa alheia — v. g., o credor perante o devedor insolvente — incorre em *erro de proibição.*

Erro de tipo é o que recai sobre circunstância que constitui elemento essencial do tipo. É a falsa percepção da realidade sobre um elemento do crime, *alheia*, por exemplo. É a ignorância ou falsa representação de qualquer dos elementos constitutivos do tipo penal. Indiferente que o objeto do erro se localize no mundo dos fatos, dos conceitos ou das normas jurídicas. Importa, isso sim, que faça parte da estrutura do tipo penal[124]. Assim, por exemplo, não se pode falar em crime de furto quando o agente, equivocadamente, pensa que a coisa é sua, ou acredita piamente que a coisa não tem dono ou é abandonada ou, em outros termos, não sabe que se trata de coisa alheia.

Erro de proibição, por sua vez, é o que incide sobre a ilicitude de um comportamento. O agente supõe, por erro, ser lícita sua conduta. O objeto do erro não é, pois, nem a lei, nem o fato, mas *a ilicitude*, isto é, a contrariedade do fato em relação à lei. O agente supõe permitida uma conduta proibida; faz um juízo equivocado daquilo que lhe é permitido fazer em sociedade. No *erro de proibição*, enfim, o sujeito sabe o que faz, mas supõe erroneamente que sua ação é permitida. Assim, por exemplo, o credor que, não conseguindo receber seu crédito do devedor, subtrai-lhe o valor correspondente, acreditando ter o direito de fazê-lo.

Convém destacar, desde logo, que não estamos falando de "simulacro de erro", de meras alegações defensivas, mas de erro verdadeiro, concreto, efetivo, ou seja, é necessário que haja *motivo* para conduzir alguém a erro, que este se fundamente em fatos ou circunstâncias reais, plausíveis, concretos, positivos. Somente esse tipo de erro, reconhecido no processo, leva à exclusão do dolo, que é elemento subjetivo do tipo e, por extensão, exclui a própria tipicidade, mesmo o erro evitável, na medida em que não há previsão de modalidade culposa.

---

123. João Eduardo Grimaldi da Fonseca, O "furto" de sinal de televisão a cabo, *Boletim do IBCCrim*, *103*:18, jun. 2001.

124. Cezar Roberto Bitencourt e Francisco Muñoz Conde, *Teoria geral do delito*, cit., p. 406.

O *erro de tipo essencial* sempre exclui o dolo, permitindo, quando for o caso, a punição pelo crime culposo (não há previsão de furto culposo), já que a culpabilidade permanece intacta. O *erro de tipo inevitável* exclui, portanto, a tipicidade, não por falta do tipo objetivo, mas por carência do tipo subjetivo. No crime de furto haverá, porém, a atipicidade, por exclusão do dolo, mesmo quando se trate de *erro evitável*, ante a ausência de previsão de modalidade culposa. O *erro de proibição*, por sua vez, quando *inevitável*, exclui a culpabilidade, impedindo a punição a qualquer título, em razão de não haver crime sem culpabilidade[125]. Se o erro de proibição é *evitável*, a punição se impõe, sempre por crime doloso (ou melhor, sem alterar a natureza do crime — doloso ou culposo), mas com pena reduzida, pois, como afirma Cerezo Mir, "a culpabilidade, reprovabilidade pessoal da conduta antijurídica, é sempre menor no erro de proibição evitável"[126].

21. Pena e ação penal

No *furto simples* a pena é de reclusão de um a quatro anos; no *furto noturno* é majorada em um terço; no *privilegiado*, pode ter a reclusão substituída por detenção, diminuída de um a dois terços ou substituída por multa; no furto *qualificado*, a pena cominada é exatamente o dobro da pena da figura simples, qual seja, dois a oito anos de reclusão; e, na *nova qualificadora* (§ 5º), a reclusão será de três a oito anos.

A pena de prisão será cumulativa com a de multa, exceto no *furto privilegiado*, em que aquela pode ser substituída por esta, e na hipótese do § 5º, em que a reclusão foi cominada isoladamente.

Haverá isenção de pena se for praticado contra ascendente, descendente ou cônjuge (na constância da sociedade conjugal).

A natureza da ação penal é *pública incondicionada, salvo nas hipóteses do art. 182, quando será condicionada à representação.*

---

125. Cezar Roberto Bitencourt, *Tratado de Direito Penal — Parte Geral*, 29. ed., São Paulo, Saraiva, 2023, v. 1, p. 494.

126. José Cerezo Mir, O tratamento do erro de proibição no Código Penal, *RT*, *643*:400, 1989.

FURTO DE COISA COMUM — II

FURTO DE COISA COMUM

Art. 156. Subtrair o condômino, coerdeiro ou sócio, para si ou para outrem, a quem legitimamente a detém, a coisa comum:

Pena — detenção, de 6 (seis) meses a 2 (dois) anos, ou multa.

§ 1º Somente se procede mediante representação.

§ 2º Não é punível a subtração de coisa comum fungível, cujo valor não excede a quota a que tem direito o agente.

1. Considerações preliminares

No Código Penal de 1890, o furto de coisa comum não recebia um tratamento autônomo independente. Era abrangido pela seguinte previsão: "O crime de furto se cometerá ainda que a coisa pertença a herança ou comunhão em estado de indivisão" (art. 334). Na verdade, o furto de coisa comum, como figura autônoma, continua desconhecido em muitas legislações modernas, que não o distinguem da figura simples.

O Código Penal de 1940, a exemplo do Código Penal Rocco, de 1930 (art. 627), tipifica o *furto de coisa comum* como crime de natureza especial, atribuindo-lhe sanção consideravelmente inferior, comparada ao tipo simples. Não deixa de ser, *mutatis mutandis*, uma espécie de furto privilegiado.

2. Bem jurídico tutelado

Trata-se de modalidade especial do crime de furto, distinguindo-se deste pela especial relação existente entre os sujeitos ativo e passivo e pelo objeto da subtração, que deve ser *comum* a ambos os sujeitos. Em outros termos, bem jurídico tutelado são a posse legítima e a propriedade de *coisa comum*, isto é, pertencente aos sujeitos ativo e passivo, simultaneamente.

3. Sujeitos do crime

3.1 *Sujeito ativo*

Tratando-se de crime próprio, *sujeito ativo* somente pode ser o *condômino*, *coerdeiro* ou *sócio* da coisa comum. Essa condição do sujeito ativo é elementar do tipo e, como tal, comunica-se a coautores e partícipes.

Damásio de Jesus não distingue sócio de pessoa jurídica regularmente constituída de sócio de simples *sociedade de fato*, porque, argumenta, "como a lei fala em 'sócio', não fazendo qualquer distinção quanto à sua natureza, é irrelevante que a sociedade seja legalmente constituída ou de fato"[1].

Se o sujeito ativo está, no entanto, na posse da coisa comum, o crime será o de *apropriação indébita* (art. 168 do CP), e não o de furto de coisa comum.

3.2 *Sujeito passivo*

Sujeito passivo, considerando-se a natureza especial do crime, são o condômino (coproprietário), coerdeiro ou sócio, ou qualquer outro possuidor legítimo[2]. Se a subtração operar-se contra possuidor ou detentor ilegítimo, não se tipificaria o furto de coisa comum, mas sim o furto previsto no art. 155.

4. Tipo objetivo: adequação típica

A ação típica, a exemplo do artigo anterior, é "subtrair"; apenas o objeto material do crime a ser subtraído, em vez de *coisa alheia*, deve ser *coisa comum*, de quem legitimamente a detém. O conceito de subtração é exatamente o mesmo que procuramos externar quando examinamos crime de furto. Logicamente, para tipificar-se o *furto de coisa comum*, faz-se necessário que esta se encontre legitimamente na detenção de outrem; encontrando-se, contudo, na posse do agente, o crime será o de *apropriação indébita* (art. 168); havendo, porém, emprego de violência ou grave ameaça, o crime será o de roubo, a despeito de sua *natureza comum*.

O objeto material é a *coisa móvel*. Imóvel, a exemplo do furto e do roubo, não pode ser objeto desse crime. A coisa móvel tem de ser *comum*, isto é, de propriedade comum. Se for *fungível*, ou seja, se puder ser substituída por outra coisa de mesma espécie, quantidade e qualidade (art. 85 do CC), a *subtração* será *impunível* (art. 156, § 2º, do CP), desde que não exceda o valor da quota do agente, a despeito de revestir-se do caráter de ilícita. Tratando-se, porém, de coisa *infungível*, mesmo que o valor da coisa subtraída não supere o da quota individual, o agente responderá por furto de coisa comum.

1. Damásio de Jesus, *Direito Penal*, cit., v. 2, p. 332.
2. Heleno Fragoso, *Lições de Direito Penal*, cit., v. 1, p. 337.

Enfim, para incidir essa espécie de "excludente de antijuridicidade especial", é indispensável que concorram, simultaneamente, dois requisitos legais: a) que a coisa comum seja fungível; b) que seu valor não ultrapasse a quota a que o sujeito ativo tem direito (art. 156, § 2º).

Condomínio é a propriedade, posse ou direito em comum, isto é, exercido por dois ou mais indivíduos simultaneamente; *coerdeiros* são herdeiros de um mesmo espólio; *sócio* é uma das pessoas que, mediante contrato, obrigam-se a unir esforços e bens para a consecução de um fim comum. Cada sócio, herdeiro ou condômino tem seu direito limitado pelo direito dos demais; logo, subtraindo a coisa comum, lesa o direito dos outros. Preciso e insuperável era o magistério de Hungria: "Na *communio pro indiviso* da propriedade de uma coisa, cada comunheiro dispõe de uma cota ideal *in toto et in qualibet parte*, e, assim, se um deles subtrai a coisa, não está subtraindo coisa *alheia*, mas, ao mesmo tempo, *alheia* e *própria*, em cada uma de suas partículas"[3].

4.1 *Sócio que furta da própria sociedade*

Questiona-se se o sócio pode ser *sujeito ativo* do crime de furto de coisa pertencente a sociedade regularmente constituída. Sociedade irregular não tem personalidade jurídica e, portanto, se confunde com a figura dos sócios.

Para uma corrente, o sócio pode subtrair coisa pertencente a pessoa jurídica, na medida em que os conceitos do direito civil e do direito comercial não são recepcionados pelo direito penal, e o patrimônio que serve a sociedade é patrimônio comum dos sócios[4].

O *sócio* que furta da sociedade — pessoa jurídica — comete o crime do art. 155, e *não o furto de coisa comum*. O patrimônio pertence exclusivamente à sociedade e não aos sócios, pelo menos diretamente. Nesse sentido também se manifestava Heleno Fragoso, para quem, "em tal hipótese, o patrimônio da sociedade não constitui patrimônio dos sócios, sendo ela titular exclusiva do mesmo. Em que pese a autorizada opinião de Hungria, VII, 46, a subtração de bens que integram o patrimônio da sociedade praticada pelo sócio, que não tem a posse dos mesmos, constitui furto (art. 155), assim como a *apropriação indébita* daqueles que em sua posse tiverem será o crime do art. 168, CP"[5]. Há divergência doutrinário-jurisprudencial.

A *dúvida* sobre a condição de sócio, herdeiro ou condômino constitui *questão prejudicial* (art. 92 do CPP), que deve ser dirimida fora do juízo criminal, segundo a organização judiciária de cada Estado. A regra é que seja da competência do Juizado de Família e Sucessões. Nesse caso, deve ser suspensa a instrução criminal enquanto se resolve a questão prejudicial.

---

3. Nélson Hungria, *Comentários ao Código Penal*, cit., v. 7, p. 48.
4. Nélson Hungria, *Comentários ao Código Penal*, cit., v. 7, p. 49.
5. Heleno Fragoso, *Lições de Direito Penal*, cit., v. 1, p. 338.

Questão a ser dirimida refere-se aos bens adquiridos durante a conhecida *união estável*, se estariam incluídos nos chamados bens em "condomínio". No matrimônio, observado o regime de bens adotado, não resta dúvida de que se faz presente o instituto do *condomínio*, relativo aos bens comuns (todos, no regime da comunhão universal, e dos aquestos, nos demais regimes). Na constância da sociedade conjugal, pela natureza da relação, não se pode falar em crime de furto. E quando, excepcionalmente, isso puder ocorrer, o agente será *isento de pena* (art. 181). Essa figura delitiva, em princípio, somente poderá surgir se os cônjuges estiverem judicialmente separados e, nesse caso, somente se procede *mediante representação* do cônjuge ofendido (art. 182, I, do CP).

Na novel *união estável*, contudo, é indispensável que se faça prova irrefutável não só de sua existência, mas particularmente de seu caráter estável (art. 226, § 3º, da CF).

Ainda que se configure, eventualmente, qualquer das figuras previstas no § 4º do art. 155, são inaplicáveis as qualificadoras no furto de coisa comum. Havendo violência, contudo, contra a pessoa, o crime não será este, mas o de roubo, e sem qualquer atenuação especial, independentemente da natureza comum do objeto material da subtração.

5. Tipo subjetivo: adequação típica

O tipo subjetivo é constituído pelo *dolo*, que é seu elemento subjetivo geral, e pelo *especial fim de agir*, que é seu elemento subjetivo especial. O dolo é constituído pela vontade consciente de subtrair *coisa comum*, isto é, que seja objeto de comunhão, seja com sócio, condômino ou coerdeiro.

O elemento subjetivo especial do tipo, por sua vez, é representado pelo *fim especial* de apoderar-se da coisa subtraída, *para si* ou *para outrem*. É indispensável, por fim, que o agente saiba que se trata de *coisa comum*.

Quando, no entanto, o agente, por erro, supuser que a coisa comum é alheia, responderá igualmente pelo crime de furto comum. Essa interpretação se justifica porque não se poderia, por erro, atribuir-lhe a responsabilidade por um crime mais grave que aquele que efetivamente cometeu. Contudo, se subtrair coisa própria imaginando que era *comum*, não responderá por crime algum. Estar-se-á diante do que se chama de crime putativo, que, evidentemente, crime não é.

6. Consumação e tentativa

6.1 *Consumação de furto de coisa comum*

Consuma-se o crime de *furto de coisa comum* com a retirada da coisa da esfera de disponibilidade da vítima (coproprietária ou copossuidora), assegurando-se, consequentemente, a posse tranquila, ainda que passageira, por parte do agente; enfim, consuma-se quando a coisa sai da posse da vítima ingressando na do agente; o assenhoreamento ocorre quando a coisa comum sai efetivamente da vigilância ou disponibilidade do ofendido.

Apesar da necessidade de a *res* sair da disponibilidade da vítima e estar na posse tranquila do agente, também é possível que, em tese, ocorra a consumação do furto, sendo o agente *preso em flagrante*. Nesses casos, como já referido, não há possibilidade material, por parte do ofendido, de exercer o poder de disposição da coisa, pois ignora seu paradeiro.

6.2 *Tentativa de furto de coisa comum*

O furto de coisa comum, como crime material, admite a *tentativa*. Quando a atividade executória for interrompida, no curso da execução, por causas estranhas à vontade do agente, configura-se a forma tentada. Em outros termos, quando o processo executório for impedido de prosseguir, antes de o objeto da subtração ser deslocado da esfera de vigilância e disponibilidade da vítima para a posse tranquila do agente, não se pode falar em crime consumado. Consuma-se o crime no momento em que a vítima não pode mais dispor da posse ou propriedade da coisa subtraída.

Caracteriza-se o crime tentado, enfim, quando o crime material não se consuma por circunstâncias alheias à vontade do agente, não chegando a *res furtiva* a sair da esfera de vigilância do dono e, consequentemente, não passando para a posse tranquila daquele. Se o agente teve a posse tranquila da *res furtiva*, apesar do pouco tempo, de forma totalmente desvigiada, é indiscutível a ocorrência do furto consumado, sendo, portanto, irrelevante o tempo de duração da disponibilidade da coisa.

As peculiaridades, restrições e limitações são as mesmas examinadas no dispositivo anterior, para onde remetemos o leitor.

7. Classificação doutrinária

Trata-se de *crime próprio* (aquele que exige condição especial do sujeito ativo — sócio, condômino ou coerdeiro); *de dano* (consuma-se apenas com lesão efetiva ao bem jurídico tutelado); *material* (que causa transformação no mundo exterior, consistente na diminuição do patrimônio da vítima); *comissivo* (é da essência do próprio verbo nuclear, que só pode ser praticado por meio de uma ação positiva; logicamente, por meio da omissão imprópria também pode ser praticado, nos termos do art. 13, § 2º); *doloso* (não há previsão legal para a figura culposa); *de forma livre* (pode ser praticado por qualquer meio, forma ou modo); *instantâneo* (a consumação opera-se de imediato, não se alongando no tempo); *unissubjetivo* (pode ser praticado, em regra, apenas por um agente); *plurissubsistente* (pode ser desdobrado em vários atos que, no entanto, integram uma mesma conduta).

8. Causa especial de exclusão da antijuridicidade

A subtração de *coisa fungível* que não ultrapassa a quota a que o agente tem direito não é punível (art. 156, § 2º), consoante disciplina específica do dispositivo em exame.

Pode-se questionar, afinal: estamos diante de *isenção de pena* ou de *exclusão de antijuridicidade*? Determinada corrente sustenta que se trata de isenção de pena; outra, que a previsão legal é causa de exclusão da antijuridicidade[6].

Na verdade, a redação do § 2º do art. 156 apresenta uma sutileza que altera profundamente a natureza de sua previsão. Com efeito, se o dispositivo legal afirmasse que "o agente não é punível", como faz em inúmeros artigos do Código Penal, estaríamos, certamente, diante de uma situação cristalina de *isenção de pena*. No entanto, não foi essa a previsão legal; ao contrário, prevê referido dispositivo que "não é punível a subtração...". Ora, *subtração impunível* significa *subtração lícita*, permitida indiferente ao direito penal. Portanto, como conclui, lucidamente, Damásio de Jesus, trata-se de *fato lícito*, isto é, de "causa de exclusão da antijuricidade e não de isenção de pena"[7].

Essa *excludente especial* (as gerais ou comuns estão relacionadas no art. 23), para configurar-se, exige os seguintes requisitos: a) fungibilidade da coisa comum; b) valor não superior à quota a que o agente tem direito.

Tratando-se de *coisa infungível*, é irrelevante que o agente tenha direito a quota superior ao valor subtraído: o crime estará tipificado. Igualmente, ainda que se trate de *coisa fungível*, se o valor subtraído for superior à quota a que o sujeito tem direito, o crime também estará tipificado. Assim, a fungibilidade da coisa comum e seu limite da quota são elementares limitadoras da excludente especial sob exame.

9. Pena e ação penal

A pena cominada ao furto de coisa comum é *alternativa*: de detenção, de seis meses a dois anos, ou multa. A natureza da ação penal é pública condicionada à representação do ofendido ou de quem tenha qualidade para representá-lo.

6. A segunda posição é defendida, com acerto, por Damásio de Jesus, *Direito Penal*, cit., v. 2, p. 332 e 333.
7. Damásio, *Direito Penal*, cit., v. 2, p. 333.

ROUBO III

Sumário: 1. Considerações preliminares. 2. Bem jurídico tutelado. 3. Sujeitos do crime. 3.1. Sujeito ativo. 3.2. Sujeito passivo. 4. Tipo objetivo: adequação típica. 5. *Modus operandi*: mediante violência ou grave ameaça ou qualquer outro meio. 5.1. Violência física (*vis corporalis*). 5.2. Grave ameaça (*vis compulsiva*). 5.2.1. Idoneidade da grave ameaça. 5.2.2. Simulação de arma e arma de brinquedo. 5.3. Qualquer outro meio de redução da resistência. 5.4. Violência ou grave ameaça para fugir sem a coisa. 6. Espécies de roubo: próprio e impróprio. 6.1. Roubo próprio. 6.2. Roubo impróprio. 6.3. Roubo próprio e impróprio: distinção. 7. Objeto material do crime de roubo. 8. Tipo subjetivo: adequação típica. 9. Roubo majorado ("qualificado", § 2º). 9.1. Se a violência ou ameaça é exercida com emprego de arma (I). 9.1.1. O emprego de arma de brinquedo e a Súmula 174 do STJ. 9.1.2. O emprego de arma de branca. 9.2. Se há concurso de duas ou mais pessoas (II). 9.3. Em serviço de transporte de valores e o agente conhece essa circunstância (III). 9.4. Roubo de veículo automotor que venha a ser transportado para outro Estado ou para o exterior (IV). 9.5. Roubo de veículo automotor com sequestro da vítima (V). 9.6. Elevação da pena mínima no roubo qualificado. 10. Eventual presença de duas causas de aumento. 11. A tipificação do crime de roubo recebeu várias modificações da Lei n. 13.654/2018. 11.1. A revogação do inciso I do § 2º do art. 157. 11.2. Acréscimo trazido pelo inciso VI ao § 2º do art. 157 — subtração de substâncias explosivas ou de acessórios. 11.3. A inclusão do § 2º-A ao art. 157 do CP prevê duas causas especiais de aumento de pena. 11.3.1. Se a violência ou ameaça é exercida com emprego de arma de fogo. 11.3.2 Destruição ou rompimento de obstáculo mediante o emprego de explosivo ou de artefato análogo que cause perigo comum. 11.4. Emprego de arma de fogo de uso restrito ou proibido duplica a pena do *caput*. 11.5. A Lei n. 13.654/2018 alterou a redação do § 3º do art. 157 do Código Penal. 12. Consumação e tentativa. 12.1. Consumação do crime de roubo. 12.2. Tentativa do crime de roubo. 13. Classificação doutrinária. 14. Roubo qualificado pelo resultado: lesão grave ou morte. 14.1. Pela lesão corporal grave. 14.2. Pelo resultado morte: latrocínio. 14.2.1. Resultado morte decorrente de grave ameaça: não tipifica latrocínio. 14.3. Morte de comparsa: inocorrência de latrocínio. 15. Tentativa de latrocínio: pluralidade de alternativas. 16. Latrocínio com pluralidade de vítimas. 17. Concurso do crime de roubo com o de quadrilha. 18. Pena e ação penal. 18.1. Inconstitucionalidade da proibição de progressão de regime nos crimes hediondos.

CAPÍTULO II

DO ROUBO E DA EXTORSÃO

Roubo

Art. 157. Subtrair coisa móvel alheia, para si ou para outrem, mediante grave ameaça ou violência a pessoa, ou depois de havê-la, por qualquer meio, reduzido à impossibilidade de resistência:

Pena — reclusão, de 4 (quatro) a 10 (dez) anos, e multa.

§ 1º Na mesma pena incorre quem, logo depois de subtraída a coisa, emprega violência contra pessoa ou grave ameaça, a fim de assegurar a impunidade do crime ou a detenção da coisa para si ou para terceiro.

§ 2º A pena aumenta-se de 1/3 (um terço) até metade:

I — (revogado pela Lei n. 13.654, de 23 de abril de 2018);

II — se há o concurso de duas ou mais pessoas;

III — se a vítima está em serviço de transporte de valores e o agente conhece tal circunstância;

IV — se a subtração for de veículo automotor que venha a ser transportado para outro Estado ou para o exterior;

- Inciso IV acrescentado pela Lei n. 9.426, de 24 de dezembro de 1996.

V — se o agente mantém a vítima em seu poder, restringindo sua liberdade.

- Inciso V acrescentado pela Lei n. 9.426, de 24 de dezembro de 1996.

VI — se a subtração for de substâncias explosivas ou de acessórios que, conjunta ou isoladamente, possibilitem sua fabricação, montagem ou emprego.

- Inciso VI acrescentado pela Lei n. 13.654, de 23 de abril de 2018.

VII — Se a violência ou grave ameaça é exercida com o emprego de arma branca.

- Inciso VII foi acrescentado pela Lei n. 13.964, de 24 dezembro de 2019.

§ 2º-A. A pena aumenta-se de 2/3 (dois terços):

I — se a violência ou ameaça é exercida com emprego de arma de fogo;

II — se há destruição ou rompimento de obstáculo mediante o emprego de explosivo ou de artefato análogo que cause perigo comum.

- *§ 2º-A* e incisos foram acrescentados pela Lei n. 13.654, de 23 de abril de 2018.

§ 2º-B. Se a violência ou grave ameaça é exercida com emprego de arma de fogo de uso restrito ou proibido, aplica-se em dobro a pena prevista no caput *deste artigo.*

- § 2º-B — foi acrescido pela Lei n. 13.964, de 24 dezembro de 2019.

§ 3º Se da violência resulta:

I — lesão corporal grave, a pena é de reclusão de 7 (sete) a 18 (dezoito) anos, e multa;

II — morte, a pena é de reclusão de 20 (vinte) a 30 (trinta) anos, e multa.

- § 3º e incisos foram alterados pela Lei n. 13.654, de 23 de abril de 2018.

---

1. Considerações preliminares

Durante longo período da história o roubo foi tratado como furto, embora, na essência, não deixe de ser uma espécie de "furto agravado" pelo *modus operandi*, isto é, distingue-se do furto apenas pelo emprego da "violência ou grave ameaça contra a pessoa" ou ainda pela utilização de qualquer outro meio que impossibilite a resistência da vítima.

Na Idade Média, o roubo não foi ignorado pelos direitos romano e germânico, que, guardadas as proporções, contribuíram com sua evolução: para o direito germânico a violência empregada em sua execução era o fator preponderante do crime de roubo, ao passo que o direito romano, mais preciso, reconhecia que a maior gravidade da infração penal situava-se na existência de ofensa a duas objetividades jurídicas distintas: de um lado a patrimonial e, de outro, a ofensa à pessoa (liberdade e integridade).

Os Códigos sardo, toscano e Zanardelli admitiam o crime de roubo, embora confundissem a violência contra a coisa (típica do furto violento) e a contra a pessoa, exclusiva do roubo[1]. As Ordenações Filipinas, com precária e prolixa linguagem, criminalizavam o crime de roubo como infração penal autônoma (Livro V, Título LXI).

Os três Códigos Penais brasileiros (Código Criminal de 1830, Código Republicano de 1890 e o atual Código Penal de 1940) não ignoraram a existência de distinções entre furto e roubo. O Código Criminal do Império retrocedeu em relação às Ordenações Filipinas ao não distinguir a violência contra a coisa e contra a pessoa, equiparando-as no crime de roubo[2]. Sem grande melhora, o Código Republicano disciplinou o crime de roubo nos arts. 356 a 358.

Somente o atual Código Penal purificou a figura do crime de roubo, ao afastar dela a violência contra a coisa, que, com acerto, vai alojar-se no crime de furto qualificado. A *grave ameaça a pessoa* foi inovação acrescentada pelo atual diploma legal, além de equiparar-lhe, genericamente, a impossibilidade de a vítima resistir ou defender-se.

Por fim, a Lei n. 13.964, publicada no dia 24 de dezembro de 2019, com vigência prevista para o dia 23 de janeiro (30 dias), em seu art. 5º, altera, entre outros diplomas legais, além do Código Penal, o art. 1º da Lei n. 8.072, de 25 de julho de 1990, para incluir, entre os crimes hediondos, alguns crimes previstos neste código, ou apenas reforçando alguns, como é o caso do homicídio simples ou qualificado "I — homicídio (art. 121), quando praticado em atividade típica de grupo de extermínio, ainda que cometido por um só agente, e homicídio qualificado (art. 121, § 2º, incisos I, II, III, IV, V, VI, VII, VIII e IX — incluído pela Lei n. 14.344, de 24 de maio de 2022); II — o crime de roubo: a) circunstanciado pela restrição de liberdade da vítima (art. 157, § 2º, inciso V); b) circunstanciado pelo emprego de arma de fogo (art. 157, § 2º-A, inciso I) ou pelo emprego de arma de fogo de uso proibido ou restrito (art. 157, § 2º-B); c) qualificado pelo resultado lesão corporal grave ou morte (art. 157, § 3º); III — extorsão qualificada pela restrição da liberdade da vítima, ocorrência de lesão corporal ou morte (art. 158, § 3º); (...) IX — furto qualificado pelo emprego de explosivo ou de artefato análogo que cause perigo comum (art. 155, § 4º-A).

2. Bem jurídico tutelado

Trata-se de crime complexo, tendo como elementares constitutivas a descrição de fatos que, isoladamente, constituem crimes distintos; protege, com efeito, bens jurídicos

1. Luiz Regis Prado, *Curso de Direito Penal brasileiro*, p. 389.

2. "Art. 269 — Roubar, isto é, furtar fazendo violência à pessoa ou às coisas. Penas. No gráo máximo — oito annos de galés e multa de 20% do valor roubado. No gráo medio — quatro annos e meio idem e multa de 12% do valor roubado. No gráo mínimo — um anno idem e multa de 5% do valor roubado".

diversos: o *patrimônio*, público ou privado, de um lado, e a *liberdade individual* e a *integridade física e a saúde*, que são simultaneamente atingidos pela ação incriminada. Com efeito, separando-se as condutas, podem-se identificar, com facilidade, dois crimes distintos: contra o patrimônio, como gênero, são protegidas, como espécie, a posse, a propriedade e a detenção, a exemplo do que ocorre com o crime de furto; contra a pessoa, como gênero, são protegidas a liberdade individual (quando praticado mediante grave ameaça) e a integridade física e psíquica do ser humano, como espécies.

Sintetizando, são bens jurídicos protegidos pelo art. 157 e seus parágrafos, além do patrimônio (posse, propriedade e detenção), a liberdade individual (constrangimento ilegal), a integridade física (lesão corporal) e a vida das pessoas (morte, no latrocínio).

3. Sujeitos do crime

3.1 *Sujeito ativo*

Sujeito ativo, a exemplo do crime de furto, pode ser qualquer pessoa (crime comum), menos o proprietário, por faltar-lhe a elementar coisa "alheia". Se este praticar a subtração poderá responder por *exercício arbitrário das próprias razões*, dependendo das circunstâncias e do elemento subjetivo que orientar sua conduta, além de incorrer nas sanções correspondentes à violência empregada.

3.2 *Sujeito passivo*

Sujeito passivo também pode ser o proprietário, o possuidor e, eventualmente, o mero detentor da coisa, ou até mesmo terceiro que sofra a violência. O sujeito passivo da violência ou da ameaça pode ser diverso do sujeito passivo da subtração; pode ocorrer, com efeito, que a violência seja empregada não contra o proprietário ou possuidor da coisa alheia, mas contra terceiro. Nessa hipótese, haverá dois sujeitos passivos: um em relação ao patrimônio e outro em relação à violência, ambos vítimas de roubo, sem, contudo, dividir a ação criminosa, que continua única. As duas vítimas — do patrimônio e da violência — estão intimamente ligadas pelo objetivo final do agente: subtração e apossamento da coisa subtraída.

4. Tipo objetivo: adequação típica

O *roubo* nada mais é que o *furto* "qualificado" pela violência à pessoa. Por mais que se queira inovar na definição do crime de roubo, a despeito do *nomen iuris* próprio e de pena autônoma, não se pode negar sua similitude com um *furto qualificado* pelo emprego de violência ou grave ameaça à pessoa ou de qualquer outro meio para impossibilitar sua resistência. Esse já era o magistério do velho Carrara, para quem "o roubo vem a ser uma forma mais odiosa que o furto cometido na presença do dono, e essa odiosidade decorre da maior audácia ao sacar-lhe os objetos, não apenas à sua vista, mas dele próprio ou de suas mãos"[3].

Aliás, não constituiria nenhum paradoxo científico-dogmático se o legislador optasse pela criação de uma qualificadora especial do crime de furto, cominando-lhe a sanção correspondente à violência a pessoa. Com efeito, a opção do legislador brasileiro pela concepção autônoma do crime de roubo tem fundamento mais político-criminal que

3. Francesco Carrara, *Programa de Derecho Criminal*, v. 6 (IV), p. 191.

científico, embora facilite didaticamente sua compreensão, estudo e aplicação. Não era outra a orientação de Hungria, que preconizava: "À parte o meio violento ou impeditivo da resistência da vítima, coincide o roubo com o furto, pois é, também, subtração de coisa alheia móvel, com o fim de tê-la o agente para si ou para outrem, sendo desnecessário, assim, repetir-se aqui, o que já dissemos, a tal respeito, quando tratamos do furto"[4]. Fazendo nossas as palavras de Hungria, evitaremos, dentro do possível, a repetição desnecessária do que, aqui aplicável, dissemos lá, quando tratamos do crime de furto.

O Código Penal de 1940 adotou, em termos de furto e de roubo, o sistema seguido pela Alemanha e, particularmente, pela Itália, classificando como *roubo* somente a subtração cometida com emprego de violência ou grave ameaça à pessoa; e como *furto qualificado* a subtração praticada com violência à própria coisa. Com efeito, o núcleo típico é, igualmente, *subtrair*, para si ou para outrem, coisa alheia móvel. O *roubo* distingue-se do *furto* exclusivamente pela violência, real ou ficta, utilizada contra a pessoa. No furto qualificado pela *destruição ou rompimento de obstáculo* a violência é praticada contra a coisa; no roubo, é contra a pessoa. Enfim, tudo o que dissemos a respeito do crime de *furto*, com exceção do meio usado, aplica-se ao crime de *roubo*.

Para a configuração do *roubo*, é irrelevante que o sujeito ativo o pratique com a intenção de vingar-se da vítima ou de terceiro; basta que o faça com a intenção de apossar-se da coisa para si ou para outrem. É irrelevante a razão ou o motivo pelo qual pretende apoderar-se da *res*, desde que de alguma forma represente alguma vantagem ou interesse (não gostamos da expressão "lucro", porque juridicamente tem significado próprio, que nem sempre se confunde com o gozo, proveito ou vantagem que a subtração de uma coisa alheia pode trazer).

O objeto material no crime de roubo é duplo, como duplos também podem ser os sujeitos passivos: são a coisa alheia móvel e a pessoa, que não precisa ser, necessariamente, a mesma que sofreu a violência pessoal e a subtração da coisa móvel. O roubo pode ser *próprio* ou *impróprio*.

5. *Modus operandi*: mediante violência ou grave ameaça ou qualquer outro meio

A violência, elemento estrutural do crime de roubo, é distinta da violência do furto qualificado (art. 155, § 4º, I); neste, a violência é empregada contra a coisa; naquele, contra a pessoa[5]. A violência, no roubo, pode ser imediata ou mediata: imediata, contra o dono (detentor, posseiro ou possuidor); mediata, contra terceiro.

A subtração opera-se por meio da *grave ameaça*, da *violência à pessoa* ou depois de havê-la reduzido, por *qualquer meio*, à impossibilidade de resistência. Trata-se, ao contrário do furto, de *tipo especial* cujos meios executórios são nele especificados. Aliás, o uso dos meios, qualquer deles, como elementares constitutivas integra a figura típica do roubo, caracterizando seu emprego, por si só, o início da execução desse crime. Logicamente, desnecessário afirmar, desde que o uso da violência ou grave ameaça vise à subtração da coisa.

4. Nélson Hungria, *Comentários ao Código Penal*, cit., v. 7, p. 54.

5. Para aprofundar, ver Rosario de Vicente Martinez, *El delito de robo con fuerza en las cosas*, Valencia, Tirant lo Blanch, 1999; Silvia Valamaña Ochaita, *El tipo objetivo de robo con fuerza en las cosas*, Madrid, Centro de Publicaciones del Ministerio de Justicia, 1993.

5.1 *Violência física (*vis corporalis*)*

Violência física à pessoa consiste no emprego de força contra o corpo da vítima. Para caracterizar essa *violência* do tipo básico de *roubo* é suficiente que ocorra *lesão corporal leve* ou simples *vias de fato*, na medida em que lesão grave ou morte qualifica o crime. *Vias de fato* são a violência física sem dano à integridade corporal.

O termo "violência", empregado no texto legal, significa a força física, material, a *vis corporalis*, com a finalidade de vencer a resistência da vítima. Essa *violência* pode ser produzida pela própria energia corporal do agente, que, no entanto, poderá preferir utilizar outros meios, como fogo, água, energia elétrica (choque), gases etc. A violência pode ser empregada pela omissão, submetendo, por exemplo, o ofendido a fome ou sede com a finalidade de fazê-lo ceder à vontade do agente. A violência poderá ser *imediata*, quando empregada diretamente contra o próprio ofendido, e *mediata*, quando utilizada contra terceiro ou coisa a que a vítima esteja diretamente vinculada.

Não é indispensável que a *violência* empregada seja *irresistível*: basta que seja idônea para *coagir* a vítima, colocá-la em pânico, amedrontá-la, suficiente, enfim, para minar sua capacidade de resistência.

Violentos empurrões e trombadas também caracterizam o emprego de violência física, necessária e suficiente para caracterizar o crime de roubo. Contudo, aqueles empurrões ou trombadas, tidos como leves, utilizados apenas com a finalidade de desviar a atenção da vítima não têm sido considerados idôneos para caracterizar o crime de roubo.

5.2 *Grave ameaça (*vis compulsiva*)*

Ameaça grave (violência moral) é aquela capaz de atemorizar a vítima, viciando sua vontade e impossibilitando sua capacidade de resistência. A *grave ameaça* objetiva criar na vítima o fundado receio de iminente e grave mal, físico ou moral, tanto a si quanto a pessoas que lhe sejam caras. É irrelevante a *justiça* ou *injustiça* do mal ameaçado, na medida em que, utilizada para a prática de crime, torna-a também antijurídica.

"Mediante grave ameaça" constitui forma típica da "violência moral"; é a *vis compulsiva*, que exerce força intimidativa, inibitória, anulando ou minando a vontade e o querer do ofendido, procurando, assim, inviabilizar eventual resistência da vítima. Na verdade, a *ameaça* também pode perturbar, escravizar ou violentar a vontade da pessoa, como a violência material. A *violência moral* pode materializar-se em gestos, palavras, atos, escritos ou qualquer outro meio simbólico. Mas somente a *ameaça grave*, isto é, aquela que efetivamente imponha medo, receio, temor na vítima, e que lhe seja de capital importância, opondo-se a sua liberdade de querer e de agir.

O mal ameaçado pode consistir em *dano* ou em simples *perigo*, desde que seja *grave*, impondo medo à vítima, que, em razão disso, sinta-se inibida, tolhida em sua vontade, incapacitada de opor qualquer resistência ao sujeito ativo. No entanto, é desnecessário que o dano ou perigo ameaçado à vítima seja *injusto*, bastando que seja *grave*. Na verdade, a injustiça deve residir na ameaça em si e não no dano ameaçado.

O *mal* prometido, a título de ameaça, além de *futuro* e *imediato*, deve ser *determinado*, sabendo o agente o que quer impor. Nesse sentido, referindo-se à natureza do mal prometido, Magalhães Noronha, pontificava: "Compreende-se que o mal deva ser *determinado*, pois indefinível e vago não terá grandes efeitos coativos; *verossímil* também, ou seja, que se possa realizar e não fruto de mera fanfarronice ou bravata; *iminente*, isto é, suspenso sobre o ofendido: nem em *passado*, nem em *futuro* longínquo, quando, respectivamente, não teria força coatora, ou esta seria destituída do vigor necessário; *inevitável*, pois, caso contrário, se o ofendido puder evitá-lo, não se intimidará; *dependente*, via de regra, da vontade do agente, já que, se depende da de outrem, perderá muito de sua inevitabilidade"[6]. Enfim, esses são os requisitos que, em tese, a ameaça grave deve apresentar; esses meios não são nem absolutos nem *numerus clausus*, podendo, no caso concreto, apresentar-se alguns e outros não, sem desnaturar a gravidade da ameaça. É indispensável que a ameaça tenha idoneidade intimidativa, isto é, que tenha condições efetivas de constranger a vítima.

5.2.1 Idoneidade da grave ameaça

O aferimento da eficácia da ameaça é de caráter puramente subjetivo, sofrendo, certamente, influência direta de aspectos como nível cultural, idade, sexo, condição social, estado de saúde etc. A eficácia virtual da ameaça deve ser avaliada considerando-se o nível médio (de difícil aferição) dos indivíduos com a mesma condição ou padrão da vítima (Manzini). Assim, não se deve excluir *a priori* a idoneidade da ameaça, ainda que, de plano, pareça mirabolante, pois há pessoas, dominadas por crendices, que são facilmente impressionáveis. Oportuna a seguinte decisão do Tribunal de Justiça de São Paulo: "Se a vítima se sentiu atemorizada, porque o acusado fazia menção de sacar da cintura uma arma, a *ameaça*, portanto, existiu, o que caracteriza o roubo simples, não sendo caso de desclassificação para furto por arrebatamento"[7].

Em sentido semelhante: "Sendo a violência dirigida exclusivamente à coisa, limitando-se os réus 'a puxar a bolsa da vítima, sem sequer esboçar qualquer ato de violência ou de grave ameaça', e 'apesar de a vítima ter sofrido lesões durante a prática delitiva, tal como alega, tais lesões foram causadas de forma indireta pelo arrebatamento da bolsa', não há falar em desclassificação para o delito de roubo" (STJ, AgRg no AREsp 1.604.296/MG, rel. Min. Nefi Cordeiro, Sexta Turma, julgado em 16-6-2020, *DJe* de 23-6-2020).

5.2.2 Simulação de arma e arma de brinquedo

A simulação de estar armado ou a utilização de arma de brinquedo, quando desconhecida ou não percebida pela vítima, constituem *grave ameaça*, suficientemente idônea para caracterizar o crime de roubo. O pavor da vítima, especialmente na atualidade, quando a população urbana anda dominada pelo medo coletivo, impede que realize uma atenta observação para constatar a realidade das coisas.

Na realidade, são irrelevantes os meios utilizados pelo sujeito ativo — reais ou imaginários — para amedrontar a vítima: mostrar que porta uma arma, fingir que a tem consigo ou simplesmente ameaçar de agressão têm a mesma idoneidade para amedrontar pessoas normais. Não importa, inclusive, a sinceridade da ameaça: basta que a vítima se sinta amedrontada e, em consequência, impossibilitada de reagir à ação criminosa.

---

6. Magalhães Noronha, *Direito Penal*, cit., v. 2, p. 163.
7. TJSP, rel. Juiz Celso Limongi, *RT*, *701*:305.

O *assalto* de inopino, surpreendendo a(s) vítima(s), afirmando tratar-se de assalto e exigindo a entrega dos pertences, constitui *grave ameaça*, mesmo sem mostrar armas. A atemorização da vítima, que é subjetiva, *decorre das próprias circunstâncias da abordagem* e do próprio pavor que, atualmente, domina a população. O ordenamento jurídico de 1940 conheceu apenas a "voz de prisão"; a violência urbana do final do século encarregou-se de popularizar a similar "voz de assalto", que, pode-se afirmar, constitui, inegavelmente, um neologismo do termo "ameaça", e é idôneo para caracterizar a grave ameaça.

5.3 *Qualquer outro meio de redução da resistência*

Aqui, para descrever o *meio* possível de executar o *roubo*, após relacionar duas hipóteses casuísticas, o legislador adotou, como em tantas outras oportunidades, uma *fórmula genérica*, que não se confunde com *interpretação analógica*, aliás inadmissível em sede de criminalização.

Essa *fórmula genérica* objetiva tipificar qualquer outro meio utilizado que se assemelhe à violência (real ou moral) e que por ela não seja abrangida, mas que tenha o condão de deixar a vítima à mercê do sujeito ativo. Enfim, à violência ou grave ameaça é equiparado *todo e qualquer meio* pelo qual o sujeito ativo — sem empregar violência ou incutir medo — consegue evitar que a vítima ofereça resistência ou defesa, por exemplo, o uso de soníferos, anestésicos, narcóticos, hipnose, superioridade numérica ou superioridade física (considerável)[8].

Convém destacar, porém, que o outro "qualquer meio" referido no art. 157 tem natureza excludente, isto é, não é similar nem se confunde com violência ou grave ameaça, caso contrário seria desnecessário equipará-los. Assim, poderá ter qualquer outra natureza, produzir qualquer outra sensação (que não seja medo ou temor), minar a resistência da vítima, paralisá-la ou imobilizá-la, mas nunca poderá assemelhar-se a violência ou grave ameaça. Enfim, se o mencionado "qualquer outro meio" assemelhar-se ou confundir-se com qualquer delas se tornará desnecessária a "generalidade", pois terá idoneidade por si próprio para integrar a gravidade representada pela violência ou grave ameaça.

Esses outros *meios* devem ser empregados sub-reptícia ou fraudulentamente, isto é, sem violência física ou grave ameaça, caso contrário estariam incluídos nas outras duas alternativas; devem, contudo, ter capacidade para reduzir ou diminuir a resistência da vítima. Estão abrangidas pela expressão "qualquer outro meio" as ações químicas, estranhas ameaças, que restrinjam ou anulem a consciência, como o emprego de inebriantes, entorpecentes ou similares, ou até mesmo a máquina da verdade ou pílulas da confissão, destinadas a violentar a vontade e a liberdade do ofendido, levando-o a declarar o que pretendia calar.

Magalhães Noronha exemplificava como *qualquer outro meio* "a ação dos narcóticos, anestésicos, do álcool e mesmo da hipnose. São processos físico-psíquicos porque atuam sobre o físico da pessoa, mas produzem-lhe anormalidade psíquica, vedando-lhe a resistência à ação do agente"[9]. Como se tutela a liberdade pessoal,

---

8. Weber Martins Batista, *O furto e o roubo no direito e no processo penal*, cit., p. 215.
9. Magalhães Noronha, *Direito Penal*, cit., v. 2, p. 163 e 164.

em sentido amplo, o agente, empregando determinados meios, como os acima citados, impõe sua vontade à vítima, eliminando-lhe a liberdade de querer e de agir, também protegidas por este dispositivo.

Alguns Códigos alienígenas fazem referência expressa a "outros meios"; outros não, como o atual Código espanhol (art. 237). A solução do nosso Código Penal tem a vantagem de ampliar a definição da subtração violenta e afastar eventual dificuldade em aceitar algumas hipóteses que caracterizem a redução à impossibilidade de resistência da vítima, tais como hipnose, entorpecentes, álcool, ou mesmo quando o meio violento contra a pessoa é usado indiretamente. O Superior Tribunal de Justiça já decidiu, por exemplo, que a dissimulação dos réus como policiais para a subtração de coisa móvel caracteriza o crime de roubo[10].

Tais *meios* devem ser usados ardilosamente, às escondidas, desacompanhados, evidentemente, de violência ou grave ameaça; caso contrário, serão estas e não aqueles que integrarão a definição típica do crime de roubo[11]. Se, no entanto, a própria vítima se coloca em condições de incapacidade de oferecer resistência, o crime que tipificará eventual subtração não será o de roubo, mas certamente o de furto, cometido aproveitando-se da oportunidade criada pela vítima ou por quem vigiasse a *res*.

Por fim, a violência, física ou moral, pode ser dirigida tanto contra o detentor da coisa, sendo ou não proprietário, como contra terceiro que, eventualmente, perturbe o sujeito ativo. Logo, o sujeito passivo da violência pode ser um e o sujeito passivo do dano patrimonial outro, sem que, por isso, se caracterize mais de um crime.

Deve ser especificado na denúncia em que consistiu o *meio* que levou a vítima à incapacidade de resistência.

5.4 *Violência ou grave ameaça para fugir sem a coisa*

Constitui verdadeira *vexata quaestio* o fato de o sujeito ativo que já se apossou da coisa alheia, sendo surpreendido com ela, empregar violência ou grave ameaça para fugir *sem a coisa*. Como se tipificará essa conduta? Tentativa de roubo? Tentativa de furto? Concurso dos crimes de furto tentado com o que for praticado contra a pessoa?

Alguns identificam na hipótese o *roubo impróprio* na forma tentada; outros, *concurso* de *tentativa de furto* com *crime contra a pessoa*. Acreditamos que, tecnicamente, a segunda hipótese é a mais sustentável.

De roubo impróprio — tentado ou consumado — certamente não se trata. Não se pode ignorar que a tipificação dessa infração penal exige não apenas a "violência" imediatamente posterior ao apossamento da *res*, mas também, e cumulativamente, o objetivo de assegurar a impunidade e/ou a detenção da coisa. Logo, a ausência de

---

10. "A violência física às vítimas, bem como a dissimulação dos réus como policiais para subtração de coisa móvel, caracteriza o crime de roubo" (STJ, RE 118657/PR, rel. Min. Cid Flaquer Scartezzini, j. 17-2-1998).

11. Nélson Hungria, *Comentários ao Código Penal*, cit., v. 7, p. 56; Weber Martins Batista, *O furto e o roubo no direito e no processo penal*, cit., p. 215.

qualquer das elementares, seja da violência, seja da finalidade especial, impede a configuração de roubo, próprio ou impróprio, consumado ou tentado. Na verdade, como destaca Weber Martins Batista, com acerto, "o agente quis furtar a coisa, começou a fazê-lo, não esperava ser surpreendido e, como isso aconteceu, *desistiu* da prática do *furto* e tentou fugir[12]". Enfim, a ausência do elemento subjetivo especial do tipo impede a configuração do roubo impróprio.

Inegavelmente um dos objetivos do emprego de meio violento, no roubo impróprio, é, nos termos da lei, *assegurar a impunidade do crime*. No entanto, incorre em grave equívoco quem sustenta que há roubo impróprio quando o agente, ao ser surpreendido subtraindo a coisa alheia, desiste de consumá-la e emprega violência ou grave ameaça para garantir a fuga. Na verdade, *assegurar a impunidade do crime* significa empregar a violência para garantir a subtração que acaba de fazer, da qual não desistiu; mas não o caracteriza aquela "violência" utilizada após ter desistido do apossamento da coisa, empregando-a tão somente para fugir, sem esta. Enfim, a violência utilizada na fuga, para não ser preso por tentativa de furto, não caracteriza roubo impróprio. Somente o configura quando, surpreendido, o agente não desiste do crime e emprega a violência com o objetivo de fugir *com a coisa*, mesmo que não o consiga.

Assim, por exemplo, o indivíduo que ingressa em um veículo para subtrair-lhe o toca-fitas, surpreendido pelo dono, desistindo da subtração, tenta escapar, lutando com um terceiro, mas sem o toca-fitas. Não vemos outra tipificação possível que não a tentativa de furto em concurso com crime contra a pessoa (lesões corporais leves, graves, homicídio etc.). Nesse sentido já era o magistério de Heleno Fragoso: se a subtração é apenas tentada e o agente, na fuga, emprega violência, haverá concurso material de tentativa de furto e do crime que for praticado contra a pessoa (lesões corporais, homicídio etc.)[13].

Uma coisa é empregar violência para não ser preso pela tentativa de furto, após desistir da *res furtiva*; outra é utilizar a violência objetivando fugir *com a coisa*, que caracteriza a conduta emoldurada no § 1º do art. 157.

Mais simples, ao menos aparentemente, é a conduta de quem foge com a coisa sem violência ou grave ameaça a pessoa. Assim, a atitude daquele que procura desvencilhar-se da vítima que o agarra, sem agredi-la ou ameaçá-la, constitui crime de furto e não o de roubo. Essa atitude de desvencilhar-se, ainda que com algum esforço, não constitui a violência requerida como elementar do crime de roubo.

6. Espécies de roubo: próprio e impróprio

O atual Código Penal brasileiro, a exemplo da maioria dos Códigos alienígenas, distingue roubo *próprio* e *impróprio*. A violência no crime de roubo pode ocorrer antes, durante ou após a subtração da coisa alheia móvel; em outros termos, pode ser empregada no início da ação, no apossamento da coisa, quando a subtração já está consumada, e, por fim, ainda, quando objetiva assegurar a impunidade do crime. Pois é exatamente esse elemento temporal da utilização da violência que distingue a propriedade ou impropriedade do roubo.

---

12. Weber Martins Batista, *O furto e o roubo no direito e no processo penal*, cit., p. 230.
13. Heleno Cláudio Fragoso, *Lições de Direito Penal*, cit., v. 1, p. 208.

6.1 *Roubo próprio*

No *roubo próprio* (*caput*) a violência ou grave ameaça (ou a redução da impossibilidade de defesa) são praticadas contra a pessoa *para a subtração da coisa*. Os *meios violentos* são empregados *antes* ou *durante* a execução da subtração, pois representam, em outros termos, o *modus operandi* de realização da subtração de coisa alheia móvel, que, aliás, é a única e fundamental diferença que apresenta em relação ao crime de furto. Pratica roubo e não furto o agente que, além de impedir a vítima de prosseguir em seu caminho, manda-a, em tom intimidativo, ficar quieta, não reagir e lhe passar o dinheiro e o relógio, logrando assim subtrair tais coisas, pois, nessas circunstâncias, ademais da violência indireta, também houve grave ameaça.

Discordamos, nesse sentido, do entendimento de Luiz Regis Prado, para quem a violência empregada durante a subtração também caracterizaria o *roubo impróprio*. Pelo menos essa é a conclusão que tiramos de sua seguinte afirmação, referindo-se a roubos próprio e impróprio: "Este se dá quando a violência ou grave ameaça são praticadas *concomitantemente* ou após a subtração, com o fim de assegurar a impunidade do delito ou detenção da coisa, enquanto aquele caracteriza-se quando o agente emprega a violência ou a grave ameaça, para só depois efetuar a subtração, o apoderamento da coisa propriamente dita"[14] (grifamos "concomitantemente"). Com efeito, a locução temporal "logo depois", constante do § 1º, tipificador do *roubo impróprio*, impede que se admita a prática da violência "concomitantemente com a subtração". Ora, uma das distinções básicas entre uma e outra espécies de roubo reside exatamente no momento do emprego da violência ou grave ameaça. Ademais, o emprego da violência somente poderá ter como finalidade imediata assegurar o êxito do empreendimento — impunidade e/ou detenção da coisa — se for praticada após a subtração, como exige o § 1º, caso contrário não passará de simples meio de execução da própria subtração, que caracteriza o roubo próprio, nos termos do *caput* do art. 157. No entanto, a bem da verdade, mais adiante, o próprio Regis Prado, de modo conclusivo, afirma que o meio executivo violento "é utilizado imediatamente após o apossamento da coisa"[15]. Enfim, essa inegável contradição do ilustre penalista deve ser produto de simples lapso, admissível em um trabalho de fôlego como é o seu exemplar *Curso de Direito Penal*.

6.2 *Roubo impróprio*

No *roubo impróprio* a violência ou grave ameaça são praticadas, logo depois da subtração, *para assegurar a impunidade* do crime ou a *detenção* da coisa subtraída. Não há roubo impróprio sem a *subtração anterior* da coisa móvel, seguindo-se a *grave ameaça* ou *violência* para garantir a detenção da *res furtiva*. Essa modalidade está capitulada no § 1º do art. 157. São exemplos típicos de roubo impróprio aquele em que o sujeito ativo, já se retirando do portão com a *res furtiva*, alcançado pela vítima, abate-a (assegurando a detenção) ou, então, já na rua, constata que deixou um documento no local, que o identificará e, retornando para apanhá-lo, agride o morador que o estava apanhando (garantindo a impunidade)[16].

---

14. Luiz Regis Prado, *Curso de Direito Penal brasileiro*, cit., v. 2, p. 392.
15. Luiz Regis Prado, *Curso de Direito Penal brasileiro*, cit., v. 2, p. 393.
16. Os exemplos são de Magalhães Noronha, *Direito Penal*, cit., v. 2, p. 262.

São duas ordens de razões que fundamentam, segundo o texto legal, a violência posterior à subtração como elementar do roubo impróprio: *assegurar a impunidade* do crime ou *a detenção da coisa* para si ou para outrem. A elementar "assegurar a impunidade" deve, necessariamente, receber interpretação relativa, isto é, não pode representar, tecnicamente, o sentido que, dogmaticamente, se pode emprestar a essa expressão, mas apenas o sentido de o agente poder desvencilhar-se de empecilhos que lhe dificultem a fuga, impedir, ao menos momentaneamente, sua prisão, complicar seu reconhecimento pessoal etc. Nessa primeira hipótese, a detenção ou posse precária da *res* já está garantida, sendo, portanto, desnecessária a violência. Por outro lado, "assegurar a detenção", segunda hipótese, refere-se ao simples êxito momentâneo da ação delituosa, isto é, que lhe permita ausentar-se do local na posse da coisa subtraída, não mais que isso.

No roubo impróprio, ao contrário do roubo próprio, não há previsão legal, como executivo, da utilização de "qualquer outro meio", limitando-se ao emprego de violência ou grave ameaça. Rechaçamos, assim, o entendimento daqueles que admitem "outros meios", além de violência ou grave ameaça, na caracterização do roubo impróprio. É inadmissível qualquer interpretação extensiva ou analógica para incluir, como elementar típica, meio que a lei não prevê, ampliando o *jus puniendi* estatal e ferindo o princípio da tipicidade taxativa.

Assim, em nossa concepção, a eventual utilização desse "recurso" — *qualquer outro meio* — após a subtração não tipifica o crime de roubo, próprio ou impróprio. O crime patrimonial, certamente, será o de furto, podendo, logicamente, haver concurso com outro. Nesse particular, é irrelevante que a omissão legislativa tenha sido voluntária ou involuntária, como discutiam Hungria e Magalhães Noronha[17].

A locução "logo depois de subtraída a coisa", constante do § 1º do art. 157, fixa os limites temporais do roubo impróprio. Assim, a violência ou grave ameaça devem ser empregadas em seguida, logo depois, imediatamente, logo após a subtração da coisa alheia. A expressão "logo depois" tem sentido próprio no sistema criminal brasileiro, que a utiliza em alguns dispositivos, sendo os mais tradicionais os da definição de flagrância (art. 302, II, do CPP) e quase flagrância (art. 302, III). Acreditamos que se deva dar, em direito penal, interpretação semelhante àquela elaborada na seara do direito processual penal[18], pela similitude de situações. Em outros termos, "logo depois" de subtraída a coisa não admite decurso de tempo entre a subtração e o emprego da violência, ou seja, o *modus* violento somente é caracterizador do *roubo* se for utilizado até a consumação do furto que o agente pretendia praticar (posse tranquila da *res*, sem a vigilância da vítima). Superado esse momento, o crime está consumado e, consequentemente, não pode sofrer qualquer alteração; portanto, eventual violência empregada constituirá crime autônomo, em concurso com furto consumado.

Assim, comete *roubo impróprio* tanto quem apanha a coisa móvel e, surpreendido, emprega violência ou grave ameaça, no momento da surpresa (acaba de cometer o

---

17. Nélson Hungria, *Comentários ao Código Penal*, cit., v. 7, p. 56; Magalhães Noronha, *Direito Penal*, cit., v. 2, p. 262 e 263.
18. Fernando da Costa Tourinho Filho, *Manual de Processo Penal*, São Paulo, Saraiva, 2001, p. 442.

crime — art. 302, II, do CPP), como quem, perseguido, as emprega logo após a subtração da coisa móvel (art. 302, III). Necessário, contudo, que a utilização da violência ou grave ameaça vise assegurar a impunidade ou garantir a detenção da coisa subtraída. No entanto, esse requisito temporal — imediatidade — não pode ser analisado fora do caso concreto, rompendo o contexto da ação de subtrair com o da violência posterior.

Manzini, comentando o Código Penal italiano que utiliza expressão semelhante — "immediatamente dopo" — afirmava: "O requisito da imediatidade obriga que entre o momento em que se verificou a subtração e aquele do uso de violência ou da ameaça não haja intercorrido um tempo suficiente ou não se tenha verificado um evento idôneo a romper ao nexo de contextualidade da ação complexa; isto é, a violência ou a ameaça deve ser usada na flagrância ou na quase flagrância do furto"[19].

Em síntese, dois marcos delimitam a existência do roubo impróprio: a tomada ou subtração da coisa e a violência antes de o agente colocar-se a "bom recato", como referia Hungria. Antes ou durante o apossamento da coisa alheia, o emprego da violência caracteriza roubo próprio; depois de subtraída e retirada da esfera de vigilância do dono, desfrutando o agente de sua posse tranquila, não se pode mais falar em roubo, próprio ou impróprio, mas em furto, em concurso com outro crime contra a pessoa. Os momentos seguintes à posse tranquila, que sucede a subtração da coisa, são, por conseguinte, o limite final da existência do roubo impróprio.

6.3 *Roubo próprio e impróprio: distinção*

A distinção fundamental entre *roubo próprio* e *roubo impróprio* reside, basicamente, *no momento* e na finalidade do emprego da violência ou grave ameaça, ou seja, as diferenças são *temporais* e *teleológicas*, além dos meios utilizáveis, mais restritos no roubo impróprio. Assim, quando o sujeito ativo pratica a violência (em sentido amplo) antes da subtração ou durante ela, responde por roubo próprio; quando, porém, após apanhar a coisa alheia, emprega violência ou grave ameaça, responde por roubo impróprio.

No roubo próprio o *modus operandi* violento é utilizado antes ou durante a subtração, constituindo o *meio* de executá-la; no *roubo impróprio*, que inicialmente configurava um *furto*, após a subtração da coisa é empregada violência ou grave ameaça *para assegurar a impunidade do crime* ou garantir a detenção da coisa; o *roubo próprio*, por sua vez, pode ser praticado por meio da grave ameaça, da violência física ou de *qualquer outro meio* que reduza a vítima à impossibilidade de resistência. Constata-se que o *roubo impróprio* não admite o "meio genérico" de execução, limitando-se à violência ou grave ameaça. A eventual utilização desse "recurso" — *qualquer outro meio* — após a subtração não tipifica o crime de roubo, próprio ou impróprio. O crime, certamente, será o de furto, podendo configurar-se concurso de crimes, quando os "quaisquer outros meios" posteriormente utilizados constituírem, por si sós, crime.

7. Objeto material do crime de roubo

Tratando-se de crime complexo, é natural que o roubo possua mais de um objeto material, no caso, a *pessoa humana* e a *coisa alheia móvel*. A pluralidade de objetos materiais desse crime amplia a dificuldade de se verificar a ocorrência de crime

19. Manzini, *Trattato di Diritto Penale italiano*, Torino, UTET, 1952, v. 9, p. 370.

impossível pela *impropriedade do objeto*, na medida em que, havendo idoneidade de qualquer dos objetos materiais, será suficiente para se considerar o *início de execução* da conduta típica.

Assim, ao contrário do que afirmamos anteriormente, não se trata de *roubo impossível* quando o sujeito ativo emprega violência contra a vítima para subtrair-lhe os pertences, quando esta os esqueceu em sua residência; a impossibilidade do roubo, entretanto, se caracteriza quando o sujeito ativo emprega violência contra cadáver para subtrair eventuais valores que estejam consigo. Na primeira hipótese, a inexistência de "coisa alheia móvel" não impede a tipificação de roubo, em razão de existirem dois bens jurídicos tutelados (coisa alheia móvel e pessoa humana); na segunda, cadáver não é pessoa, faltando-lhe, portanto, essa elementar. Neste caso, a impossibilidade do roubo decorre da absoluta impropriedade do objeto. No primeiro, mantém-se a tipicidade em razão da violência contra a pessoa.

8. Tipo subjetivo: adequação típica

O tipo subjetivo é constituído pelo *dolo*, que é seu elemento subjetivo geral, e pelo *especial fim de agir*, que é seu elemento subjetivo especial. O *dolo* constitui-se, por sua vez, pela vontade consciente de subtrair *coisa alheia*, isto é, que pertença a outrem. É necessário que o agente saiba que se trata de *coisa alheia*, isto é, tenha conhecimento ou consciência da existência da *elementar normativa* "alheia". É indispensável, enfim, que o dolo abranja todos os elementos constitutivos do tipo penal, sob pena de configurar-se o *erro de tipo*, que, por ausência de dolo (ou dolo defeituoso), afasta a tipicidade, salvo se se tratar de simulacro de erro.

O *elemento subjetivo especial do tipo*, por sua vez, é representado pelo *especial fim* de apoderar-se da coisa subtraída, *para si* ou *para outrem*. A ausência desse *animus* apropriativo (finalidade de apossamento) desnatura a figura do crime de furto. Logicamente, quando essa circunstância se fizer presente, haverá uma espécie de inversão do ônus da prova, devendo o agente demonstrar, *in concreto*, que a finalidade da subtração era outra e não a de apoderar-se da coisa, para si ou para outrem.

No *roubo impróprio*, por sua vez, há *dois elementos subjetivos especiais* do tipo: a *finalidade* de apossamento da coisa alheia, normal do roubo próprio, e mais o *especial fim* de assegurar a impunidade ou a detenção da coisa subtraída. Essa circunstância era reconhecida por Heleno Fragoso, que afirmava: "Como, no roubo impróprio, sucedem-se as ações de subtrair *para si* ou *para outrem* e empregar violência ou grave ameaça *para assegurar a impunidade ou a posse da coisa*, o tipo subjetivo requer não só o dolo próprio do furto e violência pessoal, como também os elementos subjetivos dados pelo fim de agir (dolo específico)"[20].

Como esse tipo penal não exige a finalidade de locupletar-se, são desnecessários os motivos ou a intenção de lucro para configurar-se o crime de roubo, próprio ou impróprio.

9. Roubo majorado ("qualificado", § 2º)

Embora alguns doutrinadores não façam distinção entre majorantes e qualificadoras ou, pelos menos, não lhe atribuam relevância, não abrimos mão da precisão terminológica, especialmente porque grande parte de nossos leitores é de acadêmicos

20. Heleno Cláudio Fragoso, *Lições de Direito Penal*, cit., v. 1, p. 208 e 209.

de Direito, que necessitam, desde logo, de boa orientação. Por isso convém registrar que as circunstâncias enunciadas no § 2º do art. 157 constituem simples majorantes ou, se preferirem, causas de aumento de pena. As qualificadoras constituem verdadeiros tipos penais — derivados —, com novos limites, mínimo e máximo, enquanto as majorantes, como simples causas modificadoras da pena, somente estabelecem sua variação, mantendo os mesmos limites, mínimo e máximo. Ademais, as majorantes funcionam como modificadoras somente na terceira fase do cálculo da pena, ao contrário das qualificadoras, que fixam novos limites, mais elevados, dentro dos quais será estabelecida a pena-base. Assim, o elenco constante do § 4º do art. 155[21] constitui-se de qualificadoras, ao passo que o relacionado no dispositivo *sub examen* configura simples majorante. Façamos, a seguir, uma análise individualizada destas.

9.1 *Se a violência ou ameaça é exercida com emprego de arma (I)*

Segundo a dicção do texto legal, é necessário o *emprego efetivo* de arma, sendo insuficiente o simples *portar*. Para Luiz Regis Prado, no entanto, "é suficiente para a caracterização da majorante que o sujeito ativo porte a arma ostensivamente, de modo que ameace a vítima, vale dizer, não é imprescindível que venha a fazer uso do instrumento para praticar a violência ou grave ameaça, sob pena de esvaziamento da *ratio legis*"[22]. Divergimos desse entendimento, uma vez que a tipificação legal condiciona *a ser a violência ou grave ameaça* "exercida" com o "emprego de arma", e "empregá-la" significa uso efetivo, concreto, real, isto é, a utilização da arma no cometimento da violência. Não era outro o magistério de Sebastian Soler que, ao comentar o Código Penal argentino, com previsão semelhante ao nosso, pontificava: "A lei exige que o roubo tenha sido cometido com armas, o que não quer dizer que o ladrão apenas as *tenha*, razão pela qual acreditamos sinceramente infundado levantar dúvidas a esse respeito ante o texto de nossa lei. Outras leis, não a nossa, merecem censura por referir-se ao mero fato de portá-la"[23].

A *inidoneidade lesiva da arma* (de brinquedo, descarregada ou simplesmente à mostra), que pode ser suficiente para caracterizar a ameaça tipificadora do roubo (*caput*), não tem o mesmo efeito para qualificá-lo, a despeito do que pretendia a equivocada Súmula 174 do STJ, em boa hora revogada, atendendo a súplica unânime da doutrina nacional[24]. O fundamento dessa majorante reside exatamente na maior probabilidade de dano que o emprego de arma (revólver, faca, punhal etc.) representa e não no temor maior sentido pela vítima[25]. Por isso, é necessário que a arma apresente idoneidade ofensiva, qualidade inexistente em arma descarregada,

---

21. "A pena é de reclusão, de 2 (dois) a 8 (oito) anos, e multa, se crime é cometido: I — com destruição ou rompimento de obstáculo à subtração da coisa; II — com abuso de confiança, ou mediante fraude, escalada ou destreza; III — com emprego de chave falsa; IV — mediante concurso de duas ou mais pessoas."

22. Luiz Regis Prado, *Curso de Direito Penal brasileiro*, cit., v. 2, p. 394.

23. Sebastian Soler, *Derecho Penal argentino*, cit., v. 4, p. 266.

24. A postura do STJ, ao revogar a malfadada Súmula 174, reconhecendo o equívoco que seu conteúdo representava, é uma demonstração de grandeza, que só enaltece essa respeitável Corte Superior de Justiça.

25. Damásio de Jesus, *Direito Penal*, cit., v. 2, p. 341.

defeituosa ou mesmo de brinquedo. Enfim, a potencialidade lesiva e o perigo que uma arma verdadeira apresenta não existem nos instrumentos antes referidos. Pelas mesmas razões, não admitimos a caracterização dessa majorante com o uso de arma inapta a produzir disparos, isto é, *inidônea* para o fim a que se destina.

Não obstante, conforme indicado, a utilização de simulacro de arma de fogo é suficiente para configurar a grave ameaça do tipo penal do roubo, conforme recentemente reconhecido pelo STJ no julgamento do Tema Repetitivo n. 1.171, tendo firmado a seguinte tese: "A utilização de simulacro de arma configura a elementar grave ameaça do tipo penal do roubo, subsumindo à hipótese legal que veda a substituição da pena" (STJ, REsp n. 1.994.182/RJ, rel. Min. Sebastião Reis Júnior, Terceira Seção, julgado em 13-12-2023, *DJe* de 18-12-2023).

Em síntese, a maior probabilidade de dano propiciada pelo emprego de arma amplia o *desvalor da ação*, tornando-a mais grave; ao mesmo tempo, a probabilidade de maior êxito no empreendimento delituoso aumenta o *desvalor do resultado*, justificando-se a majoração de sua punibilidade.

9.1.1 O emprego de arma de brinquedo e a Súmula 174 do STJ

Na mesma linha de pensamento, o emprego de "arma de brinquedo" tipifica o roubo, mas não o torna qualificado ou *majorado*, pois, como já afirmamos, a razão de ser da qualificadora reside na maior potencialidade lesiva e no maior perigo que a *arma verdadeira* produz, e não na maior intimidação sentida pela vítima. Esse sentimento, que serve para caracterizar a grave ameaça tipificadora do roubo, não produz o mesmo efeito para majorá-lo, sob pena de incorrer-se em grosseiro *bis in idem*.

A velha doutrina, de décadas passadas, que atribuía conteúdo subjetivo à majorante, admite sua caracterização com o simples emprego de "arma de brinquedo". Nélson Hungria, eterno defensor de todas as mazelas do Código Penal de 1940, admitindo um caráter subjetivo baseado na intimidação da vítima, respaldado nas antigas lições de Maggiore e Manzini, afirmava que "a ameaça com uma arma ineficiente (ex.: revólver descarregado) ou fingida (ex.: um isqueiro com feitio de revólver), mas ignorando a vítima tais circunstâncias, não deixa de constituir a majorante, pois a *ratio* desta é a *intimidação* da vítima, de modo a anular-lhe a capacidade de resistir"[26]. No entanto, essa superada orientação não encontra nenhuma repercussão na moderna doutrina penal (Damásio de Jesus, Heleno Fragoso, Weber Martins Batista, Luiz Regis Prado, Luiz Flávio Gomes, Guilherme de Souza Nucci, entre tantos outros), que, à unanimidade, rechaça interpretações extensivas, abrangentes ou analógicas. Contudo, nossos tribunais superiores (STF e STJ), em incompreensível conservadorismo, continuaram acolhendo aquela vetusta orientação[27], ignorando que o fundamento da majorante, ao contrário do que imaginava Hungria, não é a intimidação da vítima, mas a lesividade e o perigo representados pela arma verdadeira.

---

26. Nélson Hungria, *Comentários ao Código Penal*, cit., v. 7, p. 58.

27. Heleno Fragoso já lamentava que o STF aceitasse esse entendimento (*Lições de Direito Penal*, 11. ed., Rio de Janeiro, Forense, 1995, v. 1, p. 209).

Foi nessa linha que o Superior Tribunal de Justiça, na contramão da história, resolveu sumular essa orientação (1996), divorciada dos sãos princípios democráticos e jurídicos orientadores de um direito penal da culpabilidade, nos seguintes termos: "Nos crimes de roubo, a intimidação feita com arma de brinquedo autoriza o aumento da pena" (Súmula 174).

Não entraremos na discussão sobre o fundamento da majorante, relativamente à *mens legis* ou *mens legislatore*, que são irrelevantes a partir da publicação do texto legal, uma vez que se deve analisar o que a lei diz e não o que poderiam pretender seus criadores. A lei exige o *emprego de armas*, e "arma de brinquedo" não é *arma*, mas brinquedo. Nessa concepção, acompanha-nos Andrei Zenkner Schmidt ao afirmar: "Creio que qualquer pessoa, ao ser indagada acerca do significado de uma arma de brinquedo, diria que se trata de um brinquedo, e não de uma arma; um equívoco metodológico, contudo, permitiu um dos nossos mais elevados tribunais afirmar que 'arma de brinquedo' é 'arma' (Súmula 174 do STJ)"[28]. Com efeito, não se pode confundir o "emprego de arma fictícia", que é idôneo para ameaçar e, por conseguinte, para tipificar o crime de roubo, com emprego efetivo de arma verdadeira que qualifica o crime.

Na verdade, a doutrina reconhece a existência de apenas duas espécies de armas, *próprias e impróprias*. Ignoram-se, como destaca Weber Martins Batista, as razões que levaram o notável Ministro Nélson Hungria a criar, valendo apenas para essa espécie de roubo, uma *terceira classe de armas*, aquelas que não são capazes de ofender fisicamente, de ferir ou de matar, mas que podem, pelo engano, infundir medo[29].

Como o legislador não se socorreu de nenhuma fórmula genérica, equiparando à arma "qualquer objeto capaz de intimidar", é impossível admitir majoração do roubo ameaçado com *brinquedo* como se fosse com *arma*. O próprio princípio da tipicidade impede essa interpretação extensiva. Aliás, o próprio Hungria sustentava, ardorosamente, que "a lei penal deve ser interpretada restritivamente quando prejudicial ao réu, e extensivamente, no caso contrário"[30]. Menos mal que o próprio Superior Tribunal de Justiça, por intermédio de suas duas Turmas com jurisdição em matéria criminal, capitaneado pelo Ministro Félix Fischer, movimentou-se no sentido de revogar a indigitada Súmula 174. Devemos saudar a sensibilidade, inteligência e, principalmente, bom senso de nossos ministros.

Com o advento da Lei n. 13.654/2018 sepulta-se, em definitivo, o debate sobre o reconhecimento de "arma de brinquedo" como configuradora daquela extinta previsão da utilização de "arma" no crime de roubo. Com efeito, ao admitir, como majorante, somente a utilização de "arma de fogo", exclui-se, *ipso facto*, a infeliz renovação jurisprudencial na tentativa de utilizar a suposta "arma de brinquedo" como majorante do roubo (STJ, REsp 1.662.618-MG, 5ª Turma, *DJe* de 22-6-2017). Em outros termos, a utilização de *arma de brinquedo* serve para caracterizar a

---

28. Andrei Zenkner Schmidt, *O princípio da legalidade penal, no Estado Democrático de Direito*, cit., p. 189.

29. Weber Martins Batista, *O furto e o roubo no direito e no processo penal*, p. 254.

30. Nélson Hungria, *Comentários ao Código Penal*, cit., v. 7, p. 86.

"ameaça grave" à vítima, mas nunca para majorar-lhe a sanção penal, como demonstramos em outro espaço. Nesse sentido, vige a súmula que a revogou.

9.1.2 O emprego de arma branca

Após escrevermos sobre a Lei n. 13.654/2018, nosso Tratado já em fase de impressão da edição de 2020, eis que, desafortunadamente, um ano depois, surge outra previsão legal — tão infeliz quanto aquela genérica do código penal de 1940 —, acrescentando uma nova majorante ao § 2º (VII) *sub examine*, qual seja, o "emprego de arma branca" (faca, facão, canivete, navalha, bisturi etc.) para o *exercício da violência ou grave ameaça*. Consideramos como "arma branca", referida pelo legislador no novo inciso VII, as que denominamos como "armas próprias", v. g., as que acabamos de citar, todas tradicionalmente conhecidas como armas. A *contrario senso*, qualquer outro instrumento (pedaço de madeira, pedaço de pau, um taco de bilhar ou outro objeto qualquer), impropriamente utilizado para a execução da violência ou grave ameaça não se insere no vocábulo "arma branca", por que realmente de arma não se trata. E admiti-los, ainda que denominando-as de "armas impróprias", não integram a definição legal de "arma branca" para majorar a pena aplicável, e, ademais, representaria uma *autêntica interpretação extensiva*, ampliando a abrangência do tipo penal, para prejudicar o infrator. Uma interpretação como essa implicaria em ampliar a abrangência do tipo penal, violando o *princípio da tipicidade estrita*, considerando crime agravado não previsto em lei. Tampouco será admissível as questionadas "armas de brinquedo", porque além de violarem, repetindo, a tipicidade estrita, ampliam o âmbito do proibido, afora o fato de que qualquer cidadão sabe, inclusive as crianças, que "arma de brinquedo" *é brinquedo*, embora, por vezes, os tribunais superiores insistam em ignorar esse aspecto, a despeito de "arma de brinquedo" não representar nenhum real perigo.

9.2 *Se há concurso de duas ou mais pessoas (II)*

Como no furto, é a concorrência de duas ou mais pessoas na prática do crime, ainda que qualquer delas seja inimputável, que pode tipificar esta majorante no roubo. É indispensável, a nosso juízo, a participação efetiva na execução material do crime. Aplica-se aqui, aliás, tudo o que escrevemos sobre a punibilidade do *concurso de pessoas* na qualificadora do crime de furto, para onde remetemos o leitor, evitando-se, assim, a desnecessária repetição.

9.3 *Em serviço de transporte de valores e o agente conhece essa circunstância (III)*

Esta majorante pretende ampliar a tutela penal daqueles que, por ofício, dedicam-se ao *transporte de valores*. Além de a vítima encontrar-se realizando o serviço de transporte de valores, é necessário que *o agente saiba dessa circunstância*, pois o objetivo da lei é tutelar exatamente a segurança desse transporte. Assim, o que caracteriza essa majorante não é a natureza móvel dos valores, mas o ofício do sujeito passivo, isto é, *encontrar-se em serviço de transporte de valores*. O desconhecimento dessa circunstância pelo agente afasta o fundamento político da majorante, tornando-a juridicamente inaplicável, sem falar na indispensabilidade de todos os atos e circunstâncias serem, contemporaneamente, abrangidos pelo dolo, sob pena de exclusão da tipicidade (erro de tipo). Por isso, se o agente assaltar a vítima ignorando que esta transporta valores, não se caracteriza a majorante, respondendo aquele, por conseguinte, pelo roubo comum.

Os *valores* podem consistir em dinheiro ou qualquer outro bem valioso passível de ser transportado, tais como títulos, joias, ouro, pedras preciosas etc., desde que suscetível de ser convertido em dinheiro, como sustentava Bento de Faria[31]. Os frequentes assaltos aos "carros-fortes" constituem essa qualificadora. Nélson Hungria destacava, há seis décadas, que esse tipo de crime era frequente nos Estados Unidos, por obra de *gangsters*, lembrando apenas um exemplo brasileiro[32]. Não podia imaginar aquele pensador a inversão total que os tempos se encarregariam de consagrar.

Sujeito passivo desta majorante não pode ser, em hipótese alguma, o *proprietário* dos "valores transportados". A majorante é estar a vítima "em serviço de transporte de valores"; como "serviço" sempre se presta a outrem, e não a si próprio, isso significa que os valores transportados por quem se encontra em "serviço" não são próprios, mas de terceiro, que é o dono ou proprietário de tais valores[33]. Logo, sendo roubado o próprio dono ou proprietário, quando se encontra transportando valores, não incide a majorante.

9.4 *Roubo de veículo automotor que venha a ser transportado para outro Estado ou para o exterior (IV)*

A Lei n. 9.426, de 24 de dezembro de 1996, acrescentou duas majorantes ao crime de roubo, quais sejam, roubo de *veículo automotor que venha a ser transportado para outro Estado ou para o exterior* e *restrição da liberdade da vítima* (art. 157, § 2º, IV e V).

Seguindo a política criminal capitalista, para a qual o patrimônio é muito mais valioso que a própria vida, que orientou a inclusão do § 5º no art. 155, a Lei n. 9.426/96 transformou a mesma conduta de subtrair automotores em *majorante* do crime de *roubo*, com a inclusão do inciso IV no § 2º do art. 157. Para a configuração dessa nova majorante, no entanto, a exemplo do que ocorre no crime de *furto*, não basta que a subtração seja de veículo automotor. É indispensável, a exemplo da similar figura de furto, que este "venha a ser transportado para outro Estado ou para o exterior", atividade que poderá caracterizar um *posterius* em relação ao crime anterior já consumado.

Quando, porém, essa *majorante* concorrer com qualquer das demais previstas no mesmo parágrafo — que será a regra nesse tipo de crime —, perderá, pratica-

---

31. Bento de Faria, *Código Penal comentado*, cit., v. 4, p. 63.
32. Nélson Hungria, *Comentários ao Código Penal*, cit., v. 7, p. 58.
33. Magalhães Noronha, *Direito Penal*, cit., v. 2, p. 263.

mente, sua razão de ser, pois acabará funcionando somente como circunstância judicial (art. 68, parágrafo único), uma vez que não prevista como agravante. Afinal, pontifica Damásio de Jesus: "Ora, o crime de roubo de veículo automotor, geralmente automóvel, ainda que para transporte para outro Estado ou para o exterior, normalmente é cometido com emprego de arma e mediante concurso de pessoas (art. 157, § 2º, I e II). Diante disso, o novo tipo surtirá pouco efeito prático..."[34].

9.5 *Roubo de veículo automotor com sequestro da vítima (V)*

No inciso V, representando a segunda "nova majorante" do crime de roubo, consta o seguinte: *"se o agente mantém a vítima em seu poder, restringindo sua liberdade"*.

Essa previsão, de todas as novidades trazidas por uma lei não muito feliz (Lei n. 9.426/96), parece-nos a mais adequada. No entanto, a *restrição da liberdade* poderá, dependendo das circunstâncias, assumir a natureza de outro crime, como, v. g., os dos arts. 148 e 159, em concurso com o crime de roubo[35], na medida em que priva a vítima de sua liberdade ou, até mesmo, configurar outro crime mais grave, absorvendo, no caso o roubo, por exemplo, a *extorsão mediante sequestro* (art. 159). Por isso é preciso cautela na análise dessa questão, sob pena de deixar-se praticamente impune o crime de *sequestro*. Assim, quando o "sequestro" (manutenção da vítima em poder do agente) for praticado *concomitantemente* com o roubo de veículo automotor ou, pelo menos, como *meio de execução* do roubo ou como *garantia contra ação policial*, estará configurada a *majorante* aqui prevista. Agora, quando eventual "sequestro" for praticado *depois da consumação do roubo* de veículo automotor, sem nenhuma conexão com sua execução ou garantia de fuga, não se estará diante da *majorante especial*, mas se tratará de concurso de crimes[36],

---

34. Damásio de Jesus, *Direito Penal*, cit., v. 2, p. 343.

35. "Privando as vítimas de sua liberdade de locomoção durante várias horas, e, obrigando-se a ir do local onde se encontravam para outro, bem distante, praticaram sequestros, sem nenhuma vinculação com os roubos em concurso material" (STJ, rev. rel. Min. Denser de Sá, *RT, 726*:626); "Estando totalmente exaurido o roubo, uma vez que os agentes já haviam se apoderado do veículo, a supressão da liberdade de locomoção do ofendido configurou o sequestro, em concurso material com o primeiro" (TJSP, AC, rel. Juiz Jarbas Mazzoni, *RT, 735*:575).

36. Guilherme de Souza Nucci destaca três hipóteses de roubo com restrição da liberdade da vítima: "a) o agente segura a vítima por brevíssimo tempo, o suficiente para tomar-lhe o bem almejado (ex.: disposto a tomar o veículo da vítima, o agente ingressa no automóvel unicamente para, alguns quarteirões depois, colocá-la para fora; b) o agente segura a vítima por tempo superior ao necessário ou valendo-se de forma anormal para garantir a subtração planejada (ex.: subjugando a vítima, o agente, pretendendo levar-lhe o veículo, manda que entre no porta-mala (*sic*), rodando algum tempo pela cidade, até permitir que seja libertada ou o carro seja abandonado); c) o agente, além de pretender subtrair o veículo, tem a nítida finalidade de privar a liberdade do ofendido, para sustentar qualquer outro objetivo, embora na

podendo, inclusive, tipificar-se, como já referimos, a extorsão mediante sequestro: o extorquido é o próprio "sequestrado".

Não é outra a preocupação de Damásio de Jesus, que, após considerar a, praticamente, inocuidade da nova majorante — visto que dificilmente deixa de vir acompanhada de outra majorante prevista no mesmo parágrafo —, conclui que a majoração deve ser interpretada da seguinte forma: "a) sequestro cometido como meio de execução do roubo ou contra a ação policial: incide o art. 157, § 2º, afastado o concurso de crimes; b) sequestro praticado depois da subtração (sem conexão com a execução ou com a ação policial): concurso de crimes"[37].

Concordamos, em princípio, com essa conclusão damasiana. Quanto à primeira hipótese mencionada, nenhum reparo a fazer; quanto à segunda, contudo, recomendamos mais prudência em sua avaliação. Damásio não sugere que crimes poderiam concorrer com o roubo na hipótese sugerida. Sustentamos que, nos casos popularmente conhecidos como "sequestro-relâmpago", cometidos diariamente nas principais capitais brasileiras, onde a vítima é colocada em porta-malas de veículos, pelas mãos de marginais perigosos, que percorrem horas a fio os mais variados bairros da cidade, ameaçando gravemente a vítima, exigindo-lhe (extorquindo) mais bens ou valores, às vezes violentando-as sexualmente, e cujo resultado final é absolutamente imprevisível e completamente aleatório, *configura-se crime mais grave* que a simples majorante da restrição da liberdade da vítima. A moldura legal adequada para esse tipo de conduta, cujo resultado mais ou menos grave não passa de mero detalhe acidental ou circunstancial do evento, a nosso juízo, é o art. 159 do Código Penal, ou seja, extorsão mediante sequestro. Esta, por ser mais grave, absorve o crime de roubo, afastando, consequentemente, o concurso com esse crime.

9.6 *Elevação da pena mínima no roubo qualificado*

No roubo qualificado pelo resultado *lesão grave*, a reclusão será de sete (aumentada pela Lei n. 9.426/96) a quinze anos; *se for morte* (latrocínio), será de vinte a trinta anos, como já previa a redação anterior[38]. Antes da vigência dessa lei, na hipótese de *lesão grave*, a pena mínima prevista era de cinco, e não sete anos de reclusão. Foi um aumento isolado, sem nenhuma justificativa lógica, política ou técnica, na medida em que não fez o mesmo em relação ao *latrocínio*. Igualmente, não estendeu à *extorsão* (art. 158) as novas majorantes incluídas no § 2º do art. 157, ou seja, aquelas acrescentadas nos incisos IV e V do § 2º.

---

grande parte das vezes seja para subtrair-lhe outros bens. Para tanto, roda com a mesma pela cidade — na modalidade que hoje se chama 'sequestro relâmpago' — almejando conseguir saques em caixas eletrônicos, por exemplo. Na primeira hipótese, cremos não estar configurada a causa de aumento — afinal, o tipo penal fala em 'manter' o que implica sempre uma duração de tempo razoável; na segunda, está a circunstância de aumento presente; na terceira, trata-se de roubo seguido de sequestro em concurso" (*Código Penal comentado*, cit., p. 447).

37. Damásio de Jesus, *Direito Penal*, cit., v. 2, p. 344.

38. "Art. 157, § 3º — Se da violência resulta lesão corporal grave, a pena é de reclusão de 7 a 15 anos, além da multa; se resulta morte, a reclusão é de 20 a 30 anos, sem prejuízo da multa."

10. Eventual presença de duas causas de aumento

Havendo a incidência de mais de uma *causa de aumento*, três correntes disputam a preferência dos especialistas: *a) deve-se proceder somente a um aumento, fundamentado numa das causas existentes* — se houver mais de uma majorante, as demais podem ser consideradas como agravantes ou, não havendo previsão legal, como simples circunstâncias judiciais (art. 59), valorável na fixação da pena-base; *b) o aumento, quando variável* (v. g., *um sexto a dois terços, ou um terço até metade*), *deve ser proporcional ao número de causas incidentes* — assim, configurando-se somente uma *majorante*, o aumento pode limitar-se ao mínimo; incidindo, contudo, mais de uma, a elevação deve ser maior, podendo atingir inclusive o máximo da majoração permitida, v. g., até metade, dois terços etc. Essa tem sido a orientação preferida pelos tribunais superiores — STF e STJ[39]; *c) a existência de mais de uma causa de aumento não significa, por si só, a elevação da pena na mesma proporção* — o julgador, exercendo seu poder discricionário, pode optar por um único aumento, pois o que deve ser considerado é a gravidade do meio empregado ou do *modus operandi*, e não o número de incisos do § 2º que se possa configurar.

O legislador da reforma de 1984 pretendeu eliminar todas as dificuldades apresentadas pela dosimetria penal, que se instalara sob a égide do Código Penal anteriormente vigente, alimentadas, é bem verdade, pela disputa entre Nélson Hungria e Roberto Lyra, cada um patrocinando um entendimento. Com efeito, concorrendo mais de uma causa de aumento ou de diminuição "previstas na parte especial, pode o juiz limitar-se a um só aumento ou a uma só diminuição, prevalecendo, todavia, a causa que mais aumente ou diminua" (art. 68, parágrafo único, do CP)[40]. Esse, enfim, é o parâmetro legal, e o aplicador não se pode distanciar demasiadamente dessa orientação, sob pena de violar o princípio da individualização da pena.

Por isso, em nossa concepção, o ideal é reunir as duas primeiras correntes que citamos anteriormente, ou seja: proceder apenas a um aumento (aplicando somente uma majorante na segunda fase da dosimetria penal) (1ª), mas proceder a essa variação proporcional ao número de causas de aumento incidentes (2ª), isto é, a maior ou menor elevação acompanhará tanto a intensidade quanto a quantidade de majorantes. Assim, concorrendo uma majorante, a elevação da pena, em princípio, deve ser o mínimo previsto; se, no entanto, apresentar-se mais de uma (v. g., roubo duplamente majorado — com emprego de arma e em concurso de pessoas), a única majoração deverá assumir nível mais elevado. Nada impede, porém, que se prefira adotar apenas uma majorante, aplicável na segunda fase do cálculo de penas, utilizando-se as demais como agravantes genéricas ou mesmo como circunstâncias judiciais, conforme o caso. Essa variante sugerida atende ao Estado Democrático de Direito e ao princípio da individualização da pena, amparando-se numa dupla *finalidade utilitária penal*, ou seja: além do "máximo de bem-estar" para os "não

---

39. STF, 1ª Turma, HC 77.187/SP, rel. Min. Sydney Sanches, j. 30-6-1998, *DJU*, 16 abr. 1999, p. 27; STJ, 5ª Turma, HC 9.219/SE, rel. Min. Edson Vidigal, j. 8-6-1999, *DJU*, 16 ago. 1999, p. 85.
40. Cezar Roberto Bitencourt, *Tratado de Direito Penal — Parte Geral*, v. 1, p. 847.

desviados", deve-se alcançar também o "mínimo de mal-estar" necessário aos "desviados", seguindo a orientação de um direito penal mínimo e garantista.

Nesse particular, as duas novas majorantes — incisos IV e V do § 2º — pouco ou quase nada acrescentaram, na medida em que, como já destacamos, concorrendo duas ou mais *causas de aumento* (majorantes), pelo entendimento majoritário, defende-se atualmente a aplicação somente de uma dessas majorantes, devendo funcionar as demais como circunstâncias agravantes ou, na ausência de previsão legal, podendo ser reconhecidas como meras circunstâncias judiciais. Assim, as duas novas majorantes raramente ganharão aplicação prática, uma vez que, na maioria das vezes, o crime de roubo já apresentará uma majorante, quer pelo emprego de arma, quer pelo concurso de pessoas. Como as duas novas majorantes não são relacionadas no art. 61 do Código Penal, restar-lhes-á funcionar como simples circunstâncias judiciais, via de regra.

11. A tipificação do crime de roubo recebeu várias modificações da Lei n. 13.654/2018

Na configuração do crime de roubo, a Lei n. 13.654/2018 realizou várias alterações, sendo duas delas relativas ao § 2º do art. 157, revogando o inciso I e acrescentando o de n. IV. Aproveitou para inserir um novo parágrafo, o § 4º-A, além de atribuir nova redação ao § 3º, do mesmo dispositivo legal, conforme demonstraremos adiante. Relativamente às novas "majorantes" previstas para o crime de *roubo*, convém destacar, desde logo, que o legislador simplesmente "transportou", digamos assim, as mesmas hipóteses que incluiu como as duas novas qualificadoras do crime de furto, sem tirar nem pôr, como veremos adiante. A Lei n. 13.964/19, por sua vez, fez apenas dois acréscimos ao crime de roubo: incluiu o inciso VII no § 2º e incluiu o § 2º-B. As demais inovações ocorreram por conta da Lei n. 13.654/18.

11.1 *A revogação do inciso I do § 2º do art. 157*

Primeiramente, revogou-se o inciso I do § 2º do art. 157 do CP, o qual aumentava a pena do crime de roubo de um terço até metade se a *violência ou grave ameaça* fosse exercida com "emprego de arma", sem fazer distinção entre *arma branca* e *arma de fogo*. Essa revogação do inciso I do § 2º constitui, inequivocamente, previsão legal mais benéfica (*novatio legis in mellius*), devendo, portanto, retroagir para atingir todos os roubos praticados com emprego de arma branca antes da vigência deste diploma legal. As condenações, portanto, acrescidas dessa "majorante" (utilização de arma branca ou simulacro de arma) devem ser anuladas automaticamente, cabendo, logicamente, ao juízo de execução determinar a adequação da pena, excluindo a relativa a essa causa especial de aumento.

O legislador, criteriosa e acertadamente, optou por excluir da abrangência da majorante os objetos ou artefatos (considerados arma branca e, inclusive a arma de brinquedo) que, embora possam ser utilizados para ferir ou intimidar alguém e, consequentemente, suficientes para tipificar o crime de roubo, não têm idoneidade para majorá-lo. Em compensação, a pena para o *roubo* praticado com o uso de *arma de fogo* tornou-se muito mais severa, pois a *majoração* deslocada para o *§ 2º-A agora, a nosso juízo equivocadamente,* é fixa de dois terços, impedindo que o julgador exerça seu poder discricionário para adequá-la melhor ao caso concreto.

Cominação dessa natureza mostra-se absurda na medida em que invade o papel do julgador e o impede de adequar, com parcimônia, a pena abstrata ao caso concreto. Ademais, tal como ficou, pode-se afirmar, atinge, inadequadamente, o nível de gravidade de uma verdadeira "qualificadora" do crime de roubo, embora com ela não se confunda em razão da metodologia estrutural das qualificadoras, as quais, como se sabe, tipificam um verdadeiro novo "tipo penal qualificado", com a cominação de mínimo e máximo para a figura qualificada.

Não se ignora, diga-se de passagem, que a conduta de utilizar *arma de fogo* é consideravelmente mais grave que o uso de *arma branca* para a prática da mesma espécie de crime, pelas consequências que pode produzir. No entanto, a revogação expressa do referido inciso pelo novel diploma legal não pode ser ignorada, buscando dar interpretação que acabe anulando essa previsão legal. Considerando-se que o legislador foi contundente ao definir que somente **arma de fogo** apresenta gravidade suficiente para *majorar* a punição do crime de roubo à mão armada, convém destacar como o próprio ordenamento jurídico brasileiro define o que se concebe, juridicamente, como arma de fogo. Invoca-se, para tanto, o Decreto n. 3.665, de 20 de novembro de 2000, o qual define em seu art. 3º, XIII, que se caracteriza como arma de fogo toda: "arma que arremessa projéteis empregando a força expansiva dos gases gerados pela combustão de um propelente confinado em uma câmara que, normalmente, está solidária a um cano que tem a função de propiciar continuidade à combustão do propelente, além de direção e estabilidade ao projétil".

Sepulta-se, assim, definitivamente, o debate sobre o reconhecimento de "arma de brinquedo" como configuradora daquela extinta previsão da utilização de "arma" no crime de roubo. Mais que isso, torna-se obrigatória a revisão de eventual condenação empregando-se como majorante a utilização de arma branca ou "arma de brinquedo". Por outro lado, os roubos praticados mediante uso de *arma de fogo*, antes da vigência deste diploma legal, não sofrem a majoração de dois terços da pena, por se tratar de *novatio legis in pejus*, e, consequentemente, não pode retroagir. Nesse caso, o revogado inciso I do § 2º do art. 157 ganha ultratividade, e a majoração penal limitar-se-á ao parâmetro de um terço até metade.

Diante dessas considerações, pode-se concluir:

a) Deve-se reconhecer que o legislador desejou (*mens legislatoris*), simplesmente, equiparar o roubo praticado com *arma branca* ao roubo simples (art. 157, *caput*, do CP), devendo-se, contudo, ter presente que a publicação da lei acrescenta-lhe autonomia e, por isso, deve ser interpretada de acordo com os métodos específicos para interpretação de toda norma penal; b) pode-se considerar que a utilização de *arma branca* deve ser avaliada pelo julgador na primeira fase do cálculo da pena, como *circunstância judicial* (art. 59 do CP), na nossa concepção, como "circunstância do crime", reputando-a como negativa, não se olvidando, contudo, o que o dispositivo legal em apreço elenca; c) enfim, uma conclusão obrigatória: relativamente a armas brancas, bem como a simulacro de armas, v. g., "arma de brinquedo", houve *novatio legis in mellius*, revogando tacitamente a sua admissão como arma, e, expressamente, a previsão relativamente a arma branca. Com efeito, ao admitir, como majorante, somente a utilização de "arma de fogo", exclui, *ipso facto*, a infeliz renovação jurisprudencial na tentativa de utilizar a suposta "arma de brinquedo" como majorante do roubo (STJ, REsp 1.662.618-MG, 5ª Turma, *DJe* de 22-6-2017). Em outros termos, a utilização de arma de brinquedo serve para caracterizar a "ameaça grave" à vítima, mas nunca para majorar-lhe a sanção penal, como demonstramos em outro espaço. Nesse sentido, vige a súmula que a revogou.

11.2 *Acréscimo trazido pelo inciso VI ao § 2º do art. 157 — subtração de substâncias explosivas ou de acessórios*

O art. 157 recebeu, como nova *causa de aumento*, o acréscimo do inciso VI ao § 2º, prevendo o aumento da pena do roubo de um terço até metade se a subtração for de *substâncias explosivas ou de acessórios* que, conjunta ou isoladamente, possibilitem sua fabricação, montagem ou emprego. Constata-se que o legislador adotou aqui para o crime de roubo, como *causa de aumento*, o conteúdo que acresceu, como *qualificadora*, ao crime de furto, prevista pelo novo § 7º, razão pela qual se admite a utilização das mesmas considerações que lá fizemos.

Pune-se com maior rigor, a exemplo do *furto qualificado*, a simples *subtração de substâncias explosivas ou de acessórios*, por sua própria natureza e finalidade, qual seja, possibilitar sua fabricação, montagem ou emprego como explosivo, que, certamente, será para a prática de outros crimes. Não se pune a utilização, como *meio*, de *substâncias explosivas*, que seria mais grave, mas pelo simples fato de ser *objeto da subtração*, na presunção, *iuris et de iuri*, de que se destinam à prática de crimes. Somente presunção dessa natureza pode justificar majoração de tal gravidade em razão do objeto da subtração, consideração que, aliás, vale também para a hipótese da qualificadora correspondente prevista para o crime de furto (§ 7º do art. 155).

11.3 *A inclusão do § 2º-A ao art. 157 do CP prevê duas causas especiais de aumento de pena*

A anatomia do crime de *roubo* em nosso Código Penal, ao contrário do que ocorre com o crime de *furto*, não contempla a tipificação de qualificadoras, limitando-se a consagrar em sua definição *causas de aumento* (majorantes). O novo diploma legal *sub examine* segue essa orientação, prevendo mais duas *causas de aumento* que, por sua gravidade e adotando aumento fixo, teria sido mais feliz se, finalmente, as tivesse incluído como *qualificadoras*, pois assim, pelo menos, permitiria ao julgador dosar melhor a pena em cada caso concreto, com limites mínimo e máximo. Na verdade, as novas *causas de aumento* trazem grave exasperação, na medida em que cominam, de forma fixa, a elevação da pena-base em dois terços, impedindo a adequação, pelo julgador, às circunstâncias fáticas e à gravidade da situação. Faltou, na realidade, um pouco de criatividade ao legislador que, para o crime de *roubo*, repetiu as mesmas hipóteses que incluiu como qualificadoras do crime de furto, quais sejam, *subtração de substâncias explosivas ou de acessórios* (§ 2º, VI) e *emprego de explosivo ou de artefato análogo* (§ 2º A, II.).

11.3.1 Se a violência ou ameaça é exercida com emprego de arma de fogo

Quanto à *arma de fogo*, a causa de aumento permanece, embora tenha sido excessivamente exasperada para dois terços, pois foi incluída pelo § 2º-A, I, ao artigo *sub examine*. A previsão expressa de *violência* ou *ameaça* exercida com emprego de *arma de fogo* excluía a *majoração* quando qualquer delas fosse realizada com a utilização de *arma branca*, e, principalmente, pela revogação do inciso I do § 2º, que admitia arma de qualquer natureza. Essa causa de aumento — *emprego de "qualquer arma"* — previa a majoração de pena de um terço até metade (antigo inciso I do § 2º). Trata-se, portanto, de *novatio legis in pejus*, não podendo retroagir a fatos anteriores à sua vigência.

Segundo a dicção do texto legal, é necessário o *emprego efetivo* de *arma de fogo*, sendo insuficiente o simples *portar*, uma vez que a tipificação legal condiciona *ser a violência ou grave ameaça* "exercida com emprego de arma de fogo", e "empregá-la" significa uso efetivo, concreto, real, isto é, a utilização de *arma de fogo* no cometimento da violência. Não era outro o magistério de Sebastian Soler que, ao comentar o Código Penal argentino, com previsão semelhante ao nosso, pontificava: "A lei exige que o roubo tenha sido cometido com armas, o que não quer dizer que o ladrão apenas as *tenha*, razão pela qual acreditamos sinceramente infundado levantar dúvidas a esse respeito ante o texto de nossa lei. Outras leis, não a nossa, merecem censura por referir-se ao mero fato de portá-la"[41].

11.3.2 Destruição ou rompimento de obstáculo mediante o emprego de explosivo ou de artefato análogo que cause perigo comum

Cabe aqui a mesma análise realizada no item 11.6.2, relativo ao emprego de explosivo ou artefato análogo na prática do crime de furto, para onde remetemos o prezado leitor. Destina-se, contudo, esta previsão à hipótese corriqueira de *roubos* praticados contra empresas transportadoras de valores ou caixas eletrônicos, em que criminosos utilizam explosivos para destruir carros-fortes, caixas eletrônicos, portas e paredes, objetivando apoderar-se dos valores transportados ou armazenados.

De plano, pode-se afirmar que, basicamente, o que dissemos para o crime de *furto* aplica-se ao crime de *roubo*, sendo desnecessário repeti-lo por inteiro, relativamente ao "emprego de explosivo ou de artefato análogo que cause perigo comum". Com efeito, na execução do crime de *roubo*, se houver "destruição ou rompimento de obstáculo mediante o emprego de explosivo ou de artefato análogo", configurará esta majorante especial, sendo a pena aplicada elevada, obrigatoriamente, em dois terços. Denominamos de "especiais" as novas *majorantes do crime roubo*, por serem extremamente graves, para distingui-las das anteriormente previstas. Configurando-se, simultaneamente, qualquer das outras majorantes (causas de aumento), o julgador poderá, nos termos do art. 68 do CP, aplicar somente uma delas, no caso, a que mais aumente, ou seja, a "especial", prevista no § 2º-A. Considerando a gravidade dessas ditas *causas especiais*, acreditamos que o magistrado deverá aplicar somente uma delas, a mais grave, para evitar indevida punição excessiva.

A elementar normativa "destruição ou rompimento de obstáculo", copiada do crime de furto qualificado (art. 155, § 4º, I), apresenta duas hipóteses distintas: destrui-

41. Sebastian Soler, *Derecho penal argentino*, Buenos Aires, TEA, 1970, v. 4, p. 266.

ção e rompimento. *Destruir* significa desfazer completamente o *obstáculo*, demoli-lo, ao passo que *romper* é arrombar, arrebentar, cortar, serrar, perfurar, deslocar ou forçar, de qualquer modo, o obstáculo, com ou sem dano à substância da coisa. Há *destruição* quando ocorre a demolição, o aniquilamento ou o desaparecimento de eventual obstáculo que, de alguma forma, sirva de proteção ao objeto da subtração. O *rompimento*, por sua vez, consiste no arrombamento, deslocamento ou supressão do obstáculo, visando facilitar a subtração da coisa alheia. Relativamente à elementar normativa "meio que cause perigo comum", remetemos o leitor para as considerações que fizemos ao examinarmos a mesma elementar constitutiva do crime de furto qualificado.

11.4 *Emprego de arma de fogo de uso restrito ou proibido duplica a pena do* caput

A inclusão do § 2º-B ao art. 157 do CP, pela Lei n. 13.964/19, prevê causa especial sui generis *de aumento de pena, ou seja, duplica a pena prevista no* caput *do art. 157 se a violência ou grave ameaça for exercida com o emprego de arma de fogo de uso restrito ou proibido.* Constata-se que qualquer coisa ou qualquer argumento é suficiente para majorar ou qualificar uma grande gama de crimes, mas nos limitaremos, neste espaço, a analisar esta majoração, pela urgência de tempo e limitação de espaço. No entanto, o que não pode passar despercebido é a voracidade dos governantes em ampliar as punições de condutas definidas como crime, inclusive aquelas que datam de quase um século, como o crime de roubo tipificado no código penal de 1940. Os tempos atuais, a despeito da miséria do cárcere, de sua desumanidade, de sua inaptidão para recuperar alguém e, principalmente, da omissão permanente dos mesmos governantes em investir na melhoria e humanização de sua estrutura, talvez algumas figuras típicas realmente mereçam elevação de suas punições.

Mas nessas horas o incansável e intempestivo legislador brasileiro, movido por interesses nem sempre democráticos e republicanos, age, muitas vezes, de afogadilho, sem consultar os grandes especialistas, o meio acadêmico, a doutrina e a jurisprudência, de um modo geral, bem como sem um levantamento sério, científico-metodológico, adotam critérios sem qualquer parâmetro confiável ou recomendável para exasperar punições aleatoriamente, criando, muitas vezes, verdadeiros monstrengos jurídico-legislativos, como ocorre com essa previsão do § 2º-B acrescentado pela Lei 13.964 de 24 de dezembro de 2019, que ora examinamos. Pois nesse diploma do apagar das luzes de 2019, dentre outros aspectos altamente questionáveis (v. g. art. 91-A), criou mais uma absurda *majorante sui generis*, cuja configuração determina que seja dobrada a pena cominada no "caput" do artigo 157, cujo limite máximo é dez anos de reclusão, além da pena pecuniária. Ou seja, segundo esse texto legal, pelo simples "emprego de arma de fogo de uso restrito ou proibido", comina-se o "dobro a pena prevista no *caput* do referido artigo", qual seja, dez anos de reclusão. Em outros termos, a pretensão seria de aplicar, nesses casos, 20 anos de reclusão, que é equivalente a pena aplicável ao crime mais grave contra a vida, qual seja, o homicídio, *matar alguém.*

As demais majorantes previstas no § 2º têm a cominação de elevação de um terço até metade, mas da pena aplicada e não da pena cominada no *caput* do artigo, ao contrário da esdrúxula previsão adotada por este novo § 2º-B. A rigor, essa previsão de elevar a pena de uma *causa especial de aumento* até o "dobro da pena prevista no *caput*" do artigo constitui um *erro metodológico* crasso, inadmissível mesmo para os neófitos em direito penal, e, com mais rigor, para o legislador que se socorre dos técnicos do parlamento nacional, os denominados "jurisconsultos" da Nação. Com efeito, esses conhecem ou devem conhecer o *processo legislativo* e, principalmente, a *metodologia* impecável utilizada pelo legislador brasileiro que elaborou e sistematizou com tanto esmero linguístico o Código Penal de 1940 e, notadamente, com a dinâmica metodológica que utilizou na cominação e aplicação da pena. Na verdade, além da heresia que representa essa forma de "legislar em matéria penal" do legislador contemporâneo, demonstra absoluto desconhecimento do sistema escalonado de *individualização e aplicação da pena*, que utiliza o *sistema trifásico* consagrado no art. 68 do Código Penal, o qual, parte do pressuposto que existem circunstâncias judiciais, circunstâncias legais e causas especiais de aumento ou de diminuição. Dentre as quais, é bom que se destaque, não se incluem as qualificadoras (figuras qualificadas), pois estas constituem, como já afirmamos, verdadeiros tipos penais mais graves, com limites mínimo e máximo distintos e bem mais graves que os do tipo básico ou simples.

Por tais razões, sucintamente expressas acima, nenhuma *causa de aumento* ou *de diminuição* de pena pode ser prevista sobre a pena cominada no *caput*, como se fez nesse infeliz § 2º-B, posto que o sistema trifásico apoia-se na estrutura metodológica que prevê as majorações ou minorações em cima da pena aplicada no julgamento (individualização) e não naquela prevista no *caput* do artigo como fez o atual legislador. Essa forma utilizada praticamente inviabiliza a adequada realização da dosimetria da pena no sistema adotado pelo nosso Código Penal. No caso, *sub examine*, deveria ser considerado o disposto nesse § 2º-B, como *uma causa especial de aumento*, isto é, que a elevação do dobro como pretendeu, equivocadamente, o legislador, incida sobre a pena encontrada na fase anterior (1ª ou 2ª, dependendo das circunstâncias), e não sobre a pena cominada no *caput*. Lembremos aos incautos, os quais, certamente, não são nossos leitores, que, na primeira fase, o julgador deve examinar as *circunstâncias judiciais*, na segunda, se houver, examinará as *agravantes e atenuantes legais*, se existirem, e, na terceira fase, é ora de valorar a existência de *causas especiais de aumento ou de diminuição* (também conhecidas como majorantes e minorantes). Quando não houver agravantes e atenuantes aquela que seria a terceira fase incidirá diretamente sobre o resultado da valoração das circunstâncias judiciais (da primeira fase), ou das circunstanciais legais, se existirem. Mas, não se pode olvidar, que em qualquer das fases da dosimetria penal, as majorações ou diminuições, fixas ou variáveis, sempre incidirão sobre o resultado da operação anterior, no percentual, quando houver previsão, fixa ou variável, mas nunca, jamais, sobre a previsão abstrata contida no tipo penal, como pretendeu o *inexperiente* legislador.

11.5 *A Lei n. 13.654/2018 alterou a redação do § 3º do art. 157 do Código Penal*

Promoveu duas modificações no § 3º do art. 157, que qualifica o roubo pela lesão grave e pela morte. Dividiu-o em dois incisos, tratando individualmente cada uma dessas causas. Aumentou a pena máxima da lesão corporal grave para dezoito anos. Manteve inalterada a pena pela morte entre 20 e 30 anos de reclusão e multa. Por fim, a presente lei entrou em vigor na data de sua publicação, qual seja, em 24 de abril de 2018.

12. Consumação e tentativa

12.1 *Consumação do crime de roubo*

A consumação do crime de roubo se perfaz no momento em que o agente se torna possuidor da *res furtiva*, subtraída mediante violência ou grave ameaça, independentemente de sua posse mansa e pacífica. Ademais, para a configuração do roubo, é irrelevante que a vítima não porte qualquer valor no momento da violência ou grave ameaça, visto tratar-se de impropriedade relativa e não absoluta do objeto, o que basta para caracterizar o delito em sua modalidade.

O *roubo próprio* consuma-se com a retirada da coisa da esfera de disponibilidade da vítima. Vem-se firmando o entendimento sobre a desnecessidade de posse tranquila, mesmo passageira, do agente. O *roubo impróprio* consuma-se com o emprego da violência ou grave ameaça à pessoa, após a subtração.

O roubo é crime complexo, cuja unidade jurídica se completa pela reunião de dois crimes distintos: constrangimento ilegal (CP, art. 146) e furto (art. 155). O crime de roubo se consuma no momento em que o agente se apodera da *res* subtraída mediante grave ameaça ou violência. Para consumar-se, é desnecessário que saia da esfera de vigilância do antigo possuidor, sendo suficiente que cesse a *clandestinidade* ou a *violência*. É igualmente irrelevante a ausência de prejuízo decorrente da restituição do bem, bastando que este seja retirado da esfera de disponibilidade da vítima, ficando na posse tranquila, ainda que passageira, do delinquente. O entendimento jurisprudencial que vem predominando, inclusive no Pretório Excelso, tem como consumado o roubo tão só pela subtração dos bens da vítima, mediante violência ou grave ameaça, ainda que, ato contínuo, o próprio ofendido detenha o agente e recupere a *res*.

O crime de roubo consuma-se no momento em que o assaltante realiza a subtração plena da *res*, mesmo que pouco tempo depois seja preso em flagrante delito. Nesse sentido, o STJ acaba de editar a Súmula 582, *verbis* "Consuma-se o crime de roubo com a inversão da posse do bem mediante emprego de violência ou grave ameaça, ainda que por breve tempo e em seguida à perseguição imediata ao agente e recuperação da coisa roubada, sendo prescindível a posse mansa e pacífica ou desvigiada".

Sendo o roubo crime complexo, sua consumação somente se opera quando plenamente realizadas as infrações penais que o integram, isto é, tanto a violência ou grave ameaça à pessoa quanto a subtração patrimonial. Caso contrário, haverá apenas tentativa de roubo próprio, quando o agente, por exemplo, após praticada a violência contra a vítima, é imediatamente perseguido, preso e a coisa é recuperada pela vítima, pois o agente não tem, em nenhum momento, a posse tranquila da *res*. No entanto, pequenos detalhes têm levado a decisões díspares sobre o momento consumativo do crime de roubo, próprio ou impróprio. Nesse sentido, veja-se o seguinte acórdão do STJ: "[...] consuma-se o crime de roubo com a inversão da posse do bem, mediante emprego de violência ou grave ameaça, ainda que por breve tempo e em seguida a perseguição imediata ao agente e recuperação da coisa roubada, sendo prescindível a posse mansa e pacífica ou desvigiada"[42].

12.2 *Tentativa do crime de roubo*

Quanto ao *roubo próprio*, é tranquila a admissibilidade da tentativa. Em relação ao *roubo impróprio* há duas correntes: 1) é inadmissível a tentativa; 2) é admissível quando, após a subtração, o agente é preso ao empregar a violência ou grave ameaça. Para as duas correntes, se a subtração for apenas tentada e houver violência ou grave ameaça na fuga, haverá furto tentado em concurso com crime contra a pessoa, e não roubo tentado.

Como crime complexo, o *início da execução* coincide com a prática da ameaça ou da violência, ou ainda com o uso de qualquer outro meio para inibir a vítima, objetivando a subtração da coisa. O uso de qualquer desses meios integra a descrição típica do roubo, caracterizando o início da execução. Logo, responde por tentativa de roubo o agente que, apontando um revólver para a vítima, determina que saia de seu veículo, pois, assim, já ingressou na fase executiva do crime de roubo.

A inexistência de objeto de valor em poder da vítima não descaracteriza a figura típica prevista no art. 157 do Código Penal, porquanto o roubo é modalidade de crime complexo, cuja primeira ação — a violência ou grave ameaça — constitui início de execução.

Na dosimetria penal, para a redução da pena, no caso de tentativa de roubo (parágrafo único do art. 14 do CP), não devem ser levadas em consideração as circunstâncias judiciais, mas o *iter criminis*, isto é, o caminho propriamente percorrido na elaboração do empreendimento criminoso.

13. Classificação doutrinária

Trata-se de *crime comum* (aquele que não exige qualquer condição especial do sujeito ativo); *de dano* (consuma-se apenas com lesão efetiva ao bem jurídico tutelado); *material* (que causa transformação no mundo exterior, consistente na diminuição do patrimônio da vítima e/ou ofensa a sua integridade física ou corporal); *comissivo* (é da essência do próprio verbo nuclear, que só pode ser praticado por meio de uma ação positiva); *doloso* (não há previsão legal para a figura culposa); *de forma livre* (pode ser praticado por qualquer meio, forma ou modo); *instantâneo* (a consumação opera-se de imediato, não se alongando no tempo); *unissubjetivo* (pode ser praticado, em regra, apenas por um agente); *plurissubsistente* (pode ser desdobrado em vários atos, que, no entanto, integram uma mesma conduta).

14. Roubo qualificado pelo resultado: lesão grave ou morte

O § 3º do art. 157, com redação determinada pela Lei n. 13.654/2018, dispõe que: "Se da violência resulta: I — lesão corporal grave, a pena é de reclusão, de 7

42. AgRg no AREsp n. 2.552.794/BA, rel. Min. Ribeiro Dantas, Quinta Turma, julgado em 23-4-2024, *DJe* de 25-4-2024.

(sete) a 18 (dezoito) anos, além de multa; II — morte, a reclusão é de 20 (vinte) a 30 (trinta) anos". A pena relativamente ao resultado morte ficou inalterada, enquanto relativamente ao resultado lesão grave foi elevado o máximo para 18 anos.

As duas hipóteses elencadas no dispositivo em exame caracterizam condições de exasperação da punibilidade em decorrência da efetiva maior gravidade do resultado. Comparando o texto legal com outras previsões semelhantes do Código Penal — "se da violência resulta lesão corporal grave" ou "se resulta morte" —, constata-se que, pela técnica legislativa empregada, pretendeu o legislador criar duas figuras de *crimes qualificados pelo resultado*, para alguns, *crimes preterdolosos*.

A exemplo do que ocorre com a lesão corporal de natureza grave, a morte, em princípio, deve decorrer de culpa. Contudo, normalmente, o resultado mais grave — lesão ou morte — é produto de *culpa*, que complementaria a conhecida figura do *crime preterdoloso* — dolo no antecedente e culpa no consequente, como a doutrina gosta de definir. Ter-se-ia, assim, o crime patrimonial executado, dolosamente, com violência, acrescido de um resultado mais grave, resultante de culpa, a lesão grave ou a morte da vítima. Essa, pelo menos, é a estrutura clássica do crime preterdoloso. A regra, repetindo, é que, nesses crimes, o resultado agravador seja sempre produto de *culpa*. Contudo, na hipótese em apreço, a extrema gravidade das sanções cominadas uniu o entendimento doutrinário, que passou a admitir a possibilidade, indistintamente, de o resultado agravador poder decorrer tanto de culpa quanto de dolo, direto ou eventual.

Há outra unanimidade sobre esses resultados agravadores: a impossibilidade de o agente responder pelo resultado mais grave, sem culpa, especialmente a partir da reforma penal de 1984.

A locução "lesão corporal de natureza grave" deve ser interpretada em sentido amplo, para abranger tanto as lesões graves (art. 129, § 1º) quanto as gravíssimas (art. 129, § 2º). Ademais, a lesão corporal tanto pode ser produzida na vítima da *res furtiva* quanto em qualquer outra pessoa que venha a sofrer a violência. As qualificadoras — lesão grave ou morte — aplicam-se às modalidades de roubo próprio e impróprio. No entanto, a lesão corporal de natureza leve (art. 129, *caput*) é absorvida pelo crime de roubo, constituindo a elementar normativa "violência física". Assim, quem, ao subtrair coisa alheia móvel, fere, sem gravidade, a vítima não responde por dois crimes — roubo e lesão corporal leve; a lesão corporal leve constitui apenas a elementar exigida pelo tipo descritivo do crime de roubo.

A segunda parte do § 3º do art. 157 tipifica o crime conhecido como *latrocínio* (o Código Penal não utiliza essa terminologia), que é *matar alguém* para subtrair coisa alheia móvel.

A Lei n. 8.072, de 25 de julho de 1990, definiu o latrocínio como *crime hediondo*, excluído de anistia, graça, indulto, fiança e liberdade provisória, com cumprimento de pena integralmente em regime fechado. Nesses casos, a prisão temporária é de trinta dias, e, em caso de condenação para apelar, o Supremo Tribunal Federal vem fazendo nos últimos anos uma tentativa de *constitucionalizar o direito penal*, assegurando o *direito de apelar em liberdade* a todo acusado que se encontrar respondendo a processo criminal nessa condição.

As "majorantes" do § 2º, porém, não se aplicam ao latrocínio. As *causas especiais de aumento* de pena previstas para os crimes de roubo, inscritas no § 2º do art. 157 do CP, não são aplicáveis em nenhuma das hipóteses contidas no § 3º.

Dito isso, podemos examinar, individualmente, cada uma das "qualificadoras" pela gravidade do resultado.

14.1 *Pela lesão corporal grave (inciso I)*

A Lei n. 13.654/2018 dividiu o § 3º em dois incisos (I. lesão grave, pena de 7 a 18 anos; II. morte — manteve a mesma pena de 20 a 30 anos de reclusão). A lesão grave qualificadora do roubo é aquela tipificada nos §§ 1º e 2º do art. 129, que, necessariamente, deve decorrer, pelo menos, de culpa do agente (art. 19). Assim, se, ao praticar um roubo, o sujeito ativo causar lesões corporais leves, não responderá por elas, que ficam absorvidas pelo roubo, subsumidas na elementar violência. Contudo, se essas lesões forem de natureza grave (§§ 1º e 2º — graves ou gravíssimas), responderá pelo crime do art. 157, § 3º, primeira parte (agora, inciso I, com a redação da Lei n. 13.654/2018), independentemente de tê-las produzido dolosa ou culposamente. É indispensável, evidentemente, que a gravidade da lesão seja comprovada mediante perícia.

Pode-se afirmar, com certa segurança, que doutrina e jurisprudência não discrepam quanto à aplicação do disposto no § 3º tanto ao *roubo próprio* quanto ao *impróprio*; é indiferente que o agente produza o resultado mais grave na vítima (lesão grave ou morte) para cometer a subtração, durante sua execução ou após sua realização. É desnecessário que a vítima da violência seja a mesma da subtração da coisa alheia, desde que haja conexão entre os dois fatos; nesse caso, tratando-se de vítima da violência distinta daquela da subtração, haverá dois sujeitos passivos, sem desnaturar a unidade do crime complexo, que continua único.

Sintetizando, é indiferente que o resultado mais grave seja voluntário ou involuntário, justificando-se a agravação da punibilidade desde que esse resultado não seja produto de caso fortuito ou força maior, ou seja, desde que decorra, pelo menos de culpa; aplica-se, indistintamente, tanto ao roubo próprio quanto ao impróprio. Ademais, a *violência* tanto pode ser praticada contra a vítima da subtração como contra terceira pessoa, como acontece normalmente no roubo comum.

14.2 *Pelo resultado morte (inciso II): latrocínio*

A morte da vítima é a qualificadora máxima deste crime. Tudo o que dissemos sobre o roubo qualificado pelas lesões corporais graves aplica-se ao roubo com morte. Exatamente como na lesão grave, a morte pode resultar em outra pessoa que não a dona da coisa subtraída, havendo, igualmente, dois sujeitos passivos. Poderia o legislador ter adotado o *nomen juris* "latrocínio"; não o fez, provavelmente, porque preferiu destacar que, a despeito dessa violência maior — lesão grave ou morte —, o latrocínio continua sendo *roubo*, isto é, um crime, na essência, de natureza patrimonial.

Observando-se a sistemática de nosso Código Penal, constata-se que o art. 157, § 3º, pretendeu tipificar um *crime preterdoloso*, uma vez que a locução utilizada, "se resulta", indica, normalmente, resultado decorrente de culpa, e não meio de execução de crime, no caso roubo próprio ou impróprio. No entanto, como já referimos no tópico anterior, a severidade das penas cominadas não se harmoniza com crime preterdoloso. Procurando minimizar a inocuidade congênita da estrutura tipológica em apreço, a doutrina passou a sustentar a possibilidade de o resultado morte ser produto de dolo, culpa ou preterdolo[43], indiferentemente.

Toda sanção agravada em razão de determinada consequência do fato somente pode ser aplicada ao agente se este houver dado *causa*, pelo menos culposamente. Com o latrocínio não é diferente, aplicando-se integralmente o consagrado princípio *nulla poena sine culpa*, e rechaçando-se completamente a responsabilidade objetiva. No entanto, não se pode silenciar diante de um *erro crasso* do legislador, que *equiparou dolo* e *culpa*, pelo menos quanto às consequências nesse caso específico. Na verdade, o evento morte, no latrocínio, tanto pode decorrer de *dolo*, de *culpa* ou de *preterdolo*, e se lhe atribuir a mesma sanção com a gravidade que lhe é cominada (20 a 30 anos de reclusão), o que agride o bom senso e fere a sistemática do ordenamento jurídico brasileiro. Este, nos *crimes culposos*, releva o *desvalor do resultado*, destacando, fundamentalmente, o *desvalor da ação*, v. g., no homicídio doloso (6 a 20 anos) e no culposo (1 a 3 anos).

Enfim, uma coisa é matar para roubar ou para assegurar a impunidade ou o produto do crime; outra, muito diferente, é provocar esses mesmos resultados involuntariamente. As consequências, num plano de razoabilidade, jamais poderão ser as mesmas, como está acontecendo com este dispositivo. Nesse particular, recomendamos, *venia concessa*, ao prezado leitor uma passagem d'olhos no que escrevemos a respeito quando abordamos as lesões corporais graves e gravíssimas no segundo volume desta mesma obra.

A *diversidade de vítimas fatais* não altera a tipificação criminosa, continuando a configurar *latrocínio único*, sem concurso formal, cujo número de vítimas deve ser avaliado na dosagem de pena, nos termos do art. 59.

A maior dificuldade no tratamento desses crimes reside na definição da *tentativa*, que tem sido objeto de imensa controvérsia e complexidade, grande parte em decorrência da deficiente técnica legislativa, que tem dificultado as soluções estritamente jurídicas.

14.2.1 Resultado morte decorrente de grave ameaça: não tipifica latrocínio

Em relação à tipificação do crime de latrocínio, merece destaque a elementar típica da *violência*, uma vez que, examinando o *caput* do art. 157 e o texto de seu § 3º, definidor desse crime, constata-se uma séria distinção: no *caput*, tipifica-se o emprego da "grave ameaça ou violência a pessoa"; e no parágrafo referido, o resultado agra-

43. Heleno Cláudio Fragoso, *Lições de Direito Penal*, v. 1, p. 210.

vador deve *resultar* de "violência". Essas redações estão muito claras nos respectivos textos legais, não exigindo nenhum esforço demonstrativo, o que permite não nos alongarmos sobre o assunto. Por outro lado, também é desnecessário discorrer longamente sobre os distintos significados das locuções "grave ameaça" e "violência a pessoa", que, aliás, já foram trabalhadas neste mesmo capítulo. Assim, a *vexata quaestio* limita-se à diferença de tipificação entre o crime de roubo, comum, normal, se assim se pode referir, e aquele qualificado pelo resultado, emoldurado no § 3º.

A *violência* contida no § 3º é somente a física (*vis corporalis*), e não a moral (*vis compulsiva*). O resultado agravador — lesão grave ou morte — para tipificar a figura insculpida no dispositivo em exame deve, necessariamente, "resultar" de *violência*, que, como demonstramos à saciedade (itens 5.1 e 5.2), não se confunde com *grave ameaça*, especialmente na sistemática adotada em nosso Código Penal. Assim, por exemplo, no caso de alguém que é assaltado e, mesmo *sem o emprego de violência física*, assusta-se com a presença de arma, sofrendo um enfarto e vindo a falecer, não se tipifica o crime de latrocínio. Nessa hipótese, a alternativa legal surge por meio do *concurso de crimes*: roubo e homicídio; este poderá ser doloso ou culposo, dependendo das circunstâncias fáticas, do elemento subjetivo etc.

Entendimento contrário, satisfazendo-se simplesmente com a *relação causal* entre o roubo e o resultado mais grave, sem examinar o pressuposto da *elementar violência*, não resiste ao crivo dos princípios da *tipicidade estrita* e da *reserva legal*, representando, quanto ao excesso, autêntica responsabilidade objetiva, totalmente afastada pela reforma penal de 1984 e pela Constituição Federal de 1988.

14.3 *Morte de comparsa: inocorrência de latrocínio*

A morte de qualquer dos participantes do crime (*sujeito ativo*) não configura latrocínio. Assim, se um dos comparsas, por divergências operacionais, resolve matar o outro durante um assalto, não há falar em latrocínio, embora o direito proteja a vida humana, independentemente de quem seja seu titular, e não apenas a da vítima do crime patrimonial. Na realidade, a morte do comparsa, nas circunstâncias, não é meio, modo ou forma de agravar a *ação desvaliosa* do latrocínio, que determina sua maior reprovabilidade. A violência exigida pelo tipo penal está intimamente relacionada aos sujeitos passivos naturais (patrimonial ou pessoal) da infração penal, sendo indispensável essa *relação causal* para configurar o crime preterdoloso especialmente agravado pelo resultado.

No entanto, convém ter cautela ao analisar essas questões, pois também aqui tem inteira aplicação o erro quanto à pessoa (art. 20, § 3º, do CP). Se o agente, pretendendo matar a vítima, acaba matando o coautor, responderá pelo crime de latrocínio, como se tivesse atingido aquela; logo, é latrocínio. Não haverá latrocínio, por sua vez, quando a própria vítima reage e mata um dos assaltantes. A eventual morte de comparsa em virtude de reação da vítima, que age em legítima defesa, não constitui ilícito penal algum, sendo paradoxal pretender, a partir de uma conduta lícita da vítima, agravar a pena dos autores.

15. Tentativa de latrocínio: pluralidade de alternativas

Há inúmeras correntes sobre as diferentes possibilidades fático-jurídicas das formas tentadas do crime de latrocínio. Tratando-se de crime complexo, cujos crimes-membros são o roubo e a morte, surgem grandes dificuldades interpretativas quando algum de seus componentes não se consuma. Sem sombra de dúvida, porém, quando não se consumar nem a subtração nem a morte, a tentativa será de latrocínio. Ocorrendo somente a subtração e não a morte, admite-se igualmente a tentativa de latrocínio. Quando se consuma somente a morte, e não a subtração, as divergências começam a aparecer.

Sem pretender esgotar as inúmeras possibilidades admitidas pela doutrina e pela jurisprudência, passamos a elencar algumas: **1)** ***homicídio e subtração consumados***: é pacífico o entendimento de que há latrocínio consumado; **2)** ***homicídio consumado e subtração tentada***: há diversas correntes: *a)* latrocínio consumado (Súmula 610); *b)* tentativa de latrocínio; *c)* homicídio qualificado consumado em *concurso com tentativa de roubo*; *d) apenas homicídio qualificado*; **3)** ***homicídio tentado e subtração consumada***: são apresentadas duas soluções: *a)* tentativa de latrocínio (STF); *b)* tentativa de homicídio qualificado (pela finalidade); **4)** ***homicídio tentado e subtração tentada***: tentativa de latrocínio (STF).

16. Latrocínio com pluralidade de vítimas

Apesar de o latrocínio ser um *crime complexo*, mantém sua unidade estrutural inalterada, mesmo com a ocorrência da morte de mais de uma das vítimas. A pluralidade de vítimas não configura continuidade delitiva e tampouco qualquer outra forma de concurso de crimes, havendo, na verdade, um único latrocínio. A própria orientação do Supremo Tribunal Federal firmou-se no sentido de que a *pluralidade de vítimas não implica a pluralidade de latrocínios*[44], embora o STJ venha se posicionando de forma contrária: "As instâncias ordinárias adotaram entendimento em consonância com a jurisprudência prevalente neste Superior Tribunal de Justiça, no sentido de que há concurso formal impróprio na prática de latrocínio quando a conduta do agente tenha por escopo mais de um resultado morte, ainda que a subtração recaia sobre os bens de uma única vítima, na medida em que ficam evidenciados desígnios autônomos, atraindo, portanto, o comando legal disposto no art. 70, segunda parte, do Código Penal" (STJ, AgRg no HC n. 884.143/SC, rel. Min. Ribeiro Dantas, Quinta Turma, julgado em 10-6-2024, *DJe* de 13-6-2024). Não se pode ignorar que o *crime-fim* inicialmente pretendido foi o de *roubo* e não um duplo ou triplo latrocínio, ou melhor, não duas ou três mortes. A ocorrência de mais de uma morte não significa a produção de mais de um resultado, que, em tese, poderia configurar o concurso formal de crimes. Na verdade, a eventual quantidade de mortes produzidas em um único roubo representa a maior ou menor gravidade das consequências, cuja

44. Precedentes do STF: HC, rel. Min. Carlos Velloso, *RT, 734*:625; HC 75006-1/SP, rel. Min. Maurício Corrêa, j. 27-5-1997.

valoração tem sede na dosimetria penal, por meio das operadoras do art. 59 do Código Penal.

Embora para a configuração do § 3º do art. 157 do CP seja secundária a ocorrência da subtração patrimonial, e o fundamental seja, por excelência, a nota de violência contra a pessoa, durante a tentativa ou a consumação do roubo, é a danosidade social que essa conduta produz ou pode produzir que fundamenta a exacerbada punição contida no dispositivo. Mas essa "retribuição" pública já está contida na sanção cominada.

17. Concurso do crime de roubo com o de quadrilha

A cumulação da qualificadora do crime de roubo — emprego de arma — com a qualificadora de quadrilha armada exige elaborada reflexão. O *crime de quadrilha* é autônomo, independe dos demais crimes que vierem a ser cometidos pelo *bando*. Trata-se de *crime permanente*, que se consuma com o ato da associação ou formação de quadrilha em si mesmo; sua unidade perdura a despeito dos diversos *crimes-fins* cometidos pelos integrantes do grupo criminoso: não se dissocia e não se alia a outras infrações penais, mantendo a unidade e individualidade típicas.

A condenação por *quadrilha armada* não absorve nenhuma das cláusulas especiais de aumento da pena de roubo previstas no art. 157, § 2º, I, II e III, do Código Penal. Tanto os membros de uma quadrilha armada podem cometer o roubo sem emprego de armas quanto cada um deles pode praticá-lo em concurso com terceiros, todos estranhos ao bando.

18. Pena e ação penal

No *roubo simples* a pena é de reclusão, de quatro a dez anos (*caput* e § 1º); no *roubo majorado (qualificado)* a pena é elevada de um terço até metade; no *roubo qualificado pelo resultado — lesão grave —* a reclusão será de *sete* (aumentada pela Lei n. 9.426/96) a quinze anos; se for *morte (latrocínio)*, será de vinte a trinta anos. Em todas as hipóteses, a pena de prisão será cumulativa com a de multa.

A ação penal, como não poderia deixar de ser, é, em qualquer hipótese, de natureza pública incondicionada. A competência para julgar o crime de latrocínio, a despeito de um dos crimes-membros ser contra a vida, é da competência do juiz singular. Essa *opção político-criminal foi feita pelo legislador brasileiro de 1940 e tem sido respeitada pela legislação posterior, pela doutrina e jurisprudência brasileiras.*

18.1 *Inconstitucionalidade da proibição de progressão de regime nos crimes hediondos*

O Supremo Tribunal Federal, em sua constituição plenária, através do *Habeas Corpus* 82.959, declarou a inconstitucionalidade do § 1º do art. 2º da Lei n. 8.072/90 (Lei dos crimes hediondos), que previa o *cumprimento da pena* em regime *integralmente fechado* nos crimes hediondos e assemelhados, com voto histórico do Ministro Gilmar Mendes.

Dois aspectos fundamentais merecem destaque nesse julgamento tão esperado pela comunidade jurídica especializada: (a) o reconhecimento do *sistema progressi-*

vo e o da individualização da pena como *direitos e garantias fundamentais*, e (b) a eficácia *erga omnes* de declaração de inconstitucionalidade em *controle difuso ou aberto* (art. 102, I, *a*, da CF), limitada pelo efeito *ex nunc*. O primeiro aspecto esclarece os limites reservados ao legislador ordinário: o *sistema progressivo* de cumprimento da pena é uma garantia constitucional. O legislador ordinário pode disciplinar a individualização da pena nas fases legislativa, judicial e executória, mas não pode excluí-la em nenhuma dessas etapas, sob pena de violar esse preceito fundamental. Exatamente aí reside a inconstitucionalidade do dispositivo questionado que obrigava o cumprimento integral da pena em regime fechado, nos crimes hediondos e assemelhados. Seria inócuo, por conseguinte, incluir a *individualização da pena* entre os direitos e as garantias fundamentais e, ao mesmo tempo, permitir que o legislador ordinário, a seu alvedrio, pudesse suprimir ou anular seu conteúdo.

O segundo aspecto, não menos importante, foi o efeito *erga omnes* que o STF atribuiu à sua decisão em julgamento de *controle difuso de constitucionalidade*; aplicou, por analogia, o disposto no art. 27 da Lei n. 9.868/99, que se refere a julgamento de hipóteses de *controle concentrado ou abstrato de constitucionalidade* (ADIn ou ADC). Com essa decisão, o STF entendeu que, em se tratando de *controle incidental* ou difuso, aquela Corte Suprema pode estender os efeitos da decisão a outras situações processuais suscetíveis de serem alcançadas pelo reconhecimento *in concreto* de inconstitucionalidade, orientando-se, nesse sentido, em nome da segurança jurídica e do excepcional interesse social, que são conceitos igualmente abrangidos pelo marco constitucional.

Essa decisão — com eficácia *erga omnes* e efeito *ex nunc* — permite que os réus, em outros processos, que ainda se encontrem em fase recursal ou executória (cuja pena ainda não tenha sido integralmente cumprida), possam igualmente ser beneficiados pelo *sistema* progressivo, desde que seus requisitos sejam examinados, casuisticamente, pelo juiz competente. Referida decisão não está, por conseguinte, limitada ao processo objeto de exame no *Habeas Corpus* 82.959, e tampouco permite que outros juízes ou tribunais recusem seu cumprimento invocando como obstáculo o disposto no inciso X do art. 52 da Constituição Federal[45]. Essa decisão, na realidade, tornou sem objeto a competência do Senado Federal, como destaca Luís Roberto Barroso: "A verdade é que, com a criação da ação genérica de inconstitucionalidade, pela EC n. 16/65, e com o contorno dado à ação direta pela Constituição de 1988, essa competência atribuída ao Senado tornou-se um anacronismo. Uma decisão do Pleno do Supremo Tribunal Federal, seja em controle incidental ou em ação direta, deve ter o mesmo alcance e produzir os mesmos efeitos. Respeitada a razão histórica da previsão constitucional, quando de sua instituição em 1934, já não há mais lógica razoável em sua manutenção"[46]. Em sentido semelhante, veja-se o magistério do constitucionalista Ministro Gilmar Mendes, *in verbis*: "A amplitu-

45. ADPF 54, rel. Min. Gilmar Mendes, j. 1º-2-2007.

46. Luís Roberto Barroso, *O controle de constitucionalidade no Direito brasileiro*, São Paulo, Saraiva, 2004, p. 92.

de conferida ao controle abstrato de normas e a possibilidade de que se suspenda, liminarmente, a eficácia de leis ou atos normativos, com eficácia geral, contribuíram, certamente, para que se quebrantasse a crença na própria justificativa desse instituto, que se inspirava diretamente numa concepção de separação de Poderes — hoje necessária e inevitavelmente ultrapassada. Se o Supremo Tribunal pode, em ação direta de inconstitucionalidade, suspender, liminarmente, a eficácia de uma lei, até mesmo de uma Emenda Constitucional, por que haveria a declaração de inconstitucionalidade, proferida no controle incidental, valer tão somente para as partes?"[47].

Enfim, somente poderá ser negada a progressão em processos similares, cuja pena ainda não tenha sido integralmente cumprida, se o *juízo competente* constatar, *in concreto*, o não atendimento dos requisitos legais exigidos para a progressão.

Finalmente, a Lei n. 11.464 de 27 de março de 2007, seguindo a orientação consagrada pelo Supremo Tribunal Federal, minimiza os equivocados excessos da Lei n. 8.072/90, alterando os parágrafos do seu art. 2º, com as seguintes inovações:

a) o cumprimento da pena iniciará em regime fechado; b) a progressão nos crimes hediondos ocorrerá após o cumprimento de dois quintos (2/5), sendo o apenado primário, e de três quintos (3/5), se reincidente; c) em caso de sentença condenatória, o juiz decidirá fundamentadamente se o réu poderá apelar em liberdade.

47. Gilmar Ferreira Mendes, *Direitos fundamentais e controle de constitucionalidade*, 3. ed., São Paulo, Saraiva, 2004, p. 266.

EXTORSÃO IV

Extorsão

Art. 158. Constranger alguém, mediante violência ou grave ameaça, e com o intuito de obter para si ou para outrem indevida vantagem econômica, a fazer, tolerar que se faça ou deixar de fazer alguma coisa:

Pena — reclusão, de 4 (quatro) a 10 (dez) anos, e multa.

§ 1º Se o crime é cometido por duas ou mais pessoas, ou com emprego de arma, aumenta-se a pena de um terço até metade.

§ 2º Aplica-se à extorsão praticada mediante violência o disposto no § 3º do artigo anterior.

§ 3º Se o crime é cometido mediante a restrição da liberdade da vítima, e essa condição é necessária para a obtenção da vantagem econômica, a pena é de reclusão, de 6 (seis) a 12 (doze) anos, além da multa; se resulta lesão corporal grave ou morte, aplicam-se as penas previstas no art. 159, §§ 2º e 3º, respectivamente.

- § 3º acrescentado pela Lei n. 11.923, de 17 de abril de 2009.

---

1. Considerações preliminares

A despeito de a *extorsão*, como crime autônomo, ser produto das modernas legislações, pode ser reconhecido como seu antecedente, no direito romano, o *crimen repetundarum*, que era a cobrança indevida praticada por funcionário público ou magistrado, mediante ameaça. No período imperial surge, "como crime extraordinário, a *concussio* (D, 47, 12), que podia ser pública ou privada. *Concussio publica* era o fato de alguém simular autoridade ou exercício de função pública, para extorquir dinheiro ou valores. A *concussio privata* ou *crimen minari* era a ameaça de ação pública para obter vantagem patrimonial"[1].

Os *práticos*, com seu extraordinário trabalho interpretativo, ampliaram esses conceitos para admitir o crime sempre que houvesse emprego de ameaça para a obtenção de vantagem, pelo temor que se infundia à vítima.

O Código Penal francês (napoleônico) deu início à codificação da extorsão (art. 400), quando fosse praticada pela força, violência ou coação, cuja punição era com trabalhos forçados.

A extorsão não recebeu assento nas Ordenações Filipinas. O Código Penal republicano, de 1890, foi o primeiro diploma brasileiro a recepcionar o crime de extorsão em nosso ordenamento jurídico.

Por fim, a Lei n. 13.964, publicada no dia 24 de dezembro de 2019, com vigência prevista para o dia 23 de janeiro (30 dias), em seu art. 5º, altera, entre outros diplomas legais, além do Código Penal, o art. 1º da Lei 8.072, de 25 de julho de 1990, para incluir, entre os crimes hediondos, alguns crimes previstos neste código, ou apenas reforçando alguns, como é o caso do homicídio simples ou qualificado "I — homicídio (art. 121), quando praticado em atividade típica de grupo de extermínio, ainda que cometido por um só agente, e homicídio qualificado (art. 121, § 2º, incisos I, II, III, IV, V, VI, VII, VIII e IX – incluído pela Lei 14.344, de 24 de maio de 2022); II — o crime de roubo: a) circunstanciado pela restrição de liberdade da vítima (art. 157, § 2º, inciso V); b) circunstanciado pelo emprego de arma de fogo (art. 157, § 2º-A, inciso I) ou pelo emprego de arma de fogo de uso proibido ou restrito (art. 157, § 2º-B); c) qualificado pelo resultado lesão corporal grave ou morte (art. 157, § 3º); III — extorsão qualificada pela restrição da liberdade da vítima, ocorrência de lesão corporal ou morte (art. 158, § 3º); (...) IX — furto qualificado pelo emprego de explosivo ou de artefato análogo que cause perigo comum (art. 155, § 4º-A).

2. Bem jurídico tutelado

Os bens jurídicos protegidos na criminalização da *extorsão*, que também é crime complexo, a exemplo do crime de roubo, são a *liberdade individual*, o *patrimônio* (posse e propriedade) e a *integridade física e psíquica* do ser humano. Constata-se que a extorsão pode produzir uma multiplicidade de resultados: de um lado, a violência sofrida pela vítima, que se materializa no constrangimento físico ou psíquico causado pela conduta do sujeito ativo; de outro lado, a causação de prejuízo alheio, em razão da eventual obtenção de indevida vantagem econômica, que, como veremos, pode até não se concretizar, sendo suficiente que tenha sido o móvel da ação.

---

1. Heleno Cláudio Fragoso, *Lições de Direito Penal*, cit., v. 1, p. 215.

A extorsão é muito semelhante ao crime de *roubo*, oferecendo, inclusive, grande dificuldade prática para definir, *in concreto*, se determinado fato pode ser classificado como *roubo* ou como *extorsão*, especialmente nos chamados "assaltos à mão armada". Em verdade, não apenas o *modus operandi* de ambos é assemelhado mas também os bens jurídicos protegidos na definição da extorsão são exatamente os mesmos que elencamos ao abordar o crime de roubo.

3. Sujeitos ativo e passivo

Sujeito ativo, a exemplo do crime de roubo, pode ser qualquer pessoa, sem a exigência de qualquer condição especial (crime comum); é quem constrange a vítima a agir, ativa ou passivamente, com o intuito de obter vantagem patrimonial ilícita para si ou para terceiro.

Sujeito passivo também pode ser qualquer pessoa, inclusive quem sofre o constrangimento sem lesão patrimonial. O sujeito passivo da violência ou da ameaça pode ser diverso do sujeito passivo da perda patrimonial; assim, pode ser que a violência recaia sobre uma pessoa e que outra sofra a perda patrimonial. Nessa hipótese, haverá dois sujeitos passivos: um em relação ao patrimônio, e outro em relação à violência, ambos vítimas de extorsão.

Por fim, a própria pessoa jurídica pode ser vítima do crime de extorsão. Seus representantes legais podem ser coagidos a fazer, tolerar ou deixar de fazer alguma coisa desejada pelo sujeito passivo.

4. Tipo objetivo: adequação típica

Extorsão é o ato de constranger alguém, mediante violência ou grave ameaça, com o fim de obter vantagem econômica indevida, para si ou para outrem, a fazer, tolerar que se faça ou deixar de fazer alguma coisa. A conduta tipificada é *constranger* (coagir, obrigar), que tem o mesmo sentido daquele empregado na definição do crime de constrangimento ilegal (art. 146). *Mediante violência* (física, real) ou grave ameaça (*vis compulsiva*, violência moral), por sua vez, tem o mesmo significado das locuções idênticas contidas no art. 157, que tipifica o roubo. A *finalidade* do constrangimento, na extorsão, é obter *indevida* vantagem econômica, para si ou para outrem, distinguindo-se, nesse particular, do violento exercício arbitrário das próprias razões, porque, neste, a vantagem pretendida é, em princípio, legítima (art. 345 do CP).

A *conduta* do agente objetiva *constranger* a vítima a: a) *fazer*; b) *tolerar que se faça* ou c) *deixar de fazer* alguma coisa. Na primeira hipótese, mediante violência ou grave ameaça (de morte, por exemplo), o sujeito constrange a vítima a depositar determinado valor em sua conta bancária; na segunda, com o emprego de violência (física ou moral), constrange a vítima a permitir que use seu automóvel em determinada viagem; na última, o constrangimento violento é para impedir a vítima de praticar determinada conduta ou determinado ato, por exemplo, cobrar-lhe um crédito pessoal. Por fim, a locução utilizada pelo texto legal, "qualquer coisa", como *ação, tolerância* ou *omissão* correspondente da coagida (*constrangida a fazer, tolerar ou deixar de fazer qualquer coisa*), tem o significado abrangente de "qualquer fato" a ser praticado pelo sujeito passivo em consequência do constrangimento sofrido.

Os *meios* ou formas de execução são a *violência física* ou *moral* (grave ameaça), devidamente analisadas quando estudamos o crime de roubo. Tudo o que lá se disse a respeito aplica-se aqui naturalmente, sendo desnecessária, portanto, sua repetição. Advirta-se que a violência empregada deve conter gravidade suficiente para criar uma espécie de *coação*, isto é, ter idoneidade suficiente para determinar ao sujeito passivo a necessidade de fazer ou não fazer a ação desejada pelo agente. Pode-se acrescentar, ademais, que o *meio* utilizado mais frequentemente na prática do crime de extorsão é, sem dúvida, a *grave ameaça*, sendo indiferente que o *mal prometido* pelo agente seja, em si mesmo, justo ou injusto, conforme o examinaremos no próximo tópico.

4.1 *A extorsão mediante grave ameaça e o crime de ameaça do art. 147*

Não se pode confundir a *grave ameaça*, meio executivo do crime de extorsão, com o *crime de ameaça* descrito no art. 147; neste, é necessário que o mal ameaçado seja injusto; naquele, é indiferente que seja justo ou injusto. Na verdade, ainda que se tenha, em princípio, o direito de infligir um mal a alguém, a ameaça de fazê-lo, quando feita como meio de praticar um crime, torna-o ilegal. Contudo, recomenda-se cautela na análise dessa questão para evitar equívocos. Como afirmava Hungria, "é preciso, porém, não confundir o caso em que o mal é, em si mesmo, justo e injusta a vantagem pretendida, e o em que, injusto o mal, é justa a vantagem pretendida: no primeiro, há extorsão; no segundo, não, apresentando-se o crime de violento 'exercício arbitrário das próprias razões' (art. 345). Assim, será este o crime cometido, v. g., pelo proprietário que obtém do ladrão, sob ameaça de morte, a restituição da *res furtiva*, já na sua posse tranquila"[2].

4.2 *Obtenção de indevida vantagem econômica: especial fim de agir*

A *vantagem* pretendida pelo agente, para sua caracterização, deverá ter, necessariamente, *natureza econômica*, sob pena de se configurar outra infração penal ou simplesmente não se tipificar infração penal alguma. A vantagem deve ser *indevida*, isto é, injusta, ilegítima, não devida e *econômica*. Qualquer outra *vantagem* não apreciável economicamente não caracteriza esse tipo penal. O *constrangimento* deve ser para obrigar a fazer, tolerar que se faça ou não fazer alguma coisa, desde que o "intuito" do agente seja a obtenção de alguma *vantagem econômica*, para si ou para

---

2. Nélson Hungria, *Comentários ao Código Penal*, cit., v. 7, p. 69.

outrem, mesmo que não a consiga. Se a *vantagem* visada pelo sujeito ativo não for econômica, poderá configurar *constrangimento ilegal* (art. 146), deixando, em princípio, de tipificar crime contra o patrimônio.

A *vantagem econômica* buscada na extorsão é mais abrangente que a do furto ou roubo, alcançando, por exemplo, não apenas a coisa alheia móvel, mas todo interesse ou direito patrimonial alheio. A tipificação do crime de extorsão pretende proteger o patrimônio em geral e não apenas a posse ou propriedade de coisa móvel, como ocorre com os crimes de furto e roubo. Enfim, qualquer que seja a vantagem econômica (patrimonial) pretendida pelo sujeito ativo, satisfaz a *elementar normativa* exigida pelo tipo penal em exame. É desnecessário que a exigência da vantagem seja imperativa, sendo suficiente que insinuada, desde que a ação de constranger seja praticada mediante violência ou grave ameaça.

Aspecto interessante desse crime é que, a despeito de ser crime patrimonial, a vantagem econômica, na estrutura tipológica, exerce papel, pode-se dizer, secundário, tanto que não é objeto do dolo, mas do elemento subjetivo especial do tipo.

Segundo o magistério de Luiz Regis Prado, o "ato juridicamente nulo (art. 145, CC), que nenhum benefício de ordem econômica possa produzir, não configura a extorsão (crime impossível por impropriedade do objeto — art. 17), restando apenas o constrangimento ilegal (art. 146, CP)"[3]. Esse entendimento segue a orientação de Magalhães Noronha, que, após destacar a natureza patrimonial da extorsão e afirmar que, não havendo lesão contra o patrimônio, faltará objetividade jurídica do delito, afirma: "A nosso ver, não cometeria delito de extorsão quem obrigasse um menor de 16 anos a assinar um documento de dívida, por ser o ato praticado por pessoa absolutamente incapaz (Cód. Civil, art. 5º), como também não cometeria extorsão quem coagisse outrem a firmar documento, no qual prometesse tornar-se seu escravo, pois seria *ilícito o objeto do ato* (Cód. Civil, art. 145, n. II). Nesses, como nos outros casos do art. 145 da lei civil, há crime impossível, por absoluta impropriedade do objeto"[4].

Temos dificuldade em aceitar esse entendimento, a despeito da autoridade de seu autor, na medida em que o *intuito de obter indevida vantagem econômica* constitui tão somente um *elemento subjetivo especial do tipo*, que não se confunde com o dolo e, como tal, não precisa consumar-se. Com efeito, como tivemos oportunidade de afirmar, "o *especial fim* ou motivo de agir, embora amplie o aspecto subjetivo do tipo, não integra o dolo nem com ele se confunde, uma vez que, como vimos, o *dolo* esgota-se com a *consciência* e a *vontade* de realizar a ação com a finalidade de obter o resultado delituoso, ou na *assunção do risco* de produzi-lo"[5].

Na verdade, o *especial fim* de obter indevida vantagem econômica não traduz o *dolo* (este sim deve materializar-se no fato típico) que animou a conduta do agen-

---

3. Luiz Regis Prado, *Curso de Direito Penal brasileiro*, cit., v. 2, p. 405.
4. Magalhães Noronha, *Direito Penal*, cit., v. 2, p. 275.
5. Cezar Roberto Bitencourt, *Tratado de Direito Penal — Parte Geral*, cit., v. 1, p. 411.

te. Os *elementos subjetivos especiais do tipo*, como é o caso do *intuito de obter indevida vantagem econômica*, especificam o dolo, sem necessidade de se concretizar, sendo suficiente que existam no psiquismo do autor.

O *dolo* no crime de extorsão é constituído pela vontade consciente de usar da violência ou grave ameaça para constranger alguém a fazer, tolerar que se faça ou deixar de fazer alguma coisa. No entanto, a obtenção de vantagem econômica constitui somente a finalidade ou *intenção adicional* de obter um resultado ulterior ou uma ulterior atividade, distinta portanto da realização ou consumação do tipo penal. A obtenção da vantagem econômica, com efeito, é uma finalidade ou ânimo que vai além da realização do tipo. Portanto, a eficácia ou ineficácia do constrangimento para a obtenção de tal vantagem econômica é irrelevante.

A orientação de Magalhães Noronha, embora superada, apresenta, pelo menos, certa coerência, na medida em que classifica a *extorsão* como *crime material*, exigindo, para sua consumação, ofensa ao patrimônio[6]. Para Luiz Regis Prado, porém, trata-se de *crime formal*[7], sendo, portanto, irrelevante a obtenção da vantagem econômica.

5. Tipo subjetivo: adequação típica

O *tipo subjetivo* é constituído pelo *dolo*, representado pela vontade consciente de usar da violência, real ou moral, para *constranger* alguém a fazer, tolerar ou deixar de fazer alguma coisa.

Esse elemento subjetivo geral é acrescido do *elemento subjetivo* especial do tipo, constituído pelo *especial fim* de obter indevida vantagem econômica, para si ou para outrem. Foi analisado melhor no item *4.2* (*Obtenção de indevida vantagem econômica: especial fim de agir*).

6. Extorsão majorada: coautoria e emprego de armas

A *extorsão*, cujo parentesco com o crime de roubo poder-se-ia qualificá-los como "irmãos gêmeos", consagra praticamente as mesmas majorantes deste; diz-se *praticamente* pelo fato de tratar-se de apenas duas das, hoje, cinco causas de aumento previstas para o roubo, quais sejam, ser o crime "cometido por duas ou mais pessoas, ou com emprego de arma". A própria majoração para os dois crimes é a mesma: de um terço até metade.

6.1 *Se a extorsão é cometida por duas ou mais pessoas*

Ao contrário do furto e do roubo, a redação do artigo exige que o crime seja "cometido por duas ou mais pessoas". Por isso, na *extorsão* é indispensável a presença e *efetiva participação*, na execução material do fato, de duas ou mais pessoas, ainda que qualquer delas seja inimputável. Não basta para configurar a majorante a simples participação em sentido estrito (instigação e cumplicidade).

---

6. Magalhães Noronha, *Direito Penal*, cit., v. 2, p. 279 e 280.
7. Luiz Regis Prado, *Curso de Direito Penal brasileiro*, cit., v. 2, p. 406.

Mantendo coerência com a orientação que sustentamos longamente ao examinar o crime de furto, repetido no roubo, discordamos do entendimento de Luiz Regis Prado, segundo o qual, nessa majorante, no crime de extorsão, "é dispensável que todos estejam presentes no *locus delicti*, exigindo-se somente os requisitos inerentes ao tema de concurso de pessoas (art. 29 do CP)"[8]. A nosso juízo, *é absolutamente indispensável a contribuição efetiva de mais de uma pessoa* no cometimento de qualquer desses crimes, mas especialmente no de extorsão, onde o Código Penal é muito mais enfático referindo-se, aliás, a ser o crime "cometido por duas ou mais pessoas".

Na verdade, não se pode esquecer de que *concurso de pessoas* é gênero do qual decorrem as espécies coautoria e participação, cujos conceitos examinamos ao fazer o estudo do crime de furto, para onde remetemos o leitor. Em nossa concepção, quando o texto legal refere-se taxativamente a ser o crime "cometido por duas ou mais pessoas" está, inegavelmente, fazendo uma opção limitadora pela *coautoria*, excluindo, dessa forma, a mera participação em sentido estrito. Por isso é necessário que as "duas ou mais pessoas" realizem materialmente a conduta delituosa, sendo insuficiente a mera instigação ou cumplicidade (participação em sentido estrito), especialmente considerando o fundamento político-criminal da majorante (dificulta defesa da vítima, maior perigosidade etc.). Convém recordar que coautoria é a realização conjunta, por mais de uma pessoa, da mesma infração penal. É a atuação consciente de estar contribuindo na realização comum de uma infração penal. Todos participam da realização do comportamento típico, sendo desnecessário que todos pratiquem o mesmo ato executivo[9].

6.2 *Com emprego de arma*

Segundo o texto legal, para a tipificação desta majorante a *extorsão* deve ser *cometida com emprego de arma*. É indispensável, portanto, o *emprego efetivo* de arma, sendo insuficiente portá-la ou simplesmente ostentá-la (§ 1º), o que, nesses casos, poderia configurar apenas a grave ameaça. Em outros termos, a infração penal deve ser "cometida com emprego de arma", o que significa o uso real, efetivo e concreto desse instrumento. A necessidade do emprego efetivo de arma no cometimento do crime é tão flagrante que o próprio Superior Tribunal de Justiça, no infeliz episódio de sumular como majorante o emprego de "arma de brinquedo", fê-lo, contudo, somente em relação ao roubo, sem estendê-la à extorsão. Desneces-

8. Luiz Regis Prado, *Curso de Direito Penal brasileiro*, cit., v. 2, p. 407.

9. Cezar Roberto Bitencourt, *Tratado de Direito Penal — Parte Geral*, 29. ed., São Paulo, Saraiva, 2023, v. 1, p. 554.

sária, portanto, qualquer consideração, neste momento, a respeito da possibilidade de arma de brinquedo poder majorar a pena, que, a exemplo do roubo, pode, no máximo, caracterizar ameaça, elementar típica da extorsão.

A Lei n. 13.654/2018, que alterou a *majorante do emprego de arma de fogo*, determinando especificamente a majoração fixa de dois terços no crime de roubo (§ 2º-A), não adotou a mesma majoração neste crime de extorsão, a despeito de serem considerados crimes da mesma espécie. É irrelevante que tal omissão tenha decorrido de mero esquecimento do legislador ou de efetiva e consciente opção legislativa, o fato é que o intérprete ou aplicador da lei não pode substituir tal omissão para agravar a conduta tipificada em qualquer crime. Com efeito, em matéria criminalizadora é inadmissível a invocação de qualquer princípio ou garantia dogmática para ampliar a punição ou agravação de determinada norma criminalizadora. Nesse sentido, é inaplicável o entendimento, sustentado por alguns, para assegurar o princípio da isonomia ou da igualdade, autorizar a aplicação, via combinação de leis, a majoração de dois terços no crime de extorsão praticado mediante o uso de arma de fogo, ao contrário do que afirmam, equivocadamente, Rinaldo Pignatari Lagonegro Júnior e Douglas Lima Goulart[10]. A rigor, embora, bem-intencionados, os autores invoquem a aplicação de *interpretação analógica*, acabam sustentando a utilização do instituto da *analogia, inconcebível em matéria criminalizadora*. Um direito penal da culpabilidade em um Estado democrático de direito não admite essa monstrenga construção criminógena, ante o insuperável princípio do *nullum crimen nulla poena sine previa lege*.

6.2.1 Analogia e interpretação analógica: processo integrativo *versus* processo interpretativo

Equivocam-se, *venia concessa*, Rinaldo Pignatari Lagonegro Júnior e Douglas Lima Goulart, quando sugerem "aplicar analogicamente", ao crime de extorsão, a alteração procedida pela Lei n. 13.654/2018 ao crime de roubo, relativamente a majorante do emprego de "arma de fogo". Confundem, inadvertidamente, *interpretação analógica* com *analogia*, sugerindo a aplicação desta por aquela. A "conjugação de leis", sugerida por ambos, para aplicar a mesma majorante do uso de "arma de fogo" ao crime de extorsão (art. 158), configura, inegavelmente, autêntica analogia *in malam partem*, inadmissível em normas penais incriminadoras, como é o caso em epígrafe.

A *analogia* não se confunde com *interpretação ou aplicação analógica* (que é uma espécie de interpretação extensiva), na medida em que esta decorre de determinação expressa da própria lei. Não se trata de *analogia* em sentido estrito, como *processo integrativo* da norma lacunosa, mas de "interpretação por analogia", isto é, de um *processo interpretativo* analógico previamente determinado pela própria

---

10. Rinaldo Pignatari Lagonegro Júnior e Douglas Lima Goulart. "Roubo com arma de brinquedo: fim de uma discussão e início de outra", in conjur.com.br. " https://www.conjur.com.br/2018-jul-15/roubo-arma-brinquedo-fim-discussao-inicio-outra, consultado em 19.07.2019, 12hs.

lei, ou seja, um *meio* indicado para *integrar* o preceito normativo dentro da própria norma, estendendo-o a situações análogas, como ocorre, por exemplo, no art. 71 do CP, quando determina que "pelas condições de tempo, lugar, maneira de execução e outras semelhantes...". Com efeito, não é incomum a própria lei dispor que, além dos casos especificados, o preceito se aplique a outros análogos ou semelhantes, como ocorre no caso da definição de *crime continuado*. Completa-se o conteúdo da norma com um processo de *interpretação extensiva*, aplicando-se analogicamente aos casos semelhantes que se apresentem, por determinação da própria norma[11], como destacava Jiménez de Asúa, "é a própria lei que a ordena e, por isso, não se trata de *analogia*, mas de *interpretação analógica*, posto que ela se vincula à própria vontade da lei"[12] (grifos acrescentados).

Essa técnica — *interpretação analógica* —, utilizada em muitos dispositivos penais, não deixa de ser *uma espécie de interpretação extensiva*, conhecida como *interpretação analógica*, em que a própria lei determina que se amplie seu conteúdo ou alcance, e fornece critério específico para isso. A "interpretação analógica", repetindo, é *processo interpretativo*, distinguindo-se, portanto, da "analogia", que é *processo integrativo* e tem por objeto a aplicação de lei. No mesmo sentido, o penalista espanhol Polaino Navarrete afirma: "Por interpretação analógica deve-se entender a interpretação de um preceito por outro que prevê caso análogo, quando no último aparece claro o sentido que no primeiro está obscuro: com este entendimento, se a considera como uma espécie de interpretação sistemática. Distinta da interpretação analógica é a aplicação da lei por analogia, que consiste em fazer aplicável a norma a um caso semelhante, mas não compreendido na letra nem no pensamento da lei"[13].

Por isso, a interpretação analógica, ao contrário da analogia, pode ser, e normalmente é, aplicada às normas penais incriminadoras. Estas, em obediência ao princípio *nullum crimen, nulla poena sine lege*, não podem ter suas lacunas integradas ou colmatadas pela analogia, em obediência exatamente ao princípio *nullum crimen sine praevia lege*. Concluindo, com o magistério de Asúa, interpretação analógica e analogia são coisas distintas, "porque a interpretação é o descobrimento da vontade da lei em seus próprios textos, ao passo que com a analogia não se interpreta uma disposição legal, que em verdade não existe, mas, ao contrário, aplica-se ao caso concreto uma regra que disciplina um caso semelhante. Naquela falta a expressão literal, mas não a vontade da lei, e na analogia falta também a vontade desta"[14].

6.2.2 Analogia *in bonam partem*

Os Estados Democráticos de Direito não podem conviver com diplomas legais que, de alguma forma, violem o *princípio da reserva legal*. Assim, é inadmissível que

---

11. Aníbal Bruno, *Direito Penal*, 3. ed. Rio de Janeiro, Forense, 1967, t. 1, p. 213.
12. Luiz Jiménez de Asúa, *Principios de Derecho Penal*, cit., p. 140.
13. Miguel Polaino Navarrete, *Derecho Penal*; fundamentos científicos del Derecho Penal, Barcelona, Bosch, 1996, v. 1, p. 416.
14. Luiz Jiménez de Asúa, *Principios de Derecho Penal*, cit., p. 122.

dela resulte a definição de novos crimes ou de novas penas ou que, de qualquer modo, se agrave a situação do indivíduo, ao contrário, portanto, do que sugerem os autores supramencionados. Dessa forma, as normas penais não incriminadoras, que não são alcançadas pelo princípio *nullum crimen nulla poena sine lege*, podem perfeitamente ter suas lacunas integradas ou complementadas pela *analogia*, desde que, em hipótese alguma, agravem a situação do infrator. Trata-se, nesses casos, da conhecida analogia *in bonam partem*. Essa orientação *político-criminal* não se fundamenta em razões sentimentais ou puramente humanitárias, mas, como destacava Aníbal Bruno, "em princípios jurídicos, que não podem ser excluídos do Direito Penal, e mediante os quais situações anômalas podem escapar a um excessivo e injusto rigor"[15].

Alguns países, como Rússia, Dinamarca e a Alemanha do período nazista, no passado, no início do século XX, abandonaram o *princípio de reserva legal*, livres desse obstáculo para admitir a *analogia* mesmo para a definição de crimes e cominação de penas. No entanto, a *analogia* que era utilizada na Rússia e na Dinamarca era distinta daquela acolhida pela Alemanha nacional-socialista. Naqueles dois países havia sempre a exigência de um texto legal expresso a ser aplicado e supervisionado pelo Poder Judiciário. Contrariamente, no entanto, na Alemanha do *nacional-socialismo*, segundo Mezger, não se tratava nem da *analogia legal* nem da *analogia jurídica*, ambas influenciadas por uma concepção positivista da lei, mas de uma *analogia* que se baseava em uma concepção que tem por fonte não a lei, mas o "são sentimento do povo"[16]. De acordo com Jiménez de Asúa, na Alemanha hitlerista não existiu propriamente analogia, na medida em que se aplicava o "direito livre", sob o pretexto de buscar o espírito de Hitler nas leis[17].

O princípio adotado pelo nacional-socialismo relativo à interpretação da lei penal era muito significativo: "As leis penais devem ser interpretadas de acordo com o seu espírito e seu fim. Estes devem ser esclarecidos sobre a base das manifestações do Fürher, do 'são sentimento do povo' e dos pensamentos jurídicos que se encontram na base das leis". Terminada a II Guerra Mundial, finalmente, foi abolido aquele nefasto princípio do "são sentimento do povo" (§ 2º do Código Penal alemão, nova concepção de 1935). Assim, a partir de 1945 (ratificada pela Lei n. 1 do Chefe Superior das Forças Aliadas e pelo Proclama n. 3 do Conselho de Controle dos Princípios Transformadores da Justiça), voltou a ser proibida a punição por analogia.

Concluindo, em nome do Direito Penal liberal e de um Estado Democrático de Direito, jamais se deve admitir qualquer violação ao primado do *princípio da reser-*

---

15. Aníbal Bruno, *Direito Penal*, cit., p. 211.
16. Segundo Jiménez de Asúa, "Peters determinou finalmente o que é esse 'são sentimento do povo': 'controle e criação do Direito'; 'o são sentimento do povo baseia-se na moral'" (*Principios de Derecho Penal*, cit., p. 137).
17. Luiz Jiménez de Asúa, *Principios de Derecho Penal*, cit., p. 137.

va legal. Por isso, o aplicador da lei, o magistrado, deve buscar o melhor sentido da lei, sem criá-la, sendo-lhe facultada, inclusive, em determinadas circunstâncias a *interpretação extensiva* da lei penal. A *interpretação analógica*, nos termos em que expusemos anteriormente, é perfeitamente admissível pelo próprio ordenamento jurídico nacional. Permanece, contudo, a vedação absoluta do emprego da *analogia*, em razão do mesmo princípio da legalidade, salvo quando for para beneficiar a defesa ou o acusado.

7. Omissão da Lei n. 9.426/96: majorantes relativas a veículo automotor

O *roubo* e a *extorsão* sempre receberam o mesmo tratamento nas esferas legislativa, doutrinária e jurisprudencial: as mesmas penas, as mesmas majorantes e as mesmas qualificadoras. Esse tratamento minimizou eventuais equívocos na definição jurídica do fato, que, muitas vezes, é de difícil distinção. A partir da Lei n. 9.426/96, o *roubo* passou a ter um tratamento mais duro, enquanto a *extorsão* não recebeu as duas novas majorantes do § 2º do art. 157, quais sejam, subtração de veículo automotor que venha a ser transportado para outro Estado ou para o exterior (inciso IV) e o agente manter a vítima em seu poder, restringindo sua liberdade (inciso V).

8. Extorsão qualificada: lesão grave ou morte

Na *extorsão* praticada com violência (na qual não se inclui a grave ameaça), o § 2º manda aplicar o § 3º do art. 157, que dispõe: "Se da violência resulta lesão corporal grave, a pena é de reclusão, de 7 (sete) a 15 (quinze) anos, além de multa; se resulta morte, a reclusão é de 20 (vinte) a 30 (trinta) anos, sem prejuízo da multa".

As duas hipóteses elencadas, como no roubo, caracterizam condições de exasperação da punibilidade em razão da maior gravidade do resultado. Na extorsão, como referimos no estudo do roubo, pretendeu o legislador criar duas figuras de *crimes qualificados pelo resultado*, para alguns, *crimes preterdolosos*.

A *extorsão qualificada* pela morte da vítima também foi qualificada como crime hediondo (art. 9º da Lei n. 8.072/90).

Enfim, a exemplo do que o próprio dispositivo legal faz, remetemos o leitor para o que dissemos a respeito das qualificadoras quando abordamos o crime de *roubo*, para não sermos repetitivos.

9. Roubo e extorsão: semelhanças e dessemelhanças

No roubo e na extorsão, o agente emprega violência ou grave ameaça para submeter a vontade da vítima. No roubo, o mal é iminente, e o proveito é contemporâneo; na extorsão, o mal prometido é futuro, e futura também é a vantagem que o agente objetiva. No *roubo*, o agente toma a coisa, ou *obriga* a vítima (sem opção) a entregá-la; na *extorsão*, a vítima pode, em princípio, optar entre acatar a ordem e oferecer resistência. Em outros termos, como afirmava Frank, o *ladrão subtrai*; *o extorsionário faz com que se lhe entregue a coisa*. Questionando os diversos critérios apontados como diferenciadores dos dois crimes, Nélson Hungria destacava o seguinte: "No roubo, há uma *contrectatio*; na extorsão, há uma *traditio*".

Doutrina e jurisprudência procuram extremar diferenças entre roubo e extorsão: *havendo ato da vítima* no despojamento de bens, será extorsão; não havendo ato da vítima, será *roubo*. No *roubo* o agente subtrai a coisa mediante violência; na *extorsão*, a vítima a entrega ao agente. Eventual equívoco de interpretação não causa prejuízo considerável, na medida em que as penas são iguais. No *estelionato*, diferentemente, a vítima é enganada com *fraude*; na extorsão, é coagida com violência real ou ficta.

Mas as distinções entre *roubo* e *extorsão* nem sempre são assim tão claras, haja vista a grande desinteligência que reina em doutrina e jurisprudência sobre a espécie de ambos, conforme examinaremos a seguir.

9.1 *Roubo e extorsão: são crimes da mesma espécie*

Haveria no Código Penal brasileiro algum tipo penal mais semelhante, em seus elementos estruturais, que roubo e extorsão? É por demais frequente a dúvida sobre a correta capitulação entre um e outra; quando não, um nível jurisdicional adota uma capitulação e outro dá qualificação diversa ao mesmo fato, no mesmo processo; aliás, o próprio Hungria interpreta equivocadamente, ao qualificar de *extorsão*, o "assalto" exemplificado por Von Liszt, que, inegavelmente, constitui *roubo*[18]; se o saudoso penalista vivesse os tempos atuais, talvez não incorresse nesse equívoco. Assim, qual seria a razão de, invariavelmente, os tribunais brasileiros, a partir dos superiores[19], afirmarem, singelamente, que *não são crimes da mesma espécie*, além da finalidade de cumularem as sanções penais? Alguém do meio, com o mínimo de senso jurídico, teria alguma dificuldade em admitir que o popular "assalto" é uma das tantas modalidades de crime de roubo? Pois mesmo nesses casos a jurisprudência consegue vacilar. A título puramente ilustrativo, transcrevemos a ementa de um acórdão, sem qualquer preferência, pois poderia ser qualquer outro dos milhares sobre o mesmo tema: "No assalto, é irrelevante que a coisa venha a ser entregue pela vítima ao agente ou que este a subtraia. Trata-se de roubo. Constrangido o sujeito passivo a entrega do bem não pode ser considerado ato livremente voluntário, tornando tal conduta de nenhuma importância no plano jurídico"[20]. Preferimos citar esse acórdão porque faz a opção correta, isto é, segundo os preceitos legais — é roubo —, mas demonstra implicitamente a divergência sobre a capitulação da conduta, tanto que o relator teve de demonstrar que "assalto" tipifica *roubo* e não *extorsão*. Como sustentar, então, sem incorrer em paradoxos, que *roubo* e *extorsão* não são crimes da mesma espécie? Por certo, não há nenhuma razão técnico-jurídi-

---

18. Nélson Hungria, *Comentários ao Código Penal*, cit., v. 7, p. 66 e 67.

19. "Os crimes de roubo e extorsão não são crimes da mesma espécie. Por isso, não ensejam continuidade delitiva, mas concurso material. Precedentes do STF. Revisão julgada improcedente" (STF, Rev. 5.013-9, rel. Min. Carlos Velloso, *DJU*, 30 ago. 1996, p. 30606); "De acordo com o entendimento do STJ, é incabível a aplicação da continuidade delitiva entre os crimes de roubo e extorsão, tendo em vista tratar-se de delitos de espécies diferentes" (STJ, AgRg no HC n. 806.159/SP, rel. Min. Jesuíno Rissato (Desembargador Convocado do TJDFT), Sexta Turma, julgado em 15-4-2024, *DJe* de 18-4-2024).

20. TACrimSP, AC 882.591, rel. Penteado Navarro, *RT*, *718*:429.

ca, dogmática ou científica para negar essa obviedade, a não ser a adoção de uma política-criminal exasperadora, na linha do movimento de "lei e ordem", incompatível com um moderno Estado Democrático de Direito.

Na *extorsão* há constrangimento, mediante violência ou grave ameaça, de mal posterior visando a futura vantagem, ao passo que no *roubo* o mal é imediato e o prejuízo é atual. Neste crime, o agente subtrai, ele próprio, mediante violência ou grave ameaça, a coisa de quem a detém, ao passo que na extorsão é a vítima que é constrangida a entregá-la, geralmente em intervalo de tempo irrelevante entre a coação daquele e a "ação" desta. Aliás, para os saudosistas, o velho Hungria, com a majestade de sempre, estabelecia, com brilho invulgar, a distinção das duas infrações, nos seguintes termos: "Há entre a extorsão e o roubo (aos quais é cominada pena idêntica) uma tal afinidade que, em certos casos, praticamente se confundem. Conceitualmente, porém, a distinção está em que, na extorsão, diversamente do roubo, é a própria vítima que, coagida, se despoja em favor do agente"[21]. No entanto — prossegue Hungria —, "do ponto de vista prático, tanto faz que o agente tire a carteira ou que esta lhe seja entregue pela vítima". Nos casos específicos de entrega de cartão para realização de saque, já decidiu no seguinte sentido o STJ: "Em situações nas quais a vítima tem seus pertences subtraídos e, após, é obrigada a fornecer aos criminosos o cartão bancário e a respectiva senha, para a realização de saques em sua conta, restam configurados dois crimes autônomos, de roubo e de extorsão, em concurso material" (STJ, AgRg no HC n. 894.991/SP, rel. Min. Daniela Teixeira, Quinta Turma, julgado em 21-5-2024, *DJe* de 28-5-2024)

Mas se o fundamento da miopia jurídica que acode alguns tribunais reside realmente na ânsia de majorar a pena, talvez seja menos comprometedor, tecnicamente, refugiar-se na subjetividade da graduação da pena, em vez de continuar negando o óbvio ao afirmar que — *roubo e extorsão não são crimes da mesma espécie*, evitando a condição do pior cego, isto é, daquele que não quer enxergar. Pelo menos, na dosimetria penal, podem elevar a pena até o triplo, considerando-se que ambos os crimes são praticados com violência ou grave ameaça (art. 71, parágrafo único). Mesmo que a exasperação penal seja um pouco forçada, seria, digamos, juridicamente menos *constrangedor*, mantendo a linha verbal da extorsão.

---

21. Nélson Hungria, *Comentários ao Código Penal*, cit., v. 7, p. 66. "No roubo o agente subtrai ele mesmo, mediante violência ou ameaça, a coisa de quem a detém, mas na *extorsão* é a vítima quem a entrega mediando, geralmente, intervalo de tempo entre o meio coativo e a ação do ofendido, que deve fazer, deixar de fazer ou tolerar que se faça alguma coisa, o que não acontece no roubo" (TACrimSP, AC, rel. Des. Raul Motta, *JTACrimSP*, *95*:192); "O delito de *concussão* diferencia-se da *extorsão*, principalmente, pelo modo de execução, ou seja, neste último ilícito penal, o agente utiliza-se de violência, física ou moral — grave ameaça, para obter o seu propósito, enquanto que na concussão a exigência da indevida vantagem se faz utilizando-se, exclusivamente, da autoridade do cargo que ocupa, sem que tenha que haver, necessariamente, a violência física ou a promessa de mal injusto" (TAMG, AC 306.289-1, rel. Juiz Alexandre V. de Carvalho, j. 22-8-2000).

Para encerrar este tópico, afirmar que *roubo* e *extorsão* não são crimes da mesma espécie, depois de tudo isso, é, *mutatis mutandis*, como conclui lapidarmente Hungria, "o dizer-se que no roubo a violência e a locupletação se realizam *no mesmo contexto de ação*, enquanto na extorsão há um *lapso de tempo, ainda que breve*, entre uma e outra, é distinguir onde a lei não distingue. Tanto pode haver extorsão com violência atual e futura (e é o caso mais frequente), quanto com violência e locupletação contemporâneas"[22]. Assim, afirmar que extorsão e roubo não são crimes da mesma espécie é *distinguir onde a lei não distingue*, e, para agravar a situação do réu, absolutamente inadmissível.

10. Extorsão mediante restrição de liberdade

Ao tratarmos do disposto no art. 157, § 1º, inciso V, referindo-nos ao popular "sequestro relâmpago", antes da atual Lei n. 11.923/09, manifestamo-nos qualificando-o como uma modalidade de *extorsão mediante sequestro*, nos seguintes termos:

"Sustentamos que, nos casos popularmente conhecidos como 'sequestro relâmpago', cometidos diariamente nas principais capitais brasileiras, onde a vítima é colocada em porta-malas de veículos, pelas mãos de marginais perigosos, que percorrem horas a fio os mais variados bairros da cidade, ameaçando gravemente a vítima, exigindo-lhe (extorquindo) mais bens ou valores, às vezes as violentando sexualmente, e cujo resultado final é absolutamente imprevisível e completamente aleatório, *configura-se crime mais grave* que a simples majorante da restrição da liberdade da vítima. A moldura legal adequada para esse tipo de conduta, cujo resultado, mais ou menos grave, não passa de mero detalhe acidental ou circunstancial do evento, a nosso juízo, é o art. 159 do Código Penal, ou seja, extorsão mediante sequestro. Esta, por ser mais grave, absorve o crime de roubo, afastando, consequentemente, o concurso com esse crime"[23].

O novo texto legal, no entanto, preferiu tipificá-lo, como uma modalidade *de extorsão especial*, acrescentando, o § 3º no art. 158, com a seguinte redação: "*Se o crime é cometido mediante a restrição da liberdade da vítima, e essa condição é necessária para a obtenção da vantagem econômica, a pena é de reclusão, de 6 (seis) a 12 (doze) anos, além da multa; se resulta lesão corporal grave ou morte, aplicam-se as penas previstas no art. 159, §§ 2º e 3º, respectivamente.*" (Lei n. 11.923/2009). A partir dessa previsão legal poderemos ter infrações penais "com restrição da liberdade da vítima necessárias", e não necessárias, paradoxalmente.

Embora não nos pareça ser a tipificação mais adequada — considerando-se que há um *sequestro para extorquir* — o legislador optou pelo termo médio, isto é, nem pela *extorsão mediante sequestro* (art. 159), nem pela *extorsão simples* do *caput* do

22. Nélson Hungria, *Comentários ao Código Penal*, cit., v. 7, p. 67.
23. Cezar Roberto Bitencourt, *Tratado de Direito Penal*, Parte Especial, 15. ed., São Paulo, Saraiva, 2019, v. 3, p. 134.

art. 158, mas por uma figura especial de extorsão, qual seja, *extorsão com sequestro da vítima, ou, como preferimos denominá-la, extorsão mediante restrição de liberdade*. Dessa forma, o novo texto legal pôs termo à *divergência relativa à tipificação* dessa conduta delituosa, que passou a ser o grande "terror" da vida urbana, e reclamava uma definição precisa de sua adequada moldura típica, em respeito à *função taxativa* da tipicidade estrita. Desnecessário repetir a grande semelhança que existe entre os crimes de *sequestro e cárcere privado* (art. 148), *roubo* (art. 157), *extorsão* (158) e *extorsão mediante sequestro* (159), a despeito das consideráveis diferenças das sanções cominadas. Apesar de o "sequestro relâmpago" poder — antes da Lei n. 11.923 — agasalhar-se, segundo algumas correntes doutrinário-jurisprudenciais, ora no crime de *roubo*, ora no de *extorsão* e ora no de *extorsão mediante sequestro*, fazia-se necessária uma tipificação específica, para se afastar a insegurança jurídica que rondava a todos.

A interpretação do novo § 3º deve, necessariamente, ser conjunta com a previsão do *caput*, resultando assim: "*constranger mediante restrição da liberdade da vítima, e essa condição seja necessária para a obtenção da vantagem econômica*". Em outros termos, essa novel figura delituosa deve apresentar os seguintes elementos: a) constrangimento ilegal; b) especial fim de obter vantagem econômica; c) restrição da liberdade da vítima como condição necessária. O verbo nuclear "constranger" integra a nova figura delitiva, e "mediante violência ou grave ameaça", constante do *caput*, encontram-se implícitos na elementar "mediante restrição da liberdade", que é uma das modalidades mais graves de violência, devidamente criminalizada. Mas é necessário que o constrangimento ilegal *tenha a finalidade de obter* vantagem econômica indevida, e que ocorra mediante restrição da liberdade da vítima, que seja condição indispensável para sua concretização.

A *restrição da liberdade da vítima*, como *condição necessária para a obtenção da vantagem econômica*, é elementar indispensável para a caracterização dessa infração penal. No entanto, a *restrição da liberdade* poderá, dependendo das circunstâncias, assumir a natureza de outro crime, como, por exemplo, os dos arts. 148, 157, § 2º, inciso V, e 159, na medida em que priva a vítima de sua liberdade ou pode, até mesmo, configurar outro crime mais grave, absorvendo, no caso, o *roubo* ou a própria *extorsão*, como, por exemplo, a *extorsão mediante sequestro* (art. 159, § 3º). Por isso é preciso cautela na análise dessa questão, sob pena de deixar-se praticamente impune o crime de *sequestro*. Assim, quando o "sequestro" (manutenção da vítima em poder do agente) for praticado *concomitante* com o *roubo*, ou, pelo menos, como *meio de execução* do roubo ou como *garantia contra ação policial*, estará configurada essa infração penal, própria ou imprópria, ou mesmo a sua *majorante* constante no inciso V do art. 157. Agora, quando eventual "sequestro" for praticado *depois da consumação do roubo* de veículo automotor, por exemplo, sem nenhuma conexão com sua execução ou garantia de fuga, não se estará diante da *majorante especial* (§ 2º, inciso V, do art. 157), mas tratar-se-á de concurso de crimes (roubo e a nova extorsão); pode, inclusive, tipificar a *extorsão mediante sequestro*, quando, por exemplo, exigir que a vítima mantenha contato com terceiros para assegurar-lhe a vantagem econômica, como condição de sua liberação.

No entanto, se a *restrição da liberdade da vítima*, imposta pelo agente, "não for indispensável para a prática da ação", o crime tipificado não se adequará ao disposto neste § 3º, podendo, na realidade, tipificar o crime de roubo, próprio ou impróprio, ou a extorsão simples prevista no *caput* do art. 158. Nesse sentido, passamos a ter a "restrição da liberdade da vítima, *como condição necessária*", ou *como condição desnecessária ou supérflua da figura típica*. Poderá ocorrer as seguintes situações: a) não necessitando da colaboração da vítima para apoderar-se da coisa pretendida, restringe sua liberdade de locomoção visando somente garantir o êxito da empreitada (subtração ou fuga), configurará roubo, próprio ou impróprio, dependendo das circunstâncias; b) quando, no entanto, o agente necessitar da restrição da liberdade da vítima, para a obtenção da vantagem econômica, priva-a de sua locomoção, pelo tempo necessário e, como condição para consegui-la, configurará a *extorsão mediante restrição de liberdade* (sequestro relâmpago). Em outros termos, não é a simples restrição da liberdade da vítima que caracterizará essa *extorsão especial*, mas será sua necessidade como condição para obter a vantagem econômica pretendida, pois, *sendo desnecessária*, configurará outra infração penal.

Finalmente, considerando que a lei penal mais benéfica retroage, nos termos do art. 5º, inciso XL, da Constituição Federal, deverão ser revistos todos os casos que possam, eventualmente, ter sido punidos mais gravemente. Situação semelhante pode ter ocorrido com aqueles casos em que se interpretou como extorsão mediante sequestro. Dessa forma, deve-se verificar, casuisticamente, qual a interpretação que fora dada à situação fática, agora criminalizada, como modalidade de *extorsão*, que, normalmente, era considerada como *extorsão mediante sequestro* (art. 159).

10.1 *Extorsão mediante restrição de liberdade qualificada pelo resultado*

Resultando do "sequestro relâmpago" *lesão corporal grave* ou *morte*, aplica-se as mesmas penas previstas para os casos de *extorsão mediante sequestro* que atinjam os mesmos resultados (art. 159, §§ 2º e 3º). Constata-se que, nessa previsão, os mesmos resultados — lesão corporal grave ou morte — sofrem punição bem mais grave que a prevista no § 2º para a *forma qualificada* da extorsão tipificada no *caput* deste artigo. Em outros termos, para hipótese do § 2º, comina-se a mesma pena do *roubo qualificado pelo resultado* (sete a quinze anos de reclusão se resulta lesão corporal e vinte a trinta anos se resulta morte, além da pena de multa); para a hipótese do parágrafo terceiro, que ora examinamos, comina-se a mesma pena da extorsão mediante sequestro (dezesseis a vinte e quatro anos, se resulta lesão corporal grave e vinte e quatro a trinta anos, se resulta morte, além da multa). Podemos achar, e na realidade achamos, que as sanções cominadas são exageradamente graves, mas não deixam de apresentar uma certa coerência com a previsão constante da 1ª metade do § 9º, que comina pena intermediária entre *roubo* e *extorsão mediante sequestro*. Mas essa coerência intrínseca, no entanto, não salva a irrazoabilidade de seu conteúdo, que examinaremos.

Questão que poderá apresentar certa desinteligência refere-se à natureza do crime *extorsão mediante restrição de liberdade qualificada pelo resultado* (§ 3º, 2ª parte), que sofre a cominação das mesmas penas da extorsão mediante sequestro qualificada (art. 159, §§ 2º e 3º): afinal, essa extorsão qualificada pelo resultado (§ 3º, 2ª parte) pode ser adjetivada de *crime hediondo*? Para Luiz Flavio Gomes e Rogério Sanches, essa cominação penal converte-a em crime hediondo, *in verbis*: "não sendo extorsão mediante sequestro, em regra não há que se falar em crime hediondo, salvo quando ocorre o resultado morte (extorsão com resultado morte é crime hediondo). No caso de lesão grave, não é crime hediondo (por falta de previsão legal)"[24].

Venia concessa, temos dificuldade em aceitar esse entendimento, por esbarrar no *princípio da reserva legal*. Com efeito, nesse sentido, a conhecida *lei dos crimes hediondos* (Lei n. 8.072/90) relaciona (*numerus clausus*), dentre outras, as seguintes infrações: "III — extorsão qualificada pela morte (art. 158, § 2º); IV — extorsão mediante sequestro e na forma qualificada (art. 159, *caput*, e §§ 1º, 2º e 3º"). De notar-se que a norma repressiva especifica não apenas o *nomen iuris* das infrações penais classificadas como crimes hediondos, como também indica os respectivos dispositivos legais (artigos, parágrafos e incisos), dentre os quais, à evidência, não se encontra o § 3º, que é novo, evidentemente. Invocar-se, por outro lado, que o crime igualmente é de *extorsão* e que o resultado *morte* também é igual, o que justificaria o seu reconhecimento como *crime hediondo*, viola a função da taxatividade do princípio da tipicidade, além implicar a aplicação de analogia *in malam partem*, que é inadmissível. Por fim, tampouco pode ser invocado o aspecto de cominar as sanções previstas nos §§ 2º e 3º do art. 159, que é definido como crime hediondo. Convém destacar, enfim, que a previsão da segunda parte do § 3º não converte este crime em *extorsão mediante sequestro*, apenas comina as penas que lhe são correspondentes, sem atribuir-lhe, por óbvio, a mesma natureza. E essa cominação, inquestionavelmente, não tem o condão de alterar a espécie de infração penal e, por essa mesma razão, não o transforma em crime hediondo, por falta de previsão legal expressa.

Em síntese, a *extorsão mediante restrição da liberdade da vítima, qualificada pelo resultado morte,* não pode ser reconhecida como *crime hediondo*, por absoluta falta de previsão legal, e pela impossibilidade da adoção de analogia *in malam partem*, a despeito do respeitável entendimento em sentido contrário. O que a lei determina é somente a aplicação das mesmas penas, nada mais. Em

24. Luiz Flavio Gomes e Rogério Sanches, *Sequestro relâmpago deixou de ser crime hediondo: Lei 11.923/2009 é mais favorável ao réu*. Disponível em: <http://www.lfg.com.br/public_html/article.php?story=20090420144538510>. Consulta em: 9 out. 2009.

outros termos, a cominação das penas da *extorsão mediante sequestro qualificada*, não converte, nesse crime, a extorsão mediante restrição da liberdade qualificada pelo resultado morte.

10.2 *A gravidade da semelhança entre roubo e extorsão especial*

Não há no Código Penal brasileiro tipos penais mais assemelhados, em seus elementos estruturais, que roubo e extorsão, tanto que, não raro, surge a dúvida sobre a correta capitulação entre um e outra, recebendo capitulações diversas, nos dois graus de jurisdição, o mesmo fato num mesmo processo. Nesse sentido, o que já era difícil acabou ficando muito pior. A *agravação* dessa semelhança reside, fundamentalmente, na diversidade de punição, que não é pouca coisa, posto que mera questão interpretativa pode resultar em aplicação de pena 50 por cento acima, considerando-se o mínimo legal cominado (quatro anos para o roubo, e seis para o sequestro relâmpago) que, convenhamos, também não é pouca coisa.

No entanto, a desinteligência anterior, naquelas situações limítrofes, não ultrapassava as *questões terminológicas*, na medida em que recebiam — *roubo* e *extorsão* — a mesma cominação penal (quatro a dez anos de reclusão); a consequência mais grave, nesse caso, residia no histórico equívoco jurisprudencial, que sempre insistiu tratarem-se — *extorsão e roubo* — de crimes de espécies diferentes, com o objetivo exclusivo de negar a continuidade delitiva. Agora, no entanto, o eventual erro ou equívoco interpretativo terá consequências muito mais graves, como deixam patente as sanções cominadas.

Criticando o conteúdo do novo § 3º, João Paulo Martinelli[25] afirma, com acerto, que se *a restrição da liberdade da vítima* é condição necessária para a nova configuração delituosa, já existe equivalente legal para o *sequestro relâmpago*, pois, "Quem obriga uma pessoa a sacar dinheiro para entregar-lhe comete crime de roubo com a restrição de liberdade, podendo, ainda, incidir outra majorante, se houver uso de arma. Não enxergamos haver extorsão, pois a finalidade do agente é a subtração de coisa alheia móvel, no caso, o dinheiro". Essa leitura de Martinelli é dogmaticamente incensurável, pois, afora o aspecto conceitual, onde a distinção entre *roubo* e *extorsão* é fácil de explicar; faticamente, no entanto, é muito difícil constatá-la, em razão da grande carga de subjetividade que a orienta.

Com efeito, tanto no *roubo* quanto na *extorsão* o agente emprega violência ou grave ameaça para subjugar a vontade da vítima; no *roubo*, o mal é iminente, e o proveito é contemporâneo; na *extorsão*, o mal prometido é, de regra, futuro imediato, como futura também é teoricamente a vantagem que o agente objetiva. No *roubo*, o agente toma a coisa, ou *obriga* a vítima (sem opção) a entregá-la; na *ex-*

---

25. João Paulo Orsini Martinelli, *Projeto de lei que tipifica o "sequestro relâmpago" aprovado pelo senado*. Disponível em: <http://www.ibccrim.org.br/site/noticias/conteúdo.php?not id+13263>. Consulta em: 8-10-2009.

torsão, afirma-se que a vítima pode, em princípio, optar entre acatar a ordem ou oferecer resistência, embora a prudência recomende, nestes tempos bicudos, não resistir. Mas não se pode negar que todo esse magistério clássico, que nos vem da doutrina tradicional, ou está superada ou é inaplicável no denominado sequestro relâmpago, que, por ser relâmpago, exige uma satisfação imediata e, nesse aspecto, confunde-se ainda mais com o crime de roubo. Na realidade, essa *faculdade* ou opção referida à extorsão, que teria ou não a liberdade de entregar a coisa ou objeto exigido pelo agente, é praticamente inexistente, pois todos os indicadores, ante a gravidade da violência generalizada, determinam que se acate a ordem do extorquidor ou extorsionário, sob pena de pagar com a própria vida eventual rebeldia no atendimento do que lhe é determinado.

Que *faculdade* seria essa de a vítima escolher ou decidir atender a exigência do assaltante a esse preço? À evidência, trata-se de uma das hipóteses da denominada *coação irresistível*, em que a vítima não tem alternativa senão submeter-se à vontade do extorquidor. Aliás, estamos diante de uma "vontade viciada" que equivale à inexistência de vontade, decorrente de uma *coação irresistível*. Com efeito, coação irresistível é tudo o que pressiona a vontade *impondo* determinado comportamento, eliminando ou reduzindo o poder de escolha. Na *coação moral irresistível* existe vontade, embora seja viciada[26], isto é, não é livremente formada pelo agente. Nas circunstâncias em que a ameaça é *irresistível* não é exigível que o agente se oponha a essa ameaça, especialmente quando corre risco de vida ou à sua integridade física ou de sua família. Se isso vale para os acusados em geral, com igual razão deve servir para demonstrar que a vítima não entrega a coisa livremente, mas mediante coação que, nas circunstâncias, não podia resistir.

Nesse sentido, encontra-se completamente superada aquela velha máxima de Frank, segundo a qual o *ladrão subtrai*; *o extorsionário faz com que se lhe entregue a coisa*, pois, em verdade, também no *roubo*, muitas vezes, o ladrão (assaltante) *faz a vítima entregar-lhe a coisa* desejada, como destaca, lucidamente, Martinelli[27]: "A distinção entre roubo e extorsão baseada apenas no *comportamento* do agente e da vítima é insuficiente. Dizer que o caso é de extorsão porque a vítima é quem age não satisfaz a problemática. Se assim o fosse, quando a vítima entregar seu veículo mediante ameaça também deveria ser o crime de extorsão, o mesmo valendo para a hipótese daquele que enfia a mão no bolso, abre a carteira e entrega o dinheiro exigido. Em ambas as situações, houve um comportamento ativo da vítima, e nem por isso teremos extorsão".

---

26. Cezar Roberto Bitencourt, *Tratado de Direito Penal — Parte Geral*, 30. ed., São Paulo, Saraiva, 20224, v. 1, p. 476.

27. João Paulo Orsini Martinelli, *Projeto de lei que tipifica o "sequestro relâmpago" aprovado pelo senado*. Disponível em: <http://www.ibccrim.org.br/site/noticias/conteúdo.php?not id+13263>. Consulta em: 8-10-2009.

Historicamente se tem dito que *havendo ato da vítima* no despojamento de bens, será *extorsão*; não havendo ato da vítima, será *roubo*; que no *roubo* o agente subtrai a coisa mediante violência; na *extorsão*, a vítima a entrega ao agente para não sofrer violência, e que eventual equívoco de interpretação não causaria prejuízo considerável, na medida em que as penas eram iguais. No entanto, as distinções entre *roubo* e *extorsão* nem sempre são assim tão precisas, haja vista a grande desinteligência que reina em doutrina e jurisprudência sobre a espécie de ambos, havendo, não se pode ignorar, uma zona gris, onde as duas figuras se confundem, sendo difícil precisar com segurança a sua identificação. Paradigmático, nesse sentido, o seguinte acórdão, já mencionado: "No assalto, é irrelevante que a coisa venha a ser entregue pela vítima ao agente ou que este a subtraía. Trata-se de roubo. Constrangido o sujeito passivo a entrega do bem não pode ser considerado ato livremente voluntário, tornando tal conduta de nenhuma importância no plano jurídico"[28]. Não se ignorou, nesse julgamento, a distinção entre roubo e extorsão, apenas o julgador considerou irrelevante a máxima de que *ladrão subtrai a coisa no roubo*, e *a vítima a entrega na extorsão.*

No sistema anterior, essa dificuldade não apresentava maiores consequências, na medida em que a sanção aplicável na extorsão era exatamente a mesma do roubo, ao contrário do que passa a ocorrer com a nova definição legal. Na realidade, confundem-se os aspectos temporais nos crimes de roubo e extorsão de tal modo que não mais se pode afirmar que violência e locupletação, num e noutra, realizam-se em contextos diferentes. Tanto pode haver extorsão com violência e vantagem atuais, como roubo com violência e locupletação contemporâneas, que é exatamente o caso do "sequestro relâmpago, e somente essa *fugacidade temporal*, nem sempre constatável, não pode justificar a absurda elevação das sanções cominadas, nos limites que destacamos adiante. Com efeito, qual é a diferença entre o assalto em que o indivíduo, apontando uma arma (mesmo branca), exige que a vítima entregue-lhe a carteira (roubo), e a restrição da liberdade desta, exigindo-lhe a entrega do cartão eletrônico e sua senha (sequestro relâmpago)? Em nenhuma das hipóteses a vítima dispõe da liberdade de escolha de entregar ou não o objeto exigido pelo assaltante, ou seja, o atendimento da exigência do ladrão ou extorsionário não resulta da deliberação da vítima, como imaginava a antiga doutrina, mas decorre da imposição das circunstâncias, cujo desatendimento, em ambos os casos, pode provocar resultados imprevisíveis e irreversíveis, como, v. g., a própria morte.

Pois bem, essa identidade de *ação, causa* e *consequências*, impede que se imponha sanções ao "sequestro relâmpago" tão absurdamente superiores às previstas para o crime de *roubo*, por violar os sagrados princípios da proporcionalidade,

28. TACrimSP, AC 882.591, rel. Penteado Navarro, *RT*, *718*:429.

razoabilidade, a culpabilidade e da dignidade humana, decorrendo daí sua *inconstitucionalidade*, pois como sustentava Hungria, "Tanto pode haver extorsão com violência atual e futura (e é o caso mais frequente), quanto com violência e locupletação contemporâneas"[29].

10.3 *A desproporcional cominação de penas entre roubo e extorsão especial*

O Poder Legislativo não pode atuar de maneira imoderada, nem formular regras legais cujo conteúdo revele deliberação absolutamente divorciada dos padrões de razoabilidade assegurados pelo nosso sistema constitucional, afrontando diretamente o *princípio da proporcionalidade*, como demonstra uma singela comparação entre as sanções cominadas a algumas infrações penais semelhantes.

O *roubo* que, como acabamos de demonstrar, é uma espécie de irmão siamês do crime de *extorsão* (sendo o paradigma ideal para esta análise), recebe a cominação em três marcos diferentes de penas[30]: a) roubo simples (*caput*): quatro a dez anos; b) qualificado pela lesão corporal grave (§ 3º, 1ª parte): sete a quinze anos; c) qualificado pelo resultado morte (§ 3º, 2ª parte): vinte a trinta anos. Previsão que, convenhamos, já é um exagero, comparando-se ao *homicídio qualificado*, por exemplo, com pena prevista de doze a trinta anos, numa clara demonstração de que, para o legislador brasileiro, o patrimônio é mais valorizado que a própria vida humana.

As penas previstas para a *extorsão* (art. 158, *caput*) — que agora se justifica adjetivá-la de *simples* — são exatamente as mesmas cominadas ao crime de *roubo*, inclusive as relativas às figuras majoradas (§ 1º) e às qualificadas em decorrência de lesão corporal ou morte (§ 2º). Essa paridade no tratamento das consequências penais de ambas figuras elimina por completo eventual interpretação equivocada, que as situações fático-limítrofes nos proporcionam, com alguma frequência, como demonstramos alhures.

No entanto, as penas cominadas ao "sequestro relâmpago", injustificadamente, quer pela natureza da infração, quer pela gravidade de suas consequências materiais, quer por razões político-criminais respaldadas pelo Estado Democrático de Direito, recebem, *desproporcionalmente*, a seguinte cominação: a) modalidade simples: seis a doze anos (§ 3º, 1ª parte); b) qualificada pela lesão corporal grave (§ 3º, 2ª parte): dezesseis a vinte e quatro anos; c) qualificada pelo resultado morte (§ 3º, 2ª parte): vinte e quatro a trinta anos. Em outros termos, a *pena mínima* prevista para o "sequestro relâmpago", qualificado pelo resultado lesão grave (16 anos), é superior à pena máxima cominada para o crime de roubo com o mesmo

---

29. Nélson Hungria, *Comentários ao Código Penal*..., p. 67.

30. Consideramos desnecessário ficarmos repetindo a existência da pena de multa, considerando-se que todos os *crimes contra o patrimônio* (Título II do Código Penal) trazem cumulada a previsão da pena de multa.

resultado (15 anos), e a pena máxima (24 anos) desse mesmo resultado (lesão grave) é superior à máxima prevista para o crime de *homicídio* (20 anos); aliás, a *pena mínima* (§ 3º, 2ª parte), pasmem, aplicável para o eventual resultado morte (24 anos), é igualmente superior à máxima prevista para o homicídio. Supera-se, assim, todos os limites toleráveis da *razoabilidade* exigidos por um Estado Democrático de Direito, que tem como norte o respeito aos princípios da dignidade humana e da proporcionalidade.

Os princípios da *proporcionalidade* e da *razoabilidade* não se confundem, embora estejam intimamente ligados e, em determinados aspectos, completamente identificados. Na verdade, há que se admitir que se trata de *princípios fungíveis* e que, por vezes, utiliza-se o termo "razoabilidade" para identificar o princípio da proporcionalidade, a despeito de possuírem origens completamente distintas: o *princípio da proporcionalidade* tem origem germânica, enquanto a *razoabilidade* resulta da construção jurisprudencial da Suprema Corte norte-americana. *Razoável* é aquilo que tem aptidão para atingir os objetivos a que se propõe, sem, contudo, representar excesso algum.

Pois é exatamente o *princípio da razoabilidade* que afasta a invocação do exemplo concreto mais antigo do princípio da proporcionalidade, qual seja, a "lei do talião", que, inegavelmente, sem qualquer razoabilidade, também adotava o princípio da proporcionalidade. Assim, *a razoabilidade exerce função controladora* na aplicação do princípio da proporcionalidade. Com efeito, é preciso perquirir se, nas circunstâncias, é possível adotar outra medida ou outro meio menos desvantajoso e menos grave para o cidadão.

10.4 *Violação ao princípio da proporcionalidade e inconstitucionalidade das sanções cominadas*

A Declaração dos Direitos do Homem e do Cidadão, de 1789, já exigia expressamente que se observasse a *proporcionalidade* entre a gravidade do crime praticado e a sanção a ser aplicada, *in verbis*: "a lei só deve cominar penas estritamente necessárias e proporcionais ao delito" (art. 15). No entanto, o *princípio da proporcionalidade* é uma consagração do constitucionalismo moderno (embora já fosse reclamado por Beccaria), sendo recepcionado pela Constituição Federal brasileira, em vários dispositivos, tais como: exigência da individualização da pena (art. 5º, XLVI), proibição de determinadas modalidades de sanções penais (art. 5º, XLVII), admissão de maior rigor para infrações mais graves (art. 5º, XLII, XLIII e XLIV).

Desde o *Iluminismo* procura-se eliminar, dentro do possível, toda e qualquer intervenção desnecessária do Estado na vida privada dos cidadãos. Nesse sentido, ilustra Mariângela Gama de Magalhães Gomes, afirmando: "No entanto, o conceito de proporcionalidade como um princípio jurídico, com índole constitucional, apto a nortear a atividade legislativa em matéria penal, vem sendo desenvolvido, ainda hoje, a partir dos impulsos propiciados, principalmente, pelas obras iluministas do século XVIII e, posteriormente, pela doutrina do direito administrativo"[31]. Com efeito, as ideias do *Iluminismo* e do *Direito Natural* diminuíram o autoritarismo do Estado, assegurando ao indivíduo um novo espaço na ordem social. Essa orientação, que libertou o indivíduo das velhas e autoritárias relações medievais, implica necessariamente a recusa de qualquer forma de intervenção ou punição desnecessária ou exagerada. A mudança filosófica de concepção do indivíduo, do Estado e da sociedade impôs, desde então, maior respeito à dignidade humana e a consequente *proibição de excesso*. Nessa mesma orientação filosófica inserem-se os princípios garantistas, como o da proporcionalidade, o da razoabilidade, da lesividade e o da dignidade humana.

O modelo político consagrado pelo Estado Democrático de Direito determina que todo o Estado — em seus três Poderes, bem como nas funções essenciais à Justiça — resulta *vinculado* em relação aos *fins eleitos* para a prática dos atos legislativos, judiciais e administrativos. Em outros termos, toda a atividade estatal é sempre *vinculada axiomaticamente* pelos princípios constitucionais explícitos e implícitos. As consequências jurídicas dessa *constituição dirigente* são visíveis. A primeira delas verifica-se pela consagração do *princípio da proporcionalidade*, não apenas como simples critério interpretativo, mas como garantia legitimadora/limitadora de todo o ordenamento jurídico infraconstitucional. Assim, deparamo-nos com um *vínculo constitucional* capaz de limitar os *fins* de um ato estatal e os *meios* eleitos para que tal finalidade seja alcançada. Conjuga-se, pois, a união harmônica de três fatores essenciais: a) *adequação teleológica*: todo ato estatal passa a ter uma finalidade política ditada não por princípios do próprio administrador, legislador ou juiz, mas sim por valores éticos deduzidos da Constituição Federal — vedação do arbítrio (*Übermassverbot*); b) *necessidade* (*Erforderlichkeit*): o meio não pode exceder os limites indispensáveis e menos lesivos possíveis à conservação do fim legítimo que se pretende; c) *proporcionalidade "stricto sensu"*: todo representante do Estado está obrigado, ao mesmo tempo, a fazer uso de meios adequados e de abster-se de utilizar recursos (ou meios) desproporcionais[32].

O campo de abrangência, e por que não dizer de influência do *princípio da proporcionalidade*, vai além da simples confrontação das consequências que podem advir da aplicação de leis que não observam dito princípio. Na verdade, modernamente a aplicação desse princípio atinge o *exercício imoderado de poder*, inclusive do próprio poder legislativo no ato de legislar. Não se trata, evidentemente, de questionar a motivação interna da *voluntas legislatoris*, e tampouco de perquirir a finalidade da lei, que é *função privativa* do Parlamento. Na realidade, a evolução dos tempos tem nos permitido constatar, com grande frequência, o uso abusivo do "poder de fazer leis *had hocs*", revelando, muitas vezes, contradições, ambiguidades, incongruências e falta de

---

31. Mariângela Gama de Magalhães Gomes, *O Princípio da Proporcionalidade*, São Paulo, Revista dos Tribunais, 2003, p. 40-41.

32. Ver Paulo Bonavides, *Curso de Direito Constitucional*, 6. ed., São Paulo, Malheiros, 1994, p. 356-397.

razoabilidade, que contaminam esses diplomas legais com o *vício de inconstitucionalidade*. Segundo o magistério do Ministro Gilmar Mendes[33], "a doutrina identifica como típica manifestação do excesso de poder legislativo a violação do princípio da proporcionalidade ou da proibição de excesso (*Verhältnismässigkeitsprinzip*; *Übermassverbot*), que se revela mediante contraditoriedade, incongruência e irrazoabilidade ou inadequação entre meios e fins. No Direito Constitucional alemão, outorga-se ao princípio da proporcionalidade (*Verhältnismässigkeit*) ou ao princípio da proibição de excesso (*Übermassverbot*) qualidade de norma constitucional não escrita, derivada do Estado de Direito".

Esses excessos precisam encontrar, dentro do sistema político-jurídico, alguma forma ou algum meio de, se não combatê-los, pelo menos questioná-los. A única possibilidade, no Estado Democrático de Direito, sem qualquer invasão das atribuições da esfera legislativa, é por meio do *controle de constitucionalidade* exercido pelo Poder Judiciário. "A função jurisdicional nesse controle — adverte o doutrinador argentino Guillermo Yacobucci — pondera se a decisão política ou jurisdicional em matéria penal ou processual penal, restritiva de direitos, está justificada constitucionalmente *pela importância do bem jurídico protegido e a inexistência, dentro das circunstâncias, de outra medida de menor lesão particular*"[34]. O exame do respeito ou violação do princípio da proporcionalidade passa pela observação e apreciação de necessidade e adequação da providência legislativa, numa espécie de relação "custo-benefício" para o cidadão e para a própria ordem jurídica. *Pela necessidade* deve-se confrontar a possibilidade de, com meios menos gravosos, atingir igualmente a mesma eficácia na busca dos objetivos pretendidos; e, *pela adequação* espera-se que a providência legislativa adotada apresente aptidão suficiente para atingir esses objetivos. Nessa linha, destaca Gilmar Mendes[35], a modo de conclusão: "em outros termos, o meio não será necessário se o objetivo almejado puder ser alcançado com a adoção de medida que se revele a um só tempo adequada e menos onerosa. Ressalte-se que, na prática, adequação e necessidade não têm o mesmo *peso* ou *relevância* no juízo de ponderação. Assim, apenas o que é *adequado* pode ser *necessário*, mas o que é *necessário* não pode ser *inadequado* — e completa Gilmar Mendes — de qualquer forma, um juízo definitivo sobre a proporcionalidade da medida há de resultar da rigorosa ponderação e do possível equilíbrio entre o significado da intervenção para o atingido e os objetivos perseguidos pelo legislador (*proporcionalidade em sentido estrito*)".

Em matéria penal, mais especificamente, segundo Hassemer, a exigência de *proporcionalidade* deve ser determinada mediante "um juízo de ponderação entre

---

33. Gilmar Mendes, *Direitos Fundamentais e Controle de Constitucionalidade*, 3. ed., São Paulo, Saraiva, 2004, p. 47.
34. Guillermo Yacobucci, *El Sentido de los Principios Penales*, Buenos Aires, Depalma, 1998, p. 339.
35. Gilmar Mendes, *Direitos Fundamentais e Controle de Constitucionalidade...*, p. 50.

a carga 'coativa' da pena e o fim perseguido pela cominação penal"[36]. Com efeito, pelo princípio da proporcionalidade na relação entre crime e pena deve existir um equilíbrio — *abstrato* (legislador) e *concreto* (judicial) — entre a gravidade do injusto penal e a pena aplicada[37]. Ainda segundo a doutrina de Hassemer, o princípio da proporcionalidade não é outra coisa senão "uma concordância material entre ação e reação, causa e consequência jurídico-penal, constituindo parte do postulado de Justiça: ninguém pode ser incomodado ou lesionado em seus direitos com medidas jurídicas desproporcionadas"[38].

Ante todo o exposto, por mais que se procure salvar o texto legal, tentando dar-lhe uma interpretação conforme a Constituição Federal, não vemos, contudo, outra *alternativa razoável*, que não a declaração de inconstitucionalidade do preceito secundário da nova infração penal, conhecido como "sequestro relâmpago".

11. Crimes de extorsão e de constrangimento ilegal: conflito aparente de normas

A *extorsão*, pode-se afirmar, é uma espécie do gênero *crime de constrangimento ilegal* (art. 146). Na verdade, o *constrangimento ilegal* é "qualificado" pela especial intenção de obter *indevida vantagem econômica*, que, aliás, é a única diferença relevante na estrutura típica dos dois crimes; afinal, exatamente por essa razão — a ação de constranger — é transportada do Título dos Crimes contra a Pessoa para o Título dos Crimes contra o Patrimônio.

Na verdade, estamos diante do denominado *conflito aparente de normas,* que, nesse caso, resolve-se pelo *princípio da especialidade*[39]. Com efeito, considera-se *especial* uma norma penal, em relação a outra *geral*, quando reúne todos os elementos desta, acrescidos de mais alguns, denominados *especializantes*. Isto é, a *norma especial* (crime de extorsão) acrescenta *elemento próprio* (intuito de obter indevida vantagem econômica) à descrição típica prevista na *norma geral* (crime de constrangimento ilegal). Assim, pode-se concluir, toda conduta que realiza o tipo do crime especial realiza também, necessariamente, o tipo do geral, enquanto o inverso não é verdadeiro.

---

36. Winfried Hassemer, *Fundamentos del Derecho Penal*, trad. de Francisco Muñoz Conde e Luís Arroyo Sapatero, Barcelona, Bosch, 1984, p. 279.
37. Luiz Régis Prado, *Curso de Direito Penal Brasileiro*, Parte Geral, 3. ed., São Paulo, Revista dos Tribunais, 2002, p. 122.
38. Hassemer, *Fundamentos del Derecho Penal*..., p. 279.
39. Tratando do princípio da especialidade, tivemos oportunidade de afirmar: "A regulamentação especial tem a finalidade, precisamente, de excluir a lei geral e, por isso, deve precedê-la. O princípio da especialidade evita ao *bis in idem*, determinando a prevalência da norma especial em comparação com a geral, e pode ser estabelecido *in abstracto*, enquanto os outros princípios exigem o confronto *in concreto* das leis que definem o mesmo fato" (*Tratado de Direito Penal — Parte Geral*, 29. ed., 2023, v. 1, p. 239).

Para sintetizar, com esse *elemento especializante* — intuito de obter indevida vantagem econômica —, não há nenhuma dificuldade para solucionar esse "conflito aparente de normas".

12. Consumação e tentativa

12.1 *Consumação*

Consuma-se a extorsão com o comportamento da vítima, isto é, *fazendo*, *tolerando que se faça* ou *deixando de fazer* alguma coisa, desde que a ação constrangedora do sujeito ativo tenha sido movida pela finalidade de obter vantagem econômica indevida. Enfim, para a consumação é desnecessária a efetiva obtenção de vantagem patrimonial, pois a *extorsão* se consuma com o *resultado* do constrangimento, isto é, com a vítima sendo constrangida a *fazer*, *omitir* ou *tolerar* que se faça.

A eventual obtenção de vantagem patrimonial, se ocorrer, representará tão somente o *exaurimento* da extorsão que já estava consumada. Reforçando, a *extorsão* consuma-se no exato momento em que a vítima, com comportamento positivo ou negativo, faz, deixa de fazer ou tolera que se faça alguma coisa. Nesse sentido, merece ser transcrito o entendimento de Guilherme de Souza Nucci[40], com o qual estamos de pleno acordo, quando sustenta que o crime de extorsão compõe-se de três estágios, *in verbis*: "1º) o agente constrange a vítima, valendo-se de violência ou grave ameaça; 2º) a vítima age, por conta disso, fazendo, tolerando que se faça ou deixando de fazer alguma coisa; 3º) o agente obtém a vantagem econômica almejada. Este último estágio é apenas configurador do seu objetivo ('com o intuito de...'), não sendo necessário estar presente para concretizar a extorsão".

12.2 *Tentativa*

Independentemente da concepção material ou formal do crime de extorsão, a tentativa é admissível. Cumpre destacar que, ainda que as demais elementares estejam todas presentes, a *extorsão* não estará consumada se a vítima, em razão do constrangimento sofrido, não se submeter à vontade do autor, fazendo, tolerando ou deixando de fazer alguma coisa.

Para sintetizar, o simples *constrangimento*, apesar de tratar-se de crime formal, sem a atuação da vítima (fazendo, tolerando ou deixando de fazer alguma coisa), não passa de tentativa.

A eventual *prisão em flagrante* do agente no momento em que recebe a "vantagem econômica" não configura a tentativa, pois a *extorsão*, como vimos, já estará consumada. Nessa linha, pode-se lembrar o seguinte acórdão do STJ, relatado pelo Ministro Edson Vidigal: "No delito de extorsão, não há reconhecer simples tentativa, mas crime consumado, quando o agente chega a receber vantagem eco-

---

40. Guilherme de Souza Nucci, *Código Penal Comentado*, cit., v. 2, p. 451.

nômica indevida, mesmo que, posteriormente, tenha sido obrigado a devolvê-la, com a pronta intervenção da polícia"[41]. Posteriormente, o STJ adotou posicionamento no sentido de que "quanto ao crime de extorsão, realizada a ameaça, a consumação ocorre independente da obtenção da vantagem indevida" (STJ, AgRg no HC 772.855/SP, rel. Min. Sebastião Reis Júnior, Sexta Turma, julgado em 6-3-2023, *DJe* de 10-3-2023). Convém, no entanto, nesse tipo de situação, ter cautela para não admitir como válida a figura do "flagrante provocado" (ou crime de ensaio), que não se confunde com "flagrante esperado". Aquele (flagrante provocado) foi sumulado (n. 145) pelo Supremo Tribunal Federal, sustentando que não há crime quando a preparação do flagrante pela polícia torna impossível sua consumação. Este (flagrante esperado) é perfeitamente lícito e não impede a ilicitude da conduta. Examinando essa questão, para evitar equívocos, procuramos precisar esses conceitos, que, por sua pertinência, acreditamos mereçam ser aqui transcritos: "Ocorre o flagrante preparado, que diríamos melhor *flagrante esperado*, quando o agente, por *sua exclusiva iniciativa*, concebe a ideia do crime, realiza os atos preparatórios, começa a executá-los e só não consuma seu intento porque a autoridade policial, que foi previamente avisada, intervém para impedir a consumação do delito e prendê-lo em flagrante. Constata-se que não há a figura do chamado *agente provocador*. A iniciativa é espontânea e voluntária do agente. Há início da ação típica. E a presença da força policial é a 'circunstância alheia à vontade do agente', que impede a consumação.

Já o *flagrante provocado*, que para nós não passa de um crime de ensaio, tem outra estrutura e um cunho ideológico totalmente diferente. Neste, no flagrante provocado, o delinquente é *impelido* à prática do delito por um *agente provocador* (normalmente um agente policial ou alguém a seu serviço). Isso ocorre, por exemplo, quando a autoridade policial, pretendendo prender o delinquente, contra o qual não tem provas, mas que sabe ser autor de vários crimes, provoca-o para cometer um, com a finalidade de prendê-lo em flagrante. Arma-lhe uma cilada. Isso é uma representação; o agente, sem saber, está participando de uma *encenação teatral*. Aqui, o agente não tem qualquer possibilidade de êxito na operação, configurando-se perfeitamente o crime impossível. Constata-se a presença decisiva do agente provocador, que, a rigor, deveria ser coautor do fato"[42].

13. Classificação doutrinária

Trata-se de *crime comum* (aquele que não exige qualquer condição especial do sujeito ativo); *de dano* (consuma-se apenas com lesão efetiva ao bem jurídico tutelado); *formal*[43], uma vez que se consuma, como vimos, independentemente do re-

41. STJ, RE 100640/PR, rel. Min. Edson Vidigal, *DJU*, 17 mar. 1997.

42. Cezar Roberto Bitencourt, *Tratado de Direito Penal*, 30. ed., v. 1, p. 612.

43. "O crime de extorsão é delito formal, que se consuma com a exigência da vantagem in-

cebimento da vantagem patrimonial pretendida, isto é, com a ação de constranger e a ação (ativa ou passiva) da vítima; *comissivo* (é da essência do próprio verbo nuclear — "constranger", que só pode ser praticado por meio de uma ação positiva); *doloso* (não há previsão legal para a figura culposa); *de forma livre* (pode ser praticado por qualquer meio, forma ou modo); *instantâneo* (a consumação opera-se de imediato, não se alongando no tempo); *unissubjetivo* (pode ser praticado, em regra, apenas por um agente); *plurissubsistente* (pode ser desdobrado em vários atos, que, no entanto, integram a mesma conduta).

14. Pena e ação penal

Na *extorsão simples* a pena é de reclusão, de quatro a dez anos; na *majorada* a pena é elevada de um terço até metade; na *qualificada pelo resultado* lesão grave, a reclusão será de sete a quinze anos; se for morte, será de vinte a trinta anos. Em todas as hipóteses a pena de prisão será *cumulativa* com a de multa.

No entanto, as penas cominadas ao "sequestro relâmpago", injustificadamente, recebem, *desproporcionalmente*, os seguintes limites: a) modalidade simples: seis a doze anos (§ 3º, 1ª parte); b) qualificada pela lesão corporal grave (§ 3º, 2ª parte): dezesseis a vinte e quatro anos; c) qualificada pelo resultado morte (§ 3º, 2ª parte): vinte e quatro a trinta anos. Em outros termos, a *pena mínima* prevista para o "sequestro relâmpago", qualificado pelo resultado lesão grave (16 anos), é superior à pena máxima cominada para o crime de roubo com o mesmo resultado (15 anos), e a pena máxima (24 anos) desse mesmo resultado (lesão grave) é superior à máxima prevista para o crime de *homicídio* (20 anos); aliás, a *pena mínima* (§ 3º, 2ª parte), pasmem, aplicável para o eventual resultado morte (24 anos), é igualmente superior à máxima prevista para o homicídio.

A ação penal, como não poderia deixar de ser, pela gravidade desse crime, é de *natureza pública absoluta*, isto é, incondicionada.

devida" (STJ, REsp 1.805.173/MT, rel. MIn. Sebastião Reis Júnior, Sexta Turma, julgado em 11-10-2022, *DJe* de 14-10-2022).

EXTORSÃO MEDIANTE SEQUESTRO — V

Sumário: 1. Considerações preliminares. 2. Bem jurídico tutelado. 3. Sujeitos do crime. 3.1. Sujeito ativo. 3.2. Sujeito passivo. 4. Tipo objetivo: adequação típica. 4.1. (Ir)relevância da natureza ou espécie da vantagem visada. 4.2. Vantagem devida: outra tipificação. 5. Tipo subjetivo: adequação típica. 6. Extorsão qualificada: *modus operandi*. 6.1. Duração do sequestro e idade da vítima. 6.2. Cometido por bando ou quadrilha. 7. Extorsão mediante sequestro qualificada pelo resultado: lesão grave ou morte. 7.1. Se resulta lesão corporal de natureza grave. 7.2. Se resulta a morte. 8. Delação premiada: favor legal antiético. 9. Crime hediondo. 10. Consumação e tentativa. 11. Classificação doutrinária. 12. Pena e ação penal.

EXTORSÃO MEDIANTE SEQUESTRO

Art. 159. Sequestrar pessoa com o fim de obter, para si ou para outrem, qualquer vantagem, como condição ou preço do resgate:

Pena — reclusão, de 8 (oito) a 15 (quinze) anos.

• *Caput* com redação determinada pela Lei n. 8.072, de 25 de julho de 1990.

§ 1º Se o sequestro dura mais de 24 (vinte e quatro) horas, se o sequestrado é menor de 18 (dezoito) ou maior de 60 (sessenta) anos, ou se o crime é cometido por bando ou quadrilha:

Pena — reclusão, de 12 (doze) a 20 (vinte) anos.

• § 1º com redação determinada pela Lei n. 10.741, de 1º de outubro de 2003.

§ 2º Se do fato resulta lesão corporal de natureza grave:

Pena — reclusão, de 16 (dezesseis) a 24 (vinte e quatro) anos.

• § 2º com redação determinada pela Lei n. 8.072, de 25 de julho de 1990.

§ 3º Se resulta a morte:

Pena — reclusão, de 24 (vinte e quatro) a 30 (trinta) anos.

• § 3º com redação determinada pela Lei n. 8.072, de 25 de julho de 1990.

§ 4º Se o crime é cometido em concurso, o concorrente que o denunciar à autoridade, facilitando a libertação do sequestrado, terá sua pena reduzida de um a dois terços.

• § 4º com redação determinada pela Lei n. 9.269, de 2 de abril de 1996.

1. Considerações preliminares

A extorsão mediante sequestro, sem sombra de dúvida, é a modalidade de extorsão que apresenta maior gravidade, que teria sido inspirada por antigo costume de guerra de exigir pagamento pelo resgate de prisioneiros[1]. A prática mais ou menos frequente, em alguns países, na *primeira metade do século passado*, recomendou sua tipificação como crime mais grave. Desnecessário, por óbvio, destacar a frequência rotineira e insuportável com que esse crime passou a ser praticado no Brasil em fins do século XX, justificando-se sua maior punibilidade pela gravidade dos danos que pode produzir.

O Código Criminal do Império não disciplinou a extorsão mediante sequestro. O Código Penal republicano de 1890 adotava uma definição defeituosa e insatisfatória (art. 362). O natimorto Código Penal de 1969 previa a mesma infração penal, segundo alguns, com evidente superioridade técnica, nos termos seguintes: "Extorquir ou tentar extorquir, para si ou para outrem, mediante sequestro de pessoa, indevida vantagem econômica".

2. Bem jurídico tutelado

Os bens jurídicos protegidos na criminalização da *extorsão mediante sequestro*, a exemplo dos crimes de roubo (art. 157) e extorsão (art.158), são a *liberdade individual*, o *patrimônio* (posse e propriedade) e a *integridade física e psíquica* do ser humano. Constata-se que a extorsão mediante sequestro também pode produzir uma *multiplicidade de danos*: de um lado a violência sofrida pela vítima, que se materializa no constrangimento físico ou psíquico causado pela conduta do sujeito ativo; de outro lado, a causação de prejuízo alheio, em razão da eventual obtenção indevida de "qualquer vantagem", que, como veremos, pode até não se concretizar, sendo suficiente que tenha sido o móvel da ação.

Trata-se, na verdade, de um crime complexo, isto é, pluriofensivo, a exemplo do roubo e da extorsão. No entanto, embora se trate de crime de natureza essencialmente patrimonial (codificado no capítulo relativo a essa espécie de bens jurídicos), a supressão da liberdade é o fundamento maior da sensível majoração da sanção penal dessa infração criminal. Aliás, nem poderia ser diferente, considerando-se o extraordinário valor da liberdade inserta entre os direitos e garantias individuais fundamentais. O patrimônio, na verdade, afastado o aspecto do sequestro, já encontraria proteção penal suficiente na tipificação dos crimes de roubo e extorsão.

---

1. Magalhães Noronha, *Direito Penal*, cit., v. 2, p. 284; Nélson Hungria, *Comentários ao Código Penal*, cit., v. 7, p. 73; Luiz Regis Prado, *Curso de Direito Penal brasileiro*, cit., v. 2, p. 411.

3. Sujeitos do crime

3.1 *Sujeito ativo*

Sujeito ativo pode ser qualquer pessoa, sem condição especial, uma vez que se trata de crime comum. A *pessoa jurídica* não reúne condições necessárias para, mesmo no futuro, praticar esse tipo de crime.

Eventual *relação de parentesco* não garante os benefícios das escusas absolutórias consagradas nas disposições finais deste Título, em razão da violência ou grave ameaça a pessoa (art. 183).

3.2 *Sujeito passivo*

Sujeito passivo também pode ser qualquer pessoa, inclusive quem sofre o constrangimento sem lesão patrimonial. Assim, a *vítima* do sequestro pode ser diversa da pessoa que sofre ou deve sofrer a lesão patrimonial. Haverá, nesse caso, duas vítimas, uma do *patrimônio* e outra da *privação de liberdade*, mas ambas do mesmo crime de extorsão mediante sequestro. Tudo o que se disse sobre bem jurídico, sujeito ativo e sujeito passivo no crime de *extorsão* (art. 158) aplica-se à *extorsão mediante sequestro*.

A *pessoa jurídica* não pode ser sequestrada, mas pode ser constrangida a pagar o resgate, podendo, em consequência, também ser sujeito passivo deste crime.

4. Tipo objetivo: adequação típica

De plano, ao examinar-se esta infração penal, num primeiro momento, depara-se com certa perplexidade: o *nomen juris* não encontra correspondência no *verbo nuclear* contido no tipo penal, especialmente tendo-se em consideração o artigo anterior (art. 158): este dispositivo — *extorsão* — utiliza o verbo "constranger", ao passo que naquele (art. 159) — *extorsão mediante sequestro* — o verbo nuclear é "sequestrar", em nada se distinguindo do crime de *sequestro* previsto no art. 149 do Código Penal, no capítulo que cuida *dos crimes contra a pessoa*.

Contudo, a complexidade dessa *construção tipológica* recomenda cautela em sua interpretação. Para sua melhor compreensão, acreditamos insuficiente considerar apenas os preceitos primário e secundário da norma, quais sejam, a tipificação da conduta proibida e a respectiva sanção, como normalmente se faz em obediência ao princípio da tipicidade estrita. Na verdade, não se pode esquecer o *nomen juris* que o legislador atribuiu a esse tipo penal — *extorsão mediante sequestro* —, deixando claro que se trata de *modalidade especial* do crime de *extorsão* tipificado no artigo anterior. Subscrevemos, nesse sentido, o magistério de Hungria, para quem "não é outra coisa que a extorsão qualificada pelo caráter especial do fato constitutivo da violência ou do meio empregado para tornar premente ou eficaz a ameaça.

Já aqui, a extorsão não tem como lastro o constrangimento ilegal na sua forma simples (art. 146), mas o *sequestro* de pessoa (artigo 148)"[2].

Com efeito, a conduta tipificada é *sequestrar*, isto é, reter, arrebatar, retirar alguém de circulação, contra a sua vontade, *privando-o da liberdade*. Os elementos constitutivos do crime de extorsão mediante sequestro são: retirada de alguém de circulação, dissentimento expresso ou implícito, finalidade especial de obter qualquer vantagem, como condição ou preço do resgate.

O *sequestro* pode ser longo ou breve, indiferentemente, desde que tenha idoneidade para produzir na vítima a certeza de que a supressão de sua liberdade não será passageira e está, no mínimo, condicionada à satisfação da exigência apresentada para o resgate. A elasticidade do tempo de privação da liberdade é circunstância que o legislador considerou para a dosagem de pena.

O legislador não repetiu, neste artigo, a distinção entre *sequestro* e *cárcere privado*, como fez no art. 148, que foi objeto de exame no segundo volume desta obra. Estamos com Magalhães Noronha[3], nesse particular, quando sustenta a irrelevância dessa falta de distinção, na medida em que *cárcere privado* constitui forma mais grave de privação da liberdade do que o simples *sequestrar*, e, quando o direito penal pune o menos, pune também o mais. Assim, sequestrar ou encarcerar, indiferentemente, tipificam o crime, constituindo somente *modus operandi* distinto de praticá-lo.

O *sequestro* objetiva conseguir *qualquer vantagem* como *condição* ou *preço* do resgate, ou seja, como contrapartida da liberação do sequestrado.

Embora exista alguma divergência, em nossa concepção o tipo penal não exige que a vantagem seja *indevida*, nem que seja *econômica*. Mas, pela importância do tema, é recomendável que seja examinado em tópicos específicos.

O fim especial de obter qualquer vantagem nem sempre é anterior ao ato material de *sequestrar alguém*. Essa ação pode ter sido motivada por qualquer outra razão, mas posteriormente, enquanto perdurar a privação de liberdade, o agente *passa a condicionar a libertação* do sequestrado ou refém à satisfação de *qualquer vantagem*, como reza o texto legal. Nesse caso, configura-se a chamada progressão criminosa.

4.1 *(Ir)relevância da natureza ou espécie da vantagem visada*

Não desconhecemos, a despeito de nossa convicção, a velha divergência reinante sobre a necessidade de interpretar a elementar "qualquer vantagem" como *indevida vantagem econômica*. Nessa linha, Magalhães Noronha professava: "O Código fala

---

2. Nélson Hungria, *Comentários ao Código Penal*, cit., v. 2, p. 72.
3. Magalhães Noronha, *Direito Penal*, cit., v. 2, p. 286.

em *qualquer* vantagem, não podendo o adjetivo referir-se à natureza desta, pois ainda aqui, evidentemente, ela há de ser, como no art. 158, *econômica*, sob pena de não haver razão para o delito ser classificado no presente título"[4]. Reforça esse entendimento Heleno Cláudio Fragoso, com o seguinte argumento: "A ação deve ser praticada para obter *qualquer vantagem* como preço ou condição do resgate. Embora haja aqui uma certa imprecisão da lei, é evidente que o benefício deve ser de ordem econômica ou patrimonial, pois de outra forma este seria um crime contra a liberdade individual"[5]. Luiz Regis Prado, na atualidade, acompanha essa orientação, acrescentando: "No que tange à *vantagem* descrita no tipo, simples interpretação do dispositivo induziria à conclusão de que não deva ser necessariamente econômica. Contudo, outro deve ser o entendimento. De fato, a extorsão está encartada entre os delitos contra o patrimônio, sendo o delito-fim, e, no sequestro, apesar de o próprio tipo não especificar a natureza da vantagem, parece indefensável entendimento diverso"[6].

Preferimos, contudo, adotar outra orientação, sempre comprometida com a segurança dogmática da tipicidade estrita, naquela linha que o próprio Magalhães Noronha gostava de repetir de que "a lei não contém palavras inúteis", mas também não admite — acrescentamos — a inclusão de outras, não contidas no texto legal. Coerente, jurídica e tecnicamente correto o velho magistério de Bento de Faria, que pontificava: "A *vantagem* — exigida para restituição da liberdade ou como preço do resgate, pode consistir em dinheiro ou qualquer outra utilidade, pouco importando a forma da exigência"[7]. Adotamos esse entendimento[8], pelos fundamentos que passamos a expor.

Com efeito, os tipos penais, desde a contribuição de Mayer[9], não raro trazem em seu bojo determinados *elementos normativos*, que encerram um *juízo de valor*. Convém destacar, no entanto, como tivemos oportunidade de afirmar, que "os elementos normativos do tipo *não se confundem com* os elementos jurídicos normativos da ilicitude. *Enquanto aqueles são elementos constitutivos do tipo penal, estes, embora integrem a descrição do crime, referem-se à ilicitude e, assim sendo, constituem elementos* sui generis *do fato típico, na medida em que são, ao mesmo tempo, caracterizadores da ilicitude. Esses* elementos especiais da ilicitude, *normalmente, são representados por expressões como 'indevidamente', 'injustamente', 'sem justa causa', 'sem licença da autoridade' etc.*"[10].

4. Magalhães Noronha, *Direito Penal*, cit., v. 2, p. 287.
5. Heleno Cláudio Fragoso, *Lições de Direito Penal*, cit., v. 1, p. 367.
6. Luiz Regis Prado, *Curso de Direito Penal brasileiro*, cit., v. 2, p. 413.
7. Bento de Faria, *Código Penal brasileiro comentado*; Parte Especial, 3. ed., Rio de Janeiro, Record, 1961, v. 5, p. 63.
8. Cezar Roberto Bitencourt, *Código Penal comentado*, cit., p. 697.
9. Luís Jiménez de Asúa, *Principios de Derecho Penal — la ley y el delito*, Buenos Aires, Abeledo-Perrot, 1990, p. 238.
10. Cezar Roberto Bitencourt, *Tratado de Direito Penal — Parte Geral*, 29. ed., São Paulo, Saraiva, 2023, v. 1, p. 507.

Curiosamente, no entanto, na descrição desse tipo penal — *extorsão mediante sequestro* —, contrariamente ao que fez na constituição do crime anterior (extorsão), que seria, digamos, o tipo-matriz do "crime extorsivo", o legislador brasileiro não inseriu na descrição típica a elementar normativa *indevida vantagem econômica*. Poderia tê-la incluído, não o fez, certamente não terá sido por esquecimento, uma vez que acabara de descrever tipo similar, com sua inclusão (art. 158). Preferiu, no entanto, adotar a locução "qualquer vantagem", sem adjetivá-la, provavelmente para não restringir seu alcance.

Com efeito, a nosso juízo, a *natureza econômica da vantagem* é afastada pela elementar típica *qualquer vantagem*, que deixa clara sua abrangência. Quando a lei quer limitar a espécie de vantagem, usa o elemento normativo *indevida, injusta, sem justa causa*, como destacamos nos parágrafos anteriores. Assim, havendo *sequestro*, para obter *qualquer* vantagem, para si ou para outrem — não importando a natureza (econômica ou não) ou espécie (indevida ou não) —, como *condição* ou *preço* do resgate, estará caracterizado o crime de extorsão mediante sequestro. Por fim, são absolutamente equivocadas as afirmações de Fragoso (seria apenas um crime contra a liberdade individual) e Magalhães Noronha (sob pena de não haver razão para o delito ser classificado no presente título), *se a vantagem não for econômica*[11].

Esquecem esses doutrinadores que a *extorsão mediante sequestro* é um crime pluriofensivo, e "qualquer vantagem" exigida pelo tipo é *alternativa*, como "condição" ou "preço" do resgate. Se *condição* e *preço* tivessem, nessa hipótese, o mesmo significado, a previsão dupla seria supérflua e inútil, circunstância essa rejeitada pelos estudiosos. Aliás, o próprio Magalhães Noronha encarregava-se de defini-los: "Temos que como *condição* de resgate a lei refere-se particularmente ao caso em que o fim do agente seja especialmente obter uma coisa, documento, ou ato, em troca da libertação do sequestrado. *Preço do resgate* dirá, em especial, da hipótese em que a vantagem se concretize em dinheiro". Essa definição, na verdade, não deixa de ser um tanto quanto contraditória com a posição assumida por Noronha. Assim, por exemplo, aluno que sequestra filho do professor antes da prova final, exigindo, como *condição* do resgate, sua aprovação, não apresenta outra adequação típica que aquela descrita no art. 159. É um grande equívoco afirmar que, nessa hipótese, estar-se-á diante do crime de sequestro descrito no art. 148 do CP, ignorando que tal infração penal não exige nenhuma motivação especial; esta, se existir, poderá tipificar outro crime. Com efeito, ao examinarmos esse crime (sequestro), fizemos a seguinte consideração: "Não se exige nenhum *elemento subjetivo especial do injusto* que, se houver, poderá configurar outro crime; se a privação da liberdade objetivar a obtenção de *vantagem ilícita*, caracterizará o crime de *extorsão*

11. Heleno Cláudio Fragoso, *Lições de Direito Penal*, cit., v. 1, p. 367; Magalhães Noronha, *Direito Penal*, cit., v. 2, p. 287.

mediante sequestro (art. 159); se a *finalidade* for *libidinosa*, poderá configurar crime contra a dignidade sexual (art. 215) etc. Se for praticado por funcionário público, constituirá o crime de violência arbitrária (art. 322). Se o sequestro for meio para a prática de outro crime, será absorvido pelo delito-fim"[12].

4.2 *Vantagem devida: outra tipificação*

Para uma parte da doutrina, seguindo a orientação de Hungria, se a vantagem for *devida*, haverá crime de sequestro (art. 148) em concurso com exercício arbitrário das próprias razões (art. 345)[13]. Ignora, contudo, que, quando a lei assim o deseja, refere-se expressamente a "vantagem indevida", como no caso da *extorsão* pura e simples. Magalhães Noronha, o mais acerbo e qualificado crítico de Nélson Hungria, com acerto, afirmava: "Se confrontarmos o artigo em estudo com o precedente — '... obter... indevida vantagem econômica...' (art. 158) e '... obter... qualquer vantagem...' (art. 159) — parece-nos que a lei aqui admite, seja ela indevida ou devida. Comparando-se, pois, os dois dispositivos e atentando-se a que a *lei não contém palavras inúteis*, conclui-se que ela, neste passo, refere-se à legitimidade ou ilegitimidade do proveito"[14].

Por outro lado, Hungria equivoca-se duplamente quando afirma que a *vantagem* há de ser *indevida*, pois, se for *legítima*, existirá *exercício arbitrário das próprias razões* em concurso com *sequestro*[15], quais sejam, crimes com penas de quinze dias a um mês de detenção (art. 345) e um a três anos de reclusão. Curiosamente, o *crime-fim* seria menos grave que o *crime-meio*, invertendo a ordem natural das coisas; afora a circunstância de, como demonstramos anteriormente, o *sequestro* do art. 148 não exigir *especial fim de agir*. Ademais, o fato de visar satisfação de pretensão ilegítima, por si só, não é suficiente para afastar a tipicidade do exercício arbitrário das próprias razões ou, em outros termos, a legitimidade da pretensão visada não é decisiva para tipificar esse crime. Na verdade, a solução dessa *vexata quaestio* deve ser encontrada por meio do *conflito aparente de normas*, chegando-se inevitavelmente à conclusão de que quem, mesmo para satisfazer *pretensão legítima*, sequestra alguém, exigindo como *condição* do resgate a execução daquela pretensão, pratica o crime de *extorsão mediante sequestro* (art. 159). A *ilegitimidade*, para concluir, como o próprio Hungria afirma, em outra passagem, "resulta de ser exigida como preço da cessação de um crime".

---

12. Cezar Roberto Bitencourt, *Tratado de Direito Penal — Parte Especial*, 19. ed., São Paulo, Saraiva, 2019, v. 2, p. 528.
13. Nélson Hungria, *Comentários ao Código Penal*, cit., v. 7, p. 72.
14. Magalhães Noronha, *Direito Penal*, cit., v. 2, p. 287.
15. Nélson Hungria, *Comentários ao Código Penal*, cit., v. 7, p. 72.

5. Tipo subjetivo: adequação típica

O elemento subjetivo geral do tipo é o *dolo*, representado pela vontade consciente de sequestrar alguém. Como em todos os crimes, na extorsão mediante sequestro a vontade e a consciência do agente devem abranger todos os elementos constitutivos do crime, sob pena de afastar-se a adequação típica.

O *elemento subjetivo especial* do tipo é constituído pelo *fim especial* de obter *qualquer* vantagem, para si ou para outrem, como preço ou *condição* do resgate. Essa *finalidade especial* é o que distingue esse crime do de *sequestro*. Aliás, esse elemento subjetivo pode surgir mesmo após o agente ter sequestrado a vítima; basta que passe a exigir determinada vantagem como condição ou preço da libertação da vítima ou refém. Assim, por exemplo, responde por esse crime o agente que, para chamar a atenção das autoridades para seu problema, "sequestra" um veículo coletivo, fazendo os passageiros de reféns e, posteriormente, durante a negociação com as autoridades, exige determinada condição ou pagamento para libertá-los.

Não há previsão de modalidade culposa. Aliás, pela natureza dessa infração, não admitimos sequer a possibilidade de ser praticada por meio de *dolo eventual*.

6. Extorsão qualificada: *modus operandi*

A doutrina nacional, de modo geral, tem utilizado, equivocadamente, a terminologia "agravantes especiais" ao referir-se às *figuras qualificadas* da *extorsão mediante sequestro*, que vem desde Nélson Hungria e Bento de Faria, passando por Magalhães Noronha, Heleno Fragoso e Paulo José da Costa Jr., e sobrevive com Damásio de Jesus e Luiz Regis Prado[16].

Na verdade, embora alguns doutrinadores não façam distinção entre *majorantes* e *qualificadoras* ou, pelos menos, não lhe atribuam relevância, já destacamos em inúmeras oportunidades que não abrimos mão da *precisão terminológica*. Por isso, convém registrar que as circunstâncias enunciadas nos parágrafos do art. 159, ao contrário do que se tem afirmado, são autênticas qualificadoras. As qualificadoras constituem *verdadeiros tipos penais* — derivados, é verdade —, com novos limites, mínimo e máximo, enquanto as *majorantes*, como simples *causas modificadoras da pena*, somente estabelecem sua variação, mantendo os mesmos limites, mínimo e máximo. Ademais, as *majorantes* funcionam como modificadoras somente na terceira fase do cálculo da pena, ao contrário das qualificadoras, que fixam novos limites, mais elevados, dentro dos quais será estabelecida a pena-base. Façamos, a seguir, uma análise individualizada destas.

---

16. Nélson Hungria, *Comentários ao Código Penal*, cit., v. 7, p. 73; Bento de Faria, *Código Penal brasileiro comentado*, cit., v. 5, p. 63; Magalhães Noronha, *Direito Penal*, cit., v. 2, p. 289; Heleno Fragoso, *Lições de Direito Penal*, cit., v. 1, p. 368; Paulo José da Costa Jr., *Comentários ao Código Penal*; Parte Especial, São Paulo, Saraiva, 1988, v. 2, p. 223; Damásio E. de Jesus, *Direito Penal*, cit., v. 2; Luiz Regis Prado, *Curso de Direito Penal brasileiro*, cit., v. 2, p. 414.

6.1 *Duração do sequestro e idade da vítima*

Desnecessário frisar que a *privação da liberdade* é consequência material e direta dessa infração penal. Contudo, embora se saiba que as consequências do crime, como moduladoras da pena (art. 59), não se confundem com a consequência natural tipificadora do crime praticado, não se pode ignorar que a privação da liberdade, em qualquer circunstância, será mais ou menos grave na proporção direta de sua duração. Logo, quanto mais longa, mais danosa, mais grave e mais destruidora de todos os atributos pessoais, éticos e morais que formam a personalidade humana. Nessa linha, um dia de prisão ou de cativeiro equivale a uma eternidade.

Por isso, justifica-se que a duração do sequestro superior a vinte e quatro horas qualifique o crime, determinando sanção consideravelmente superior àquela cominada no *caput* do art. 159.

A *idade da vítima inferior a dezoito anos*, por sua vez, é qualificadora que tem fundamento *político-criminal* coerente com a mesma política que fundamenta a imputabilidade penal somente para maiores de dezoito anos. Na verdade, os menores de dezoito anos são pessoas em formação, que necessitam mais de orientação que de punição, na medida em que suas características pessoais estão em desenvolvimento e são extremamente sensíveis a influências externas.

Por outro lado, desnecessário enfatizar que os filhos, especialmente os menores, são os bens mais valiosos de qualquer ser humano; nessas circunstâncias, o agente sabe que, sequestrando filhos menores, os pais, desesperados, ficam extremamente vulneráveis e dispostos a satisfazer qualquer exigência imposta. E exatamente nisso reside a maior desvalia, quer da ação, quer do resultado; nesse sentido, sustenta Regis Prado, com acerto, que "essa majorante, a seu turno, atua na medida do injusto, implicando maior desvalor da ação, já que a qualidade da vítima afasta a possibilidade de produção do resultado. O aumento do desvalor da ação, *in casu*, está lastreado não apenas na suposta vulnerabilidade da vítima, mas também na acentuada periculosidade da ação"[17].

O Estatuto da Pessoa Idosa (Lei n. 10.741/2003) aproveitou para acrescentar ao rol das qualificadoras deste parágrafo a circunstância de a vítima ser *maior de sessenta anos* — na data do fato, acrescentamos nós. No entanto, não se pode negar que a simples *condição* de tratar-se de *vítima maior de sessenta anos de idade* ser fundamento para qualificar o crime fere os princípios da *razoabilidade* e da *proporcionalidade*, especialmente quando se tem, como cominação da figura qualificada, pena entre doze e vinte anos. Todavia, por opção do legislador, está aí essa nova figura que, em termos de política criminal, só nos faz lamentar o equívoco legislativo. Assim, agora mais do que nunca, é indispensável toda a cautela no exame da circunstância de o sujeito ativo ter *efetivo e comprovado conhecimento* de que a vítima tinha mais de sessenta anos na data do fato.

---

17. Luiz Regis Prado, *Curso de Direito Penal brasileiro*, cit., v. 2, p. 415.

Inquestionavelmente, tanto a maior duração do sequestro (mais de 24 horas) e consequente privação da liberdade da vítima como sua menoridade (menos de 18 anos), e agora também "velhice", ampliam tanto o *desvalor da ação* quanto o *desvalor do resultado*, que justificam, na ótica do legislador, sua maior penalização (art. 159, § 1º).

6.2 *Cometido por bando ou quadrilha*

A prática de qualquer crime por *quadrilha* ou *bando* eleva a gravidade do injusto pelo acentuado desvalor da ação e do resultado, e, no caso de extorsão mediante sequestro, constitui qualificadora, recebendo sanção autônoma, de doze a vinte anos de reclusão.

A definição de *quadrilha ou bando* é aquela dada pelo art. 288. Assim, é indispensável que haja a reunião de mais de três pessoas para praticar crimes. Se no entanto, objetivarem praticar um único crime, ainda que sejam mais de três pessoas, não tipificará quadrilha ou bando, cuja elementar típica exige a *finalidade indeterminada*.

Na verdade, a estrutura central do núcleo desse crime reside na *consciência e vontade* de os agentes organizarem-se em bando ou quadrilha, com o fim especial — elemento subjetivo especial do injusto — e imprescindível de praticar *crimes*. Formação de quadrilha ou bando é crime de perigo comum e abstrato, de concurso necessário e de caráter permanente, inconfundível, pelo menos para os iniciados, com o *concurso eventual de pessoas*. É indispensável que os componentes do bando ou quadrilha concertem previamente a específica prática de *crimes indeterminados*, como objetivo e fim do grupo.

Não se pode deixar de deplorar o uso abusivo, indevido e reprovável como se tem agido no quotidiano forense a partir do episódio Collor de Mello, denunciando-se, indiscriminadamente, por *formação de quadrilha*, qualquer concurso de mais de três pessoas, especialmente nos chamados crimes societários, em autêntico louvor à *responsabilidade penal objetiva*, câncer tirânico já extirpado do ordenamento jurídico brasileiro. Essa prática odiosa beira o *abuso de autoridade* (abuso do poder de denunciar)[18].

Na realidade, estamos querendo demonstrar que é injustificável a confusão que rotineiramente se tem feito entre *concurso eventual de pessoas* (art. 29) e *associação criminosa* (art. 288). Com efeito, não se pode confundir aquele — concurso de pessoas —, que é associação ocasional, eventual, temporária, para o cometimento de um ou mais *crimes determinados*, com esta — quadrilha ou bando —, que é uma *associação* para delinquir, configuradora do crime de quadrilha ou bando, que deve

---

18. Esse lamento é do doutrinador, convém destacar, porquanto para o advogado é um campo fértil para o exitoso exercício profissional de alta rentabilidade. Portanto, aos desavisados, não vai nessa crítica nenhuma mágoa pessoal ou profissional; pelo contrário.

ser duradoura, permanente e estável, cuja finalidade é o cometimento indeterminado de *crimes*. A configuração típica do crime de de associação criminosa compõe-se dos seguintes elementos: a) concurso necessário de, pelo menos, quatro pessoas; b) finalidade específica dos agentes de cometer crimes indeterminados (ainda que acabem não cometendo nenhum); c) estabilidade e permanência da associação criminosa[19]. Em outros termos, a formação de quadrilha ou bando exige, para sua configuração, união estável e permanente de criminosos voltada para a *prática indeterminada* de vários crimes.

Para concluir, invocamos o ensinamento do Ministro Sepúlveda Pertence, cujo talento e brilho invulgar incontestáveis autorizam que se reproduza a sua síntese lapidar: "Mas, *data venia*, isso nada tem a ver com o delito de quadrilha, que pode consumar-se e extinguir-se sem que se tenha cometido um só crime, e que pode constituir-se para a comissão de um número indeterminado de crimes de determinado tipo, ou dos crimes de qualquer natureza, que se façam necessários para determinada finalidade, como é o caso que pretende a denúncia neste caso. Pelo contrário, a associação que se organize para a comissão de crimes previamente identificados, mais insinua coautoria do que quadrilha"[20].

Por tudo isso, a qualificadora de *bando ou quadrilha* somente se configura quando realmente de *quadrilha* se tratar, caso contrário estar-se-á diante de *concurso de pessoas* (art. 29), que não tipifica a figura qualificada em exame.

7. Extorsão mediante sequestro qualificada pelo resultado: lesão grave ou morte

O art. 159 dispõe: "§ 2º Se do fato resulta lesão corporal de natureza grave: Pena — reclusão, de 16 (dezesseis) a 24 (vinte e quatro) anos. § 3º Se resulta a morte: Pena — reclusão, de 24 (vinte e quatro) a 30 (trinta) anos".

As duas hipóteses elencadas caracterizam condições de exasperação da punibilidade em decorrência da maior gravidade do resultado. A exemplo do que ocorre com os crimes de *roubo* e de *extorsão,* "se resulta lesão corporal grave" ou "se resulta morte", pune-se a título de *crime qualificado pelo resultado*, para alguns, *crimes preterdolosos*.

Normalmente, o resultado mais grave — lesão ou morte — é produto de *culpa*, que complementaria a conhecida figura do *crime preterdoloso* — dolo no antecedente e culpa no consequente, como a doutrina gosta de definir. Ter-se-ia, assim, o crime contra a liberdade (sequestro) executado, *dolosamente*, acrescido de um resultado mais grave, resultante de *culpa*, a lesão grave ou a morte da vítima. Essa, pelo menos, é a estrutura clássica do crime *preterdoloso*.

---

19. STF, Inq 3989, rel. Min. Edson Fachin, Segunda Turma, julgado em 11-6-2019, publicado em 23-8-2019.
20. STF, HC 71.168-8, rel. Min. Sepúlveda Pertence, *RT*, *717*:249.

7.1 *Se resulta lesão corporal de natureza grave*

A regra, repetindo, é que, nesses crimes, o *resultado agravador* seja sempre produto de *culpa*. Contudo, na hipótese em apreço, a extrema gravidade das sanções cominadas uniu o entendimento doutrinário que passou a admitir a possibilidade, indistintamente, de o resultado agravador poder decorrer tanto de culpa quanto de dolo, direto ou eventual.

A locução *lesão corporal de natureza grave* deve ser interpretada em sentido amplo, para abranger tanto as lesões graves (art. 129, § 1º) quanto lesões gravíssimas (art. 129, § 2º). Ademais, a lesão corporal grave tanto pode ser produzida na vítima do *sequestro* como na vítima da *extorsão* ou em qualquer outra pessoa que venha a sofrer a violência.

Sintetizando, é indiferente que o resultado mais grave seja voluntário ou involuntário, justificando-se a agravação da punibilidade, desde que esse resultado não seja produto de *caso fortuito* ou *força maior*, ou seja, decorra, pelo menos, de culpa.

7.2 *Se resulta a morte*

A *morte* da vítima é a qualificadora máxima desse crime. Exatamente como na lesão grave, a morte pode resultar em outra pessoa que não a sequestrada, podendo existir dois sujeitos passivos.

Observando-se a sistemática do nosso Código Penal, constata-se que o art. 157, § 3º, pretendeu tipificar um *crime preterdoloso*, já que a locução utilizada "se resulta" indica, normalmente, resultado decorrente de *culpa*, e não meio de execução de crime. No entanto, como já referimos no tópico anterior, a severidade das penas cominadas não se harmoniza com crime preterdoloso. Procurando minimizar a iniquidade congênita da estrutura tipológica em apreço, a doutrina passou a sustentar a possibilidade de o resultado morte poder ser produto de dolo, culpa ou preterdolo[21], indiferentemente.

Toda sanção agravada em razão de determinada consequência do fato somente pode ser aplicada ao agente se houver dado *causa*, pelo menos, culposamente. Com a extorsão mediante sequestro não é diferente, aplicando-se integralmente o consagrado princípio *nulla poena sine culpa*; rechaça-se, assim, completamente a *responsabilidade objetiva*. No entanto, não se pode silenciar diante de um *erro crasso* do legislador, que *equiparou dolo* e *culpa*, pelo menos quanto às consequências, nesse caso específico. Na verdade, o evento morte tanto pode decorrer de *dolo*, de *culpa* ou de *preterdolo*, e atribuir-lhe a mesma sanção com a gravidade que lhe é cominada (24 a 30 anos de reclusão) agride o bom senso e fere a sistemática do ordenamento jurídico brasileiro, que, nos *crimes culposos*, releva o *desvalor do resultado*, destacando, fundamentalmente, o *desvalor da ação*.

---

21. Heleno Cláudio Fragoso, *Lições de Direito Penal*, cit., v. 1, p. 210.

A Lei n. 8.072/90 definiu a *extorsão mediante sequestro* como *crime hediondo*, excluído de anistia, graça, indulto, fiança e liberdade provisória, com cumprimento de pena integralmente em regime fechado. Nesses casos, a prisão temporária é de trinta dias, e, em caso de condenação para apelar, segundo a questionada Lei n. 8.072/90, a regra é invertida: somente recolhimento à prisão (art. 9º, §§ 1º e 2º). No entanto, a Lei n. 11.464, de 27 de março de 2007, seguindo a orientação consagrada pelo Supremo Tribunal Federal (HC 82.959), minimiza os equivocados excessos da Lei n. 8.072/90, alterando os parágrafos do seu art. 2º, e determina que o cumprimento da pena inicie em regime fechado, ou seja, consagra o *sistema progressivo de regimes* de pena.

8. Delação premiada: favor legal antiético

Nada pode ser mais atual e palpitante que a indigitada "delação premiada", mormente após os exageros praticados na conhecida "Operação Lava-Jato", a qual a comunidade jurídica internacional está acompanhando estarrecida. Ausência de *manifestação de vontade livre e consciente* de delatores encarcerados, pressuposto básico de validade desse instituto.

Desejamos destacar, desde logo, a grande dificuldade de traçar um paralelo simplista do *pragmatismo* do sistema da *common law* (norte-americano) com o *dogmatismo* do sistema romano-germânico, no qual se inclui o ordenamento jurídico brasileiro. Essas diferenças impedem que se faça simplesmente um paralelo do tratamento da *delação premiada* — amplitude, abrangência e disponibilidade — lá e cá, exigindo-se toda a cautela no exame desse instituto nem tão novo no sistema jurídico pátrio, a despeito de só recentemente ter recebido uma disciplina legal mais abrangente (Lei n. 12.850/2013). Por conta das investigações da conhecida "Operação Lava-Jato", ficou popularmente conhecido.

Na verdade, o uso indiscriminado, abusivo e profundamente deturpado da *delação premiada* na "Operação Lava-Jato" deixa incrédulos os operadores jurídicos americanos, a despeito da absoluta *discricionariedade* de que goza o Ministério Público daquele país, algo inocorrente no sistema brasileiro. Frise-se que o Ministério Público norte-americano tem *absoluta disponibilidade da ação* penal pública, ao passo que, no Brasil, a *ação penal pública é absolutamente indisponível*, ou seja, o Ministério Público brasileiro não tem o direito nem poder de dispor dela livremente.

Delação premiada, segundo sua primeira definição na Lei dos Crimes Hediondos, consiste na redução de pena (podendo chegar, em algumas hipóteses, até mesmo à total isenção dela) para o delinquente que *delatar* seus comparsas, concedida pelo juiz na sentença final condenatória, desde que sejam satisfeitos os requisitos que a lei estabelece. Trata-se de instituto importado de outros países[22], independentemente

---

22. Código Penal espanhol, arts. 376 e 579, n. 3; Código Penal italiano, arts. 289 *bis* e 630, e Leis n. 304/82, 34/87 e 82/91; Código Penal português, arts. 299, n. 4, 300, n. 4, e 301, n. 2; Código Penal chileno, art. 8º; Código Penal argentino, art. 217; Código Penal colombiano, arts. 413/418, entre outros.

da diversidade de peculiaridades de cada ordenamento jurídico e dos fundamentos políticos que o justificam.

A Lei dos Crimes Hediondos (Lei n. 8.072/90), em seu art. 7º, introduziu um parágrafo (§ 4º) no art. 159 do Código Penal, cuja redação estabelecia uma minorante[23] (causa de diminuição de pena) em favor do coautor ou partícipe do crime de *extorsão mediante sequestro* praticado por quadrilha ou bando que denunciasse o crime à autoridade, facilitando, assim, a libertação do sequestrado. Dessa forma, *premiava-se* o participante *delator* que *traísse* seu comparsa, com a redução de um a dois terços da pena aplicada. Por essa redação, para que fosse reconhecida a configuração da então cognominada "delação premiada", era indispensável que a *extorsão mediante sequestro* tivesse sido cometida por *quadrilha ou bando* e que qualquer de seus integrantes, denunciando o fato à autoridade, possibilitasse a libertação da vítima.

Posteriormente, a Lei n. 9.269/96 ampliou as possibilidades da "traição premiada" ao conferir ao § 4º a seguinte redação: "Se o crime é cometido em concurso, o concorrente que o denunciar à autoridade, facilitando a libertação do sequestrado, terá sua pena reduzida de um a dois terços". A partir dessa nova redação, tornou-se desnecessário que o *crime de extorsão* tenha sido praticado por quadrilha ou bando (que exige a participação de pelo menos quatro pessoas, agora a lei exige apenas três), sendo suficiente que haja *concurso de pessoas*, ou seja, é suficiente que dois participantes, pelo menos, tenham concorrido para o crime, e um deles tenha *delatado* o fato criminoso à autoridade, possibilitando a libertação do sequestrado. Enfim, com essa retificação legislativa de 1996, iniciou-se a *proliferação* da "traição bonificada", defendida pelas *autoridades repressoras* como grande instrumento de combate à *criminalidade organizada*, ainda que, contrariando esse discurso, o último diploma legal referido tenha afastado exatamente a necessidade de qualquer envolvimento de possível organização criminosa.

Com efeito, a eufemisticamente agora denominada *colaboração premiada*, que foi inaugurada no ordenamento jurídico brasileiro, repetindo, com a Lei dos Crimes Hediondos (Lei n. 8.072/90, art. 8º, parágrafo único), proliferou em nossa legislação esparsa, atingindo níveis de vulgaridade. Assim, passou a integrar as leis de *crimes contra o sistema financeiro* (art. 25, § 2º, da Lei n. 7.492/86), *crimes contra o sistema tributário* (art. 16, parágrafo único, da Lei n. 8.137/90), *crimes praticados por organização criminosa* (art. 6º da Lei n. 9.034/95), *crimes de lavagem de dinheiro* (art. 1º, § 5º, da Lei n. 9.613/98), a *Lei de Proteção a Vítimas e Testemunhas* (art. 13 da Lei n. 9.807/99) e, finalmente, a Lei n. 12.850/2013, a qual regulamentou o instituto de forma mais abrangente.

O fundamento invocado, para sua adoção, é a confessada falência do Estado para combater a dita "criminalidade organizada", que é mais produto da omissão

23. "§ 4º Se o crime é cometido por quadrilha ou bando, o coautor que denunciá-lo à autoridade, facilitando a libertação do sequestrado, terá sua pena reduzida de um a dois terços."

dos governantes ao longo dos anos do que propriamente alguma "organização" ou "sofisticação" operacional da delinquência massificada. Na verdade, virou moda falar em crime organizado, organização criminosa e outras expressões semelhantes para justificar a incompetência e a omissão dos detentores do poder, nos últimos vinte e cinco anos, pelo menos. Chega a ser paradoxal que se insista numa propalada sofisticação da delinquência. Num país onde impera a improvisação e tudo é desorganizado, como se pode aceitar que só o crime seja organizado? Quem sabe o Poder Público, num exemplo de *funcionalidade*, comece combatendo o *crime desorganizado*, já que capitulou ante o que resolveu tachar de crime organizado? Pelo menos combateria a *criminalidade de massa*, devolvendo a segurança à coletividade brasileira, que tem dificuldade até mesmo para transitar pelas ruas das capitais. Está se tornando intolerável a inoperância do Estado no combate à criminalidade, seja ela massificada, organizada ou desorganizada, conforme têm demonstrado as alarmantes estatísticas diariamente.

Como se tivesse descoberto uma poção mágica, o legislador contemporâneo acena com a possibilidade de *premiar o traidor* — atenuando a sua responsabilidade criminal —, desde que delate seu comparsa, facilitando o êxito da investigação das autoridades constituídas. Com essa figura esdrúxula, o legislador brasileiro possibilita *premiar* o "traidor", oferecendo-lhe vantagem legal, "manipulando" os parâmetros punitivos, alheio aos fundamentos do direito-dever de punir que o Estado assumiu com a coletividade.

Não se pode admitir, eticamente, sem qualquer questionamento, a *premiação* de um delinquente que, para obter determinada vantagem, "dedure" seu parceiro, com o qual deve ter tido pelo menos um pacto criminoso, uma relação de confiança para empreenderem alguma atividade no mínimo arriscada, que é a prática de algum tipo de delinquência. Estamos, na verdade, tentando falar da *imoralidade* da postura assumida pelo Estado nesse tipo de *premiação*. Nesse sentido, o Prof. Marcos Paulo Dutra Santos sentencia: "Concordamos que a traição não se resume à incriminação dos comparsas, na medida em que todos celebraram um pacto criminoso, definiram um plano de ação e o executaram, ainda que não revele todas as estratégias, presentes ou futuras. Negar que a delação premiada caracteriza, eticamente, traição é zombar da inteligência alheia, e além de atentar contra a *honestidade intelectual*, é admitir que se trata de método moralmente questionável"[24].

Qual é, afinal, o fundamento ético legitimador do oferecimento de tal premiação? Convém destacar que, para efeito da delação premiada, *não se questiona a motivação do delator*, sendo irrelevante que tenha sido por arrependimento, vingança, ódio, infidelidade ou apenas por uma avaliação calculista, antiética e infiel do traidor-delator. Quando se constata que em uma única "operação" mais de 65 "delações premiadas" já ocorreram, alguma coisa não vai bem! Todos querem ser delatores! Delação premiada virou baixaria, ato de vingança, *ultima ratio* de denunciados, pois agora até

---

24. Marcos Paulo Dutra Santos. *Colaboração (delação) premiada*, Salvador, JusPodivm, 2016.

Eduardo Cunha quer ser delator! Pode?! Enfim, os ditos delatores dizem qualquer coisa que interesse aos investigadores para se beneficiarem das "benesses dos acusadores", os quais passaram a *dispor*, sem limites, da ação penal, que é indisponível!

Venia concessa, será legítimo o Estado lançar mão de *meios antiéticos* e *imorais*, como estimular a *deslealdade* e *traição* entre parceiros, apostando em comportamentos dessa natureza para atingir resultados que sua incompetência não lhe permite através de meios mais ortodoxos? Certamente não é nada edificante estimular seus súditos a mentir, trair, delatar, alcaguetar ou dedurar um companheiro movido exclusivamente pela ânsia de obter alguma vantagem pessoal, seja de que natureza for. O Estado não é criminoso ou bandido, tampouco pode portar-se como tal, ou seja, invocar os métodos criminosos adotados pelos delinquentes para utilizá-los em seu combate!

No entanto, a despeito de todo esse questionamento ético que atormenta qualquer cidadão de bem, a verdade é que a *delação premiada* é um instituto adotado em nosso direito positivo desde 1990. Falando em peculiaridades diversas, lembramos que nos Estados Unidos o acusado — como uma testemunha — presta compromisso de dizer a verdade e, não o fazendo, comete crime de *perjúrio*, algo inocorrente no sistema brasileiro, em que o acusado tem, inclusive, o direito de mentir, sem que isso lhe acarrete qualquer prejuízo, conforme lhe assegura a Constituição Federal (esse aspecto, de certa forma, a Lei n. 12.850/2013 corrigiu, exigindo-lhe a obrigação de falar a verdade). Essa circunstância, por si só, desvirtuava completamente o instituto da delação premiada, pois, descompromissado com a verdade e isento de qualquer prejuízo ao sacrificá-la, o beneficiário da *delação* diria e dirá qualquer coisa que interesse às autoridades na tentativa de beneficiar-se. Tal circunstância retira eventual idoneidade que sua delação possa ter, se é que alguma "delação" pode ser considerada idônea.

Por outro lado, a legislação brasileira era completamente omissa em disciplinar o *modus operandi* a ser observado na celebração desse "acordo processual". Na realidade, a *praxis* tem desrecomendado não apenas o instituto da delação como também as próprias autoridades que a têm utilizado, bastando recordar, apenas para ilustrar, a hipótese do doleiro da CPI dos Correios e do ex-assessor do ex-Ministro Palocci, que foram interpelados e compromissados a *delatar*, na calada da noite e/ou no interior das prisões, enfim, nas circunstâncias mais inóspitas possíveis, sem que lhes assegurassem a presença e orientação de um advogado, sem contraditório, ampla defesa e devido processo legal. Esses aspectos, pelo menos, foram superados com a edição da Lei n. 12.850/2013.

Com efeito, num primeiro momento, o próprio Ministério Público Federal declarou na mídia que os investigados "eram presos para forçar a delação" (violando o princípio da *liberdade* e *voluntariedade de delatar*), e que isso era de grande contribuição ao desenlace da investigação. Segundo informações que circulam na imprensa, os *delatores* têm prestado dezenas de depoimentos (vazou na mídia que o tal de Cerveró foi interrogado 37 vezes ao longo de dias e dias, quiçá de meses à disposição dos investigadores oficiais).

Mais recentemente, o magistrado que comanda a "Operação Lava-Jato", agora mundialmente famoso, para o bem e para o mal, acaba de praticar aquilo que se pode considerar a maior aberração, deturpadora do próprio instituto da delação. Explica-se: depois da realização de diversos interrogatórios (fala-se em 37) de determinado investigado-delator, o ilustre magistrado descartou o uso de tais depoimentos como elemento probatório, nos seguintes termos: "os depoimentos a esse respeito de (...) devem ser descartados como elemento probatório a ser considerado, em vista da falta de credibilidade do acusado em razão da alteração significativa de seus depoimentos em Juízo e sem justificativa" (fls. 226 da sentença de 265 páginas), ainda que se diga que o fez tão somente para beneficiar o acusado.

Esse parágrafo examinado, isoladamente, não apresentaria nada de anormal; pelo contrário, estaria abrangido pela previsão da Lei n. 12.850/2013. Contudo, na sequência, o ilustre julgador equivoca-se absurdamente e cria uma nulidade absoluta de seu decisório, por violar flagrantemente as garantais constitucionais do contraditório, da ampla defesa e do devido processo legal, ao considerar referidos depoimentos — prestados em uma delação premiada considerada inválida — como "confissão da prática de crimes", *verbis*: "Considero os seus depoimentos, portanto, apenas como uma confissão da prática de crimes por ele mesmo..." (Sentença de Sérgio Moro na Ação Penal n. 5045241-84.2015.4.04.7000/PR, fls. 226).

Com efeito, tornada imprestável a "colaboração premiada", por qualquer razão, não importa, mas que não sirva para o fim proposto, ela não poderá, de forma alguma, ser utilizada exatamente em relação ao seu autor (art. 4º, § 10, da Lei n. 12.850/2013), porque este, sob a perspectiva de receber os benefícios que tal instituto lhe assegura, despiu-se de seus cuidados defensivos, "abriu mão" de suas garantias constitucionais (inclusive, no caso concreto, daquelas de que não podia declinar), e franqueou tudo o que sabia, fragilizando sua defesa e, digamos, até inviabilizando teses defensivas a serem sustentadas por sua defesa técnica. Tampouco a justificaria o argumento falacioso de que apenas a considerou válida para beneficiar o infrator, especialmente porque não afastou aquelas provas que, certamente, derivaram, direta ou indiretamente, de tal delação. Hoje se invoca o benefício ao delator, amanhã, quem sabe, pode-se invocar o interesse público, interesse da justiça, interesse sei lá de quem etc., para utilizar-se de material colhido que a lei considera imprestável.

Por outro lado, um requisito, fundamento ou elemento indispensável para a validade e legitimidade do "acordo delatório", qual seja, a *liberdade* e *voluntariedade* de celebrar "delação premiada", não está presente em todas as delações feitas por "delatores" presos, encarcerados, amedrontados, psicológica e fisicamente fragilizados. Trata-se, a rigor, de uma *refinada tortura psicológica*, pois os investigados, presos preventivamente na carceragem da Policial Federal, já sem forças e sem esperanças, e vendo resultados favoráveis de outros delatores, acabam "decidindo" também *delatar* alguém para minimizar sua condenação certa. Não se sabe, até agora, se sobrará alguém sem a pecha de delator na referida operação.

Em outros termos, para a validade de qualquer *delação ou colaboração premiada*, é absolutamente imprescindível que decorra da manifestação de vontade livre e consciente do acusado. Com efeito, a liberdade e voluntariedade fundantes da manifestação de vontade do investigado/acusado são mais que requisitos, são verdadeiros *pressupostos* de validade da "transação penal" (delação). Nesse sentido, destaca Marcos Paulo Dutra Santos[25], referindo-se ao sistema norte americano, em seu belíssimo livro sobre *Colaboração (delação) premiada*, *verbis*: "A Regra Federal n. 11, (b), (2) preconiza que o Juízo apenas aceita a declaração de culpa ou de não contestação após certificar a voluntariedade, isto é, deve resultar da manifestação livre de vontade do acusado, e não de eventuais ameaças, violências ou promessas falsas, absolutamente estranhas à proposta de acordo. Para tanto, é indispensável que o juiz indague pessoalmente o imputado em audiência — *open court*" (item n. 2.1.3.1).

No entanto, para concluir, questionamos nós, poder-se-á chamar de "justiça negocial" ou *acordo espontâneo*, como exige nosso texto legal, a "opção pela *colaboração premiada*, após o cidadão estar encarcerado por longo período — quando já exaurido, deprimido, esgotado e desprotegido, pressionado pelas "misérias do cárcere" (Carnelutti): "Aceita" *dedurar* seus comparsas, aliás, como acontece na cognominada "Operação Lava-Jato"? Pode-se sustentar a legitimidade da *deslealdade legal*, como "favor legal" ao delator, nessas circunstâncias? Mesmo naquelas em que "os negociadores do Estado", ao contrário do que ocorre com a Lava-Jato, não impõem renúncia a direitos e garantias asseguradas na Constituição Federal como cláusulas pétreas?

Questões como essas exigem séria e profunda reflexão, desapaixonada, para sabermos quais os limites éticos, morais, religiosos e até legais de que nossas autoridades podem lançar mão para exercer licitamente suas funções.

9. Crime hediondo

Tanto a figura simples quanto as qualificadas são consideradas crimes hediondos. Sobre crimes hediondos, *vide* nota ao § 3º do art. 157, pois tudo que lá dissemos tem aplicação aqui. A pena será majorada de metade se a vítima a) não for maior de quatorze anos; b) for alienada ou débil mental (se o agente souber disso); c) não puder, por qualquer causa, oferecer resistência.

10. Consumação e tentativa

Consuma-se esta infração penal com o sequestro da vítima, isto é, com a privação de sua liberdade; consuma-se no exato momento em que a vítima é *sequestrada*, isto é, quando tem sua liberdade de ir e vir suprimida, mesmo antes do pedido de resgate.

A consumação no crime de extorsão mediante sequestro não exige que a vantagem econômica seja alcançada. Basta que a pessoa seja privada de sua liberdade e que a intenção de conseguir vantagem econômica indevida seja externada. Assim é irrelevante o fato de a vítima ser posta em liberdade ante o insucesso da exigência.

---

25. Marcos Paulo Dutra Santos. *Colaboração (delação) premiada*, Salvador, JusPodivm, 2016.

Trata-se de crime *permanente*, e sua consumação se opera no local em que ocorre o sequestro, com o objetivo de obter o resgate, e não no da entrega deste.

Eventual recebimento do resgate constituirá apenas *exaurimento* do crime, que apenas influirá na dosagem final da pena.

A maior dificuldade no tratamento desses crimes reside na definição da *tentativa*, que tem sido objeto de imensa controvérsia e complexidade, grande parte em decorrência da deficiente técnica legislativa, que tem dificultado as soluções estritamente jurídicas.

É admissível, em princípio, a tentativa, desde que o agente inicie a ação de sequestrar a vítima, embora, *in concreto*, às vezes seja de duvidosa configuração. Não se pode, no entanto, falar em tentativa de extorsão mediante sequestro se o agente, embora não obtendo a vantagem pretendida, praticou todos os atos para a consumação do crime.

11. Classificação doutrinária

Trata-se de *crime comum* (aquele que não exige qualquer condição especial do sujeito ativo); *formal*[26], uma vez que se consuma, como vimos, independentemente do recebimento da vantagem patrimonial pretendida (resgate), isto é, consuma-se com a ação de sequestrar a vítima; *comissivo* (é da essência do próprio verbo nuclear — "sequestrar" —, que só pode ser praticado por meio de uma ação positiva); só excepcionalmente pode ser comissivo-omissivo, ou seja, quando o agente estiver na condição de garantidor e não impedir que o sequestro ocorra (art. 13, § 2º, do CP); *doloso* (não há previsão legal para a figura culposa); *de forma livre* (pode ser praticado por qualquer meio, forma ou modo); *permanente* (a consumação alonga-se no tempo); *unissubjetivo* (pode ser praticado, em regra, por um único agente); *plurissubsistente* (pode ser desdobrado em vários atos que, no entanto, integram a mesma conduta).

12. Pena e ação penal

As penas aplicáveis são as seguintes: a) *caput*: reclusão, de oito a quinze anos; b) § 1º: reclusão, de doze a vinte anos; c) § 2º: reclusão, de dezesseis a vinte e quatro anos; d) § 3º: reclusão, de vinte e quatro a trinta anos. A *minorante* da delação permite a redução de um a dois terços da pena aplicada (§ 7º da Lei n. 8.072/90). Referida lei suprimiu a pena de multa, que era cumulativa.

A *ação penal*, não poderia ser diferente, é pública incondicionada. A autoridade policial deve agir *ex officio*.

---

26. "A extorsão é delito formal que se perfaz com o efetivo constrangimento de alguém a fazer, deixar de fazer ou tolerar que se faça algo, não dependendo da obtenção de vantagem econômica para a sua consumação" (STJ, RE 125040/SP, rel. Min. Gilson Dipp, j. 11-4-2000).

EXTORSÃO INDIRETA — VI

Sumário: 1. Considerações preliminares. 2. Bem jurídico tutelado. 3. Sujeitos do crime. 3.1. Sujeito ativo. 3.2. Sujeito passivo. 4. Tipo objetivo: adequação típica. 5. Tipo subjetivo: adequação típica. 6. Classificação doutrinária. 7. Consumação e tentativa. 8. Pena e ação penal.

EXTORSÃO INDIRETA

Art. 160. Exigir ou receber, como garantia de dívida, abusando da situação de alguém, documento que pode dar causa a procedimento criminal contra a vítima ou contra terceiro:

Pena — reclusão, de 1 (um) a 3 (três) anos, e multa.

1. Considerações preliminares

A proteção contra a *usura* encontra seus antecedentes mais remotos na Lei das XII Tábuas[1], secundada pela Igreja, que passou a considerá-la pecado.

Luiz Regis Prado destaca, com acerto, que, "embora a doutrina considere a figura estranha à nossa legislação, invocando-se como antecedente histórico unicamente o art. 197 do Projeto Sá Pereira, é oportuno observar que o Código Penal de 1890 já dispunha sobre delito análogo, no artigo 362, § 2º"[2].

Sobre a extorsão indireta, a *Exposição de Motivos* do Código Penal de 1940, da lavra do Ministro Francisco Campos, faz a seguinte afirmação: "Destina-se o novo dispositivo a coibir os torpes e opressivos expedientes a que recorrem, por vezes, os agentes da usura, para garantir-se contra o risco do dinheiro mutuado. São bem conhecidos esses recursos, como, por exemplo, o de induzir o necessitado cliente a assinar um contrato simulado de depósito ou a forjar no título de dívida a firma de algum parente abastado, de modo que, não resgatada a dívida no vencimento, ficará o mutuário sob a pressão da ameaça de um processo por apropriação indé-

1. "Os juros de dinheiro não podem exceder de uma onça, isto é, 1/12 do capital por ano (*unctariu foenus*), o que dá 8,1/3 por cento por ano; se se calcula sobre o ano solar de 12 meses, segundo o calendário já introduzido por Numa (a pena contra o usurário que ultrapassa o limite é do quádruplo)" (inciso XVIII da Tábua VIII).
2. Luiz Regis Prado, *Curso de Direito Penal brasileiro*, cit., v. 2, p. 420.

bita ou falsidade" (item n. 57). Esse crime pode ser praticado, normalmente, por agiotas, embora para sua configuração não seja indispensável a existência de *usura*. É suficiente, em princípio, que o sujeito ativo procure garantir-se, exigindo do devedor documento que possa dar causa a processo criminal contra si ou contra terceiro. A lei procura, com efeito, impedir que credores inescrupulosos (não necessariamente agiotas ou usurários) aproveitem-se do desespero de eventuais devedores para extorquir-lhes compromissos documentais idôneos para, havendo inadimplemento, instaurar procedimento criminal contra o devedor ou terceira pessoa.

2. Bem jurídico tutelado

A *extorsão indireta* é mais um daqueles crimes pluriofensivos, na medida em que os *bens jurídicos* protegidos neste dispositivo são o *patrimônio* e a *liberdade individual* do sujeito passivo: aquele, diretamente; esta, secundariamente. A natureza do documento exigido pelo sujeito ativo representa, inegavelmente, risco potencial à liberdade do sujeito passivo.

Na verdade, poder-se-ia considerar esses dois bens jurídicos, vistos isoladamente — patrimônio e liberdade —, sob uma outra ótica, digamos, mais específica, definindo com precisão o verdadeiro bem jurídico protegido pelo dispositivo em exame, qual seja, a *regularidade das relações entre credor e devedor*. Assim, o bem jurídico *stricto sensu* é a normalidade e moralidade das relações entre devedor e credor.

3. Sujeitos do crime

3.1 *Sujeito ativo*

Sujeito ativo pode ser qualquer pessoa, mesmo não sendo *agiota*, a despeito do conteúdo da *Exposição de Motivos*, que se referiu especificamente aos "agentes da usura". Não se trata, por evidente, de crime próprio, podendo ser praticado por qualquer pessoa que, para garantir um crédito, mesmo não *usurário*, abuse da situação de outrem, exija documento que possa resultar em procedimento criminal. Enfim, embora possa ser preferentemente praticada por agiotas, a extorsão indireta não lhes é exclusiva, isto é, não se trata de uma espécie de usura.

3.2 *Sujeito passivo*

Sujeito passivo também pode ser qualquer pessoa, geralmente o *devedor*, na medida em que, inegavelmente, é necessária a existência de uma relação de débito e crédito (garantia de dívida). Ademais, a exemplo das outras formas de extorsão, é possível a existência de pluralidade de vítimas: a ação pode ser realizada contra o devedor, mas o documento exigido ou entregue pode incriminar terceiro.

A lei protege, em outros termos, toda e qualquer pessoa contra todo e qualquer credor, independentemente da existência de juros, legais ou ilegais.

4. Tipo objetivo: adequação típica

A configuração desse tipo penal pressupõe a existência dos seguintes requisitos: a) exigência ou recebimento de documento que possa dar causa a processo penal contra a vítima ou terceiro; b) existência de relação creditícia; c) abuso da situação de necessidade do sujeito passivo.

A ação tipificada consiste em *exigir* ou *receber* documento que possa dar *causa* a procedimento criminal, contra a vítima ou contra terceiro. O texto legal equipara *exigência* a *recebimento,* tipificando *crime de conteúdo variado*, ou, como preferem alguns, *de ação múltipla.* Na primeira hipótese há a imposição de uma situação ou *conditio sine qua non*; na segunda, há a aceitação de uma proposição de iniciativa do próprio devedor, que entrega o documento comprometedor; naquela, há uma atividade positiva, uma imposição do credor; nesta, o sujeito ativo do crime aquiesce em receber o documento que o próprio devedor toma a iniciativa de entregar-lhe.

É necessário que esse "acordo" entre credor e devedor não passe de uma *simulação*, que parece mais uma espécie de coação que qualquer outra coisa. É irrelevante que se trate de dívida existente ou se refira a dívida futura.

Qualquer das ações tipificadas deve ser realizada para obter *garantia de dívida, abusando da situação de alguém.* Como afirmava Heleno Fragoso, "este crime ocorre quando o devedor não tem garantias para oferecer ao credor, funcionando o documento recebido ou exigido como segurança do pagamento. O fundamento ou a razão de ser da dívida é inteiramente irrelevante"[3].

O *documento*, público ou particular, deve ser entendido em sentido estrito; tem de ter *conteúdo criminalmente comprometedor*, capaz de dar margem a procedimento criminal. Esse tipo penal tem o sentido de proteger o indivíduo contra a *chantagem.* O documento pode encerrar a confissão de um crime efetivamente praticado, pode ser a delação de alguém de sua família etc.

A existência da dívida ou sua legitimidade não exclui o crime, pois sua ilicitude reside na natureza criminalmente comprometedora do documento exigido, concomitante com a situação difícil em que a vítima se encontra. Em outros termos, ilícito não é o crédito, mas a garantia exigida. Por isso, para a configuração do crime definido no art. 160 do Código Penal, é indispensável que, além da exigência ou recebimento de documento que possa dar lugar a procedimento criminal contra a vítima ou terceira pessoa, haja *abuso da situação* ou condição necessitada de alguém. Não se trata da simples condição de devedor, mas sim de sua situação de penúria, decorrente de suas dificuldades prementes, que deixam a vítima vulnerável. Nesse sentido, merece destaque a consideração que fazia Magalhães Noronha, *in verbis*: "Denominou o Código esta figura criminal *extorsão indireta*, e dentre os característicos que a distinguem cumpre apontar primeiramente o estado angustioso, de necessidade da vítima que, por ele coagida, resigna-se à entrega da garantia ilegal"[4].

3. Heleno Cláudio Fragoso, *Lições de Direito Penal*, cit., v. 1, p. 372.
4. Magalhães Noronha, *Direito Penal*, cit., v. 2, p. 293.

O agente não precisa ter concorrido para o estado aflitivo da vítima, sendo suficiente que se aproveite dessa situação.

Não é necessário que o documento se refira à prática de crime inexistente, cuja autoria a vítima atribua a si ou a terceiro. O crime existirá mesmo quando, em garantia de dívida, a vítima é obrigada a firmar documento confessando a autoria de crime que efetivamente executou[5].

De posse do "documento", o credor, isto é, o sujeito ativo do crime de extorsão indireta, está em condições de provocar a instauração ou o início de um procedimento criminal, independentemente de o devedor, isto é, a vítima, poder demonstrar a inautenticidade do documento, a coação ocorrida, a simulação que o documento representa, enfim, sua inocência.

O recebimento puro e simples de cheque sem fundos como garantia de dívida não é suficiente para caracterizar o crime de *extorsão indireta*, especialmente a partir do momento em que se pacificou o entendimento de que cheque dado em garantia de dívida não constitui *ordem de pagamento* e, por extensão, não constitui aquela modalidade de estelionato (art. 171, § 2º, VI, do CP). Todavia, se essa *garantia* do cheque sem fundos resultar de exigência abusiva do credor, que se prevalece de uma situação aflitiva de seu devedor, em estado de insolvência, poder-se-á estar diante da figura típica descrita no art. 160 do CP. Esse entendimento baseia-se na própria descrição típica, que se refere a "procedimento criminal". Este, ao contrário de processo criminal, abrange também as investigações preliminares, muitas vezes necessárias para se descobrir a natureza do cheque emitido; pode-se afirmar, em outros termos, que, a despeito do atual entendimento a respeito do cheque dado em garantia, ele é potencialmente idôneo para dar causa a procedimento criminal, não sendo recomendável, assim, deixar o devedor juridicamente desprotegido. Nesse sentido, estamos de acordo com o magistério de Magalhães Noronha, que sustentava: "Basta, então, potencialidade; é suficiente ser apto a esse fim. Não se exige, é bem de ver, que o procedimento seja iniciado, pois o fim do agente é conservá-lo como um mal iminente sobre o devedor, no caso de não ser solvido o débito. É, assim, condição indispensável, que ele possa fundamentar o processo-crime. Mesmo no caso de ser justo o procedimento criminal, contra a vítima, se o agente retém o documento que dará origem ao processo, para garantir a dívida, somos de parecer que não se excluirá o delito. O processo, em relação ao agente, é injusto, porque injusto o fim que o move".

O simples pedido feito a policiais para que cobrem uma dívida, por si só, não configura crime algum. A *ameaça* de processar, feita por advogado, caso a outra parte não cumpra obrigação assumida não constitui extorsão indireta, aliás não constitui crime algum. Por fim, não nos parece que a conduta tipificada tenha a gravidade que o Código lhe empresta, mostrando-se, na prática, de difícil ocorrência.

5. No mesmo sentido, Heleno Cláudio Fragoso, *Lições de Direito Penal*, cit., v. 1, p. 373.

5. Tipo subjetivo: adequação típica

O dolo é representado pela vontade consciente de exigir ou receber documento como garantia de dívida, abusando da situação de alguém. O agente deve ter *consciência* da necessidade ou aflição da vítima (situação) e de que o documento pode dar causa a procedimento criminal. É irrelevante a natureza da dívida, se legítima ou ilegítima, sendo suficiente que o sujeito ativo exija o documento referido no tipo penal para garanti-la.

É necessário, igualmente, o *elemento subjetivo especial* do tipo, constituído pelo *especial fim de agir*, no caso, garantir, abusivamente, dívida existente ou futura, da qual o sujeito ativo é credor.

6. Classificação doutrinária

Trata-se de *crime comum* (aquele que não exige qualquer condição especial do sujeito ativo); *de dano* (consuma-se apenas com lesão efetiva ao bem jurídico tutelado); *formal* (na modalidade de exigir), uma vez que se consuma, como vimos, independentemente do recebimento efetivo do documento exigido; *comissivo* (é da essência dos próprios verbos nucleares — "exigir" e "receber" —, que só podem ser praticados por meio de uma ação positiva); *doloso* (não há previsão legal para a figura culposa); *de forma livre* (pode ser praticado por qualquer meio, forma ou modo); *instantâneo* (a consumação opera-se de imediato, não se alongando no tempo); *unissubjetivo* (pode ser praticado, em regra, apenas por um agente); *unissubsistente*, na modalidade de exigir (não pode ser fracionado); *plurissubsistente* (pode ser desdobrado em vários atos, que, no entanto, integram a mesma conduta).

7. Consumação e tentativa

Na modalidade de *exigir*, crime *formal*, consuma-se a extorsão indireta com a simples exigência, sendo impossível, teoricamente, a interrupção do *iter criminis*; nessa modalidade, consuma-se a extorsão ainda que não ocorra a *traditio* do documento exigido pelo sujeito ativo. Trata-se de crime de dano, que é inerente à apropriação, acarretadora, por si só, de diminuição do patrimônio do ofendido. Na forma de *receber*, crime *material*, consuma-se com o efetivo recebimento, que, eventualmente, pode ser interrompido, isto é, impedido por causa estranha à vontade do agente, sendo possível, nesse caso, a tentativa. É admissível a tentativa.

8. Pena e ação penal

As penas cominadas, cumulativamente, são a reclusão, de um a três anos, e multa, muito inferiores àquelas cominadas em qualquer das outras modalidades de extorsão. Como nessa infração penal o *modus operandi* não inclui a violência ou grave ameaça, o desvalor da ação é consideravelmente menor, justificando-se, no caso, sua menor punibilidade.

A ausência de violência ou grave ameaça torna possível, em princípio, a aplicação de pena substitutiva, desde que os demais requisitos objetivos e subjetivos estejam presentes.

A natureza da ação penal, a exemplo das demais modalidades de extorsão, é pública incondicionada, desnecessária, portanto, a manifestação da vítima.

DA USURPAÇÃO | VII

Alteração de limites | 1ª Seção

Sumário: 1. Considerações preliminares. 2. Bem jurídico tutelado. 3. Sujeitos ativo e passivo. 4. Tipo objetivo: adequação típica. 5. Tipo subjetivo: adequação típica. 5.1. Elemento subjetivo especial: para apropriar-se de coisa móvel alheia. 6. Consumação e tentativa. 7. Classificação doutrinária. 8. Pena e ação penal.

CAPÍTULO III

DA USURPAÇÃO

Alteração de limites

Art. 161. Suprimir ou deslocar tapume, marco, ou qualquer outro sinal indicativo de linha divisória, para apropriar-se, no todo ou em parte, de coisa imóvel alheia:

Pena — detenção, de 1 (um) a 6 (seis) meses, e multa.

§ 1º Na mesma pena incorre quem:

Usurpação de águas

I — desvia ou represa, em proveito próprio ou de outrem, águas alheias;

Esbulho possessório

II — invade, com violência a pessoa ou grave ameaça, ou mediante concurso de mais de duas pessoas, terreno ou edifício alheio, para o fim de esbulho possessório.

- V. arts. 1.210 a 1.213 do Código Civil.

§ 2º Se o agente usa de violência, incorre também na pena a esta cominada.

§ 3º Se a propriedade é particular, e não há emprego de violência, somente se procede mediante queixa.

---

1. Considerações preliminares

O legislador brasileiro reuniu neste dispositivo as poucas prescrições penais por meio das quais protege a propriedade imobiliária, especialmente em relação aos crimes patrimoniais, que, por sua própria natureza, são menos suscetíveis de sofrer alguma lesão jurídica dessa natureza[1]. Com efeito, historicamente, a pro-

1. Magalhães Noronha, *Direito Penal*, cit., v. 2, p. 297: "A razão de o Direito Penal proteger menos o imóvel e preocupar-se mais com os móveis encontra sua explicação em que o ato

priedade imobiliária tem recebido melhor e mais eficaz proteção no âmbito do direito privado. A experiência demostra que a própria autoridade policial fica perplexa quando surge algum caso envolvendo a usurpação de propriedade imobiliária, havendo sempre muitos questionamentos, muitas dúvidas, inúmeras questões jurídicas que devem ser resolvidas no juízo cível etc. Com efeito, aqui surge com grande destaque a feição subsidiária do direito penal, justificada não apenas pela essência e natureza deste, mas, fundamentalmente, por sua ineficiência diante do próprio conflito imobiliário.

Mas o Código Penal de 1940, cuja Parte Especial permanece em vigor, a despeito da proteção civil, estendeu também sua proteção ao bem imóvel, pelo menos em algumas hipóteses restritas. Sob a denominação genérica de *usurpação*, o Código Penal criminaliza neste art. 161 três figuras similares de infrações contra a propriedade imóvel, quais sejam: a) alteração de limites; b) usurpação de águas; c) esbulho possessório.

A *alteração de limites* já era criminalizada desde o direito hebraico e o primitivo direito romano. Heleno Fragoso lembrava que "os antigos davam aos marcos imobiliários o caráter de coisa sagrada, como refere *Foustel de Coulanges*, estando eles sob a proteção do deus *Terminus*. Penas pecuniárias foram mais tarde aplicadas para o fato de tornar incertos os limites, substituindo o imperador *Adriano* tais penas pela relegação ou trabalhos forçados, dependendo da condição do réu (D, 47, 21)"[2].

O Código Criminal do Império (1830) e o Código Penal de 1890 também disciplinaram essa matéria, embora ainda não tivessem sua fisionomia individual bem definida.

Esse tipo penal, na verdade, além de proteger a *alteração de limites* de propriedade imóvel, criminaliza também a "usurpação de águas" e o "esbulho possessório".

2. Bem jurídico tutelado

Neste dispositivo não se cuida da coisa *móvel*, mas da *imóvel*. Os bens jurídicos protegidos são a *posse* e a *propriedade imobiliária*[3]. Nélson Hungria, a nosso juízo, equivocadamente, adotava entendimento restritivo, isto é, afastava a posse como objeto da proteção penal. Nesse sentido, afirmava Hungria: "O que a lei protege com a incriminação da alteração de limites (como em todas as outras formas de usurpação) é a *propriedade*, e não a *posse*. Esta é protegida como

delituoso contra estes é muito mais irreparável do que contra aquele. O furto da coisa móvel opera-se pela *contrectatio*, pela remoção da coisa por sua apreensão, a qual, realizada, frustra frequentemente a recuperação pelo dono. Este há de satisfazer-se com a reparação civil, quando possível, o que raras vezes acontece, e com a pena imposta ao delinquente, que será reparação moral, se se quiser".

2. Heleno Fragoso, *Lições de Direito Penal*, cit., v. 1, p. 376.

3. Heleno Fragoso, *Lições de Direito Penal*, cit., v. 1, p. 376; Damásio de Jesus, *Direito Penal*, cit., v. 2, p. 379; Luiz Regis Prado, *Curso de Direito Penal brasileiro*, cit., v. 2, p. 427.

um meio de proteção à propriedade (porque faz presumir o domínio por parte de quem a exerce)"[4].

Magalhães Noronha, assumindo posição radicalmente contrária à de Hungria, não apenas admitia a proteção da *posse* como sustentava que esta era a prioridade imediata da proteção penal, e apenas por extensão a propriedade também resulta protegida. A precisão do magistério de Noronha merece ser transcrita, *in verbis*: "O objeto específico da tutela do dispositivo é a posse da coisa imóvel; é ela a objetividade imediata que se tem em vista. Protegendo-a, protege também a lei a propriedade, pois a posse é a propriedade exteriorizada, atualizada. Mas, como no furto, tem preeminência no plano da proteção legal a posse, ainda que entre em conflito com a propriedade. Se no Direito Civil o possuidor pode intentar ação possessória contra o proprietário, razão maior existe para o Direito Penal proteger aquele, quando o ato do segundo apresenta caráter mais grave, invadindo a órbita do ilícito penal"[5]. Constata-se que a argumentação de Magalhães Noronha é irrefutável e, por isso mesmo, está mais próxima do entendimento majoritário da doutrina mais recente, com a ressalva apenas de que prioritariamente é protegida a propriedade imóvel, a posse que a ela corresponde, isto é, na ordem inversa da orientação sustentada por Magalhães Noronha.

Protege-se, com efeito, a *inviolabilidade do patrimônio imobiliário*, que, a despeito de não poder ser objeto de subtração, como no furto e no roubo, pode ser, indevidamente, invadido, ocupado ou deteriorado, restringindo ou anulando o livre uso e gozo do proprietário ou possuidor, além do livre exercício de sua posse tranquila.

Ante a omissão legal, é irrelevante que a *posse* ou *propriedade* refira-se a imóvel público ou particular, embora o próprio Código dispense tratamento diferenciado segundo a natureza da propriedade: se a propriedade for particular, somente se procede mediante queixa (§ 3º); *a contrario sensu*, tratando-se de imóvel público, a ação penal é pública incondicionada.

3. Sujeitos ativo e passivo

Sujeitos ativo e *passivo* são os proprietários e possuidores de imóveis; logicamente, *ativo* quando pratica a ação alteradora de limites imobiliários, e *passivo*

---

4. Nélson Hungria, *Comentários ao Código Penal*, cit., v. 7, p. 89. Nessa linha, Hungria prosseguia: "Assim, se o agente é *proprietário* de ambos os prédios contíguos, estando arrendado um deles, não comete usurpação, ainda que o fim seja o de diminuir a área arrendada (o fato não será mais que um ilícito civil, isto é, um atentado possessório não penalmente reprovado). É necessário que o possuidor do prédio que se pretende usurpar exerça a posse *ut dominus* ou, pelo menos, a título de exercício de um direito real (usufruto, enfiteuse, anticrese). No mesmo caso de arrendamento de um dos prédios contíguos, sendo estes pertencentes ao mesmo dono, não existirá o crime, se a alteração de limites é praticada pelo locatário, para o fim de aumentar a área locada, pois não há intenção de usurpar a propriedade, mas apenas a posse".
5. Magalhães Noronha, *Direito Penal*, cit., v. 2, p. 298.

quando sofre seus efeitos. Carrara, Hungria e Fragoso[6] só admitiam o proprietário do imóvel limítrofe, isto é, o proprietário lindeiro, como *sujeito ativo*, na medida em que somente este podia *acrescer* ao seu a diferença alterada. Mas, a nosso juízo, o *possuidor* também pode ser *sujeito ativo* (a aquisição via usucapião é uma realidade), pois pode alterar marcos e tapumes objetivando ampliar sua posse, invadindo, assim, o imóvel vizinho.

A despeito da existência de entendimento em sentido contrário, em princípio estamos diante de *crime próprio*, pois somente o vizinho do imóvel lindeiro, proprietário ou possuidor, pode praticá-lo; e essa característica é, inegavelmente, uma *condição especial* exigida pelo tipo penal, pois somente estes podem beneficiar-se com a alteração dos limites divisórios entre imóveis limítrofes. Opondo-se a entendimento[7], que admitia a possibilidade de futuro proprietário do imóvel lindeiro poder praticar o crime de alteração de limites, Nélson Hungria refutou-o com o seguinte argumento: "A possibilidade de usurpação subordinada à futura aquisição do imóvel vizinho é uma possibilidade *condicionada*, incompatível com o crime de alteração de limites. Quando a lei se refere ao fim de apropriação, evidentemente está a exigir que a ele corresponda a possibilidade de uma apropriação imediata, e não sujeita a condição futura, pois, de outro modo, estaria considerando como realidade atual um simples e mesmo incerto projeto"[8].

Paulo José da Costa Jr., no entanto, sustenta que, além do proprietário lindeiro, o arrendatário, o possuidor e até mesmo um futuro comprador pode ser sujeito ativo desse crime. Nesse sentido, completa Paulo José: "O proprietário, para ampliar sua propriedade. O arrendatário, para usufruir de uma porção superior à arrendada. O possuidor porque, ao requerer o usucapião, o fará com vistas a uma propriedade maior. E o futuro comprador porque, pelo mesmo preço, mediante um deslocamento dos limites primitivos, obterá uma área maior"[9]. Temos dificuldades, no entanto, em admitir essa abrangência da legitimidade ativa sustentada por Costa Jr. Na verdade, o acerto em relação ao *proprietário* e ao *possuidor* não se estende ao arrendatário, e a própria justificativa desnuda essa impossibilidade: com efeito, em relação a este Costa Jr. justifica afirmando que o arrendatário praticá-lo-ia "para usufruir de uma porção superior à arrendada". No entanto, "usufruir de porção maior" não pode, em hipótese alguma, ser interpretado como "apropriar-se". E essa distinção no fim especial exigido pelo tipo penal, absolutamente inexistente, no móvel da ação do arrendatário impede que este possa ser sujeito ativo desse crime.

---

6. Nélson Hungria, *Comentários ao Código Penal*, cit., v. 7, p. 88: "Ora, a possibilidade de usurpação subordinada à futura aquisição de imóvel vizinho é uma possibilidade condicionada, incompatível com o crime de alteração de limites...". No mesmo sentido, Heleno Fragoso, *Lições de Direito Penal*, cit., v. 1, p. 377.

7. Giulio Crivellari, *Dei reati contra la proprietà*, Itália, 1887, p. 626.

8. Nélson Hungria, *Comentários ao Código Penal*, cit., v. 7, p. 89.

9. Paulo José da Costa Jr., *Comentários ao Código Penal*, 6. ed., São Paulo, Saraiva, 2000, p. 491.

Contudo, em relação ao futuro comprador, excepcionalmente, admitimos a possibilidade de figurar sujeito ativo.

Questão interessante é sobre a possibilidade de o condômino ser sujeito ativo do crime de alteração de limites. Na verdade, na copropriedade ou condomínio *pro indiviso*, onde há composse sobre todo o imóvel, marcada pela indivisão de fato e de direito, à evidência, é impossível o crime de alteração de limites, pela absoluta impropriedade do objeto (art. 17 do CP). No entanto, desde que se trate de condomínio *pro diviso*, acreditamos que não há nenhuma dificuldade[10], na medida em que a "divisão" é provisória e sujeita a posterior divisão judicial. Com efeito, neste, os condôminos delimitam suas partes, tácita ou expressamente, a "possuir" na coisa comum parte certa e determinada. Há, na realidade, comunhão *sine compossessione*, uma vez que cada coproprietário tem posse sobre parte certa do imóvel, tendo direito, inclusive, aos interditos proprietários, quer contra estranhos, quer contra os outros condôminos (arts. 1.199 e 1.314 do CC). Assim, o coproprietário que remover sinais divisórios no condomínio *pro diviso*, com o fim de apropriar-se de parte sobre a qual outro condômino exerce sua posse, pratica esse crime.

Por fim, quanto ao sujeito passivo somente podem ser, igualmente, o *proprietário* e o *possuidor*, não havendo, nesse particular, qualquer divergência doutrinária.

4. Tipo objetivo: adequação típica

São elementos integrantes do crime de alteração de limites: a) existência de tapume, marco ou qualquer outro sinal indicativo de linha divisória; b) sua supressão ou deslocamento; c) fim de apropriar-se de coisa alheia imóvel. Os objetos das ações incriminadas são tapume, marco ou qualquer outro sinal indicativo de linha divisória.

As ações tipificadas são *suprimir* e *deslocar* tapume, marco ou qualquer outro sinal indicativo da linha divisória de propriedade imóvel. *Suprimir* significa eliminar, destruir, fazer desaparecer. A consequência da ação de "suprimir" deve ser *apagar*, *fazer desaparecer* por completo a demarcação da linha divisória, inviabilizando que se possa constatar onde esta se localizava. Por isso não caracteriza *supressão* o simples ato de arrancar tapumes ou marcos de uma cerca, sem tapar os respectivos buracos existentes no solo, que são denunciadores da linha divisória. Ação como essa poderá, no máximo, caracterizar o crime de dano, ou mesmo de furto, na hipótese de haver subtração do material extraído.

Deslocar, por sua vez, tem o significado de afastar, remover, isto é, mudar de um lugar para outro *sinal divisório* (marco, tapume etc.) de propriedade imobiliária. Nesse caso, não desaparecem como no caso da supressão, mas são deslocados para outros pontos, outros lugares, induzindo à conclusão de que a linha divisória é outra que não a real. É irrelevante, para a configuração do crime, que os sinais possam ser, com facilidade, recolocados nos mesmos lugares ou substituídos por outros nas

10. Paulo José da Costa Jr., *Comentários ao Código Penal*, cit., p. 492.

mesmas condições. A conduta já se aperfeiçoou, e o crime já se consumou. Em outros termos, a "supressão" apaga completamente a linha divisória, enquanto o "deslocamento" remove os sinais para outro ponto, indicando a linha divisória incorretamente. A simples colocação de *novos marcos*, sem a supressão dos anteriores, em princípio, não tipifica o crime.

A diferença, juridicamente considerável, não reside na espécie de *marco* ou *tapume*, mas na modalidade de ação, isto é, na *supressão* ou no *deslocamento* do sinal divisório, seja de que natureza for: naquela o sinal desaparece, em definitivo; neste, é simplesmente removido; em qualquer dessas modalidades, tipifica-se o crime de *alteração de limites*, e ainda que o sujeito pratique as duas ações, isto é, primeiro desloque e depois suprima os sinais, o crime será único, pois se trata de infração de conteúdo variado.

Os sinais divisórios, enfim, podem assumir as seguintes formas: a) *tapumes* são cercas, muros ou quaisquer meios físicos utilizados para separar ou cercar imóveis; b) *marcos* são sinais materiais, tocos, pedras, estacas, piquetes indicativos da divisória. Nélson Hungria dava a seguinte definição a marcos e tapumes: "*Tapume*, no sentido estrito que lhe atribui o art. 161, *caput*, é toda cerca (sebe viva ou seca, cerca de arame, tela metálica, etc.) ou muro (de pedra, tijolos, adobes, cimento armado) destinado a assinalar o limite entre dois ou mais imóveis. *Marco* é toda coisa corpórea (pedras, *piquetes*, postes, árvores, tocos de madeira, padrões, etc.) que, artificialmente colocada ou naturalmente existente em pontos da linha divisória de imóveis serve, também, ao fim de atestá-la *permanentemente* (ainda que não *perpetuamente*)". E, por fim, c) *qualquer outro sinal* indicativo de linha divisória representa uma fórmula genérica para abranger qualquer meio, modo ou forma de sinais divisórios de imóveis, tais como valas, regos, sulcos, trilhas, cursos d'água, entre outros. Assim, tapumes e marcos são enumerações puramente exemplificativas. É desnecessário que se trate de sinal permanente ou contínuo, sendo suficiente que tenha idoneidade para demarcar os limites da propriedade imobiliária.

Por fim, também é irrelevante que os sinais tenham sido produto de convenção entre as partes ou resultado de decisão judicial; basta que sejam indicadores efetivos das lindes dos referidos imóveis.

É fundamental que se tenha presente a necessidade, para configurar as condutas tipificadas, de que haja *supressão* ou *deslocamento* de sinais divisórios; dessa forma, não há crime na simples colocação de outros sinais indicativos de limites divisórios, mesmo que invada o terreno vizinho, se não houver supressão ou deslocamento dos marcos originais, não indo além de meros ilícitos civis (turbação da posse). Contudo, se a colocação de novos marcos produzir alterações que a lei proíbe, tornar confusos ou irreconhecíveis os marcos originais, admitimos que se configurará o crime em exame. Aceitamos, assim, embora com cautela, eventuais decisões pretorianas que admitem como típicas as condutas que causem confusão ou dificuldade de monta para a observação da linha limítrofe de imóveis contíguos.

Há entendimento de que a ação deve ser mais ou menos *clandestina* e deve ser apta a confundir os limites vigentes. Por essa razão, a alteração de limites, embora se trate de propriedade imóvel, dificilmente pode ter por objeto as construções imobiliárias, cuja alteração é constatada de imediato.

A despeito de tratar-se de bem imóvel, não descurou o legislador em adjuntar-lhe o elemento normativo "alheio", a exemplo do que fez em relação à tutela da coisa móvel, que também deve ser *alheia*. Relativamente a esse elemento normativo, aplica-se aqui tudo o que dissemos a seu respeito quando abordamos os crimes de furto e de roubo.

A eventual ocorrência de esbulho possessório, após a alteração de limites, absorve este, que tem natureza subsidiária.

5. Tipo subjetivo: adequação típica

O elemento subjetivo do tipo é o *dolo*, representado pela vontade consciente de alterar ou deslocar tapume ou marco indicativo de linha divisória de imóvel, produzindo a alteração nas linhas divisórias dos imóveis. É indispensável que o sujeito ativo tenha consciência não apenas da ação, mas também da existência e função dos marcos divisórios e de suas funções.

Não há previsão de modalidade culposa. O *erro de tipo*, se ocorrer, afasta a tipicidade, e, na ausência de modalidade culposa, é irrelevante tratar-se de erro evitável ou inevitável.

5.1 *Elemento subjetivo especial: para apropriar-se de coisa móvel alheia*

Além do dolo, exige-se o *elemento subjetivo especial* do tipo, constituído pelo *especial fim* de *apropriar-se*, no todo ou em parte, de imóvel alheio. É exatamente essa finalidade específica que distingue a ação de outras infrações penais. Assim, por exemplo, se o agente objetivar a simples apropriação dos marcos ou tapumes, o crime será o de *furto* (art. 155); se a finalidade for somente de destruí-los, ou seja, causar prejuízos, sem qualquer intenção de alterar limites e de apropriar-se do imóvel, o crime será de *dano* (art. 163); se a alteração se produzir na pendência de processo judicial, objetivando induzir o juiz ou perito a erro, o crime será de *fraude processual* (art. 347); se, finalmente, a conduta do agente tiver por objetivo somente *restaurar a linha legítima*, o crime tipificado será de *exercício arbitrário das próprias razões* (art. 345).

Apropriar-se não tem o significado de adquirir a propriedade ou o *dominus*, na medida em que a aquisição de propriedade imóvel é um ato complexo, que exige o registro do título aquisitivo em Cartório do Registro Especial. Procura-se, na verdade, impedir o apossamento ou apoderamento ilegítimo da propriedade imóvel alheia, isto é, proibir a posse adquirida ilicitamente. Apropriar-se tem, pois, neste dispositivo, o sentido de *apossar-se*.

Objeto do *fim especial* somente pode ser *imóvel por natureza* (art. 79 do CC/2002), isto é, aquele que pode ser dividido, demarcado, cujos limites lindeiros podem ser representados por marcos, tapumes ou qualquer sinal divisório. Estão excluídos dessa proteção legal os chamados *imóveis por ficção*. Assim, estão excluídos os imóveis por *acessão física artificial*, por *acessão intelectual* e por *determinação legal* (arts. 43, II e III, do CC/16 e 80 do CC/2002).

É desnecessário, por fim, o proveito pessoal, pois o verbo "apropriar-se" não tem esse sentido restritivo, podendo, na verdade, resultar proveito para outrem.

6. Consumação e tentativa

Consuma-se a *alteração de limites* com a efetiva supressão ou deslocamento do marco, tapume ou qualquer outro sinal indicativo da linha divisória, sendo irrelevante alcançar ou não o objetivo de *apropriar-se* da propriedade alheia imóvel. Em verdade, como já afirmamos, a apropriação constitui o especial fim de agir, que, como elemento subjetivo especial do injusto, não precisa concretizar-se, sendo suficiente que tenha sido o móvel orientador da ação do agente. Como destacava Magalhães Noronha, a "*communis opinio* dos tratadistas tem como consumado o crime tão só com a remoção ou supressão dos lindes"[11]. Em realidade, essa é efetivamente a realidade das coisas, como deixa claro a própria redação do artigo e, particularmente, o *nomen iuris* do art. 161: *alteração de limites*.

Eventuais consequências decorrentes da alteração de limites — uso, fruição ou exploração da propriedade — não ultrapassam os lindes do exaurimento do crime, situando-se nos limites extensivos do dano experimentado pela vítima.

A admissão da *tentativa* não é tema dos mais pacíficos, havendo profundas divergências. No entanto, mesmo para os que classificam como crime formal, é admissível a *tentativa, pois o sujeito passivo* pode ser surpreendido quando inicia a retirada dos diversos sinais indicativos da linha divisória, sendo interrompido durante a fase executória, que outra coisa não é senão uma figura tentada (art. 14, II, do CP).

7. Classificação doutrinária

Trata-se de *crime próprio* (porque exige condição especial do sujeito ativo); *de dano* (consuma-se apenas com lesão efetiva ao bem jurídico tutelado); *formal*, na medida em que, embora descreva um resultado, não necessita de sua produção para consumar-se; *comissivo* (é da essência do próprio verbo nuclear, que só pode ser praticado por meio de uma ação positiva); *doloso* (não há previsão legal para a figura culposa); *de forma livre* (pode ser praticado por qualquer meio, forma ou modo); *instantâneo* (a consumação opera-se de imediato, não se alongando no

---

11. Magalhães Noronha, *Direito Penal*, cit., v. 2, p. 303.

tempo); *unissubjetivo* (pode ser praticado, em regra, apenas por um agente); *plurissubsistente* (pode ser desdobrado em vários atos, que, no entanto, integram a mesma conduta).

8. Pena e ação penal

As penas cominadas são a detenção, de um a seis meses, e multa, cujos limites não são mais estabelecidos em cada tipo penal. A ação penal, por sua vez, é pública incondicionada. Contudo, tratando-se de propriedade particular e não havendo emprego de violência, a ação penal será de exclusiva iniciativa privada.

Quando examinarmos a figura do *esbulho possessório*, a última deste dispositivo, procederemos a melhor análise desses dois aspectos.

CAPÍTULO VIII

Usurpação de águas

2ª Seção

Sumário: 1. Considerações preliminares. 2. Bem jurídico tutelado. 3. Sujeitos ativo e passivo. 4. Tipo objetivo: adequação típica. 5. Tipo subjetivo: adequação típica. 6. Consumação e tentativa. 7. Classificação doutrinária. 8. Pena e ação penal.

1. Considerações preliminares

A *usurpação de águas* encontra seus antecedentes mais remotos no direito romano, que criminalizava a abertura de aquedutos. O desvio de águas foi objeto de preocupação do legislador italiano, que elaborou o Código Zannardelli (1889 — art. 422). O Código Penal Rocco (1930) ampliou a disposição quanto ao proveito, permitindo que pudesse ser tanto do autor como de outrem (art. 622)[1].

O Código Criminal brasileiro de 1830 não tipificou essa infração penal, que foi recepcionada pelo primeiro Código Penal republicano (1890), com a seguinte redação: "Si para desviar do seu curso agua de uso publico ou particular. Penas — de prizão cellular por um a seis mezes e multa de 5 a 20 0/0 do damno causado".

A usurpação de águas tipifica crime autônomo e distinto daquele capitulado no *caput* do art. 161, especialmente em relação a seu objeto material. A opção do Código Penal por disciplinar as três figuras de forma distinta e autônoma permite melhor exame dogmático, embora, até por isso, apresente maiores deficiências estruturais.

2. Bem jurídico tutelado

Bem jurídico protegido aqui também são a posse e a propriedade imobiliárias, enfatizando particularmente o direito sobre o uso das águas por seu titular. Protege-se aqui o direito real do proprietário, e não simplesmente um direito pessoal ou obrigacional.

Protege-se, com efeito, uso, gozo ou exploração das águas, segundo sua destinação. São protegidas as águas consideradas imóveis (art. 79 do CC), enquanto parte líquida do solo, uma vez que as móveis ou mobilizadas recebem a proteção dos arts. 155 e 157. Não são apenas as águas que já se encontram na propriedade da vítima, mas também aquelas cujo curso natural por lá deva passar. Assim, a ação de desviar ou represar impede o uso e gozo de quem tem esse direito.

1. Vincenzo Manzini, *Trattato di Diritto Penale italiano*, Torino, UTET, 1952, v. 9, p. 435.

3. Sujeitos ativo e passivo

Sujeito ativo pode ser qualquer pessoa, não se exigindo qualquer qualidade ou condição especial do agente; mesmo o proprietário que, dentro de seus domínios, altera o curso ou saída das águas (art. 71, § 1º, do Código de Águas) pode ser sujeito ativo desse crime. É perfeitamente admissível o instituto do concurso de pessoas, sem qualquer restrição especial.

Sujeito passivo, por sua vez, é quem tem a posse ou o direito de utilização das águas, ou, melhor dito, é quem pode sofrer o prejuízo em decorrência do *desvio* ou *represamento* do curso d'água. Sujeito passivo, à evidência, pode ser tanto pessoa física quanto pessoa jurídica.

4. Tipo objetivo: adequação típica

As condutas tipificadas são desviar ou represar. *Desviar* significa alterar ou mudar o curso das águas fluentes ou estagnadas; *represar*, conter ou interromper o curso das águas, impedindo que prossigam seu fluxo natural. Pressuposto fático é que as águas se encontrem na posse, isto é, no uso e gozo de alguma pessoa, física ou jurídica. Assim, estão excluídas dessa proteção legal a *res nullius* (*res communes omnium*).

O objeto material da proteção penal são as águas. Como destaca, com acerto, Paulo José da Costa Jr., "o bem tutelado não é a água, que pode ser legitimamente retirada, com bombas ou manualmente, em quantidade reduzida. O que se tutela são as águas, consideradas em seu complexo como bens imóveis, podendo ser correntes ou estagnadas, contínuas ou intermitentes, perenes ou temporárias, públicas ou privadas, ou mesmo do subsolo"[2]. Em outros termos, objeto material da proteção legal são as águas em estado natural, *fluentes* ou *estagnadas*, concebidas como coisa imóvel.

Alheias não são apenas as águas que não pertencem ao agente, mas também as *comuns*, ou seja, aquelas sobre as quais todos tenham direito. Em outros termos, *alheias* são também as águas de uso comum. Na verdade, não pode ser considerada *alheia* apenas a porção de água que se encontre nos limites da propriedade da vítima. O Código de Águas (arts. 71 e 72) e o Código Civil (arts. 1.288 e 1.290) prescrevem direitos e obrigações aos proprietários de imóveis atravessados por águas correntes, proibindo a alteração no ponto de saída das águas remanescentes. Nessa linha, o art. 71 do Código de Águas prescreve: "Os donos ou possuidores de prédios atravessados ou banhados pelas correntes, e com aplicação tanto para a agricultura como para a indústria, contanto que o refluxo das mesmas águas não resulte prejuízo aos prédios que ficam superiormente situados, e que inferiormente não se altere o ponto de saída das águas remanescentes, nem se infrinja o disposto na última parte do parágrafo único do art. 69" (Dec. n. 24.643/34).

---

2. Paulo José da Costa Jr., *Comentários ao Código Penal*, cit., p. 493.

As águas, segundo o Código de Águas (Decreto n. 24.643, de 10-7-1934), podem ser *públicas* ou *privadas*: aquelas destinadas ao uso coletivo, e estas destinadas à satisfação das necessidades e interesses individuais.

São *águas públicas*: os mares territoriais, golfos, baías, enseadas e portos; correntes, lagos e canais, navegáveis ou flutuáveis; as fontes e reservatórios públicos. Públicas, enfim, são somente as águas perenes, embora não percam essa característica se secarem eventualmente durante determinada estiagem forte (art. 3º do Dec. n. 24.643/34). Destaca o mesmo decreto que as águas assoladas pela seca também são consideradas públicas, de uso comum (art. 5º). São comuns as correntes não navegáveis ou flutuáveis e que não formem correntes de tal natureza (art. 7º). São águas particulares: todas as nascentes e todas as águas que se situem em imóveis particulares (desde que não sejam classificadas como águas públicas ou comuns — art. 8º). Ainda são considerados particulares os lagos ou lagoas que se situem apenas em um imóvel particular e sejam apenas por ele cercados (art. 2º, § 3º).

São protegidas tanto as águas *represadas* quanto as *correntes*, isto é, aquelas que passam ou passariam pelo imóvel do sujeito passivo, a despeito do silêncio de nosso Código Penal. Ademais, como destacava Heleno Fragoso, "o mesmo se diga das águas perenes ou temporárias, contínuas ou intermitentes e, inclusive, a água do subsolo e a água estagnada, já que desviar significa mudar o leito das águas"[3].

A simples extração de água não configura esse crime, podendo, eventualmente, como coisa mobilizada, tipificar *furto*, desde que reúna os requisitos exigidos pelo tipo penal.

5. Tipo subjetivo: adequação típica

O *elemento subjetivo geral* é o dolo, constituído pela vontade consciente de impedir a posse de outrem sobre as águas a que tem direito, desviando-as ou represando-as.

O *elemento subjetivo especial* do tipo é constituído pelo *especial fim* de obter proveito para si ou para outrem. E, como o elemento subjetivo especial não precisa consumar-se, é suficiente que exista na mente do sujeito ativo. Em outros termos, é irrelevante para a configuração do tipo penal que o agente consiga obter algum proveito para si ou para terceiro.

Contudo, se o agente desvia ou represa águas alheias, com o propósito exclusivo de causar prejuízo à vítima, isto é, sem a intenção de obter qualquer vantagem ou proveito para si ou alguém, não se poderá falar desse crime, mas tão somente do dano (art. 163)[4]. Com efeito, embora o especial fim de agir não integre o dolo, ele o aperfeiçoa e o complementa, e essa finalidade especial é exatamente o diferencial que determina a tipificação modeladora da conduta praticada.

3. Heleno Cláudio Fragoso, *Lições de Direito Penal*, cit., v. 1, p. 382 e 383.
4. Heleno Cláudio Fragoso, *Lições de Direito Penal*, cit., v. 1, p. 383.

6. Consumação e tentativa

Consuma-se o crime de usurpação de águas no exato momento em que o sujeito ativo efetua o desvio ou o represamento, ainda que não obtenha o proveito desejado, tratando-se, pois, de crime formal. Alguns autores exigem a obtenção do proveito pretendido (Celso Delmanto).

Na primeira figura, formal e instantânea, consuma-se no momento do *desvio*, ao passo que na segunda, *represar*, material e permanente, a consumação protrai-se no tempo, ou seja, enquanto durar o represamento.

A admissibilidade da figura tentada não é assunto pacífico na doutrina. No entanto, desviar ou represar águas alheias são condutas que envolvem alguma complexidade e, inegavelmente, admitem fracionamento, ou seja, são ações que, em seu curso executório, podem ser interrompidas por circunstâncias alheias à vontade do agente. Logo, essa interrupção do *iter criminis*, involuntariamente, configura a tentativa.

7. Classificação doutrinária

Trata-se de *crime comum* (porque não exige condição especial do sujeito ativo), ao contrário da alteração de limites; *de dano* (consuma-se apenas com lesão efetiva ao bem jurídico tutelado); *formal* (1ª figura), na medida em que, embora descreva um resultado, não necessita de sua produção para consumar-se; *material* (2ª figura) (necessariamente deixa vestígios; aliás, é impossível crime permanente não deixar vestígios); *comissivo* (é da essência do próprio verbo nuclear, que só pode ser praticado por meio de uma ação positiva); *doloso* (não há previsão legal para a figura culposa); *de forma livre* (pode ser praticado por qualquer meio, forma ou modo); *instantâneo* (1ª figura) (a consumação opera-se de imediato, não se alongando no tempo); *permanente* (2ª figura) (pois sua execução protrai-se no tempo, na medida em que represar implica demora, permanência); *unissubjetivo* (pode ser praticado, em regra, apenas por um agente); *plurissubsistente* (pode ser desdobrado em vários atos, que, no entanto, integram a mesma conduta).

8. Pena e ação penal

As penas cominadas são a detenção, de um a seis meses e multa, cujos limites não são mais estabelecidos em cada tipo penal. Se houve emprego de violência, haverá concurso material com a infração penal que aquela tipificar.

A ação penal, por sua vez, é pública incondicionada. Contudo, tratando-se de propriedade particular e não havendo emprego de violência, a ação penal será de exclusiva iniciativa privada (art. 161, § 3º).

CAPÍTULO IX

Esbulho possessório

3ª Seção

Sumário: 1. Considerações preliminares. 2. Bem jurídico tutelado. 3. Sujeitos do crime. 3.1. Sujeito ativo. 3.2. Sujeito passivo. 4. Tipo objetivo: adequação típica. 4.1. Violência à pessoa ou grave ameaça ou concurso de mais de duas pessoas. 4.2. Esbulho civil e esbulho penal. 4.3. Esbulho de imóvel do SFH. 5. Tipo subjetivo: adequação típica. 6. Consumação e tentativa. 7. Usurpação em concurso com violência. 8. Pena e ação penal. 8.1. Penas cominadas. 8.2. Pena e ação penal.

1. Considerações preliminares

O *esbulho possessório*, como crime, foi absolutamente desconhecido no direito antigo, recebendo proteção somente no direito privado. Com efeito, deve-se aos Códigos toscano (art. 426) e sardo (art. 687) a criação dessa figura no âmbito criminal, onde recebeu o *nomen juris* de *turbato possesso*[1].

Nossos Códigos Penais do século XIX não conheceram esse delito, tratando-se, por conseguinte, de figura penal bastante recente e com feição própria, distinta do instituto similar disciplinado no Código Civil brasileiro. Realmente, neste, é necessário que a vítima seja desalojada da posse, condição absolutamente desnecessária em nossa legislação penal, sendo suficiente que a perda da posse constitua o fim especial do agente.

A previsão ora em exame inspirou-se no Código Penal Rocco (1930), que, ao contrário do brasileiro, criminalizava a *turbação* de "pacífica posse alheia de imóveis" (art. 634). Convém destacar que o Código Penal brasileiro silenciou quanto à figura da simples *turbação da posse*, embora, deva-se reconhecer, em todo esbulho sempre ocorre turbação; no entanto, se essa turbação não tiver, pelo menos, o propósito de desalojamento da posse, a conduta será atípica.

2. Bem jurídico tutelado

Os bens jurídicos protegidos são a posse da propriedade imobiliária. Prioritariamente, protege-se a posse da coisa imóvel; embora também proteja-se a propriedade, deve-se ressaltar que se tutela a posse independentemente da propriedade, podendo-se, aliás, contrapor a esta. Como destacava, com acerto, Magalhães Noronha, "pois se a proteção possessória é outorgada ao proprietário-possuidor, não há como não dispensá-la também ao possuidor não proprietário, até contra o proprietário".

1. Heleno Cláudio Fragoso, *Lições de Direito Penal*, cit., v. 1, p. 384.

São tuteladas igualmente a integridade e a saúde física e mental do sujeito passivo, na medida em que o crime pode ser praticado com violência ou grave ameaça à pessoa. O *modus operandi* ofende, paralelamente, esses aspectos da pessoa humana, que são abundantemente protegidos no Título que cuida dos crimes contra a pessoa. Essa proteção múltipla de bens jurídicos distintos permite que se possa classificá-lo como espécie de *crime complexo*.

3. Sujeitos do crime

3.1 *Sujeito ativo*

Sujeito ativo pode ser qualquer pessoa, com exceção do proprietário ou condômino, a despeito de algum entendimento, a nosso juízo equivocado, em sentido contrário. Em outros termos, sujeito ativo é qualquer pessoa que venha a invadir, justamente, terreno ou edifício que se encontre na posse legítima de outrem.

Para Magalhães Noronha, o proprietário pode ser sujeito ativo do crime de esbulho possessório, quando o pratica contra possuidor que esteja exercendo a posse direta legitimamente[2]. Contudo, não se pode esquecer da elementar normativa "alheio", contida pelo tipo penal quando se refere a "terreno ou edifício alheio"[3]; com certeza, na ação do proprietário que invade seu próprio imóvel falta a elementar "alheio", exigida pela descrição típica. Pela mesma razão, o condômino de imóvel *pro indiviso* não pode ser sujeito ativo de esbulho possessório em relação ao possuidor, por faltar-lhe, como afirmamos, a elementar normativa "alheio".

O concurso de pessoas, no crime de esbulho, pode desempenhar dois papéis distintos, a saber: se concorrerem apenas dois sujeitos para a prática do crime, estar-se-á diante do concurso eventual de pessoas, nos termos do art. 29 do CP. Contudo, havendo concurso de mais de duas pessoas, converte-se no denominado *concurso necessário*, que, nesse caso, configura elementar da estrutura típica do crime, perdendo sua natureza de eventual. Na verdade, a descrição típica exige o emprego de violência ou grave ameaça à pessoa, ou, alternativamente, concurso de mais de duas pessoas. Enfim, a ausência das duas elementares impede a tipificação do esbulho, mesmo que haja invasão da propriedade imóvel.

3.2 *Sujeito passivo*

Sujeito passivo do esbulho possessório é quem se encontra na posse do terreno ou edifício invadido, seja o proprietário ou seja, a qualquer título, o possuidor do imóvel (enfiteuta, usufrutuário, arrendatário, locatário, titular de servidão etc.), conforme reconhece a doutrina[4]. Em outros termos, sujeito passivo é todo aquele que, no Direito civil, pode valer-se das ações possessórias.

---

2. Magalhães Noronha, *Direito Penal*, cit., v. 2, p. 311.
3. Luiz Regis Prado, *Curso de Direito Penal brasileiro*, cit., v. 2, p. 434.
4. Heleno Cláudio Fragoso, *Lições de Direito Penal*, cit., v. 1, p. 384.

4. Tipo objetivo: adequação típica

São elementos constitutivos do crime de esbulho: a) invasão de prédio (terreno ou edifício); b) emprego de violência ou grave ameaça, ou concurso de mais de duas pessoas; c) fim especial de esbulhar.

A ação tipificada é *invadir*, que significa penetrar, ingressar, introduzir-se violenta ou hostilmente; no entanto, o mesmo verbo pode significar entrar ou introduzir clandestinamente. Pode-se, na verdade, invadir determinado lugar não através de violência, mas ardilosa, astuciosa ou sorrateiramente. Afinal, essa possibilidade variada de interpretações levou o legislador a definir com precisão o sentido que estava emprestado ao verbo "invadir", acrescentando somente que a invasão mediante violência, grave ameaça ou com o concurso de mais de duas pessoas, com finalidade esbulhativa, seria objeto de proibição penal.

Com efeito, o *esbulho possessório* pode ser executado com violência real (física) ou ficta (grave ameaça) ou com a participação de, no mínimo, três pessoas. *Esbulho* é a perda da posse, o desalojamento do possuidor. Assim, a invasão pacífica, isto é, sem violência de qualquer natureza, não é tipificada como crime; quem invade imóvel alheio, ainda que com a finalidade de esbulhar, mas sem empregar violência ou grave ameaça e sem fazê-lo mediante o concurso de mais de duas pessoas, não comete o crime de esbulho. A ilicitude desse tipo de comportamento encontra resposta no Código Civil.

Esbulho, com o sentido de ocupação, que é a concepção penalística do instituto, não encerra, necessariamente, a ideia de perpetuidade. Com efeito, nem sempre o esbulhador tem a intenção de instalar-se em definitivo no imóvel invadido, sem, contudo, descaracterizar o esbulho.

4.1 *Violência à pessoa ou grave ameaça ou concurso de mais de duas pessoas*

A forma de execução, alternativa, *com violência* (*vis corporalis*) ou grave ameaça (*vis compulsiva*), ou *mediante concurso de mais de duas pessoas*. Na primeira hipótese, exige-se violência à pessoa e não à coisa. Na segunda, exige-se a participação de mais de duas pessoas; a nosso juízo, na concepção do legislador, a reunião de mais de duas pessoas para prática do esbulho representa uma espécie *de violência presumida*.

Enfim, tudo o que dissemos sobre violência ou grave ameaça quando examinamos o crime de roubo tem aqui inteira aplicação, sendo, portanto, desnecessário repeti-lo. Contudo, relativamente ao concurso de pessoas, necessitamos algumas considerações, na medida em que, para caracterizar-se o esbulho sem violência ou grave ameaça, faz-se necessário o mínimo de três pessoas.

Quando o esbulho for praticado por meio do *concurso de mais de duas pessoas* não se configura o concurso eventual de pessoas (coautoria ou participação), uma vez que se trata de elementar típica do *modus faciendi* da execução criminal, ainda que essa reunião de pessoas seja produto de eventualidade. Nesse caso, o *concurso necessário*, que não é circunstância qualificadora ou majoradora da pena, mas integra o próprio conteúdo da descrição típica, constitui elementar caracterizadora, pode-se dizer, de uma espécie de violência presumida.

Para alguns autores (Magalhães Noronha, Fragoso, Regis Prado)[5], esbulho sem violência exige, no mínimo, quatro pessoas (o autor e mais três). Parece-nos insustentável essa orientação, cuja exigência, adaptando-se o elemento subjetivo, já poderia caracterizar uma quadrilha. Hungria, com a clarividência de sempre, sustenta ser suficiente o número de três concorrentes. Na verdade, o texto legal não exige que o invasor conte com o concurso de mais de duas pessoas, mas que a invasão seja executada mediante o concurso de mais de duas pessoas.

Sem maiores considerações, que nos parecem desnecessárias, adotamos a orientação minoritária, admitindo a suficiência de um mínimo de três pessoas para configurar o crime de esbulho, quando este for praticado sem violência física ou grave ameaça.

4.2 *Esbulho civil e esbulho penal*

Embora o Código Penal se utilize da definição de esbulho oferecida pelo direito civil, com ela não se confunde. Na verdade, na concepção do Código Civil, a caracterização do *esbulho* exige que o possuidor perca a posse, isto é, seja dela afastado, ao passo que, para o Código Penal, é suficiente que a finalidade de esbulhar constitua o *especial fim de agir*, que, como todos sabemos, não precisa concretizar-se. Nessa linha discordamos frontalmente daqueles que sugerem, *de lege ferenda*, para equiparar-se à previsão do Código Civil, a criminalização da simples *turbação*[6].

O direito penal, no caso, *é mais protetivo*, satisfazendo-se com a simples existência do elemento subjetivo especial do tipo: o fim de esbulhar. Na realidade, há, pode-se afirmar, certa inversão de papéis dos dois ramos do direito, na medida em que o direito penal deve manter seu caráter subsidiário e intervir somente quando outros meios de controle social não funcionem. Em outros termos, somente uma ofensa mais grave do bem jurídico que deveria encontrar proteção no direito penal; no entanto, nesse caso, usando a linguagem do Código Civil, a simples *turbação* da posse já é criminalizada como esbulho, enquanto para o direito civil é necessário que a vítima seja desalojada da posse para configurar tal esbulho. Nessas circunstâncias, estamos diante de uma injustificada criminalização, com evidente violação do princípio da *ultima ratio*.

---

5. Magalhães Noronha, *Direito Penal*, cit., v. 2, p. 312; Heleno Cláudio Fragoso, *Lições de Direito Penal*, cit., v. 1, p. 385; Luiz Regis Prado, *Curso de Direito Penal brasileiro*, cit., v. 2, p. 435.

6. Julio Fabbrini Mirabete, *Direito Penal*, São Paulo, Atlas, 1987, v. 2, p. 236. Na verdade, essa equivocada orientação vem desde Magalhães Noronha, quando os tempos eram outros e se via o Direito Penal com outra função (Magalhães Noronha, *Direito Penal*, cit., v. 2, p. 310).

4.3 *Esbulho de imóvel do SFH*

Se o imóvel esbulhado foi ou é objeto de financiamento do Sistema Financeiro da Habitação, incorrerá no esbulho possessório definido na Lei Especial (art. 9º da Lei n. 5.741/71). Se o agente desocupar o imóvel espontaneamente, antes de qualquer medida coativa, será *isento de pena.*

O Superior Tribunal de Justiça já decidiu que não há esbulho possessório de unidade do Sistema Nacional de Habitação quando a ocupação se dá naturalmente, por força de contrato celebrado com a Caixa Econômica Federal. O fato de ter o ocupante se tornado, posteriormente, inadimplente não configura o esbulho possessório do art. 161 do Código Penal, nem o do art. 9º da Lei n. 5.741/71[7].

No entanto, há recente julgado segundo o qual "Os imóveis que integram o Programa Minha Casa Minha Vida são adquiridos, em parte, com recursos orçamentários federais. Tal fato evidencia o interesse jurídico da União na apuração do crime esbulho possessório em relação a esse bem, ao menos enquanto for ele vinculado ao mencionado Programa, ou seja, quando ainda em vigência o contrato por meio do qual houve a compra do bem e no qual houve o subsídio federal, o que é a situação dos autos" (STJ, CC n. 179.467/RJ, rel. Min. Laurita Vaz, Terceira Seção, julgado em 9-6-2021, *DJe* de 1-7-2021).

Na hipótese de invasão de terras da União, Estados ou Municípios, ver a Lei n. 4.947, de 6 de abril de 1966, art. 20.

5. Tipo subjetivo: adequação típica

O tipo subjetivo é constituído pelo *elemento subjetivo geral,* que é o dolo, representado pela vontade livre e consciente de invadir violentamente terreno ou edifício alheio[8], além do *elemento subjetivo especial* do tipo, constituído pelo *especial fim* de praticar o esbulho possessório, ou seja, o propósito de colocar a vítima para fora do imóvel e ocupá-lo. Assim, quando a invasão tiver como propósito a simples turbação da posse, a conduta será atípica, pois lhe faltará o *especial fim* de esbulhar, como exemplifica Paulo José da Costa Jr.: "se a invasão se der para colher frutos, forçar uma servidão de passagem, ou mesmo cortar algumas árvores, não estará caracterizado o crime. Configura a conduta uma turbação, não prevista em lei"[9].

Não há previsão de modalidade culposa.

6. Consumação e tentativa

Consuma-se o crime de esbulho com a simples invasão, ainda que o esbulho não se concretize. Trata-se de crime formal; o esbulho, se ocorrer, representará apenas o exaurimento do crime, que já se consumara com a efetiva invasão do imóvel.

---

7. STJ, RHC 1636-0, rel. Min. Flaquer Scartezzini, *DJU*, 18 maio 1992, p. 6986.
8. Paulo José da Costa Jr., *Comentários ao Código Penal*, cit., p. 495.
9. Paulo José da Costa Jr., *Comentários ao Código Penal*, cit., p. 496.

Admite-se, em tese, a tentativa quando o sujeito ativo não consegue entrar no imóvel por circunstâncias alheias a sua vontade.

7. Usurpação em concurso com violência

O § 2º do art. 161 determina que, se o sujeito ativo "usa de violência, incorre também na pena a esta cominada". Dois aspectos, fundamentalmente, demandam alguma reflexão: trata-se de concurso de crimes (que modalidade)? Qual sistema de aplicação de penas deve ser adotado?

Inicialmente, deve-se registrar que essa previsão somente é aplicável quando a "violência empregada" constituir em si mesma crime, caso contrário não haverá para ela pena cominada. Por outro lado, deve-se ter presente que o uso de violência ou grave ameaça, como tal, é elementar constitutiva do crime de esbulho. Nesse tipo penal, mesmo fora da violência presumida (concurso de mais de duas pessoas), somente a violência que constituir em si mesma crime excederá a mera função de elementar constitutiva do esbulho. Nesse caso, a pena do esbulho deve ser cumulada com a pena correspondente à infração penal constituída pela violência.

Qualquer das três figuras — *alteração de limites, usurpação de águas* ou *esbulho possessório* — praticada com uso de violência que constitua em si mesma crime configura, certamente, concurso de crimes. No entanto, não se trata de concurso material[10], como reiteradamente tem repetido a doutrina nacional. Em momento algum o texto legal sugeriu que se trata de concurso material, não passando de equivocada interpretação doutrinária. Não se pode esquecer que o que caracteriza o *concurso material* de crimes não é a *pluralidade de infrações*, como ocorreria na hipótese em exame, mas sim a *pluralidade de condutas*, que, em princípio, não ocorre na ação única de invadir violentamente imóvel alheio.

Ocorre o concurso material quando o agente, mediante mais de uma conduta (ação ou omissão), pratica dois ou mais crimes, idênticos ou não. Na realidade, tem-se confundido *concurso material de crimes* com sistema do *cúmulo material de aplicação de penas*, o qual recomenda a soma das penas de cada crime[11], que são coisas absolutamente distintas. O Código Penal utiliza o sistema do cúmulo material de penas nas hipóteses de concurso material de crimes e concurso formal impróprio (arts. 69 e 70, *caput*, segunda parte).

Assim, os crimes de usurpação previstos no art. 161 praticados com violência que constitua em si mesma crime configuram, em regra, concurso formal, quando forem objeto de ação de uma única e mesma ação, ainda que dividida em vários atos.

---

10. Magalhães Noronha, *Direito Penal*, cit., v. 2, p. 314; Nélson Hungria, *Comentários ao Código Penal*, cit., v. 7, p. 94; Damásio de Jesus, *Direito Penal*, cit., v. 2, p. 381.
11. Cezar Roberto Bitencourt, *Tratado de Direito Penal*, 29. ed., cit., 2023, v. 1, p. 858.

8. Pena e ação penal

8.1 *Penas cominadas*

As penas cominadas são *cumulativas* nas três figuras (alteração de limites, usurpação de águas e esbulho possessório): detenção, de um a seis meses e multa. Se o agente empregar violência responderá também pelo crime correspondente, aplicando-se o princípio do cúmulo material de penas. Ficam absorvidas as *vias de fato*.

8.2 *Pena e ação penal*

Na propriedade particular e sem violência à pessoa (real), a ação penal é de *exclusiva iniciativa privada* (§ 3º). Na hipótese contrária, a ação penal é pública incondicionada.

SUPRESSÃO OU ALTERAÇÃO DE MARCA EM ANIMAIS

Sumário: 1. Considerações preliminares. 2. Bem jurídico tutelado. 3. Sujeitos ativo e passivo. 4. Tipo objetivo: adequação típica. 4.1. Somente em animais já marcados. 4.2. Concurso com outros crimes. 4.3. Elementares típico-normativas: "indevidamente" e "alheio". 4.4. Significado e limite das locuções "gado" ou "rebanho". 5. Tipo subjetivo: adequação típica. 6. Consumação e tentativa. 7. Classificação doutrinária. 8. Pena e ação penal.

SUPRESSÃO OU ALTERAÇÃO DE MARCA EM ANIMAIS

Art. 162. Suprimir ou alterar, indevidamente, em gado ou rebanho alheio, marca ou sinal indicativo de propriedade:

Pena — detenção, de 6 (seis) meses a 3 (três) anos, e multa.

• *V.* art. 64 do Decreto-Lei n. 3.688/41 (Lei das Contravenções Penais).

1. Considerações preliminares

A *supressão ou alteração de marca em animais*, como infração penal, era completamente desconhecida da legislação brasileira anterior, na medida em que o Código Criminal do Império (1930) e o Código Penal republicano de 1890 não se ocupavam dessa infração penal especificamente.

Na verdade, o dispositivo em exame tem como antecedente o *Projeto Sá Pereira*, que, num primeiro momento, considerava espécie de furto a conduta de quem "ferra, contraferra, assinala ou contra-assinala animal alheio" (art. 217). Posteriormente, referido dispositivo recebeu a seguinte redação: "Cometerá furto o que ferrar ou contraferrar animal alheio com outra marca, que não a do próprio dono, salvo se o tiver feito a seu mando, ou de seu preposto" (art. 186, § 2º). O *Projeto Alcântara* seguiu, com pequena variação, a mesma orientação do *Projeto Sá Pereira*, embora classificasse a mesma infração penal como variante da apropriação indébita. Posteriormente, no entanto, a Comissão Revisora houve por bem restringir o dispositivo para, incluindo-o na figura da usurpação, limitar sua abrangência *à supressão ou alteração de marca (ou sinal indicativo de propriedade) em animais de gado ou rebanho alheio*. A limitação operou-se em dois aspectos: excluiu-se a marcação de *animais desmarcados*, de um lado, e, de outro, a incriminação está condicionada a animal integrante de *gado* ou *rebanho*. Essa cautela levou em consideração que somente quando violada a precaução do proprietário representada pela marca dos animais se justifica a criminalização da conduta.

2. Bem jurídico tutelado

Ao contrário das outras figuras de *usurpação*, no art. 162 o objeto da tutela penal não é a propriedade imobiliária. Os bens jurídicos protegidos são a *posse* e a *propriedade* de semoventes (bois, vacas, cavalos, carneiros, porcos etc., constitutivos de gado ou rebanho), que são considerados, para o direito penal, coisas móveis, embora, para o direito civil, possam, eventualmente, ser tratados como imóveis (art. 43, III, do CC/16), por *acessão intelectual*, quando, por exemplo, imobilizados num prédio, para sua exploração industrial.

Convém destacar que o bem jurídico protegido não é a *marca* ou *sinal* do animal em si mesmos, pois aqueles são apenas o meio de proteger ou identificar a propriedade deste. Por isso, quem adquire animais e suprime ou altera a *marca* ou *sinal* que estes traziam, identificadores do proprietário anterior, não comete crime algum. Ademais, essa conduta não seria "indevida", e os animais não mais seriam "alheios". Mas, nesse caso, já se estariam examinando elementos especiais da ilicitude integrantes da tipicidade.

O objeto material sobre o qual recai a ação delituosa, por sua vez, é a marca ou sinal indicativo de propriedade. Assim como na indústria e no comércio a marca protege o produto, no animal ela tem a mesma finalidade, advertindo a todos quanto a quem ele pertence.

3. Sujeitos ativo e passivo

Sujeito ativo pode ser pessoa, sem condição especial, tratando-se, portanto, de crime comum. Acreditamos que o detentor em nome de outrem também pode ser sujeito ativo desse crime. Exemplifica, com acerto, Luiz Regis Prado, "o administrador que dolosamente suprime a marca do gado ou rebanho, com o propósito de dificultar a identificação da propriedade, excluindo a hipótese em que usurpa a marca e inverte o título de posse, já que nesse caso ter-se-á apropriação indébita"[1].

Sujeito passivo, igualmente, pode ser qualquer pessoa, física ou jurídica, desde que dona dos animais objeto da ação.

4. Tipo objetivo: adequação típica

As condutas tipificadas são *suprimir e alterar. Suprimir* significa fazer desaparecer, retirar; *alterar* quer dizer modificar, transformar, mudar, em gado ou rebanho alheios, indevidamente, *marca* ou *sinal* indicativos de propriedade. Enfim, qualquer das duas ações consiste em modificar o estado de fato anterior relativamente à sinalização indicativa do animal. Com a ação de alterar não é necessária mudança completa da marca, sendo suficiente para a tipificação do crime a mudança de algum traço que a desfigure.

---

1. Luiz Regis Prado, *Curso de Direito Penal brasileiro*, cit., v. 2, p. 441.

Marca ou *sinal* são meios identificadores da origem e propriedade de animais. Os proprietários rurais, no entanto, são criativos na utilização de outros símbolos ou figuras para identificar suas marcas. Por isso, além da marca, pode ser objeto da ação qualquer outro sinal que identifique a propriedade, normalmente localizado nos chifres ou no focinho do animal.

4.1 *Somente em animais já marcados*

A conduta incrimina a *supressão* ou *alteração* somente de animais já marcados, sendo atípica a conduta executada em animais ainda não assinalados, isto é, "não marcados". As condutas "suprimir" e "alterar" não deixam dúvida, pressupõem a existência de *marca* ou *sinal*, pois somente se pode suprimir ou alterar algo existente. Nesse sentido, equivocava-se Magalhães Noronha quando sugeria que o crime poderia ser praticado mesmo em animal desmarcado[2].

Marca é o distintivo caracterizador da propriedade; normalmente é constituída pelas iniciais do proprietário; em outros termos, marca é a caracterização do animal com ferro candente ou, modernamente, com a utilização de alguma substância química. *Sinal*, além da marca, também é objeto material da ação incriminada. Sinal é todo e qualquer distintivo artificial, que não se confunda com a marca, normalmente localizado no focinho ou nos chifres dos animais.

Embora a Lei n. 4.714[3], de 29 de junho de 1965, regule as dimensões e a localização das marcas em animais, bem como seu registro, sua observância é irrelevante para a configuração do crime, sendo suficiente que possam ser reconhecidas como identificadores da propriedade alheia. Com efeito, é indiferente que a marca ou sinal tenham sido registrados em órgão próprio, como prevê a Lei n. 4.714/65, para caracterizar o crime, pois o que se protege penalmente não é a marca em si ou por si mesma, mas seu sentido, indicativo da propriedade alheia. É suficiente que simbolizem a propriedade de alguém e venham a ser, indevidamente, suprimidos ou alterados. Contudo, convém ter presente que a *marca*, por si só, não constitui prova incontestável da propriedade, até porque existem animais não marcados cuja propriedade é incontestável, ou animais marcados que podem não pertencer ao dono da marca.

4.2 *Concurso com outros crimes*

A alteração ou supressão de marcas em animais alheios não se confunde com outros crimes, como o furto, por exemplo, porque não há subtração da coisa alheia; com a

2. Magalhães Noronha, *Direito Penal*, cit., v. 2, p. 316: "Do mesmo modo, pode praticar-se o crime, tendo por objeto animal desmarcado, apondo o delinquente sua marca".

3. A Lei n. 4.714/65 determina que o gado bovino somente pode ser marcado a ferro candente na cara, no pescoço e nas regiões localizadas abaixo da linha que liga as articulações fêmuro-rótulo-tibial e úmero-rádio-cubital, com o objetivo de preservar a utilidade máxima do couro (art. 1º). Determina que a marca não pode ultrapassar uma região circular cujo diâmetro não supere 11 cm.

apropriação indébita (mesmo quando se encontre em sua posse), porque ainda não há a efetiva apropriação; com o estelionato, porque a "fraude" não é seguida pela obtenção imediata e efetiva de vantagem ilícita.

Contudo, se qualquer das condutas descritas no art. 162 for *meio* para a prática de outro crime, como furto, estelionato, apropriação indébita, aquele ficará absorvido, o que não impede, a nosso juízo, eventual concurso com outro crime. Na verdade, a subtração dos animais (furto) e posterior alteração da marca originam o concurso de crimes, embora, em regra, tenha sido considerado *post factum* impunível.

Da mesma forma, quem compra os animais e altera a marca para colocar a sua não pratica o crime, não apenas por ter o direito de fazê-lo, mas também por faltar a elementar "alheio".

4.3 *Elementares típico-normativas: "indevidamente" e "alheio"*

A ação de *alterar* ou *suprimir* marca ou sinal deve incidir sobre animais *alheios*, isto é, não pertencentes ao sujeito ativo, sendo irrelevante que se encontrem em propriedade da vítima, do sujeito ativo ou de terceiro.

O elemento normativo *indevidamente* caracteriza tipo aberto. Assim, quando autorizada ou permitida a *alteração* ou *supressão* da marca ou sinal, ainda que contrariada pelo proprietário, não constitui crime, faltando-lhe a elementar normativa, "indevidamente". Situação semelhante ocorre com quem adquire um rebanho, por exemplo, e suprime a marca anterior, apondo a sua; evidentemente se trata de comportamento atípico, pois, pode-se afirmar, a alteração ou supressão, nesse caso, é legítima, ou seja, devida.

4.4 *Significado e limite das locuções "gado" ou "rebanho"*

Questão relevante, porém, será interpretar o sentido ou abrangência dos coletivos *gado* ou *rebanho* contidos no texto legal, que ao longo do tempo têm recebido definições díspares, das quais destacamos algumas, começando pela emitida por Nélson Hungria: "Por *gado* ou *rebanho* se entende toda pluralidade gregária de quadrúpedes que costumam ser criados ou mantidos em pastos, campos, *retiros* ou currais. Quando os animais são de grande porte (bois, cavalos, muares), fala-se em *gado*; quando de pequeno porte (carneiros, cabritos, porcos etc.), prefere-se o termo *rebanho*"[4]. Para Magalhães Noronha, "*gado* é substantivo que indica animais geralmente criados nos campos e empregados nos serviços da lavoura, para fins industriais, comerciais ou consumo doméstico. *Rebanho*, particularmente, designa porção de gado lanígero, de animais guardados por pastor; mas indica também reunião, multidão, ajuntamento de animais"[5]. Para Bento de Faria, por sua vez,

4. Hungria, *Comentários ao Código Penal*, cit., v. 7, p. 98.
5. Magalhães Noronha, *Direito Penal*, cit., v. 2, p. 318.

"*gado* — é denominação que inculca os animais geralmente criados no campo e destinados ao consumo e a serviços industriais ou comerciais; *rebanho* — é a multidão de — *gado*"[6].

Resumindo, *gado* ou *rebanho* são sinônimos que, genericamente, significam uma *pluralidade de animais quadrúpedes* (bois, vacas, cavalos, carneiros, ovelhas etc.). Na verdade, a nosso juízo, o verdadeiro sentido de gado ou rebanho, se apresenta ou não significado distinto, parece-nos irrelevante. O que importa efetivamente é que ambos são *substantivos coletivos*, isto é, implicam mais de um animal. No entanto, isso não quer dizer que para a configuração do crime seja necessário que a supressão ou alteração de marca ou sinal deva ocorrer em mais de um animal, mas que o animal que tiver a marca alterada ou suprimida deve integrar o rebanho ou gado de alguém[7]. Assim, a alteração ou supressão de marca em apenas um animal que se encontre isolado não tipifica esse crime, porque, em tais circunstâncias, o animal pode ser facilmente identificado, pois somente quando integra um rebanho pode existir o perigo de passar à propriedade alheia[8].

5. Tipo subjetivo: adequação típica

O *elemento subjetivo* geral é o dolo, representado pela vontade livre e consciente de alterar ou suprimir marca ou sinal em animais alheios. O sujeito ativo, além da vontade de produzir o resultado da alteração ou supressão da identificação do gado ou rebanho alheio, deve, obrigatoriamente, ter consciência de que se trata de animal pertencente a outrem, e, ademais, de que essa ação é indevida, isto é, desautorizada, ilegítima, não permitida. O desconhecimento de qualquer das duas circunstâncias — *alheia* ou *indevida* — pode caracterizar erro de tipo e, por extensão, afastar a tipicidade em razão da vontade viciada.

Implicitamente, há a exigência do *elemento subjetivo especial* do tipo, constituído pelo *especial fim* de provocar dúvida sobre a propriedade dos animais. Como sustentava Magalhães Noronha, "é necessário que o agente tenha o escopo de apoderar-se dos semoventes: ele suprime ou altera a marca, para depois irrogar a propriedade"[9]. Nesse particular, a redação primitiva do Projeto do Código Penal de 1940 era mais clara, pois destacava expressamente o elemento subjetivo especial do injusto, nos seguintes termos: "para dele (isto é, do gado ou rebanho) se apropriar, no todo ou em parte". Com essa supressão da redação final, para configurar o crime, é suficiente criar a possibilidade de usurpação da propriedade de animais alheios.

Por isso, como afirmava Fragoso, praticar qualquer das condutas tipificadas por ódio, vingança ou provocação poderia tipificar crime de dano, mas certamente não essa infração penal.

---

6. Bento de Faria, *Código Penal brasileiro comentado*, cit., v. 5, p. 73.
7. Heleno Cláudio Fragoso, *Lições de Direito Penal*, cit., v. 1, p. 393.
8. Heleno Cláudio Fragoso, *Lições de Direito Penal*, cit., v. 1, p. 393.
9. Magalhães Noronha, *Direito Penal*, v. 2, p. 317.

6. Consumação e tentativa

Consuma-se com a simples *supressão* ou *alteração* de marca ou sinal, independentemente das consequências, ainda que o fato se dê em relação a apenas um animal, desde que integrante de algum rebanho. Admitimos a consumação em um único animal, ao contrário do entendimento de parte da doutrina[10], pois a expressão "em gado ou rebanho alheio" não significa que a ação deve incidir sobre uma *coletividade animal*, como se chega a afirmar, mas simplesmente que deve tratar-se de *animal* pertencente a gado ou rebanho *alheio*, isto é, pertencente a outrem.

É admissível, em princípio, a tentativa, quando, por exemplo, mesmo realizando qualquer das condutas descritas no tipo penal, o sujeito ativo, por circunstâncias alheias a sua vontade, não produz o resultado pretendido. Nessa linha, Magalhães Noronha[11] afirmava que as ações de suprimir ou alterar são fragmentáveis, podendo o agente ser obstado de prosseguir antes de consumar sua ação.

7. Classificação doutrinária

Trata-se de *crime comum* (porque não exige condição especial do sujeito ativo); *formal*, na medida em que, embora descreva um resultado, não necessita de sua produção para consumar-se; *comissivo* (é da essência dos próprios verbos nucleares, que só podem ser praticados por meio de uma ação positiva); *doloso* (não há previsão legal para a figura culposa); *de forma livre* (pode ser praticado por qualquer meio, forma ou modo); *instantâneo* (a consumação opera-se de imediato, não se alongando no tempo); *unissubjetivo* (pode ser praticado, em regra, apenas por um agente); *plurissubsistente* (pode ser desdobrado em vários atos, que, no entanto, integram a mesma conduta).

8. Pena e ação penal

Aplicam-se, cumulativamente, as penas cominadas de detenção, de seis meses a três anos, e multa. A ação penal é *pública incondicionada*, sendo desnecessária qualquer manifestação do ofendido, a despeito da disponibilidade do patrimônio.

---

10. Damásio de Jesus, *Direito Penal*, cit., v. 2, p. 360.
11. Magalhães Noronha, *Direito Penal*, cit., v. 2, p. 318.

DO DANO — XI

Sumário: 1. Considerações preliminares. 2. Bem jurídico tutelado. 3. Sujeitos ativo e passivo. 4. Tipo objetivo: adequação típica. 5. Tipo subjetivo: adequação típica. 6. Dano qualificado. 6.1. Com violência à pessoa ou grave ameaça. 6.1.1. Dano praticado com violência: concurso material de crimes ou cúmulo material de penas. 6.2. Com emprego de substância inflamável ou explosiva, se o fato não constitui crime mais grave. 6.3. Contra o patrimônio da União, Estado, Município, empresa concessionária de serviços públicos ou sociedade de economia mista. 6.4. Por motivo egoístico ou com prejuízo considerável para a vítima. 6.4.1. Por motivo egoístico. 6.4.2. Com prejuízo considerável. 7. Consumação e tentativa. 8. Classificação doutrinária. 9. Pena e ação penal.

CAPÍTULO IV

DO DANO

Dano

Art. 163. Destruir, inutilizar ou deteriorar coisa alheia:

Pena — detenção, de 1 (um) a 6 (seis) meses, ou multa.

Dano qualificado

Parágrafo único. Se o crime é cometido:

I — com violência à pessoa ou grave ameaça;

II — com emprego de substância inflamável ou explosiva, se o fato não constitui crime mais grave;

III — contra o patrimônio da União, de Estado, do Distrito Federal, de Município ou de autarquia, fundação pública, empresa pública, sociedade de economia mista ou empresa concessionária de serviços públicos;

• Inciso III com redação determinada pela Lei n. 13.531, de 7 de dezembro de 2017.

IV — por motivo egoístico ou com prejuízo considerável para a vítima:

Pena — detenção, de 6 (seis) meses a 3 (três) anos, e multa, além da pena correspondente à violência.

---

1. Considerações preliminares

A tutela penal do dano remonta à Antiguidade quando era considerado crime privado (*damnum injuria datum*). Era previsto na Lei de Aquilia e na Lei das XII

Tábuas[1]. O objeto material do crime de dano, em Roma, limitava-se às coisas imóveis, salvo o dano produzido em animais, que já era punido desde a Lei das XII Tábuas. A peculiaridade especial é que o crime de dano era punido tanto a título de dolo quanto de culpa. Esses critérios foram mais ou menos mantidos no direito intermédio.

O reconhecimento do crime de dano indistintamente tanto para bens imóveis quanto para bens móveis já é produto da modernidade, que afastou também o *princípio aquiliano*, que para esse crime não fazia distinção entre dolo e culpa. A partir de então, o *dano culposo* restou relegado para a órbita do ilícito civil, onde deverá encontrar a reparação adequada. O dano foi igualmente "separado dos crimes de perigo extensivo, deixando estes o quadro dos crimes patrimoniais, para constituírem uma classe autônoma, sob a rubrica especial de 'crimes de perigo comum' ou 'crimes contra a incolumidade pública'"[2].

Nas Ordenações Filipinas o dano integrava vários títulos esparsos no Livro V, criminalizando ações relativas ao corte de árvores (Título LXXV) e à morte de animais (Título LXXV)[3]. O Código Criminal do Império (1830) disciplinou o crime de dano (art. 266), distinguindo aquele praticado contra bens públicos e o cometido contra bens particulares (art. 178). Equiparou, equivocadamente, ao crime de dano a alteração de limites e o esbulho possessório (art. 267). O Código Penal de 1890 (republicano) contemplou o dano em diversos dispositivos (arts. 326 a 329) e, a exemplo do diploma anterior, manteve a distinção entre o dano contra bens públicos e particulares, além de também considerar dano a *alteração de limites* e a *usurpação de águas*.

Finalmente, o Código Penal de 1940, cuja Parte Especial ainda se encontra em vigor, com técnica superior, afastou os equívocos cometidos em razão da semelhança do dano com outras figuras penais. O atual diploma legal disciplina o dano nas seguintes espécies: *dano simples* (art. 163); *dano qualificado* (art. 163, parágrafo único); *introdução ou abandono de animais em propriedade alheia* (art. 164); *dano em coisa de valor artístico, arqueológico ou histórico* (art. 165); *alteração de local especialmente protegido* (art. 166).

Preferimos, no entanto, por razões puramente didáticas, examinar em capítulos separados cada figura delituosa, com exceção do dano simples e qualificado, não havendo nenhuma razão para abordá-los separadamente.

2. Bem jurídico tutelado

O bem jurídico protegido é o patrimônio, público ou privado, tanto sob o aspecto da *posse* quanto da *propriedade*. Nesta previsão legal, ao contrário da

---

1. Heleno Cláudio Fragoso, *Lições de Direito Penal*, cit., v. 1, p. 395.
2. Nélson Hungria, *Comentários ao Código Penal*, cit., v. 7, p. 102.
3. Heleno Cláudio Fragoso, *Lições de Direito Penal*, cit., v. 1, p. 395.

maioria das infrações contra o patrimônio, não existe o *animus lucrandi*, que apenas eventual e excepcionalmente pode existir, desde que seja indireto ou mediato.

O elemento normativo "alheia" contido no tipo penal significa tanto a coisa que pertence a outrem como a que se encontra na posse de terceiro.

O *objetivo da norma* é preservar a integridade e a integralidade dos bens ou interesses para o proprietário ou possuidor, abrangendo não apenas o valor substancial como também a utilidade que possam ter para estes (que não deixa de ser valor). Nessa linha já pontificava Manzini, afirmando que: "O objeto específico da tutela penal, em relação ao crime de dano do art. 635, é o interesse público concernente à inviolabilidade do patrimônio mobiliário ou imobiliário, ofendido por fato que suprime ou diminui a utilização ou o preço da coisa alheia..."[4].

O objeto material do crime de dano é coisa alheia, móvel ou imóvel e corpórea. *Corpórea*, pois somente esta pode ser fisicamente danificada; deve ser *alheia*, pois, tratando-se de patrimônio, tem natureza de *bem disponível*, e dele o proprietário pode dispor, usar e gozar; ademais, a *res nullius* e a *res derelicta* não podem ser objeto do crime de dano.

3. Sujeitos ativo e passivo

Sujeito ativo pode ser qualquer pessoa, sem qualquer condição especial. O *proprietário da coisa*, móvel ou imóvel, como regra, não pode ser sujeito ativo do crime de dano, mesmo que esta se encontre legitimamente em poder de terceiro (locatário, comodatário, depositário etc.)[5]. O tipo penal em exame pune o dano produzido sobre *coisa alheia* e coisa própria, evidentemente, não pode ser considerada alheia. O *possuidor*, por sua vez, pode ser sujeito ativo do crime de dano, deteriorando, inutilizando ou destruindo a propriedade de terceiro, que mantém sua *posse indireta*.

O *titular da nua propriedade* ou do domínio direto, no entanto, poderá ser sujeito ativo do crime de dano contra o usufrutuário ou enfiteuta. O *condômino*, igualmente, pode ser sujeito ativo do *dano* que destrói, inutiliza ou deteriora a *coisa comum*, exceto se se trata de *coisa fungível* e não ultrapassar a quota a que tem direito, a exemplo do que ocorre com o *furto de coisa comum*.

Sujeito passivo, normalmente, é o proprietário, mas não está excluído o possuidor da coisa (aquisições com alienações fiduciárias, reservas de domínios, longas posses mansas e pacíficas etc.).

---

4. Vincenzo Manzini, *Trattato di Diritto Penale italiano*, 1947, v. 8, p. 433.

5. Heleno Cláudio Fragoso, *Lições de Direito Penal*, cit., v. 1, p. 396 e 397; Nélson Hungria, *Comentários ao Código Penal*, p. 106. Em sentido contrário posiciona-se Luiz Regis Prado, *Curso de Direito Penal brasileiro*, cit., v. 2, p. 448: "*Sujeito ativo* pode ser qualquer pessoa, inclusive o proprietário em caráter excepcional, como, por exemplo, quando causa danos a seu imóvel com o objetivo de forçar a saída do arrendatário ou parceiro (delito comum)".

4. Tipo objetivo: adequação típica

A conduta tipificada é *destruir* (eliminar, fazer desaparecer), *inutilizar* (tornar imprestável, inútil) ou *deteriorar* (estragar, arruinar)[6]. O objeto material do crime de dano é *coisa alheia*, corpórea, que pode ser móvel ou imóvel. O dano produzido pode ser total ou parcial. A *coisa perdida* também pode ser objeto do crime de dano, pois continua sendo *alheia*. A imaterialidade do *dano moral* o exclui da esfera de proteção penal, restando confinado ao âmbito da responsabilidade civil.

Na *destruição*, a coisa deixa de existir em sua individualidade, ainda que subsista a matéria que a compõe (por exemplo: matar um animal, estilhaçar uma vidraça), ou também quando venha a desaparecer, tornando-se inviável sua recuperação. Na *inutilização*, a coisa não é destruída; perde somente a adequação ao fim a que se destinava, desaparecendo sua utilidade, sem perder completamente sua individualidade. *Deteriorar* tem o significado de estragar, enfraquecer sua essência, diminuindo seu valor ou utilidade, sem destruí-la ou inutilizá-la. Na *deterioração* a coisa sofre uma avaria substancial, embora não se desintegre totalmente, restando apenas diminuída sua utilidade ou seu valor econômico[7]. Pelo poder de síntese de Magalhães Noronha, vale a pena ser transcrito seu magistério: "A destruição diz respeito, em geral, à ação que recai sobre a coisa de modo que a faça perder a essência ou forma primitivas; atentando contra sua existência. A deterioração implica, em especial, ideia de adulteração. A coisa não é destruída, não se lhe tira a existência, porém torna-se menos própria ao fim a que é destinada, piora-se ou altera-se sua condição ou estado. A inutilização vai além da deterioração, por isso que produz o efeito de tornar estéril a coisa, de tirar a sua utilidade. Não é mister serem *integrais*: a danificação *parcial* é também crime"[8]. Enfim, qualquer das condutas incriminadas (conteúdo variado) implica *diminuição de valor* e de *utilidade* da coisa alheia.

Como o *dano* é um crime contra o patrimônio, o resultado danoso deve sempre ser de natureza patrimonial, representado pela perda ou diminuição de valor econômico ou de utilidade. No entanto, é suficiente que a coisa alheia tenha valor de uso, independentemente de eventual valor pecuniário. A *diminuição da utilidade da*

---

6. O Anteprojeto de Código Penal, Parte Especial, procurando suprir grave lacuna do atual diploma, inseriu na definição do crime de dano a conduta de fazer desaparecer coisa alheia, além de ampliar o limite máximo da pena cominada, de seis meses para um ano de detenção, nos seguintes termos: "Art. 192: Destruir, inutilizar, deteriorar ou fazer desaparecer coisa alheia: Pena — detenção de um mês a um ano, ou multa". Alterações também são sugeridas ao dano qualificado, relativamente ao *dano contra o patrimônio público*. É suprimida a qualificadora quando o dano é praticado por *motivo egoístico*. A pena cominada, em seu limite máximo, é reduzida de três para dois anos de detenção.

7. Heleno Cláudio Fragoso, *Lições de Direito Penal*, cit., v. 1, p. 397; Nélson Hungria, *Comentários ao Código Penal*, cit., v. 7, p. 105; Luiz Regis Prado, *Curso de Direito Penal brasileiro*, cit., v. 2, p. 448.

8. Magalhães Noronha, *Direito Penal*, cit., v. 2, p. 321.

coisa, a despeito da ausência de valor comercial, será o bastante para caracterizar o dano penalmente criminalizado. Fora dessas hipóteses, isto é, se não houver prejuízo para o ofendido, não se pode falar em crime de dano.

Decorrendo da ação do agente melhoria que eleve o valor ou a utilidade da coisa alheia, não se pode falar em crime. Ora, a ação incriminada é exatamente contrária à que aumenta o valor econômico ou a utilidade da coisa alheia. No entanto, não se pode negar que a intervenção alheia em uma obra de arte, uma criação artística, ao desnaturá-la, ainda que, teoricamente, a tenha melhorado, pode, em termos autorais, representar sim um prejuízo, ao retirar-lhe a autenticidade e a originalidade, *danificando*, enfim, uma criação que é, ninguém desconhece, protegida por lei. Exemplo clássico nesse sentido é o lembrado por Magalhães Noronha, do pintor ou escultor que faz na obra de outro modificações que a aperfeiçoam ou a aprimoram. Em princípio, não comete crime de dano; no entanto, não se pode ignorar a violação da autenticidade e originalidade da obra, além do aspecto subjetivo, uma vez que, como destacava Magalhães Noronha, "a questão, aliás, está estreitamente ligada ao dolo do agente, circunstância a que juristas que andam às testilhas, neste ponto, não atentam"[9].

Normalmente, os autores, quando abordam o crime de dano, olvidam-se de examinar a necessidade do *nexo causal* entre a ação do sujeito ativo e o dano, uma vez que aquela será a causa e este o resultado, independentemente.

A doutrina ao longo do tempo tem criticado a falta de tipificação da ação de *fazer desaparecer* coisa alheia, quando não houver perecimento[10]. Contrariamente, no entanto, Hungria, adotando posicionamento não seguido pela maioria, comparava o *fazer desaparecer* com *destruição* e, nesse sentido, pontificava: "Como tal também se entende, por força de compreensão, o fazer desaparecer uma coisa, de modo a tornar inviável a sua recuperação (ex.: atirando-a a um abismo impraticável)"[11]. Essa postura de Hungria levou à seguinte crítica fulminante de Magalhães Noronha: "Se assim fosse, a lei teria sido redundante nos dispositivos invocados (*referia-se aos arts. 305 e 356*). Dando-nos razão, o Código vindouro, ao tratar do delito, diz taxativamente: 'Destruir, inutilizar, deteriorar ou *fazer desaparecer* coisa alheia (art. 175)'"[12].

Na verdade, com inteira razão, Magalhães Noronha reclamava da deficiência da descrição do crime de *dano*, pois também produz o *desaparecimento da coisa*, que, entretanto, não se enquadra na redação do artigo[13]. Imagine-se que alguém,

---

9. Magalhães Noronha, *Direito Penal*, cit., v. 2, p. 322.

10. Heleno Cláudio Fragoso, *Lições de Direito Penal*, cit., v. 1, p. 397; Magalhães Noronha, *Direito Penal*, cit., v. 2, p. 322; Luiz Regis Prado, *Curso de Direito Penal brasileiro*, cit., v. 2, p. 448.

11. Nélson Hungria, *Comentários ao Código Penal*, cit., v. 7, p. 105.

12. Magalhães Noronha, *Direito Penal*, cit., v. 2, p. 323.

13. *Pichar, grafitar* ou por outro meio *conspurcar* edificação ou monumento urbano configura o crime do art. 65 da Lei n. 9.605/98, cuja pena de detenção é de três meses a um ano e multa.

para prejudicar outrem, faz desaparecer um *objeto de valor* deste. *Furto* não é, pois não há o *animus furandi*. Não se pode negar, contudo, que há ofensa ao patrimônio do ofendido, que se vê privado daquele objeto valioso. Será *dano*? Inegavelmente, sim! Mas se enquadraria no enunciado do art. 163 de nosso Código Penal? À evidência que não. Vejamos, pois: não se pode afirmar que o agente *destruiu* o objeto, que o *deteriorou* ou o *inutilizou*. Não o *destruiu*, porque o objeto continua a existir; certamente não o *deteriorou*; e não o *inutilizou*, porque ele continua com a mesma utilidade que tinha, e dela desfrutará quem dele se apossar.

O eventual "desaparecimento" que pode decorrer da "destruição" não se confunde com o *fazer desaparecer*, pois naquela hipótese há o *perecimento* da coisa, ou seja, sua desintegração material, seu desmanche, sua decomposição, que tem como consequência a imprestabilidade, algo que inocorre com a *ação de fazer desaparecer*, pois a *coisa alheia* permanece intacta, inteira, completa, perfeitamente útil para a finalidade a que se destina. Por isso, deve-se saudar a previsão do *Anteprojeto de Código Penal*, que acrescenta essa figura na descrição do crime de dano, com a seguinte redação: "Art. 192. Destruir, inutilizar, deteriorar ou *fazer desaparecer* coisa alheia".

5. Tipo subjetivo: adequação típica

O *elemento subjetivo* do crime de dano é o *dolo*, representado pela vontade livre e consciente de causar prejuízo a terceiro, não havendo *fim especial de agir*, em que pese o entendimento de Hungria[14]. Em nossa concepção, é desnecessário o "concomitante propósito de prejudicar o proprietário" ou possuidor do bem ou interesse danificado[15]. A produção de dano é criminalizada porque gera um prejuízo desautorizado a terceiro. Enfim, é necessário que o dano seja um fim em si mesmo.

Se se tratar de monumento ou coisa tombada em virtude do seu valor artístico, arqueológico ou histórico, a pena é de seis meses a um ano de detenção e multa.

14. Nélson Hungria, *Comentários ao Código Penal*, cit., v. 7, p. 108.

15. "O crime de dano exige, para a sua configuração, apenas o dolo genérico" (STF, HC 73189-9/MS, rel. Min. Carlos Velloso, 0000492). Em sentido contrário já se manifestou o STJ, a nosso juízo equivocadamente: "Para a caracterização do crime de dano é essencial a presença do dolo específico, seja o *animus nocendi*, a atuação dirigida à produção de prejuízo ao patrimônio alheio, não se configurando o delito quando a ação danosa foi realizada para a consecução de outro objetivo" (STJ, RE 115.531/SP, rel. Min. Vicente Leal, *DJU*, 16 jun. 1997). Essa ementa contém um erro e um *acerto*: *Erra* quando afirma que o crime de dano exige dolo específico; acerta quando sustenta que "não se configura o delito quando a ação danosa foi realizada para a consecução de outro objetivo". São coisas distintas. Reproduzindo apenas a parte equivocada, decidiu recentemente o STJ: "para a caracterização do crime tipificado no art. 163, parágrafo único, III, do Código Penal, é imprescindível o dolo específico de destruir, inutilizar ou deteriorar coisa alheia, ou seja, a vontade do agente deve ser voltada a causar prejuízo patrimonial ao dono da coisa, pois, deve haver o *animus nocendi*" (STJ, AgRg no HC 694.937/SC, rel. Min. Antonio Saldanha Palheiro, Sexta Turma, julgado em 8-2-2022, *DJe* de 15-2-2022).

São, em princípio, irrelevantes os *motivos* que levaram o agente a produzir o dano; o próprio fim de lucro, desde que indireto e eventual, pode orientar a conduta do agente. Não se pode negar, é verdade, que nem sempre o crime de dano é alheio a uma finalidade ou proveito econômico, desde que não constitua um fim especial e imediato, mas desde que seja a consequência natural, indireta ou mediata da ação do agente. Ou seja, o proveito econômico não deve ser um fim em si mesmo, mas decorrente de outro acontecimento, embora por ele produzido. Para exemplificar, nada melhor que trazer à colação aqueles casos sugeridos por Hungria: "... no caso do ferreiro que destrói o alambique do fabricante de açúcar, na esperança de obter a encomenda de outro; ou no do *aficionado do turf* que envenena o cavalo favorito, para aumentar a probabilidade de êxito do cavalo que apostou; ou mesmo no do indivíduo que corta árvore secular do prédio vizinho para proporcionar melhor vista e, portanto, maior valor ao próprio prédio"[16].

No entanto, o *especial fim de agir*, quando for o móvel orientador da conduta do agente, poderá desnaturar o crime de *dano*, dando-lhe outra fisionomia, especialmente porque não se pode olvidar que o *dano* pode ser, e frequentemente é, *meio* de execução ou *elementar* de outro crime. Na verdade, desde que o dano deixe de ser um fim em si mesmo, passando a ser meio ou modo para executar ou realizar outro crime, desconfigura-se como crime autônomo, passando a integrar uma figura complexa ou progressiva de outra infração penal. Passando-se uma vista d'olhos em nosso Código Penal, encontrar-se-ão inúmeros exemplos do que acabamos de afirmar: *furto com destruição ou rompimento de obstáculo* (art. 155, § 4º, I); *destruição de tapumes* (art. 161); *sabotagem* (art. 202, *in fine*); *violação de sepultura com violência à coisa* (art. 210); *destruição de prova documental* (art. 305) etc.

Por outro lado, o *dano* pode constituir elementar de outros tipos penais, especialmente aqueles que integram o rol das infrações penais contra a *incolumidade pública* (que acarretam perigo comum), tais como incêndio, inundação, explosão, desmoronamento.

Por fim, quando o *dano* for causado para evitar ou impedir a prova de autoria de outro crime patrimonial (v. g., furto, roubo, apropriação indébita etc.), praticado pelo mesmo agente, será absorvido por aquele. O dano, convém destacar, é sempre *absorvido*, nunca *absorvente*.

6. Dano qualificado

O *modus operandi*, no crime de *dano*, pode apresentar particularidades que representam maior gravidade na violação do patrimônio alheio, tornando a conduta mais *censurável* e, por isso mesmo, merecedora de maior punibilidade, quer pelo maior *desvalor da ação*, quer pelo maior *desvalor do resultado*.

Essas particularidades podem assumir diversos *graus de intensidade*, recebendo, de acordo com sua gravidade, a qualificação de *agravantes*, *majorantes* ou

16. Nélson Hungria, *Comentários ao Código Penal*, cit., v. 7, p. 102.

qualificadoras. Observando o princípio da reserva legal, optou-se por estabelecer taxativamente aquelas circunstâncias que, por sua gravidade, tornam o *crime qualificado*, e que, a rigor, constituem novo tipo penal, derivado mas autônomo, com novos parâmetros sancionatórios, bem mais graves, distintos da figura fundamental — *dano simples*.

A *graduação do injusto penal* observa sua maior ou menor danosidade, que é representada, como dissemos, ora pelo desvalor da ação, ora pelo desvalor do resultado. Inegavelmente, a reprovabilidade é maior por parte de quem utiliza meios de excepcional gravidade para produzir maior dano ao patrimônio alheio (emprego de substância inflamável ou explosiva); ou emprega violência à pessoa ou grave ameaça, por meio das quais o "dano" vai além do simples patrimônio para atingir a própria pessoa humana; outras vezes, o objeto material do dano assume maior dimensão, como ocorre com o patrimônio público etc.

A presença de apenas uma delas é suficiente para qualificar o crime, mudando sua capitulação e, substancialmente, sua punição; eventual concurso de duas ou mais qualificadoras não modifica a pena abstratamente cominada; contudo, deve ser considerada na medição da pena, ou seja, uma delas, a mais grave ou mais bem comprovada nos autos, servirá para estabelecer a pena-base, fixando o marco do tipo penal derivado (qualificado), enquanto as demais devem ser trabalhadas na operação dosimétrica da pena, visando encontrar o resultado definitivo.

Nesse crime, as qualificadoras, com exceção do motivo egoístico, são de natureza objetiva e, por conseguinte, comunicam-se aos coautores, nos termos do art. 30 do Código Penal. Nas figuras qualificadas a pena de multa é aplicada cumulativamente com a pena privativa de liberdade, ao contrário das figuras simples, em que as mesmas penas são aplicadas alternativamente. Façamos, a seguir, uma análise individualizada dessas *elementares* definidoras de novo tipo penal, o dano qualificado.

6.1 *Com violência à pessoa ou grave ameaça*

O fundamento político-criminal da qualificadora reside na maior gravidade do injusto, pois esse *modus operandi* — com violência ou grave ameaça — amplia consideravelmente o *desvalor da ação*, justificando sua maior punibilidade. Ao praticar o crime, dessa forma, o agente ofende outros bens jurídicos, como a liberdade individual ou a incolumidade pública, podendo, inclusive, constituir crime autônomo mais grave.

Somente a violência contra a pessoa qualifica o dano. A violência e a grave ameaça podem ser exercidas contra outra pessoa que não a proprietária ou possuidora do bem danificado. A violência ou grave ameaça tanto podem ser utilizadas durante a execução do crime como para assegurar sua consumação. Somente a empregada após a consumação do dano não o qualifica.

Tanto a *violência* quanto a *grave ameaça* devem visar a prática do *dano*, isto é, devem ser o *meio* utilizado para a produção do prejuízo. Por isso, não se pode reconhecer a qualificadora quando evidente que a violência praticada não teve a finalidade de possibilitar a prática do crime de dano, nem foi exercida pelo agente como meio para assegurar sua execução. Se, por exemplo, o agente, após praticado o dano, sendo surpreendido pela vítima, agride-a, produzindo-lhe lesões corporais, não se tratará de dano qualificado pela violência ou grave ameaça. Nessa hipótese, responde pelo crime de dano simples em *concurso material* com o crime de lesões corporais.

No entanto, não há necessidade de que o *sujeito passivo* da violência seja o mesmo do dano, sendo suficiente a existência de relação de causa e efeito ou de meio e fim entre ambos. O crime de dano, enfim, pode ser, eventualmente, daqueles que se poderiam chamar de crime de *dupla subjetividade* passiva, quando são vítimas, ao mesmo tempo, dois indivíduos, titulares de bens jurídicos distintos.

De plano, deve-se destacar que a *ameaça* (art. 147) e as *vias de fato* (art. 21 da LCP) são absorvidas pelo *dano qualificado* descrito neste dispositivo (art. 163, parágrafo único, I).

Mais uma vez, neste dispositivo, o legislador equiparou a *violência* à *grave ameaça*, dando-lhes, juridicamente, a mesma importância.

Violência à pessoa consiste no emprego de força contra o corpo da vítima, e não contra o próprio patrimônio que está sendo objeto do dano. Para caracterizá-la é suficiente que ocorra *lesão corporal leve* ou simples *vias de fato*. O termo "violência" empregado no texto legal significa a força física, material, a *vis corporalis*. A *violência* pode ser produzida pela própria energia corporal do agente, que, no entanto, poderá preferir utilizar outros meios, como fogo, água, energia elétrica (choque), gases etc.

Ameaça grave (violência moral) é aquela capaz de atemorizar a vítima, viciando-lhe a vontade, impossibilitando sua capacidade de resistência. A *grave ameaça* objetiva criar na vítima o fundado receio de iminente e grave mal, físico ou moral, tanto a si quanto a pessoas que lhe sejam caras. É irrelevante a *justiça* ou *injustiça* do mal ameaçado, na medida em que, utilizada para a prática de crime, torna-se também antijurídica.

Mediante grave ameaça constitui forma típica da "violência moral", é a *vis compulsiva*, que exerce força intimidativa, inibitória, anulando ou minando a vontade e o querer do ofendido, procurando, assim, inviabilizar eventual resistência da vítima. Na verdade, a *ameaça* também pode perturbar, escravizar ou violentar a vontade da pessoa, como a violência material. A *violência moral* pode materializar-se em gestos, palavras, atos, escritos ou qualquer outro meio simbólico. Mas somente a *ameaça grave*, isto é, aquela ameaça que efetivamente imponha medo, receio, temor na vítima, e que lhe seja de capital importância, opondo-se a sua liberdade de querer e de agir.

O mal ameaçado pode consistir em *dano* ou em simples *perigo*, desde que seja *grave*, impondo medo à vítima, que, em razão disso, sente-se inibida, tolhida em sua vontade, incapacitada de opor qualquer resistência ao sujeito ativo. No entanto, é desnecessário que o dano ou perigo ameaçado à vítima seja *injusto*, bastando que seja *grave*. Na verdade, a injustiça deve residir na ameaça em si e não no dano ameaçado.

6.1.1 Dano praticado com violência: concurso material de crimes ou cúmulo material de penas

Quando da *violência* empregada para produzir o dano resultarem lesões corporais, haverá a *aplicação cumulativa das penas* correspondentes ao dano qualificado pela violência e as decorrentes das lesões corporais.

Registramos, desde logo, que *consideramos grande equívoco* afirmar que a *violência implica concurso material de crimes*[17], pois se ignora a verdadeira *natureza* desse concurso. O festejado Heleno Fragoso também incorria nesse deslize quando afirmava: "Haverá sempre concurso material entre o dano e o crime resultante da violência, aplicando-se cumulativamente as penas"[18].

O fato de determinar-se a *aplicação cumulativa de penas* não significa que se esteja reconhecendo aquela espécie de concurso, mas apenas que se adota o sistema do *cúmulo material de penas*[19], que é outra coisa.

Com efeito, o que caracteriza o *concurso material* de crimes não é a soma ou cumulação de penas, como prevê o dispositivo em exame, mas a *pluralidade de condutas*, pois no concurso formal impróprio, isto é, naquele cuja conduta única produz dois ou mais crimes, resultantes de *desígnios autônomos*, as penas também são aplicadas *cumulativamente*. Ora, esse comando legal — art. 163, parágrafo único —, determinando a aplicação cumulativa de penas, não autorizou o intérprete a confundir o *concurso formal impróprio* com o *concurso material*. Na verdade, concurso de crimes e sistema de aplicação de penas são institutos inconfundíveis; o primeiro relaciona-se à teoria do crime, e o segundo, à teoria da pena. Por isso a confusão é injustificável[20].

Concluindo, o art. 163, parágrafo único, não criou uma espécie *sui generis* de concurso material, mas adotou tão somente o *sistema do cúmulo material* de aplicação de pena, a exemplo do que fez em relação ao *concurso formal impróprio* (art. 70, 2ª parte). Assim, quando a *violência* empregada na prática do crime de *dano* constituir em si mesma outro crime, havendo unidade de ação e pluralidade de crimes, estaremos diante de concurso formal de crimes. Aplica-se, nesse caso, por expressa determinação legal, o sistema do cúmulo material de aplicação de pena, independentemente da existência de *desígnios autônomos*. A aplicação de penas, mesmo sem a presença de desígnios autônomos, constitui uma exceção de penas prevista para o *concurso formal* impróprio. Mas esta é uma *norma genérica*,

---

17. Luiz Regis Prado, *Curso de Direito Penal brasileiro*, cit., v. 2, p. 450.

18. Heleno Cláudio Fragoso, *Lições de Direito Penal*, cit., v. 1, p. 401. No mesmo erro incorria Magalhães Noronha (*Direito Penal*, cit., v. 2, p. 327).

19. Ver o que dissemos sobre o sistema do cúmulo material de penas em *Tratado de Direito Penal*, 25. ed., v. 1, p. 878.

20. Ver algo semelhante que escrevemos sobre o mesmo tema no v. 2 do nosso *Tratado de Direito Penal*, 19. ed., 2019, p. 472 e 510.

prevista na Parte Geral do Código Penal (art. 70, 2ª parte); aquela constante do dispositivo em exame (art. 163, parágrafo único) é *norma específica* contida na Parte Especial do diploma legal, onde se individualizam as normas genéricas ao destiná-las a cada figura delituosa.

No entanto, a despeito de tudo o que acabamos de expor, nada impede que, concretamente, possa ocorrer *concurso material* do crime de dano com outros crimes violentos, como acontece com quaisquer outras infrações, desde que, é claro, haja "*pluralidade* de condutas e *pluralidade* de crimes"[21], mas aí, observe-se, já não será mais o caso de unidade de ação ou omissão, caracterizadora do concurso formal.

6.2 *Com emprego de substância inflamável ou explosiva, se o fato não constitui crime mais grave*

A utilização de substância *inflamável* ou *explosiva* deve ser *meio* para a prática do crime de dano. É necessário que a substância inflamável ou explosiva seja utilizada como meio de execução do crime, pois o próprio texto legal diz "com emprego de...".

A subsidiariedade dessa qualificadora é expressa: "se o fato não constitui crime mais grave", uma vez que qualquer delas — substância inflamável ou explosiva — pode ser utilizada para a prática de crimes contra a incolumidade pública (arts. 250 a 259). Assim, o crime de dano fica excluído pelo crime mais grave, do qual é subsidiário. Nesses termos, se o fato é acompanhado de perigo comum, o crime único a ser reconhecido será o de incêndio, o de explosão etc.

A própria *natureza* das substâncias, inflamável ou explosiva, por si só já é suficiente para justificar a agravação da censura da conduta que as utiliza como meio para a prática de qualquer crime, inclusive o de dano. "O *gravame* — destacava Magalhães Noronha — aplica-se, já porque a posse dessas substâncias está sujeita a licença especial, já porque seu emprego produz maiores danos e, finalmente, porque elas despertam grande receio ou temor na população, por isso mesmo sendo mais intenso o alarma social consequente ao crime"[22]. Nesse particular, concordamos integralmente com o magistério de Luiz Regis Prado quando afirma: "A utilização de substância inflamável ou explosiva é uma circunstância de natureza mista, influindo diretamente não só na magnitude do injusto, como também na culpabilidade"[23].

A locução utilizada pelo legislador, "com emprego de", deixa claro que a qualificadora se configura quando o agente emprega as substâncias inflamáveis ou explosivas na execução do crime, isto é, qualquer das duas deve ser usada como meio, perigoso que é, para a prática do crime.

---

21. Cezar Roberto Bitencourt, *Tratado de Direito Penal — Parte Geral*, cit., v. 1, p. 871.
22. Magalhães Noronha, *Direito Penal*, cit., v. 2, p. 327.
23. Luiz Regis Prado, *Curso de Direito Penal brasileiro*, cit., v. 2, p. 451.

6.3 *Contra o patrimônio da União, Estado, Distrito Federal, Município ou de autarquia, fundação pública, empresa pública, sociedade de economia mista ou empresa concessionária de serviços públicos*

Qualifica o dano ser o crime cometido *contra o patrimônio da União, Estado, Distrito Federal, Município ou de autarquia, fundação pública, empresa pública, sociedade de economia mista ou empresa concessionária de serviços públicos* (redação determinada pela Lei n. 13.531, de 7-12-2017).

O *conceito* de patrimônio público das pessoas jurídicas de direito público mencionadas no dispositivo em exame não se confunde com aquele concebido pelo Código Civil. Somente aqueles bens efetivamente pertencentes ao "patrimônio público" podem ser objeto dessa qualificadora, inclusive as coisas de uso público comum ou especial.

O patrimônio de empresa *concessionária de serviços públicos* ou de *sociedade de economia mista* recebe a tutela penal, não apenas por integrarem, *lato sensu*, o interesse público, mas fundamentalmente porque a eles se estende expressamente a previsão legal (art. 163, parágrafo único, III).

Não será qualificado o crime de dano praticado contra o patrimônio de *empresa pública* ou *fundação* instituída pelo Poder Público. Por definição legal, *empresa pública* é "a entidade dotada de personalidade jurídica de direito privado, com patrimônio próprio e capital exclusivo da União, criada por lei para a exploração de atividade econômica que o Governo seja levado a exercer, por força de contingência ou de conveniência administrativa, podendo revestir-se de qualquer das formas admitidas em direito" (art. 5º, II, do Decreto-Lei n. 200/67, com redação do art. 1º do Decreto-Lei n. 900/69).

O mesmo Decreto-Lei n. 900/69 esclarece, em seu art. 3º, que as *fundações* instituídas por lei federal não constituem entidades da administração indireta, aplicando-se-lhes, entretanto, quando recebam subvenções ou transferências à conta do orçamento da União, a supervisão ministerial (arts. 19 e 26 do Decreto-Lei n. 200/67).

As *coisas locadas* ou *usadas* pelos órgãos públicos, que não são de sua propriedade, não qualificam o dano[24], exatamente porque não integram o patrimônio público, nos limites estritos da tipicidade penal.

O fundamento *político criminal* para *qualificar* o crime de dano quando praticado contra *patrimônio público* decorre da própria natureza desses bens, que a todos pertencem e de ninguém recebem cuidado e atenção especial, sendo, consequentemente, mais vulneráveis à ação predatória de vândalos e outros infratores de qualquer natureza.

---

24. Luiz Regis Prado, *Curso de Direito Penal brasileiro*, cit., v. 2, p. 452.

6.4 *Por motivo egoístico ou com prejuízo considerável para a vítima*

Os motivos são a fonte propulsora da vontade humana, quer se orientem para o bem, quer para o mal. Motivo é o impulso psicológico que projeta o indivíduo para o crime, é a razão determinante do ato delituoso[25]. Os motivos que podem levar à prática do crime podem ser morais, imorais, sociais ou antissociais. Quando os motivos têm natureza moral ou social, a conduta humana violadora da ordem jurídica é digna de menor reprovabilidade social; no entanto, quando a motivação tiver natureza imoral ou antissocial a reprovabilidade será naturalmente superior, podendo majorar e até qualificar eventual infração penal cometida.

Para qualificar o crime de dano, como as duas últimas figuras, o legislador brasileiro elegeu um *motivo* e uma *consequência*, que considerou agravarem sobremodo a *censurabilidade* dessa infração penal, um subjetivo, outra objetiva: *motivo egoístico ou prejuízo considerável para a vítima.*

6.4.1 Por motivo egoístico

De plano, convém destacar que o dispositivo que estamos examinando não tem a pretensão de punir ou criminalizar o *egoísmo*, que é um sentimento pessoal e, de certa forma, não deixa de ser, dentro de determinados limites, algo necessário para a vida social, pois em sua base não deixa de ser um reflexo do instinto de conservação. Por isso, a locução utilizada pelo Código Penal deve ser interpretada como *motivo antissocial*, uma vez que nem todo egoísmo tem essa conotação.

Motivo egoístico não é qualquer impulso antissocial característico de todo crime de dano. *Egoístico* é somente o motivo que se prende a futuro interesse, econômico ou moral[26]. Assim, como exemplificava Hungria, a danificação do trabalho ou equipamento de um concorrente para vencer a competição ou para valorizar seu similar. Motivo egoístico, no magistério irretocável de Magalhães Noronha, "É o egoísmo exacerbado, que, na satisfação dos interesses individuais, lesa, ofende e extingue os interesses dos semelhantes. É o exagerado amor ao bem próprio. É o egocentrismo, em que o *eu* é o centro de todo o interesse, é a finalidade de toda ação do indivíduo que, para satisfazê-lo, calca aos pés os interesses e direitos do próximo"[27].

Motivo egoístico não se vincula à satisfação de qualquer sentimento menos nobre, tal como ódio, despeito, inveja ou desprezo, sob pena de confundir-se com o *dano simples*, que, normalmente, é motivado por algum sentimento dessa ordem.

Nessa modalidade de dano qualificado pode aparecer, excepcionalmente, o *animus lucrandi.*

---

25. Pedro Vergara, *Os motivos determinantes no Direito Penal*, Rio de Janeiro, 1980, p. 563 e 564.
26. Nélson Hungria, *Comentários ao Código Penal*, cit., v. 7, p. 111.
27. Magalhães Noronha, *Direito Penal*, cit., v. 2, p. 328.

6.4.2 Com prejuízo considerável

O *prejuízo considerável* deve ser *aferido* em relação ao patrimônio do ofendido, que não deixa de ser um critério *extremamente relativo*, na medida em que um dano de grande monta, genericamente considerado, pode não representar "prejuízo considerável para a vítima" possuidora de grande fortuna; por outro lado, pequeno dano, nas mesmas circunstâncias, pode destruir economicamente alguém de pouquíssimas posses. Não era outro o entendimento de Hungria, que, a seu tempo, já professava: "O caráter de gravidade objetiva, como se depreende da letra da lei, é referível à condição de fortuna da vítima (um prejuízo patrimonial que não tenha maior relevo para um homem abastado, pode ser *considerável* para um operário)"[28].

No entanto, ainda assim, deve-se reconhecer, é o *critério mais justo*, por vincular o dano causado ao patrimônio do ofendido; além de respeitar o moderno princípio da proporcionalidade, relaciona-se à capacidade de suportabilidade deste. Ademais, essa é a determinação legal: *prejuízo considerável para a vítima*.

Segundo Fragoso e Hungria, somente se configurará a qualificadora do *prejuízo considerável* se houver dolo em relação a esse prejuízo grave, isto é, se o agente o quis (tendo dele consciência) ou, pelo menos, assumiu o risco de produzi-lo[29].

7. Consumação e tentativa

Consuma-se o crime com o efetivo dano causado, isto é, com a *destruição*, *inutilização* ou *deterioração* da coisa alheia. O dano é crime material, que só se configura quando há *prejuízo* para a vítima, decorrente da *diminuição do valor* ou da utilidade da coisa destruída, inutilizada ou deteriorada. Por isso faz-se necessária a comprovação pericial do resultado danoso, sob pena de não se tipificar a figura delituosa. Mesmo que a destruição seja parcial, desde que torne imprestável a coisa ou a inutilize, é suficiente para consumar o crime que a intenção do agente fosse a destruição total.

O *dano* é crime de *ação múltipla* ou *de conteúdo variado*. Assim, mesmo que o agente, num primeiro momento, *deteriore* a coisa alheia e, insatisfeito com esse resultado, *inutilize-a* para seus fins normais e, por fim, a *destrua*, haverá somente um crime. Essa determinação enfurecida no agir demolidor do agente deverá ser avaliada na *dosimetria penal*, particularmente no exame da *censurabilidade* da conduta (culpabilidade) e consequências do crime.

Como crime material que é, o *dano* admite a *tentativa*, quando o agente é interrompido na ação que executava objetivando a deterioração, inutilização ou destruição de coisa alheia. Consideramos temerário afirmar que há *tentativa* quando o agente não obtém o resultado pretendido, uma vez que o *resultado parcial* já é su-

---

28. Nélson Hungria, *Comentários ao Código Penal*, cit., v. 7, p. 111.

29. Heleno Cláudio Fragoso, *Lições de Direito penal*, v. 1, p. 403; Nélson Hungria, *Comentários ao Código Penal*, cit., v. 7, p. 111.

ficiente para consumar o crime de dano. Na verdade, a tentativa somente pode configurar-se quando o estrago não for relevante.

8. Classificação doutrinária

Trata-se de *crime comum* (porque não exige condição especial do sujeito ativo); *material*, por excelência, na medida em que produz um resultado naturalístico; *doloso* (não há previsão legal para a figura culposa), embora também seja ilícito, devendo buscar sua reparação na esfera civil; *de forma livre* (pode ser praticado por qualquer meio, forma ou modo); *instantâneo* (a consumação opera-se de imediato, não se alongando no tempo); *unissubjetivo* (pode ser praticado, em regra, apenas por um agente); *plurissubsistente* (pode ser desdobrado em vários atos, que, no entanto, integram a mesma conduta), isto é, seu *iter criminis* pode ser fracionado em vários atos, permitindo, consequentemente, a tentativa.

9. Pena e ação penal

Na figura simples aplica-se, *alternativamente*, pena de detenção, de um a seis meses, ou multa; na qualificada, *cumulativamente*, detenção, de seis meses a três anos, e *multa*. A ação penal é de *iniciativa privada* na figura simples (*caput*) e na figura qualificada na hipótese do parágrafo único, IV. Nas outras três hipóteses de formas qualificadas (parágrafo único, I, II e III) a *ação penal é pública incondicionada* (art. 167).

INTRODUÇÃO OU ABANDONO DE ANIMAIS EM PROPRIEDADE ALHEIA

XII

Sumário: 1. Considerações preliminares. 2. Bem jurídico tutelado. 3. Sujeitos ativo e passivo. 4. Tipo objetivo: adequação típica. 4.1. Sem consentimento de quem de direito. 4.2. Ocorrência efetiva de prejuízo. 4.3. Prejuízo: condição objetiva da punibilidade ou elementar típica. 5. Tipo subjetivo: adequação típica. 6. Consumação e tentativa. 7. Classificação doutrinária. 8. Questões especiais. 9. Pena e ação penal.

INTRODUÇÃO OU ABANDONO DE ANIMAIS EM PROPRIEDADE ALHEIA

Art. 164. Introduzir ou deixar animais em propriedade alheia, sem consentimento de quem de direito, desde que do fato resulte prejuízo:

Pena — detenção, de 15 (quinze) dias a 6 (seis) meses, ou multa.

• *V.* art. 64 do Decreto-Lei n. 3.688/41 (Lei das Contravenções Penais).

1. Considerações preliminares

Os Códigos Penais de 1830 e 1890 não tipificavam o crime de "introdução ou abandono de animais em propriedade alheia", embora a matéria já tivesse sido objeto de regulamentação pelas Ordenações Filipinas, no Livro V, Título LXXXVII[1].

Nosso Código Penal de 1940 inspirou-se nos precedentes italianos, como os Códigos Zanardelli e sardo, que disciplinaram esse crime, por vez primeira, como figura autônoma, punindo o dano causado por animais em propriedade alheia, além da denominada *pastagem abusiva*. O Código Penal Rocco, de 1930, recepcionou essa figura delitiva, dando-lhe contorno semelhante àquele que, posteriormente, seria adotado pelo legislador brasileiro de 1940.

1. A redação do dispositivo nas Ordenações era a seguinte: "Por se evitarem os danos, que se nas propriedades fazem com gados e bestas, e para que cada hum seja senhor livremente do seu, mandamos que qualquer pessoa, que acintemente metter, ou mandar metter gados e bestas, em pãs, vinhas, olivaes, ou pomares no tempo em que são Coimeiros, pelas Posturas das Cameras, sendo-lhe provado dentre de seis mezes, pela primeira vez seja degradado trez mezes fóra da Villa, e Termo. E pela segunda vez seis mezes para Castro Marim. E pela terceira hum anno para Africa. E mais por cada vez pagará o dano que fizer, e coimas, segundo as Posturas da Camera".

2. Bem jurídico tutelado

Os *bens jurídicos* protegidos neste dispositivo continuam sendo a *posse* e a *propriedade imóvel*, rural ou urbana, que constituem aspectos do patrimônio, especialmente contra dano causado por animais em plantações e terrenos cultivados. Ganham especial relevo os danos causados por essa forma a plantações ou a qualquer espécie de terrenos cultivados.

Bento de Faria destacou, com absoluto acerto, que a locução "propriedade" não é empregada no tipo penal com o significado de *domínio*, mas com o objetivo de indicar o terreno do prédio rústico ou urbano, cultivado ou não, passível de ser danificado por animais[2].

Protegendo o patrimônio, inegavelmente, o Código tutela também o domínio, mas não apenas este, indo além para alcançar também a *posse*, mesmo desacompanhada daquele, como ocorre em outros crimes patrimoniais. Consequentemente, como destacava lucidamente Magalhães Noronha, "a lei, falando em propriedade alheia, refere-se não só ao imóvel, ao terreno no domínio pleno de outrem, como também àquele que, por justo título, se acha na posse alheia, como nos casos de enfiteuse, usufruto etc."[3].

3. Sujeitos ativo e passivo

Sujeito ativo pode ser qualquer pessoa, com exceção, em princípio, do proprietário. Sujeito ativo é quem realiza a conduta descrita no tipo penal.

Embora não seja pacífico, acreditamos que o proprietário também pode ser autor desse crime quando, por alguma razão, a *posse direta* estiver com terceiro[4], por exemplo, havendo arrendamento rural, se o proprietário introduz seus animais, que danificam a plantação do arrendatário[5]. A corrente capitaneada por Nélson Hungria entende que, nessa hipótese, poderia configurar-se crime de *dano* ou até mesmo de *furto*[6]. Não comungamos desse entendimento exatamente porque interpretamos a locução "propriedade alheia" com aquele sentido mais abrangente defendido por Bento de Faria. Socorre-nos, igualmente, Magalhães Noronha, que pontificava: "Sendo a posse, destacada do domínio, protegida pela disposição penal, segue-se que o proprietário pode ser sujeito ativo do crime, uma vez que o terreno ou imóvel esteja na posse justa de outrem"[7]. Achando-se, no entanto, o imóvel no pleno domínio do proprietário, evidentemente que este não pode ser sujeito ativo desse crime.

---

2. Bento de Faria, *Código Penal brasileiro (comentado)*, cit., v. 4, p. 102.
3. Magalhães Noronha, *Direito Penal*, cit., v. 2, p. 330.
4. Em sentido contrário, Heleno Cláudio Fragoso, *Lições de Direito Penal*, cit., v. 1, p. 404.
5. Nesse sentido, Luiz Regis Prado, *Curso de Direito Penal brasileiro*, cit., v. 2, p. 457.
6. Nélson Hungria, *Comentários ao Código Penal*, cit., v. 7, p. 113.
7. Magalhães Noronha, *Direito Penal*, cit., v. 2, p. 331.

Aquela solução aventada por Hungria e Fragoso — crime de dano — parece-nos possível quando o agente for condômino do imóvel invadido e o prejuízo resultar de dano a plantações ou coisas pertencentes somente a outro condômino.

Sujeito passivo é o possuidor ou proprietário, havendo posse justa daquele ou quando for também proprietário do imóvel onde os animais foram introduzidos.

4. Tipo objetivo: adequação típica

As condutas tipificadas são *introduzir* (fazer entrar, fazer penetrar) ou *deixar* (abandonar, soltar, largar) animais em propriedade alheia. É necessário que, por exigência expressa do tipo penal, não haja consentimento do ofendido e, ademais, decorra *efetivo prejuízo*. Esses são os elementos estruturais da figura típica que passamos a examinar.

O tipo penal pune a introdução ou o abandono de animais em propriedade alheia, sem consentimento de quem de direito, causando efetivo prejuízo.

A primeira conduta proibida é *introduzir*, que, como já referimos, significa levar para dentro, fazer entrar, providenciar a penetração de animais em propriedade alheia, desautorizadamente, causando dano a alguém. É irrelevante que os animais estejam sozinhos, acompanhados pelo sujeito ativo ou por alguém a seu mando. A proibição penal é de que os animais sejam introduzidos, de qualquer forma, *sem consentimento* de quem de direito. Trata-se, como se constata, de crime de forma livre, isto é, pode ser praticado por qualquer meio, modo ou forma. Contudo, convém destacar a advertência sempre lúcida de Magalhães Noronha, que pontificava: "... não se pode falar em abandono quando o agente deixa os animais nas vizinhanças do terreno, de modo que eles para aí se dirigem; não é isso *deixar animais* em propriedade alheia. É, porém, *introdução*. Mais ardilosa ou astuta, mas sempre introdução, pois a lei não distingue os modos que se operam"[8].

A segunda conduta criminalizada caracteriza o *abandono*, que é representado pelo verbo "deixar", que significa deixar, abandonar, soltar, consentir. Nessa hipótese, a introdução dos animais não foi criminosa; logo, podem eles ter ingressado clandestinamente, isto é, sem o conhecimento de seu dono, ou ter sido introduzidos com o consentimento de quem de direito.

Na primeira hipótese, os animais são levados ou lhes é facilitado o ingresso em propriedade alheia; na segunda, encontrando-se, à revelia do dono, os animais em propriedade alheia, ou com o consentimento do proprietário do imóvel, são ali deixados intencionalmente[9]. Na primeira figura, os animais são introduzidos criminosamente; na segunda, seu abandono é que caracteriza o crime. Naquela, o sujeito ativo tem a iniciativa de levar os animais à propriedade alheia; na segunda, abandona-os em propriedade alheia, após nela haverem ingressado, sem seu conhecimento.

---

8. Magalhães Noronha, *Direito Penal*, cit., v. 2, p. 331.
9. Nélson Hungria, *Comentários ao Código Penal*, cit., v. 7, p. 112.

4.1 *Sem consentimento de quem de direito*

A introdução ou abandono de animais deve ocorrer "sem consentimento de quem de direito". Heleno Fragoso sustentava: "Trata-se de expressão supérflua, que foi eliminada no atual CP italiano, posto que constasse do Código *Zanardelli*. É claro que o consentimento descriminaria a ação, já que se trata de bem jurídico disponível"[10]. Contrariamente, para Hungria, "Não se trata de uma cláusula supérflua: quer significar que o consentimento descriminante tanto pode ser dado pelo dono do terreno (ou mandatário autorizado) quanto pelo possuidor legítimo, seja ou não titular de direito real (locatário, comodatário, depositário judicial, usufrutuário, enfiteuta, credor anticrético, promitente-comprador imitido na posse, etc.), e mais que, outorgado o consentimento, não haverá *ilícito penal*, por mais insólito ou grave que tenha sido o dano"[11].

Luiz Regis Prado, por sua vez, definiu a locução *sem consentimento de quem de direito* da seguinte forma: "Embora presente no tipo, diz respeito à antijuridicidade. Sua ausência torna a conduta não só atípica como permitida"[12]. Como o *consentimento* pode ter funções e significados diversos, mesmo quando constante do tipo penal, justifica-se que se faça uma pequena digressão a respeito.

Com efeito, examinando esses aspectos do *consentimento* da vítima do crime, fizemos as seguintes considerações: "No entanto, ao se examinar a natureza e importância do *consentimento do ofendido*, deve-se distinguir aquelas situações que caracterizam *exclusão de tipicidade* das que operam como *excludentes de antijuridicidade*. Na verdade, se fizermos uma análise, ainda que superficial, constataremos que em muitas figuras delituosas, de qualquer Código Penal, a *ausência de consentimento* faz parte da estrutura típica como uma *característica negativa do tipo*. Logo, a presença de consentimento afasta a tipicidade da conduta que, para configurar crime, exige o *dissenso da vítima*, como, por exemplo, a *invasão de domicílio* (art. 150), a *violação de correspondência* (art. 151) etc. Outras vezes, o consentimento do ofendido constitui verdadeira *elementar do crime*, como ocorre, por exemplo, no *aborto consentido* (art. 126). Nesses casos, o consentimento é elemento essencial do tipo penal"[13].

O tipo penal que ora analisamos traz em sua construção típica a locução "sem consentimento de quem de direito", adequada exatamente à última hipótese a que nos referimos, ou seja, constitui *elementar típica*, nesse caso, como característica negativa expressa da figura típica. A ausência de *consentimento* de quem de direito aqui é *elementar do tipo*; a presença (do consentimento) *afasta a tipicidade* da conduta. Enfim, se o *sujeito passivo* consentir na introdução dos animais, a conduta do sujeito ativo será *atípica*, isto é, indiferente para o direito penal.

---

10. Heleno Fragoso, *Lições de Direito Penal*, cit., v. 1, p. 405 e 406.
11. Nélson Hungria, *Comentários ao Código Penal*, cit., v. 7, p. 112.
12. Luiz Regis Prado, *Curso de Direito Penal brasileiro*, cit., v. 2, p. 458.
13. Cezar Roberto Bitencourt, *Tratado de Direito Penal*, 19. ed., cit., v. 2, p. 237.

Afasta-se, categoricamente, a natureza *justificante* do consentimento do tipo em exame, que poderá existir, é verdade, quando decorrer de vontade juridicamente válida do titular de um *bem disponível*; nesse caso, inexistirá contrariedade à norma jurídica. Com efeito, consentimento do ofendido com o condão de afastar a antijuridicidade de uma conduta é aquele que se impõe de fora para dentro, para *excluir a ilicitude*, sem integrar a conduta típica, como poderia acontecer, por exemplo, nos crimes de *cárcere privado* (art. 148), *furto* (art. 155), *dano* (art. 163) etc.

4.2 *Ocorrência efetiva de prejuízo*

A superveniência de prejuízo é condição indispensável à configuração do crime, constituindo, segundo alguns[14], condição objetiva de punibilidade. A ausência de prejuízo — dano economicamente apreciável — impede a configuração típica do crime. Na verdade, a inocorrência de prejuízo impede a própria tipificação da conduta, na medida em que "resultar prejuízo" é elementar típica do crime. Por isso a falta de prejuízo, antes de ser mera condição objetiva de punibilidade, afasta a tipicidade da conduta, não se podendo falar em punibilidade de comportamento atípico.

O *prejuízo* a que se refere o tipo penal em exame é distinto daquele decorrente da simples introdução ou abandono de animais. Caso contrário, seria absolutamente desnecessário prevê-lo como *elementar típica* do crime de introdução ou abandono de animais em propriedade alheia. Convém destacar, contudo, que a intenção do agente não deve ser o dano, mas introduzir ou abandonar animais em propriedade alheia, cuja consequência é a produção de prejuízo. Se, no entanto, o agente objetivar especificamente a produção de dano, o crime será aquele capitulado no art. 163 (dano). Se, por fim, pretender alimentar seus animais com a pastagem da propriedade alheia, deixará de existir o dano em si mesmo, passando a caracterizar-se o crime de furto, com verdadeira subtração de coisa alheia.

4.3 *Prejuízo: condição objetiva da punibilidade ou elementar típica*

O *prejuízo* exigido pelo tipo penal em exame, ao contrário do entendimento da maioria — Nélson Hungria, Heleno Fragoso, Damásio de Jesus e, mais recentemente, Luiz Regis Prado —, que afirma tratar-se de *condição objetiva de punibilidade,* é elemento constitutivo do crime; é, como referimos repetidamente, uma elementar do tipo, e, como tal, sua ausência *não afasta apenas a punibilidade*, mas a própria *tipicidade* do comportamento.

Na verdade, convém ter presente que a condição objetiva da punibilidade é extrínseca ao crime, estranha, portanto, à tipicidade, à antijuridicidade e à culpabilidade; é, poder-se-ia dizer, um *posterius* do crime, está fora dele. A condição objetiva da punibilidade deve encontrar-se fora de qualquer relação causal com a conduta humana. "Se ela se encontra — afirmava Bettiol — em relação de pendência causal com a ação, no sentido que possa ser considerada como efeito, ainda que remoto

14. Heleno Fragoso, *Lições de Direito Penal*, cit., v. 1, p. 405.

da ação, tal evento não se poderá considerar condição de punibilidade, mas será elemento constitutivo do fato"[15].

5. Tipo subjetivo: adequação típica

O *elemento subjetivo* do crime de introdução ou abandono de animais em propriedade alheia é o dolo, constituído pela vontade livre e consciente de introduzir ou deixar animais em propriedade alheia. É necessário que o sujeito ativo tenha conhecimento de que a propriedade é alheia.

Não há necessidade de *elemento subjetivo especial* do tipo, ante a ausência de previsão legal. A existência de eventual elemento subjetivo especial pode alterar a figura delitiva. Embora indispensável a *produção de prejuízo* para a tipificação do crime, visto que aquele constitui *elementar* do tipo penal, convém destacar que, se houver por parte do agente a intenção de *causar prejuízo*, o crime será o de *dano*, previsto no art. 163. Alguns julgados, equivocadamente, têm exigido o *animus* de prejudicar[16]. O fim de prejudicar está ínsito na própria ação do agente, mais especificamente no dolo, pois seria ingênuo imaginar o dolo de introduzir ou abandonar animais em propriedade alheia sem produzir qualquer dano ou prejuízo; por outro lado, se a intenção do agente for alimentar os animais na plantação alheia, o crime será o de *furto*[17] e não este do art. 164. Constata-se, enfim, que o elemento subjetivo deve ser distinto do de danificar ou subtrair pastagem ou qualquer nutriente do imóvel invadido.

Não há previsão de modalidade culposa. Se o comportamento do agente for negligente ou imprudente, caracterizando um agir culposo, não se configura o crime de introdução ou abandono de animais, pois este pressupõe sempre a existência de dolo.

6. Consumação e tentativa

Consuma-se o crime de introdução ou abandono de animais em propriedade alheia somente com o efetivo prejuízo, ou seja, com a diminuição do patrimônio da vítima. Trata-se de crime material, isto é, que exige resultado naturalístico.

Não se pode ignorar que o tipo penal condiciona a tipificação criminosa a "desde que do fato resulte prejuízo". Essa exigência típica impõe como condição a produção de um dano superior àquele mínimo natural e próprio da simples introdução ou abandono de animais em propriedade alheia, quer com seu andar, quer com o estar ou meras passadas. Se esse dano fosse suficiente à configuração do crime, não se teria exigido expressamente a produção de prejuízo, porque aquele lhe é inerente.

---

15. Giuseppe Bettiol, *Diritto Penale*, cit., p. 141.
16. *RT*, *202*:385; *RF*, *152*:417.
17. Heleno Fragoso, *Lições de Direito Penal*, cit., v. 1, p. 406.

Não comungamos do entendimento majoritário[18] da doutrina, que *nega a possibilidade da tentativa* no crime de introdução ou abandono de animais basicamente porque o *tipo exige a produção de prejuízo* para consumar-se. Essa orientação, que foi capitaneada por Nélson Hungria, peca pela simplicidade silogística. Dizia Hungria, seguido fielmente pelos demais: "É condição objetiva do crime a superveniência de prejuízo. Se este não ocorre, não se poderá reconhecer, sequer, tentativa, pois, diversamente do dano no seu tipo fundamental, não é exigido, aqui, o *animus nocendi*"[19]. O silogismo não se sustenta em si mesmo, independentemente de questionarmos a afirmação de que a causação de prejuízo constitui condição objetiva da punibilidade, com o que não concordamos.

Em primeiro lugar, a configuração ou não de *tentativa* não tem qualquer relação com condições *extrínsecas do crime*, como é o caso de uma *condição objetiva da punibilidade*, por exemplo, o decreto da falência da empresa, para que o falido possa responder por crimes falimentares. Por outro lado, mesmo como *elementar do crime*, que é nossa orientação, a *exigência do prejuízo* para consumar-se a infração não inviabiliza o reconhecimento da *tentativa*; pelo contrário, facilita sua identificação, pelo menos na modalidade de *introduzir* animais em propriedade alheia. Assim, por exemplo, se o agente é surpreendido, e interrompido, por alguém no momento em que está efetuando a introdução dos animais em propriedade alheia, não se pode negar que já iniciou o *iter criminis*, cuja intervenção, circunstância alheia à vontade do agente, impede a consumação. Na verdade, o que caracteriza a figura da tentativa não é a existência ou inexistência de condição objetiva de punibilidade, mas *a interrupção do processo executório por circunstâncias alheias à vontade do agente*; por exemplo, "o agressor é seguro quando está desferindo os golpes na vítima para matá-la"[20]. Em segundo lugar, a inexigência de *dolo de prejuízo* (que seria um *elemento subjetivo especial do tipo*, inexistente no crime em exame) tampouco é motivo para afastar a tentativa. Com efeito, se houvesse esse dolo o crime seria o de *dano*, desnaturando aquela infração penal. Mas não se pode esquecer que o dolo *genérico* é constituído pela vontade e consciência da realização de todos os elementos constantes do tipo penal, entre os quais se inclui o *prejuízo*. Ninguém seria ingênuo a ponto de imaginar que uma pessoa introduza animais em plantação alheia e ignore que dessa ação voluntária possa decorrer prejuízo a outrem, ou, em outros termos, não tenha representado mentalmente a possibilidade da ocorrência desse prejuízo. Essa representação consciente basta para que o dolo genérico abranja a elementar causação de prejuízo. Seria, talvez, na linha da orientação que combatemos, o úni-

---

18. Luiz Regis Prado, *Curso de Direito Penal brasileiro*, cit., v. 2, p. 458; Heleno Fragoso, *Lições de Direito Penal*, cit., v. 1, p. 405; Nélson Hungria, *Comentários ao Código Penal*, cit., v. 7, p. 112.
19. Nélson Hungria, *Comentários ao Código Penal*, cit., v. 7, p. 112.
20. Cezar Roberto Bitencourt, *Tratado de Direito Penal — Parte Geral*, 25. ed., cit., v. 1, p. 550.

co crime material *plurissubsistente* a não admitir *tentativa*, afrontando não apenas os fundamentos dogmáticos, mas a própria lógica do sistema, pois todos aqueles autores reconhecem que se trata de *crime material* e plurissubsistente.

Enfim, o fundamento mais forte para se sustentar, na atualidade, a impossibilidade de tentativa no crime de *introdução ou abandono de animais* é o *argumento de autoridade*, isto é, apenas porque, a seu tempo, Nélson Hungria adotou essa orientação. No entanto, embora Hungria seja reconhecido por todos nós como o Papa do Direito Penal Brasileiro, ele também era falível e, vez por outra, equivocava-se.

7. Classificação doutrinária

Trata-se de *crime comum* (porque não exige condição especial do sujeito ativo); *material*, por excelência, na medida em que não apenas exige resultado material como inclui a produção do resultado como elementar do tipo penal; *comissivo*, na modalidade "introduzir" (é da essência do próprio verbo nuclear, que só pode ser praticado por meio de uma ação positiva; "omissivo", na modalidade "deixar", que só pode concretizar-se por meio de um "não fazer"; *doloso* (não há previsão legal para a figura culposa); *de forma livre* (pode ser praticado por qualquer meio, forma ou modo); *instantâneo* (a consumação opera-se de imediato, não se alongando no tempo); *unissubjetivo* (pode ser praticado, em regra, apenas por um agente); *plurissubsistente* (pode ser desdobrado em vários atos, que, no entanto, integram a mesma conduta), isto é, seu *iter criminis* pode ser fracionado, especialmente na forma de *introduzir*, permitindo, consequentemente, a tentativa.

8. Questões especiais

Questiona-se se apenas um *animal* poderia tipificar o delito, em razão de o artigo falar em *animais*. Adotamos o entendimento[21] segundo o qual o vocábulo "animais" é genérico, não sendo exigível a pluralidade para configurar o crime. É suficiente que a ação seja praticada com apenas um animal, de pequeno ou grande porte, para tipificar a infração penal, desde que resulte prejuízo. Nessa linha, Nélson Hungria concluía: "Com o vocábulo animais (no plural), o texto legal quer apenas designar o *genus*, e não uma indispensável *pluralidade*: basta a introdução ou abandono de um só animal que seja. De outro modo, poderia ser iludida a incriminação, cuidando o agente de evitar que nunca estivesse introduzindo ou abandonando, em vezes sucessivas, mais de um animal"[22].

Se a penetração de animais decorrer de *culpa*, o dono responderá somente pelos danos causados, na esfera *cível*. Por isso, temos dificuldade em aceitar o entendimento que admite a tipificação desse crime quando, por omissão, os animais

---

21. Heleno Cláudio Fragoso, *Lições de Direito Penal*, cit., v. 1, p. 405.
22. Nélson Hungria, *Comentários ao Código Penal*, cit., v. 7, p. 112.

invadem propriedade alheia e destroem a plantação[23]. A forma omissiva somente pode ocorrer na modalidade "deixar animais", que é tipificada como a segunda figura criminosa.

Quando o *dano* for meio ou consequência de outro crime, será absorvido por este. Como crime que deixa vestígio, a introdução ou abandono de animais é indispensável auto de exame de corpo de delito (art. 158 do CPP).

9. Pena e ação penal

As penas cominadas, *alternativamente*, são detenção, de quinze dias a seis meses, ou multa.

A ação penal é de *exclusiva iniciativa privada* (art. 167 do CP). O direito de queixa caberá não só ao proprietário do imóvel, mas também ao possuidor, quando o bem jurídico violado for somente a posse.

---

23. TAMG, AC, rel. Des. Sebastião Maciel, *RT*, *567*:379.

DANO EM COISA DE VALOR ARTÍSTICO, ARQUEOLÓGICO OU HISTÓRICO

XIII

Sumário: 1. Considerações preliminares. 2. Bem jurídico tutelado. 3. Sujeitos ativo e passivo. 4. Tipo objetivo: adequação típica. 5. Tipo subjetivo: adequação típica. 6. Consumação e tentativa. 7. Classificação doutrinária. 8. Pena e ação penal.

DANO EM COISA DE VALOR ARTÍSTICO, ARQUEOLÓGICO OU HISTÓRICO

Art. 165. Destruir, inutilizar ou deteriorar coisa tombada pela autoridade competente em virtude de valor artístico, arqueológico ou histórico:

Pena — detenção, de 6 (seis) meses a 2 (dois) anos, e multa.

1. Considerações preliminares

O Código Criminal do Império de 1830 e o Código Penal Republicano de 1890 não previam infração penal semelhante à descrita no atual art. 165. Apenas mais recentemente se tem procurado proteger e preservar coisas e lugares que se destacam por seus valores artístico, histórico ou arqueológico. As Constituições brasileiras, a partir da de 1934, começaram a impor deveres especiais, nesse campo, ao Poder Público[1].

A infração penal (art. 165) do Código Penal de 1940 foi inspirada no Código Penal Rocco de 1930 (art. 733), que previa, como contravenção penal, o dano a coisa própria, isto é, praticado pelo proprietário, de valor arqueológico, histórico ou artístico.

O art. 165, contudo, foi revogado tacitamente pelo art. 62, I, da Lei n. 9.605/98 (Lei dos Crimes Ambientais), que regula completamente a mesma matéria, punindo com reclusão de um a três anos e multa[2]. Trata-se, com efeito, de lei especial e lei geral (*lex especialis derrogat lex generalis*). Mantemos, sucintamente, os dados abaixo, em razão da irretroatividade da nova lei[3].

1. Heleno Cláudio Fragoso, *Lições de Direito Penal*, cit., v. 1, p. 407.

2. "Art. 62. Destruir, inutilizar ou deteriorar: I — bem especialmente protegido por lei, ato administrativo ou decisão judicial; II — arquivo, registro, museu, biblioteca, pinacoteca, instalação científica ou similar protegido por lei, ato administrativo ou decisão judicial." Trata-se, como se constata, de uma tipificação mais abrangente, mas que inegavelmente inclui as figuras contidas no art. 165 do CP.

3. Cezar Roberto Bitencourt, *Código Penal comentado*, anotações ao art. 165; Luiz Regis Prado, *Curso de Direito Penal brasileiro*, cit., v. 2, p. 464.

2. Bem jurídico tutelado

Embora a tutela penal continue a se referir ao *dano* causado em *coisa alheia*, este dispositivo se destina a uma parcela especial da propriedade, não necessariamente *patrimônio público*, qualificador do crime de dano (art. 163, parágrafo único, III), mas daquela que, por alguma razão, assume um *caráter social* e público de importância tal que acaba sendo *tombada pela autoridade competente em virtude de valor artístico, arqueológico ou histórico*.

Se em 1940 já se justificava essa proteção penal à propriedade, com muito mais razão a partir da atual Constituição Federal (1988), que outorgou expressamente uma *função social* à propriedade (arts. 184 e 186). A tutela penal, agora elevada ao plano constitucional, impede sua utilização de forma indiscriminada contra o *interesse coletivo*. Indiscutivelmente, a propriedade não se reveste, no limiar do terceiro milênio, daquele cunho romanístico de caráter soberano e discricionário, que, em algumas circunstâncias, até poderia compreender uma quase ilimitada *facultas abutendi*. Nessa linha, mantém-se perfeitamente atualizado o magistério de então de Hungria, que professava: "No sentido de vinculá-la ao *bonum commune omnium*, criaram-se-lhe múltiplas restrições, que chegam a assumir, por vezes, o caráter de autênticas *servidões legais*. Entre tais restrições se inclui a concernente aos bens de relevante valor estético ou histórico, sejam produzidos pelo homem, sejam naturais"[4].

Bem jurídico protegido é a inviolabilidade do patrimônio histórico, arqueológico ou artístico pelo que representa e pela expressão que assume na coletividade. Como destacava Magalhães Noronha, "Claro é que se tutela igualmente o patrimônio mobiliário ou imobiliário, o domínio ou a posse da coisa, como *dano*, pois o atentado contra aquele valor intelectual só pode ser causado pela danificação física ou material desta. O dano então produzido atinge dois objetos jurídicos: o bem imaterial (representado pela vinculação da coisa à história do País, ou pelo predicado artístico, ou pela antiguidade) e o material (ofendendo agora ao patrimônio no sentido vulgar, ferindo o domínio ou a posse da coisa)"[5]. Com efeito, o dispositivo em exame protege os aspectos materiais e imateriais da coisa tombada, especialmente porque o dano representa a lesão, *in concreto*, do patrimônio, e somente lesando este pode atingir aquele valor imaterial expresso pela concepção ideal e subjetiva da população. À evidência, esse patrimônio, em seu conjunto, está abrangido, como afirma Regis Prado, pelo conceito amplo de ambiente[6].

---

4. Nélson Hungria, *Comentários ao Código Penal*, cit., v. 7, p. 113 e 114.

5. Magalhães Noronha, *Direito Penal*, cit., v. 2, p. 336. Na página anterior, Magalhães Noronha fundamentava: "Cobre com sua tutela coisas que interessam a todos, que se integram na vida da Nação, como índices de sua origem, civilização e cultura. São reminiscências do passado, testemunhos do presente e vaticínios do futuro. São bens que pertencem a todas as idades e a todo indivíduo, pelo valor artístico, raridade, vetustez, ou predicado histórico".

6. Luiz Regis Prado, *Crimes contra o ambiente*, São Paulo, Revista dos Tribunais, 1998, p. 187; Érika Mendes de Carvalho, *Tutela do patrimônio florestal brasileiro*, São Paulo, Revista dos Tribunais, 1999, p. 89 e 90.

3. Sujeitos ativo e passivo

Sujeito ativo pode ser qualquer pessoa, independente de qualidade ou condição especial, uma vez que se trata de crime comum. Nesse crime, ao contrário da orientação que adotamos em relação ao dano, o proprietário também pode ser sujeito ativo, quando produz dano a coisa que lhe pertence, mas que fora tombada em razão de seu valor artístico, arqueológico ou histórico. Nessa figura, ao contrário daquela tipificada no art. 163, não há a elementar *coisa alheia*, permitindo, assim, que o *dominus* também possa ser sujeito ativo desse crime. O tombamento de determinado bem ou coisa, com efeito, cria restrições ao direito de *domínio* em prol do interesse público que seu *valor artístico, arqueológico ou histórico* requer.

Sujeito passivo é pessoa jurídica de direito público interno, União, Estado ou Município, primariamente, já que o crime lesa seu *patrimônio cultural*; e, secundariamente, o *particular*, proprietário ou possuidor, quando este for proprietário da coisa tombada/danificada. Na verdade, o possuidor pode ser também sujeito passivo porque o tombamento não impede que a coisa possa ser onerada com penhor ou anticrese.

4. Tipo objetivo: adequação típica

As condutas tipificadas são as mesmas do crime de dano — *destruir, inutilizar ou deteriorar* coisa tombada em virtude de seu valor artístico, arqueológico ou histórico; assim, tudo o que dissemos sobre essas condutas naquele capítulo aplica-se aqui. Esses os bens que recebem especial proteção penal. "Cobre com sua tutela coisas que interessam a todos, que se integram na vida da Nação, como índices de sua origem, civilização e cultura. São reminiscências do passado, testemunhos do presente e vaticínios do futuro. São bens que pertencem a todas as idades e a todo indivíduo, pelo valor artístico, raridade, vetustez, ou predicado histórico"[7].

Quem destrói, inutiliza ou deteriora bens públicos, mesmo integrantes de monumentos arqueológicos, pré-históricos ou do patrimônio cultural, que não tenham sido formalmente tombados pela autoridade competente, responde pelo crime de *dano qualificado* (art. 163, parágrafo único, III, do CP), e não por este.

Questão que tem sido objeto de divergência é aquela sobre a tipificação correta de dano produzido em coisa pública e tombada. Afinal, seria dano qualificado (art. 163, parágrafo único, III) ou seria o dano em coisa tombada descrito no art. 165? Para Magalhães Noronha, o crime será o de dano qualificado (art. 163, parágrafo único, III), cuja pena é mais grave do que a do presente artigo, sendo o tombamento mera circunstância para a dosagem da pena. Para Nélson Hungria[8], por sua vez,

7. Magalhães Noronha, *Direito Penal*, cit., v. 2, p. 335.

8. Magalhães Noronha, *Direito Penal*, cit., v. 2, p. 337 e 338; Nélson Hungria, *Comentários ao Código Penal*, cit., v. 7, p. 116; Luiz Regis Prado, *Curso de Direito Penal brasileiro*, cit., v. 2, p. 463.

tratando-se de coisa pública e tombada, o dano contra ela configurará concurso formal dos dois crimes — aquele do dano qualificado e o deste dispositivo. Regis Prado, na atualidade, segue o entendimento de Hungria.

O objeto material será exclusivamente *coisa móvel tombada* pela autoridade competente em virtude de *valor artístico, arqueológico ou histórico*. Por isso, coisa danificada que ainda se encontre em processo de tombamento não tipificará esse crime. Algumas decisões de nossos tribunais, equivocadamente, têm admitido típica a conduta contra coisa cujo processo de tombamento ainda não finalizou. *Tombamento* é o ato do Poder Público (União, Estado ou Município) por meio do qual "declara o valor cultural de coisas móveis ou imóveis, inscrevendo-as no respectivo Livro de Tombo, sujeitando-as a um regime especial que impõe limitações ao exercício da propriedade, com a finalidade de preservá-las"[9]. Constata-se que podem ser objeto material desse crime tanto móveis quanto imóveis, públicos ou particulares.

Por fim, não basta para configurar o crime que determinada coisa se encontre *formalmente tombada*. Faz-se necessário que apresente, concomitantemente, valor arqueológico ou artístico. Nélson Hungria já criticava, com acerto, a exagerada preocupação em transformar algumas "cidades mortas" em monumentos nacionais, afirmando: "Atualmente, no Brasil, há uma excessiva preocupação em se transformar *cidades mortas* ou *escombros* mais ou menos inexpressivos em *monumentos nacionais*. Difundiu-se um verdadeiro *culto* à *ruína*. É bem de ver, porém, que o juízo penal não está adstrito à eventual *elasticidade* de critério da autoridade administrativa incumbida do tombamento"[10].

O entendimento de Hungria continua mais atual do que nunca, pois ninguém desconhece o esforço nem sempre justificado de determinados administradores públicos em conseguir tombamentos, nem sempre orientados por sentimentos os mais nobres[11].

Furto de coisa móvel, tombada, não tipifica essa infração penal, mas o crime de furto, cuja competência é da Justiça Federal. *Dano* a monumentos arqueológicos ou pré-históricos, patrimônio nacional, mas *sem tombamento*, não tipifica o crime, mas o *dano qualificado* do art. 163, parágrafo único, III (Lei n. 3.924/61). Desconhecendo o agente a condição de tombada da coisa que danifica, caracterizar-se-á o crime de dano (art. 163).

---

9. José Eduardo Ramos Rodrigues, *Tombamento e patrimônio cultural — dano ambiental: prevenção, reparação e repressão*, 1993, p. 181.

10. Nélson Hungria, *Comentários ao Código Penal*, cit., v. 7, p. 117.

11. Referindo-se ao proprietário da coisa particular tombada, Hungria fazia a seguinte ressalva: "Não é vedado, entretanto, ao juiz penal (em face ao disposto no art. 141, § 4º, da Constituição [referia-se à Constituição de 1946]) reconhecer e declarar, se for o caso, o caráter arbitrário ou ilegal do tombamento, de modo a excluir a criminosidade do fato, se o agente é o próprio dono da coisa" (*Comentários ao Código Penal*, cit., v. 7, p. 116).

5. Tipo subjetivo: adequação típica

O elemento subjetivo é o *dolo*, constituído pela vontade livre e consciente de *danificar*, isto é, destruir, inutilizar ou deteriorar coisa tombada pela autoridade competente.

Para o reconhecimento do dolo, é indispensável que o agente saiba que a coisa danificada é tombada ou, de qualquer forma, protegida por seu valor artístico, arqueológico ou histórico; o eventual desconhecimento dessa condição afasta a adequação típica exigida pelo art. 165. O *dano*, por conseguinte, também nessa figura especial exige a consciência e a vontade de destruir, inutilizar ou deteriorar a coisa tombada, restando impunível a conduta culposa.

O *desconhecimento* do tombamento pode ocasionar erro de tipo, excluindo a tipicidade dessa modalidade especial de dano, evidentemente, em caráter residual e subsidiário, o crime de dano tipificado no art. 163.

6. Consumação e tentativa

Consuma-se o crime com o efetivo dano causado, isto é, com a efetiva *destruição, inutilização* ou *deterioração* de coisa de valor artístico, arqueológico ou histórico. Trata-se de *crime material*, que só se configura quando há *prejuízo* decorrente da *diminuição do valor* ou da utilidade da *coisa tombada* destruída, inutilizada ou deteriorada. Por isso faz-se necessária a comprovação pericial do resultado danoso, sob pena de não se tipificar a figura delituosa. Mesmo que a destruição seja parcial, é suficiente para consumar o crime, ainda que a intenção do agente fosse a destruição total.

A exemplo do *dano*, trata-se de crime de *ação múltipla* ou *de conteúdo variado*; assim, mesmo que o agente, num primeiro momento, *deteriore* a coisa alheia, insatisfeito com esse resultado, *inutilize-a* para seus fins normais e, por fim, a *destrua*, haverá somente um crime. Essa determinação no agir do agente deverá ser avaliada na *aplicação da pena*, particularmente no exame da *censurabilidade* da conduta (culpabilidade) e das consequências do crime.

Como crime material que é, a *demolição* de coisa tombada admite a *tentativa*, quando o agente é interrompido na ação que executava objetivando a deterioração, inutilização ou destruição da *coisa*. Consideramos temerário afirmar que há *tentativa* quando o agente não obtém o resultado pretendido, uma vez que o *resultado parcial* já é suficiente para consumar esse crime.

7. Classificação doutrinária

Trata-se de *crime comum* (porque não exige condição especial do sujeito ativo); *material*, por excelência, na medida em que produz um resultado naturalístico; *doloso* (não há previsão legal para a figura culposa), embora o dano culposo também seja ilícito, devendo buscar sua reparação na esfera civil; de *forma livre* (pode ser praticado por qualquer meio, forma ou modo); *instantâneo* (a consumação opera-se de imediato, não se alongando no tempo); *unissubjetivo* (pode ser praticado, em regra, apenas por um agente); *plurissubsistente* (pode ser desdobrado em vários atos, que, no entanto, integram a mesma conduta), isto é, seu *iter criminis* pode ser fracionado, permitindo, consequentemente, a *tentativa*.

8. Pena e ação penal

As penas cominadas para o crime de dano em coisa de valor artístico, arqueológico ou histórico são, *cumulativamente*, detenção, de seis meses a dois anos, e multa.

A ação penal é de natureza *pública incondicionada*, devendo, em consequência, a autoridade competente agir de ofício. A natureza do bem jurídico protegido — *coisa de valor artístico, arqueológico ou histórico* — recomenda essa opção do legislador de 1940.

ALTERAÇÃO DE LOCAL ESPECIALMENTE PROTEGIDO — XIV

ALTERAÇÃO DE LOCAL ESPECIALMENTE PROTEGIDO

Art. 166. Alterar, sem licença da autoridade competente, o aspecto de local especialmente protegido por lei:

Pena — detenção, de 1 (um) mês a 1 (um) ano, ou multa.

1. Considerações preliminares

A fonte originária do crime em exame encontra-se na Constituição de 1937, cujo art. 134 continha a seguinte previsão: "Os monumentos históricos, artísticos e naturais, assim as paisagens ou os locais particularmente dotados pela natureza, gozam da proteção e dos cuidados especiais da Nação, dos Estados e dos Municípios. Os atentados contra eles cometidos serão equiparados aos cometidos contra o patrimônio nacional".

Em sede constitucional, os *locais* merecedores de especial proteção, sob o aspecto cultural, encontram resguardo em dispositivo específico: "Constituem patrimônio cultural brasileiro os bens de natureza material e imaterial, tomados individualmente ou em conjunto portadores de referência à identidade, à nação, à memória dos diferentes grupos formadores da sociedade brasileira, nos quais se incluem: (...) V — os conjuntos urbanos e sítios de valor histórico, paisagístico, artístico, arqueológico, paleontológico, ecológico e científico" (art. 216, V, da CF/88). Constata-se que esse dispositivo constitucional não se encontra no capítulo que disciplina o *meio ambiente*, mas naquele que regula a *cultura*. Por essa razão, a interpretação da legislação infraconstitucional deverá atentar para esse novo enfoque da natureza do bem jurídico tutelado, cuja essência é cultural e não ambiental.

Desnecessário destacar que os Códigos Criminais anteriores (1830 e 1890) não se ocuparam dessa infração penal, que somente foi recepcionada no Código Penal de 1940, que secundou a Constituição de 1937.

O disposto no art. 166 foi revogado tacitamente pelo art. 63 da Lei n. 9.605/98 (Lei dos Crimes Ambientais), que disciplina completamente a conduta incriminada, aliás de forma mais abrangente (*lex especialis derrogat lex generalis*)[1]. O novo texto legal tem a seguinte redação: "Alterar o aspecto ou estrutura de edificação ou local especialmente protegido por lei, ato administrativo ou decisão judicial, em razão de seu valor paisagístico, ecológico, turístico, artístico, histórico, cultural, religioso, arqueológico, etnográfico ou monumental, sem autorização da autoridade competente ou em desacordo com a concedida".

Provavelmente atento a esse novo dispositivo da Lei dos Crimes Ambientais, o Anteprojeto de Reforma da Parte Especial suprimiu o crime disciplinado no art. 166 do Código de 1940.

2. Bem jurídico tutelado

O *bem jurídico* protegido é o *ambiente, sob seu aspecto cultural-estético*, particularmente a *inviolabilidade* do patrimônio público cultural nacional. Essa proteção recai em coisas imóveis, de regra representadas por sítios, paisagens ou quaisquer espécies de locais bucólicos que embelezam determinados lugares e constituem *bem comum*. A beleza ou estética que se protege pode decorrer da própria natureza ou ser especialmente complementada pela arte ou ofício do ser humano.

Hungria[2] destacava a existência de uma semelhança (que denominava "íntimo parentesco") muito grande entre essa infração penal e aquela prevista no art. 165 (que se refere ao dano contra coisas de valor artístico). Em ambas, na verdade, protegem-se *coisas* que justificam sua conservação pelo embelezamento ou valorização estética que encerram. No entanto, há profundas diferenças entre as duas infrações penais, a começar pelo próprio objeto material da proteção penal: o dispositivo anterior (art. 165) protege "coisas" de valor artístico, arqueológico ou histórico, ou seja, a proteção destina-se à coisa em si, a sua essência, enquanto este (art. 166) tutela "local" especialmente protegido, isto é, não se preocupa com a essência, mas tão somente com seu aspecto externo, com seu visual, sua estética, independentemente da substância. Para a consumação do crime é suficiente a simples alteração estética, sendo desnecessária a destruição, inutilização ou deterioração material exigida pelo art. 165. O simples dano à forma já caracteriza o crime. Por fim, na *proteção de local* as coisas são sempre *imóveis*, ao contrário do dispositivo anterior, em que podem ser tanto móveis quanto imóveis.

3. Sujeitos ativo e passivo

Sujeito ativo pode ser qualquer pessoa, independente de qualidade ou condição especial, pois se trata de crime comum. Nesse crime o proprietário também pode ser

---

1. Victor Eduardo Rios Gonçalves, *Dos crimes contra o patrimônio*, 5. ed., São Paulo, Saraiva, 2002 (Col. Sinopses Jurídicas, v. 9).
2. Nélson Hungria, *Comentários ao Código Penal*, cit., v. 7, p. 117.

sujeito passivo, quando produz alteração de local que lhe pertence, mas que se encontra especialmente protegido por lei; a proteção legal de determinado local, com efeito, cria restrições ao direito de *domínio* em prol do interesse público.

Sujeito passivo é uma pessoa jurídica de direito público interno, União, Estado ou Município, primariamente, uma vez que o crime lesa seu *patrimônio*; secundariamente, o *particular*, proprietário ou possuidor do local protegido.

4. Tipo objetivo: adequação típica

A conduta tipificada é *alterar*, isto é, mudar, desfigurar local especialmente protegido por lei. A alteração implica mudança do estado anterior ou preexistente[3]. É indispensável a existência de previsão legal protegendo o local atingido. Faltando o elemento normativo — *sem licença da autoridade competente* —, isto é, havendo licença especial de autoridade competente, não se configurará o delito. Não há necessidade de produção de dano, sendo suficiente a modificação de aspecto ou desfiguração do visual. O objeto da ação será sempre constituído por imóvel.

Para configurar-se o crime não é necessário que a modificação seja integral, pois a alteração parcial pode caracterizar a ação que o tipo penal proíbe. A finalidade do tipo em exame é reforçar a preocupação do legislador de proteger a aparência, o visual ou a configuração de determinado lugar, pelo que representa para a coletividade. O crime pode ser executado por qualquer meio, ante a ausência de previsão legal, desde que se trate de local especialmente protegido por lei.

Na linguagem de Magalhães Noronha, *aspecto* é a fisionomia de alguma coisa, é o modo com que ela se apresenta a nossa vista. *Local*, por sua vez, na ótica da lei, é sinônimo de lugar, que a lei proíbe seja alterado.

5. Tipo subjetivo: adequação típica

O elemento subjetivo é o *dolo*, constituído pela vontade livre e consciente de *alterar*, isto é, modificar, desfigurar local especialmente protegido por lei. Para a configuração do dolo é indispensável que o agente saiba que o *local alterado* é protegido por lei; eventual desconhecimento dessa condição afasta a adequação típica exigida pelo art. 166, podendo levar o agente a responder, subsidiariamente, pelo crime de dano comum do art. 163 (devendo-se observar a natureza da ação penal).

O *desconhecimento* da existência de especial proteção legal do local pode configurar *erro de tipo*, excluindo a atipicidade dessa modalidade *especial de dano*. Deve-se ter presente, à evidência, que, em caráter residual e subsidiário, permanece o crime de dano tipificado no art. 163.

Não há exigência de elemento subjetivo especial do injusto. A conduta culposa é impunível.

---

3. Magalhães Noronha, *Direito Penal*, cit., v. 2, p. 339.

6. Consumação e tentativa

Consuma-se o crime de alteração de local especialmente protegido com a *alteração* efetiva de *aspecto do local*, causando modificação no mundo exterior. Faz-se necessário que a ação do agente altere formalmente determinado local, que seja protegido por lei. Eventual consentimento da autoridade competente não só afasta a adequação típica como também a própria antijuridicidade, passando a ser uma conduta lícita.

Admite-se, em tese, a tentativa, tratando-se, pois, de crime material, cuja execução admite fracionamento. A ação humana pode ser interrompida durante sua execução antes que a alteração pretendida pelo agente se concretize.

7. Classificação doutrinária

Trata-se de *crime comum* (porque não exige condição especial do sujeito ativo); *material*, na medida em que produz um resultado naturalístico; *doloso* (não há previsão legal para a figura culposa), embora o dano culposo também seja ilícito, devendo buscar sua reparação na esfera civil; de *forma livre* (pode ser praticado por qualquer meio, forma ou modo); *instantâneo* (a consumação opera-se de imediato, não se alongando no tempo); *unissubjetivo* (pode ser praticado, em regra, apenas por um agente); *plurissubsistente* (pode ser desdobrado em vários atos, que, no entanto, integram a mesma conduta), isto é, seu *iter criminis* pode ser fracionado, permitindo, consequentemente, a *tentativa*.

8. Questões especiais

O atual Anteprojeto de Código Penal, Parte Especial, suprimiu esse tipo penal. O Decreto-Lei n. 25, de 30 de novembro de 1937, prevê o tombamento de sítios e paisagens. A denúncia precisa indicar qual a lei que protege especialmente o local. A dúvida sobre a existência de proteção legal pode configurar dolo eventual. A rigor, a objetividade jurídica, na essência, é a mesma do art. 165, sendo diferentes somente as condutas tipificadas.

9. Pena e ação penal

A pena cominada, pela redação original do Código Penal, era, *alternativamente*, detenção, de um mês a um ano, ou multa. A partir da vigência da Lei Ambiental (Lei n. 9.605/98), a pena privativa de liberdade passou a ser de um a três anos de reclusão, agora cumulada com a pena de multa.

A ação penal é de natureza *pública incondicionada*, devendo, em consequência, a autoridade competente agir de ofício. A natureza do bem jurídico protegido — *local especialmente protegido por lei* — recomenda essa opção do legislador de 1940.

As diferentes modalidades de ação penal já foram anotadas em cada artigo deste capítulo. Ela é *pública* nos crimes de dano qualificado (art. 163, I, II e III), nas figuras previstas nos arts. 165 e 166. Nas figuras previstas no art. 163, no inciso IV do seu parágrafo único e no art. 164, a ação é de *exclusiva iniciativa privada*.

DA APROPRIAÇÃO INDÉBITA

Sumário: 1. Considerações preliminares. 2. Bem jurídico tutelado. 3. Sujeitos do crime. 3.1. Sujeito ativo. 3.2. Sujeito passivo. 4. Pressuposto da apropriação indébita. 5. Tipo objetivo: adequação típica. 6. Tipo subjetivo: adequação típica. 7. Consumação e tentativa. 8. Classificação doutrinária. 9. Formas majoradas de apropriação indébita. 9.1. Coisa recebida em depósito necessário. 9.2. Qualidade pessoal do agente: tutor, curador, síndico, liquidatário, inventariante, testamenteiro ou depositário judicial. 9.3. Em razão de ofício, emprego ou profissão. 10. Apropriação, furto e estelionato. 11. Compra e venda, depositário infiel e apropriação indébita. 12. Apropriação indébita e relação mandante-mandatário. 13. Pena e ação penal. 14. Algumas questões especiais.

CAPÍTULO V

DA APROPRIAÇÃO INDÉBITA

Apropriação indébita

Art. 168. Apropriar-se de coisa alheia móvel, de que tem a posse ou a detenção:

Pena — reclusão, de 1 (um) a 4 (quatro) anos, e multa.

Aumento de pena

§ 1º A pena é aumentada de um terço, quando o agente recebeu a coisa:

I — em depósito necessário;

II — na qualidade de tutor, curador, síndico, liquidatário, inventariante, testamenteiro ou depositário judicial;

III — em razão de ofício, emprego ou profissão.

• Publicado como § 1º o único parágrafo deste artigo.

---

1. Considerações preliminares

Os antecedentes mais remotos do crime de *apropriação indébita* remontam aos Códigos de *Hamurabi* e de *Manu*, que, no entanto, puniam como *furto* a apropriação de coisas perdidas, recebidas em depósito, compradas sem contrato ou testemunhas, além da descoberta de tesouro. No entanto, até fins do século XVIII, a apropriação indébita era somente uma espécie do gênero *furto*. O direito romano desconheceu até mesmo a distinção entre apropriação indébita e estelionato (*furtum proprium* e *furtum improprium*), que somente mais tarde foi elaborada pela doutrina alemã, por política criminal, ao pretender limitar o conceito do crime de furto, evitando a exacerbação de penas. Contudo, a tipificação como crime autônomo, sob a denominação de *abuso de confiança*, foi obra do direito francês, por meio do Código de 1791, sendo repetida pelo Código Napoleônico de 1810, o que acabou por influenciar outros Códigos europeus, como o português, o suíço e o sardo[1].

No Brasil, as Ordenações Filipinas não faziam distinção entre furto e apropriação indébita. Os Códigos de 1830 (art. 258) e 1890 (art. 331) não tiveram melhor sorte. O Projeto Sá Pereira seguiu o direito francês, adotando o *nomem juris* "abuso de confiança".

Na realidade, a atual terminologia, "apropriação indébita", foi uma opção correta, diga-se de passagem, do Projeto Alcântara Machado, sem restringir-se a um *abuso de confiança*. Exatamente essa orientação foi a adotada pelo Código Penal de 1940, com a seguinte definição: *apropriar-se de coisa alheia móvel, de que tem a posse ou detenção.*

2. Bem jurídico tutelado

O bem jurídico protegido é a inviolabilidade do patrimônio, particularmente em relação à propriedade. Na verdade, protege o direito de propriedade, direta e imediatamente, contra eventuais abusos do possuidor, que possa ter a intenção de dispor da coisa alheia como se fosse sua[2]. Esse já era o entendimento sustentado por Galdino Siqueira: "A transferência da coisa deve ser feita a título precário, com a obrigação de restituí-la ou de fazer dela uso determinado, por isso que a apropriação indébita é uma ofensa ao direito de propriedade e não ao direito de posse"[3].

Acreditamos, no entanto, que o dispositivo em exame protege mais do que o simples direito de propriedade. Os *direitos reais de garantia*, como o usufruto e o penhor, também estão protegidos penalmente, uma vez que o usufrutuário, assim como o devedor, pode apropriar-se indevidamente da *res*, violando o direito do nu-proprietário ou do credor pignoratício.

Ao contrário do que ocorre no crime de furto, a posse não recebe, por este dispositivo, a tutela jurídica.

O Código Penal brasileiro silenciou sobre a elementar *abuso de confiança*, ao contrário de inúmeros Códigos europeus, por influência do direito francês. Pode existir, e na maioria das vezes é normal que exista, uma relação de fidúcia na prática desse tipo de crime, mas, decididamente, não é elemento indispensável a sua configuração. É necessário e suficiente que a *justa* posse ou detenção exercida pelo agente, *alieno domine*, sobre a coisa alheia, preexista à ilícita apropriação.

---

1. Nélson Hungria, *Comentários ao Código Penal*, cit., v. 7, p. 127.
2. Heleno Cláudio Fragoso, *Lições de Direito Penal*, cit., v. 1, p. 415.
3. Galdino Siqueira, *Direito Penal brasileiro*; Parte Especial, 1924, p. 723.

O objeto material do crime de apropriação indébita é a coisa *alheia móvel*, que tem ampla abrangência, incluindo-se coisas divisíveis, indivisíveis, inconsumíveis, infungíveis e, inclusive, as *fungíveis*, desde que não haja a obrigação de devolver na mesma qualidade e quantidade, isto é, com características iguais às da coisa recebida. As *coisas imateriais*, no entanto, não podem ser objeto de apropriação indébita, salvo se forem representadas por coisa passível de ser apossada.

Nessa linha, pontificava Hungria: "quando as coisas fungíveis são entregues, não para guardar, mas para serem transmitidas a terceiro, ou para outro fim determinado pelo *dominus*, ou para uso apenas *ad pompam vel ostentationem* (ex.: um agricultor empresta a outro, exclusivamente para que em nome deste figurem, numa exposição, os frutos colhidos na sua própria granja). Em tais casos, não há faculdade de substituição, pelo *tantundem*, e, quaisquer que sejam as coisas fungíveis, são suscetíveis de apropriação indébita"[4].

O *empréstimo* em dinheiro, com efeito, não pode ser objeto de *apropriação indébita* não por se tratar de *coisa fungível*, mas pela singela razão de que o *empréstimo* transfere o *domínio* do valor correspondente ao mutuário, perdendo, consequentemente, a natureza de *posse lícita* de *coisa alheia*. Em outros termos, com o *empréstimo de coisa fungível*, o mutuário adquire a "propriedade" do objeto do mútuo, tornando-se, por isso, insuscetível de apropriação indébita. Não é o que ocorre, por exemplo, com a *retenção de valores correspondentes a tributos*, com a obrigação de posterior recolhimento. Em momento algum esse valor pode ser considerado como tendo ingressado no "domínio" de quem o reteve, pois o fez em nome de terceiro. Por essa razão, sustentamos que, em tese, é perfeitamente admissível a *apropriação indébita de valores em dinheiro*, que, na verdade, é a forma mais frequente de apropriar-se indevidamente de coisa alheia móvel. Assim, por exemplo, um banco que recebe os depósitos de terceiros, seja em conta corrente, seja em poupança, o faz em nome de terceiro, para administrá-los ou investi-los em nome de seus correntistas. Portanto, ao *apropriar-se* indevidamente dos valores de centenas de milhares de poupadores, lançando-os como lucro próprio, o banco inverte a *natureza da posse* desses valores, assumindo-a como própria, incorrendo no crime previsto no art. 168 do Código Penal.

Enfim, não é, por certo, a *natureza de coisa fungível* que apresenta dificuldade de caracterização da apropriação indébita de valores em dinheiro, mas a natureza do título que acompanha a posse de tais valores.

3. Sujeitos do crime

3.1 *Sujeito ativo*

Sujeito ativo pode ser qualquer pessoa que tenha a posse ou detenção *legítima* de coisa alheia móvel. O *proprietário* não pode ser sujeito ativo desse crime; assim,

4. Nélson Hungria, *Comentários ao Código Penal*, cit., v. 7, p. 134.

sujeito ativo será sempre pessoa diversa do proprietário, seja possuidor ou detentor, independentemente de haver recebido a posse ou detenção de terceiro. O nu-proprietário, por exemplo, que vende a coisa que o usufrutuário, por alguma razão, lhe emprestara responderá pelo crime de estelionato; contudo, o usufrutuário que a aliena sem o consentimento do nu-proprietário responde por apropriação indébita.

O *condômino*, sócio ou coproprietário também pode ser sujeito ativo de apropriação indébita, desde que não se trate de coisa fungível e a apropriação não exceda à quota que lhe cabe.

3.2 *Sujeito passivo*

Sujeito passivo é qualquer pessoa, física ou jurídica, titular do direito patrimonial atingido pela ação tipificada; em regra, é o proprietário, e, excepcionalmente, o mero possuidor, quando a posse direta decorra de direito real (usufruto ou penhor), uma vez que se relacionam à propriedade. Assim, não apenas o dono da coisa pode ser sujeito passivo de apropriação indébita como também o titular de direito real de garantia, como usufrutuário ou credor pignoratício.

4. Pressuposto da apropriação indébita

O pressuposto do crime de *apropriação indébita* é a *anterior posse lícita da coisa alheia*, da qual o agente *se apropria* indevidamente. A *posse*, que deve preexistir ao crime, deve ser exercida pelo agente em *nome alheio*, isto é, em nome de outrem. Ninguém pode apropriar-se de *coisa própria*, isto é, daquilo que lhe pertence, cuja posse já lhe é *própria* e lícita. A *posse* mencionada no dispositivo *sub examine* deve ser entendida em sentido amplo, abrangendo, inclusive, a simples *detenção*, como prevê o art. 168, *in fine*, do CP, e até o *poder de disposição direta sobre a coisa*.

No entanto, não pode a *posse* estar viciada por *violência, fraude* ou *erro*: se ela decorre de *violência* poderá tipificar *extorsão* (art. 158 do CP). Aliás, o Código Civil define que "é justa a posse que não for violenta, clandestina ou precária" (art. 1.200). Em outros termos, pode-se afirmar, *posse justa* é a posse sem vício, e posse sem vício é posse lícita; se foi obtida mediante *fraude* ou *engano*, pode caracterizar, em tese, *estelionato* (art. 171 do CP), dependendo das demais circunstâncias. E qual seria a razão dessa nossa conclusão, aparentemente, simplista? Na realidade, é simples mesmo: ora, se a posse for obtida mediante *violência, fraude* ou *erro*, não se tratará de *posse lícita*, mas *ilícita*, restando, por conseguinte, ausente aquele *pressuposto básico* do crime de apropriação indébita, comum ou especial, qual seja, "a anterior posse lícita da coisa alheia". E, segundo o Código Civil, ressalvada prova em contrário, "entende-se manter a posse o mesmo caráter com que foi adquirida" (art. 1.203). Sem esse pressuposto — *posse lícita* — não se pode falar em *apropriação indébita*, por absoluta inadequação típica.

É necessário que o agente possa ter disponibilidade física direta ou imediata da coisa alheia subsequente à *traditio* voluntária, livre e consciente. Contudo, a essa disponibilidade material não deve corresponder a disponibilidade jurídica *uti dominus*. O que o agente possuía *alieno domine* passa a possuir *causa dominii*. "Dá-se uma *contradictio* entre *causa possessionis vel detentionis* e a superveniente conduta do agente em relação à coisa possuída ou detida"[5]. Com efeito, não há violação da posse material do *dominus*, pois a coisa alheia já se encontra no legítimo e desvigiado poder de disponibilidade física do agente.

5. Tipo objetivo: adequação típica

A *ação* incriminada consiste em apropriar-se de coisa alheia móvel de que o agente tem a posse ou detenção. *Apropriar-se* é tomar para si, isto é, *inverter a natureza da posse*, passando a agir como se dono fosse da coisa alheia de que tem posse ou detenção. Na apropriação indébita, ao contrário do furto e do estelionato, o sujeito ativo tem, anteriormente, a posse lícita da coisa. Recebe-a legitimamente.

Pressuposto do crime de *apropriação indébita*, reiterando, é a *anterior posse lícita* da coisa *alheia*, da qual o agente *se apropria* indevidamente. Como afirmava Heleno Fragoso, "a posse que deve preexistir ao crime deve ser exercida pelo agente em nome alheio (*nomine alieno*), isto é, em nome de outrem, seja ou não em benefício próprio"[6]. Quer dizer, nesse crime, o *dolo é subsequente*, pois a apropriação segue-se à *posse da coisa*. Na verdade, no crime de apropriação indébita há uma alteração do *título da posse*, uma vez que o agente passa a agir como se dono fosse da *coisa alheia* de que tem a *posse legítima*. É fundamental a presença do *elemento subjetivo transformador da natureza da posse, de alheia para própria*. Ao contrário do crime de *furto*, o agente tem a *posse lícita* da coisa. Recebe-a legitimamente. Muda somente o *animus* que o liga à coisa.

Este primeiro elemento — *posse legítima de coisa alheia móvel* —, sobre o qual se deve inverter o *animus rem sibi habendi*, é indispensável a exame da caracterização do crime de apropriação indébita. Em não havendo a *anterior posse legítima* de coisa alheia móvel, não se pode falar em apropriação indébita, onde a inversão do título da posse é fundamental.

No entanto, se o sujeito ativo age de má-fé, mantendo em *erro* a vítima, que *entrega* a coisa, *ludibriada*, pratica o crime de *estelionato*, e não o de *apropriação indébita*. Ao contrário, se a vontade de possuir a coisa, isto é, o *animus*, antecede a posse, que já é adquirida em nome próprio e não no de terceiro, não se configura apropriação indébita.

6. Tipo subjetivo: adequação típica

O elemento subjetivo é o *dolo*, constituído pela *vontade livre e consciente* de apropriar-se de coisa alheia móvel de que tem a posse em nome de outrem, ou, em outros termos, a vontade definitiva de não restituir a coisa alheia ou desviá-la de sua finalidade.

5. Hungria, *Comentários ao Código Penal*, cit., v. 7, p. 129.
6. Heleno Cláudio Fragoso, *Lições de Direito Penal*, cit., v. 1, p. 416.

O *dolo* — que se encontra na ação — deve abranger todos os elementos configuradores da descrição típica, sejam eles fáticos, jurídicos ou culturais. O autor, como afirma Claus Roxin, somente poderá ser punido pela prática de um *fato doloso* quando conhecer as circunstâncias fáticas que o constituem[7]. Eventual desconhecimento de um ou outro elemento constitutivo do tipo constitui *erro de tipo*, excludente do dolo. O dolo é, na espécie, como afirma Fernando Fragoso, "a vontade de assenhorear-se de bem móvel (*animus rem sibi habendi*), com consciência de que pertence a outrem, invertendo o título da posse"[8]. Em outros termos, o agente deve ter *vontade* e *consciência* de *apropriar-se* de coisa alheia, isto é, de tomar para si coisa que não lhe pertence. Essa é a *representação subjetiva* que deve abranger e orientar a ação do sujeito ativo.

No crime de apropriação indébita, como já referimos, há uma *inversão do título da posse*, já que o agente passa a agir como se dono fosse da *coisa alheia* de que tem a *posse legítima*. É fundamental a presença do *elemento subjetivo transformador da natureza da posse, de alheia para própria*, como *elemento subjetivo especial do injusto*, sob pena de não se configurar a apropriação indevida.

Afirma-se que, nesse crime, o dolo é subsequente, pois a apropriação segue-se à posse lícita da coisa. O *dolo* é, na espécie, como afirma Fernando Fragoso, "a vontade de assenhorear-se de bem móvel (*animus rem sibi habendi*), com consciência de que pertence a outrem, invertendo o título da posse"[9]. Contrariando esse entendimento, Heleno Fragoso sustentava que "não existe dolo subsequente... O dolo deve necessariamente dominar a ação (ressalvada a situação excepcional de *actio libera in causa*), e no caso se revela com a apropriação, ou seja, quando o agente inverte o título da posse"[10].

Na verdade, embora pareça, não chegam a ser contraditórias as duas orientações; basta que se procure emprestar maior precisão aos termos empregados, isto é, deve-se interpretar adequadamente o sentido da locução "dolo subsequente". Explicando: não se desconhece que o dolo, necessariamente e sempre, tem de ser atual, isto é, contemporâneo à ação proibida. Se fosse anterior, estar-se-ia diante de um *crime premeditado*; se fosse posterior, de crime não se trataria, pois a conduta praticada não teria sido orientada pelo dolo. Com efeito, quando se fala em dolo subsequente não se está pretendendo afirmar que o dolo é posterior à ação de apropriar-se, como pode ter interpretado Heleno Fragoso; logicamente, busca-se apenas deixar claro que é necessário o *animus apropriandi* ocorrer após a posse *alieno nomine*, e não antes, o que não significa que o dolo seja posterior à apropriação.

---

7. Claus Roxin, *Teoría del tipo penal*, p. 171.

8. Fernando Fragoso, Crime contra o sistema financeiro nacional — Lei 7.492/86, in *Lições de Direito Penal*, de Heleno Cláudio Fragoso, 10. ed., v. 1, p. 693.

9. Fernando Fragoso, Crimes contra o sistema financeiro nacional, in Heleno Cláudio Fragoso, *Lições de Direito Penal*, cit., v. 1, p. 683-733.

10. Heleno Cláudio Fragoso, *Lições de Direito Penal*, cit., v. 1, p. 423.

7. Consumação e tentativa

O momento consumativo do crime de apropriação indébita, convém registrar de plano, é de difícil precisão, pois depende, em última análise, de uma *atitude subjetiva*.

A *consumação* da apropriação indébita e, por extensão o aperfeiçoamento do tipo, coincidem com aquele momento em que o agente, por ato voluntário e consciente, *inverte o título da posse* exercida sobre a coisa, passando a dela dispor como se proprietário fosse. Contudo, a certeza da recusa em devolver a coisa somente se caracteriza por algum ato externo, típico de domínio, com o ânimo de apropriar-se dela.

O *animus rem sibi habendi*, característico do crime de apropriação indébita, precisa ficar demonstrado à saciedade. Se o agente não manifesta a intenção de ficar com a *res* e, ao contrário, a restitui à vítima tão logo possível, o dolo da apropriação indébita não se aperfeiçoa. A simples demora na devolução da *res*, quando não existe prazo previsto para tanto, não caracteriza o delito de apropriação indébita.

Consuma-se, enfim, com a *inversão da natureza da posse*, caracterizada por ato demonstrativo de disposição da coisa alheia ou pela negativa em devolvê-la.

Como crime material, a tentativa é possível, embora de difícil configuração. Hungria criticava duramente a corrente contrária à admissibilidade da tentativa nos termos seguintes: "Não acolhemos a opinião daqueles que entendem não ser possível a tentativa de apropriação indébita. É ela configurável não apenas no exemplo clássico do mensageiro infiel que é surpreendido no momento de violar o envelope que sabe conter valores, senão também toda a vez que a apropriação encerra um *iter* ou, como diz Hafter, se executa mediante um ato reconhecível *ab externo* ('*einen äusserlich erkennbaren Akt*'), como, por exemplo, *venda* ou *penhor*"[11].

A despeito da dificuldade de sua comprovação, a identificação da *tentativa* fica na dependência da possibilidade concreta de se constatar a exteriorização do *ato de vontade* do sujeito ativo, capaz de demonstrar a alteração da *intenção do agente* de apropriar-se da coisa alheia. Não se pode negar a configuração da tentativa quando, por exemplo, o *proprietário* surpreende o *possuidor* efetuando a venda de coisa que lhe pertence e somente a intervenção daquele — circunstância alheia à vontade do agente — impede a *tradição* da coisa ao comprador, desde que nenhum ato anterior tenha demonstrado essa intenção. Magalhães Noronha e Heleno Fragoso, embora assumindo a existência de controvérsia, reconhecem que, como crime de dano, a apropriação indébita, doutrinariamente, admite a tentativa[12].

8. Classificação doutrinária

Trata-se de *crime comum* (aquele que não exige qualquer condição especial do sujeito ativo). Discordamos daqueles que classificam a apropriação indébita como

11. Nélson Hungria, *Comentários ao Código Penal*, cit., v. 7, p. 145.

12. Magalhães Noronha, *Direito Penal*, cit., v. 2, p. 354; Heleno Cláudio Fragoso, *Lições de Direito Penal*, cit., v. 1, p. 420.

crime próprio, pois não consideramos que o pressuposto da *anterior posse legítima da coisa* possa ser considerado *condição especial*, capaz de qualificar a infração como crime próprio; *material* (exige resultado naturalístico, representado pela diminuição do patrimônio da vítima); *comissivo ou omissivo* (pode ser praticado tanto por ação como por omissão); *doloso* (não há previsão legal para a figura culposa); *de forma livre* (pode ser praticado por qualquer meio, forma ou modo); *instantâneo* (o resultado opera-se de forma imediata, sem prolongar-se no tempo); *unissubjetivo* (pode ser praticado, em regra, apenas por um agente); *plurissubsistente* (pode ser desdobrado em vários atos, que, no entanto, integram a mesma conduta).

9. Formas majoradas de apropriação indébita

A apropriação indébita não apresenta estritamente figuras qualificadas[13], mas prevê hipóteses de *causas de aumento* de pena (majorantes) no § 1º do art. 168, cuja elevação obrigatória será em um terço. Tratando-se de majoração compulsória, deve-se examinar a caracterização dessas majorantes com mais rigor e de forma restritiva, como recomenda a dogmática penal. São as seguintes situações em que o agente recebe a coisa:

9.1 *Coisa recebida em depósito necessário*

O direito civil distingue o depósito em *necessário* (art. 647 do CC) e *voluntário* (art. 627). Para o direito penal, pelo que deste dispositivo consta, o *depósito voluntário* não recebe a mesma proteção penal; em outros termos, essa *posse*, transformada, indevidamente, em *domínio* pelo depositário, poderá caracterizar apropriação indébita simples, sem qualquer majoração especial.

O depósito necessário pode ser *legal* ou *miserável*. É legal quando decorre de expressa previsão normativa, quando se pode escolher o depositário. Será miserável o depósito, por outro lado, quando feito em situações excepcionais, que reduzam, embora não anulem, a possibilidade de escolha do depositante (calamidade, como incêndio, inundação, naufrágio ou saque). O depósito necessário, disciplinado no inciso I do § 1º do art. 168, é apenas aquele conhecido como miserável, ou seja, levado pela necessidade de salvar a coisa da iminência de uma calamidade, ou, como define o próprio Código Civil, "o que se efetua por ocasião de alguma calamidade, como o incêndio, a inundação, o naufrágio ou o saque" (art. 647). Está excluído, por conseguinte, o depósito legal.

A apropriação do *depósito legal* pode configurar *peculato* (quando se tratar de funcionário público) ou outro crime, que pode até ser a apropriação indébita majorada por outro fundamento (e não pelo depósito necessário). A apropriação de *depósito miserável* configura a *majoração em exame* (por depósito necessário).

---

13. Acreditamos desnecessário voltar a repetir as diferenças entre qualificadoras e majorantes, como fizemos em inúmeros comentários a dispositivos referentes aos crimes patrimoniais.

Depósito necessário significa que o sujeito passivo não tem outra escolha, está obrigado a confiar o objeto ou valor ao agente. Por isso o desvalor da ação é mais grave, sendo merecedor de maior reprovação, em razão da vulnerabilidade do sujeito passivo, que ficou à mercê do depositário. "Tal relação de dependência — destaca Regis Prado — impõe um dever maior de probidade deste. Assim, a infração penal praticada na referida circunstância acentua a gravidade do injusto, não só pelo maior desvalor da ação, mas também pelos notórios efeitos deletérios causados pela infração"[14]. Realmente, o fundamento da majoração especial da punição reside na falta de liberdade de escolha do depositante, que, premido pelas circunstâncias, torna-se presa vulnerável. Em contrapartida, o dever de probidade do depositário aumenta na mesma proporção, pelo múnus público que exerce, ainda que não se trate de uma função pública.

O Código Civil equiparou o depósito originado de *hospedagem* ao depósito necessário (art. 649). Não se pode esquecer, contudo, que em direito penal não prevalecem as *ficções do direito privado*. Com efeito, os hospedeiros que se apropriarem dos objetos dos hóspedes que lhes tenham sido confiados cometerão apropriação indébita. A majorante que incidirá, no entanto, não será a de depósito necessário, mas a de *abuso de confiança* no exercício de profissão (art. 168, § 1º, III, do CP)[15]. Não se deve confundir, ademais, o ato de empregados "afanarem" pertences dos hóspedes, uma vez que essa conduta constitui *furto* e não apropriação indébita.

9.2 *Qualidade pessoal do agente: tutor, curador, síndico, liquidatário, inventariante, testamenteiro ou depositário judicial*

Esse rol contido no inciso II é *numerus clausus*, não admitindo a inclusão de qualquer outra hipótese semelhante, ou seja, não abrange pessoa que desempenhe função diversa das relacionadas no dispositivo, por exemplo, o administrador judicial, que administra os bens da recuperação judicial ou da falência, sob pena de violar o princípio da reserva legal. O fundamento dessa majorante é o de que, nas condições elencadas, o sujeito ativo *viola também deveres inerentes ao cargo ou função que desempenha*, na verdade justificador de maior reprovabilidade social. São funções que exigem maior abnegação do indivíduo, que geram uma expectativa de segurança e seriedade, provocando eventual conduta ilícita maior censura; por isso o crime praticado caracteriza infidelidade a um múnus público.

Tutor é alguém que, devidamente compromissado, assume o dever de orientar, reger e educar menor não sujeito ao pátrio poder, ou "poder familiar", além de administrar seus bens. *Curador* é quem exerce, basicamente, as mesmas funções, mas em relação a pessoas maiores declaradas incapazes, que, por deficiência mental, não podem autoadministrar-se nem administrar seus bens. Tanto tutor quanto curador devem ser judicialmente constituídos.

---

14. Luiz Regis Prado, *Curso de Direito Penal brasileiro*, cit., v. 2, p. 477.
15. Nélson Hungria, *Comentários ao Código Penal*, cit., v. 7, p. 148.

Síndico era a denominação que se dava ao encarregado da administração da falência, mais especificamente da massa falida, sob direção e superintendência do juiz na antiga Lei de Falências (Decreto-lei n. 7.661/45). Atualmente, porém, a Lei de Falências (Lei n. 11.101/2005) denomina *administrador judicial* a pessoa que exerce essa função. O *inventariante*, por sua vez, administra o espólio até o final julgamento da partilha. *Testamenteiro* é aquele que é incumbido de promover o cumprimento de disposições de última vontade do *de cujus*, isto é, seu testamento. Os poderes e as obrigações do testamenteiro são disciplinados pelo Código Civil. *Depositário judicial* é o funcionário encarregado de receber em depósito a guarda de móveis, joias, títulos de crédito, metais preciosos, objeto de ações ou processos judiciais. Se for funcionário público, responderá por peculato e não por apropriação indébita. Incorrerá, contudo, na majorante em exame se se tratar de particular nomeado pelo juiz.

Pois bem, em todas essas funções, a honestidade e a idoneidade moral assumem importância transcendental, e exatamente por isso a violação desse dever justifica maior punição. Nesse sentido, já destacava Nélson Hungria: "A razão da qualificativa é evidente: a infidelidade do agente, em tais casos, envolve a traição a um *múnus público*"[16].

9.3 *Em razão de ofício, emprego ou profissão*

O fundamento da majorante deste inciso é o mesmo do anterior, pois igualmente aqui o sujeito ativo viola deveres inerentes a sua qualidade profissional-funcional. Em outros termos, em razão da natureza da atividade laborativa, o sujeito ativo tem sua ação criminal facilitada, em razão da confiança existente entre ele e a vítima.

Somente se configura qualquer das causas de aumento em exame se a conduta proibida for praticada em razão de ofício, emprego ou profissão, sendo insuficiente que exista objetivamente a qualidade ou condição do sujeito ativo. Em outros termos, é indispensável que a apropriação indébita se concretize por meio de ato característico de ofício, emprego ou profissão, já que, se não dermos uma interpretação restritiva a qualquer dessas agravantes, raras serão as hipóteses em que a apropriação indébita se apresentará sem aumento de pena. O exemplo, nesse sentido, lembrado por Magalhães Noronha é definitivo: "Assim, se uma pessoa paga a um ourives o serviço que lhe fez em uma joia, e não tendo ele troco, passa o dono mais tarde para recebê-lo, o que não consegue, apropriando-se aquele da diferença, comete apropriação indébita simples. Trata-se de pagamento de serviço, de remuneração própria de todo e qualquer trabalho. Não é ele recebedor ou trocador de dinheiro. Cometeria, entretanto, apropriação indébita com a majorativa, se não restituísse a joia entregue para conserto ou reparação, pois, neste caso, ele a *recebeu em razão de ofício*"[17].

Ofício refere-se à arte, mecânica ou manual, exigindo certo grau de habilidade ou conhecimento, embora possa ser empregado com o significado de *função pública*.

---

16. Nélson Hungria, *Comentários ao Código Penal*, cit., v. 7, p. 149.
17. Magalhães Noronha, *Direito Penal*, cit., v. 2, p. 358.

Entende-se por *ofício* qualquer ocupação habitual consistente em prestação de serviços ou trabalhos manuais (artesão, alfaiate, cabeleireiro etc.). *Emprego* é a relação de ocupação em atividade ou serviço particular e, como regra, implica um vínculo de subordinação ou dependência entre as partes. *Profissão* é toda e qualquer atividade habitualmente desenvolvida pelo indivíduo com fim lucrativo. Não nos parece a definição mais adequada a que considera profissão como "o exercício de ocupação de natureza intelectual e independente". *Profissão*, sintetizava Hungria, é um gênero do qual são espécies o *ofício* e o *emprego*[18].

10. Apropriação, furto e estelionato

Na *apropriação indébita*, ao contrário do crime de *furto* ou *estelionato*, o agente tem a *posse lícita* da coisa. Recebeu-a legitimamente; muda somente o *animus* que o liga à coisa. No entanto, se o agente a recebe de má-fé, mantendo em erro quem a *entrega*, pratica o crime de estelionato e não o de apropriação.

Com efeito, o que distingue a *apropriação indébita* desses crimes é que com ela não se produz violação da posse material do *dominus*: a *coisa* não é *subtraída* ou *ardilosamente obtida*, pois já se encontra no legítimo poder de disponibilidade física do agente. Enquanto nesses crimes a disponibilidade fática sobre a *res* é obtida com o próprio crime, na apropriação indébita essa *disponibilidade física precede ao crime*. No furto, há uma *subtração*; no estelionato, uma *obtenção fraudulenta*; na apropriação indébita, uma *arbitrária inversão da natureza da posse*. No furto, o agente obtém *tirando*; no estelionato, *enganando*; na apropriação indébita, *aproveitando-se* da posse previamente existente. Naqueles crimes há um *dolus ab initio*, enquanto na apropriação indébita *o dolo é subsequente* à posse ou detenção da coisa, mas contemporâneo à apropriação evidentemente.

11. Compra e venda, depositário infiel e apropriação indébita

A *compra e venda* é, inegavelmente, um instituto regulado pelo direito privado. O inadimplemento da obrigação assumida, em princípio, deve encontrar solução nessa seara jurídica. Contudo, nem sempre o adimplemento ou inadimplemento de negócios, ações e obrigações permanecem nos limites estreitos do *direito obrigacional*. Essas celebrações podem, por vezes, extrapolar os extremos do direito extrapenal (por exemplo, pelo emprego de *fraude*, *má-fé* etc.), invadindo os domínios territoriais do direito repressivo. Porém, em se tratando de *relação obrigacional inadimplida*, recomenda-se maior cautela em sua avaliação no campo penal.

"A" e "B" celebram uma compra e venda de animais; aquele vende a este. Celebrada a operação, pago o preço ajustado, de comum acordo, "A" retém em sua posse os animais vendidos. Solicitado, posteriormente, por "B", resolve não lhe entregar os animais, nem mesmo os que nasceram nesse período, sem apresentar um motivo justificável. Afinal, estamos diante de mero *inadimplemento contratual*?

18. Nélson Hungria, *Comentários ao Código Penal*, cit., v. 7, p. 149.

Estaria configurada a hipótese do *depositário infiel* e, também, por conseguinte, qualquer possibilidade de tipificar algum *crime contra o patrimônio*? Passamos a examinar essa questão.

Considerando que, em direito penal, "posse" e "detenção" são expressões utilizadas como sinônimas, convém registrar a lição oferecida por Heleno Fragoso: "No que concerne à retenção, não é indispensável que seja o agente constituído em mora, mas o simples inadimplemento contratual não deve ser confundido com a apropriação indébita. Se houver prazo convencionado para a restituição, não haverá crime antes de seu decurso, salvo se o agente praticar ato que impeça a devolução. Se não houver prazo, basta a exigência inequívoca de restituição"[19]. Havendo razão legítima para a não devolução, não haverá crime, como é o caso do direito de retenção (arts. 644 e 681 do CC) ou de compensação (arts. 368 e s. do CC).

Desconhecemos se a doutrina brasileira enfrentou diretamente a questão. Magalhães Noronha tangenciou o problema, concluindo, com um exemplo confuso, pela inviabilidade da apropriação indébita, justificando que na compra e venda trata-se de *transferência de domínio*[20]. O próprio Hungria criticou essa orientação de Noronha, lembrando que, pelo exemplo, o contrato não estava perfeito e acabado. No entanto, estamos nos ocupando somente da *posse direta* pelo vendedor que vendeu e transferiu o domínio e a posse indireta, recebendo o *justo preço* e dando quitação. Por isso, o exemplo de Noronha, no caso, é impertinente.

Pressuposto do crime de apropriação indébita, repetindo, é a anterior posse lícita da coisa alheia, da qual o agente se apropria indevidamente. Quer dizer, nesse crime, o dolo é subsequente, pois a apropriação segue-se à posse da coisa. Na verdade, no crime de apropriação indébita há uma inversão do título da posse, uma vez que o agente passa a agir como se dono fosse da coisa de que tem a posse legítima. É fundamental a presença do elemento subjetivo transformador da natureza da posse, de alheia para própria. Ao contrário do crime de furto, o agente tem a posse lícita da coisa. Recebe-a legitimamente. Muda somente o *animus* que o liga à coisa.

A *apropriação indébita* é constituída pelos seguintes elementos: *a) precedente, posse ou detenção; b) coisa alheia móvel; c) apropriação; d) dolo (genérico e específico)*.

Deve-se ter presente que a simples mora em "entregar" ou "restituir" ou a simples desídia no omitir não constitui por si só *apropriação indébita*. "É preciso, antes de tudo, não confundir com apropriação indébita os casos em que apenas cabe recurso ao juízo civil"[21].

---

19. Heleno Cláudio Fragoso, *Lições de Direito Penal*, cit., v. 1, p. 419.

20. "Por transferir o domínio, é inadmissível a apropriação indébita na compra e venda pura não sujeita a condição *suspensiva* e que se reputa perfeita e acabada, uma vez acordados os contratantes no objeto e no preço (Cód. Civil [de 1916], art. 1.126), pouco importando que não tenha havido ainda entrega da coisa ou pagamento do preço" (Magalhães Noronha, *Direito Penal*, cit., v. 2, p. 354 e 355).

21. Nélson Hungria, *Comentários ao Código Penal*, cit., v. 7, p. 135.

A *antijuridicidade*, ou ilicitude, como queiram, não é um instituto exclusivo do direito penal; ao contrário, é um *conceito universal*, válido para todas as esferas do mundo jurídico. Como destaca Muñoz Conde, "o Direito Penal não cria a antijuridicidade, senão seleciona, por meio da tipicidade, uma parte dos comportamentos antijurídicos, geralmente os mais graves, cominando-os com uma pena"[22]. Na verdade, a antijuridicidade é qualidade de uma forma de conduta proibida pelo ordenamento jurídico. Há um *injusto penal* específico, do mesmo modo que há um *injusto tributário*, um injusto civil ou administrativo específico etc.; porém, existe somente uma antijuridicidade para todos os ramos do direito, por isso não se pode confundir *injusto* com *ilicitude*, pois esta é uma qualidade daquele. Todas as matérias de proibição, reguladas nos diversos setores da seara jurídica, são também *antijurídicas* para todo o ordenamento jurídico[23].

Na verdade, um *ilícito civil (ou administrativo)* pode não ser um *ilícito penal*, mas a recíproca não é verdadeira, pois este terá de ser sempre típico. Com efeito, a inexistência do *ilícito civil* constitui obstáculo irremovível para o reconhecimento posterior do *ilícito penal*, pois o que é civilmente lícito, permitido, autorizado, não pode ser, ao mesmo tempo, proibido e punido na esfera penal, mais concentrada de exigências quanto à ilicitude (antijuridicidade). Imaginem-se *dois círculos concêntricos*: o menor, o *ilícito penal*, mais concentrado de exigências (tipicidade, elemento subjetivo etc.); o maior, o *ilícito extrapenal*, com menos exigências para sua configuração. O *ilícito* situado dentro do círculo menor — *penal* — não pode deixar de estar também dentro do maior, porque se localiza em uma área física comum aos dois círculos, que possuem o mesmo centro; no entanto, não ocorre o mesmo com o ilícito situado no círculo maior — extrapenal —, cujo espaço periférico, muito mais abrangente, extrapola o âmbito do *ilícito penal*, salvo se for limitado pela tipicidade penal.

Nessa mesma linha de raciocínio, pode-se constatar que a possibilidade de configurar-se a hipótese do "depositário infiel" não afasta, por si só, a possibilidade da tipificação de algum crime contra o patrimônio (furto, estelionato, apropriação indébita etc.). Em realidade, em toda *apropriação indébita* existe, subsidiariamente, uma "infidelidade depositária". O inverso, contudo, não é verdadeiro. Em outros termos: não pode existir crime de *apropriação indébita* sem que se configure, simultaneamente, a infração civil de *depositário infiel*; inversamente, poderá haver infringência de norma civil (depositário infiel), ilicitude civil, portanto, sem que, contudo, ocorra fato delituoso.

Nélson Hungria, refletindo sobre as espécies de "depositários", afirmava: "A infidelidade do *depositário legal* (*stricto sensu*), que é sempre um *funcionário público*, recebendo a coisa 'em razão do cargo', constitui o crime de peculato (art. 312).

---

22. Muñoz Conde, *Teoria geral do delito*, Porto Alegre, Sérgio A. Fabris, Editor, 1988, p. 85.

23. Welzel, *Derecho Penal alemán*, cit., p. 78; *El nuevo sistema de Derecho Penal*, Barcelona, Ed. Ariel, 1964, p. 48-9. In: Cezar Roberto Bitencourt, *Tratado de Direito Penal*, 25. ed., cit., v. 1, p. 402.

Quanto ao *depositário judicial*, é ele contemplado no inc. II, de modo que sua infidelidade é apropriação indébita qualificada, e não peculato; mas isto, bem entendido, quando seja um *particular*"[24]. Enfim, essa passagem autografada por Hungria deixa muito clara a existência subjacente da figura do *depositário infiel* nos crimes de *peculato* e de *apropriação indébita*, sem qualquer cogitação do afastamento dos tipos penais em razão da infração civil. Algo semelhante, apenas para exemplificar, ocorre com o *crime de dano* (art. 163 do CP), que não é afastado pelo fato de também configurar *ilícito civil*, a despeito de ser identificado o responsável legal por sua reparação. Com efeito, o vendedor que, de comum acordo com o comprador, retarda a entrega da coisa, recusando-se a fazê-lo, quando instado, *inverte a natureza da posse*, ou seja, deixa de possuir *alieno nomine* e integra os animais (que vendera e não entregara) em seu patrimônio, dispondo deles como se dono fosse, isto é, com o propósito de não entregá-los a quem de direito *ou de não lhes dar o destino a que estava obrigado*.

A partir da seguinte lição de Hungria poder-se-á desenvolver melhor esse tema: "O reconhecimento da apropriação indébita é uma *quaestio facti* a ser resolvida, de caso em caso, pelo juiz, que, entretanto, não deve *tomar a nuvem por Juno*. Por vezes, denuncia-se ela *re ipsa* (ex.: venda da coisa infungível recebida em depósito ou locação); mas, outras vezes, faz-se necessária uma detida apreciação das comprovadas circunstâncias. É de mister que fique averiguado, de modo convincente, o *propósito de não restituir* ou a *consciência de não mais poder restituir*. A abusiva retenção ou disposição da coisa pode não ser acompanhada dessa subjetividade"[25].

Dessa passagem de Hungria se constata que, para ele, presentes os demais requisitos (posse ou detenção anterior legítima), é fundamental examinar a *subjetividade*, qual seja, o propósito de não restituir ou a consciência de não poder fazê-lo, que, se presente, pode configurar a *apropriação indébita*. Não é o mero *inadimplemento* de uma obrigação ou a simples *impontualidade* de uma contraprestação que pode caracterizar a apropriação indébita, mas será a *má-fé* na inversão arbitrária da natureza da posse que transmudará de *alieno domine* para *uti dominus*. Pois é exatamente essa *má-fé* que transforma aquilo que seria um *ilícito civil* em um *ilícito penal*, ou, nas próprias palavras de Hungria, "a abusiva retenção ou disposição da coisa", acompanhada dessa *subjetividade negativa*, transforma simples ilícito civil em crime.

Situação semelhante à do vendedor que posterga, autorizadamente, a entrega da coisa ao comprador é a situação da *apropriação indébita de coisa comum*: ou seja, em *ambas* não há a entrega legítima da coisa ao agente, pois ele já se encontra na posse direta da *res*. É a *inversão da natureza da posse* (de *alieno domine* para *uti dominus*) mantida pelo agente — *vendedor* no primeiro exemplo e *possuidor comum*,

---

24. Nélson Hungria, *Comentários ao Código Penal*, cit., v. 7, p. 148.
25. Nélson Hungria, *Comentários ao Código Penal*, cit., v. 7, p. 136.

no segundo — que caracteriza a apropriação indébita. Se a circunstância fática de o vendedor inadimplente não ter recebido a coisa de outrem, mas decorrer da propriedade que mantinha originalmente, fosse impeditivo da apropriação indébita, esta tampouco poderia verificar-se na *apropriação de coisa comum*, cuja possibilidade é admitida por todos[26]. Aliás, o natimorto Código Penal de 1969 previa expressamente o tipo penal de *apropriação indébita de coisa comum* (art. 181).

Aliás, pode haver o crime de *apropriação indébita* (por parte do comprador) — como denuncia Magalhães Noronha — na compra e venda com *reserva de domínio*, isto é, em que há tradição da coisa (posse), mas não existe transferência de domínio[27]. Por que o inverso não poderia ser possível? Apenas o vendedor teria direito a uma proteção especial a sua relação negocial (não esquecendo que a *venda com reserva de domínio* transforma o comprador em *fiel depositário*, que, em nossa ótica, não afasta por si só a possibilidade de crime).

O *abuso de confiança* não constitui, no direito brasileiro, *elementar típica* do crime de apropriação indébita, como ocorria nas legislações que seguiram o antigo modelo francês. "A relação de *fidúcia* — destacava Nélson Hungria — pode intervir, e é mesmo nota frequente do crime, importando, aliás, em casos especiais, *condição de maior punibilidade*; mas não deve ser considerado elemento imprescindível: pode ocorrer o crime sem que interfira *abuso de confiança* ou um *fidem fallere*, como, entre vários exemplos, no caso do ímprobo *negotiorum gestor*, ou em que o precedente poder de disposição física da coisa tenha resultado *ope legis*. O que é necessário e *suficiente* é que à ilícita apropriação preexista a *justa posse* ou detenção exercida pelo agente, *alieno nomine*, sobre a coisa"[28]. Ora, é exatamente o que ocorre na *compra e venda de animais*, cuja entrega efetiva é postergada, de comum acordo, mantendo o vendedor a posse direta, *alieno nomine*. A recusa, *a posteriori*, da entrega dos animais vendidos, inclusive daqueles que vieram a nascer, *não representa simplesmente mero inadimplemento contratual* a resolver-se na esfera civil. Caracteriza-se, na verdade, uma *infidelidade* convertedora, *sem justa causa*, de posse exercida *alieno nomine* em *uti dominus*, uma vez que a posse mantida pelo vendedor não era mais aquela posse corolário do direito de propriedade, mas tão somente *posse provisória* (direta e legítima) exercida em nome de terceiro (do comprador). Mais uma vez socorremo-nos do magistério de Hungria que, tratando do *abuso de confiança* ou *infidelidade*, conclui: "Se se pode falar, na espécie, em *infidelidade*, de modo genérico, é a do agente em relação ao título da posse ou detenção, que ele converte, de ajustado, permitido ou tolerado poder de disponibilidade a título provisório ou precário, em poder de disponibilidade *uti dominus*. O que ele possuía *causa mandati, depositi, pignoris, commodati, locationis*, etc., ou detinha como

26. Heleno Cláudio Fragoso, *Lições de Direito Penal*, cit., v. 1, p. 422; Manzini, *Trattato de Diritto Penale italiano*, v. 9, p. 354.

27. Magalhães Noronha, *Direito Penal*, cit., v. 2, p. 354 e 355.

28. Nélson Hungria, *Comentários ao Código Penal*, cit., v. 7, p. 129.

simples *fâmulo* da posse ou instrumental *longa manus* de outrem, passa a possuir *causa dominii*. Dá-se uma *contradictio* entre a *causa possessionis vel detentionis* e a superveniente conduta do agente em relação à coisa possuída ou detida"[29].

O objeto do contrato — *animais determinados* — não pode ser confundido com *mútuo* (o mutuário se faz dono da coisa mutuada), já que não houve cláusula de entregar "objetos do mesmo gênero, qualidade e quantidade" (art. 645 do CC). Aliás, a obrigação é de entregar não só os animais vendidos, como todos aqueles que vieram a nascer ainda na posse do vendedor. Na verdade, há *retenção* de coisa alheia móvel, *sem causa legítima,* e isso é suficiente para caracterizar o crime de apropriação indébita; não se trata de mero inadimplemento contratual.

Logicamente, se houvesse o propósito de não entregar os animais objeto do contrato, quando de sua celebração, o crime seria o de estelionato, mas essa subjetividade teria de ser devidamente comprovada. Porém, não se dispondo de elementos suficientes dessa subjetividade, não se pode falar em estelionato.

12. Apropriação indébita e relação mandante-mandatário

A relação mandante-mandatário pode apresentar uma gama variada de situações, que pode ir da simples infração ético-disciplinar, passando pelo inadimplemento contratual (ilícito civil), até a caracterização de infração penal (estelionato, apropriação indébita etc.). Diante dessa multiplicidade de situações, é impossível estabelecer regras genéricas, visto que somente o casuísmo poderá indicar a natureza de eventual infração (civil, ética ou criminal).

A figura da apropriação indébita pressupõe a existência de *elemento subjetivo especial do injusto*, ou seja, a tomada da *coisa alheia* em proveito próprio. A existência de relação jurídica mandante-mandatário leva à conclusão da inexistência do dolo. O simples fato de o mandatário, por exemplo, depositar em conta bancária valor por ele administrado não implica, necessariamente, a inversão do *onus probandi,* o que colocaria *nos ombros do agente a obrigação de fazer prova de fato negativo* — o de não haver praticado o crime —, mormente com a consequência de, não a implementando, vir a ser condenado. Não se pode cogitar da prova da ausência da intenção de apropriar-se, porquanto inerente à razoabilidade que norteia o procedimento-padrão.

Com efeito, não se pode esquecer que a figura da apropriação indébita exige um elemento subjetivo especial do tipo, qual seja, tomar para si a coisa de que tem posse, com a intenção de não restituí-la ou desviá-la da finalidade para a qual a recebeu. Será da acusação, por certo, a obrigação de provar que o simples depósito bancário inverteu a natureza da posse.

Se o Estado-acusador não consegue trazer aos autos elementos convincentes a respeito da existência de dolo na apropriação da coisa, isto é, se não há a indispensável

29. Idem, ibidem.

certeza sobre a intenção final do agente (elemento subjetivo especial do injusto), a apropriação indébita não está configurada, e a composição do litígio deve resolver-se na esfera do direito privado.

Por outro lado, quando o advogado recebe valores, a título de pagamento parcial de honorários, para ajuizar ação, mas não o faz, incorre em inadimplência contratual civil e não no crime do art. 168 do Código Penal, pois não recebeu tais importâncias para restituí-las, pressuposto fundamental da apropriação indébita.

13. Pena e ação penal

A pena cominada, *alternativamente*, é de reclusão, de um a quatro anos, e multa. Pode ser majorada em um terço se ocorrerem as circunstâncias relacionadas no § 1º.

A *ação penal* é pública incondicionada, salvo nas hipóteses do art. 182, quando será condicionada à representação. Haverá isenção de pena se for praticado contra ascendente, descendente ou cônjuge (na constância da sociedade conjugal).

14. Algumas questões especiais

Para a configuração do delito de apropriação indébita é indispensável que o agente tenha obtido legitimamente a posse ou a detenção da coisa sem transferência do domínio, de modo que se obrigue a restitui-la. Por essa razão, não a configura a posse de mercadoria com opção de compra, hipótese caracterizada de contrato de compra e venda, cujo inadimplemento acarreta mera infração contratual.

A mora ou simples descaso em devolver não configuram, por si só, apropriação indébita. Se o agente, na locação de coisa móvel, deixa de restitui-la no prazo convencionado, sem, contudo, revelar *animus rem sibi habendi*, o fato constitui mero ilícito civil e não apropriação indébita. Por fim, coisa fungível, emprestada ou depositada, para ser restituída na mesma espécie, quantidade e qualidade, não pode, geralmente, ser objeto de apropriação indébita.

APROPRIAÇÃO INDÉBITA PREVIDENCIÁRIA — XVI

Sumário: 1. Considerações preliminares. 2. Bem jurídico tutelado. 3. Sujeitos ativo e passivo. 4. Pressuposto de qualquer apropriação indébita. 5. Tipo objetivo: adequação típica. 5.1. Prazo e forma legal ou convencional: norma penal em branco. 6. Tipo subjetivo: adequação típica. 7. Figuras do *caput* e do § 1º: distinção. 8. Deixar de recolher no prazo legal (§ 1º, I). 8.1. Pressuposto: que tenha sido descontado de pagamento efetuado. 8.2. Antiga figura do art. 95, *d*. 9. Deixar de recolher contribuições devidas (§ 1º, II). 9.1. Despesas contábeis ou custos relativos a produtos e serviços. 10. Deixar de pagar benefício devido (§ 1º, III). 11. Consumação e tentativa. 12. Classificação doutrinária. 13. Causa extintiva da punibilidade. 13.1. Início da ação fiscal (antes). 13.2. Requisitos para extinção da punibilidade. 13.3. Aplicação do art. 34 da Lei n. 9.249/95. 14. Perdão judicial ou pena de multa. 14.1. Valor de pouca monta: inocuidade. 14.2. Princípio da insignificância: configurado. 14.3. Requisitos necessários ao perdão judicial ou multa. 15. Crimes praticados após a Lei n. 9.983/2000: efeitos práticos. 16. A suspensão da pretensão punitiva do Estado pelo parcelamento de débitos tributários. 16.1. Natureza jurídica da representação fiscal para fins penais. 16.2. Aplicabilidade do princípio da insignificância nos crimes contra a ordem tributária. 17. Pena e ação penal.

Apropriação indébita previdenciária

Art. 168-A. Deixar de repassar à previdência social as contribuições recolhidas dos contribuintes, no prazo e forma legal ou convencional:

Pena — reclusão, de 2 (dois) a 5 (cinco) anos, e multa.

• *Caput* acrescentado pela Lei n. 9.983, de 14 de julho de 2000.

§ 1º Nas mesmas penas incorre quem deixar de:

I — recolher, no prazo legal, contribuição ou outra importância destinada à previdência social que tenha sido descontada de pagamento efetuado a segurados, a terceiros ou arrecadada do público;

II — recolher contribuições devidas à previdência social que tenham integrado despesas contábeis ou custos relativos à venda de produtos ou à prestação de serviços;

III — pagar benefício devido a segurado, quando as respectivas cotas ou valores já tiverem sido reembolsados à empresa pela previdência social.

• § 1º acrescentado pela Lei n. 9.983, de 14 de julho de 2000.

§ 2º É extinta a punibilidade se o agente, espontaneamente, declara, confessa e efetua o pagamento das contribuições, importâncias ou valores e presta as informações devidas à previdência social, na forma definida em lei ou regulamento, antes do início da ação fiscal.

• § 2º acrescentado pela Lei n. 9.983, de 14 de julho de 2000.

§ 3º É facultado ao juiz deixar de aplicar a pena ou aplicar somente a de multa se o agente for primário e de bons antecedentes, desde que:

I — tenha promovido, após o início da ação fiscal e antes de oferecida a denúncia, o pagamento da contribuição social previdenciária, inclusive acessórios; ou

II — o valor das contribuições devidas, inclusive acessórios, seja igual ou inferior àquele estabelecido pela previdência social, administrativamente, como sendo o mínimo para o ajuizamento de suas execuções fiscais.

• § 3º com redação dada pela Lei n. 9.983, de 14 de julho de 2000.

§ 4º A faculdade prevista no § 3º deste artigo não se aplica aos casos de parcelamento de contribuições cujo valor, inclusive dos acessórios, seja superior àquele estabelecido, administrativamente, como sendo o mínimo para o ajuizamento de suas execuções fiscais.

• § 4º com redação dada pela Lei n. 13.606, de 9 de janeiro de 2018.

---

1. Considerações preliminares

A Lei n. 9.983, de 14 de julho de 2000, introduziu no Código Penal o art. 168-A e respectivos parágrafos, criminalizando a conduta de quem deixar de repassar à previdência social as contribuições recolhidas dos contribuintes, no prazo legal ou convencional. Atribuiu-lhe o *nomen juris* de apropriação indébita previdenciária, aproveitando, em seu § 1º, para criminalizar condutas similares, que também serão analisadas adiante. Na realidade, referido diploma legal aproveitou para revogar o art. 95 e respectivos parágrafos, que criminalizavam, confusamente, algumas condutas que vinham sendo interpretadas como modalidades de *apropriação indébita* por doutrina e jurisprudência.

Pela lei anterior (n. 9.249/95), segundo o STF, o pagamento extintivo da punibilidade podia ser feito até o *recebimento da denúncia*. A nova lei (n. 9.983/2000), nesse particular, mais restritiva, é muito mais severa, pois admite a extinção da punibilidade somente quando *o pagamento for efetuado antes do início da ação fiscal*. Logo, *é irretroativa*, não se aplicando aos fatos ocorridos antes de sua vigência (14-10-2000).

2. Bem jurídico tutelado

Bem jurídico protegido são as fontes de custeio da seguridade social, particularmente os direitos relativos à saúde, à previdência e à assistência social (art. 194 da CF). São protegidas especialmente contra a apropriação indébita que pode ser praticada por quem tem o dever de recolher os tributos e taxas. É, em outros termos, a tutela da subsistência financeira da previdência social, ou, mais especificamente, tutela-se a *Seguridade Social*, nos termos previstos no art. 194 da Constituição Federal.

3. Sujeitos ativo e passivo

Sujeito ativo é o substituto tributário (*caput*), que, por lei, tem o dever de recolher do contribuinte e repassar as contribuições à previdência social. Sujeito ativo, nas figuras descritas no § 1º, é o titular de firma individual, os sócios solidários, os gerentes, diretores ou administradores que efetivamente hajam participado da administração da empresa, concorrendo efetivamente na prática da conduta criminalizada.

Sujeito passivo direto é o Estado brasileiro, representado pelo INSS (Instituto Nacional do Seguro Social), que é o órgão encarregado da seguridade social e, consequentemente, o destinatário do recolhimento da contribuição previdenciária.

4. Pressuposto de qualquer apropriação indébita

O pressuposto de qualquer crime de *apropriação indébita* é a *anterior posse lícita da coisa alheia*, da qual o agente *apropria-se* indevidamente, inclusive, no caso de *contribuição previdenciária*, ou seja, seu objeto precisa existir efetivamente para que o contribuinte possa dele *apropriar-se*. A *posse*, que deve preexistir ao crime, deve ser exercida pelo agente em *nome alheio*, isto é, em nome de outrem, *in casu*, da previdência social. A *apropriação previdenciária* é irmã siamesa da apropriação indébita tradicional (art. 168) e, por isso, deve, necessariamente, respeitar os seus pressupostos básicos, tanto que o próprio legislador deu-lhe o mesmo número de artigo, acrescido da vogal "A". Talvez o legislador não devesse ter criminalizado dessa forma o não recolhimento devido das contribuições previdenciárias, mas isso já é outra questão, que não nos compete aqui neste espaço comentar.

Ninguém pode apropriar-se de *coisa própria*, isto é, daquilo que lhe pertence, cuja posse já lhe é sua, isto é, *própria* e lícita. Aqui, neste dispositivo legal derivado do anterior, digamos assim, o legislador não menciona expressamente a "*posse* do objeto da apropriação previdenciária", qual seja, do valor descontado do pagamento do trabalhador, o qual, em tese, o legislador *presume* que o tenha, ou retenha, em sua posse. Aliás, sem essa "posse anterior" dos valores *presumidamente* retidos, a conduta descrita e pretendida pelo legislador é atípica, por faltar-lhe esse *pressuposto básico* de qualquer apropriação indébita. Assim, por exemplo, o contribuinte que não dispõe de numerário suficiente para pagar os salários de seus empregados e recolher a respectiva *contribuição social* não comete esse crime, isto é, *não pratica o crime de apropriação previdenciária*, simplesmente porque não há do que *se apropriar*, apenas teve que fazer uma opção, não deixar seus trabalhadores sem receber os respectivos salários, ainda que não disponha de fundos suficientes para recolher as devidas contribuições sociais. Essa opção inevitável do contribuinte representa um *estado de necessidade*, que, por sua vez, constitui, ao mesmo tempo, uma *dirimente de culpabilidade*, que é a *inexigibilidade de conduta diversa*. Ou seja, por qualquer ângulo que examine essa situação fática, ora exemplificada, *não há crime* pela impossibilidade fático-jurídica de configurar-se. Situações como essas ocorrem com muita frequência, especialmente com aqueles contribuintes que sempre honraram seus compromissos tributários, sendo só uma questão de demonstrar a grave situação financeira de sua empresa. Daí a importância de os empreendedores manterem sua contabilidade em dia, até por sua própria segurança jurídica e para evitar uma injusta criminalização pela prática de um crime impossível.

Em outros termos, o *contribuinte* deve dispor de "caixa" suficiente para poder honrar tais compromissos, ou seja, deve possuir, "possuir" no sentido de ter em sua *posse*, valores suficientes para pagar os salários e as respectivas contribuições previdenciárias. Mesmo antes de o contribuinte efetuar o recolhimento dos valores correspondentes à contribuição previdenciária, o legislador os *presume* pertencerem à previdência social, mas para que tal *presunção* possa ter força suficiente para tipificar esse crime é indispensável que o *contribuinte* disponha de tais valores, isto é, os tenha em sua posse lícita no momento em que efetua os pagamentos a seus empregados. A ausência desse numerário, isto é, não dispondo o contribuinte de valores suficientes para honrar os dois compromissos, quais sejam, pagar os empregados e recolher a corresponde *contribuição social,* descaracteriza-se tal crime, ou seja, sua conduta é atípica, quer pela falta ou *ausência do objeto da contribuição previdenciária*, quer pela *inexigibilidade de conduta diversa* (dirimente de culpabilidade)[1].

E qual seria a razão dessa nossa conclusão, aparentemente simplista, mas tecnicamente fundamentada? Na realidade, é simples mesmo sob o ponto de vista dogmático: ora, se não há a prévia posse lícita do objeto da apropriação previdenciária, isto é, de numerário suficiente para efetuar o devido recolhimento da contribuição social e pagamento dos salários dos empregados, não se configura a *apropriação indevida* de algo que não existe, caracterizando autêntico crime impossível, pela ausência do seu objeto!

Sem esse pressuposto da *apropriação indébita previdenciária*, qual seja, a existência do *objeto material* de suposta apropriação indevida, não se pode falar em *apropriação indébita previdenciária*, por absoluta *inadequação típica*, além da existência concreta da *inexigibilidade de conduta diversa*, que afasta a culpabilidade do contribuinte, e, principalmente, pela caracterização de *crime impossível*, não apenas pela *impropriedade do objeto,* mas pela absoluta falta dele.

5. Tipo objetivo: adequação típica

A conduta tipificada no *caput* é "deixar de repassar", que tem o sentido de não transferir, não recolher ou não pagar à previdência social as *contribuições recolhidas* ou descontadas dos verdadeiros contribuintes, no prazo e forma legal ou convencional. Trata-se, na verdade, de *apropriação indébita previdenciária.* Uma opção legislativa que tem a função política de eliminar a grande polêmica que pairava sobre a natureza e espécie do crime que era previsto no art. 95, *d*, da Lei n. 8.212/91. Esse *nomen iuris* abrange todas as figuras tipificadas no dispositivo em exame (*caput* e § 1º).

A própria lei atribuiu o *nomen juris* de *apropriação indébita previdenciária* a essa infração penal. O texto legal criminaliza a conduta de *deixar de repassar* à previdência social "as contribuições recolhidas dos contribuintes", ou seja, *não recolher as contribuições efetivamente descontadas ou recolhidas dos contribuintes.*

---

1. Francisco de Assis Toledo. *Princípios de Direito Penal*, 5. ed., São Paulo, Saraiva, 1994.

Não significa mera *presunção* ou a simples contabilização ou formalização na folha de pagamento do empregado ou contribuinte, sendo necessário que o contribuinte, podendo fazê-lo, deixa de recolher ou de pagar à previdência social as contribuições descontadas dos *verdadeiros contribuintes*, que são os trabalhadores dos quais foi suprimido dos seus salários o valor correspondente.

Na verdade, a jurisprudência tem ignorado que, muitas vezes, não há o recolhimento ou desconto do contribuinte pela simples inexistência ou falta de disponibilidade dos valores pelo empregador, que apenas reúne o suficiente para pagar o valor correspondente ao salário líquido do empregado. Nessa hipótese, não há retenção do valor correspondente à previdência social. E, em não havendo *desconto* ou *recolhimento do contribuinte*, não se pode falar em *retenção* do que não existe, e, consequentemente, tampouco pode haver *apropriação* de algo que não há, que não se tem a posse ou detenção. Somente assim, ou seja, admitindo esse nosso raciocínio, ou então não se pode falar em *apropriação indébita*, previdenciária ou não, pois o *pressuposto* da *apropriação indébita* é a existência da posse ou retenção da coisa apropriada, que, na hipótese supramencionada, não existe. Caso contrário, o poder público estará punindo, penalmente, uma *ficção*, qual seja, a *apropriação* de algo que não existe, dos valores relativos ao recolhimento da contribuição previdenciária que o sujeito passivo não dispunha, e, *dogmaticamente*, o direito penal não admite ficção, como, por exemplo, punir alguém por *apropriar-se* de algo que não há, apropriação de valores que não tem, dos quais, faticamente, não se apropriou, exatamente por deles não dispor! É absolutamente impossível *apropriar-se* de algo que não existe.

Trata-se, não raro, claramente de *mera presunção* do legislador, de uma *fictio iuris* desautorizada pelo direito penal do fato, que pune a prática de fato, enquanto fato antijurídico e culpável, por isso, a artificialidade dessa *construção tipológica* cederá ante a demonstração da inexistência de receita para pagar os salários e valores suficientes para recolher, igualmente, a contribuição previdenciária. Nessa hipótese, não há, concretamente, *apropriação de contribuição previdenciária*, ante a inexistência de valores para tal. Nessa situação, não há do que se apropriar, caracterizando crime impossível por falta de objeto.

Nas circunstâncias de *inexistência do suposto valor apropriado*, a defesa deve, necessariamente, fazer prova dessa situação, para, assim, com segurança, afastar a punição pela *apropriação* de valores que não existem. Contudo, nessas condições, deve-se provar, com perícia contábil e juntada de comprovantes bancários, a falta ou a inexistência de recursos financeiros para recolher tal contribuição social. Com efeito, quando, faticamente, não existe o objeto da apropriação indébita está-se diante de *crime impossível*, pela ausência do objeto apropriável, qual seja, de valores suficientes para pagar, simultaneamente, o salário e a *contribuição previdenciária*. Embora, tecnicamente, a produção da prova seja atribuição da acusação, na sua falta, cumpre à defesa demonstrar, concretamente, a ausência ou a falta de receita do denunciado, ou seja, a circunstância que afasta uma elementar típica do crime de apropriação — previdenciária ou não –, que é a posse anterior efetiva do bem a ser apropriado, *in casu*, de valores suficientes para recolher a devida contribuição previdenciária.

Como afirmamos no tópico anterior, o pressuposto de uma *apropriação indébita* é a anterior posse lícita da coisa a ser apropriada, no caso, dispor de numerário suficiente para efetuar o recolhimento previdenciário. Somente é possível *repassar* algo que se tenha recebido ou recolhido. O prefixo "re" tem, etimologicamente, esse sentido de repetição. Portanto, o sujeito ativo somente poderá *repassar* as contribuições quando as houver recolhido, isto é, quando houver disponibilidade de valores para fazê-lo, pois somente assim terá sua *posse* e, não as repassando, poderá *apropriar-se*.

Em sentido semelhante, interpretando o tipo penal específico do art. 2º, II, da Lei n. 8.137/90, o STJ definiu que a apropriação indébita tributária ocorre tanto em operações próprias como em substituição tributária, bastando que haja a disponibilidade dos valores e a efetiva apropriação, conforme disposto na Súmula n. 658/STJ: "O crime de apropriação indébita tributária pode ocorrer tanto em operações próprias como em razão de substituição tributária". Muito embora o entendimento tenha se dirigido para um tipo *penal distinto* do que fora abordado neste capítulo, pode-se cogitar que essa lógica também seja transposta, em futuros julgados, ao tipo penal de apropriação indébita previdenciária.

De toda essa construção teórica exsurge uma constatação: o empresário deverá fazer prova de sua *incapacidade de recolher a contribuição previdenciária devida*, por falta de *disponibilidade* financeira. Essa situação, inegavelmente, coloca o contribuinte na obrigação, *contra legem*, de fazer prova de sua inocência, embora esse *ônus* seja da acusação em sentido contrário, ante a *previsão ardilosa do legislador*. Deverá, ainda, contar com o bom conhecimento técnico-dogmático do julgador e, não menos, do seu defensor.

5.1 *Prazo e forma legal ou convencional: norma penal em branco*

Os prazos e as formas, legais ou convencionais, são estabelecidos em outros diplomas legais, tratando-se, portanto, de *norma penal em branco*. Por ora, deve-se consultar a Lei n. 8.212/91, que estabelece os prazos e as formas para que o "repasse" das contribuições previdenciárias seja feito. Assim, deixamos de tecer comentários a outros diplomas legais e nos limitaremos ao exame desse instituto penal nos termos aqui, bem ou mal, construído.

6. Tipo subjetivo: adequação típica

O *elemento subjetivo geral* é o dolo, representado pela vontade consciente de *deixar de repassar* à previdência social as contribuições recolhidas dos contribuintes. Tratando-se de *apropriação indébita*, é indispensável o *elemento subjetivo especial do injusto*, representado pelo *especial fim* de apropriar-se dos valores pertencentes à previdência social, isto é, o agente se apossa com a intenção de não restituí-los. Nesse sentido, fica superada a posição anterior do STF e do TRF da 4ª Região, que, a nosso juízo, sob a égide da legislação anterior, era inatacável. Revigora-se, assim, o entendimento que já adotavam o STJ e o TRF da 5ª Região, os quais já sustentavam a necessidade do elemento subjetivo especial do injusto. Todavia, mais recentemente o STJ consolidou o seguinte posicionamento: "A compreensão do STJ é de que, nos crimes contra a ordem tributária, inclusive a apropriação indébita de contribuição previdenciária, é suficiente, para sua caracterização, a demonstração do dolo genérico" (STJ, AgRg no AREsp n. 2.548.327/SC, rel. Min. Rogerio Schietti Cruz, Sexta Turma, julgado em 14-5-2024, *DJe* de 23-5-2024).

7. Figuras do *caput* e do § 1º: distinção

A conduta tipificada no *caput* tem a finalidade de punir o *substituto tributário*, que deve recolher à previdência social o que arrecadou do contribuinte, e deixou de fazê-lo (ver art. 31 da Lei n. 8.212/91). Já as figuras descritas no § 1º destinam-se ao *contribuinte-empresário*, que deve recolher a contribuição que arrecadou do contribuinte.

8. Deixar de recolher no prazo legal (§ 1º, I)

"Deixar de recolher" significa não efetivar o pagamento de contribuição ou outra importância destinada à previdência social que tenha sido descontada de pagamento efetuado a segurados, a terceiros ou arrecadada do público. Essa figura corresponde ao antigo art. 95, *d*, da Lei n. 8.212/91. Especificamente no caso dessa figura típica prevista no art. 168-A, §1°, inciso I, do Código Penal, o STJ consolidou o entendimento de que se trata de um delito material, ao julgar o Tema Repetitivo n. 1.166, nos seguintes termos: "O crime de apropriação indébita previdenciária, previsto no art. 168-A, § 1º, inciso I, do Código Penal, possui natureza de delito material, que só se consuma com a constituição definitiva, na via administrativa, do crédito tributário, consoante o disposto na Súmula Vinculante 24 do Supremo Tribunal Federal" (STJ, REsp n. 1.982.304/SP, rel. Min. Laurita Vaz, Terceira Seção, julgado em 17-10-2023, *DJe* de 20-10-2023).

8.1 *Pressuposto: que tenha sido descontado de pagamento efetuado*

Pressuposto dessa infração é que o sujeito ativo tenha *descontado de pagamento efetuado* a segurado, a terceiros ou tenha arrecadado do público. Esse pressuposto deixa o sujeito ativo *na posse do valor correspondente,* e não o recolhendo, no prazo legal, *apropria-se* indevidamente de valores pertencentes à previdência.

8.2 *Antiga figura do art. 95,* d

A figura anterior não mencionava expressamente que o desconto tivesse sido feito, embora parte da doutrina e da jurisprudência sustentassem essa necessidade. Assim, a partir da atual lei, somente se concretiza a apropriação previdenciária quando for descontada a contribuição do segurado e o empregador deixar de repassá-la à previdência. Por razões político-criminais e, principalmente, por fundamentos estritamente dogmáticos, conforme demonstramos no 4º tópico deste capítulo, a *apropriação previdenciária* somente pode tipificar-se quando o contribuinte dispuser de recursos suficientes para honrar os pagamentos dos salários e das respectivas contribuições previdenciárias, nos termos em que comentamos no referido tópico. Porque somente assim o contribuinte pode apropriar-se dos valores destinados ao recolhimento da contribuição previdenciária, caso contrário será *crime impossível*.

9. Deixar de recolher contribuições devidas (§ 1º, II)

Deixar de recolher contribuições que tenham integrado despesas contábeis ou custos relativos à venda de produtos ou à prestação de serviços. O não recolhimento dessa contribuição, desde que tenha integrado o cálculo dos custos, o que normalmente ocorre, configura a conduta descrita no tipo em exame. Apresenta certa semelhança com o antigo art. 95, *e*, da Lei n. 8.212/91.

9.1 *Despesas contábeis ou custos relativos a produtos e serviços*

A *contribuição previdenciária* devida pelo empregador deve integrar as despesas contábeis ou custos relativos a produtos e serviços. O valor correspondente, por certo, é levado em consideração no cálculo para a fixação do preço do produto ou do serviço, tratando-se de despesa operacional (por exemplo, 20% sobre a folha de remuneração, acrescidos do percentual relativo ao seguro de acidente do trabalho).

Tendo integrado os custos, seu valor correspondente é recebido pelo empresário ou empregador e, nessas condições, adquire a posse dos valores correspondentes. Não os recolhendo, apropria-se indebitamente.

10. Deixar de pagar benefício devido (§ 1º, III)

Deixar de pagar significa não efetivar o pagamento de benefício devido a segurado, cujos valores ou cotas já tenham sido reembolsados à empresa pela previdência social. Essa figura equivale àquela prevista no art. 95, *f*, da Lei n. 8.212/91.

Para a configuração dessa infração, é pressuposto que a previdência social tenha efetuado "reembolso" à empresa e, tendo-o recebido, esta não o repassa ao segurado. Sem esse pressuposto, não se poderia falar em apropriação indébita.

11. Consumação e tentativa

O momento consumativo, tratando-se de apropriação indébita, é de difícil precisão, pois depende, em última análise, de uma *atitude subjetiva*. Consuma-se, enfim, com a inversão da natureza da posse, caracterizada por ato demonstrativo de disposição da coisa alheia, como se sua fosse, ou pela negativa em devolvê-la, que não é o caso desse tipo penal. No entanto, em se tratando de "apropriação indébita previdenciária", não desconhecemos o entendimento majoritário da jurisprudência, que ignora a natureza desse instituto penal e despreza, *equivocadamente*, a exigência desse *elemento subjetivo especial do tipo*, o qual muitos da doutrina e da jurisprudência continuam a denominá-lo "dolo específico". Assim, como a vida segue e o STF tem a última palavra, devemos destacar a predominância desse entendimento, e admitir que, a rigor, não se trata propriamente de "apropriação indébita", ou, então, que seria mais cômodo admitirmos que estamos diante de uma "apropriação indébita imprópria", ou seja, não passa apenas de uma terminologia equivocada utilizada pelo legislador, que, por si só, não altera a natureza da conduta tipificada.

Como crime material, na apropriação indébita, a tentativa é possível, embora de difícil configuração. Contudo, adotando o entendimento majoritário, que acabamos de mencionar, como crime *omissivo próprio*, a tentativa dessa infração penal é impossível, pois consuma-se com a simples decorrência do prazo legal sem o recolhimento das contribuições descontadas do empregado/contribuinte. Enfim, vencido o prazo sem o pagamento do tributo, consuma-se o crime. Antes de esgotado esse prazo de recolhimento, não há conduta típica, nem mesmo ilícita.

12. Classificação doutrinária

Trata-se de *crime próprio* (exige qualidade ou condição especial do sujeito ativo, o substituto tributário, no caso do *caput*); *formal* (para sua consumação não se exige resultado naturalístico, à exceção do art. 168-A, §1º, inciso I, que trata de um delito material, conforme entendimento atual do STJ); *omissivo* (a ação tipificada implica abstenção de atividade — "deixar de"); *instantâneo* (a consumação não se alonga no tempo, ocorrendo em momento determinado); *unissubjetivo* (pode ser praticado por uma única pessoa, como a maioria dos crimes, que não são de concurso necessário) e *unissubsistente* (praticado em único ato, dificilmente poderá caracterizar-se a figura tentada).

13. Causa extintiva da punibilidade

O § 2º do art. 168-A prevê a extinção da punibilidade com a confissão e o pagamento das contribuições devidas, desde que atendidos os requisitos que estabelece. *Extingue-se a punibilidade* se o agente *declara, confessa* e *efetua* o pagamento devido antes do início da ação fiscal, e ainda *presta as informações devidas* à previdência social. Frisando-se, sempre, que a "confissão" é da dívida, e nunca de crime, caso contrário violaria o *princípio da presunção de inocência* (5º, LVII, CP).

13.1 *Início da ação fiscal (antes)*

Não pode ser apenas o que dispõem o art. 243 e parágrafos do Decreto n. 3.048/99, com a simples *notificação de lançamento do tributo*. A *ação fiscal* somente pode ser considerada iniciada a partir da *cientificação pessoal* do contribuinte de sua instauração, pois somente então se completa a "relação procedimental" da ação fiscal. Assemelha-se à denúncia espontânea do CTN (art. 138).

13.2 *Requisitos para extinção da punibilidade*

a) *Declara o valor devido* (demonstra o total arrecadado do contribuinte e não repassado); b) *confessa o não recolhimento* (admite não ter feito o recolhimento ou repasse na época e na forma previstas em lei. Frise-se, "confissão de dívida", tão somente; não se trata de *confissão de crime*, pois, se assim fosse, seria inconstitucional); c) *efetua o pagamento* (recolhe todo o devido, principal acrescido dos acessórios); d) *presta as informações devidas* (as informações que deve prestar à previdência são relativas ao débito em causa, somente); e) *caráter espontâneo dos requisitos* (a espontaneidade de toda e qualquer ação humana não tem e nem pode ter o significado de "arrependimento", sob pena de assassinar o vernáculo, tampouco tem *o sentido de revelar vontade de colaborar* com o Estado, mas apenas que o agente teve a iniciativa de praticar referidas condutas. Literalmente, há *espontaneidade* quando a iniciativa é do próprio agente, e voluntário é tudo o que não for forçado e tampouco produto de coação, embora a iniciativa não tenha partido do agente que pode, inclusive, ter recebido (e aceito) sugestões, opiniões ou influências externas); f) *antes do início da ação fiscal* (a *ação fiscal* somente pode ser considerada iniciada a partir da *cientificação pessoal* do contribuinte de sua instauração, pois somente então se completa a "relação procedimental" da ação fiscal).

13.3 *Aplicação do art. 34 da Lei n. 9.249/95*

O STF considerava aplicável o disposto no art. 34 (extinção da punibilidade) da lei referida à hipótese de *não recolhimento de contribuições previdenciárias*. Assim, a partir de então poderá surgir o entendimento de que há duas hipóteses para a extinção da punibilidade: antes da instauração da ação fiscal (com todos os requisitos já examinados) e antes do *oferecimento da denúncia*. É importante para o Fisco oportunizar ao contribuinte o recolhimento total do tributo, que é, em última instância, a finalidade dessas leis *arrecadadoras-criminalizadoras*.

Mais recentemente, a Lei n. 11.941, de 27 de maio de 2009, disciplina o pagamento e a extinção da punibilidade também da *apropriação previdenciária*, nos seguintes termos:

Art. 67. Na hipótese de parcelamento do crédito tributário antes do oferecimento da denúncia, essa somente poderá ser aceita na superveniência de inadimplemento da obrigação objeto da denúncia.

O art. 68 determina que é "*suspensa a pretensão punitiva do Estado, referente aos crimes previstos nos arts. 1º e 2º da Lei n. 8.137, de 27 de dezembro de 1990, e nos arts. 168-A e 337-A do Decreto-lei n. 2.848, de 7 de dezembro de 1940 — Código Penal, limitada a suspensão aos débitos que tiverem sido objeto de concessão de parcelamento, enquanto não forem rescindidos os parcelamentos de que tratam os arts. 1º a 3º, e observado o disposto no art. 69*", ambos dessa mesma Lei. Determina ainda, em seu parágrafo único, que a prescrição criminal não corre durante o período de suspensão da pretensão punitiva.

Além disso, o art. 69 declara "*extingue-se a punibilidade dos crimes referidos no art. 68 quando a pessoa jurídica relacionada com o agente efetuar o pagamento integral dos débitos oriundos de tributos e contribuições sociais, inclusive acessórios, que tiverem sido objeto de concessão de parcelamento*".

Por fim, o parágrafo único declara que "*na hipótese de pagamento efetuado pela pessoa física prevista no § 15 do art. 1º desta Lei, a extinção da punibilidade ocorrerá com o pagamento integral dos valores correspondentes à ação penal*".

14. Perdão judicial ou pena de multa

O § 3º cria uma hipótese *sui generis* de perdão judicial ou multa! Caso a ação fiscal já tenha sido iniciada, ao pagamento de todo o débito pode corresponder somente uma ou outra das consequências referidas (está afastada a extinção da punibilidade). As hipóteses são alternativas (perdão judicial ou pena de multa), mas os requisitos são cumulativos. Os operadores do art. 59 deverão recomendar uma ou outra alternativa.

Cumpre ressaltar que, na sequência, o § 4º determina que a faculdade prevista no § 3º não será aplicada aos casos de parcelamento de contribuições cujo valor (inclusive dos acessórios) seja superior àquele estabelecido, administrativamente, como sendo o mínimo para o ajuizamento de suas execuções fiscais.

14.1 *Valor de pouca monta: inocuidade*

Que o valor do débito *previdenciário* (contribuição e acessórios) não seja superior ao mínimo exigido pela própria previdência social para ajuizamento de execução fiscal. O *perdão judicial*, nos termos postos, é praticamente inócuo, uma vez que se limita a valores ínfimos: desde que não sejam suficientes para justificar sua cobrança judicial. O valor mínimo para a execução judicial foi definido pelo Procurador Geral da Fazenda Nacional no limite superior a R$ 20.000,00 (vinte mil reais), o que não quer dizer que o débito nunca será cobrado, posto que, assim que superar este valor, será executado.

14.2 *Princípio da insignificância: configurado*

Se o Fisco não tem interesse em cobrar judicialmente o crédito tributário, não há, igualmente, fundamento para a imposição de sanções criminais. Prevê a nova lei, assim, o cabimento do perdão judicial ou da pena de multa isoladamente. A nosso juízo, em termos tributário-fiscais, configura-se, em sede criminal, o *princípio de insignificância*, excluindo-se a própria tipicidade.

14.3 *Requisitos necessários ao perdão judicial ou multa*

1) Primário (é aquele que nunca sofreu qualquer condenação irrecorrível); *réu não reincidente,* na linguagem da reforma penal de 1984, é aquele que não é primário, mas já desapareceram os efeitos da reincidência (art. 64, I, do CP); *2) bons antecedentes* (quem não tem comprovadamente antecedentes negativos, isto é, não tem condenação irrecorrível, fora das hipóteses da reincidência); *3) pagamento integral do débito* (contribuição previdenciária e acessórios); *4) pequeno valor da dívida* (o valor do débito *previdenciário* — contribuição e acessórios — não é superior ao mínimo exigido pela própria previdência social para o ajuizamento de execução fiscal).

15. Crimes praticados após a Lei n. 9.983/2000: efeitos práticos

a) pagamento feito antes do início da ação fiscal: extingue a punibilidade;

b) pagamento após o início da ação fiscal (mas antes do oferecimento da denúncia): admite perdão judicial ou aplicação somente da multa (art. 168-A, § 3º, I, do CP);

c) pagamento após o oferecimento da denúncia, mas antes de seu recebimento: admite a aplicação do arrependimento posterior (art. 16 do CP);

d) pagamento após o recebimento da denúncia: atenuante genérica (art. 65 do CP).

16. A suspensão da pretensão punitiva do Estado pelo parcelamento de débitos tributários

O art. 1º da Lei n. 10.684/2003, previu a possibilidade de parcelamento dos débitos junto à Secretaria da Receita Federal ou à Procuradoria-Geral da Fazenda Nacional, com vencimento até 28 de fevereiro de 2003. No que diz respeito aos efeitos penais do parcelamento disciplinou, sem ressalva quanto ao momento de seu início, no art. 9º que: "É suspensa a pretensão punitiva do Estado, referente aos crimes previstos nos arts. 1º e 2º da Lei n. 8.137, de 27 de dezembro de 1990, e nos arts. 168-A e 337-A do Decreto-lei n. 2.848, de 7 de dezembro de 1940 – Código Penal, durante o período em que a pessoa jurídica relacionada com o agente dos aludidos crimes estiver incluída no regime de parcelamento". Esse parcelamento, a teor do disposto no § 1º do art. 1º, aplica-se "aos débitos constituídos ou não, inscritos ou não como Dívida Ativa, mesmo em fase de execução fiscal já ajuizada, ou que tenham sido objeto de parcelamento anterior, não integralmente quitado, ainda que cancelado por falta de pagamento"; sua regulação mais benéfica incide sobre os fatos praticados, anteriores à sua vigência. Ou seja, ainda que o parcelamento seja concedido após o recebimento da denúncia, no curso da ação penal, ele terá o condão de operar efeitos, suspendendo a pretensão punitiva do Estado.

Para facilitar a regularização fiscal, em prol da pretensão arrecadadora do Estado, instituiu-se nova possibilidade de parcelamento, bastante ampla, através do art. 1º da Lei n. 11.941/2009, abrangendo "os débitos administrados pela Secretaria da Receita Federal do Brasil e os débitos para com a Procuradoria-Geral da Fazenda Nacional, inclusive o saldo remanescente dos débitos consolidados no Programa de Recuperação Fiscal – Refis, de que trata a Lei n. 9.964, de 10 de abril de 2000, no Parcelamento Especial – Paes, de que trata a Lei n. 10.684, de 30 de maio de 2003, no Parcelamento Excepcional – Paex, de que trata a Medida Provisória n. 303, de 29 de junho de 2006, no parcelamento previsto no art. 38 da Lei n. 8.212, de 24 de julho de 1991, e no parcelamento previsto no art. 10 da Lei n. 10.522, de 19 de julho de 2002, mesmo que tenham sido excluídos dos respectivos programas e parcelamentos, bem como os débitos decorrentes do aproveitamento indevido de créditos do Imposto sobre Produtos Industrializados – IPI oriundos da aquisição de matérias-primas, material de embalagem e produtos intermediários relacionados na Tabela de Incidência do Imposto sobre Produtos Industrializados – TIPI, aprovada pelo Decreto n. 6.006, de 28 de dezembro de 2006, com incidência de alíquota 0 (zero) ou como não tributados".

Quanto aos efeitos penais do parcelamento, o art. 68 da Lei n. 11.941/2009, disciplina, também sem ressalva quanto ao momento de seu início, que: "É suspensa a pretensão punitiva do Estado, referente aos crimes previstos nos arts. 1º e 2º da Lei n. 8.137, de 27 de dezembro de 1990, e nos arts. 168-A e 337-A do Decreto-lei

n. 2.848, de 7 de dezembro de 1940 – Código Penal, limitada a suspensão aos débitos que tiverem sido objeto de concessão de parcelamento, enquanto não forem rescindidos os parcelamentos de que tratam os arts. 1º a 3º desta lei, observado o disposto no art. 69 desta lei".

As duas últimas normas editadas em matéria de *parcelamento* são mais benéficas ao acusado pela prática de crime contra a ordem tributária, na medida em que não estabelece prazo certo para que a regularização fiscal possa operar efeitos, suspendendo a pretensão punitiva do Estado. Considerando a admissibilidade do parcelamento instituído pela Lei n. 11.941/2009 inclusive, dos débitos que tenham sido excluídos dos respectivos programas e parcelamentos, sua regulação mais benéfica em matéria penal incide sobre os fatos praticados, anteriores à sua vigência. Nesses termos, ainda que o parcelamento seja concedido após o recebimento da denúncia, no curso da ação penal, ele terá o condão de operar efeitos, suspendendo a pretensão punitiva do Estado.

A interpretação pode ser ainda mais ampla, *operando efeito após o trânsito em julgado da condenação*. Embora a casuística seja, na prática, mais reduzida, a partir da análise do julgamento do ARE 741.426 AgR-ED-ED, pelo STF, verifica-se que restou admitida a possibilidade de *suspensão da pretensão punitiva e da pretensão executória durante o período de vigência do parcelamento do débito tributário*. O entendimento se revela compatível com a consolidação da tese, segundo a qual, extingue-se a punibilidade, a qualquer tempo, pelo pagamento integral do tributo. De fato, se o pagamento opera efeito jurídico inclusive após o trânsito em julgado da condenação, há de se aguardar o período do parcelamento (caso existente) a fim de que o contribuinte promova o adimplemento integral do débito e, assim, se beneficie desta modalidade de regularização fiscal, cujo efeito jurídico conduz, de igual forma, à extinção da punibilidade e, por conseguinte, a inviabilidade da execução da pena.

16.1 *Natureza jurídica da representação fiscal para fins penais*

Durante muito tempo discutiu-se a natureza jurídica da *representação fiscal* instituída no art. 83 da Lei n. 9.430/96, especialmente se constituía condição de procedibilidade da ação penal, submetendo a atuação do Ministério Público à prévia representação da autoridade fiscal nos crimes contra a ordem tributária. A redação atual do dispositivo legal dispõe o seguinte: "A representação fiscal para fins penais relativa aos crimes contra a ordem tributária previstos nos arts. 1º e 2º da Lei n. 8.137, de 27 de dezembro de 1990, e aos crimes contra a Previdência Social, previstos nos arts. 168-A e 337-A do Decreto-lei n. 2.848, de 7 de dezembro de 1940 (Código Penal), será encaminhada ao Ministério Público depois de proferida a decisão final, na esfera administrativa, sobre a exigência fiscal do crédito tributário correspondente".

O tema encontra-se pacificado, sendo majoritário o entendimento na doutrina[2], e unânime na jurisprudência, especialmente após a manifestação do STF a respeito

2. Confira Gamil Föppel; Rafael de Sá Santana. *Crimes tributários*. 2. ed. Rio de Janeiro: Lumen Juris, 2010, p. 111-113, 162.

na ADIn 1.571[3], de que a representação fiscal do aludido art. 83 tem natureza jurídica de *notitia criminis*, sem confundir-se com a representação do ofendido, nos crimes de ação penal pública condicionada (art. 24 do CPP). Inclusive porque o legislador penal estabeleceu expressamente no art. 15 da Lei n. 8.137/90, que os crimes contra a ordem tributária são de ação penal pública incondicionada, aplicando-se o disposto no art. 100 do CPP.

A princípio, a norma do art. 83 da Lei n. 9.430/96 não inibe nem condiciona a ação do Ministério Público, no que concerne à propositura da ação penal, embora seja necessária a conclusão definitiva do crédito tributário. Contudo, deve-se ressaltar que, apesar de os crimes contra a ordem tributária serem de ação pública incondicionada, o Ministério Público somente poderá oferecer denúncia pelo crime do art. 1º, uma vez cumprida a condição objetiva de punibilidade, qual seja, a constituição definitiva do crédito tributário, entendimento consolidado após a Súmula Vinculante 24 do STF. Mesmo reconhecendo que o art. 83 não institui nenhuma *condição de procedibilidade* para a propositura de ação penal, não podemos esquecer que a exigência de encerramento da via administrativa, com o lançamento definitivo do tributo, é *condição objetiva de punibilidade* do crime previsto no art. 1º da Lei n. 8.137/90, e, como tal, repercute na procedibilidade da ação penal. O que, no nosso entendimento, também ocorre em relação ao crime do art. 2º, pelas razões que indicamos anteriormente.

Em outras palavras, repetindo, apesar de os crimes contra a ordem tributária serem de ação pública incondicionada, o Ministério Público somente poderá oferecer denúncia, uma vez cumprida a condição objetiva de punibilidade, qual seja, a constituição definitiva do crédito tributário. Caso contrário a denúncia deverá ser rejeitada pelo juiz, e a ação penal deverá ser trancada via *habeas corpus*, por falta de justa causa.

Finalmente, cabe destacar que o referido art. 83 sofreu o acréscimo de seis parágrafos, com o fim de uniformizar o entendimento acerca do momento adequado para o encaminhamento da representação fiscal ao Ministério Público. Com efeito,

---

3. STF. ADin 1571-1/DF. rel. Min. Gilmar Mendes, j. 10-12-2003. Publicado no *DJ* 30-4-2004. Ementa: "Ação direta de inconstitucionalidade. 2. Art. 83 da Lei n. 9.430, de 27-12-1996. 3. Arguição de violação ao art. 129, I da Constituição. *Notitia criminis* condicionada "à decisão final, na esfera administrativa, sobre a exigência fiscal do crédito tributário". 4. A norma impugnada tem como destinatários os agentes fiscais, em nada afetando a atuação do Ministério Público. É obrigatória, para a autoridade fiscal, a remessa da *notitia criminis* ao Ministério Público. 5. Decisão que não afeta orientação fixada no HC 81.611. Crime de resultado. Antes de constituído definitivamente o crédito tributário não há justa causa para a ação penal. O Ministério Público pode, entretanto, oferecer denúncia independentemente da comunicação, dita "representação tributária", se, por outros meios, tem conhecimento do lançamento definitivo. 6. Não configurada qualquer limitação à atuação do Ministério Público para propositura da ação penal pública pela prática de crimes contra a ordem tributária. 7. Improcedência da ação".

foram incluídos, pela Lei n. 12.382, de 25 de fevereiro de 2011, ao art. 83 da Lei n. 9.430/96, os seguintes parágrafos: § 1º Na hipótese de concessão de parcelamento do crédito tributário, a representação fiscal para fins penais somente será encaminhada ao Ministério Público após a exclusão da pessoa física ou jurídica do parcelamento. § 2º É suspensa a pretensão punitiva do Estado referente aos crimes previstos no *caput*, durante o período em que a pessoa física ou a pessoa jurídica relacionada com o agente dos aludidos crimes estiver incluída no parcelamento, desde que o pedido de parcelamento tenha sido formalizado antes do recebimento da denúncia criminal. § 3º A prescrição criminal não corre durante o período de suspensão da pretensão punitiva. § 4º Extingue-se a punibilidade dos crimes referidos no caput quando a pessoa física ou a pessoa jurídica relacionada com o agente efetuar o pagamento integral dos débitos oriundos de tributos, inclusive acessórios, que tiverem sido objeto de concessão de parcelamento. § 5º O disposto nos §§ 1º a 4º não se aplica nas hipóteses de vedação legal de parcelamento. § 6º As disposições contidas no *caput* do art. 34 da Lei n. 9.249, de 26 de dezembro de 1995, aplicam-se aos processos administrativos e aos inquéritos e processos em curso, desde que não recebida a denúncia pelo juiz.

Dessa forma, pretende-se garantir os efeitos das medidas de regularização fiscal, anteriormente analisadas, evitando a atuação desnecessária e improdutiva das autoridades fiscais e do Ministério Público.

16.2 *Aplicabilidade do princípio da insignificância nos crimes contra a ordem tributária*

A tipicidade penal exige uma ofensa de alguma gravidade aos bens jurídicos protegidos, pois nem sempre qualquer ofensa a esses bens ou interesses é suficiente para configurar o injusto típico. Segundo esse princípio, que Klaus Tiedemann chamou de princípio de bagatela, é imperativa uma efetiva proporcionalidade entre a gravidade da conduta que se pretende punir e a drasticidade da intervenção estatal. Amiúde, condutas que se amoldam a determinado tipo penal, sob o ponto de vista formal, não apresentam nenhuma relevância material. Nessas circunstâncias, pode-se afastar liminarmente a tipicidade penal porque em verdade a ofensa ao bem jurídico não necessita da tutela penal, podendo o conflito gerado pela infração das normas ser resolvido em outro âmbito do ordenamento jurídico.

Deve-se ter presente que a seleção dos bens jurídicos tuteláveis pelo direito penal e os critérios a serem utilizados nessa seleção constituem função do Poder Legislativo, sendo vedada aos intérpretes e aplicadores do Direito essa função, privativa daquele Poder Institucional. Agir diferentemente constituirá violação dos sagrados princípios constitucionais da reserva legal e da independência dos Poderes. O fato de determinada conduta tipificar uma infração penal de menor potencial ofensivo (art. 98, I, da CF) não quer dizer que tal conduta configure, por si só, o *princípio da insignificância*. Os crimes de lesão corporal leve, de ameaça, injúria, por exemplo, já sofreram a valoração do legislador, que, atendendo às necessidades sociais e morais históricas dominantes, determinou as consequências jurídico-penais de sua violação. Os limites do desvalor da ação, do desvalor do resultado e as sanções correspondentes já foram valorados pelo legislador. As ações que lesarem tais bens, embora menos importantes se comparados a outros bens como a vida e a liberdade sexual, são social e penalmente relevantes.

Assim, a irrelevância ou insignificância de determinada conduta deve ser aferida não apenas em relação à importância do bem juridicamente atingido, mas especialmente em relação ao grau de sua intensidade, isto é, pela extensão da lesão produzida, como, por exemplo, nas palavras de Roxin, "maus-tratos não é qualquer tipo de lesão à integridade corporal, mas somente uma lesão relevante; uma forma delitiva de injúria é só a lesão grave a pretensão social de respeito. Como força deve ser considerada unicamente um obstáculo de certa importância, igualmente também a ameaça deve ser sensível para ultrapassar o umbral da criminalidade"[4].

Concluindo, a insignificância da ofensa afasta a tipicidade. Mas essa insignificância só pode ser valorada através da consideração global da ordem jurídica. Como afirma Zaffaroni[5], "a insignificância só pode surgir à luz da função geral que dá sentido à ordem normativa e, consequentemente, à norma em particular, e que nos indica que esses pressupostos estão excluídos de seu âmbito de proibição, o *que* resulta impossível de se estabelecer à simples luz de sua consideração isolada".

Na primeira edição de nosso livro sobre *Crimes contra a ordem tributária*,[6] destacamos a possibilidade de aplicação do princípio da insignificância para os *crimes contra a ordem tributária* decorria da interpretação das normas que disciplinavam, à época, a execução fiscal, concretamente, do art. 20 da Lei n. 10.522, de 19 de julho de 2002, na sua redação original, que estabelecia o seguinte: "*Serão arquivados, sem baixa na distribuição, mediante requerimento do Procurador da Fazenda Nacional, os autos das execuções fiscais de débitos inscritos como Dívida Ativa da União pela Procuradoria-Geral da Fazenda Nacional ou por ela cobrados, de valor consolidado igual ou inferior a R$ 10.000,00 (dez mil reais)*". Tratamento semelhante também estava presente no art. 1º da Portaria do Ministério da Fazenda n. 049, de 1º de abril de 2004, que estabelecia os limites de valor para a inscrição de débitos fiscais na Dívida Ativa da União, e para o ajuizamento das execuções fiscais pela Procuradoria-Geral da Fazenda Nacional. Sob esse ponto de partida, não eram propostas *Ações de Execuções Fiscais* cujas dívidas fossem iguais ou inferiores ao valor de R$ 10.000,00 (dez mil reais). Ademais, as ações de execuções já promovidas cujos valores também fossem iguais ou inferiores a R$ 10.000,00 (dez mil reais) eram arquivadas.

Com a edição da Portaria n. 130/2012, do Ministério da Fazenda, que alterou a Portaria n. 75/2012, fixou-se novo limite mínimo para o ajuizamento de execuções

4. Claus Roxin, *Política criminal* y *estructura del delito*, Barcelona: PPU, 1992, p. 53.

5. Eugenio Raúl Zaffaroni, *Manual de Derecho Penal*. 6. ed., Buenos Aires: Ediar, 1991, p. 475.

6. Cezar Roberto Bitencourt e Luciana de Oliveira Monteiro, *Crimes contra a ordem tributária*, São Paulo: Saraiva, p.

fiscais de débitos com a Fazenda Nacional, deixando-se, assim, de serem propostas, até a presente data, ações em face de débitos cujo valor consolidado seja igual ou inferior a R$ 20.000,00 (vinte mil reais). Assim, é o próprio Estado que declara que os débitos fiscais naqueles valores não são significativos nem mesmo para efeito de cobrança judicial. Muito menos o serão para efeito de persecução penal e aplicação de pena criminal. Se o Estado não possui interesse em ajuizar execuções fiscais contra devedores, cujo débito seja, na atualidade, igual ou inferior a R$ 20.000,00, muito menos o terá para a instauração de um processo penal, como instrumento de coerção para o pagamento. Com efeito, uma vez que o Direito Penal é concebido como *ultima ratio* do sistema, não se pode admitir uma hipotética inversão de prioridades, isto é, não cabe exercer o direito de punir quando o próprio Estado dispensa *a priori* o uso de outras formas menos gravosas para garantir a satisfação de seus interesses. A via punitiva somente deverá ser utilizada em último caso.

Esse entendimento vem sendo acatado pelo STF em relação ao *crime de descaminho*, que também afeta a arrecadação de tributos (HC 100.177/ PR, rel. Min. Ayres Britto, Primeira Turma, j. em 22-6-2010, publ. 20-8-2010. Precedentes: HC 92.438, HC 94.058, HC 96.374, HC 96.796, RE 514.531, RE 536.486, RE 550.761). A Suprema Corte acompanha, inclusive, a alteração do limite mínimo para o ajuizamento de *execuções fiscais de débitos*, introduzido pela Portaria n. 130/2012, do Ministério da Fazenda, como se observa da evolução jurisprudencial:

> *HABEAS CORPUS*. DIREITO PENAL. DESCAMINHO. VALOR INFERIOR AO ESTIPULADO PELO ART. 20 DA LEI N. 10.522/2002. PORTARIAS 75 E 130/2012 DO MINISTÉRIO DA FAZENDA. PRINCÍPIO DA INSIGNIFICÂNCIA. APLICABILIDADE. 1. A pertinência do princípio da insignificância deve ser avaliada considerando-se todos os aspectos relevantes da conduta imputada. 2. Para crimes de descaminho, considera-se, na avaliação da insignificância, o patamar previsto no art. 20 da Lei 10.522/2002, com a atualização das Portarias 75 e 130/2012 do Ministério da Fazenda. Precedentes. 3. Descaminho envolvendo elisão de tributos federais no montante de R$ 19.892,68 (dezenove mil, oitocentos e noventa e dois reais e sessenta e oito centavos) enseja o reconhecimento da atipicidade material do delito pela aplicação do princípio da insignificância. 4. Ordem de habeas corpus concedida para reconhecer a atipicidade da conduta imputada ao paciente, com o restabelecimento do juízo de rejeição da denúncia exarado pelo magistrado de primeiro grau. (HC 136.984, Primeira Turma, rel Min. Rosa Weber, j. 18-10-2016, *DJe* 15-3-2017). No mesmo sentido, a decisão constante do HC n. 136.958/RS, rel. Min. Ricardo Lewandowski, Segunda Turma, j. 4-4-2017, *DJe* 27-4-2017).

Essa orientação também foi seguida pelo Superior Tribunal de Justiça, tanto em relação ao crime de descaminho como em relação a todos os débitos inscritos na Dívida Ativa da União. Destaque-se que a matéria foi apreciada pela Terceira Seção, sob a *sistemática dos recursos repetitivos*, e resultou na edição do Tema 157, o qual já se encontra atualizado, com a fixação da seguinte tese: *"Incide o princípio da insignificância aos crimes tributários federais e de descaminho quando o débito* *tributário verificado não ultrapassar o limite de R$ 20.000,00 (vinte mil reais), a teor do disposto no art. 20 da Lei n. 10.522/2002, com as atualizações efetivadas pelas Portarias 75 e 130, ambas do Ministério da Fazenda".*

17. Pena e ação penal

As penas cominadas, cumulativamente, são *reclusão*, de dois a cinco anos, e *multa*. Na hipótese do § 3º pode ser aplicada somente a pena de multa (ou concedido o perdão judicial). A *ação penal* é pública incondicionada.

APROPRIAÇÃO DE COISA HAVIDA POR ERRO, CASO FORTUITO OU FORÇA DA NATUREZA — XVII

Sumário: 1. Considerações preliminares. 2. Bem jurídico tutelado. 3. Sujeitos ativo e passivo. 4. Tipo objetivo: adequação típica. 5. Apropriação de tesouro. 6. Apropriação de coisa achada. 6.1. Elemento temporal: quinze dias. 7. Tipo subjetivo: adequação típica. 8. Classificação doutrinária. 9. Consumação e tentativa. 10. Minorante do pequeno valor nos crimes de apropriação indébita. 11. Pena e ação penal.

APROPRIAÇÃO DE COISA HAVIDA POR ERRO, CASO FORTUITO OU FORÇA DA NATUREZA

Art. 169. Apropriar-se alguém de coisa alheia vinda ao seu poder por erro, caso fortuito ou força da natureza:

Pena — detenção, de 1 (um) mês a 1 (um) ano, ou multa.

Parágrafo único. Na mesma pena incorre:

Apropriação de tesouro

I — quem acha tesouro em prédio alheio e se apropria, no todo ou em parte, da quota a que tem direito o proprietário do prédio;

Apropriação de coisa achada

II — quem acha coisa alheia perdida e dela se apropria, total ou parcialmente, deixando de restituí-la ao dono ou legítimo possuidor ou de entregá-la à autoridade competente, dentro no prazo de 15 (quinze) dias.

1. Considerações preliminares

A *Antiguidade* desconheceu estas figuras especiais de apropriação de coisa alheia. As Ordenações tampouco previram a apropriação de coisa havida por erro, caso fortuito ou força da natureza.

Somente no século XIX os Códigos europeus passaram a contemplar essa figura penal (Código Zanardelli, art. 420; Código austríaco, que vigorou na Lombardia e no Vêneto)[1]. No direito brasileiro, em pleno século XX, o Código Criminal do Império de 1830 igualmente desconheceu essa figura penal. Somente com o Código Penal de 1890, já no período republicano, foi criminalizada essa conduta, nos seguintes termos: "É crime de furto, sujeito às mesmas penas e guardadas as distinções do artigo precedente: 1º Apropriar-se alguém de coisa alheia que venha ao seu poder por erro, engano, ou caso fortuito".

1. Vincenzo Manzini, *Trattato di Diritto Penale*, cit., v. 9, p. 857.

O atual Código Penal de 1940 tipifica essas condutas como espécie do gênero apropriação indébita. Trata-se, com efeito, de modalidade mais branda, cuja pena cominada é de um mês a um ano. Aqui, a coisa não é entregue licitamente ao agente, como na apropriação indébita comum, mas lhe vem às mãos por erro, caso fortuito ou força da natureza. Na verdade, o legislador brasileiro inspirou-se no Código Penal Rocco, de 1930 (art. 637)[2].

2. Bem jurídico tutelado

O bem jurídico protegido é a inviolabilidade do patrimônio, particularmente o direito de propriedade. O erro, o caso fortuito e a força da natureza podem transferir a *posse*, mas, em princípio, não têm idoneidade para transmitir a propriedade. Na hipótese de apropriação de *coisa achada*, tutela-se também a *posse*, pois o possuidor legítimo que perder a posse da coisa tem o direito de reavê-la (art. 521 do CC/16).

A apropriação indébita prevista no artigo anterior distingue-se das figuras constantes neste dispositivo basicamente pelo fundamento da transferência da posse.

3. Sujeitos ativo e passivo

Sujeito ativo pode ser qualquer pessoa, sem qualquer condição *especial*. O *proprietário* não pode ser sujeito ativo desse crime, que contém em sua estrutura típica as elementares "coisa alheia" e "prédio alheio"; assim, sujeito ativo será sempre pessoa diversa do *proprietário*, seja possuidor ou detentor, independentemente de haver recebido a posse ou detenção de terceiro.

O *condômino*, sócio ou coproprietário também pode ser sujeito ativo de apropriação indébita, desde que não se trate de coisa fungível e a apropriação não exceda à quota que lhe cabe.

Sujeito passivo é, igualmente, qualquer pessoa, física ou jurídica, titular do direito patrimonial atingido pelas ações tipificadas; pode ser, inclusive, o sócio, o coerdeiro ou condômino. Na hipótese de *apropriação de tesouro*, sujeito passivo pode ser o proprietário do imóvel, bem como o enfiteuta que tem o direito de uso e gozo pleno do imóvel. Na hipótese de *apropriação de coisa achada*, sujeito passivo pode ser, além do proprietário, o possuidor legítimo.

4. Tipo objetivo: adequação típica

O núcleo da ação tipificada é igual ao do art. 168, e tudo o que lá dissemos sobre o verbo nuclear aplica-se aqui. A forma, contudo, como o sujeito ativo entra na posse da coisa ou objeto alheio é diversa. A *coisa alheia* não é entregue ou confiada licitamente ao agente, mas vem a seu poder por *erro*, *caso fortuito* ou *força da natureza*.

---

2. Giuseppe Maggiore, *Derecho Penal*; Parte Especial, trad. José J. Ortega Torres, Bogotá, Temis, 1956, v. 5, p. 189.

Erro pode ser entrega de uma coisa por outra, entregar à pessoa errada, supor a obrigação de entregar etc. Ao erro de quem transmite deve corresponder a boa-fé de quem a recebe. Em outros termos, o erro pode incidir sobre a coisa, sobre a pessoa a quem se entrega ou sobre a razão da entrega. No entanto, o erro sobre o valor da coisa ou seu preço é penalmente irrelevante. *Caso fortuito* é o evento acidental que acaba conduzindo determinada coisa ou objeto a mãos indevidas; equivale, praticamente, a *força maior*, configurando, enfim, todos os fatos cujos efeitos não é possível evitar. Caso fortuito e força maior têm sido, historicamente, objeto de grande divergência doutrinária, que, no entanto, recusamo-nos a reproduzir neste espaço, por sua absoluta improdutividade, já que a doutrina os tem equiparado ao atribuir-lhes os mesmos efeitos. *Força da natureza*, por sua vez, é energia física e ativa que pode provar mudança natural e violenta das coisas e dos objetos. São exemplos dessa força o tufão, o terremoto, a enchente etc.

Acompanhamos, no particular, o magistério de Nélson Hungria quando afirmava: "O dispositivo legal menciona o *caso fortuito* e a *força da natureza*, fazendo, a exemplo, aliás, do Código suíço, uma distinção que se pode dizer desnecessária, pois o caso fortuito abrange todo e qualquer acontecimento estranho, na espécie, à vontade do agente e do *dominus*. Tanto é caso fortuito se a coisa alheia vem ao meu poder em consequência da queda de um avião em meu terreno, quanto se foi trazida pela correnteza de uma enchente. Se bois alheios, por mero instinto de vagueação ou acossados pelo fogo de uma queimada, entram nas minhas terras, ou se peças de roupa no coradouro do meu vizinho são impelidas por um tufão até meu quintal, tudo é caso fortuito"[3].

O *erro* na entrega da coisa deve ser espontâneo e não provocado, pois, nessa hipótese, configurar-se-á o crime de *estelionato*.

5. Apropriação de tesouro

A ação incriminada é apropriar-se *de "tesouro achado", isto é, assenhorear-se de tesouro achado em prédio alheio, sem efetuar a divisão que determina a lei civil (meio a meio) com o proprietário do imóvel.* O ato de achar deve ser um acontecimento fortuito, acidental, involuntário, sob pena de caracterizar crime de furto.

Achar tesouro significa encontrar um conjunto de coisas preciosas ou valiosas, em local pertencente a terceira pessoa. É indispensável, contudo, que esse conjunto de preciosidades seja encontrado acidentalmente, caso contrário não haverá a obrigação de dividi-lo com o proprietário (art. 1.265 do CC). Com efeito, se for encontrado por algum pesquisador a mando do dono ou de terceiro não autorizado, pertencerá integralmente ao proprietário do imóvel, e sua "apropriação" constituirá crime de furto.

3. Nélson Hungria, *Comentários ao Código Penal*, cit., v. 7, p. 151.

Tesouro é o depósito antigo de moeda ou coisas preciosas, enterradas ou ocultas, de cujo dono não se tem notícia[4]. Tesouro é, por definição, coisa sem dono. O Código Civil, por sua vez, define tesouro como "o depósito antigo de coisas preciosas, oculto e de cujo dono não haja memória, [que] será dividido por igual entre o proprietário do prédio e o que achar o tesouro casualmente". É indiferente que o tesouro se encontre em móvel ou imóvel, desde que as demais características do conceito jurídico de tesouro estejam presentes. Característico do tesouro é o fato de ser desconhecido seu proprietário.

O tesouro pode estar escondido no solo ou em qualquer outro local, inclusive dentro de um móvel. Contudo, não o caracteriza o depósito natural de pedras preciosas; ao contrário do "tesouro", aquelas constituem acessório do solo e, como tais, mesmo que tenham sido descobertas acidentalmente, pertencem, por inteiro, ao dono do solo, ressalvadas as exceções legais.

Por *prédio* deve-se entender qualquer imóvel, seja representado por terreno, seja por edifício.

6. Apropriação de coisa achada

A ação incriminada é, igualmente, *apropriar-se*, só que agora de *coisa perdida*. Não se pode confundir coisa *perdida* com coisa *esquecida*. Aquela desapareceu por causa estranha (e, por vezes, ignorada) à vontade do proprietário ou possuidor, que desconhece seu destino ou paradeiro; a *esquecida* saiu da esfera de disponibilidade por um lapso de memória e, teoricamente, o dono saberá onde encontrá-la ou, pelo menos, tem uma noção de lugar e tempo, onde e quando a perdeu.

O que configura o crime não é o recebimento ou encontro — acidental —, mas *a posterior apropriação* da coisa alheia, não a devolvendo ou recusando-se a restituí-la ao legítimo dono. Com efeito, no momento em que o sujeito se apossa da *coisa achada* não pratica nenhum ilícito (civil ou criminal), pois essa conduta não está proibida no sistema jurídico brasileiro. Na realidade, o crime nasce em momento posterior, ou seja, quando o agente deixa evidenciado o *animus rem sibi habendi*, isto é, quando *motu proprio* passa a se comportar, em relação à coisa achada, como se dono fosse.

Coisa perdida é a de que seu proprietário ou possuidor perdeu a disponibilidade ou custódia, ignorando onde ela se encontra. A simples *perda* da coisa não implica a perda do *domínio*: perde-se a posse, mas não a propriedade. O objeto material é a *coisa perdida*, e não a abandonada nem a *res nullius*. Não se confunde com coisa perdida a *escondida* nem a que se encontra na esfera de vigilância do dono, mesmo que este não tenha condições de encontrá-la temporariamente (objeto per-

---

4. Tesouro, segundo o Código Civil de 1916, é "o depósito antigo de coisas preciosas, oculto e de cujo dono não haja memória".

dido em algum de seus aposentos etc.). Tampouco se pode considerar perdida coisa que o proprietário ou possuidor esqueceu na posse de outrem, pois poderá reclamá-la a qualquer momento.

É indispensável que a perda da coisa seja acidental ou decorra de culpa do possuidor ou proprietário. Se for perdida por ação de quem, posteriormente, vier a "achá-la", o crime será o de furto.

A lei civil impõe a obrigação de devolver a coisa achada (art. 1.233 do CC), e o Código Penal criminaliza a conduta de quem, no prazo de quinze dias, dolosamente não a devolve ou não a entrega à autoridade competente. A obrigação de restituí-la ao proprietário surge no momento em que este se torna conhecido.

Se o agente supõe, por erro plenamente justificado, que a coisa que encontrou está abandonada e não perdida, não haverá dolo na apropriação (art. 20, § 1º, do CP).

Pratica o crime de *apropriação de coisa achada*, por exemplo, o *titular de conta bancária* que teve ciência de dinheiro nela depositado que não lhe pertencia, mas, mesmo assim, saca-o e não o restitui; configura-se, com efeito, o crime de *apropriação de coisa havida por erro* (art. 169, *caput*, do CP).

6.1 *Elemento temporal: quinze dias*

Esse elemento deve ser bem interpretado para evitar confusões com sérios reflexos nas consequências materiais desse equívoco. É equivocada a afirmativa de que o legislador previu um prazo para o crime consumar-se, uma vez que o prazo de quinze dias constitui uma elementar típica. Sua previsão legal tem sentido apenas político-criminal, objetivando proporcionar ao indivíduo tempo suficiente para efetuar a devolução ou entrega da coisa alheia.

Somente se configura a *apropriação de coisa achada* após ultrapassado o prazo legal de quinze dias sem que o *achador* devolva a coisa ao dono ou a entregue à Polícia. Assim, não excedida a faixa legal de quinze dias, nem se tipifica o crime.

A obrigação de devolver a *res* perdida, na verdade, surge desde o momento em que o agente a encontra e tem ciência desse estado da coisa encontrada. A autoridade competente que tiver conhecimento desse fato deve efetuar a *busca e apreensão*, embora crime não haja: a infração civil opera-se a partir do momento que o "achador" retém a coisa achada em seu poder; o crime, contudo, somente se configurará a partir do momento em que se completarem quinze dias sem a entrega da coisa achada à autoridade competente, pois somente a partir daí a apropriação se torna penalmente relevante.

7. Tipo subjetivo: adequação típica

O elemento subjetivo é o dolo, constituído pela vontade livre e consciente de apropriar-se de coisa *alheia nas hipóteses referidas no dispositivo em exame.*

Faz-se necessário o *especial fim* de obter vantagem em proveito próprio ou alheio. O elemento subjetivo na apropriação de tesouro é igualmente o dolo, representado pela vontade de apropriar-se dele, e o *especial fim* da obtenção de vantagem, constituída pela metade a que faz jus o dono do prédio onde o tesouro foi encontrado.

Na apropriação de tesouro é indispensável que o agente tenha *consciência* da obrigação de dividir, em igualdade de condições, com o proprietário do prédio. O erro ou desconhecimento dessa obrigação — elementar típica — constitui *erro de tipo*, ao contrário do que afirmou, no passado, equivocadamente, Heleno Fragoso[5].

O simples deixar de entregar a coisa achada à autoridade competente no prazo de quinze dias ou de devolvê-la ao proprietário que se tornou conhecido é insuficiente para tipificar o crime de apropriação de coisa achada; é indispensável que a omissão na entrega ou devolução seja orientada pelo *animus rem sibi habendi*.

8. Classificação doutrinária

Trata-se de *crime comum* (aquele que não exige qualquer condição especial do sujeito ativo); *material* (exige resultado naturalístico, representado pela diminuição do patrimônio da vítima); *de forma livre* (pode ser praticado por qualquer meio, forma ou modo); *instantâneo* (o resultado opera-se de forma imediata, sem prolongar-se no tempo); *unissubjetivo* (pode ser praticado, em regra, apenas por um agente); *plurissubsistente* (pode ser desdobrado em vários atos, que, no entanto, integram a mesma conduta).

9. Consumação e tentativa

A consumação, como no artigo anterior, é de difícil precisão, pois depende, em última análise, de uma atitude subjetiva. Consuma-se, enfim, com a inversão da *natureza* da posse, caracterizada por ato demonstrativo de disposição da *coisa alheia* como própria ou pela negativa em devolvê-la.

A *consumação* da apropriação de tesouro ou de coisa achada não ocorre no momento ou no lugar em que o tesouro ou a coisa foram encontrados, mas sim no momento em que o agente se apropria de tais objetos. Na denúncia deve constar que foi superado o prazo (15 dias) para devolução ou entrega da coisa.

Como crime material, a exemplo do que dissemos no capítulo anterior, a *tentativa* é, doutrinariamente, possível, embora de difícil configuração; apenas casuisticamente se poderá definir sua ocorrência.

A dificuldade concreta de sua comprovação não é, por si só, motivo suficiente para afastar a possibilidade de sua ocorrência. Não se desconhece, é verdade, que sua comprovação depende da objetivação da subjetividade possessória do sujeito ativo; contudo, a exteriorização da intenção daquele permitirá a valoração da natureza do *animus* com

5. Heleno Cláudio Fragoso, *Lições de Direito Penal*, cit., v. 1, p. 438.

que mantém a coisa alheia. Luiz Regis Prado filia-se, modernamente, à corrente que não admite a tentativa[6].

10. Minorante do pequeno valor nos crimes de apropriação indébita

Nos crimes de *apropriação indébita*, em suas diversas modalidades (arts. 168, 168-A e 169), é aplicável a minorante prevista no art. 155, § 2º do Código, quando o criminoso for primário e de pequeno valor a coisa apropriada. A definição do que é "coisa de pequeno valor" não tem ressonância pacífica quer na doutrina quer na jurisprudência. Para se lhe dar interpretação mais adequada deve-se ter em consideração as peculiaridades e as circunstâncias pessoais e locais onde o fato é praticado.

O art. 170 determina que se aplique essa disposição às diversas espécies de apropriação indébita[7]. Presentes esses dois requisitos, a pena de *reclusão* pode ser substituída pela de *detenção*, somente pela pena de *multa* ou apenas ser reduzida de um a dois terços. Em outros termos, o *pequeno desvalor* do resultado e a *primariedade* do agente recomendam menor reprovação deste, determinando, em obediência ao princípio da *proporcionalidade*, a redução da sanção para adequá-la à menor gravidade do fato, a exemplo do que ocorre no crime de furto.

A doutrina, em geral, tem definido como *pequeno valor* aquele cuja perda pode ser suportada sem maiores dificuldades pela generalidade das pessoas. "Ao rico — lembrava Magalhães Noronha — porque, talvez, nem perceberá sua falta; ao pobre porque, na sua penúria, de pouco lhe valerá"[8]. Embora nos desagrade a fixação de determinado *quantum*, por sua relatividade, ante a necessidade de um paradigma, aceitamos a orientação majoritária, segundo a qual de *pequeno valor* é a coisa que não ultrapassa o equivalente ao salário mínimo.

Contudo, na seara tributária, a própria receita encarregou-se de estabelecer valores muito superiores para os quais não admite a execução fiscal (no momento, fixados em R$ 5.000,00). Diante desse entendimento da receita, é natural que se considere, nos crimes fiscais ou tributários, não apenas "pequeno prejuízo", mas valor insignificante, para excluir a própria tipicidade da conduta, segundo o princípio da insignificância[9].

Sintetizando, a *primariedade* e o *pequeno valor da coisa alheia*, nas modalidades de *apropriação indébita*, permitem a substituição da pena de reclusão por detenção, reduzi-la de um a dois terços ou aplicar somente multa, em todas as diversas espécies

---

6. Luiz Regis Prado, *Curso de Direito Penal brasileiro*, cit., v. 2, p. 488.
7. "Art. 170. Nos crimes previstos neste Capítulo, aplica-se o disposto no art. 155, § 2º."
8. Magalhães Noronha, *Direito Penal*, cit., v. 2, p. 243.
9. Cezar Roberto Bitencourt, *Tratado de Direito Penal — Parte Geral*, 30. ed., cit., v. 1, p. 26.

de apropriação indébita, tipificadas nos arts. 168, 168-A e 169. *Pequeno valor* não se confunde com *pequeno prejuízo* (art. 171, § 1º).

Para fins de aplicação do disposto no § 2º do art. 155, invocado pelo art. 170, não se identificam "pequeno valor" da coisa alheia e "pequeno prejuízo" resultante da ação delituosa. Quando o legislador deseja considerar o prejuízo sofrido pela vítima, o faz expressamente, como no estelionato (art. 171, § 1º). Assim, o *valor* da coisa alheia achada ou da contribuição previdenciária deve ser medido ao tempo da apropriação, recordando-se sempre que ele não se identifica com o *pequeno prejuízo* que dela resultar.

Convém destacar, por fim, que tanto o art. 170 como o § 2º do art. 155 autorizam a aplicação do benefício da minorante quando o condenado for primário e de pequeno valor o objeto do crime, sem qualquer referência aos *antecedentes*.

11. Pena e ação penal

As penas cominadas são, *alternativamente*, detenção, de um mês a um ano, ou multa. O art. 170 recomenda a especial redução da pena, em um terço, quando se tratar de agente primário e de pequeno valor a coisa apropriada. Coerente com o que sustentamos ao examinar o furto de pequeno valor, admitimos sua aplicação às hipóteses elencadas no § 1º do art. 168[10].

A ação penal é *pública incondicionada*, salvo nas hipóteses do art. 182, quando será condicionada à representação.

---

10. Em sentido contrário é o magistério de Luiz Regis Prado, que não admite essa extensão. Equivoca-se, por outro lado, o mesmo autor quando sustenta a aplicabilidade da referida redução "se primário e de *bons antecedentes* o acusado e de pequeno valor a coisa apropriada" (sem grifo no original), visto que nenhum dos dispositivos invocados refere-se a *antecedentes*. Acreditamos, no entanto, que se deva apenas a um lapso redacional, que poderá ser corrigido em próximas edições (Luiz Regis Prado, *Curso de Direito Penal brasileiro*, cit., v. 2, p. 488).

ESTELIONATO XVIII

Sumário: 1. Considerações preliminares. 2. Bem jurídico tutelado. 3. Sujeitos ativo e passivo. 3.1. Criança e enfermo mental: impossibilidade. 4. Fraude civil e fraude penal: ontologicamente iguais. 5. Tipo objetivo: adequação típica. 5.1. Emprego de artifício, ardil ou qualquer outro meio fraudulento. 5.2. Induzimento ou manutenção da vítima em erro. 5.3. Obtenção de vantagem ilícita em prejuízo alheio: elemento normativo. 6. Vantagem ilícita: irrelevância da natureza econômica. 7. Tipo subjetivo: adequação típica. 8. Classificação doutrinária. 9. Consumação e tentativa. 10. Estelionato e falsidade. 11. Estelionato privilegiado: minorante de aplicação obrigatória. 12. Figuras especiais de estelionato. 12.1. Disposição de coisa alheia como própria (I). 12.2. Alienação ou oneração fraudulenta de coisa própria (II). 12.3. Defraudação de penhor (III). 12.4. Fraude na entrega de coisa (IV). 12.5. Fraude para o recebimento de indenização ou valor de seguro (V). 12.6. Fraude no pagamento por meio de cheque (VI). 12.6.1. Cheque pós-datado e cheque especial. 12.6.2. Sujeitos ativo e passivo do crime. 13. Majorante especial do crime de estelionato. 14. Do estelionato contra pessoa idosa. 15. Arrependimento posterior e as Súmulas 246 e 554. 15.1. Reparação de danos e as Súmulas 246 e 554. 16. Algumas questões especiais. 17. Natureza do crime de estelionato previdenciário: permanente ou instantâneo de efeitos permanentes. 17.1. A suposta natureza binária do estelionato previdenciário. 18. Pena e ação penal. 18.1. Alteração da natureza da ação penal do estelionato. 18.2. Retroatividade da alteração da natureza da ação penal. 19. Transcrição das principais súmulas relativas ao estelionato.

Capítulo VI

DO ESTELIONATO E OUTRAS FRAUDES

Estelionato

Art. 171. Obter, para si ou para outrem, vantagem ilícita, em prejuízo alheio, induzindo ou mantendo alguém em erro, mediante artifício, ardil, ou qualquer outro meio fraudulento:

Pena — reclusão, de 1 (um) a 5 (cinco) anos, e multa.

§ 1º Se o criminoso é primário, e é de pequeno valor o prejuízo, o juiz pode aplicar a pena conforme o disposto no art. 155, § 2º.

§ 2º Nas mesmas penas incorre quem:

Disposição de coisa alheia como própria

I — vende, permuta, dá em pagamento, em locação ou em garantia coisa alheia como própria;

Alienação ou oneração fraudulenta de coisa própria

II — vende, permuta, dá em pagamento ou em garantia coisa própria inalienável, gravada de ônus ou litigiosa, ou imóvel que prometeu vender a terceiro, mediante pagamento em prestações, silenciando sobre qualquer dessas circunstâncias;

Defraudação de penhor

III — defrauda, mediante alienação não consentida pelo credor ou por outro modo, a garantia pignoratícia, quando tem a posse do objeto empenhado;

Fraude na entrega de coisa

IV — defrauda substância, qualidade ou quantidade de coisa que deve entregar a alguém;

Fraude para recebimento de indenização ou valor de seguro

V — destrói, total ou parcialmente, ou oculta coisa própria, ou lesa o próprio corpo ou a saúde, ou agrava as consequências da lesão ou doença, com o intuito de haver indenização ou valor de seguro;

Fraude no pagamento por meio de cheque

VI — emite cheque, sem suficiente provisão de fundos em poder do sacado, ou lhe frustra o pagamento.

Fraude eletrônica

§ 2º-A. A pena é de reclusão, de 4 (quatro) a 8 (oito) anos, e multa, se a fraude é cometida com a utilização de informações fornecidas pela vítima ou por terceiro induzido a erro por meio de redes sociais, contatos telefônicos ou envio de correio eletrônico fraudulento, ou por qualquer outro meio fraudulento análogo.

§ 2º-B. A pena prevista no § 2º-A deste artigo, considerada a relevância do resultado gravoso, aumenta-se de 1/3 (um terço) a 2/3 (dois terços), se o crime é praticado mediante a utilização de servidor mantido fora do território nacional.

§ 3º A pena aumenta-se de um terço, se o crime é cometido em detrimento de entidade de direito público ou de instituto de economia popular, assistência social ou beneficência.

Estelionato contra idoso

§ 4º A pena aumenta-se de 1/3 (um terço) ao dobro, se o crime é cometido contra idoso ou vulnerável, considerada a relevância do resultado gravoso.

• • § § 2º-A., 2º-B e 4º acrescidos pela Lei n. 14.155, de 27 de maio de 2021.

§ 5º Somente se procede mediante representação, salvo se a vítima for:

I — *a Administração Pública, direta ou indireta;*

II — *criança ou adolescente;*

III — *pessoa com deficiência mental; ou*

IV — *maior de 70 (setenta) anos de idade ou incapaz.*

• § 5º acrescido pela Lei n. 13.964 de 24 de dezembro de 2019.

1. Considerações preliminares

O antigo direito romano desconhecia o crime hoje denominado *estelionato*. Era integrado ao *dolus malus* que, juntamente com a *fraus* e o *metus*, constituía crime privado, produto de criação pretoriana. Na Grécia antiga a fraude era severamente reprimida.

No tempo do império (século II d. C.) aparece uma figura genérica do *stellionatus* (de *stellio*, que significa camaleão), uma espécie de crime extraordinário, que abrangeria todos os casos em que coubesse a *actio doli*, e que não se adequassem a qualquer outro crime contra o patrimônio[1].

O Código Penal francês de 1810 incriminava a obtenção ou tentativa de obtenção de vantagem patrimonial, por meio de manobras fraudulentas (art. 405). O estelionato recebeu nomes diversificados nos mais diversos países, embora em todos eles a manobra fraudulenta tenha sido a nota característica comum; na Itália recebeu as denominações *frode* (Código toscano) e *truffa* (Códigos Zanardelli e Rocco); na Espanha, *estafa*; em Portugal, *burla*; na Alemanha, *Betrug* (engano).

Nas Ordenações Filipinas, o estelionato denominou-se "burla" ou "inliço" (Livro V, Título 665), e lhe era cominada a *pena de morte* quando o prejuízo fosse superior a *vinte mil-réis*.

O Código Criminal do Império (1830) adotou o *nomen juris* "estelionato", prevendo várias figuras, além da seguinte descrição genérica: "todo e qualquer artifício fraudulento, pelo qual se obtenha de outrem toda a sua fortuna ou parte dela, ou quaisquer títulos". O Código Penal republicano (1890) seguiu a mesma orientação casuística, tipificando onze figuras de estelionato, incluindo uma modalidade genérica, nos seguintes termos: "usar de artifício para surpreender a boa-fé de outrem, iludir a sua vigilância, ou ganhar-lhe a confiança; induzindo-o em erro ou engano por esses e outros meios astuciosos, procurar para si lucro ou proveito".

2. Bem jurídico tutelado

O bem jurídico protegido é a inviolabilidade do patrimônio, particularmente em relação aos atentados que podem ser praticados mediante fraude. Tutela-se tanto o *interesse social*, representado pela confiança recíproca que deve presidir os relacionamentos patrimoniais individuais e comerciais, quanto o *interesse público* de reprimir a fraude causadora de dano alheio[2].

O crime de estelionato — destacava Manzini — "não é considerado como um fato limitado à agressão do patrimônio de Tício ou de Caio, mas antes como manifestação de delinquência que violou o preceito legislativo, o qual veda o servir-se da fraude para conseguir proveito injusto com dano alheio, quem quer que seja a pessoa prejudicada em concreto. O estelionatário é sempre um criminoso, mesmo

---

1. Heleno Cláudio Fragoso, *Lições de Direito Penal*, cit., v. 1, p. 444.
2. José Maria Rodriguez Devesa, *Derecho Penal español*; Parte Especial, p. 477.

que tenha fraudado em relações que, por si mesmas, não merecem proteção jurídica, porque sua ação é, em qualquer caso, moral e juridicamente ilícita"[3].

3. Sujeitos ativo e passivo

Sujeito ativo do crime de estelionato pode ser qualquer pessoa, sem qualquer condição especial (crime comum). O concurso eventual de pessoas, em qualquer de suas formas (coautoria e participação), pode facilmente se configurar.

Na descrição típica, o legislador destaca que a *vantagem* indevida pode ser *para si* (o sujeito ativo) ou para *outrem*. Essa terceira pessoa pode ser *coautor* ou *partícipe* do crime, sendo alcançada pelo concurso de pessoas (art. 29 do CP). Contudo, nada impede que o "outrem", beneficiário do produto do estelionato, seja terceiro estranho e insciente do crime, isto é, sem qualquer participação quer em seu planejamento, quer em sua execução; se ignorar, inclusive, a origem criminosa da vantagem que se lhe atribui, não será passível de punição.

Sujeito passivo pode ser, igualmente, qualquer pessoa, física ou jurídica; deve-se destacar que pode haver dois "sujeitos passivos", quando, por exemplo, a pessoa enganada for diversa da que sofre o prejuízo (o empregado sofre o golpe (fraude) do agente, mas quem suporta o prejuízo da ação é o empregador). A vítima efetiva, na verdade, é quem sofre o dano material decorrente da ação, como destacava Roberto Lyra: "Sujeito passivo da ação, do erro, é quem sofre sua materialidade; o patrimônio afetado pode ser de outrem, que experimenta o resultado, o prejuízo"[4].

Em verdade, não se pode perder de vista que o bem jurídico protegido é o patrimônio; assim, sujeito passivo é quem sofre a lesão patrimonial. A necessidade do nexo causal entre a fraude e a lesão patrimonial não significa, deve-se reconhecer, que ambos devam ser suportados pela mesma pessoa.

O sujeito passivo deve, necessariamente, ser pessoa(s) determinada(s). Tratando-se de pessoas indeterminadas, pode configurar-se crime contra a economia popular ou contra as relações de consumo.

3.1 *Criança e enfermo mental: impossibilidade*

Para a tipificação do crime de estelionato, é indispensável a existência de fraude, criando ou mantendo alguém em erro. No entanto, para a vítima poder ser enganada, é indispensável que tenha *capacidade de discernimento*. Nesses casos, pode-se dizer, há impropriedade absoluta do "objeto" do erro, pois um dos elementos do estelionato é o emprego de meio fraudulento para enganar ou manter a vítima em erro; como esses incapazes — menor e enfermo mental — não têm capacidade de entender e de querer, não podem ser ludibriados; logo, tampouco podem ser sujeitos passivos desse crime.

---

3. Vincenzo Manzini, *Trattado di Diritto Penale*, cit., v. 9, p. 527.

4. Roberto Lyra, Estelionato, in *Repertório enciclopédico do Direito brasileiro*, Rio de Janeiro, Borsoi, s.d., v. 21, p. 53.

Assim, se a vítima não tiver capacidade de autodeterminação, como a criança ou o enfermo mental, o crime será o do art. 173 do CP. Se, no entanto, não tiver capacidade natural de ser iludida, como, por exemplo, ébrio em estado de coma, o crime será o de furto[5].

4. Fraude civil e fraude penal: ontologicamente iguais

Nélson Hungria estabeleceu a seguinte distinção entre ilícito penal e ilícito civil: "*Ilícito penal* é a violação da ordem jurídica, contra a qual, pela sua *intensidade* ou *gravidade*, a única sanção adequada é a pena, e *ilícito civil* é a violação da ordem jurídica, para cuja debelação bastam as sanções atenuadas da indenização, da execução forçada ou *in natura*, da restituição ao *status quo ante*, da breve prisão coercitiva, da anulação do ato, etc."[6] (grifos do original).

Comerciar é a *arte de negociar*, de tirar vantagem econômica do negócio ou qualquer transação que se realize; esse aspecto encerra um jogo de inteligência, de astúcia, uma espécie de brincadeira de esconde-esconde, donde resultou a expressão popular de que "o segredo é a alma do negócio". Em outros termos, é normal, nas transações comerciais ou civis, certa dose de malícia entre as partes, que, com habilidade, procuram ocultar eventuais deficiências de seu produto para, assim, realizar um negócio mais lucrativo ou vantajoso. Não era outro o entendimento de Magalhães Noronha, que reconhecia: "Se assim não fosse, raro seria o negócio ou a transação em que se não divisaria fraude punível, pois, neles, são frequentes os pequenos ardis, os ligeiros artifícios, os leves expedientes visando a resultado rendoso"[7].

A questão fundamental é, afinal, quando essa malícia ou habilidade ultrapassa os limites do moralmente legítimo para penetrar no campo do ilícito, do proibido, do engodo ou da indução ao erro.

Na verdade, a *ilicitude* começa quando se extrapolam os limites da "malícia" e se utilizam o engano e o induzimento a erro para a obtenção de vantagem, em prejuízo de alguém. No entanto, nessas circunstâncias, se estiver caracterizado o engano, a burla, ainda assim pode configurar-se não mais que a fraude civil, que terá como consequência a anulação do "contrato", com as respectivas perdas e danos. Heleno Fragoso[8] destacava um exemplo muito elucidativo: "Se alguém vende um automóvel, silenciando sobre defeito essencial (por exemplo: quebra da transmissão), isto será uma fraude civil, que anulará o contrato. Se alguém, todavia, vende um automóvel sem motor, iludindo o adquirente, praticará um estelionato, ou seja, uma fraude penal". Com efeito, atos maliciosos de comércio que não atingem o nível de

---

5. Heleno Cláudio Fragoso, *Lições de Direito Penal*, cit., v. 1, p. 449; Magalhães Noronha, *Direito Penal*, cit., v. 2.
6. Nélson Hungria, *Comentários ao Código Penal*, cit., v. 7, p. 178.
7. Magalhães Noronha, *Direito Penal*, cit., v. 2, p. 380.
8. Heleno Cláudio Fragoso, *Lições de Direito Penal*, cit., v. 1, p. 446.

burla, embora irregulares, não constituem estelionato, para o qual é insuficiente a habitual sagacidade do mundo dos negócios.

Como se distingue a *fraude civil* da *fraude penal*? Há diferença essencial entre uma e outra? Existem critérios seguros para apurá-las?

Doutrina e jurisprudência por longo tempo debateram-se na tentativa de encontrar critérios seguros que permitissem detectar a distinção entre as espécies ou natureza da fraude. Carmignani, retrocedendo à concepção romana, afirmou que na fraude penal deveria existir grande perversidade e impostura. A famosa teoria *mise-en-scène*, atribuída a um autor alemão, foi desenvolvida pelos franceses e recepcionada por Carrara (§ 2.344). Para os defensores dessa concepção, a fraude civil pode revestir-se de simples mentira ou silêncio, enquanto a fraude penal exigiria determinada artificiosidade para ludibriar a vítima. Essa teoria também perdeu atualidade e adeptos, pois a distinção da natureza da fraude não reside apenas no meio ou modo de execução[9].

Após demorada enumeração de teorias, Nélson Hungria acaba concluindo: "O critério que nos parece menos precário é o que pode ser assim fixado: há quase sempre fraude penal quando, relativamente idôneo (*sic*) o meio iludente, se descobre, na investigação retrospectiva do fato, a ideia preconcebida, o propósito *ab initio* da frustração do equivalente econômico. Tirante tal hipótese de ardil grosseiro, a que a vítima se tenha rendido por indesculpável inadvertência ou omissão de sua habitual prudência, o *inadimplemento preordenado* ou *preconcebido* é talvez o menos incerto dos sinais orientadores na fixação de uma linha divisória nesse terreno *contestado* da fraude..."[10].

Várias teorias, enfim, objetivas e subjetivas, pretenderam explicar a distinção entre as duas espécies de fraudes, civil e penal. Os argumentos, no entanto, não apresentaram suficientes e convincentes conteúdos científicos que ancorassem as conclusões que sugeriam, levando a moderna doutrina a recusá-las. Na verdade, não há diferença ontológica entre *fraude civil* e *fraude penal*, sendo insuficientes todas as teorias que — sem negar-lhes importância — procuraram estabelecer *in abstracto* um princípio que as distinguisse com segurança; não se pode, responsavelmente, firmar *a priori* um juízo definitivo sobre o tema. Fraude é fraude em qualquer espécie de ilicitude — civil ou penal —, repousando eventual diferença entre ambas tão somente em seu *grau de intensidade*.

9. Heleno Cláudio Fragoso, *Lições de Direito Penal*, cit., v. 1, p. 447: "Outros autores consideravam fraude penal a que fosse capaz de iludir o diligente pai de família (*Giuliani*), ou aquela que consistisse em artifícios fraudulentos, de modo a constituir coação às faculdades intelectivas do lesado (*Mittermaier*). *Merker* e *Puglia* limitavam a fraude penal às hipóteses em que não fosse possível a reparação do dano, e *Geib* invocava o cuidado e a precaução que comumente se põem nas transações, ensinando que a fraude penal seria somente aquela capaz de iludir a prudência ordinária da vítima".

10. Nélson Hungria, *Comentários ao Código Penal*, cit., v. 7, p. 191.

Na fraude civil objetiva-se o lucro do próprio negócio, enquanto na fraude penal se visa o "lucro" ilícito. A inexistência de *dano civil* impede que se fale em prejuízo ou dano penal[11]. Essa distinção, além de complexa, não é nada pacífica.

Não há *critério científico* que abstrata ou concretamente distinga, com segurança, uma fraude da outra!

Concluindo, somente razões político-criminais podem justificar a separação, em termos de direito positivo, entre fraude civil e fraude penal. Essa seleção, mesmo objetivando atender ao interesse social, não pode adequar-se a um padrão abstrato de irretocável conteúdo e segurança científicos. Por isso, o máximo que se pode tolerar é a fixação de critérios elucidativos que permitam uma segura opção do aplicador da lei.

5. Tipo objetivo: adequação típica

A ação tipificada é *obter vantagem ilícita* (para si ou para outrem), em prejuízo alheio, *induzindo ou mantendo alguém em erro,* mediante artifício, ardil ou qualquer outro meio fraudulento. A característica fundamental do estelionato é a *fraude*, utilizada pelo agente para *induzir* ou *manter* a vítima em *erro*, com a finalidade de obter vantagem patrimonial ilícita.

No estelionato, há *dupla relação causal*: primeiro, a vítima é enganada mediante fraude, sendo esta a *causa* e o engano o *efeito*; segundo, *nova relação causal* entre o erro, como causa, e a obtenção de vantagem ilícita e o respectivo prejuízo, como efeito[12]. Na verdade, é indispensável que a vantagem obtida, além de ilícita, decorra de erro produzido pelo agente, isto é, que aquela seja consequência deste. Não basta a existência do erro decorrente da fraude, sendo necessário que da ação resulte vantagem ilícita e prejuízo patrimonial. Ademais, à vantagem ilícita deve corresponder um prejuízo alheio.

A configuração do crime de estelionato exige a presença dos seguintes requisitos fundamentais: 1) *emprego de artifício, ardil ou qualquer outro meio fraudulento*; 2) *induzimento ou manutenção da vítima em erro*; 3) *obtenção de vantagem patrimonial ilícita em prejuízo alheio (do enganado ou de terceiro)*. Façamos um sucinto exame de cada um.

5.1 *Emprego de artifício, ardil ou qualquer outro meio fraudulento*

Para *enganar* alguém, induzindo-o ou mantendo-o em erro, pode-se empregar artifício, ardil ou qualquer outro meio fraudulento. *Artifício* é toda simulação ou dissimulação idônea para induzir uma pessoa ao erro, levando-a à percepção de uma *falsa aparência da realidade*; *ardil* é a trama, o estratagema, a astúcia; *qualquer outro meio fraudulento* é uma fórmula genérica para admitir qualquer espécie de fraude que possa enganar a vítima. Com essa expressão genérica, torna-se desneces-

---

11. José Frederico Marques, Estelionato, ilicitude civil e ilicitude penal, *RT*, *560*:286.
12. Paulo José da Costa Jr., *Comentários ao Código Penal*, cit., p. 524.

sária a precisão conceitual de *artifício* e *ardil*[13], que são meramente exemplificativos da *fraude penal*, tratando-se de crime de forma livre. Significa poder afirmar, ademais, que, se o Ministério Público imputar a prática do fato delituoso mediante *artifício* e, a final, a prova dos autos demonstrar que se trata de ardil, não haverá nenhum prejuízo para a defesa e tampouco se poderá afirmar que o *Parquet* pecou por desconhecimento técnico-dogmático.

Não se deve esquecer, contudo, que a *interpretação* em matéria penal-repressiva deve ser sempre *restritiva*, e somente nesse sentido negativo é que se pode admitir o *arbítrio judicial*, sem ser violada a taxatividade do princípio da reserva legal. A seguinte expressão de Nélson Hungria ilustra muito bem esse raciocínio: "Não pode ser temido o *arbitrium judicis* quando destinado a evitar, *pro libertate*, a excessiva amplitude prática de uma norma penal inevitavelmente genérica"[14].

É indispensável que o *meio fraudulento* seja suficientemente *idôneo* para enganar a vítima, isto é, para induzi-la a erro. A inidoneidade do meio, no entanto, pode ser relativa ou absoluta: sendo relativamente inidôneo o meio fraudulento para enganar a vítima, poderá configurar-se tentativa de estelionato; contudo, se a inidoneidade for absoluta, tratar-se-á de crime impossível, por absoluta ineficácia do meio empregado (art. 17).

5.2 *Induzimento ou manutenção da vítima em erro*

Induzir tem o significado de o agente incutir ou persuadir alguém com sua ação. Examinando o significado desse verbo, na tipificação do crime de *induzimento ao suicídio*, fizemos as seguintes considerações: "Induzir significa suscitar o surgimento de uma ideia, tomar a iniciativa intelectual, fazer surgir no pensamento de alguém uma ideia até então inexistente. Por meio da *indução* o indutor anula a vontade de alguém"[15]. *Mutatis mutandis*, aplicam-se os mesmos conceitos para o caso de estelionato. No entanto, nesta figura, não se emprega o verbo "instigar", como faz naquele crime contra a vida, preferindo o verbo "manter", que quer dizer que a vítima já se encontra em erro, limitando-se o agente, com sua ação fraudulenta, a não alterar os fatos. Contudo, se a conduta do agente for

---

13. Guilherme de Souza Nucci estabelece com precisão essa distinção: "*Artifício*: é a astúcia, esperteza, manobra que implica em engenhosidade. Ex.: o sujeito, dizendo-se representante de uma instituição de caridade conhecida, fazendo referência ao nome de pessoas conhecidas que, de fato, dirigem a mencionada instituição, consegue coletar contribuição da vítima, embolsando-a. (...) *Ardil*: é também artifício, esperteza, embora na forma de armadilha, cilada ou estratagema. No exemplo dado anteriormente, o agente prepara um local com a aparência de ser uma agência de venda de veículos, recebe o cliente (vítima), oferece-lhe o carro, recebe o dinheiro e, depois, desaparece. Trata-se de um ardil" (Guilherme de Souza Nucci, *Código Penal comentado*, cit., p. 562).

14. Nélson Hungria, *Comentários ao Código Penal*, cit., v. 7, p. 179.

15. Cezar Roberto Bitencourt, *Tratado de Direito Penal — Parte Especial*, 19. ed., São Paulo, Saraiva, 2019, v. 2, p. 203.

meramente omissiva ou não revestir-se de fraude, ainda que comissiva, não se poderá falar em crime de *estelionato*.

Erro é a falsa representação ou avaliação equivocada da realidade. A vítima supõe, por erro, tratar-se de uma realidade, quando na verdade está diante de outra; faz, em razão do erro, um juízo equivocado da relação proposta pelo agente. A *conduta fraudulenta* do sujeito leva a vítima a incorrer em *erro*. "O agente coloca — ou mantém — a vítima numa situação enganosa, fazendo parecer realidade o que efetivamente não é. Ex.: o autor finge manter uma agência de venda de carros, recolhe o dinheiro da vítima, prometendo-lhe que entregará o bem almejado, e desaparece"[16].

Essa conduta delituosa pode concretizar-se de duas formas: *induzindo* a vítima a erro ou *mantendo-a*. Na primeira hipótese, a vítima, em razão do estratagema, do ardil ou engodo utilizado pelo agente, é levada ao erro; na segunda, aquela já se encontra em erro, voluntário ou não, limitando-se a ação do sujeito ativo a manter o ofendido na situação equivocada em que se encontra.

Em outros termos, a *obtenção da vantagem* ou proveito ilícito decorre da circunstância de o agente *induzir* a vítima ao *erro* ou de *mantê-la* no estado de erro em que se encontra. Enfim, é possível que o agente provoque a incursão da vítima em erro ou apenas se aproveite dessa situação em que a vítima se encontra. De qualquer sorte, nas duas modalidades comete o crime de estelionato. Mas, parece-nos importante destacar que, mesmo na segunda hipótese, a conduta é comissiva, pois para "manter" o agente deve agir positivamente.

5.3 *Obtenção de vantagem ilícita em prejuízo alheio: elemento normativo*

A conduta nuclear, por excelência, está representada pelo verbo "obter", isto é, conseguir proveito ou vantagem ilícita em razão de *engano* provocado no ofendido. Para a configuração do estelionato é indispensável que o agente obtenha proveito indevido em prejuízo alheio. Exige o tipo penal a produção de duplo resultado (vantagem ilícita e prejuízo alheio), que examinaremos logo a seguir.

Estamos diante de um crime que apresenta grande complexidade estrutural tipológica, pela riqueza de elementos objetivos, normativos e subjetivos que o compõem, destacando-se, de plano, a duplicidade de nexo causal e de resultados[17].

A *duplicidade de nexo causal* está representada por dupla relação de causa e efeito; num primeiro momento, funciona a fraude como *causa*, e o engano decorrente do ardil, como *efeito*; no momento subsequente, o erro consequente do engano, como causa, e a obtenção da vantagem indevida e o dano patrimonial corres-

---

16. Guilherme de Souza Nucci, *Código Penal comentado*, cit., p. 561.
17. Damásio de Jesus, *Direito Penal*, 22. ed., São Paulo, Saraiva, 1999, v. 1, p. 427.

pondente[18] (esses dois representando a segunda duplicidade). Trata-se, com efeito, de *crime de resultado duplo*, uma vez que para se consumar exige a obtenção de *vantagem ilícita*, de um lado, e a ocorrência efetiva de um *prejuízo* para a vítima, de outro. A ausência de qualquer desses resultados descaracteriza o estelionato consumado, restando, em princípio, a figura da tentativa.

Vantagem ilícita é todo e qualquer *proveito* ou benefício contrário à ordem jurídica, isto é, não permitido por lei. A *obtenção da vantagem ilícita*, ao contrário do que ocorre nos crimes de furto e de apropriação indébita, é *elemento constitutivo* do estelionato.

A simples *imoralidade* da vantagem é insuficiente para caracterizar essa elementar típica. *Prejuízo alheio*, por sua vez, significa perda, dano, diminuição de lucro ou de patrimônio, pertencente a outrem.

Há divergência doutrinário-jurisprudencial sobre a natureza da vantagem, isto é, se deve ser necessariamente econômica ou não. Esse aspecto, por sua complexidade, será abordado em tópico específico.

À *vantagem ilícita* deve corresponder, simultaneamente, um *prejuízo alheio*; a ausência de qualquer dos dois descaracteriza o crime de estelionato. A ausência dessa correspondência, isto é, se o sujeito ativo obtiver a vantagem ilícita, mas não causar prejuízo a terceiro, faltará a elementar típica "em prejuízo alheio". Nessa hipótese não se pode afirmar que houve estelionato; faz-se necessário que se examine a possibilidade teórica da ocorrência da tentativa. Contudo, a ausência de prejuízo, por si só, não é suficiente para caracterizar a tentativa, ao contrário do entendimento esposado por Damásio de Jesus[19].

Na verdade, somente a casuística pode oferecer-nos com mais segurança a resposta correta, mas, de plano, pode-se assegurar que é indispensável nesses casos examinar se a não ocorrência de *prejuízo alheio* foi provocada por *causas estranhas à vontade do agente* (art. 14, II). Ora, se esse elemento da tentativa não estiver presente não se pode falar na figura tentada de estelionato.

São indiferentes os meios utilizados pelo agente tanto para o induzimento da vítima em erro quanto para sua manutenção. Em qualquer das hipóteses é necessária uma influência decisiva no processo de formação de vontade da vítima, abrangendo os aspectos volitivos e intelectivos.

6. Vantagem ilícita: irrelevância da natureza econômica

Embora discordemos do entendimento que sustentava Heleno Fragoso, convém destacar sua coerência doutrinário-dogmática, mantendo a mesma orientação ao examinar duas elementares semelhantes: *qualquer vantagem* — na

18. Nesse sentido, Paulo José da Costa Jr., *Comentários ao Código Penal*, cit., p. 524; Luiz Regis Prado, *Curso de Direito Penal brasileiro*, cit., v. 2, p. 501.
19. Damásio de Jesus, *Direito Penal*, cit., v. 1, p. 427.

extorsão mediante sequestro (art. 159) — e *vantagem ilícita* — no estelionato (art. 171); para Fragoso, tanto numa quanto noutra hipótese "a vantagem há de ser econômica". Na primeira, dizia, "embora haja aqui uma certa imprecisão da lei, é evidente que o benefício deve ser de ordem econômica ou patrimonial, pois de outra forma este seria apenas um crime contra a liberdade individual"[20]; na segunda, relativamente ao estelionato, mantendo sua coerência tradicional, pontificava: "por *vantagem ilícita* deve entender-se qualquer utilidade ou proveito de ordem patrimonial, que o agente venha a ter em detrimento do sujeito passivo sem que ocorra justificação legal"[21].

Essa *correção metodológico-interpretativa*, porém, não constitui unanimidade na doutrina nacional, merecendo, ainda que exemplificativamente, ser examinada.

Com efeito, Magalhães Noronha, examinando o crime de "extorsão mediante sequestro", professava: "O Código fala em *qualquer* vantagem, não podendo o adjetivo referir-se à *natureza* desta, pois ainda aqui, evidentemente, ela há de ser, como no art. 158, *econômica*, sob pena de não haver razão para o delito ser classificado no presente título"[22]. No entanto, o mesmo Magalhães Noronha, em sua análise da elementar vantagem ilícita, contida no crime de "estelionato", parece ter esquecido que essa infração penal também está classificada no Título dos Crimes contra o Patrimônio, ao asseverar que: "Essa vantagem pode não ser econômica, e isso é claramente indicado por nossa lei, pois, enquanto, na extorsão, ela fala em indevida vantagem econômica, aqui menciona apenas a vantagem ilícita. É, aliás, opinião prevalente na doutrina"[23]. Nessa linha de Magalhães Noronha, com posição não muito clara, Luiz Regis Prado, na atualidade, referindo-se à "extorsão mediante sequestro", leciona: "No que tange à *vantagem* descrita no tipo, simples interpretação do dispositivo induziria à conclusão de que não deva ser necessariamente econômica. Contudo, outro deve ser o entendimento. De fato, a extorsão está encartada entre os delitos contra o patrimônio, sendo o delito-fim, e, no sequestro, apesar de o próprio tipo não especificar a natureza da vantagem, parece indefensável entendimento diverso"[24]. Em relação ao "estelionato", referindo-se à elementar *vantagem ilícita*, Regis Prado sustenta: "Prevalece o entendimento doutrinário de que a referida vantagem não necessita ser econômica, já que o legislador não restringiu o seu alcance como o fez no tipo que define o crime de extorsão, no qual empregou a expressão *indevida vantagem econômica*"[25].

Constata-se que, ao contrário de Heleno Fragoso, que manteve interpretação coerente, Magalhães Noronha e Regis Prado adotam entendimento contraditório,

20. Heleno Cláudio Fragoso, *Lições de Direito Penal*, cit., v. 1, p. 367.
21. Heleno Cláudio Fragoso, *Lições de Direito Penal*, cit., v. 1, p. 452.
22. Magalhães Noronha, *Direito penal*, cit., v. 2, p. 287.
23. Magalhães Noronha, *Direito Penal*, cit., v. 2, p. 390.
24. Luiz Regis Prado, *Curso de Direito Penal brasileiro*, cit., v. 2, p. 413.
25. Luiz Regis Prado, *Curso de Direito Penal brasileiro*, cit., v. 2, p. 501.

na medida em que, em situações semelhantes — "qualquer vantagem" e "vantagem ilícita" —, adotam soluções díspares, como acabamos de ver.

Examinando o mesmo tema, no crime de "extorsão mediante sequestro", neste mesmo volume, fizemos a seguinte afirmação: "Preferimos, contudo, adotar outra orientação, sempre comprometida com a segurança dogmática da tipicidade estrita, naquela linha que o próprio Magalhães Noronha gostava de repetir de que "a lei não contém palavras inúteis", mas que também não admite — acrescentamos — a inclusão de outras não contidas no texto legal. Coerente, jurídica e tecnicamente correto o velho magistério de Bento de Faria, que pontificava: "A vantagem — exigida para restituição da liberdade ou como preço do resgate, pode consistir em dinheiro ou qualquer outra utilidade, pouco importando a forma da exigência"[26]. Adotamos esse entendimento[27], pelos fundamentos que passamos a expor. (...) Curiosamente, no entanto, na descrição desse tipo penal — *extorsão mediante sequestro* —, contrariamente ao que fez na constituição do crime anterior (extorsão), que seria, digamos, o tipo matriz do "crime extorsivo", o legislador brasileiro não inseriu na descrição típica a elementar normativa *indevida vantagem econômica*. Poderia tê-la incluído; não o fez. Certamente não terá sido por esquecimento, uma vez que acabara de descrever tipo similar, com sua inclusão (art. 158). Preferiu, no entanto, adotar a locução "qualquer vantagem", sem adjetivá-la, provavelmente para não restringir seu alcance.

Por tudo isso, em coerência com o entendimento que esposamos sobre a locução "qualquer vantagem", que acabamos de transcrever, sustentamos que a *vantagem ilícita* — elementar do crime de estelionato —, pelas mesmas razões, não precisa ser necessariamente de natureza econômica.

O argumento de que a natureza econômica da vantagem é necessária, pelo fato de o estelionato estar localizado no Título que disciplina os crimes contra o patrimônio, além de inconsistente, é equivocado. Uma coisa não tem nada que ver com a outra: os crimes contra o patrimônio protegem a inviolabilidade patrimonial da sociedade em geral e da vítima em particular, o que não se confunde com a vantagem ilícita conseguida pelo agente. Por isso, não é a *vantagem* obtida que deve ter natureza econômica; o *prejuízo* sofrido pela vítima é que deve ter essa qualidade. Nesse particular, alteramos o entendimento manifestado no *Código Penal comentado*[28], sobre a ilogicidade de o prejuízo alheio ter natureza patrimonial e a vantagem ilícita poder ser de qualquer natureza.

O *prejuízo alheio*, além de patrimonial, isto é, economicamente apreciável, deve ser real, concreto, não podendo ser meramente potencial. *Prejuízo*, destacava Magalhães Noronha[29], é sinônimo de dano, e, como o crime é contra o patrimônio, esse

26. Bento de Faria, *Código Penal brasileiro comentado*, cit., v. 5, p. 63.
27. Cezar Roberto Bitencourt, *Código Penal comentado*, p. 697.
28. Cezar Roberto Bitencourt, *Código Penal comentado*, cit.
29. Magalhães Noronha, *Direito Penal*, cit., v. 2, p. 391.

dano há de ser patrimonial. Aqui se justifica essa interpretação, pois está de acordo com o bem jurídico tutelado, que é a inviolabilidade do *patrimônio alheio*. Elucidativo, nesse particular, o magistério de Sebastian Soler[30]: "Prejuízo patrimonial não quer dizer somente prejuízo pecuniário: a disposição tomada pode consistir na entrega de uma soma em dinheiro, de uma coisa, móvel ou imóvel, de um direito e também de um trabalho que se entenda retribuído, ou de um serviço tarifado. Pode também consistir na renúncia a um direito que positivamente se tem. Deve tratar-se, em todo caso, de um valor economicamente apreciável, sobre o qual incida o direito de propriedade no sentido amplo em que tal direito é entendido pela lei penal".

Por fim, a *vantagem* tem de ser *injusta*, ilegal, indevida. Se for justa estará afastada a figura do estelionato, podendo configurar, em tese, exercício arbitrário das próprias razões (art. 345 do CP). Quando a lei quer limitar a espécie de vantagem, usa o elemento normativo *indevida, injusta, sem justa causa, ilegal*, como destacamos em inúmeras passagens deste trabalho. Assim, havendo a *fraude* para enganar e obter vantagem ilícita, para si ou para outrem, não importa a natureza (econômica ou não). Contudo, quanto à espécie é diferente: deve ser injusta.

Concluindo, a *vantagem ilícita* não precisa ter natureza econômica, mas deve, necessariamente, ser *injusta*, ao passo que o *prejuízo alheio*, em razão do *bem jurídico violado*, deve ser economicamente apreciável.

7. Tipo subjetivo: adequação típica

O elemento subjetivo geral do estelionato é o *dolo*, representado pela vontade livre e consciente de ludibriar alguém, por qualquer meio fraudulento, para obter vantagem indevida, em prejuízo de outrem. Deve abranger não apenas a ação como também o meio fraudulento, a vantagem indevida e o prejuízo alheio. Hungria[31], a seu tempo, já chamava a atenção para esse aspecto: "Não existe o crime sem a vontade conscientemente dirigida à *astucia mala* que provoca ou mantém o erro alheio e à correlativa locupletação ilícita em detrimento de outrem".

O dolo, na primeira figura, "induzir em erro", deve anteceder o emprego do *meio fraudulento* e a produção dos resultados "vantagem ilícita" e "prejuízo alheio". Na segunda figura, "manter em erro", o dolo é concomitante ao referido erro: constatada a existência do erro, o dolo consiste exatamente em sua manutenção[32].

É necessário que o agente tenha *consciência* de que obtém uma *vantagem indevida*, visto que, se for devida, legal ou justa não se cuidará de estelionato, mas, teoricamente, de exercício arbitrário das próprias razões (art. 345). O erro sobre a justiça ou legalidade da vantagem constitui erro de tipo, pois incide sobre uma elementar típica.

30. Sebastian Soler, *Derecho Penal argentino*, Buenos Aires, TEA, 1951, p. 356.
31. Nélson Hungria, *Comentários ao Código Penal*, cit., v. 7, p. 225 e 226.
32. Magalhães Noronha, *Direito Penal*, cit., v. 2, p. 375.

Não há previsão de modalidade culposa de estelionato, a despeito da possibilidade de alguém ser induzido ou mantido em erro, por imprudência ou negligência.

Faz-se necessário, ainda, o *elemento subjetivo especial* do tipo, constituído pelo *especial fim* de obter vantagem *patrimonial* ilícita, para si ou para outrem. A simples finalidade de produzir dano patrimonial ou prejuízo a alguém, sem visar a obtenção de proveito injusto, não caracteriza o estelionato.

8. Classificação doutrinária

Trata-se de crime *comum* (não necessita de qualquer qualidade ou condição especial do sujeito ativo); *material* (exige resultado naturalístico, consistente em dano patrimonial); *doloso* (não admite modalidade culposa); *instantâneo* (o resultado se produz de imediato; sua execução não se alonga no tempo); *de forma livre* (pode ser praticado livremente, com qualquer meio escolhido pelo sujeito ativo); *comissivo* (somente pode ser praticado com uma conduta positiva, excepcionalmente comissivo-omissivo); de *dano* (consuma-se somente com o advento do resultado material, isto é, com a efetiva lesão de um bem jurídico tutelado); *unissubjetivo* (pode ser cometido por apenas um sujeito ativo); *plurissubsistente* (consistente em vários atos integrantes de uma conduta, admitindo, consequentemente, seu fracionamento).

Discute-se sobre a possibilidade de o estelionato apresentar-se, excepcionalmente, como *crime permanente*, em especial no caso da utilização de certidões falsas para o recebimento de benefícios do INSS. Com acerto, no entanto, o Ministro Marco Aurélio concebeu-o como crime *instantâneo com efeitos permanentes*[33]. Em nossa concepção, com efeito, essa é a orientação correta, ou seja, via de regra o estelionato pode apresentar-se como crime instantâneo de efeitos permanentes e, na hipótese de repetição, quer com a *utilização de certidões falsas* perante o INSS, quer com o *recebimento dos proventos*, caracteriza-se somente *crime continuado*: repetição de ação não se confunde com *permanência*, a despeito do entendimento adotado pelo STJ no acórdão citado.

9. Consumação e tentativa

Consuma-se o estelionato, em sua forma fundamental, no momento e no lugar em que o agente obtém o proveito a que corresponde o prejuízo alheio. Na verdade,

33. STF, 2ª Turma, HC 80.349/SC, rel. Min. Marco Aurélio, j. 18-12-2000, *DJ*, 4 maio 2001, ementário n. 2.039-3. Em sentido contrário, admitindo o estelionato como crime permanente, o seguinte acórdão do STJ: "Tratando-se de estelionato de rendas mensais, que dura no tempo, há permanência na consumação (delito eventual), devendo o termo inicial da prescrição contar-se da cessação da permanência (art. 111, III, do CP)" (5ª Turma, HC 12.914/SC, transcrito no acórdão do STF que acabamos de citar). Em hipótese específica, o STJ já decidiu: "Na linha da orientação desta Corte, cuida-se de crime permanente a conduta daquele que recebe indevidamente benefício previdenciário de forma continuada" (STJ, AgRg no REsp 1.997.077/AL, rel. Min. Antonio Saldanha Palheiro, Sexta Turma, julgado em 12-6-2023, *DJe* de 15-6-2023).

é indispensável que a *vantagem* obtida, além de indevida, decorra do *erro* produzido pelo agente, isto é, que aquela seja consequência deste. Não basta a existência do erro decorrente da fraude, sendo necessário que da ação resulte vantagem ilícita e prejuízo patrimonial de outrem. Com efeito, à vantagem ilícita deve corresponder um prejuízo alheio, numa relação de causa e efeito. Em outros termos, não se pode falar em consumação sem a presença do binômio *proveito ilícito-prejuízo alheio*.

Tratando-se de crime material, que admite seu fracionamento, é perfeitamente admissível a tentativa, uma vez que o *iter criminis* pode ser interrompido, por causas estranhas à vontade do agente.

Para o *êxito* da fraude é necessário que o *meio fraudulento* seja suficientemente *idôneo* para enganar a vítima, isto é, para induzi-la a erro. A *inidoneidade do meio*, no entanto, pode ser *relativa* ou *absoluta*: sendo relativamente inidôneo o meio fraudulento para enganar a vítima, poderá configurar-se tentativa de estelionato, se estiverem presentes os demais requisitos; contudo, se a inidoneidade for *absoluta*, tratar-se-á de *crime impossível* (art. 17).

No *estelionato*, crime que requer a cooperação da vítima, o início de sua execução se dá com o engano da vítima. Quando o agente não consegue enganar a vítima, o simples emprego de artifício ou ardil caracteriza apenas a prática de *atos preparatórios*, não se podendo cogitar de tentativa de estelionato. Com efeito, não caracteriza estelionato a obtenção de vantagem ilícita em prejuízo alheio, se, a despeito de comprovada a autoria, o *meio empregado pelo agente* for ineficaz para induzir ou manter a vítima em erro.

10. Estelionato e falsidade

Há quatro orientações distintas quando o agente se utiliza do *falsum* como meio para a prática do estelionato: 1) *O estelionato absorve a falsidade* — quando esta for o *meio fraudulento* utilizado para a prática do *crime-fim*, que é o estelionato. O Superior Tribunal de Justiça sumulou essa orientação, nos seguintes termos: "Quando o falso se exaure no estelionato, sem mais potencialidade lesiva, é por este absorvido" (Súmula 17)[34]. 2) *Há concurso formal entre estelionato e o crime de "falsum"* — para essa corrente é indiferente a espécie ou natureza da falsidade: material, ideológica, documento público ou particular, ou simples uso de documento falso (STF, *RTJ*, *117*:70; TRF da 4ª Região, *DJU*, 5 set. 1990, p. 20104-5). 3) O *crime de falso prevalece sobre o estelionato* — mas somente quando se tratar de falsidade de documento público, cuja pena é superior à do estelionato (TRF da 2ª Região, *DJU*, 20 jul. 1993, p. 28577). 4) *Há concurso material* — para esta corren-

34. "Quando o falso é meio para alcançar o patrimônio alheio, perde sua autonomia, e integra o contexto do fim procurado. Assim, é absorvido, não mantendo autonomia. Há, apenas, uma exceção, enunciada na Súmula 17 do STJ, *verbis*: 'Quando o falso se exaure no estelionato, sem mais potencialidade lesiva, é por este absorvido'" (STJ, RE 109.102/RS, rel. Min. Luiz Vicente Cernicchiaro, *DJU*, 24 ago. 1998).

te é indiferente que a falsidade seja de documento público ou particular (TJSP, *RJTJSP*, *85*:366).

11. Estelionato privilegiado: minorante de aplicação obrigatória

Embora semelhante à previsão do *furto privilegiado*, aqui se requer *pequeno valor do prejuízo* (171, § 1º), enquanto no furto se exige *pequeno valor da "res furtiva"*, necessitando, consequentemente, ser avaliado o *efetivo prejuízo* sofrido pela vítima. O "pequeno prejuízo" deve ser verificado, via de regra, por ocasião da realização do crime, e, na hipótese de *tentativa*, é aquele que decorreria da pretendida consumação.

Para fins de aplicação do disposto no § 1º do art. 171 do CP, não se identificam "pequeno prejuízo" causado à vítima e "pequeno valor" da *res furtiva* (art. 155, § 2º, do CP) resultante da ação delituosa. No crime de furto, o valor da *res furtiva* deve ser medido ao tempo da subtração, não se identificando com o pequeno prejuízo que dela resultar. Como a previsão legal, para essa infração, refere-se a *pequeno valor* da coisa furtada, é irrelevante a circunstância de a vítima recuperar o bem subtraído e não sofrer prejuízo algum.

As *minorantes* constituem *direitos públicos subjetivos do réu*, cuja admissão é obrigatória, estando presentes os dois requisitos legais (*primariedade* e *pequeno prejuízo*). Para reconhecimento da figura privilegiada, tem predominado o entendimento (mais liberal) de que o limite de um salário mínimo não é intransponível.

12. Figuras especiais de estelionato

Com o mesmo tratamento penal dispensado ao tipo fundamental, o legislador de 1940 previu *modalidades especiais de estelionato*. Desnecessário dizer que cada figura apresenta alguma peculiaridade que a distingue do tipo fundamental, sob pena de não haver razão para sua especialidade.

O § 2º do art. 171, com efeito, prevê seis modalidades especiais de estelionato: *disposição de coisa alheia como própria; alienação ou oneração fraudulenta de coisa própria; defraudação de penhor; fraude na entrega de coisa; fraude para recebimento de indenização ou valor de seguro e fraude no pagamento por meio de cheque.*

Façamos, por ora, uma análise sucinta de cada uma dessas figuras especiais de estelionato.

12.1 *Disposição de coisa alheia como própria (I)*

Convém destacar, preliminarmente, que os mesmos elementos constitutivos do estelionato em sua modalidade fundamental também estão presentes nessa figura: emprego da *fraude*, em razão da qual o sujeito passivo acredita que a coisa que lhe é oferecida pertence ao estelionatário, a incursão em erro da vítima, com a consequente vantagem indevida do agente e o correspondente prejuízo de alguém.

As condutas incriminadas são *vender, permutar, dar em pagamento, em locação* ou *em garantia* coisa alheia como própria. Essa modalidade consiste em *realizar qualquer dos atos jurídicos* mencionados tendo por objeto coisa alheia como se fosse própria. Exige-se a má-fé do sujeito ativo e correspondente boa-fé do sujeito passivo; no caso, o comprador é enganado, além do proprietário, é claro.

A disposição da coisa é inerente ao domínio, e só o tem o proprietário, a quem o Código Civil confere, além do uso e gozo da coisa, sua disponibilidade. Podem ser objeto material desse crime tanto os bens móveis quanto os imóveis. É necessário que a ação física esteja relacionada à coisa alheia: compra e venda, troca, dação em pagamento.

Consuma-se o crime, como o tipo básico, com a *obtenção da vantagem ilícita* e o *prejuízo* para a vítima. Considerando-se tratar-se de crime material, a tentativa é perfeitamente possível, já que o *iter criminis* pode ser interrompido.

Sujeito ativo pode ser qualquer pessoa; *sujeito passivo* é o comprador de boa-fé, enganado pelo vendedor, incluindo também o próprio proprietário da coisa. Exige-se *antagônica relação de subjetividade*: a má-fé do sujeito ativo *versus* a boa-fé do sujeito passivo.

Todos os demais elementos estruturais previstos para o tipo fundamental (*caput* do art. 171) aplicam-se aos tipos especiais, que não deixam de ser tipos derivados.

12.2 *Alienação ou oneração fraudulenta de coisa própria (II)*

Nossos anteriores diplomas legais codificados (Ordenações Filipinas, Código Criminal de 1830 e Código Penal de 1890) já consagravam esse tipo de crime.

O que muda efetivamente, nesse tipo penal, é o objeto material: em vez de ser *coisa alheia*, trata-se de *coisa própria*, impedida, por alguma razão, de ser alienada. As ações incriminadas incidem sobre coisa própria, gravada com ônus de *inalienabilidade*. Quando "todos os direitos" imanentes ao direito de propriedade reúnem-se na pessoa do proprietário fala-se em *dominium plenum*. Nem sempre, porém, o dono da coisa dispõe de todos esses atributos da propriedade, sendo uma das restrições possíveis a *inalienabilidade*, que pode decorrer de lei, convenção ou testamento. Outra restrição ao direito de propriedade, especialmente importante para o direito penal, é a indisponibilidade de coisa *gravada de ônus*, que nada mais é do que o desmembramento de alguns dos direitos que compõem o *dominium*. Pois esse desmembramento constitui *ônus* para o proprietário e, recaindo sobre a coisa, tem natureza real e não simplesmente obrigacional; pode-se citar como exemplo a hipoteca, a anticrese e o penhor. Além dos direitos reais por natureza, entre outros, enfiteuse, superfície, servidões, usufruto.

Quem recebe a coisa, com qualquer desses ônus, desconhecendo a existência destes, é lesado em seu direito e fraudado em sua expectativa; sofre prejuízo patrimonial e é vítima do crime tipificado no dispositivo em exame.

A *promessa de venda* não é abrangida como forma de crime nos conceitos de venda, permuta ou dação em pagamento do art. 171, § 2º, do CP. Assim, o *silêncio do promitente vendedor* sobre o fato de estar o imóvel *arrestado em execução*, por exemplo, não tipifica o crime de alienação fraudulenta de coisa própria. Essa proibição tipificada refere-se expressamente ao ato de *vender*, que não se confunde com o *mero compromisso* de compra e venda (este não passa de *obrigação de fazer*). Só recorrendo à analogia seria possível enquadrar a promessa de venda no art. 171, § 2º, II, do CP, mas a *incriminação analógica* é vedada pelo direito penal moderno[35].

Concretamente, porém, dependendo das demais circunstâncias, poderá caracterizar o tipo fundamental descrito no *caput*. Com efeito, para fins criminais não há como confundir *venda* com *promessa de compra e venda*: a obrigação de fazer, que resulta da promessa, deve ser resolvida no juízo cível, sendo estranho ao tipo penal, que no art. 171, § 2º, II, exige para sua configuração o núcleo "vender", sendo, portanto, diferentes seus conceitos normativos e doutrinários.

O *sujeito ativo*, ao contrário da previsão do inciso anterior, é o *dono da coisa*, que está impedido — por lei, contrato ou testamento — de aliená-la; aliás, como se trata de *crime próprio*, só o dono da coisa pode sê-lo. A *coisa* pode, também, ser gravada com ônus impeditivo de alienação (*v.* CC/16, art. 674). Em qualquer das hipóteses, é necessário que o sujeito ativo *iluda a vítima* sobre a condição da coisa, *silenciando sobre qualquer das circunstâncias* enumeradas.

Sujeito passivo é quem recebe a coisa nas condições enumeradas e, na última hipótese, também o promitente comprador.

12.3 *Defraudação de penhor (III)*

A ação tipificada é *defraudar* garantia pignoratícia *mediante alienação* (venda, troca, doação etc.) *ou por outro modo* (desvio, consumo, destruição, abandono etc.), *sem consentimento* do credor. *Defraudar* significa lesar, privar ou tomar um bem de outrem. Tipifica-se o estelionato, nessa modalidade, quando o *devedor pignoratício*, que tem a posse do objeto empenhado, "defrauda, mediante alienação não consentida pelo credor ou por outro modo, a garantia pignoratícia" (art. 171, III, do CP).

A alienação de lavoura de soja, por exemplo, constituída em garantia por meio de cédula rural pignoratícia, sem o consentimento do credor, configura essa modalidade especial de estelionato. Ocorre a *defraudação de penhor* quando é feita a alienação do objeto empenhado (inciso III do 2º do art. 171 do CP) sem o consentimento do credor, independentemente de a espécie de depósito ser regular ou irregular.

A *defraudação do penhor* para aperfeiçoar-se em sua anatomia jurídica, geralmente prescinde do *exame pericial*; a exigência, além de estimular a impunidade,

35. TJSP, HC, rel. Juiz Dirceu de Mello, *RT*, *625*:280. No mesmo sentido, o seguinte acórdão: "A venda, pelo proprietário, de imóvel penhorado não tipifica o crime do art. 171, § 2º, II, do CP — alienação fraudulenta de coisa própria — porque a penhora não torna a coisa inalienável, não a grava de ônus, ou seja, dos direitos reais elencados no art. 674 do CC, e nem a faz litigiosa, isto é, pendente de litígio sobre a propriedade, conforme exige referido dispositivo legal" (TACrimSP, AC, rel. Des. Barbosa de Almeida, *RT*, *640*:311).

seria verdadeira *contradicta in re ipsa*, considerando-se que é da natureza desse ilícito penal o desaparecimento da garantia real representada pelo penhor.

O *consentimento do ofendido*, representando a ausência do *elemento normativo do tipo*, afasta a tipicidade da conduta do sujeito ativo.

A *penhora* destinada a servir de *garantia da execução* não se equipara à hipótese prevista no inciso III do § 2º do art. 171 do Código Penal, onde se cuida de *fraude* relativamente à coisa pertencente ou possuída pelo agente, mas vinculada, em garantia de débito, a um *direito real* (penhor). Esse crime, portanto, só se configura quando o objeto empenhado permanece em poder do devedor em determinadas situações, expressamente previstas na lei, por força da cláusula *constituti*, o que não é o caso da *penhora*, que constitui simples ato processual de garantia do juízo.

Sujeito ativo é o devedor dono do objeto empenhado, que está na posse da coisa. *Sujeito passivo* é o credor pignoratício.

Para a configuração do delito exige-se o *dolo*. Não se pode ver, por exemplo, na atitude do réu, vendendo parte de minguada safra, ante dificuldades financeiras, o *dolo de defraudar*, mediante alienação não consentida, a garantia pignoratícia.

12.4 *Fraude na entrega de coisa (IV)*

Em alguns tipos de penhor não há a entrega efetiva da coisa ao credor, verificando-se tão somente a *tradição ficta*, por meio do *constitutum possessorium*. Assim, enquanto o credor recebe a *posse jurídica* da coisa, o devedor mantém a *posse natural*. Esse aspecto ocorre no penhor agrícola, pecuniário, industrial e mercantil, conforme procuramos demonstrar no exame da apropriação indébita. Está excluído do dispositivo em exame o *penhor legal* (art. 1.467 do CC), que só ocorre com a transferência de posse para o credor.

A ação tipificada é *defraudar* (trocar, adulterar, alterar). A fraude deve ter por objeto a *substância* (essência), *qualidade* (espécie) ou *quantidade* (número, peso ou dimensão). O sujeito ativo deve ter a obrigação de entregar a coisa (obrigação legal, judicial ou contratual). *Substância* é a matéria ou essência que compõe alguma coisa; *qualidade* é o atributo ou propriedade de algo; *quantidade* é a medida de qualquer coisa.

A simples falta de *quantidade* ou de *qualidade* da coisa não constitui crime previsto no art. 171, § 2º, IV, do CP. Para que se componha o estelionato, com efeito, é imprescindível a ocorrência da *fraude*, a beneficiar o agente e a prejudicar o ofendido.

O *estelionato*, nessa modalidade, consistente da *fraude* na entrega de *coisa*, não se configura com a simples *defraudação*, mas com a efetiva *traditio* da coisa ao destinatário. Assim, inexistindo esta, responde o agente pelo crime do art. 275 e não do art. 171, § 2º, IV, ambos do CP.

Sujeito ativo é quem tem a obrigação jurídica de entregar a coisa, e com a obrigação de fazê-lo. *Sujeito passivo* é o destinatário da coisa, isto é, quem tem o direito de recebê-la.

Deve-se distinguir a emissão do cheque como *contraprestação* da emissão relativa a *dívida pré-constituída*. Na primeira hipótese, *estando* configurados o dolo e o prejuízo patrimonial, haverá o crime. Na segunda, não. A explicação é lógica e simples. Falta o dano patrimonial. O estelionato é crime contra o patrimônio, e, se a dívida já existia, a emissão da cártula, ainda que não honrada, não provoca prejuízo algum ao credor[36].

12.5 *Fraude para o recebimento de indenização ou valor de seguro (V)*

O *bem jurídico* protegido, nessa modalidade de estelionato, é o *patrimônio do segurador*. As modalidades de ação elencadas são taxativas, exigindo o tipo que o *dano* produzido seja idôneo para o recebimento da indenização ou valor de seguro. Como destaca Paulo José da Costa Jr., nesse tipo penal há duas espécies de fraudes, executadas com o objetivo de receber a indenização do seguro: *(1) destruição ou ocultação da coisa própria; (2) lesão do corpo, agravamento de lesão ou moléstia de que esteja acometido*.

Destruir significa aniquilar, fazer desaparecer ou extinguir, total ou parcialmente; *ocultar* significa esconder ou encobrir coisa própria; *lesar* significa ofender fisicamente, causar dano, danificar o próprio corpo ou a saúde, ou *agravar* as consequências de lesão ou doença.

A *fraude* para recebimento de seguro é *crime formal*, que não requer a ocorrência de dano efetivo em prejuízo do ofendido para *consumar-se*, algo que ocorre pela simples conduta de ocultar. Assim, o emprego do meio fraudulento é necessário e suficiente para a caracterização do crime, desde que sua finalidade seja o recebimento da indenização do seguro (elemento subjetivo especial). Enfim, *consuma-se* o estelionato independentemente do recebimento da indenização pretendida.

A locução "que deve entregar" constitui elemento normativo[37] integrante do tipo penal, a exemplo das locuções "que sabe" e "deve saber", constantes das definições do crime de receptação, conforme demonstramos no exame daquela infração penal.

O elemento subjetivo geral é o *dolo*, representado pela *vontade consciente* de praticar qualquer das condutas descritas no tipo penal, com a finalidade de receber indenização ou valor de seguro. O *elemento subjetivo especial do tipo* é exatamente a *finalidade* de receber a indenização ou o seguro; no entanto, reiterando, o *fim* não precisa ser atingido: basta que seja a finalidade desejada pelo agente.

Sujeito ativo é o proprietário da coisa ocultada ou destruída, ou o paciente da mutilação. Se o dano ou lesão forem praticados sem o conhecimento do beneficiário, responderá pelo crime de lesão corporal dolosa ou de dano[38], normalmente em

---

36. STJ, RE, rel. Min. Luiz Vicente Cernicchiaro, *DJ*, 25 ago. 1997.

37. Guilherme de Souza Nucci, *Código Penal comentado*, cit., p. 567.

38. Paulo José da Costa Jr., *Comentários ao Código Penal*, cit., p. 534.

concurso com o crime de estelionato simples (art. 171, *caput*). *Sujeito passivo* é o segurador, que responderá pelo pagamento injusto do valor do seguro.

Trata-se de *crime próprio* e de *perigo*. O eventual recebimento do seguro pretendido representará o simples exaurimento do crime.

12.6 *Fraude no pagamento por meio de cheque (VI)*

Nossos dois Códigos anteriores — 1830 e 1890 — não conheceram essa modalidade de estelionato, cuja criação coube à Lei n. 2.591/12, então conhecida como Lei do Cheque. Foram cominadas as mesmas sanções previstas para o crime de estelionato, para a *emissão de cheques sem a correspondente provisão de fundos*. Essa previsão foi recepcionada pela Consolidação Piragibe. O Código Penal de 1940, cuja Parte Especial permanece em vigor, acresceu à previsão anterior a incriminação da conduta de "frustrar o pagamento de cheque".

Duas são as figuras tipificadas: "emitir" e "frustrar". *Emitir* tem o sentido de colocar em circulação o cheque sem suficiente provisão de fundos. Não se confunde com o simples ato de preenchê-lo ou assiná-lo.

Frustrar significa *obstar o pagamento*, bloqueando, retirando o saldo existente ou dando contraordem e, dessa forma, evitar o pagamento do cheque; mas somente a *frustração indevida* pode configurar crime. Para verificar-se essa segunda figura, no momento da emissão do título devem existir fundos, caso contrário a conduta será a primeira tipificada.

O emitente tem o direito de *obstar* o pagamento do cheque, desde que fundado em *motivo justo*. Somente a *frustração fraudulenta* do pagamento de cheque tipifica o crime em exame. Igualmente, a *frustração de cheque pós-datado* não configura crime, pois esse tipo de cheque não é ordem de pagamento, mas apenas uma garantia, substituindo a histórica *nota promissória*.

A frustração do pagamento de cheque emitido como *garantia de dívida* não caracteriza *fraude* em sua emissão, pois o crime tipificado como estelionato exige que a obtenção da vantagem ilícita em prejuízo alheio seja decorrente de *induzimento ou mantença de alguém em erro*, mediante artifício ou qualquer meio fraudulento.

Cheque é uma ordem de pagamento à vista. Trata-se de um *título de crédito*, cuja definição é encontrada no âmbito do direito comercial. Sua valoração é jurídica.

A *suficiência de provisão de fundos* (elemento normativo) consiste na existência de fundos disponíveis em poder do sacado (banqueiro, em regra) que sejam suficientes para efetivar o pagamento quando da apresentação do referido título (art. 4º, § 1º, da Lei n. 7.357/85).

O agente que, visando a vantagem indevida, *emite* cheque falsificando a assinatura do titular da conta pratica crime de estelionato em sua forma fundamental. Tratando-se de *conta encerrada*, igualmente se caracteriza o crime previsto no *caput* do art. 171.

12.6.1 Cheque pós-datado e cheque especial

A característica fundamental desse título de crédito é ser *uma ordem de pagamento à vista*. Por isso, quando alguém recebe cheque para ser apresentado em data futura, está recebendo o cheque descaracterizado em sua essência, travestido de mera promessa de pagamento. O cheque pós-datado *desnatura a ordem de pagamento à vista* que esse instituto representa. Com efeito, *cheque emitido em garantia de dívida*, isto é, pós-datado (pré-datado, para alguns), representa uma *promessa de pagamento*, a exemplo da *nota promissória*.

Eventual inexistência de fundos suficientes quando de sua apresentação não caracteriza, portanto, o *estelionato* definido no dispositivo em exame. Se não for compensado por falta de suficiente provisão de fundos, constituirá somente um ilícito civil[39], e não chega ao *status* de crimes pela falta daquela característica natural do cheque de ser *ordem de pagamento à vista*. Contudo, vale apontar que a Lei n. 14.155/2021 adicionou o §4º ao art. 70 do CPP, para o qual "nos crimes previstos no art. 171 do Decreto-Lei n. 2.848, de 7 de dezembro de 1940 (Código Penal), quando praticados mediante depósito, mediante emissão de cheques sem suficiente provisão de fundos em poder do sacado ou com o pagamento frustrado ou mediante transferência de valores, a competência será definida pelo local do domicílio da vítima, e, em caso de pluralidade de vítimas, a competência firmar-se-á pela prevenção".

Aliás, a existência de *avalista* no cheque permite a presunção de que foi dado como garantia ou promessa, e não como ordem de pagamento.

Algo semelhante ocorre na hipótese de alguém que recebe um cheque sem fundos em substituição a outro título de crédito, que não fora devidamente resgatado. Não é possível alegar fraude ou má-fé do emitente, pois o credor confiou no devedor que já não havia resgatado outro título; buscou, na verdade, outra garantia que lhe parecera mais eficaz, não havendo aí falar em crime, mas em simples infração civil. No entanto, se esse outro título for uma duplicata, acreditamos que o pagamento com cheque sem suficiente provisão de fundos pode, perfeitamente, caracterizar o crime de estelionato em exame, pois o credor está convencido de que está recebendo o valor correspondente ao pagamento de seu crédito. Pode, com efeito, ser enganado, vendo ser frustrada sua expectativa de receber seu crédito. Desnecessário frisar que não se configurará o crime se, também nessa hipótese, o cheque for pós-datado.

Habitualmente as agências bancárias têm honrado o pagamento de *cheques de clientes especiais,* mesmo quando ultrapassam os limites contratados. A recusa, nesses casos, é eventual. *Essa eventualidade* não pode ser decisiva para tipificar criminalmente a conduta do emitente. O estelionato *pressupõe sempre a má-fé do agente*, que, nesses casos, à evidência, não existe. Nesse sentido, aplica-se a Súmula 246 do STF, que tem o seguinte enunciado: "Comprovado não ter havido fraude, não se configura o crime de emissão de cheque sem fundos".

---

39. STJ, 5ª Turma, RHC 8.840-BA, rel. Min. Felix Fischer, j. 4-11-1999, *DJ*, 6 dez. 1999, p. 102.

12.6.2 Sujeitos ativo e passivo do crime

Sujeito ativo pode ser qualquer pessoa que *emita* seu próprio cheque sem suficiente provisão de fundos. Quando for utilizado *cheque de terceiro*, sem fundos suficientes, não se tipificará essa infração penal, mas a do *caput*, pois quem emite o cheque é outra pessoa. O *endossante* tampouco pode ser *sujeito ativo* desse crime, uma vez que *endossar* não se confunde com *emitir*. Também não tem o endossante autoridade para frustrar o pagamento de *cheque* emitido por outrem.

Sujeito passivo é o tomador, o beneficiário do cheque que, pela ausência de fundos, sofre o dano patrimonial, podendo ser, indiferentemente, pessoa física ou jurídica.

13. Majorante especial do crime de estelionato

O estelionato não apresenta figuras qualificadas, mas prevê a *majoração da pena*, equivocadamente concebida pela doutrina como qualificadora, ignorando que, tecnicamente, majorante e qualificadora não se confundem, como demonstramos em várias passagens desta obra.

A pena aplicada deve ser majorada em um terço (§ 3º) se a infração for cometida em *prejuízo de entidade de direito público ou de instituto de economia popular, assistência social ou beneficência* (Súmula 24 do STJ).

O Banco do Brasil S/A, por exemplo, é uma *sociedade de economia mista*, e, como tal, uma *entidade de direito privado*, ou seja, o Banco do Brasil é sociedade por ações de economia mista, que não se confunde com "entidade de direito público", referida no § 3º do art. 171. Em sede de direito penal material, é inadmissível *interpretação extensiva ou analógica* para agravar a situação do acusado, especialmente para incluir o que a lei não consagra. Não se pode invocar interesse indireto deste ou daquele ente ou órgão público, administrado por uma entidade de direito privado, para justificar a agravação da pena.

14. Do estelionato contra pessoa idosa

A Constituição Federal, com redação determinada pela Emenda Constitucional n. 65/2010, no Capítulo VII, previu a tutela da família, da criança, do adolescente, do jovem e do idoso. Em relação ao idoso, o art. 230 estabeleceu normas programáticas de proteção a essas pessoas, nos seguintes termos:

A família, a sociedade e o Estado têm o dever de amparar as pessoas idosas, assegurando sua participação na comunidade, defendendo sua dignidade e bem-estar e garantindo-lhes o direito à vida. Os §§ 1° e 2º desse art. 230 estabelecem o seguinte:

§ 1º Os programas de amparo aos idosos serão executados preferencialmente em seus lares;

§ 2º Aos maiores de sessenta e cinco anos é garantida a gratuidade dos transportes coletivos urbanos.

Essa previsão programática da Constituição somou-se às previsões da *Política Nacional do Idoso* (Lei n. 8.842, de 4-1-1994) e do *Estatuto da Pessoa Idosa* (Lei n. 10.741, de 1º-10-2003). Contudo, referidas leis, anteriores à EC n. 65/2010, consideram *idosa* toda pessoa com *idade superior a sessenta anos* (arts. 1º e 2º, respectivamente), portanto cinco anos antes da previsão constitucional.

Por outro lado, o governo federal pretende estabelecer a idade mínima para a aposentadoria a partir de sessenta e cinco anos, ou seja, deixar ao desamparo milhões de pessoas (entre sessenta e sessenta e cinco anos) que são consideradas idosas pela legislação ordinária e, teoricamente, protegidas pelos referidos diplomas legais. Afora o fato de considerarmos que pessoas com apenas sessenta anos não devem ser tidas por idosas, na medida em que a longevidade tem aumentado significativamente nos últimos tempos, portanto, faz-se necessário adequar as leis infraconstitucionais ao texto constitucional.

Na nossa concepção, deverá ser considerada a idade prevista no art. 230, § 2º, da Constituição Federal, qual seja, sessenta e cinco anos, ante a omissão do texto legal. Qualquer outra definição em lei infraconstitucional, no âmbito penal, deve ser desconsiderada ou, se preferirem, considerada não escrita. Não se pode ignorar, ademais, que as definições de crimes e respectivas sanções penais devem ser, necessariamente, claras e precisas, considerando-se que é inadmissível *interpretação extensiva*, bem como *interpretação analógica* de normas penais sancionadoras.

A Lei n. 13.228, de 28 de dezembro de 2015, a pretexto de seguir as normas programáticas da Constituição Federal relativamente ao "idoso", havia criado nova *causa especial de aumento de pena* para a hipótese de o crime de estelionato ser cometido contra *pessoa idosa*. Havia acrescentado ao art. 171 do Código Penal o § 4º, aumentando excessivamente a pena na hipótese de estelionato praticado contra pessoa idosa, com a seguinte redação: *"Aplica-se a pena em dobro se o crime for cometido contra idoso"*. No entanto, a Lei 14.155, de 27 de maio de 2021, para tornar mais graves os crimes de violação de dispositivo informático, furto e estelionato cometidos de forma eletrônica ou pela internet, aproveitou para acrescentar o art. 154-A. Redefiniu, por outro lado, adequadamente, a metodologia sobre a majorante do crime de estelionato, prevista no § 4º deste art. 171, quando for praticado contra "idoso ou vulnerável", prevendo o aumento de 1/3 (um terço) ao dobro, *considerada a relevância do resultado gravoso*.

Observa-se, finalmente, que o legislador acertou nessa previsão alternativa de majoração, por duas razões básicas: a primeira em não criar uma *majorante com aumento fixo*, o que prejudicaria a garantia constitucional da *individualização judicial da pena*, que é uma garantia constitucional do cidadão, muito desrespeitada, neste País, nos últimos tempos; a segunda, igualmente importante, foi assegurar também a *garantia constitucional da proporcionalidade* da pena com o dano causado. Assim, a maior ou menor majoração da pena aplicada será proporcional ao dano causado à vítima. Por fim, esta nova previsão, na hipótese de estelionato praticado contra idoso, retroage a fatos praticados a partir de 2015, quando havia entrado em vigor a lei anterior, por ser mais benéfica. Houve a revogação tácita do disposto na redação anterior do § 4º pela previsão da Lei n. 14.155, de 27 de maio de 2021.

Afinal de contas, a partir de que idade uma pessoa será considerada *idosa*, para fins de reconhecer-se configurada a *causa especial de aumento* acrescida ao crime de estelionato (§ 4º)? Será aquela prevista (65 anos) na Carta Magna, à qual toda a legislação infraconstitucional deve adaptar-se? Ou seria aquela prevista nos outros dois diplomas legais mencionados, qual seja, sessenta anos?

Na nossa concepção, deverá ser considerada a idade prevista no art. 230, § 2º, da Constituição Federal, qual seja, sessenta e cinco anos, ante a omissão do texto legal. Qualquer outra definição em lei infraconstitucional, no âmbito penal, deve ser desconsiderada ou, se preferirem, considerada não escrita. Não se pode ignorar, ademais, que as definições de crimes e respectivas sanções penais devem ser, necessariamente, claras e precisas, considerando-se que é inadmissível *interpretação extensiva*, bem como *interpretação analógica* de normas penas sancionadoras.

Referida lei entrou em vigor no dia 29 de dezembro de 2015, data de sua publicação. Assim, os fatos definidos como *crimes de estelionato*, praticados a partir dessa data contra pessoa idosa (com 60 anos ou mais), estarão sujeitos a pena de 2 a 10 anos de reclusão. Por se tratar de norma penal mais grave, não pode retroagir a fatos praticados antes de sua vigência.

Por essa nova previsão legal, fica, automaticamente, afastada a possibilidade de aplicação de *suspensão condicional do processo*, prevista no art. 89 da Lei n. 9.099/95.

Curiosamente, trata-se de uma *causa de aumento* e não de uma *qualificadora*, a despeito de simples e injustificadamente dobrar a pena se o crime for praticado contra alguém com mais de sessenta anos (para nós, mais de 65), que o legislador, autoritariamente, resolveu *discriminar* tachando-o de *idoso*, embora o texto constitucional refira-se a sessenta e cinco (§ 2º do art. 230)! As pessoas, de um modo geral, com sessenta anos ou mais não gostam desse adjetivo, que, a pretexto de proteger, discrimina, diminui, segrega e, por vezes, até humilha. Ninguém desconhece que muitas pessoas não gostam de declarar a idade, especialmente as mulheres. Em outros termos, o legislador contemporâneo inventa qualquer coisa para exasperar a pena de um crime por qualquer razão, mesmo que para isso tenha de discriminar, estigmatizar ou diminuir as pessoas. O que importa mesmo é representar um motivo para aumentar as sanções penais.

Na nossa avaliação, parece que o legislador contemporâneo equivocou-se com a pretensão da Emenda Constitucional n. 65/2010, a qual dá atenção especial à proteção da família. Na verdade, para o legislador brasileiro a proteção à família, e particularmente ao idoso, passa, necessariamente, pela majoração de penas a eventuais agressores ou autores de algum crime contra sua integridade física, moral ou psicológica. Mas se esquece de assegurar ao "idoso" o apoio material, moral, ético e humano, a estrutura necessária para a verdadeira proteção do idoso.

Por fim, considerávamos essa cominação legal excessiva, duplicando a pena do crime de estelionato pelo simples fato, acidental, de a eventual vítima de um crime de estelionato contar com idade superior a sessenta e cinco anos. Tratava-se, a nosso juízo, de norma absolutamente *inconstitucional*, por violar os princípios da lesividade e da proporcionalidade, a exemplo do que ocorre com a previsão constante do art. 273, para onde remetemos o leitor. Constata-se, a rigor, que o legislador contemporâneo é completamente alheio e despreocupado com os princípios mais elementares de garantias penais, próprios de um Estado Social e Democrático de Direito. O Poder Legislativo, nos últimos vinte anos, pelo menos, tem legislado de maneira imoderada e abusiva na elaboração de leis criminais, com conteúdos que revelam uma postura deliberativa absolutamente divorciada dos padrões de *razoabilidade* assegurados pelo nosso sistema constitucional, afrontando diretamente também o *princípio da proporcionalidade*, como procuramos demonstrar em comentários a outros artigos do Código Penal, especialmente do art. 273.

Por isso, consideramos acertada a correção operada através da Lei n. 14.155/2021, prevendo o aumento alternativo entre um terço e o dobro, porque está, corretamente, condicionado "a relevância do resultado gravoso", isto é, proporcional ao dano produzido à vítima, permitindo que o juiz adeque a majoração ao caso concreto.

Para a legitimação da resposta penal estatal, é insuficiente a identificação de um bem jurídico a proteger e mesmo a demonstração de que esse bem jurídico foi de alguma forma afetado. Pelo *princípio de proporcionalidade*, enquanto limite do *ius puniendi* estatal, é necessário que a intervenção do Estado seja idônea e necessária para atingir o fim de proteção ao bem jurídico, e que haja uma relação de adequação entre os meios, ou seja, ameaça, imposição e aplicação da pena e o fim de proteção do bem jurídico.

Esses aspectos todos não eram observados na cominação operada pela Lei n. 13.228/2015, em boa hora revogada tacitamente. Estávamos, como afirmamos relativamente à lei ora revogada, diante, portanto, de mais uma lei consequencialista, oportunista, episódica, puramente simbólica. Como destacam, acertadamente, Gamil e Santos, *verbis*: "A consequencialidade é definida no Direito Criminal como um fenômeno de elaboração de normas penais (tipos) em função de determinados acontecimentos que provocam repercussão, abalo sociopolítico. É dizer, percebe-se uma questão de relevo e relega-se a tal problemática a resposta mais fácil, mais rápida: a tipificação"[40].

---

40. Gamil Föppel El Hireche e Pedro Ravel Freitas Santos. Mudança no crime de estelionato é síntese de ano consequencialista, *Revista Conjur*, 30 dez. 2015, 12h21: "O Direito Penal torna-se, assim, simplesmente consequencial, meramente simbólico (o que não é função, pseudofunção), visto que as respostas expansionistas não objetivam combater o verdadeiro cerne da questão (violência doméstica, crimes contra militares, estelionatos contra idosos). Cuida-se assim de medidas simbólicas, que jamais representarão proteção efetiva aos graves distúrbios. E mais: maquiam a proteção, criando uma aura falaciosa de efetividade, que nunca existiu".

15. Arrependimento posterior e as Súmulas 246 e 554

Sob a rubrica "arrependimento posterior", a reforma penal de 1984 (Lei n. 7.209/84) criou essa *minorante*, aplicável a determinados crimes, praticados *sem violência ou grave ameaça à pessoa*, quando houver *reparação do dano ou restituição da coisa* antes do recebimento da denúncia ou da queixa.

A despeito de todas as merecidas críticas que recebeu, trata-se de instituto moderno, que procura relativizar a extraordinária importância que o direito penal do século XX atribuiu aos crimes patrimoniais, tendo ganho interpretação liberal de doutrina e jurisprudência.

A configuração do arrependimento posterior, tecnicamente considerado, exige a presença dos seguintes requisitos:

a) *Crime praticado sem violência ou grave ameaça à pessoa* — A violência contra a coisa, como ocorre no crime de furto qualificado ou de dano, não exclui a minorante.

b) *Reparação do dano causado pelo crime ou restituição da coisa* — A reparação do dano deve ser pessoal, completa e voluntária. A restituição também deve ser total. Se a restituição não for pessoal, completa e voluntária, constituirá somente *circunstância atenuante genérica*, a ser considerada no momento da aplicação da pena.

Não é necessário que a reparação ou a restituição sejam espontâneas: basta que sejam voluntárias, podendo, pois, o agente ser convencido a reparar o dano ou restituir a coisa. No entanto, não ocorrerá o benefício se o agente for obrigado, de qualquer forma, a indenizar ou restituir o objeto material, mesmo que por sentença judicial.

c) *A reparação ou restituição devem ocorrer antes do recebimento da denúncia ou da queixa* — Ocorrendo a reparação ou a restituição após o recebimento da denúncia ou da queixa, funcionará apenas como atenuante genérica (art. 65, III, *b*, *in fine*, do CP)[41].

A reparação do dano, a despeito da previsão legal em exame, pode corporificar outros institutos penais. No caso de peculato culposo, por exemplo, havendo a reparação do dano, se for anterior a sentença irrecorrível, extingue-se a punibilidade (art. 312, § 3º); se for posterior, reduzir-se-á a pena pela metade.

A maior benevolência da norma penal, nessa hipótese de peculato culposo, tem o objetivo de facilitar e estimular o agente a repor o erário público, que a todos aproveita.

---

41. "Conforme reiterado entendimento jurisprudencial, '... o ressarcimento do prejuízo antes do recebimento da denúncia não exclui o crime de estelionato cometido na sua modalidade fundamental (art. 171, *caput*, CP), apenas influindo na fixação da pena, nos termos do art. 16 do CP...'" (STJ, CComp 25.283/AC, rel. Min. José Arnaldo da Fonseca, *DJU*, 22 nov. 1999).

15.1 *Reparação de danos e as Súmulas 246 e 554*

As duas súmulas têm os seguintes enunciados: "Comprovado não ter havido fraude, não se configura o crime de emissão de cheque sem fundos" (245); "O foro competente para o processo e julgamento dos crimes de estelionato, sob a modalidade da emissão dolosa de cheque sem provisão de fundos, é o do local onde se deu a recusa do pagamento pelo sacado" (554).

É desnecessário frisar que, no caso abrangido pela Súmula 554, o *crime de estelionato já se consumara,* e o máximo que poderia ocorrer com o pagamento antes da denúncia seria a incidência da minorante do art. 16, que prevê *redução de pena.* No entanto, após a *reforma penal,* que criou a norma do art. 16 em análise, o Supremo Tribunal Federal continuou aplicando a Súmula 554, como no RHC 62.912 (*RT, 598*:427). Referida *súmula* originou-se da discussão sobre a natureza do estelionato na modalidade de emissão de cheques sem suficiente provisão de fundos, se, afinal, trata-se de *crime material* ou *formal.* Acabou prevalecendo o entendimento de que, como crime material, a consumação ocorria com o efetivo prejuízo da vítima e só se verificava na agência bancária em que ocorresse a recusa de pagamento, e não no local da emissão do cheque.

Constata-se que o fundamento é diferente daquele que justificou a previsão do art. 16 antes referido, e trata-se de construção pretoriana, sumulada, mais favorável ao agente. Por isso sempre sustentamos[42] que a súmula continua tendo a aplicação[43] à hipótese restrita do art. 171, § 2º, VI; a disposição do art. 16 ficará para os demais casos.

16. Algumas questões especiais

O *erro,* artifício ou ardil devem preexistir à obtenção da vantagem ilícita. A enumeração legal do meio fraudulento é meramente exemplificativa, podendo ocorrer o estelionato por outros subterfúgios. Deve existir uma *relação causal* entre o meio utilizado pelo sujeito ativo e o erro do lesado.

No *furto* praticado com fraude, o agente ilude a vítima para facilitar a subtração da coisa. Para caracterizar o estelionato, é irrelevante a má-fé da vítima, isto é, a torpeza bilateral. Estelionato no exercício de comércio, sobrevindo a falência, constitui crime falimentar. Em caso de fraude processual, ver o art. 347 do CP.

Há algumas fraudes especiais, disciplinadas em outros diplomas legais, tais como: fraude em cédulas rurais hipotecárias — art. 21 do Decreto-Lei n. 167/67; desvio de créditos e financiamentos governamentais ou incentivos fiscais — art. 3º

---

42. Cezar Roberto Bitencourt, *Lições de Direito Penal*, 2. ed., Porto Alegre, Livr. do Advogado Ed., 1993, p. 27.
43. No mesmo sentido: "O ressarcimento do prejuízo, antes do oferecimento da denúncia, extingue a punibilidade em crimes de estelionato na modalidade de emissão de cheques sem suficiente provisão de fundos (CP, art. 171, § 2º, VI)" (STJ, HC 8.929/MG, rel. Min. Edson Vidigal, j. 5-8-1999).

da Lei n. 7.134/83; fraude em relação aos benefícios da "Lei Sarney" — art. 14, §§ 1º e 2º, da Lei n. 7.505/86. A respeito de fraude no pagamento por meio de cheque, *vide* as Súmulas 246, 521 e 554 do STF.

17. Natureza do crime de estelionato previdenciário: permanente ou instantâneo de efeitos permanentes

De tempos em tempos, alguns operadores do direito esforçam-se em confundir *crime de efeitos permanentes* com *crime permanente*, visando, não raro, exasperar, indevidamente, a punição ou a persecução penal, com a ampliação temporal da flagrância de tais crimes. Referida interpretação teria, inegavelmente, relevante influência em seu momento consumativo. Uma das infrações em que tal insistência tem sido mais persistente é a hipótese do crime denominado "estelionato previdenciário".

Fazem, no entanto, irrepreensível interpretação sobre esse crime, as decisões refletidas nos acórdãos do (STJ) HC 121.336/SP e do (STF) HC 103.40007/RJ, respectivamente. Nessas duas ementas dão preciosa interpretação quanto à natureza do crime de *estelionato previdenciário*, concebendo-o como *crime instantâneo de efeitos permanentes*. Vejamos, no que aqui interessa, a essência de cada ementa. A decisão da Sexta Turma do Superior Tribunal de Justiça, tendo como Relator o Ministro convocado Celso Limongi, arrematou:

"(...) O chamado estelionato contra a Previdência Social (art. 171, § 3º, do Código Penal) deve ser considerado *crime instantâneo de efeitos permanentes, razão pela qual se consuma com o recebimento da primeira prestação do benefício indevido, marco que deve ser observado para a contagem do lapso da prescrição da pretensão punitiva*. Ordem concedida para declarar extinta a punibilidade da espécie pela prescrição da pretensão punitiva, tal como decidido em primeiro grau de jurisdição" (STJ — HC 121.336/SP, rel. Min. Celso Limongi — 6ª T., *DJe*, 30 mar. 2009) (grifamos).

Não é outro o entendimento do Supremo Tribunal Federal, reiterado em vários acórdãos, dos quais destacamos a ementa do HC 103.407/RJ, que teve, como seu relator, o Ministro Joaquim Barbosa:

"(...) Segundo precedentes recentes do Supremo Tribunal Federal, o chamado estelionato previdenciário (CP, art. 171, § 3º) é crime instantâneo de efeitos permanentes. Por conseguinte, a sua consumação se opera com o recebimento da primeira prestação do benefício indevido, contando-se, daí, o prazo prescricional (HC 99.363, rel. p/ o acórdão Min. Cezar Peluso, *DJe*, 19 fev. 2010). (...) Ordem concedida, para declarar extinta a punibilidade da paciente, pela ocorrência da prescrição, considerada a pena em concreto" (STF — HC 103.407/RJ, rel. Min. Joaquim Barbosa — 2ª T., *DJe*, 17 set. 2010).

Mais recentemente, pode-se perceber a manutenção do referido posicionamento:

"A orientação jurisprudencial do Supremo Tribunal Federal é no sentido de que o crime de estelionato previdenciário praticado por terceiro não beneficiário tem natureza de crime instantâneo de efeitos permanentes, devendo ser mantida a causa de aumento prevista no art. 71 do Código Penal. Precedentes. 2. A cada vez que o agente faz uso de cartão magnético de terceiro para receber, de forma indevida, benefício de segurado já falecido, opera-se nova fraude e nova lesão ao patrimônio da autarquia. Caracterização de continuidade delitiva. 3. As peças que instruem o feito não evidenciam teratologia, ilegalidade flagrante ou abuso de poder no presente caso. 4. Agravo regimental desprovido (STF, HC 177942 AgR, rel. Min. Roberto Barroso, Primeira Turma, julgado em 29-5-2020, publicado em 15-6-2020).

Dogmaticamente, pode-se afirmar, *é incensurável essa interpretação* de nossas duas Cortes Superiores sobre a natureza do crime de estelionato previdenciário, destacando as razões pelas quais se trata de *crime instantâneo de efeitos permanentes*! A doutrina especializada é unânime quanto a essa definição, restando, claro, portanto, que a desinteligência referida reinava em outras sedes, quais sejam, entendimento equivocado de setores do Ministério Público e de parcela da jurisprudência pátria. Contudo, como se pode constatar, enfim, resulta pacificado pela orientação de nossos Tribunais Superiores, como acabamos de ver.

Examinando esse tema, tivemos oportunidade de afirmar: "*Permanente* é aquele crime cuja consumação se alonga no tempo, dependente da atividade do agente, que poderá cessar quando este quiser (cárcere privado, sequestro etc.). Crime permanente não pode ser confundido com *crime instantâneo de efeitos permanentes* (homicídio, furto), cuja permanência não depende da continuidade da ação do agente"[44]. Na mesma linha, já era o entendimento de Magalhães Noronha que pontificava: "*Crime permanente* é aquele cuja consumação se prolonga no tempo, dependente da atividade, ação ou omissão, do sujeito ativo, como sucede no *cárcere privado*. Não se confunde com o *delito instantâneo de efeitos permanentes*, em que a permanência do efeito não depende do prolongamento da ação do delinquente: homicídio, furto etc.".

Na verdade, o que caracteriza a *permanência* não é a *durabilidade dos efeitos* e tampouco a repetição da *atividade* pelo agente, mas sim a *extensão da fase consumatória* propriamente da mesma ação do agente. A repetição de atividade (ou ação) pelo agente — *receber mensalmente* —, por exemplo, não é elementar constitutiva de crime permanente, mas tão somente consequência de uma ação executada.

Consequentemente, os crimes instantâneos de efeitos permanentes não admitem, na sequência, a prisão em flagrante, exatamente porque se trata de crime instantâneo, e os efeitos que produz são permanentes, e não é a conduta criminosa que tem natureza permanente, o que caracterizaria o crime permanente.

17.1 *A suposta natureza binária do estelionato previdenciário*

Parece-nos interessante trazer à colação outra respeitável decisão de nossa Corte Suprema STF (HC 104.880/RJ), na qual, faz uma tentativa de distinguir, na

44. Cezar Roberto Bitencourt, *Tratado de Direito Penal — Parte Geral*, 29. ed., São Paulo, Saraiva, 2023, v. 1, p. 264.

mesma modalidade de estelionato, duas naturezas de crimes. Segundo essa decisão, o *estelionato previdenciário* poderia apresentar-se, ora como *crime instantâneo de efeitos permanentes*, ora como *crime permanente* (natureza binária). Vejamos a essência dessa ementa:

"(...). 1. Em tema de estelionato previdenciário, o Supremo Tribunal Federal tem uma jurisprudência firme quanto à natureza binária da infração. Isso porque *é de se distinguir entre a situação fática daquele que comete uma falsidade para permitir que outrem obtenha a vantagem indevida, daquele que, em interesse próprio, recebe o benefício ilicitamente. No primeiro caso, a conduta, a despeito de produzir efeitos permanentes no tocante ao beneficiário da indevida vantagem, materializa, instantaneamente, os elementos do tipo penal. Já naquelas situações em que a conduta é cometida pelo próprio beneficiário e renovada mensalmente, o crime assume a natureza permanente, dado que, para além de o delito se protrair no tempo, o agente tem o poder de, a qualquer tempo, fazer cessar a ação delitiva. Precedentes.* 2. No caso, o paciente, indevidamente, sacou os valores depositados na conta corrente de sua falecida irmã no período de janeiro de 2000 a maio de 2005. É falar: em proveito próprio, ele cometeu a fraude contra a Administração Militar. Donde ressai a natureza permanente da infração, a atrair a incidência do inciso III do art. 111 do Código Penal. 3. *Habeas corpus* indeferido" (STF — HC 104.880/RJ, rel. Min. Ayres Britto — 2ª T., *DJe*, 22 out. 2010) (grifo do MPF).

A rigor, nessa ementa do HC 104.880/STF, há, *venia concessa*, um grande equívoco que, dogmaticamente, não se sustenta. Com efeito, confunde *crime continuado* com *crime permanente*, ou seja, a denominada "renovação mensal" descaracteriza a *permanência da consumação*, que se operaria a cada "renovação". Essa repetição — "renovada mensalmente" — como diz a ementa, estaria mais para a *continuidade delitiva* que para a *permanência*. Contudo, não caracterizaria nem mesmo o "crime continuado", porque, na hipótese ventilada, a "renovação" que ocorre (ou repetição), não é da *conduta* delituosa, mas dos seus efeitos, ou seja, é o *fruir* das consequências da ação, que caracteriza não mais que o *exaurimento* do crime. O *crime continuado*, relembrando, é uma *ficção jurídica* concebida por razões de política criminal, que considera que os *crimes subsequentes* devem ser tidos como continuação do primeiro, estabelecendo, em outros termos, um *tratamento unitário* a uma pluralidade de atos delitivos, determinando, consequentemente, uma forma especial de puni-los[45].

No entanto, no particular, é dogmaticamente incensurável o magistério do Ministro Celso Limongi (HC 121.336), de memorável e erudita passagem pelo STJ, que reconduz a jurisprudência ao nível da melhor doutrina penal de todos os tempos, *in verbis*:

"Todavia, é preciso considerar, em primeiro lugar, que a vantagem ilícita foi auferida em razão de um — e apenas um — único ato, a apresentação de documentação falsa.

45. Ver nosso *Tratado de Direito Penal — Parte Geral*, 29. ed., São Paulo, Saraiva, 2023, v. 1, p. 851.

É preciso enfatizar: *o sujeito ativo executou uma única vez o núcleo do artigo 171 do Código Penal, isto é, os verbos induzir ou manter em erro, mediante artifício, ardil ou qualquer meio fraudulento* (na espécie, o uso de documentação falsa) o INSS.

A apresentação de documento falso ocorreu por uma única vez e se esgotou nisso. A falsidade consistiu em dizer que a paciente trabalhara na Maternidade São Paulo no período entre 30 de janeiro de 1970 a 15 de julho de 1983, apresentando documentação falsa, beneficiando-se do auxílio-doença pelo período de julho de 1983 a dezembro de 1997. E, na verdade, a paciente trabalhou na Maternidade São Paulo somente durante o período entre janeiro e maio de 1970.

O crime permanente, como se sabe, protrai no tempo sua consumação. Exemplo típico é o crime de sequestro: enquanto o sequestrador não liberta a vítima, o delito está sendo consumado e, pois, é delito permanente, pelo que o sujeito ativo pode ser preso em flagrante. Sobre "o elemento subjetivo, nos crimes permanentes, cumpre lembrar que a permanência decorre de um *non facere quod debetur*, pelo que o agente está, sem sombra de dúvida, desobedecendo a norma que o manda remover a situação antijurídica que criou. O agente deve, assim, ter a possibilidade de alterar essa situação ilícita. *Tanto isso é exato que na bigamia não há crime de caráter permanente porque a situação criada pelo agente não pode ser desfeita por ato ou comportamento seu*", como ensinava o saudoso José Frederico Marques (*Tratado de Direito Penal*, v. II, Bookseller, 1. ed. atual., Campinas, 1997, p. 366).

Com efeito, o *crime instantâneo de efeitos permanentes*, ao contrário do que ocorre com o *crime permanente*, não possibilita ao sujeito ativo reduzir ou diminuir seus efeitos. Não há como retornar, não há como fazer cessar os efeitos da ação que já foi praticada. Em outros termos, não há como fazer cessar a ação, pois esta já se esgotou, é instantânea, e os seus efeitos é que são permanentes, v. g., o homicídio! O que se reveste do caráter de permanência — é a fruição da vantagem pecuniária, mas esta não é a conduta (o crime), é somente a sua consequência, o exaurimento do crime. Com efeito, o *exaurimento* do crime pode desdobrar-se em parcelas ou ser mensal, o que não desnatura o crime instantâneo transformando em permanente, pois a conduta lesiva foi uma e já se consumou. Nessa mesma linha do Min. Limongi, já decidiram, com absoluto acerto, os Ministros Cezar Peluso e Marco Aurélio de Melo, nos HCs 82.965-1/RN e 84.998/RS, respectivamente. Vejam em nota de rodapé as ementas dos dois acórdãos antológicos dos referidos Ministros do STF[46].

---

46. "(...) No crime instantâneo, o fato que, reproduzindo o tipo, consuma o delito, realize-se num só instante e neste se esgota, podendo a situação criada prolongar-se no tempo, ou não. No permanente, o momento de consumação é que se prolonga mais ou menos dilatado, durante o qual se encontra ainda em estado de consumação.

Não se deve, pois, confundir a execução mesma do crime com a sua consequência: esta, como a situação criada pela conduta delituosa, pode prolongar-se depois da consumação instantânea, *mas, aí, o que dura — e, como tal, se diz permanente —, não é o delito, mas seu efeito*. É esta, aliás, a clara razão por que, neste caso, em que perdura só a consequência, se tem

Sobre esse aspecto, isto é, a distinção dogmática entre *crime de efeitos permanentes* e *crime permanente*, bem como do *crime continuado*, com a lição do Ministro Limongi, corroborada pelos Ministros Peluso e Marco Aurélio, nada mais haveria a acrescentar.

18. Pena e ação penal

As penas cominadas são a reclusão, de um a cinco anos, e multa. Na hipótese do § 3º a pena será *majorada* em um terço; na figura do *privilegiado*, pode ter a reclusão substituída por detenção, diminuída de um a dois terços ou substituída por multa.

Na hipótese do § 2º-A, a pena é de reclusão, de 4 (quatro) a 8 (oito) anos, e multa, se a fraude é cometida com a utilização de informações fornecidas pela vítima ou por terceiro induzido a erro por meio de redes sociais, contatos telefônicos ou envio de correio eletrônico fraudulento, ou por qualquer outro meio fraudulento análogo. No caso do § 2º-B, a pena prevista no § 2º-A deste artigo, considerada a relevância do resultado gravoso, aumenta-se de 1/3 (um terço) a 2/3 (dois terços), se o crime é praticado mediante a utilização de servidor mantido fora do território nacional. No caso do *§ 3º a pena aumenta-se de um terço, se o crime é cometido em detrimento de entidade de direito público ou de instituto de economia popular, assistência social ou beneficência.* Finalmente, segundo o § 4º a pena aumenta-se de 1/3 (um terço) ao dobro, se o crime é cometido contra idoso ou vulnerável, considerada a relevância do resultado gravoso.

A ação penal, por sua vez, a partir do acréscimo do § 5º pela Lei n. 13.964/2019, passou a ser, como regra, *pública condicionada à representação*, salvo se a vítima for: 1) — a Administração Pública, direta ou indireta; 2) — criança ou adolescente; 3) — pessoa com deficiência mental ou, finalmente; 4) — maior de 70 (setenta) anos de idade ou incapaz. Nessas hipóteses, embora o texto legal não o diga, a ação penal será *pública incondicionada*, para assegurar maior proteção a esses ofendidos. Ha-

---

o chamado crime instantâneo de efeito permanente, que difere do crime permanente, porque, neste, é o próprio momento consumativo, e não o efeito da ação, que persiste no tempo: "Pode a situação por ele (crime instantâneo) criada prolongar-se depois da consumação, como acontece no furto. Mas aí o que é permanente é o efeito, não a fase da consumação. Fala-se, então, em crime instantâneo de feito permanente" (Ministro Cezar Peluso, HC 82.965-1/RN (grifamos).

PRESCRIÇÃO — APOSENTADORIA — FRAUDE PERPETRADA — CRIME INSTANTÂNEO DE RESULTADOS PERMANENTES *VERSUS* CRIME PERMANENTE — DADOS FALSOS. *O crime consubstanciado na concessão de aposentadoria a partir de dados falsos é instantâneo, não o transmudando em permanente o fato de terceiro haver sido beneficiado com a fraude de forma projetada no tempo.* A óptica afasta a contagem do prazo prescricional a partir da cessação dos efeitos — art. 111, III, do Código Penal. Precedentes: HCs 75.053-2/SP, 79.744-0/SP e Recurso Ordinário em HC 83.446-9/RS, por mim relatados perante a Segunda Turma — os dois primeiros — e a Primeira Turma — o último —, cujos acórdãos foram publicados no *Diário da Justiça* de 30 de abril de 1998, de 12 de abril de 2002 e de 28 de novembro de 2003, respectivamente (HC 84.998/RS, rel. Min. Marco Aurélio, *DJ*, 16 set. 2005) (grifamos).

verá *isenção de pena* se for praticado contra ascendente, descendente ou cônjuge (na constância da sociedade conjugal). Em outros termos, a nova lei mantém o crime de estelionato como ação penal pública incondicionada quando for praticado contra a administração pública, direta ou indireta, contra crianças e adolescentes, pessoas com deficiência mental, maior de 70 anos ou incapaz.

Haverá, no entanto, *isenção de pena* se for praticado contra ascendente, descendente ou cônjuge (na constância da sociedade conjugal).

18.1 *Alteração da natureza da ação penal do estelionato*

A Lei n. 13.964/2019 transformou a ação penal do crime de estelionato para pública condicionada, ressalvando as hipóteses de crimes contra a Administração Pública, contra criança e adolescente, pessoas com deficiência, maiores de 70 anos ou incapazes. Trata-se de um exemplo contrário ao que se afirma que a lei penal não contém palavras inúteis ou desnecessárias. Teria sido suficiente, por exemplo, que do texto legal tivesse constado, "ressalvados os crimes contra a Administração Pública, maiores de 70 anos e incapazes", na medida em que incapazes abrange crianças e adolescentes, bem como pessoas com deficiência.

Pode-se questionar a possibilidade de estender, por se tratar de norma penal mais benéfica, para outros crimes contra o patrimônio similares, *verbi gracia*, como o crime de furto. Contudo, a nosso juízo, essa possibilidade não é razoável e, consequentemente, desautorizada porque o legislador poderia tê-lo feito e não o fez. O crime de estelionato tem uma peculiaridade muito particular que os demais não apresentam, qual seja, a invariável *participação da vítima* no evento que resulta no crime de estelionato. E, não raro, fica difícil determinar quando a "malícia ou habilidade ultrapassa os limites do moralmente legítimo para ingressar no campo do ilícito, do proibido, do engodo ou da indução a erro". Tanto que no item n. 4 deste capítulo, anos atrás, o incluí no estudo do crime de estelionato, com a seguinte rubrica: "*Fraude civil e fraude penal: ontologicamente iguais*". Embora na época não imaginássemos que anos depois o legislador viesse a alterar a natureza da ação penal do estelionato, e, para não tê-lo que repetir aqui, para quem interessar possa, recomenda-se que passe uma vista d'olhos naquele tópico e compreenderá melhor a natureza do crime de estelionato, o que o diferencia dos demais crimes contra o patrimônio.

18.2 *Retroatividade relativa da alteração da natureza da ação penal*

A transformação do *crime de estelionato* de *ação pública incondicionada* para *pública condicionada à representação*, mesmo com ressalvas, é norma penal mais benéfica e, como tal, deve retroagir para aplicar a fatos anteriores a sua vigência. A questão controvertida, contudo, é como, o que é e até onde pode retroagir. Na nossa ótica, deve-se distinguir entre as investigações criminais, de qualquer natureza, e as ações penais, cujo início, propriamente, ocorre com o recebimento da denúncia.

Ninguém desconhece que toda norma penal mais benéfica sempre retroage para beneficiar o infrator e, como tal, em tese, essa retroatividade deveria incidir em todas as investigações criminais, bem como em todos os processos criminais, em qualquer estágio. Contudo, nesta hipótese, correndo sérios riscos dogmáticos, optamos por fazer a seguinte distinção:

1ª) retroage, indiscriminadamente, para todas as investigações criminais, de qualquer origem, porém, como a representação do ofendido não tem forma, pode ser realizada por qualquer meio apenas declarando sua intenção de processar o ofensor. Por isso, a nosso juízo, naquelas hipóteses em que houve registro de ocorrência policial ou eventual requerimento de instauração de investigação criminal, *referida manifestação de vontade*, que outra coisa não é senão a representação do ofendido, não haverá necessidade de notificá-lo para essa finalidade, porque essa condição já se realizou.

As decisões das Cortes Superiores (STJ e STF) seguem, basicamente, esse entendimento que, antecipadamente, vislumbramos como adequadas formas de manifestação de vontade, dispensando, consequentemente, a notificação formal de eventual vítima de estelionato para se manifestar sobre o prosseguimento de investigação ou mesmo de ação penal já instaurada.

2ª) Nesse sentido, em se tratando da hipótese de já ter havido o recebimento da denúncia, a nosso juízo, ignorando os fundamentos dogmáticos, optamos, por razões pragmáticas, em defender a desnecessidade de notificar a vítima (ofendido) para se manifestar sobre o prosseguimento da referida ação penal. Ocorre que, nessas hipóteses, com o recebimento da denúncia, o Estado já realizou a sua parte, o ato consumou-se e somente não houve representação à época dos fatos por falta de previsão legal. Reconhecemos, contudo, que dogmaticamente falando seria mais razoável a recomendação de notificação do ofendido para manifestar-se sobre seu interesse no prosseguimento da ação.

Com efeito, como sustentamos, ainda em janeiro de 2020, na publicação da edição anterior deste volume do *Tratado*, a Primeira Turma do STF, em sua primeira manifestação em outubro do mesmo ano, adotou, em outros termos, entendimento similar ao que, doutrinariamente sustentamos acima. Nesse sentido, os Ministros Alexandre de Moraes, Rosa Weber, Marco Aurélio, Dias Toffoli e Luís Roberto Barroso entenderam que o novo § 5º do art. 171 do Código Penal não retroage nos casos em que houve oferecimento de denúncia antes da vigência da Lei n. 13.964[47].

No entanto, relativamente a fatos ainda não descobertos ou sob investigação antes da vigência da Lei nº 13.964/2019, não há divergências quanto à aplicabilidade da nova lei, sendo *exigível a representação da vítima* como *condição de procedibilidade* da ação penal. Na hipótese, porém, de já ter havido oferecimento de denúncia, ainda não recebida, haverá a exigência de representação da vítima, mas como *condição de prosseguibilidade* (e não de procedibilidade) da ação penal, embora não seja essa a inclinação das Cortes Superiores. Por fim, acreditamos que na

47. STF. 1ª Turma, rel. Min. Alexandre de Moraes. HC 187.341, j. em 13 de outubro de 2020.

hipótese de notificação da vítima o prazo de 30 dias é suficiente para sua manifestação, pois é, *mutatis mutandis*, como se fosse uma espécie *sui generis* de "plebiscito", simples, sim ou não, e, para isso, não há necessidade de prazo maior, embora reconheçamos que, regra geral, o CPP adote o prazo de seis meses para finalidade semelhante, com raríssimas exceções.

A 5ª Turma do Superior Tribunal de Justiça, no HC 573.093/SC, sob a Relatoria do Ministro Reynaldo Soares da Fonseca, reconheceu o caráter híbrido dessa norma por seu potencial extintivo da punibilidade, sustentando, contudo, que o oferecimento da denúncia torna o ato jurídico perfeito e acabado, blindando-o da exigência da nova norma - ainda que seja mista e mais favorável ao réu.

A 6ª Turma do Superior Tribunal de Justiça, por sua vez, adotou entendimento diverso no julgamento do *Habeas Corpus* n. 583.837, da Relatoria do Ministro Sebastião Reis Junior, no qual admitiu, de forma unânime, que a nova norma deverá retroagir para todos os casos em que ainda não se operou o trânsito em julgado. O seu relator, rechaçando o entendimento adotado pela 5ª Turma (HC 573.093/SC), repeliu o argumento de que a denúncia formaria um ato jurídico perfeito e acabado, de modo a afastar a incidência da nova norma, entendendo que "*o ato jurídico perfeito e a retroatividade da lei penal mais benéfica são direitos fundamentais de primeira geração, previstos nos incisos XXXVI e XL do art. 5º da Constituição Federal. Por se tratar de direitos de origem liberal, concebidos no contexto das revoluções liberais, voltam-se ao Estado como limitadores de poder, impondo deveres de omissão, com o fim de garantir esferas de autonomia e de liberdade individual. Considerar o recebimento da denúncia como ato jurídico perfeito inverteria a natureza dos direitos fundamentais, visto que equivaleria a permitir que o Estado invocasse uma garantia fundamental frente a um cidadão*"[48].

A partir daí, a 6ª Turma daquela Corte Superior adotou entendimento idêntico no precedente formado no julgamento do Agravo Regimental no Agravo em Recurso Especial n. 1.668.091, do Paraná, de relatoria da Ministra Laurita Vaz, demonstrando que continuará seguindo o entendimento formado no precedente inaugural do Ministro Sebastião Reis Júnior, caracterizando, como se constata, divergência entre as turmas que tratam de direito penal no Superior Tribunal de Justiça. Logicamente tal divergência deverá ser dirimida pela 3ª Seção do mesmo tribunal.

No entanto, a 3ª Seção do STJ, dirimindo a divergência entre as duas Turmas, optou por considerar a *irretroatividade da alteração da natureza da ação penal* no crime de estelionato, pelo entendimento adotado pela 5ª Turma, nos seguintes termos: entendendo, assim, pela irretroatividade da norma que instituiu a condição de procedibilidade no delito previsto no art. 171 do CP quando já oferecida a denúncia....". Assim, pacificou-se a orientação jurisprudencial no STJ, nesse sentido.

---

48. STJ. HC 583.837/SC, rel. Min. Sebastião Reis Júnior, Sexta Turma, j. 4-8-2020, *DJe* 12-8-2020.

O próprio Supremo Tribunal também já enfrentou essa temática por suas duas Turmas. A Segunda Turma manifestou-se assim, em um dos seus julgados:

"Agravo regimental em *Habeas Corpus*. Decisão agravada em harmonia com a jurisprudência desta Segunda Turma que orienta a matéria sob exame. Estelionato. Lei n. 13.964/2019, art. 171, § 5º, CP. Nova hipótese de extinção de punibilidade. Norma de conteúdo misto. Retroatividade da lei penal mais benéfica. Art. 5º, XL, CF. Representação" (STF, Ag. Reg. no HC 215.010/RN 011XXXX-22.2022.1.00.0000).

No mais recente julgamento realizado pelo Tribunal Pleno do STF, o posicionamento adotado foi pela retroatividade do dispositivo em exame a todos os processos e investigações em curso, como se observa na parte dispositiva deste julgado:

"A norma que versa sobre ação penal tem natureza mista, ou seja, material e processual, por acarretar reflexos em ambas as esferas. 2. A norma de natureza mista retroage em benefício do réu, devendo ser aplicada a investigações e processos em andamento, ainda que iniciados em momento anterior à sua vigência. 3. Em conformidade com a jurisprudência do Supremo Tribunal Federal sedimentada na interpretação de modificações semelhantes anteriormente realizadas pela Lei 9.099/95, a norma inserida no § 5º do art. 171 do CP pela Lei 13.964/2019 (necessidade de representação da pessoa ofendida no crime de estelionato) deve ser aplicada a processos em curso, ou seja, ainda não transitados em julgado quando da entrada em vigor da Lei 13.964/2019. Em analogia ao art. 91 da Lei 9.099/95, deve-se intimar a pessoa ofendida para que, no prazo de 30 dias, ofereça, se quiser, a representação, sob pena de decadência. Contudo, em cada caso concreto, deve-se analisar se houve manifestação da vítima que possa ser considerada para fins de representação, nos termos da jurisprudência deste Tribunal, afastando-se a necessidade de maiores formalidades para tal ato" (STF, AgRg no HC 208.8077, rel. Min. Cármen Lúcia, julgado em 13-4-2023, publicado em 16-5-2023).[49]

19. Transcrição das principais súmulas relativas ao estelionato

Súmula 246 do STF: "Comprovado não ter havido fraude, não se configura o crime de emissão de cheque sem fundos".

Súmula 521 do STF: "O foro competente para o processo e julgamento dos crimes de estelionato, sob a modalidade da emissão dolosa de cheque sem provisão de fundos, é o do local onde se deu a recusa do pagamento pelo sacado" (superada pela Lei n. 14.155/2021).

Súmula 554 do STF: "O pagamento de cheque emitido sem provisão de fundos, após o recebimento da denúncia, não obsta ao prosseguimento da ação penal".

---

49. Posicionamento que vem sendo mantido, conforme é possível observar neste julgado: RHC 236.152 AgR, rel. Min. Cristiano Zanin, Relator p/ Acórdão: Alexandre de Moraes, Primeira Turma, julgado em 15-4-2024, publicado em 22-5-2024).

Súmula 17 do STJ: "Quando o falso se exaure no estelionato, sem mais potencialidade lesiva, é por este absorvido".

Súmula 24 do STJ: "Aplica-se ao crime de estelionato, em que figure como vítima entidade autárquica a Previdência Social, a qualificadora do § 3º do art. 171 do Código Penal".

Súmula 48 do STJ: "Compete ao juízo local da obtenção da vantagem ilícita processar e julgar crime de estelionato cometido mediante falsificação de cheque".

Súmula 107 do STJ: "Compete à Justiça Comum Estadual processar e julgar crime de estelionato praticado mediante falsificação de guias de recolhimento das contribuições previdenciárias, quando não ocorrente lesão à autarquia federal".

DUPLICATA SIMULADA XIX

Sumário: 1. Considerações preliminares. 2. Bem jurídico tutelado. 3. Sujeitos ativo e passivo. 4. Tipo objetivo: adequação típica. 4.1. Falsificação ou adulteração do livro de registro de duplicatas. 5. Tipo subjetivo: adequação típica. 6. Consumação e tentativa. 7. Classificação doutrinária. 8. Pena e ação penal.

DUPLICATA SIMULADA

Art. 172. Emitir fatura, duplicata ou nota de venda que não corresponda à mercadoria vendida, em quantidade ou qualidade, ou ao serviço prestado.

Pena — detenção, de 2 (dois) a 4 (quatro) anos, e multa.

• *Caput* com redação determinada pela Lei n. 8.137, de 27 de dezembro de 1990.

Parágrafo único. Nas mesmas penas incorrerá aquele que falsificar ou adulterar a escrituração do Livro de Registro de Duplicatas.

• Parágrafo único com redação determinada pela Lei n. 5.474, de 18 de julho de 1968.

---

1. Considerações preliminares

A moldura desta figura penal, sem sombra de dúvida, é a que maior número de alterações experimentou no ordenamento jurídico brasileiro. A duplicata simulada não foi recepcionada pelo primeiro Código Criminal brasileiro (1830). O Código Penal republicano, de 1890, introduziu no sistema do País essa figura típica, considerando-a, de forma genérica, uma espécie de estelionato (art. 338, n. 8). A antiga Lei de Falências considerou a emissão irregular de duplicatas crime falimentar (art. 168 da Lei n. 5.746/29). Posteriormente, a Lei n. 187/36 ampliou o alcance desse tipo penal[1] e suprimiu a falência como condição objetiva de punibilidade[2].

O legislador de 1940 basicamente repetiu (art. 172) a redação da Lei n. 187/36, alterando apenas a sanção cominada para um a três anos de detenção. Essa redação, por sua vez, foi alterada pelo Decreto-Lei n. 265, de 28 de fevereiro de 1967, que

---

1. Heleno Cláudio Fragoso, *Lições de Direito Penal*, cit., v. 1, p. 475 e 476.

2. "Art. 32. Incorrerá na pena de prisão celular por um a quatro anos, além da multa de 10% sobre o respectivo montante, o que expedir duplicata que não corresponda a uma venda efetiva de mercadorias entregues, real ou simbolicamente, e acompanhadas da respectiva fatura."

ampliou sua abrangência e alterou a sanção anterior (art. 5º)[3]. A Lei n. 5.474/68 também alterou o conteúdo do art. 172 do Código Penal[4]. O parágrafo único, porém, foi mantido, com redação determinada pela Lei n. 5.474/68.

A redação atual do art. 172 deve-se à Lei n. 8.137/90, que novamente ampliou a abrangência do conteúdo daquele dispositivo, que disciplina a emissão de fatura, duplicata ou nota de venda, além de voltar a majorar a sanção correspondente (*caput* com redação determinada pela Lei n. 8.137/90, relativa a crimes contra a ordem tributária, econômica e contra as relações de consumo).

2. Bem jurídico tutelado

O bem jurídico protegido é o patrimônio, particularmente as relações econômicas provenientes do comércio, objetivando garantir a autenticidade dos institutos comerciais. Pretende proteger os interesses patrimoniais do sacado ou de quem eventualmente possa efetuar qualquer operação mercantil com o título fraudulento.

Trata-se, segundo Heleno Fragoso[5], de crime de perigo para o patrimônio, que se apresenta por meio de uma *falsidade documental*; pretende-se evitar possível dano que a emissão fraudulenta de duplicata cause, por se tratar de título circulável via endosso.

3. Sujeitos ativo e passivo

Sujeito ativo serão, em regra, os diretores, gerentes ou administradores de empresas, associações ou sociedades que praticarem a ação tipificada, sendo insuficiente a condição de sócio, diretor ou gerente. Sujeito ativo, na primeira figura, é quem *expede* ou *aceita* duplicata fictícia ou falsa, isto é, que não corresponda a compra e venda efetiva.

Convém destacar que, agora, não apenas a emissão de duplicata fraudulenta constitui esse crime, mas também a emissão de fatura ou nota de venda o tipificam (Lei n. 8.137/90).

---

3. "Art. 5º A emissão ou o aceite de duplicatas que não correspondam à venda efetiva de mercadorias, entregues real ou simbolicamente, ou a serviço realmente prestado, acompanhadas das respectivas faturas, sujeitarão os signatários do título à pena de reclusão de um a cinco anos, além da multa equivalente ao respectivo valor, imposta a todos os coobrigados."

4. "Art. 172. Expedir ou aceitar duplicata que não corresponda, juntamente com a fatura respectiva, a uma venda efetiva de bens, ou a uma real prestação de serviço. Pena — detenção de 1 (um) a 5 (cinco) anos e multa equivalente a 20% sobre o valor da duplicata. Parágrafo único. Nas mesmas penas incorrerá aquele que falsificar ou adulterar a escrituração do Livro de Registro de Duplicatas."

5. Heleno Cláudio Fragoso, *Lições de Direito Penal*, cit., v. 1, p. 476.

Tratando-se de pessoa jurídica, serão penalmente responsáveis seus diretores, administradores ou gerentes, desde que tenham conhecimento da fraude e participem da decisão.

Não passará, contudo, de simples conivência impunível se o sacado, previamente informado de que será expedida duplicata simulada, abstiver-se de denunciar o sacador; na verdade, a simples ciência da emissão irregular do título não o torna partícipe da ação delituosa. O *sacado* que aceita o título, sabendo que é simulado, incorre no mesmo crime, na condição de coautor (art. 29 do CP).

O *endossatário* e o *avalista*, por si sós, não podem ser sujeitos ativos desse tipo penal, a menos que ajam de comum acordo com o sujeito ativo. Nessa hipótese, também seriam abrangidos pelo art. 29 do Código[6]. Na verdade, endossatário e avalista não podem praticar a conduta de "emitir" os documentos referidos nesse tipo, mas tal aspecto não impede que possa ser alcançado pelo instituto concurso eventual de pessoas, inclusive sob a modalidade da coautoria, e não apenas da participação *stricto sensu*. Essa possibilidade de concorrerem para o crime em exame não impede que qualquer dos dois ou ambos pratiquem o crime de estelionato, se lesarem o tomador do título, descontando-o como legítimo, por exemplo[7].

Sujeito passivo é o recebedor, isto é, quem desconta a duplicata, aquele que aceita a duplicata como caução, e também o sacado de boa-fé, que corre o risco de ser protestado. Não é indispensável, registre-se, a participação na figura delituosa da pessoa contra quem a duplicata foi emitida. Havendo coautoria entre emitente e aceitante, sujeito passivo será quem fez o desconto, e não o sacado.

4. Tipo objetivo: adequação típica

A conduta incriminada consiste em *emitir*, que significa expedir ou colocar em circulação *fatura, duplicata ou nota de venda* que não corresponda à mercadoria vendida ou ao serviço prestado. O título deve ser *simulado*, isto é, não deve corresponder à venda efetiva de bens ou à prestação de serviços.

Para que o crime se aperfeiçoe não é necessária a participação do sacado, uma vez que, após sua emissão, o emitente pode endossá-la, antes mesmo do aceite, transferindo, assim, sua propriedade.

A Lei n. 8.137/90 acrescentou à duplicata *a fatura ou nota de venda* — elementos normativos do tipo —, criminalizando a emissão irregular de qualquer desses "títulos". *Fatura* ou *nota de venda* é o documento no qual devem ser discriminadas as mercadorias vendidas ou os serviços prestados; em outros termos, fatura ou nota de venda é a escrita unilateral do vendedor, que deve acompanhar as mercadorias objeto do contrato ao serem entregues ou expedidas. *Fatura* não é título de crédito,

---

6. No mesmo sentido é o entendimento de Magalhães Noronha, *Direito Penal*, cit., v. 2, p. 450.

7. Nesse sentido, Heleno Cláudio Fragoso, *Lições de Direito Penal*, cit., v. 1, p. 477.

não é comercializável nem pode ser objeto de endosso, não passando, em verdade, de uma espécie de certidão de nascimento que deve acompanhar a mercadoria ou o serviço prestado. *Duplicata* é um título de crédito que deve ser sacado em correspondência estrita com fatura, com a finalidade de circular comercialmente (art. 2º da Lei n. 5.474/68). Nota de venda, a nosso juízo, confunde-se com a fatura, pois tem a mesma finalidade daquela, como já destacamos acima.

Com ou sem assinatura, verdadeira ou falsa, do aceitante, a emissão de *duplicata* a que não corresponde negócio enquadra-se no art. 172 do Código. A *falsificação do aceite* aposto em duplicata simulada não configura crime autônomo, pois está ínsita na figura típica do art. 172 do CP.

4.1 *Falsificação ou adulteração do livro de registro de duplicatas*

Pratica o mesmo crime quem *falsifica* ou *adultera* a escrituração do *livro de registro de duplicatas* (parágrafo único do art. 172). *Falsificar*, no caso específico, significa efetuar o lançamento de um título fictício, isto é, que não tenha correspondência na contraprestação que retrata; *adulterar*, por sua vez, refere-se à alteração de um lançamento anterior relativo a um título válido ou verdadeiro.

Concorrendo com a emissão de duplicata simulada, ficará absorvida a falsidade ou adulteração do livro referido. Limita-se sua punição quando é praticada a falsidade ou adulteração, mas a duplicata não chega a ser emitida.

No *livro de registro de duplicatas* o comerciante deve obrigatoriamente escriturar, em ordem cronológica, todas as duplicatas emitidas, com todos os dados necessários para identificá-las. Por expressa disposição legal, esse livro não pode conter emendas, rasuras, borrões ou entrelinhas (art. 19, §§ 2º e 3º, da Lei n. 5.474/68), exatamente para evitar a fraude. Como, no entanto, pode ser substituído por qualquer sistema mecanizado, acaba facilitando exatamente aquilo que pretendia inviabilizar, qual seja, a banalização da fraude.

Subscrevemos integralmente a crítica autorizada de Luiz Regis Prado, quando afirma: "Não agiu com propriedade o legislador ao inserir a referida figura no artigo 172, já que aplica a ela toda a principiologia do delito de *falsum*, e a hipótese em questão é de falsidade de documento particular, equiparado a documento público (art. 297, § 2º). Ademais, a referida conduta gravita em torno da expedição de duplicata, sendo absorvida pelo delito definido no *caput* do crime em exame, por se tratar de antefato ou *pós-fato* impunível"[8].

5. Tipo subjetivo: adequação típica

O elemento subjetivo é o dolo constituído de vontade conscientemente dirigida à emissão de duplicata simulada, fatura ou nota de venda que não corresponda à mercadoria vendida ou ao serviço prestado. Em outros termos, o dolo consiste na

---

8. Luiz Regis Prado, *Curso de Direito Penal brasileiro*, cit., v. 2, p. 539.

emissão do título (fatura, duplicata ou nota de venda), com pleno conhecimento de que não encontra correspondência fática, isto é, sem a contrapartida da efetiva venda de mercadoria e da prestação de serviço correspondente. A consciência deve abranger, necessariamente, todos os elementos constitutivos do tipo penal.

Não há previsão de modalidade culposa.

6. Consumação e tentativa

Consuma-se o crime de *emissão de duplicata simulada* no momento em que o título é colocado em circulação, independentemente de eventual prejuízo do sacado ou de terceiro; como *crime formal*, consuma-se com a simples *emissão do título*, independentemente de eventual prejuízo a terceiro.

A doutrina, de modo geral, tem negado a possibilidade da configuração da *forma tentada* do crime de emissão de duplicata simulada, porque se trata de crime formal e unissubsistente, não admitindo fracionamento[9]. Contudo, quer-nos parecer, é muito arriscada uma afirmação negativa, quando a casuística oferece determinadas situações que podem configurar perfeitamente a *tentativa*. Diante dessas circunstâncias, não afastamos, *a priori*, a possibilidade da ocorrência da tentativa, já que se trata de crime fracionável, cujo *iter criminis* pode, eventualmente, ser interrompido, por circunstâncias alheias à vontade do agente.

7. Classificação doutrinária

Trata-se de *crime comum*, na medida em que não exige qualquer condição especial do sujeito ativo; *formal*, uma vez que, em tese, não exige resultado naturalístico; *comissivo* (que só pode ser praticado mediante ação); *doloso* (não há previsão legal para a figura culposa); *de forma livre* (pode ser praticado por qualquer meio, forma ou modo); instantâneo (o resultado opera-se de forma imediata, sem prolongar-se no tempo); *unissubjetivo* (pode ser praticado, em regra, apenas por um agente); *plurissubsistente* (eventualmente pode ser desdobrado em vários atos, que, no entanto, integram a mesma conduta).

8. Pena e ação penal

As penas cominadas, cumulativamente, são reclusão, de dois a quatro anos, e multa. As mesmas penas são aplicadas para a figura tipificada no parágrafo único, relativas à falsificação do livro de registro de duplicatas. A ação penal é *pública incondicionada*, salvo nas hipóteses do art. 182, quando ficará *condicionada à representação*.

---

9. Em sentido contrário, ver Luiz Regis Prado, *Curso de Direito Penal brasileiro*, cit., v. 2, p. 538; Heleno Cláudio Fragoso, *Lições de Direito Penal*, cit., v. 1, p. 479; Magalhães Noronha, *Direito Penal*, cit., v. 2, p. 451; Nélson Hungria, *Comentários ao Código Penal*, cit., v. 7, p. 265.

ABUSO DE INCAPAZES

ABUSO DE INCAPAZES

Art. 173. Abusar, em proveito próprio ou alheio, de necessidade, paixão ou inexperiência de menor, ou da alienação ou debilidade mental de outrem, induzindo qualquer deles à prática de ato suscetível de produzir efeito jurídico, em prejuízo próprio ou de terceiro:

Pena — reclusão, de 2 (dois) a 6 (seis) anos, e multa.

1. Considerações preliminares

O direito antigo não criminalizava o *abuso de incapazes* como figura autônoma, preferindo integrá-lo em um conceito mais abrangente de estelionato e usura. O *abuso de incapazes* foi introduzido na legislação pelo Código Penal francês de 1810 (napoleônico), que disciplinava o abuso das paixões, necessidades ou fraquezas do menor, acabando por influenciar outras legislações europeias, que recepcionaram o abuso de incapazes incluindo-o entre os crimes contra o patrimônio.

O Código Penal de 1890 acolheu a novel figura nos seguintes termos: "Abusar, em próprio ou alheio proveito, das paixões ou inexperiência de menor, interdito ou incapaz, e fazê-lo subscrever ato que importe efeito jurídico em dano dele ou de outrem, não obstante a nulidade do ato emanada da incapacidade pessoal".

O natimorto Código Penal de 1969 retornava à fórmula da legislação antiga: "Abusar, em proveito próprio ou alheio, da necessidade, paixão ou inexperiência de menor, ou da doença ou deficiência mental de outrem, induzindo qualquer deles à prática de ato que produza efeito jurídico, em prejuízo próprio ou de terceiros".

O legislador brasileiro de 1940, ao tipificar o abuso de incapazes, inspirou-se no Código Penal Rocco, de 1930.

2. Bem jurídico tutelado

O *bem jurídico* protegido é o patrimônio, especialmente aquele atribuído aos *menores* ou *incapazes*, com a finalidade de impedir todo e qualquer abuso ou aproveitamento por parte de quem quer que seja, com ou sem escrúpulos. O dispositivo em exame procura garantir a inviolabilidade patrimonial, punindo quem, aproveitando-se da menoridade, alienação ou debilidade mental de alguém, leve-o a praticar condutas com efeitos jurídicos em benefício do autor ou de terceiro.

Considerando que se trata de crime contra o patrimônio, é indispensável que o ato praticado seja idôneo para produzir efeitos patrimoniais. Contudo, por se tratar de crime formal, o dano precisa se concretizar.

O estado das pessoas protegidas, no caso, menores e incapazes, as torna mais vulneráveis e expostas a fraudes e burlas. Por essa razão, o Estado aumenta a vigilância e proteção ao patrimônio dessas pessoas. Assim, condutas que, em relação aos maiores e capazes, poderiam, no máximo, caracterizar um ilícito civil, são elevadas à condição de crimes quando praticadas contra incapazes e menores.

3. Sujeitos ativo e passivo

Sujeito ativo pode ser qualquer pessoa, independentemente de ostentar alguma condição ou qualidade especial, ou seja, sujeito ativo é quem abusa de menor ou alienado ou débil mental, induzindo-o à prática de algum ato capaz de produzir efeito jurídico em prejuízo próprio ou de terceiro.

Sujeito passivo somente pode ser menor, alienado ou débil mental, ou, nos próprios termos do Código Penal, é o incapaz que, ostentando essa condição, for induzido a praticar ato suscetível de produzir efeito jurídico, em prejuízo próprio ou de outrem. A enumeração do artigo é *numerus clausus*: menor, alienado ou débil mental. Considera-se *menor*, para os efeitos aqui tratados, aquele com idade inferior a dezoito anos, independente da menoridade civil. Pelo nosso Código Penal, quem completa dezoito anos se torna penalmente responsável (art. 27)[1]. "O alienado de que fala a lei é o louco, ou seja, a pessoa privada de razão em virtude de perturbação psíquica. Débeis mentais são, em geral, aqueles indivíduos portadores de retardamento mental ou de parada no desenvolvimento das funções psíquicas. Nesta categoria incluem-se os idiotas, os imbecis e os débeis mentais propriamente ditos. É a esse conceito de anormais que a lei se refere"[2].

4. Tipo objetivo: adequação típica

São elementos constitutivos do crime de abuso de incapazes: a) *menoridade ou alienação ou debilidade mental do sujeito passivo*; b) *abuso da necessidade, paixão ou inexperiência do menor ou da alienação ou debilidade mental de outrem*;

---

1. Nélson Hungria, *Comentários ao Código Penal*, cit., v. 7, p. 266.
2. Heleno Cláudio Fragoso, *Lições de Direito Penal*, cit., v. 1, p. 434.

c) *induzimento à prática de ato suscetível de efeito jurídico em detrimento da vítima ou de outrem*; d) *elemento subjetivo geral e especial do tipo*.

A ação tipificada é *abusar*, isto é, prevalecer-se da inexperiência, paixão ou necessidade do menor ou de sua condição de alienado ou débil mental para induzi-lo, pela persuasão ou pela fraude, à prática de ato suscetível de produzir efeitos jurídicos. *É desnecessária a fraude ou a indução a erro*, sendo suficiente que o agente *abuse* da imaturidade ou da debilidade da vítima.

A ação deve ser em proveito próprio ou alheio e em prejuízo do sujeito passivo ou de terceiro.

4.1 *Necessidade, paixão ou inexperiência do menor*

Necessidade, paixão e inexperiência do menor são tratadas como sinônimos ou, pelo menos, como expressões que produzem no menor o mesmo resultado, ou seja, tornam-no mais vulnerável e desprotegido, carente de amparo e de proteção legal. E é exatamente dessas circunstâncias que o agente deve abusar, quando se tratar de menor, fundamentando o desvalor da conduta criminalizada. Essas elementares, no entanto, são exigidas somente em relação ao menor, e não quanto ao alienado ou débil mental.

Necessidade não quer dizer apenas aquilo que é indispensável, que é essencial, mas se refere ao *estado de menor*, a sua vulnerabilidade diante de carências típicas dessa situação frágil, merecedora de maior amparo do Estado; paixão e a emoção em estado crônico, que pode perdurar como sentimento mais profundo e monopolizante. Mas o sentido de paixão, neste dispositivo, significa a fragilidade do menor envolvido com um sentimento que lhe diminui as resistências, afasta as desconfianças, aumenta a confiança no sujeito ativo, e é exatamente esse estado que torna mais desvaliosa a conduta incriminada; *inexperiência*, no caso, não se limita à tradicional definição de falta de prática ou de habilidade em determinada função ou atividade: deve ser examinada no sentido da imaturidade, da ausência de conhecimentos gerais que permitam aquilatar adequadamente todas as circunstâncias que autorizem uma tomada de decisão no mundo socioeconômico ou, melhor dito, em toda e qualquer ação, transação, atividade. O ordenamento jurídico preocupa-se com as pessoas que não dispõem de conhecimento, maturidade e discernimento para autodeterminar-se na vida social, limitando suas responsabilidades e a validade de seus atos.

4.2 *Ato suscetível de produzir efeito jurídico*

O ato juridicamente nulo, em razão da absoluta incapacidade da vítima, pode ser objeto desse crime? Sustenta-se que se fosse admissível argumentar que o crime não se consuma em razão da incapacidade absoluta da vítima, não teria sentido a criminalização contida no dispositivo em exame[3].

---

3. Magalhães Noronha, *Direito Penal*, cit., v. 2, p. 459.

No entanto, quando o ato praticado pela vítima é absolutamente nulo e sem qualquer efeito jurídico, por causa diversa da incapacidade da vítima, não há crime, pois esse tipo de ato não pode acarretar efeitos jurídicos, o que é uma elementar requerida pelo tipo legal.

4.3 *Natureza do proveito ou vantagem*

Questão interessante, convém destacar, é a definição da natureza do proveito que o agente ativo deve pretender com a conduta praticada. Terá, necessariamente, natureza patrimonial, considerando-se que o tipo penal se encontra no título dos crimes contra o patrimônio?

Não nos parece que assim seja, pois, mesmo que proveito seja, por exemplo, de ordem puramente moral, não afastará por si só a natureza patrimonial da infração penal. Nesse particular, é muito feliz a hipótese lembrada por Magalhães Noronha: "Se certo homem, inimigo de uma família, abusa das paixões de menor, a ela pertencente, induzindo-o a praticar ato que lhe pode acarretar a ruína, sem que com isso obtenha lucro, não deixa de praticar o crime em análise. O delito é patrimonial, porque o patrimônio é que foi a objetividade jurídica atingida"[4]. Tem toda a razão Magalhães Noronha. Na verdade, para que o crime se consume é absolutamente irrelevante que o sujeito ativo obtenha o proveito pretendido; embora de modo geral os crimes patrimoniais sejam materiais, o *abuso de incapazes* é crime formal, e a obtenção de proveito, como elemento subjetivo especial do injusto, não precisa verificar-se — basta que tenha orientado a conduta do agente. Ora, se o proveito não precisa verificar-se para o crime aperfeiçoar-se, não teria maior sentido exigir que aquele tivesse esta ou aquela natureza. Nessa linha, adotamos a orientação que sustenta a desnecessidade de o proveito ser de natureza econômica ou patrimonial[5].

Assim, devem-se distinguir com precisão duas coisas básicas: proveito e prejuízo. Não é necessário que ambos tenham a mesma natureza, podendo um ter cunho moral e outro econômico, sem qualquer relevância típica. O "proveito" deve ser próprio ou alheio; o prejuízo, igualmente, deve ser "próprio ou de terceiro". Mas acaba por aí a semelhança de proveito e prejuízo. A rigor, o que não pode deixar de ter natureza econômica é o *prejuízo* da vítima ou de terceiro, e é exatamente em razão do prejuízo que se qualifica o crime patrimonial, e não segundo a *vantagem ou proveito obtido* ou pretendido pelo sujeito ativo.

Por fim, com a vedação legal de *obter proveito*, nos termos em que o prescreve, é evidente que a lei está se referindo a *proveito injusto*, isto é, sem causa, sem fundamento legal, indevido. O crime de abuso de incapazes integra o Capítulo do Estelionato e Outras Fraudes. Embora de estelionato não se trate, não se pode negar

4. Magalhães Noronha, *Direito Penal*, cit., v. 2, p. 461.
5. Em sentido contrário, Heleno Cláudio Fragoso, *Lições de Direito Penal*, cit., v. 1, p. 486.

que leva implícita em sua definição forte carga de engodo, de ardil, abrangida pelo verbo "abusar"[6]. Ademais, seria um contrassenso falar em fraude por parte de alguém que procura obter *proveito justo*.

5. Tipo subjetivo: adequação típica

O tipo subjetivo é composto pelo *dolo* e pelo *elemento subjetivo especial* do tipo constituído pelo *fim específico* de obter indevido proveito para si ou para outrem. O *dolo* é representado pela *vontade consciente* de persuadir o menor ou incapaz a praticar ato que lhe seja prejudicial e idôneo a produzir efeitos jurídicos. É indispensável que o agente tenha conhecimento da incapacidade da vítima, seja em razão da menoridade, seja em razão da alienação ou debilidade mental. Nesse sentido, mantém-se atual o magistério de Magalhães Noronha, que sustentava: "... age dolosamente o delinquente que, conhecendo as peculiares condições da vítima, dela abusa, induzindo-a a praticar um ato ruinoso para ela ou para outrem. O agente tem, pois, ciência do resultado e vontade de alcançá-lo, pondo, por isso, em ação os meios aptos e hábeis"[7].

Havendo *dúvida* sobre esse estado da vítima, o agente deve abster-se de agir, sob pena de responder pelo crime por *dolo eventual*. Com efeito, a dúvida do sujeito ativo não afasta o dolo, pois, como sustentava Magalhães Noronha, "quem duvida não ignora e, se pratica o ato, arrisca-se. Nos termos da lei, arriscar é querer"[8]. Contudo, o desconhecimento do estado da vítima — menoridade, alienação ou debilidade mental — afasta a tipicidade da conduta, configurando erro de tipo.

Mas esse tipo penal não se satisfaz somente com o dolo: exige algo mais, um *plus*, o elemento subjetivo especial do injusto, qual seja, o especial fim de agir, que, *in casu*, é representado pela locução "em proveito próprio ou alheio". Na verdade, o preceito primário criminaliza a conduta de "abusar... em proveito próprio ou alheio", ou seja, abusar com a finalidade de obter vantagem, para si ou para outrem.

6. Consumação e tentativa

Consuma-se o crime de abuso de incapazes no momento e no lugar em que o incapaz pratica o ato a que foi induzido pelo sujeito ativo, desde que suscetível de produzir efeitos jurídicos, independente da obtenção do proveito visado.

---

6. Nélson Hungria, *Comentários ao Código Penal*, cit., v. 7, p. 265: "O crime de *abuso de incapazes* tem afinidade com o estelionato, mas dele difere em mais de um ponto. Em primeiro lugar, trata-se de *crime formal*. Sua consumação não está condicionada à efetividade do dano, bastando a criação do perigo de dano. Outro ponto de divergência está em que não exige, necessariamente, o emprego de *meio fraudulento* para *induzimento em erro*, contentando-se com a persuasão pura e simples (persuasão que já é *fraude*, pois alcançada com abuso da condição de indefensabilidade psíquica do sujeito passivo)".
7. Magalhães Noronha, *Direito Penal*, cit., v. 2, p. 460.
8. Magalhães Noronha, *Direito Penal*, cit., v. 2, p. 460.

A tentativa é, teoricamente, admissível. Trata-se de uma das espécies de *crime formal*[9] que, pelo menos em tese, pode ser fracionada sua fase executória, como reconhece Heleno Cláudio Fragoso[10].

7. Classificação doutrinária

Este é um *crime comum*, não exigindo qualquer condição especial do sujeito ativo; *formal*, uma vez que, em tese, não exige resultado naturalístico; *comissivo* (que só pode ser praticado por meio de ação); *doloso* (não há previsão legal para a figura culposa); *de forma livre* (pode ser praticado por qualquer meio, forma ou modo); instantâneo (o resultado opera-se de forma imediata, sem prolongar-se no tempo; *unissubjetivo* (pode ser praticado, em regra, apenas por um agente); *plurissubsistente* (eventualmente pode ser desdobrado em vários atos, que, no entanto, integram a mesma conduta).

8. Pena e ação penal

As penas cominadas, *cumulativas*, são reclusão, de dois a seis anos, e multa. A ação penal é *pública incondicionada*, salvo nas hipóteses do art. 182, quando será condicionada à representação.

---

9. "O delito de abuso de incapaz consuma-se com o só ato da vítima, débil mental, de outorgar procuração para a venda de seus bens, embora a mesma não se tenha verificado. Trata-se de crime formal, de conduta e resultado, em que o tipo não exige sua produção. Basta que o ato seja apto a produzir efeitos jurídicos. E é evidente que a procuração por instrumento público é idônea para esse fim" (STF, HC, rel. Min. Carlos Madeira, *RT*, *613*:405).
10. Heleno Cláudio Fragoso, *Lições de Direito Penal*, cit., v. 1, p. 485.

INDUZIMENTO À ESPECULAÇÃO

Sumário: 1. Considerações preliminares. 2. Bem jurídico tutelado. 3. Sujeitos ativo e passivo. 4. Tipo objetivo: adequação típica. 5. Tipo subjetivo: adequação típica. 6. Consumação e tentativa. 7. Classificação doutrinária. 8. Pena e ação penal.

INDUZIMENTO À ESPECULAÇÃO

Art. 174. Abusar, em proveito próprio ou alheio, da inexperiência ou da simplicidade ou inferioridade mental de outrem, induzindo-o à prática de jogo ou aposta, ou à especulação com títulos ou mercadorias, sabendo ou devendo saber que a operação é ruinosa:

Pena — reclusão, de 1 (um) a 3 (três) anos, e multa.

1. Considerações preliminares

A maioria dos diplomas legais não trata deste crime de forma autônoma. Quando o fazem, integram-no ao crime de estelionato. Segundo Heleno Fragoso, o presente dispositivo inspirou-se no art. 158 do Código Penal suíço, e refere-se especificamente ao chamado "jogo de bolsa"[1]. Mas foi Hungria que, com a argúcia de sempre, contextualizou bem o objetivo do crime em exame ao afirmar: "Trata-se, também aqui, de autêntico jogo, pois as partes contam somente, para o próprio lucro, com a eventual alta ou baixa dos preços, no predeterminado momento da liquidação"[2].

O Código Civil brasileiro estabelece: "As disposições dos arts. 814 e 815 não se aplicam aos contratos sobre títulos de bolsa, mercadorias ou valores, em que se estipulem a liquidação exclusivamente pela diferença entre o preço ajustado e a cotação que eles tiverem no vencimento do ajuste". Observando os dois textos legais — civil e penal —, Nélson Hungria, com muita propriedade, sentenciou: "Pode-se dizer, então, que o art. 174, ora comentado, cuida do induzimento do inexperiente, simplório ou pobre de espírito (ainda que não atinja o grau de debilidade mental) a qualquer forma de jogo (ilícito ou lícito)"[3].

1. Heleno Cláudio Fragoso, *Lições de Direito Penal*, cit., v. 1, p. 487.
2. Nélson Hungria, *Comentários ao Código Penal*, cit., v. 7, p. 270.
3. Idem, ibidem.

O vacante Código Penal de 1969 chegou a disciplinar essa infração nos seguintes termos: "Abusar, em proveito próprio ou alheio, da inexperiência ou da simplicidade ou inferioridade mental de outrem, induzindo-o à prática de jogo ou aposta, ou especulação em títulos ou mercadorias, que lhe resulte danosa". Mas esse diploma legal, que transformava um crime de perigo em crime de dano, nunca chegou a entrar em vigor.

2. Bem jurídico tutelado

Como todas as infrações penais constantes do presente Título, o patrimônio considerado *lato sensu* é o bem jurídico protegido; contudo, cada figura penal destaca determinada particularidade da segurança patrimonial que merece maior atenção do legislador. No presente caso, objetiva-se tutelar o patrimônio pertencente às pessoas simples, ignorantes ou inexperientes contra a burla, a fraude ou ardil simbolizados por apostas ou jogos e até mesmo pela especulação com títulos ou mercadorias.

Desnecessário enfatizar que as pessoas com as condições destacadas no tipo (simples, ignorantes e inexperientes) não apresentam as mínimas condições de obter êxito nesse tipo de atividade, em que esteja ausente a má-fé do sujeito ativo.

Como se trata de *crime de perigo* (normalmente os crimes contra o patrimônio são de dano), nesta figura o legislador penal procurou evitar a exposição a perigo do patrimônio da vítima simples, inexperiente ou ignorante.

3. Sujeitos ativo e passivo

Sujeito ativo pode ser qualquer pessoa capaz, sem qualquer condição especial, desde que abuse da inexperiência, simplicidade ou inferioridade mental da vítima, induzindo-a a praticar qualquer das condutas descritas no tipo penal em exame. Em outros termos, sujeito ativo é quem *induz* a vítima a jogo, aposta ou especulação bolsista, podendo, inclusive, ser pessoa diversa daquela que contrata ou compete com a vítima[4].

Sujeito passivo é qualquer pessoa, maior ou menor, inexperiente, simples ou *mentalmente inferior*. Neste caso, ao contrário do dispositivo anterior, não se refere a debilidade mental, mas somente a inferioridade mental, sendo desnecessário, por conseguinte, que a vítima seja um anormal. Na prática, em nossa longa experiência profissional, nunca nos deparamos com um caso concreto em que a vítima apresentasse, comprovadamente esse caráter de inferioridade mental. Aliás, concretamente essa terminologia fica sujeita a longas discussões sobre o que pode ser

---

4. Nesse sentido, veja-se o magistério de Nélson Hungria, *Comentários ao Código Penal*, cit., v. 7, p. 270: "Frequentemente, aliás, o agente não passa de um *intermediário* ou *agenciador* de outrem, limitando-se a auferir uma comissão percentual, e pode mesmo acontecer que aquele que *monta* o jogo, aceita a aposta ou contrata com o sujeito passivo jamais se tenha avistado com este e ignore, portanto, a sua condição pessoal".

considerado inferioridade mental, que acabará, inevitavelmente, com a definição autoritária de um laudo psiquiátrico. No entanto, essa raridade não significa que não possa ocorrer, mas o mais comum é que tal exploração ocorra com menores, mulheres incultas e homens rústicos, enfim, pessoas simples, desacostumadas às habilidades e malícias que tais atividades exigem para que qualquer indivíduo possa ter alguma chance de sucesso.

4. Tipo objetivo: adequação típica

A ação tipificada é representada pelo verbo nuclear "abusar", que tem o sentido de prevalecer-se, aproveitar-se da inexperiência, simplicidade ou inferioridade mental de alguém, para induzi-lo à prática de jogo, aposta ou à especulação com títulos ou mercadorias. Nesta última hipótese, deve tratar-se de *operação ruinosa*, tendo o agente, ou devendo ter, consciência dessa circunstância.

Jogo e *aposta* são espécies de um mesmo gênero: naquele, o ganho que se busca provém de determinada ação praticada pelo jogador; nesta, o evento independe, como regra, da participação dos apostadores, cujo resultado se vincula exclusivamente ao fator sorte. É irrelevante que se trate de jogo lícito ou ilícito, considerando-se que a finalidade da norma é proteger o patrimônio de pessoas incautas (inexperientes, ignorantes ou inferiores mentalmente). A elementar que deve prevalecer é exatamente essa inferioridade, que as torna hipossuficientes e justifica a proteção penal.

A ação deve ser em proveito próprio ou alheio.

5. Tipo subjetivo: adequação típica

O tipo subjetivo é constituído pelo dolo, como elemento geral, e pelo elemento subjetivo especial do injusto. O dolo é representado pela vontade consciente de induzir a vítima à prática do jogo, aposta ou especulação, aproveitando-se de sua inexperiência, simplicidade ou inferioridade mental. É absolutamente indispensável que o sujeito ativo tenha conhecimento de que se trata de pessoa que apresenta uma das condições exigidas pelo tipo penal, ou seja, pessoa inexperiente, simples ou mentalmente inferior. Evidentemente que eventual dúvida sobre a existência de qualquer dessas condições não beneficia o infrator, caracterizando o dolo eventual[5]. Na verdade, havendo dúvida sobre a existência das elementares, o agente deve abster-se de agir, pois, arriscando-se, assume o risco de infringir a lei e deve responder por isso.

Em relação à *especulação*, o legislador brasileiro volta a utilizar, inadequadamente, a locução "sabendo ou devendo saber" que a operação é ruinosa. Sobre o verdadeiro significado dessa locução, discorremos longamente, examinando outros tipos penais, por exemplo, *perigo de contágio venéreo* (art. 130), no segundo volume desta obra, para onde remetemos o leitor, a fim de não sermos repetitivos[6].

---

5. Heleno Cláudio Fragoso, *Lições de Direito Penal*, cit., v. 1, p. 489.
6. Cezar Roberto Bitencourt, *Tratado de Direito Penal — Parte Especial*, 19 ed., 2019, v. 2, p. 317-334.

Em várias passagens do volume anterior externamos nosso repúdio ao recurso a expressões como "sabe ou deve saber" ou "sabendo ou devendo saber", uma vez que no atual estágio do direito penal não podem mais identificar a espécie ou natureza do elemento subjetivo do tipo. Com efeito, "para a configuração do dolo exige-se a *consciência* daquilo que se pretende praticar. Essa consciência, no entanto, deve ser atual, isto é, deve estar presente no momento da ação, quando ela está sendo realizada. É insuficiente, segundo Welzel, a *potencial consciência* das circunstâncias objetivas do tipo, uma vez que prescindir da *consciência atual* equivale a destruir a linha divisória entre dolo e culpa, convertendo aquele em mera ficção"[7].

Não admitimos, como já destacamos, que "devendo saber" possa traduzir-se em *culpa* ou *presunção de dolo*, como chegou a ser sustentado por alguns eminentes doutrinadores pátrios[8] do passado. Não vemos nenhuma possibilidade de punir a modalidade do *crime culposo*, em razão de sua *excepcionalidade*. Por isso mesmo, seria paradoxal admitir sua *equiparação* com o dolo. Concordamos com o entendimento de Regis Prado, segundo o qual "o correto é, portanto, que o legislador quis frisar que, ainda quando o agente não tenha certeza do insucesso da especulação, conhece fatos que o autorizam a prognosticar o fracasso daquele empreendimento"[9].

O *elemento subjetivo especial do injusto*, por sua vez, é constituído pelo *fim especial* de obter proveito próprio ou alheio. Trata-se de crime de intenção, caracterizado pela locução "em proveito próprio ou alheio". Desnecessário destacar que o *proveito*, como elemento subjetivo especial do tipo, não precisa concretizar-se, sendo suficiente que tenha sido o móvel da ação do agente.

6. Consumação e tentativa

Consuma-se com a prática, pelo induzido, de jogo, aposta ou especulação na bolsa, independentemente da superveniência de eventual obtenção do proveito visado. Não se pode perder de vista que se trata de crime contra o patrimônio *sui generis*, na medida em que se consuma independentemente de lesão patrimonial, configurando, por conseguinte, crime de perigo. Alguns autores sustentam, inclusive, que o crime estará consumado mesmo que a vítima obtenha lucro na operação que realizar, porque se trata de crime formal[10]. Parece-nos questionável esse entendimento majoritário, que, no mínimo, obscurece o elemento subjetivo do tipo. Pelo Código Penal de 1969 esse crime passaria a ser material, exigindo o resultado de dano patrimonial para caracterizar a consumação.

---

7. Cezar Roberto Bitencourt, *Tratado de Direito Penal*, 19. ed., cit., 2019, v. 2, p. 325.
8. Magalhães Noronha, *Direito Penal*, cit., v. 2, p. 465 e 466; Nélson Hungria, *Comentários ao Código Penal*, cit., v. 7, p. 271.
9. Luiz Regis Prado, *Curso de Direito Penal brasileiro*, cit., v. 2, p. 551.
10. Por todos, Heleno Cláudio Fragoso, *Lições de Direito Penal*, cit., v. 1, p. 490.

A tentativa é admissível, já que o processo executório pode ser fracionado. Somente o casuísmo permitirá a avaliação, *in concreto*, da possibilidade ou não da figura tentada.

7. Classificação doutrinária

Trata-se de *crime comum*, não exigindo qualquer condição especial do sujeito ativo; *formal*, uma vez que, em tese, não exige resultado naturalístico; *comissivo* (que só pode ser praticado por meio de ação); *doloso* (não há previsão legal para a figura culposa); *de forma livre* (pode ser praticado por qualquer meio, forma ou modo); *instantâneo* (o resultado opera-se de forma imediata, sem prolongar-se no tempo); *unissubjetivo* (pode ser praticado, em regra, apenas por um agente); *pluris-subsistente* (eventualmente pode ser desdobrado em vários atos).

8. Pena e ação penal

As penas cominadas, *cumulativamente*, são reclusão de um a três anos, e multa. A ação penal é pública incondicionada, salvo nas hipóteses do art. 182, quando será condicionada à representação. Heleno Fragoso já criticava, a seu tempo, a excessiva gravidade da sanção cominada: "Tendo-se em vista a configuração técnica do delito (crime formal e de perigo), a pena é evidentemente excessiva"[11].

---

11. Heleno Cláudio Fragoso, *Lições de Direito Penal*, cit., v. 1, p. 491.

FRAUDE NO COMÉRCIO — XXII

Sumário: 1. Considerações preliminares. 2. Bem jurídico tutelado. 3. Sujeitos ativo e passivo. 4. Tipo objetivo: adequação típica. 4.1. Fraude no comércio de metais ou pedras preciosas (§ 1º). 5. Tipo subjetivo: adequação típica. 6. Consumação e tentativa. 7. Pena e ação penal.

FRAUDE NO COMÉRCIO

Art. 175. Enganar, no exercício de atividade comercial, o adquirente ou consumidor:

I — vendendo, como verdadeira ou perfeita, mercadoria falsificada ou deteriorada;

II — entregando uma mercadoria por outra:

Pena — detenção, de 6 (seis) meses a 2 (dois) anos, ou multa.

§ 1º Alterar em obra que lhe é encomendada a qualidade ou o peso de metal ou substituir, no mesmo caso, pedra verdadeira por falsa ou por outra de menor valor; vender pedra falsa por verdadeira; vender, como precioso, metal de outra qualidade:

Pena — reclusão, de 1 (um) a 5 (cinco) anos, e multa.

§ 2º É aplicável o disposto no art. 155, § 2º.

1. Considerações preliminares

Os autores invariavelmente têm afirmado que esta infração penal foi desconhecida como crime autônomo no antigo direito penal, que preferia incluí-lo em um conceito mais abrangente de falsidade. O Código Penal francês de 1810 mais uma vez surge como a fonte moderna, pois previa "a fraude no comércio de pedras e metais preciosos, ao lado da fraude sobre a natureza ou quantidade de quaisquer mercadorias, além do uso de pesos ou medidas falsos"[1].

Os Códigos Penais italianos, a partir do século XIX, sempre trataram da *fraude no comércio*. As Ordenações Filipinas também dispuseram sobre a fraude no comércio de determinados segmentos, adotando uma individualização bem casuística. Embora o Código Criminal do Império, de 1830, não tenha enfrentado diretamente o exame da matéria, integrou no estelionato "a troca das coisas que se devem entregar

1. Heleno Cláudio Fragoso, *Lições de Direito Penal*, cit., v. 1, p. 491.

por outras diversas"[2]. O Código Penal de 1890 igualmente disciplinava a *fraude comercial* como integrante de estelionato (art. 338). Finalmente, o legislador de 1940 criou um tipo mais abrangente e menos casuístico, que passa a ser objeto de exame.

2. Bem jurídico tutelado

O bem jurídico protegido, como todas as demais infrações deste Título do Código Penal, é o patrimônio, especialmente contra a *fraude* praticada na atividade comercial. Subsidiariamente, protege-se também a moralidade das relações comerciais, buscando preservar a honestidade e a boa-fé que devem orientar toda a atividade comercial, que é vital para a satisfação de grande parte das necessidades materiais da coletividade.

3. Sujeitos ativo e passivo

Esse é um tipo penal que já apresenta dificuldade na identificação de quem pode realmente ser *sujeito ativo* do crime. Com efeito, além de o *nomen juris* ser "fraude no comércio", o conteúdo típico exige que o engano se opere no "exercício de atividade comercial". Há histórica divergência na doutrina, admitindo-se qualquer pessoa, sem condição especial[3]. Por essas razões sucintas, *sujeito ativo* só pode ser *comerciante* ou *comerciário*, diante da elementar do tipo, "no exercício da atividade comercial", mesmo que a atividade seja faticamente exercida, pois, nesse caso, o crime será tipificado no art. 171, § 2º, IV, do CP.

Sujeito passivo, por sua vez, pode ser qualquer pessoa, desde que determinada e seja adquirente ou consumidor. Sujeito passivo, enfim, é quem adquire a coisa ou mercadoria com um dos vícios mencionados no tipo penal. Nada impede que o sujeito passivo seja comerciante, embora não seja necessária essa qualidade, pois, como já afirmamos, pode ser qualquer pessoa (sendo qualquer pessoa, não está afastado o próprio comerciante).

4. Tipo objetivo: adequação típica

Enganar, isto é, iludir adquirente ou consumidor, no exercício de *atividade comercial*, de duas formas: a) *vendendo* (não permutando, dando em pagamento, doando etc.), (I) como verdadeira ou perfeita, mercadoria falsificada ou deteriorada;

---

2. Luiz Regis Prado, *Curso de Direito Penal brasileiro*, cit., v. 2, p. 555.

3. Sustentando tratar-se de crime comum, manifestava-se Magalhães Noronha, *Direito Penal*, cit., v. 2, p. 467. Em sentido contrário, defendendo que somente comerciante ou comerciário podem praticá-lo, por todos, Nélson Hungria, *Comentários ao Código Penal*, cit., v. 7, p. 272 e 273: "*Exercício de atividade comercial* não quer dizer senão 'exercício profissional do comércio, por conta própria ou de outrem'. Assim, repita-se: idôneo sujeito ativo de qualquer das fraudes de que ora se trata é somente o *comerciante* ou *comerciário*. Se o agente não reveste tal qualidade ou condição, o fato será punível a título de 'fraude no comércio'. Caso o art. 175 não tivesse *particularizado* o sujeito ativo das fraudes de que cogita, seria uma repetição ociosa do art. 171, § 2º, IV".

b) *entregando* uma mercadoria por outra. O *engano* pode referir-se à substância, qualidade, quantidade ou procedência (II).

Na primeira figura, a ação incriminada consiste em *enganar*, *vendendo* mercadoria falsificada ou deteriorada como verdadeira ou perfeita. Deve tratar-se, portanto, de venda e não de permuta, dação ou entrega da mercadoria a qualquer outro título. O objeto material da ação é *mercadoria,* que pode ser coisa móvel ou semovente (art. 191 do Código Comercial). *Falsificada* é a mercadoria adulterada a que o sujeito ativo dá a aparência de legítima ou genuína. *Deteriorada* é a mercadoria estragada, total ou parcialmente. A *fraude* requerida pelo tipo penal em exame consiste exatamente em apresentá-la como perfeita ou verdadeira.

Na segunda modalidade, a conduta incriminada consiste em *enganar* o consumidor ou adquirente *entregando* uma mercadoria por outra, ou seja, o sujeito passivo adquire uma mercadoria e recebe outra diversa daquela que havia comprado. Nessa hipótese, há presunção da existência de uma relação obrigacional, na qual a mercadoria foi determinada e individualizada, não podendo ser entregue outra em seu lugar. Embora a lei fale em "enganar" o adquirente ou consumidor, o que significa fraude, não é necessário que haja previamente um ardil, artifício ou meio fraudulento induzindo o comprador na aquisição da coisa. "O engano está na efetivação, na realização mesma da *venda*, nos fatos mencionados de *vender* e *entregar*"[4]. A *fraude* pode referir-se à substância da mercadoria (farinha por sal), à qualidade ou quantidade. Mesmo que seja falsificada, se a vítima não foi enganada, sabendo que a mercadoria não é verdadeira, a conduta é atípica.

Alguns autores questionam se o art. 175 do CP não teria sido revogado pela Lei n. 8.137/90 e pelo denominado Código de Defesa do Consumidor (Lei n. 8.078/90). O art. 7º, IX, da Lei n. 8.137/90 dispõe que: "*Constitui crime contra as relações de consumo*: vender, ter em depósito para vender ou expor à venda ou, de qualquer forma, entregar matéria-prima ou mercadoria, em condições impróprias ao consumo". O art. 18, § 6º, da Lei n. 8.078/90, por sua vez, esclarece que: "São impróprios ao uso e consumo: I — os produtos cujos prazos de validade estejam vencidos; II — os produtos deteriorados, alterados, adulterados, avariados, falsificados, corrompidos, fraudados, nocivos à vida ou à saúde, perigosos ou, ainda, aqueles em desacordo com as normas regulamentares de fabricação, distribuição ou apresentação".

Essa superposição de leis disciplinando praticamente a mesma matéria recomenda prudência e aguda observação em seu exame, devendo-se observar que o art. 2º, § 1º, da Lei de Introdução às Normas do Direito Brasileiro dispõe que lei posterior revoga a anterior quando *disciplina inteiramente* a matéria nela contida. Para Paulo José da Costa Jr., todo o art. 175 do Código Penal foi revogado pelo art. 7º, IX, da Lei n. 8.137/90[5]. Para Luiz Regis Prado, estaria revogado somente o inciso I do art. 175: "Assim, se

---

4. Magalhães Noronha, *Direito Penal*, cit., v. 2, p. 469.
5. Paulo José da Costa Jr., *Comentários ao Código Penal*, cit., p. 547.

lei posterior, disciplinando os crimes perpetrados nas relações de consumo, tratou da venda pelo comerciante de mercadoria falsificada ou deteriorada, como se fosse verdadeira ou perfeita, não subsiste dúvida de que a norma anterior encontra-se revogada"[6]. Não adotamos, *venia concessa*, nenhum desses entendimentos. Na verdade, exatamente em respeito àquela previsão da Lei de Introdução às Normas do Direito Brasileiro, consideramos que as leis posteriores não regularam inteiramente a mesma matéria, sendo, assim, impossível admitir a revogação tácita do dispositivo em exame do Código Penal. Com efeito, casuisticamente, devem-se confrontar os diversos diplomas legais e resolver a questão por meio do conflito aparente de normas e aplicar, *in concreto*, aquela que contemplar todas as elementares típicas.

Por fim, se as mercadorias tiverem *fim medicinal* ou *alimentício*, a conduta poderá adequar-se às descrições dos arts. 272, § 1º, e 273, ambos do Código Penal, configurando *crime contra a saúde pública* e não contra o patrimônio.

4.1 *Fraude no comércio de metais ou pedras preciosas (§ 1º)*

Aqui se trata de fraude no *comércio específico de metais ou pedras preciosas*, onde é fácil enganar o comprador inexperiente, causando maiores danos, razão pela qual a pena também é mais grave. O valor elevado, por outro lado, dos objetos do comércio justifica a maior punição das condutas criminalizadas. Em qualquer dos casos, está implícita a *exigência de prejuízo* ao adquirente ou comprador.

São, na verdade, quatro hipóteses de figuras qualificadas: a) *alterar qualidade ou peso de metal em obra encomendada ao agente*; b) *substituir pedra verdadeira por falsa ou por outra de menor valor*, também em obra encomendada ao agente; c) *vender pedra falsa por verdadeira*; d) *vender, como precioso, metal de outra qualidade.*

Nas duas primeiras hipóteses, a vítima encomenda ao sujeito ativo a elaboração de uma obra com um metal determinado, platina, por exemplo, ou com determinada pedra. Na confecção, contudo, o agente substitui o material por outro metal inferior, no primeiro caso, traindo a confiança que aquela lhe depositara; no segundo, substitui a pedra verdadeira por uma falsa ou por outra de menor valor. A *ação consiste em enganar* a vítima, alterando a qualidade ou o peso do metal empregado na obra executada, ou *substituindo* pedra verdadeira por falsa ou por outra de valor inferior. Em qualquer das duas hipóteses é indispensável a configuração de prejuízo para o adquirente ou consumidor. Assim, não haverá crime se, por exemplo, a alteração ou substituição do material beneficiar o consumidor.

Por fim, nas duas últimas hipóteses, criminaliza-se a *venda de pedra falsa* por verdadeira (bijuteria por joia, por exemplo) ou de metal de qualidade inferior (latão, zinco) como se precioso fosse (ouro, prata, platina). Essa transação, para tipificar o tipo penal, *somente pode ser produto de venda* e não de qualquer outra relação negocial, como doação, dação em pagamento, transação etc.

---

6. Luiz Regis Prado, *Curso de Direito Penal brasileiro*, cit., v. 2, p. 557, nota n. 4.

Todas as quatro hipóteses disciplinadas no § 1º do artigo em exame configuram *crime material*, e somente se consumam com a entrega e a aceitação do objeto da transação.

5. Tipo subjetivo: adequação típica

O tipo subjetivo é constituído pelo *dolo*, direto ou eventual, representado pela *vontade consciente* de vender produto falsificado ou deteriorado, entregar uma mercadoria por outra ou, ainda, alterar ou substituir metal ou pedra preciosa, no exercício de atividade comercial.

É indispensável que o sujeito ativo tenha consciência de que está enganando o adquirente ou consumidor e que conheça as diferentes qualidades ou propriedades de cada produto; enfim, é necessário que o dolo abranja todos os elementos constitutivos do tipo. O eventual desconhecimento de que entrega produto de menor valia ou pedra falsa no lugar da verdadeira configurará erro de tipo, que, se justificável, excluirá a tipicidade.

Concluindo, não se configura a fraude no comércio sem a comprovação do tipo subjetivo, ou seja, o dolo abrangente de todas as elementares típicas.

6. Consumação e tentativa

Consuma-se o crime de fraude no comércio com o engano efetivo do sujeito passivo, que se opera com a venda ou entrega da mercadoria ao adquirente ou consumidor. Não se consuma antes de a mercadoria encontrar-se em poder do sujeito passivo, para que se possa constatar o vício ou sua diversidade. Nesse momento e nesse lugar, consuma-se o crime, que é material.

É admissível a tentativa, diante da possibilidade de fracionamento dos atos executórios, ou seja, circunstâncias alheias à vontade do agente podem impedir que consume seu intento.

7. Pena e ação penal

As penas cominadas para a modalidade simples (*caput*, I e II) são *alternativas*: detenção, de seis meses a dois anos, ou multa; para as figuras qualificadas, as penas são *cumulativas*: reclusão, de um a cinco anos, e multa.

A *primariedade* e o *pequeno valor* do objeto material permitem a substituição da pena de reclusão por detenção, reduzi-la de um a dois terços ou aplicar somente multa, aplicando o disposto no art. 155, § 2º, destacado expressamente no texto legal (§ 2º).

A *ação penal*, como é regra nos crimes contra o patrimônio, é pública incondicionada, dispensando qualquer manifestação de interesse do ofendido.

OUTRAS FRAUDES XXIII

Sumário: 1. Considerações preliminares. 2. Bem jurídico tutelado. 3. Sujeitos ativo e passivo. 4. Tipo objetivo: adequação típica. 5. Tipo subjetivo: adequação típica. 6. Consumação e tentativa. 7. Classificação doutrinária. 8. Pena e ação penal.

OUTRAS FRAUDES

Art. 176. Tomar refeição em restaurante, alojar-se em hotel ou utilizar-se de meio de transporte sem dispor de recursos para efetuar o pagamento:

Pena — detenção, de 15 (quinze) dias a 2 (dois) meses, ou multa.

Parágrafo único. Somente se procede mediante representação, e o juiz pode, conforme as circunstâncias, deixar de aplicar a pena.

1. Considerações preliminares

Trata-se de infração penal que não era prevista, como figura autônoma, pelo direito penal anterior; durante a vigência do Código de 1890, a doutrina dominante a concebia como estelionato.

Durante a Idade Média, a Itália já reprimia essa modalidade de conduta em algumas leis penais. A França, por sua vez, disciplinava a matéria desde 1873, vindo a alterá-la em sucessivas oportunidades (1926 e 1937).

Os *Projetos Sá Pereira* e *Alcântara Machado* já disciplinavam a matéria, como simples contravenção. A previsão do atual Código Penal de 1940 (Parte Especial), segundo a doutrina, inspirou-se no Código Penal suíço de 1937 (art. 150)[1].

2. Bem jurídico tutelado

O bem jurídico protegido é a inviolabilidade do patrimônio de proprietários de hotéis, restaurantes ou meios de transportes contra a lesão fraudulenta a que, com facilidade, são expostos nesse ramo de atividade. Criminaliza-se a conduta de contrair obrigação, seja consumindo alimentos e bebidas, seja alojando-se em hotéis, seja servindo-se de meio de transporte, sem dispor, no entanto, dos recursos necessários para satisfazê-la. Ao lado desse interesse privado existe, logicamente, o interesse público relativo à harmonia e à estabilidade da ordem jurídica[2].

1. Heleno Cláudio Fragoso, *Lições de Direito Penal*, cit., v. 1, p. 498.
2. Magalhães Noronha, *Direito Penal*, cit., v. 2, p. 474: "É a inviolabilidade patrimonial do bem tutelado e por isso a lei classifica o delito como contra o patrimônio".

3. Sujeitos ativo e passivo

Sujeito ativo é quem pratica qualquer das ações proibidas pelo artigo em exame: tomar refeição em restaurante, alojar-se em hotel ou utilizar-se de meio de transporte sem dispor dos meios necessários para pagá-los; sujeito ativo, à evidência, pode ser qualquer pessoa, independente de qualidade ou condição especial, tratando-se, pois, de *crime comum*. Como é a impossibilidade de cumprir a obrigação assumida que caracteriza a infração penal, há a presunção legal de tratar-se de sujeito ativo capaz de assumir tal obrigação. Assim, não poderá ser sujeito ativo desse crime o *incapaz*, por faltar-se a responsabilidade necessária para assumir uma obrigação civil.

Sujeito passivo, por outro lado, pode ser pessoa física ou jurídica. Nem sempre quem sofre o engano é quem suporta o prejuízo. A pessoa enganada (garçom, motorista) pode ser diversa da que sofre o prejuízo, ou seja, pode existir mais de um sujeito passivo de um único e mesmo crime. Pode ocorrer aqui fenômeno semelhante ao estelionato, em que, muitas vezes, quem é ludibriado não é quem tem o prejuízo.

4. Tipo objetivo: adequação típica

O tipo penal prevê três espécies de condutas puníveis: 1) *tomar refeição em restaurante;* 2) *alojar-se em hotel;* 3) *utilizar-se de meio de transporte.*

Tomar refeição em restaurante significa que a conduta deve ser realizada no estabelecimento, tanto que, se o sujeito ativo somente encomenda a refeição para ser entregue em outro lugar, não pratica o crime em exame, podendo, no entanto, incorrer no crime de estelionato. *Alojar-se em hotel* abrange todos os estabelecimentos similares destinados a acolher hóspedes, tais como hospedarias, albergues, pensões etc. *Utilizar-se de meio de transporte* tem o sentido de coletivo, como ônibus, táxi, metrô etc.

Nas três hipóteses, *é condição indispensável que o agente não disponha de recursos para efetuar o pagamento*, consistindo a fraude exatamente no fato de o agente silenciar quanto à impossibilidade de pagamento. A *fraude* consiste em o agente utilizar-se dos serviços relacionados sem dispor dos recursos para pagá-los, mas apresentar-se como se os tivesse; comporta-se como um cliente normal, honesto, que honrará o compromisso assumido, induzindo o sujeito passivo em erro. Em qualquer das modalidades, existe uma obrigação assumida que é descumprida.

Refeição inclui também bebidas; *restaurante* compreende local para servir refeição (café, pensão, *boite* etc.); *hotel* abrange hospedarias, albergues e pensões.

Concluindo, não haverá crime se a refeição não for tomada em restaurante, isto é, no estabelecimento, mas for encomendada para entrega em domicílio. O *passageiro clandestino* não pratica esse crime, que exige o descumprimento de uma obrigação assumida, mas sim o de *estelionato*.

5. Tipo subjetivo: adequação típica

O elemento subjetivo dessa infração penal é representado pelo dolo, que pode ser direto ou eventual, constituído pela vontade consciente de praticar qualquer das ações relacionadas no tipo penal. É indispensável que a consciência do agente abranja todos os elementos constitutivos da descrição legal, especialmente que não dispõe dos valores necessários para pagar pela obrigação que acaba de assumir.

Eventual desconhecimento do agente do fato de que, por exemplo, encontra-se sem dinheiro quando se aloja em hotel, pede refeição ou toma um meio de transporte não configura o crime, por faltar-lhe a consciência dessa circunstância. A tipicidade é afastada por erro de tipo.

6. Consumação e tentativa

A relevância jurídica de qualquer das condutas surge somente com o não pagamento das despesas efetuadas, ou seja, após a prática de qualquer das condutas (refeição, alojamento ou transporte). Logo, estamos diante de um *crime material*[3], isto é, um crime de dano, que somente se concretiza com a ocorrência efetiva de prejuízo. Em outros termos, o crime se consuma com a prática de qualquer das condutas incriminadas: quando o agente toma (total ou parcialmente) a refeição; quando obtém o alojamento (mesmo que por tempo exíguo) ou se serve do transporte sem dispor de recursos para efetuar o pagamento[4].

Admite-se a tentativa, em que pesem algumas posições contrárias, como a de Magalhães Noronha, que afirmava: "Tão logo a vítima (*sic*) iniciou a refeição, alojou-se em hotel ou serviu-se de meio de transporte, não tendo recursos, ação incriminada já se realizou"[5]. Esse entendimento não nos parece sustentável, na medida em que, inegavelmente, estamos diante de um crime cuja fase executória admite fracionamento e, por conseguinte, tentativa. Nesse sentido, o exemplo sugerido por Nélson Hungria é impecável: "Já tendo sido trazida a refeição, ou ao entrar o agente no quarto do hotel ou no veículo de transporte, é descoberto (por aviso de terceiro ou outra circunstância) o plano de burla, que, assim, se frustra"[6].

7. Classificação doutrinária

Trata-se de *crime comum*, na medida em que não exige qualquer condição especial do sujeito ativo; *material*, uma vez que, em tese, exige resultado naturalístico; *comissivo* (que só pode ser praticado por meio de ação); *doloso* (não há previsão

---

3. Nélson Hungria, *Comentários ao Código Penal*, cit., v. 7, p. 278. Em sentido contrário, sustentando tratar-se de crime formal: Heleno Cláudio Fragoso, *Lições de Direito Penal*, cit., v. 1, p. 500.
4. Nélson Hungria, *Comentários ao Código Penal*, cit., v. 7, p. 278.
5. Magalhães Noronha, *Direito Penal*, cit., v. 2, p. 480.
6. Nélson Hungria, *Comentários ao Código Penal*, cit., v. 7, p. 278.

legal para a figura culposa); *de forma livre* (pode ser praticado por qualquer meio, forma ou modo); *instantâneo* (o resultado opera-se de forma imediata, sem prolongar-se no tempo); *unissubjetivo* (pode ser praticado, em regra, apenas por um agente); *plurissubsistente* (eventualmente pode ser desdobrado em vários atos, que, no entanto, integram a mesma conduta).

8. Pena e ação penal

As penas cominadas são, alternativamente, detenção, de quinze dias a dois meses, ou multa. A ação penal é *pública condicionada* à representação do ofendido.

Perdão judicial: conforme as circunstâncias, o juiz pode deixar de aplicar a pena.

FRAUDES E ABUSOS NA FUNDAÇÃO OU ADMINISTRAÇÃO DE SOCIEDADE POR AÇÕES

XXIV

FRAUDES E ABUSOS NA FUNDAÇÃO OU ADMINISTRAÇÃO DE SOCIEDADE POR AÇÕES

Art. 177. Promover a fundação de sociedade por ações, fazendo, em prospecto ou em comunicação ao público ou à assembleia, afirmação falsa sobre a constituição da sociedade, ou ocultando fraudulentamente fato a ela relativo:

Pena — reclusão, de 1 (um) a 4 (quatro) anos, e multa, se o fato não constitui crime contra a economia popular.

§ 1º Incorrem na mesma pena, se o fato não constitui crime contra a economia popular:

I — o diretor, o gerente ou o fiscal de sociedade por ações, que, em prospecto, relatório, parecer, balanço ou comunicação ao público ou à assembleia, faz afirmação falsa sobre as condições econômicas da sociedade, ou oculta fraudulentamente, no todo ou em parte, fato a elas relativo;

II — o diretor, o gerente ou o fiscal que promove, por qualquer artifício, falsa cotação das ações ou de outros títulos da sociedade;

III — o diretor ou o gerente que toma empréstimo à sociedade ou usa, em proveito próprio ou de terceiro, dos bens ou haveres sociais, sem prévia autorização da assembleia geral;

IV — o diretor ou o gerente que compra ou vende, por conta da sociedade, ações por ela emitidas, salvo quando a lei o permite;

V — o diretor ou o gerente que, como garantia de crédito social, aceita em penhor ou em caução ações da própria sociedade;

VI — o diretor ou o gerente que, na falta de balanço, em desacordo com este, ou mediante balanço falso, distribui lucros ou dividendos fictícios;

VII — o diretor, o gerente ou o fiscal que, por interposta pessoa, ou conluiado com acionista, consegue a aprovação de conta ou parecer;

VIII — o liquidante, nos casos dos ns. I, II, III, IV, V e VII;

IX — o representante da sociedade anônima estrangeira, autorizada a funcionar no País, que pratica os atos mencionados nos ns. I e II, ou dá falsa informação ao Governo.

§ 2º Incorre na pena de detenção, de 6 (seis) meses a 2 (dois) anos, e multa, o acionista que, a fim de obter vantagem para si ou para outrem, negocia o voto nas deliberações de assembleia geral.

---

1. Considerações preliminares

Os antecedentes mais remotos da criminalização de fraudes e abusos praticados em sociedades por ações são do século XIX, mais precisamente de uma lei francesa de 4 de julho de 1867, que somente foi substituída um século depois, em 1966.

A repressão a esse tipo de fraude também foi objeto de preocupação de outras legislações europeias, especialmente na Itália e na Alemanha, que inseriram disposições específicas em seus Códigos Comerciais ou Civis, em leis especiais ou mesmo nos Códigos Penais.

A matéria foi introduzida no Brasil pela Lei n. 3.150, de 3 de novembro de 1882, que foi alterada pelo Decreto n. 164, de 1890, o qual acabou inspirando o Código Penal republicano, do mesmo ano. "A legislação penal nessa matéria foi modificada com o advento da lei sobre sociedade por ações, o DL n. 2.627, de 26 de setembro de 1940 (arts. 167-172). O CP de 1940, no art. 177, reproduziu, praticamente sem alterações, o que se continha nos arts. 168 e 171 do Dec. 2.627. A disposição do art. 167, n. 8, que o CP não incorporara, ficou tacitamente revogada, pois a nova lei cuidou integralmente da matéria. As contravenções dos arts. 169 e 170 do DL n. 2.627 estão revogadas com advento da nova lei sobre sociedade por ações (Lei 6.404/76)"[1]. O Decreto n. 2.627/40 foi revogado pela última lei citada. Essa lei (n. 6.404/76) não cuida da matéria penal, que continua disciplinada pelo Código Penal.

---

1. Heleno Cláudio Fragoso, *Lições de Direito Penal*, cit., v. 1, p. 514.

A Lei n. 6.385/76 criou a *Comissão de Valores Mobiliários*, atribuindo-lhe competência para fiscalizar e inspecionar as sociedades por ações abertas, aplicando penalidades pelos atos ilegais de administradores e acionistas.

O legislador de 1940 trata, no art. 177, das fraudes e abusos na fundação e administração de sociedades por ações, que, como já mencionamos, são reguladas pela Lei n. 6.404/76, que é a lei especial mencionada pelo Código Civil de 2002, em seu art. 1.089. A Lei n. 6.404/76, no entanto, a chamada Lei das Sociedades Anônimas, não contém matéria criminal, que continua a ser disciplinada no art. 177 do Código Penal.

No *caput* daquele dispositivo, trata-se da fraude na constituição da sociedade por ações, ao passo que nos incisos do § 1º se cuida das fraudes praticadas no funcionamento de tais sociedades.

2. Bem jurídico tutelado

O bem jurídico protegido é o patrimônio, particularmente daqueles que investem em sociedades abertas, isto é, tutela-se o patrimônio dos acionistas contra a organização e a administração fraudulenta e abusiva das sociedades por ações.

O interesse dos acionistas apresenta-se por meio de um conjunto de princípios que se pode resumir como veracidade e autenticidade das informações, dados, números sobre a constituição, funcionamento e administração da sociedade, integridade do capital social e funcionamento correto do mercado de título mobiliário e, finalmente, atuação correta de administradores e fiscais no interesse da sociedade. Todos esses aspectos, em outros termos, constituem, abstratamente, o patrimônio do acionista.

Convém destacar a absoluta insuficiência do combate, sob o aspecto criminal, ao excessivo número de fraudes praticadas, quer na constituição, quer na administração das sociedades de capital aberto e, inclusive, no mercado mobiliário. Os mecanismos que se têm criado para reprimir os abusos e preservar os interesses dos acionistas em geral e, particularmente, dos minoritários estão longe de satisfazer as necessidades mercadológicas.

Por fim, a Lei de Economia Popular (Lei n. 1.521/51) criminaliza uma série de condutas que também podem adequar-se a vários dos tipos contidos no art. 177 e seus incisos.

Há que ter muita cautela para constatar, *in concreto*, qual dos dois diplomas legais deve ser aplicado. O critério sugerido pela doutrina, de modo geral, é o de aplicar a Lei de Economia Popular sempre que a sociedade for *organizada mediante subscrição pública*, apresentando cunho nitidamente popular[2]. Acreditamos, no entanto, que somente o casuísmo poderá nos indicar a norma aplicável, questão que, a nosso juízo, deve ser solucionada pelo conflito aparente de normas.

---

2. Nélson Hungria, *Comentários ao Código Penal*, cit., v. 7, p. 284; Heleno Cláudio Fragoso, *Lições de Direito Penal*, cit., v. 1, p. 516.

3. Sujeitos ativo e passivo

Sujeito ativo deve ser *quem funda a sociedade por ações*. No caso, sujeitos ativos são os fundadores da sociedade, os primeiros subscritores do capital[3], desde que façam afirmação falsa ou ocultação fraudulenta. Podem concorrer para o crime (coautor ou partícipe), evidentemente, os que, não sendo fundadores, atuam em nome da instituição financeira que intermedeia a subscrição pública, por exemplo (art. 82 da Lei n. 6.404/76).

Sujeito passivo pode ser qualquer pessoa que, por alguma razão, subscreva como acionista, sendo *vítima da afirmação falsa* sobre a constituição da sociedade ou de ocultação fraudulenta de fato relevante relativa à sociedade.

4. Tipo objetivo: adequação típica

A primeira conduta criminalizada, contida no *caput* do art. 177, tem a seguinte formulação: "Promover a fundação de sociedade por ações fazendo, em prospecto ou em comunicação ao público ou à assembleia, afirmação falsa sobre a constituição da sociedade, ou ocultando fraudulentamente fato a ela relativo". Trata-se de fraude na constituição de sociedade por ações, visando a atrair capitais e interessados no empreendimento.

Constata-se que, embora o *caput* criminalize uma conduta — *promover* —, prevê duas formas ou meios de executá-la: fazer *afirmação falsa* ou *ocultar fato fraudulentamente*.

Afirmação falsa, obviamente, é aquela que não corresponde à realidade, aquela que é inverídica, fictícia, isto é, representada pela criação de fatos artificiais, inexistentes, distorcidos ou inidôneos, que atraiam investidores para a subscrição de capital social. Essa *falsidade informativa* pode ocorrer de várias formas, como exemplificava Magalhães Noronha, *in verbis*: "A simulação de subscrição ou entradas; a designação de pessoas de grande conceito ou representação social, como ligadas à empresa; a mentira sobre o objeto em que recairá atividade da companhia; a afirmação mendaz sobre os recursos técnicos que ela possui para realizar sua finalidade; a assertiva mentirosa sobre a produção e o consumo de produtos, em desconformidade com as reais possibilidades da companhia etc."[4].

A segunda forma criminalizada da conduta de "promover a fundação de sociedade por ações" é a *ocultação fraudulenta de fato* relativo à mencionada sociedade. Em outros termos, os fundadores da sociedade por ações ocultam informações reais, verdadeiras e relevantes da sociedade, enganando os possíveis investidores.

É necessário que a informação (afirmação falsa ou ocultação fraudulenta de fato) refira-se a *fato relevante*, devendo possuir potencialidade lesiva. Assim, não

---

3. Rubens Requião, *Curso de Direito Comercial*, 8. ed., São Paulo, Saraiva, 1977, v. 2, p. 105.
4. Magalhães Noronha, *Direito Penal*, cit., v. 2, p. 484.

tipifica esse crime informação ou omissão de comunicação de circunstância de conteúdo não relevante, incapaz de produzir ou causar uma situação de perigo de dano. A informação, segundo a exigência contida no *caput*, deve ser promovida em *prospecto*, em comunicação ao público ou à assembleia.

Sociedade por ações pode apresentar-se sob a forma de sociedade anônima ou em comandita por ações; qualquer das duas satisfaz esse elemento normativo do tipo. A primeira "é a sociedade em que o capital é dividido em ações, limitando-se a responsabilidade do sócio ao preço de emissão das ações subscritas ou adquiridas"; a segunda, sociedade em comandita por ações, "é aquela em que o capital é dividido por ações, respondendo os acionistas apenas pelo valor das ações subscritas ou adquiridas, mas tendo os diretores ou gerentes responsabilidade subsidiária, ilimitada e solidária, pelas obrigações sociais"[5].

Na hipótese de ocultação fraudulenta o crime é *omissivo puro*.

4.1 *Fraude na fundação de sociedade por ações: crime subsidiário*

A Lei n. 1.521/51 (Lei de Economia Popular) criminaliza, em seu art. 3º, VII a X, fatos que também vêm a se adequar a diversas figuras típicas elencadas no art. 177 do CP. Com efeito, as infrações praticadas contra sociedades por ações constituem, em princípio, crimes contra a economia da sociedade; se não significam a mesma coisa, andam pelo menos muito próximo, demandando extrema cautela a busca da distinção. A *subsidiariedade* da figura descrita no *caput* do dispositivo em exame é expressa; assim, somente se tipificará esse crime "se o fato não constitui crime contra a economia popular" (preceito secundário do art. 177, *caput*, do CP). A questão fundamental, afinal, passa a ser como encontrar a melhor solução para esse *aparente conflito de normas*.

Para Magalhães Noronha, a solução seria a seguinte: "Em se tratando de sociedade por ações, parece-nos necessário o exame de que o fato tenha lesado ou posto em perigo *as pequenas economias de um grande, extenso e indefinido número de pessoas*. Assim, se o fato é enquadrável no art. 177 do Código e em dispositivos da Lei 1.521, de 1951, que substituiu o Decreto-lei 869, de 1938, mas se a lesão real ou potencial atinge apenas a uma ou duas dezenas de pessoas ricas ou de magnatas que subscreveram *todo* o capital social, cremos que muito mal o delito poderia ser considerado contra a *economia do povo*. Ao contrário, se a subscrição fosse feita por avultado e extenso número de pessoas que, com seus minguados recursos, subscreveram uma ou outra ação, a ofensa patrimonial seria dirigida contra a economia popular. Numa hipótese, temos pequeno grupo de pessoas prejudicado, noutra é, a bem dizer, o povo, tal o número de lesados que sofre o dano"[6]. Essa orientação também era destacada por Heleno Cláudio Fragoso, nos seguintes termos: "O critério

5. Fran Martins, *Curso de Direito Comercial*, p. 301 e 419.
6. Magalhães Noronha, *Direito Penal*, cit., v. 2, p. 482 e 483.

em geral aceito pela doutrina e que se extrai da própria lei de economia popular é o de aplicar esta sempre que a sociedade por ações for organizada por subscrição pública, apresentando cunho nitidamente popular".

Na atualidade, a partir da Lei n. 6.404/76, a abertura de capitais, a subscrição de ações, é sempre pública, chegando ao conhecimento de, em tese, milhões de pessoas. Não nos agradam as sugestões de Magalhães Noronha e Heleno Fragoso, pois ambas pecam pela falta de cientificidade. Não se podem inventar critérios casuísticos toda vez que surgir o *conflito aparente de normas*, criando divergências doutrinário-jurisprudenciais e gerando insegurança jurídica. Na verdade, a solução deverá ser, necessariamente, a tradicional, isto é, aquela oferecida pelos princípios orientadores do *conflito aparente de normas*.

Nesse caso, contudo, deve-se trabalhar com dois princípios, ao contrário do que normalmente ocorre, quando a solução é encontrada com a utilização de apenas um deles. Com efeito, são aplicáveis os princípios da subsidiariedade e da especialidade. A *subsidiariedade* vem expressa no preceito secundário do dispositivo em exame, como já referimos. No entanto, para aplicar o *princípio da subsidiariedade* é fundamental definir a espécie de crime que determinado fato constitui. Essa definição somente poderá ser encontrada, com segurança, por meio do *princípio da especialidade*. Considera-se *especial* uma norma penal, em relação a outra *geral*, quando reúne todos os elementos desta, acrescidos de mais alguns, denominados *especializantes*. Isto é, a norma especial acrescenta elemento próprio à descrição típica prevista na norma geral[7]. Assim, como afirma Jescheck, "toda a ação que realiza o tipo do delito especial realiza também necessariamente, ao mesmo tempo, o tipo do geral, enquanto o inverso não é verdadeiro"[8]. Somente os fatos, *in concreto*, podem permitir o confronto analítico perante os dois diplomas legais para atribuir-lhes a qualificação correta.

5. Tipo subjetivo: adequação típica

O *tipo subjetivo* é constituído pelo *dolo*, direto ou eventual, representado pela vontade consciente de promover a fundação de sociedade por ações fazendo afirmação falsa sobre a constituição da sociedade ou ocultando fraudulentamente fato relevante.

Alguns autores, como Damásio de Jesus, Regis Prado, Heleno Fragoso, entre outros, sustentam a necessidade da presença do elemento subjetivo especial do injusto, que seria representado pelo *fim especial* de constituir a sociedade por ações[9].

---

7. Cezar Roberto Bitencourt, *Tratado de Direito Penal — Parte Especial*, 29. ed., cit., 2023, v. 1, p. 239.

8. H. H. Jescheck, *Tratado de Derecho Penal*, trad. Santiago Mir Puig e Francisco Muñoz Conde, Barcelona, Bosch, 1981, p. 1035.

9. Damásio de Jesus, *Direito Penal*, 22. ed., v. 2, p. 462; Luiz Regis Prado, *Curso de Direito Penal brasileiro*, cit., v. 2, p. 572; Heleno Cláudio Fragoso, *Lições de Direito Penal*, cit., v. 1, p. 519.

Embora numa visão simplista tenhamos acompanhado esse entendimento, em nosso *Código Penal comentado*[10], acreditamos que essa não seja a melhor orientação; pelo menos não é dogmaticamente sustentável. Com efeito, o que, segundo se tem afirmado, constituiria o fim especial do injusto é exatamente o que caracteriza o dolo (vontade e consciência de constituir sociedade por ações), ou seja, sem essa vontade consciente não se pode falar em dolo. Nesse sentido, reformulando nossa posição anterior, entendemos não existir o mencionado elemento subjetivo especial do tipo, como destaca, lucidamente, Guilherme Nucci, ao afastar esse elemento subjetivo, *in verbis*: "Não se pode concordar com tal concepção, pois o mencionado *intuito de constituir a sociedade* é conduta ínsita ao verbo do tipo 'promover', ou seja, gerar. Basta, pois, o dolo"[11].

Não há previsão expressa de criminalização da modalidade culposa.

6. Consumação e tentativa

Consuma-se com a afirmação falsa ou a ocultação fraudulenta, independentemente da efetiva constituição da sociedade ou da ocorrência de efetivo prejuízo. Esse já era o entendimento sustentado por Magalhães Noronha: "Não se exige, para a consumação, resultado externo ou estranho à ação do agente. Esta, por si só, é bastante para integralizar o delito"[12]. Assim, comunicada, pelos indicados na lei, a afirmação ou a omissão falsa, o crime está consumado, mesmo que nenhuma ação seja subscrita, sendo suficiente a potencialidade da ação. Trata-se, com efeito, de crime formal.

A *tentativa*, embora tecnicamente admissível na forma comissiva, é de difícil ocorrência. Alguns autores, seguindo a orientação de Nélson Hungria, não admitem a possibilidade de tentativa[13]. Na forma omissiva — ocultação fraudulenta —, à evidência, a tentativa é impossível.

7. Classificação doutrinária

Trata-se de *crime próprio* (aquele que exige sujeito ativo qualificado ou especial, no caso, os fundadores da sociedade aberta); *subsidiário* (o próprio texto legal ressalva: desde que o fato não constitua crime contra a economia popular); *formal* (não exige resultado naturalístico, distinto da própria conduta do agente); *de perigo* (para sua consumação é suficiente a produção de perigo, sendo desnecessária a ocorrência de dano); *doloso* (não há previsão de modalidade culposa); *comissivo* (fazer afirmação implica ação); ou *omissivo* ("ocultar fato" é forma omissiva de "agir"); *instantâneo* (o resultado manifesta-se de pronto, não se alongando no

---

10. Cezar Roberto Bitencourt, *Código Penal comentado*, cit., p. 780.
11. Guilherme de Souza Nucci, *Código Penal comentado*, cit., p. 585 e 586.
12. Magalhães Noronha, *Direito Penal*, cit., v. 2, p. 485.
13. Nélson Hungria, *Comentários ao Código Penal*, cit., v. 7, p. 283.

tempo); *unissubjetivo* (pode ser praticado por apenas um indivíduo, embora admita normalmente o concurso de pessoas); *plurissubsistente* (trata-se de infração penal cujo *iter criminis* pode ser fragmentado, isto é, sua execução pode compor-se de vários atos que integram a mesma ação).

8. Fraude sobre as condições econômicas de sociedade por ações (§ 1º, I)

Em todos os incisos do § 1º a incriminação refere-se a abusos e fraudes relativos ao *funcionamento* das sociedades por ações, ao contrário da previsão do *caput*, que criminaliza a fraude na constituição da sociedade:

"O diretor, o gerente ou o fiscal de sociedade por ações, que, em prospecto, relatório, parecer, balanço ou comunicação ao público ou à assembleia, faz afirmação falsa sobre as condições econômicas da sociedade, ou oculta fraudulentamente, no todo ou em parte, fato a elas relativo".

O princípio da subsidiariedade, expressamente mencionada no *caput*, aplica-se também em todas as figuras tipificadas nos incisos do § 1º: *se o fato não constitui crime contra a economia popular.*

8.1 *Bem jurídico tutelado*

O bem jurídico protegido pela previsão do inciso I é exatamente o mesmo do *caput* do dispositivo, ou seja, o patrimônio alheio, particularmente daqueles que investem em sociedades abertas; em outros termos, tutela-se o patrimônio dos acionistas contra a organização e a administração fraudulenta e abusiva das sociedades por ações. Damásio de Jesus sugere que, secundariamente, "o legislador procura proteger a veracidade das informações referentes ao valor das ações e outros títulos da sociedade"[14].

8.2 *Sujeitos ativo e passivo*

Sujeito ativo, tratando-se de crime próprio, somente pode ser o diretor, gerente, fiscal ou liquidante. O *diretor* é, normalmente, um dos principais acionistas, eleito pelo conselho de administração ou pela assembleia geral. O *gerente* é o administrador, geral ou parcial, da empresa, não necessariamente acionista, podendo ser apenas um funcionário contratado para gerir o empreendimento, com determinados poderes decisórios. *Fiscal* é o membro do conselho fiscal cujas atribuições podem ser mais ou menos abrangentes, mas sempre definidas em estatuto. Destaca, com acerto, Damásio de Jesus: o rol não pode ser ampliado, ou seja, o membro do conselho administrativo, por exemplo, não pode cometer esse crime[15]. *Liquidante*, por fim, é a pessoa nomeada pela assembleia geral ou pelo conselho de administração

---

14. Damásio de Jesus, *Direito Penal*, cit., v. 2, p. 463.
15. Damásio de Jesus, *Direito Penal*, cit., v. 2, p. 463.

com a atribuição de proceder à dissolução da companhia, fixar a forma operacional e dirigir sua execução, dispondo dos poderes que lhe são atribuídos pelos arts. 210 e 211 da Lei n. 6.404/76.

A Lei das Sociedades Anônimas (Lei n. 6.404/76) considera *administradores* os membros da diretoria e os do conselho de administração. Contudo, como referida lei não contemplou matéria penal, permanece inalterado o art. 177 do Código, seus parágrafos e incisos, que relacionam como sujeitos ativos somente diretor, gerente e fiscal. Por isso, é impossível admitir como sujeitos ativos os membros do conselho de administração, ante a proibição de analogia e interpretação extensiva em matéria penal. Referidos administradores poderão, no entanto, ser alcançados por meio do concurso de pessoas, quer sob a figura da coautoria, quer da participação em sentido estrito.

Sujeito passivo, a exemplo do que ocorre com a previsão do *caput,* pode ser qualquer pessoa, física ou jurídica.

8.3 *Tipo objetivo: adequação típica*

A conduta tipificada é semelhante à do *caput,* "fazer afirmação falsa", ao público ou à assembleia, sobre as condições econômicas da sociedade ou "ocultar fraudulentamente fato a elas relativo". Diferentemente da previsão do *caput,* aqui a *fraude* não é praticada *na constituição de sociedade* por ações, mas em seu *funcionamento.* A *afirmação falsa* ou a *ocultação fraudulenta* é relativa às condições econômicas da sociedade já constituída.

O *prospecto* constante do texto legal, nesta figura penal, refere-se ao aumento de capital mediante subscrição pública[16], pois a lei determina que se observe, na elevação de capital que assim se realizar, o previsto para a constituição (arts. 170, § 6º, e 82, ambos da Lei n. 6.404/76). *Relatório* é o documento elaborado pela administração sobre os negócios da sociedade e os principais fatos administrativos; juntamente com outros documentos, deverá ser publicado até cinco dias antes da assembleia geral ordinária (art. 133 da Lei n. 6.404/76). *Parecer* é o documento elaborado pelo conselho fiscal aos acionistas, e à assembleia geral em todas as oportunidades legalmente determinadas. *Balanço* é a demonstração financeira por excelência da sociedade, que apresenta o resultado da verificação de ativo e passivo. A Lei das Sociedades Anônimas alterou a terminologia adotada na legislação anterior, passando a denominar "demonstrações financeiras" o que a lei antecessora chamava de balanço. Por isso, já sustentava Fragoso, "onde a lei penal fala em 'balanço', deveria agora falar em 'demonstrações financeiras'. Na configuração do crime que ora examinamos, a falsa afirmação e a ocultação fraudulenta devem recair sobre o balanço patrimonial. A falsidade que recaia sobre as demais demonstrações financeiras constituirá falsidade documental comum"[17].

---

16. Nélson Hungria, *Comentários ao Código Penal*, cit., v. 7, p. 285 e 286.
17. Heleno Cláudio Fragoso, *Lições de Direito Penal*, cit., v. 1, p. 521.

Além do prospecto, do relatório, do parecer e do balanço, o texto legal refere-se, genericamente, a *qualquer outra comunicação* ao público ou à assembleia na qual se faça afirmação falsa sobre as condições econômicas da sociedade ou ocultação fraudulenta de fato a elas relativo. É indispensável que *a falsidade* ou a *ocultação fraudulenta* refira-se a fato relevante capaz de influir em decisões ou deliberações da assembleia e de quem tem interesse na sociedade. Como destacava Hungria, as fraudes com o objetivo de alterar o balanço são as mais variadas possíveis, justificando-se, por conseguinte, a preocupação do legislador penal ao criminalizar tais condutas.

Os demais dados do tipo são os mesmos do *caput*, sendo desnecessário reexaminá-los.

8.4 *Consumação e tentativa*

Consuma-se com a afirmação falsa ou a ocultação fraudulenta, contida em qualquer dos documentos referidos, independente do efetivo prejuízo; consuma-se, enfim, com a expedição do prospecto, com a apresentação do relatório, parecer ou balanço ou com a comunicação falsa ao público ou à assembleia.

A *tentativa*, embora tecnicamente admissível, é de difícil ocorrência, e, mesmo quando se configura, sua comprovação apresenta grande dificuldade.

9. Falsa cotação de ações ou título de sociedade (§ 1º, II)

Essa conduta já fora objeto do Código Penal de 1890 (art. 340, n. 3). Trata-se da proibição de conduta que objetive criar mercados fictícios para a valorização dos títulos da sociedade ou, então, para facilitar a baixa de sua cotação: *o diretor, o gerente ou o fiscal que promove, por qualquer artifício, falsa cotação das ações ou de outros títulos da sociedade* (§ 1º, II).

9.1 *Sujeitos ativo e passivo*

Sujeito ativo, a exemplo do inciso anterior (crime próprio), somente pode ser o diretor, gerente, fiscal ou liquidante. Os demais membros do conselho deliberativo não podem ser sujeito ativo desse crime, salvo se, concretamente, forem alcançados pelo instituto do concurso de pessoas (coautoria ou participação em sentido estrito).

Sujeito passivo pode ser qualquer pessoa, física ou jurídica, independentemente da existência de condição ou qualidade especial. Concretamente, como regra, serão os sócios ou os terceiros que possam, eventualmente, sofrer dano patrimonial em decorrência da ação delituosa.

9.2 *Tipo objetivo: adequação típica*

A conduta tipificada é *promover*, mediante qualquer artifício, *falsa cotação* de ações ou de outros títulos de sociedade. *Cotação falsa* é a que não corresponde ao valor regular do mercado, determinado pela "oferta e procura". A falsa cotação das ações produz indicação inverídica sobre a situação econômica de qualquer companhia, induzindo erro aos que transacionarem com a empresa. A falsa cotação tanto pode ser para aumentar como para diminuir o valor das ações.

Esse crime só pode ser praticado em relação a empresas cujos títulos tenham cotação regular no mercado de ações, na medida em que somente estes podem ser objeto de cotação falsa ou correta.

O meio utilizado para promover a falsidade de cotação pode ser qualquer artifício, ou seja, qualquer ardil, falsidade, mentira, ficção, desde que tenha idoneidade para enganar ou iludir o mercado acionário. Em síntese, artifício é qualquer atividade lícita ou ilícita que possa alterar artificialmente a cotação dos títulos, para mais ou para menos.

Os demais dados são os mesmos do *caput*.

9.3 *Consumação e tentativa*

Como crime formal, a falsa cotação de ações ou títulos de sociedade consuma-se independentemente da superveniência de qualquer dano proveniente da cotação falsa. Em outros termos, o crime consuma-se no momento em que o sujeito ativo obtém a falsa cotação.

A *tentativa* é admissível, uma vez que o emprego de artifício fraudulento idôneo constitui início da execução, que, no entanto, pode não atingir a cotação falsa pretendida[18].

10. Empréstimo ou uso indevido de bens ou haveres (§ 1º, III)

O inciso III tipifica o abuso de *diretor ou gerente que toma empréstimo à sociedade ou usa, em proveito próprio ou de terceiro, dos bens ou haveres sociais sem prévia autorização da assembleia geral*. Esse crime apresenta alguma semelhança com o chamado de *apropriação indébita*, embora seja específico em relação a diretor ou gerente (crime próprio), que apenas usa ou toma por empréstimo bens da sociedade a que serve. A grande diferença da apropriação indébita reside exatamente na falta do *animus apropriandi*, pois o abuso do patrimônio alheio limita-se a seu uso indevido.

10.1 *Sujeitos ativo e passivo*

Sujeito ativo pode ser o diretor, gerente ou o liquidante (crime próprio)[19]. Os demais membros do conselho deliberativo, a exemplo do inciso anterior, não podem

---

18. Damásio de Jesus, *Direito Penal*, cit., v. 2, p. 465.

19. "*Sociedade comercial — Fraudes e abusos na fundação ou administração — Delito configurado em tese — Interventor de cooperativa agrícola que se utiliza, em proveito próprio e de terceiros, de dinheiro pertencente à sociedade, sem prévia autorização da assembleia geral — Pretendida ausência de justa causa para a ação penal — Inocorrência, bem como de inépcia da denúncia* — Não é inepta a denúncia cuja descrição dos fatos é suficiente para permitir o exercício da defesa. A qualificação jurídica do fato é suscetível de modificação pelo juiz. Indemonstradas, pois, seja a inépcia da denúncia, seja a falta de justa causa, mantém-se a decisão denegatória de *habeas corpus*" (STF, HC, rel. Min. Décio Miranda, *RT*, *533*:424).

ser sujeito ativo desse crime, salvo se, concretamente, forem alcançados pelo instituto do concurso de pessoas (coautoria ou participação em sentido estrito). Na verdade, a lei penal não prevê como possíveis autores do crime os membros do conselho de administração, que a nova Lei das Sociedades por Ações inclui entre os administradores da sociedade.

Sujeito passivo é a própria sociedade como um todo, e individualmente seus acionistas, que sofrem diretamente uma perda patrimonial.

10.2 *Tipo objetivo: adequação típica*

As condutas tipificadas são *tomar* por empréstimo ou *usar* dos bens ou haveres sociais. *Empréstimo* é contrato pelo qual uma coisa é entregue com a obrigação de ser restituída em espécie e gênero (comodato e mútuo). *Usar dos bens* (móveis ou imóveis) ou *haveres sociais* (haveres em geral, como títulos, dinheiro etc.), desde que o faça arbitrariamente, isto é, sem autorização da assembleia geral. Necessário que o bem usado, indevidamente, seja devolvido e que esse uso seja irregular, isto é, alheio aos interesses sociais.

O legislador pretendeu proteger a sociedade contra os *maus administradores*, que usam seus cargos para obter vantagem indevida. Nesse sentido, o art. 154, § 2º, da Lei n. 6.404/76 proíbe que o administrador se aproveite das facilidades de suas funções, em prejuízo da companhia. O eventual reconhecimento ou autorização posterior da assembleia geral não tem o condão de afastar o crime, que já está consumado.

As condutas tipificadas, enfim, devem ocorrer em proveito próprio ou alheio, e *desautorizadamente*, ou, nos termos da lei, "sem prévia autorização da assembleia geral". É irrelevante a superveniência de dano ou prejuízo para a sociedade de acionistas. O crime de abuso na administração de sociedade por ações (art. 177, § 1º, III, do CP) é formal, dispensando a ocorrência de prejuízo concreto para sua configuração.

Se, contudo, o sujeito ativo dispuser da coisa *animo domini*, a infração penal terá outra coloração: estar-se-á diante do crime de apropriação indébita agravado (art. 168, § 3º).

10.3 *Consumação e tentativa*

Como crime formal, ou seja, não exigindo efetivo dano material, consuma-se com o *empréstimo* ou *uso* de bens ou haveres da sociedade, independentemente da superveniência de prejuízo.

A *tentativa* é admissível, em princípio, ante a possibilidade de interrupção do *iter criminis*. Sustenta-se que, na figura representada pelo verbo "usar", é impossível a tentativa, pois "o primeiro ato de uso já consuma o delito". No entanto, na figura de *tomar por empréstimo*, a tradição do objeto material pode ser impedida por circunstâncias alheias à vontade do agente.

11. Compra e venda de ações da sociedade (§ 1º, IV)

A Lei das Sociedades Anônimas (Lei n. 6.404/76) consagra o princípio fundamental de os administradores dessas sociedades não poderem negociar com as próprias ações (art. 30). O Código Penal de 1890 já incriminava esse fato. O Código Penal de 1940, na mesma linha, incrimina: *o diretor ou o gerente que compra ou vende, por conta da sociedade, ações por ela emitidas, salvo quando a lei o permite* (§ 1º, IV).

11.1 *Sujeitos ativo e passivo*

Sujeito ativo pode ser o diretor, gerente ou o liquidante (crime próprio). Os demais membros do conselho deliberativo, a exemplo do inciso anterior, não podem ser sujeito ativo desse crime, salvo se, concretamente, forem alcançados pelo instituto do concurso de pessoas (coautoria ou participação em sentido estrito). A nova Lei das Sociedades por Ações inclui os membros do conselho de administração entre os administradores da sociedade. Contudo, a lei penal não prevê como possíveis autores do crime os membros do referido conselho.

Sujeito passivo é a própria sociedade como um todo, e, individualmente, seus acionistas, que sofrem diretamente uma perda patrimonial.

11.2 *Tipo objetivo: adequação típica*

O que se pune é a *compra ou venda*, pela sociedade, de suas próprias ações, salvo quando a lei o autoriza, como ocorre na hipótese do art. 30 da Lei n. 6.404/76. As condutas proibidas estão representadas pelo verbos nucleares "comprar" (adquirir por meio oneroso) e "vender" (alienar ou ceder por preço determinado). Essa proibição abrange todas as formas de *transações* capazes de produzir efeitos econômicos[20]. Comprar e vender, nesse caso, têm o sentido de qualquer negócio que produza os efeitos econômicos de compra e venda. Na verdade, o art. 30 combinado com o art. 109, IV, ambos da Lei de Sociedades Anônimas (Lei n. 6.404/76) proíbem a venda de ações pertencentes à própria companhia, privativamente, isto é, sem observar o direito de preferência dos demais acionistas.

Somente é proibida a compra ou venda efetuada por conta da sociedade, e não a que for celebrada em nome ou por conta de terceiro. Por outro lado, o elemento normativo típico, "salvo quando a lei o permite", significa que o ordenamento jurídico pode determinar em situações expressas essa operação e, nesses casos, não apenas ficará afastada a *antijuridicidade,* mas a própria *tipicidade*, pela ausência de um elemento normativo típico[21]. Nessas circunstâncias, salvo hipóteses previstas casuisticamente na legislação, diretor, gerente e liquidante estão proibidos de comprar ou vender ações em nome da sociedade.

---

20. Luiz Regis Prado, *Curso de Direito Penal brasileiro*, cit., v. 2, p. 576.

21. Heleno Cláudio Fragoso, a nosso juízo equivocadamente, sustentava que "estará excluída a ilicitude nos casos em que a lei permite a negociação com as próprias ações" (*Lições de Direito Penal*, cit., v. 1, p. 528).

Enfim, a *compra ou venda das próprias ações* pela companhia aberta deverá seguir, necessariamente, as normas expedidas pela Comissão de Valores Mobiliários, que poderá subordiná-la a prévia autorização em cada caso concreto (art. 30, § 2º, da Lei n. 6.404/76). Destacava Nélson Hungria que "a *ratio* da incriminação é, no caso de negociação das ações da própria sociedade, impedir a redução clandestina do capital social, em prejuízo da empresa ou da garantia oferecida aos credores, ou evitar especulações no sentido da alta ou baixa fictícia das ações, ou o ensejo a outras possíveis fraudes"[22].

Deve-se oportunizar aos acionistas, especialmente aos minoritários, o exercício do direito de preferência, consoante preceituam os arts. 109, IV, e 169 da Lei n. 6.404/76. Assegurar o *direito de preferência* na aquisição/subscrição de ações em quaisquer operações das quais possa advir a alteração da posição acionária, tem o objetivo claro de impedir indevida alteração do poder deliberativo, dentre outras consequências menos gravosas aos direitos dos acionistas minoritários. Significa dizer que os acionistas têm preferência, na proporção de suas respectivas participações societárias, para a aquisição das ações nos casos de aumento do capital social. É o que se compreende da leitura conjunta dos arts. 109, IV, e 171 da Lei n. 6.404/76. Referidos dispositivos referem-se simplesmente a qualquer subscrição das próprias ações.

Importante aqui repisar que as ações, enquanto mantidas em tesouraria, não têm direito a voto nem a dividendos. A transferência destas ações sem a possibilidade do exercício do direito de preferência prejudica os acionistas minoritários, pois tem o condão de diluir a sua participação societária frente ao bloco de controle (acionistas), e, consequentemente, do seu poder de deliberação. Admitir-se a inobservância do direito de preferência na venda de ações mantidas em tesouraria seria conferir à Diretoria condições de alterar as relações de poder no âmbito interno, de acordo com interesses próprios dos administradores e do bloco de controle, através da modificação da posição acionária, sem a anuência dos demais acionistas, prática inadmissível sob qualquer ponto de vista.

A venda das ações mantidas em tesouraria, com exclusão do direito de preferência, enquadra-se também nos casos de *infração ao dever de lealdade*, conflito de interesses, abuso e desvio de poder. Estabelece o art. 154 que "o administrador deve exercer as atribuições que a lei e o estatuto lhe conferem para lograr os fins e no interesse da companhia...". Em outros termos, o dispositivo citado objetiva impedir que o administrador utilize-se das prerrogativas do cargo que ocupa para buscar proveito próprio e do grupo a que pertence, em prejuízo dos demais acionistas, especialmente dos minoritários.

A venda das ações, sem observar o direito de preferência, também se enquadra como hipótese de utilização do poder de representação da Diretoria para benefício próprio e do bloco de controle, o que é vedado por lei, de acordo com o disposto nos arts. 155 e 156 da Lei n. 6.404/76. Com efeito, devem os administradores,

---

22. Nélson Hungria, *Comentários ao Código Penal*, cit., v. 7, p. 290.

neste caso, a Diretoria, exercer suas funções *no interesse da sociedade*. Negócio realizado pautado pelo interesse do bloco de controle e não o da sociedade, é flagrantemente ilegal.

11.3 *Consumação e tentativa*

Consuma-se o crime com a compra ou venda, por conta da sociedade, das próprias ações, independentemente da produção de qualquer resultado econômico. A tentativa é, em tese, admissível.

12. Caução de ações da sociedade (§ 1º, V)

Este é o segundo dispositivo a incriminar condutas que praticam abusos com as ações da própria sociedade. O inciso IV proíbe a compra e venda das ações; este incrimina aceitar em garantia as ações da própria sociedade: *o diretor ou o gerente que, como garantia de crédito social, aceita em penhor ou em caução ações da própria sociedade.*

12.1 *Sujeitos ativo e passivo*

Sujeito ativo pode ser o diretor ou gerente e o liquidante (crime próprio). *Sujeito passivo* são a própria sociedade e seus acionistas, a exemplo do que ocorre no inciso anterior.

12.2 *Tipo objetivo: adequação típica*

A ação incriminada consiste em aceitar em *penhor* ou *caução* as *ações* da própria sociedade, em garantia de crédito social. Para a configuração desse crime, é necessário que a sociedade tenha crédito de acionista ou de terceiro, e que, como garantia desse crédito, o sujeito ativo aceite as ações da própria sociedade. Ora, as ações nada mais são do que dívidas da sociedade para com os acionistas. Assim, recebendo em garantia as próprias ações, a sociedade reuniria a posição incompatível de credora e fiadora, ao mesmo tempo, pois, como sustentava Fragoso, "é evidente que as próprias ações seriam sempre uma garantia fictícia para a sociedade"[23]. As ações de uma companhia, em outros termos, nada mais são que títulos representativos de dívida sua para com os acionistas.

Garantia de crédito social não se confunde com a caução prestada por diretores como "garantia de gestão", que é permitida.

12.3 *Consumação e tentativa*

Como crime formal, consuma-se com a aceitação das ações em garantia de dívida, sendo indiferente a ocorrência efetiva de prejuízo. A tentativa é admissível, pois a ação incriminada pode ser fragmentada, contra a vontade do agente.

---

23. Heleno Cláudio Fragoso, *Lições de Direito Penal*, cit., v. 1, p. 529.

13. Distribuição de lucros ou dividendos fictícios (§ 1º, VI)

Aqui se incrimina a distribuição de lucros ou dividendos fictícios nos seguintes termos: *o diretor ou o gerente que, na falta de balanço, em desacordo com este, ou mediante balanço falso, distribui lucros ou dividendos fictícios.*

13.1 *Sujeitos ativo e passivo*

Sujeito ativo somente podem ser os diretores ou gerentes da companhia (crime próprio). Nessa figura, o liquidante, ao contrário das hipóteses previstas nos incisos anteriores, não pode ser sujeito ativo (art. 177, § 1º, VIII). Acreditamos que os fiscais que aprovarem o balanço falso, mesmo sabendo da falsidade[24], somente poderão responder por esse crime, por meio do instituto do concurso de pessoas.

Sujeito passivo, também aqui, é a própria sociedade. Não nos parece que, nesta hipótese, os acionistas possam ser tidos como sujeitos passivos, pois acabam sendo beneficiados, mesmo involuntariamente, com distribuição irreal de dividendos.

13.2 *Tipo objetivo: adequação típica*

A ação incriminada consiste em *distribuir dividendos* que não correspondem a lucros efetivos e que, portanto, constituem, em outros termos, lesão ao patrimônio da sociedade e, por extensão, de seus acionistas. A Lei das Sociedades por Ações estabelece que a companhia somente pode pagar dividendos à conta de lucro líquido no exercício, de lucros acumulados e de reserva de lucros (art. 201 da Lei n. 6.404/76).

Distribuir dividendos significa pagá-los ou creditá-los aos acionistas. Em qualquer sociedade comercial, o lucro é apurado mediante balanço. A distribuição dos dividendos e dos lucros, à evidência, somente pode ser feita de acordo com o balanço. A distribuição de dividendos sem a existência de lucro correspondente procura dar aparência de prosperidade, induzindo em erro o comércio em geral, o sistema financeiro e o próprio mercado mobiliário. Essa fraude, além de prejudicar o patrimônio social, beneficia os próprios diretores e demais administradores, a quem o estatuto geralmente atribui participação nos lucros da companhia. Distribuição de lucro fictício induz os investidores a erro, fazendo-os supor a existência de uma situação financeira e patrimonial irreal da sociedade.

Na hipótese de *balanço falso* poderá haver concurso material com o crime de falsidade ideológica (art. 299), se houver sido falsificado pelo agente, ou então com o crime de uso de documento falso (art. 304).

13.3 *Consumação e tentativa*

Como crime formal, consuma-se com a distribuição dos lucros ou dividendos sem corresponderem ao apurado em balanço. Tratando-se de crime formal, é irrelevante a obtenção de vantagem ou a causação de prejuízo. A tentativa é admissível.

---

24. Heleno Cláudio Fragoso, *Lições de Direito Penal*, cit., v. 1, p. 531.

14. Aprovação fraudulenta de conta ou parecer (§ 1º, VII)

O crime de *aprovação fraudulenta de conta ou parecer* está previsto nos seguintes termos: *o diretor, o gerente ou o fiscal que, por interposta pessoa, ou conluiado com acionista, consegue a aprovação de conta ou parecer.*

14.1 *Sujeitos ativo e passivo*

Sujeito ativo pode ser o diretor, gerente ou fiscal e o liquidante (crime próprio). Nesse crime, os próprios fiscais aparecem como sujeito ativo, pois as contas elaboradas pelos administradores das sociedades anônimas são submetidas a parecer do conselho fiscal.

Sujeito passivo são a própria sociedade e seus acionistas.

14.2 *Tipo objetivo: adequação típica*

Duas são as modalidades de condutas puníveis: por meio de *interposta pessoa* ou *conluiado com acionista*, conseguir *aprovação de conta ou parecer*. Interposta pessoa é o "testa de ferro" que comparece para votar; acionista conluiado é o de má-fé, aliciado ou subornado. Na primeira figura, os administradores ou fiscais cedem suas ações ao "testa de ferro" para que possam votar na assembleia pela votação das contas ou parecer; na segunda, os sujeitos ativos limitam-se a corromper acionistas que são detentores de votos, evidentemente para que votem segundo os interesses daqueles. O conluio caracteriza a má-fé de todos os participantes. Dessa forma, quem, eventualmente, participar de boa-fé, isto é, desconhecendo a trama existente, não responde pelo crime.

Obviamente, como destacava Nélson Hungria, as contas ou pareceres devem estar em contraste com a verdade, importando sua aprovação um dano ou perigo de dano ao interesse da sociedade ou de terceiro[25].

Como se trata de crime de fraude, é necessário que as contas ou pareceres estejam em desacordo com a realidade. O acionista conluiado e o "testa de ferro", ao contrário do que pensavam alguns penalistas[26], serão coautores, abrangidos pelo disposto no art. 29 do Código Penal.

Cumpre destacar que a ação para anular assembleia prescreve em dois anos (art. 286 da Lei n. 6.404/76).

14.3 *Consumação e tentativa*

Consuma-se com a efetiva aprovação, ou seja, com a deliberação da assembleia. A *tentativa* é admissível, quando a operação é interrompida, por exemplo, antes da aprovação da assembleia, por circunstâncias alheias à vontade do agente.

---

25. Nélson Hungria, *Comentários ao Código Penal*, cit., v. 7, p. 292.

26. No mesmo sentido, Heleno Cláudio Fragoso, *Lições de Direito Penal*, cit., v. 1, p. 532.

15. Crimes de liquidante (§ 1º, VIII)

A sociedade por ações pode liquidar-se judicial ou extrajudicialmente. Nessa atividade, o liquidante também pode cometer crime. O inciso VIII incrimina especificamente a conduta do liquidante: *o liquidante, nos casos dos incisos I, II, III, IV, V e VII*. Com efeito, o liquidante pode ser igualmente sujeito ativo das figuras tipificadas nesses incisos, estando excluído somente da conduta descrita no n. VI. Enfim, para apurar os crimes que podem ser praticados pelo liquidante deve-se examinar o conteúdo de cada um daqueles tipos penais. Assim, as anotações que lá fizemos aqui se aplicam.

O *sujeito ativo*, evidentemente, é o *liquidante* de sociedade por ações, e os sujeitos passivos são a sociedade e os acionistas.

16. Crimes do representante da sociedade estrangeira (§ 1º, IX)

Ao representante de *sociedade anônima estrangeira* autorizada a funcionar no Brasil são estendidas as incriminações dos incisos I e II do § 1º, além de incorrer nas mesmas penas do *caput* deste artigo se prestar *falsas informações* ao governo. A tipificação é a seguinte: *o representante da sociedade anônima estrangeira, autorizada a funcionar no País, que pratica os atos mencionados nos incisos I e II, ou dá falsa informação ao governo* (§ 1º, IX).

Bens jurídicos protegidos, nesse dispositivo, são o patrimônio societário, como nas demais figuras, além da credibilidade e autenticidade das informações que devem ser prestadas ao Estado.

16.1 *Sujeitos ativo e passivo*

Sujeito ativo somente pode ser o representante de sociedade anônima estrangeira em funcionamento no Brasil. Não significa que o sujeito ativo, no momento da ação, deva encontrar-se em território nacional; poderá praticar o crime a distância; a empresa é que deve encontrar-se em funcionamento no País.

Sujeito passivo pode ser a sociedade anônima, os acionistas, nas hipóteses dos incisos I e II, e, na hipótese da conduta de dar "falsa informação ao governo", o sujeito passivo é o Estado.

17. Crime de acionista: negociação de voto (§ 2º)

Nesse dispositivo, procura-se proteger a lisura e a retidão das assembleias gerais, criminalizando a conduta do acionista que negociar seu voto, nos seguintes termos: "Incorre na pena de detenção, de 6 (seis) meses a 2 (dois) anos, e multa, o acionista que, a fim de obter vantagem para si ou para outrem, negocia o voto nas deliberações de assembleia geral" (§ 2º). O voto é o instrumento pelo qual os acionistas manifestam seus interesses e vontades perante o órgão máximo das sociedades anônimas, que é a assembleia geral.

17.1 *Sujeitos ativo e passivo*

Sujeito ativo, à evidência, só pode ser o acionista (crime próprio). Outros eventuais participantes dessa infração penal somente poderão ser alcançados por meio do instituto do concurso de pessoas (art. 29).

Sujeito passivo são a própria sociedade e os demais acionistas que não intervieram, direta ou indiretamente, na prática desse crime.

17.2 *Tipo objetivo: adequação típica*

A conduta incriminada está representada pelo verbo nuclear "negociar", que tem o sentido de comprar, vender, comerciar, receber ou dar em pagamento o voto nas deliberações da assembleia geral. Essa *negociação* proibida *é aquela que tem a finalidade de obter vantagem para si ou para outrem*. Pune-se, com efeito, a *negociação*, isto é, a compra, venda ou permuta de voto nas deliberações de assembleia geral, mas somente aquela desautorizada, indevida, ilegítima; embora não conste do texto legal esse elemento normativo, o elemento subjetivo especial do injusto deixa claro tal aspecto.

Por outro lado, o "acordo de acionistas" passou a ser permitido pela Lei n. 6.404/76. Como destaca Damásio de Jesus, "De ver-se que o art. 118 da Lei n. 6.404, de 1976, admite o 'acordo de acionistas', inclusive no que diz respeito ao voto nas assembleias. Essa disposição, porém, não revogou o § 2º do art. 177 do CP. Ela permite o acordo lícito, de natureza meramente política, nas deliberações das assembleias gerais"[27]. No entanto, deve-se destacar que uma previsão não elimina a outra, pois se distinguem em suas finalidades: a *negociação*, que constitui crime, objetiva obter vantagem para si ou para outrem; o *acordo de acionistas*, autorizado pela Lei das Sociedades Anônimas, por sua vez, tem finalidade e natureza política e existe em função dos acionistas em geral e não para beneficiar um ou outro acionista em particular.

O tipo incriminador, em síntese, pune a negociação ilícita, mercenária, que visa à obtenção de vantagem ilegítima em prejuízo alheio ou de outros acionistas, quando não da própria sociedade. Como afirma Guilherme de Souza Nucci[28], a negociação proibida de voto pressupõe uma troca: o voto em qualquer sentido para receber como compensação uma vantagem qualquer.

18. Pena e ação penal

As *penas cominadas*, cumulativamente, são *reclusão*, de um a quatro anos, e *multa*, se não constituir crime contra a economia popular (subsidiariedade expressa). No crime de *negociação de voto* (art. 177, § 2º), as penas são mais brandas: detenção, de seis meses a dois anos, e multa.

A *ação penal é* pública incondicionada, salvo nas hipóteses previstas no art. 182, quando estará condicionada à representação.

---

27. Damásio de Jesus, *Direito Penal*, cit., v. 2, p. 473.
28. Guilherme de Souza Nucci, *Código Penal comentado*, cit.

EMISSÃO IRREGULAR DE CONHECIMENTO DE DEPÓSITO OU *WARRANT* — XXV

Sumário: 1. Considerações preliminares. 2. Bem jurídico tutelado. 3. Sujeitos ativo e passivo. 4. Conhecimento de depósito e *warrant*. 5. Tipo objetivo: adequação típica. 5.1. Elemento normativo: em desacordo com disposição legal. 6. Tipo subjetivo: adequação típica. 7. Consumação e tentativa. 8. Pena e ação penal.

EMISSÃO IRREGULAR DE CONHECIMENTO DE DEPÓSITO OU "WARRANT"

Art. 178. Emitir conhecimento de depósito ou warrant, *em desacordo com disposição legal:*

Pena — reclusão, de 1 (um) a 4 (quatro) anos, e multa.

1. Considerações preliminares

O *Código Criminal do Império* (1830) desconheceu completamente o crime de emissão irregular de conhecimento de depósito ou *warrant*. A ausência da criminalização dessa mesma figura penal permaneceu no Código Penal de 1890. Somente o Decreto n. 1.102, de 21 de novembro de 1903, que disciplinou as empresas de armazéns-gerais, trouxe as primeiras disposições penais. A Consolidação das Leis Penais deu a seguinte definição para essa infração penal: *incorrerão nas penas de prisão celular por um a quatro anos os que emitirem os títulos denominados de conhecimento de depósito ou "warrant", em desacordo com as disposições da lei em vigor*.

O legislador de 1940 inspirou-se nesse dispositivo da Consolidação das Leis Penais, praticamente o reproduzindo.

2. Bem jurídico tutelado

O *bem jurídico protegido*, a despeito de algumas controvérsias, é inegavelmente o patrimônio, especialmente aquele representado pelos títulos de conhecimento de depósito ou *warrant*. Não os títulos em si e tampouco a fé pública de que devem revestir-se títulos dessa natureza. A *fé pública* como bem jurídico protegido é objeto de outro Capítulo e de outro Título do Código Penal. Assim, somente por extensão, e secundariamente, pode-se admitir que a fé pública se inclua no objetivo da proteção penal insculpida no dispositivo em exame.

Os títulos em si mesmos encontrariam, com efeito, melhor proteção em outros Capítulos do Código Penal; contudo, a disponibilidade patrimonial (conhecimento de depósito) ou direito real pignoratício (*warrant*) que representam emprestam-lhes extraordinário valor patrimonial, e é exatamente esse significado econômico que representa o objeto da proteção da norma penal. Trata-se, portanto, de crime patrimonial.

3. Sujeitos ativo e passivo

Sujeito ativo é quem emite conhecimento de depósito ou *warrant* em desacordo com disposição legal; é, em regra, o *depositário* da mercadoria, que pode ser representado por qualquer pessoa, em nome da *empresa de armazéns gerais*. É perfeitamente possível a coautoria entre depositário e depositante ou terceiro, desde que tenha ciência de participar na emissão irregular dos títulos.

Sujeito passivo é o portador ou endossatário do título[1] que, normalmente, sofrerá o prejuízo de sua irregularidade.

4. Conhecimento de depósito e *warrant*

Armazéns-gerais, segundo o art. 1º do Decreto n. 1.102, de 21 de novembro de 1903, são aquelas empresas que têm a finalidade de *guardar e conservar e emitir títulos que as representem*. Referidas empresas, com efeito, têm como fim: a) guardar e conservar mercadorias e produtos depositados, independentemente de sua origem ou destino; b) emitir títulos característicos que as representem, sendo negociáveis e endossáveis.

A *relação contratual* que se estabelece entre quem entrega as mercadorias e o armazém-geral chama-se *depósito*: quem deixa a mercadoria nos *armazéns-gerais* é o *depositante*, e estes são os *depositários*. Têm a obrigação de conservar os produtos ou mercadorias que lhes são entregues em nome de outrem. O título correspondente é o *conhecimento de depósito e o warrant*. São, na verdade, dois títulos unidos, que podem, contudo, ser separados. Enquanto as mercadorias permanecem em depósito, os respectivos títulos entram em circulação, podendo ser transferidos por endosso, conferindo ao portador o direito de livre disposição da mercadoria correspondente.

O *warrant* e o *conhecimento de depósito* têm funções distintas, individualmente considerados. O *warrant* é título pignoratício, isto é, atribui a seu portador o direito real de penhor da mercadoria nele especificada, até o limite do crédito mencionado no primeiro endosso, garantindo o pagamento dessa importância. O *conhecimento de depósito*, por sua vez, é o título de propriedade da mercadoria. Atribui ao portador a disponibilidade da coisa; fica limitado, no entanto, pelo limite contido no endosso do *warrant*. Resumindo, o adquirente dos títulos — (1) conhecimento de depósito e (2) *warrant* — torna-se proprietário não apenas deles, mas das próprias mercadorias que representam. Na verdade, a reunião dos dois títulos em poder de um mesmo titular atribui-lhe as qualidades de *proprietário* e *credor*.

A importância, enfim, desses dois títulos justifica a tutela penal impedindo sua emissão irregular.

---

1. Guilherme de Souza Nucci, *Código Penal comentado*, cit., p. 593.

5. Tipo objetivo: adequação típica

A conduta tipificada consiste em *emitir*, isto é, pôr em circulação conhecimento de depósito ou *warrant* em desacordo com disposições legais que regem a matéria (Decreto n. 1.102/1903). A emissão dos referidos títulos é criminosa quando viola as disposições legais, que continuam contidas no vetusto decreto de 1903.

O *conhecimento de depósito* é título de propriedade da mercadoria, atribuindo ao portador a disponibilidade da coisa. O *warrant*, por sua vez, é título de garantia emitido sobre mercadoria depositada em armazéns-gerais, de acordo com o *conhecimento de depósito*. Ambos são títulos que circulam mediante *endosso*, e a posse dos dois garante ao possuidor a propriedade da mercadoria neles mencionada.

Quando o depositário, isto é, o armazém-geral, desvia a mercadoria, pratica o crime de apropriação indébita; quando, no entanto, a emissão falsa de *warrant* e conhecimento de depósito serve para obter empréstimo bancário, por exemplo, constitui crime-meio, sendo absorvido pelo estelionato, crime-fim[2].

5.1 *Elemento normativo: em desacordo com disposição legal*

Primeiramente, deve-se destacar que o tipo penal em exame configura o que se chama de *norma penal em branco*, exigindo a complementação de normas distintas, no caso, do Decreto n. 1.102/1903. Em outros termos, somente compulsando a legislação relativa ao *conhecimento de depósito e "warrant"*, ou seja, o decreto referido, poder-se-á saber se sua emissão obedeceu à disposição legal. A locução "em desacordo com disposição legal" constitui elemento normativo do tipo. Se a emissão corresponder aos mandamentos legais, estar-se-á diante de fato atípico, não havendo incidência da norma penal.

A emissão, segundo o decreto referido, é irregular quando[3]:

---

2. Heleno Cláudio Fragoso, *Lições de Direito Penal*, cit., v. 1, p. 504.

3. O art. 15 do Decreto n. 1.102/1903 estabelece os requisitos necessários à emissão de "conhecimento de depósito" ou *warrant*, que, se infringidos, pode tipificar o crime em exame: "Os armazéns gerais emitirão, quando lhes for pedido pelo depositante, dois títulos unidos, mas separáveis à vontade, denominados — conhecimento de depósito e *warrant*. § 1º Cada um destes títulos deve ter a ordem e conter, além da sua designação particular: 1) a denominação da empresa do armazém geral e sua sede; 2) o nome, profissão e domicílio do depositante ou de terceiro por este indicado; 3) o lugar e o prazo de depósito, facultando aos interessados acordarem, entre si, na transferência posterior das mesmas mercadorias de um para outro armazém da emitente, ainda que se encontrem em localidade diversa da em que foi feito o depósito inicial. Em tais casos, far-se-ão, nos conhecimentos e *warrant* respectivo, as seguintes anotações: *a*) local para onde se transferirá a mercadoria em depósito; *b*) para os fins do art. 26, § 2º, as despesas decorrentes da transferência, inclusive as de seguro por todos os riscos; 4) a natureza e quantidade das mercadorias em depósito, designadas pelos nomes mais usados no comércio, seu peso, o estado dos envoltórios e todas as marcas e indicações próprias para estabelecerem a sua identidade, ressalvadas as peculiaridades das mercadorias depositadas a granel; 5) a qualidade da mercadoria, tratando-se daquelas a que se refere o art. 12; 6) a indicação do segurador da mercadoria e o valor do seguro (art. 16); 7) a declaração dos impostos e direitos

a) a empresa não está legalmente constituída (art. 1º do Decreto n. 1.102/1903);

b) não houver autorização do governo federal para a emissão (arts. 2º e 4º);

c) não existirem em depósito as mercadorias mencionadas;

d) existir emissão de mais de um título para a mesma mercadoria ou produto mencionados nos títulos;

e) não se revestir o título das formalidades legais (art. 15).

6. Tipo subjetivo: adequação típica

O *tipo subjetivo* é constituído pelo dolo, direto ou eventual, representado pela *vontade consciente* de emitir conhecimento de depósito ou *warrant* irregularmente. Desnecessário destacar que o sujeito ativo tenha conhecimento de que a emissão do título está em desacordo com as disposições legais.

7. Consumação e tentativa

Consuma-se o crime com a colocação em circulação dos títulos, independentemente da produção de prejuízo decorrente da emissão destes. Trata-se dos chamados crimes de consumação antecipada[4].

A doutrina, de modo geral, não tem admitido a figura da tentativa, classificando essa infração penal como unissubsistente.

8. Pena e ação penal

As penas cominadas, *cumulativamente*, são a reclusão, de um a quatro anos, e a multa.

A ação penal pública incondicionada, sendo desnecessária qualquer manifestação do ofendido.

---

fiscais, dos encargos e despesas a que a mercadoria está sujeita, e o dia em que começará a correr as armazenagens (art. 26, § 2º); 8) a data da emissão dos títulos e a assinatura do empresário ou pessoa, devidamente habilitada por este. § 2º Os referidos títulos serão extraídos de um livro de talão o qual conterá todas as declarações acima mencionadas e o número de ordem correspondente. No verso do respectivo talão o depositante, ou terceiro por este autorizado, passará recibo dos títulos. Se a empresa, a pedido do depositante, os expedir pelo Correio, mencionará esta circunstância e o número e data do certificado do registro postal. Anotar-se-ão também no verso do talão as ocorrências que se derem com os títulos dele extraídos, como substituição, restituição, perda, roubo etc. § 3º Os armazéns gerais são responsáveis para com terceiros pelas irregularidades e inexatidões encontradas nos títulos que emitirem, relativamente à quantidade, natureza e peso da mercadoria".

4. Damásio de Jesus, *Direito Penal*, cit., v. 2, p. 477.

FRAUDE À EXECUÇÃO XXVI

Sumário: 1. Considerações preliminares. 2. Bem jurídico tutelado. 3. Sujeitos ativo e passivo. 4. Tipo objetivo: adequação típica. 5. Tipo subjetivo: adequação típica. 6. Consumação e tentativa. 7. Pena e ação penal.

FRAUDE À EXECUÇÃO

Art. 179. Fraudar execução, alienando, desviando, destruindo ou danificando bens, ou simulando dívidas:

Pena — detenção, de 6 (seis) meses a 2 (dois) anos, ou multa.

Parágrafo único. Somente se procede mediante queixa.

1. Considerações preliminares

Os antecedentes mais remotos dessa infração penal podem ser encontrados antes da era cristiana, desde a Lei das XII Tábuas, que permitia ao credor insatisfeito postular a insolvência do devedor. Por meio desse ato se concedia ao credor o direito de custódia, período durante o qual poderia levar o devedor ao mercado; não surgindo pretendentes, poderia matá-lo ou vendê-lo como escravo. A prisão por dívida e o direito sobre a vida do devedor foram abolidos somente no ano 326 a. C. (*Lex Poetelia Papiria*).

Encontramos igualmente antecedentes desse crime nas Ordenações Filipinas, no Livro V, Título XLVI[1]. O Código Criminal de 1890 contemplava essa infração penal com a seguinte redação: "O devedor não comerciante que se constituir em insolvência, ocultando ou alheando maliciosamente seus bens, ou simulando dívidas, em fraude de seus credores legítimos, será punido com a pena de prisão de seis meses a dois anos". Esse diploma legal inseria referida infração entre os *crimes contra a propriedade pública e particular* (Título XII).

Na legislação estrangeira, embora se encontrem crimes idênticos ou semelhantes, não existe uma uniformidade: ora é classificado entre os crimes contra a propriedade, ora entre os crimes contra a administração da justiça. O legislador brasileiro de 1940 preferiu incluir a fraude contra a execução no Título que trata dos crimes contra o patrimônio.

1. Heleno Cláudio Fragoso, *Lições de Direito Penal*, cit., v. 1, p. 505.

2. Bem jurídico tutelado

O bem jurídico protegido, nesse tipo penal, também é o *patrimônio*, mais especificamente contra manobras ardilosas ou fraudulentas de devedores que, na tentativa de inviabilizar a ação judicial de seus credores, procuram evitar a execução forçada.

Por outro lado, num plano secundário e reflexo, o dispositivo em exame procura garantir o respeito às decisões judiciais e, por conseguinte, a administração da justiça, cujo prestígio resulta comprometido quando suas decisões são impedidas de se executar por fraudes daqueles que foram condenados. Enfim, tutela-se diretamente o patrimônio e, indiretamente, o respeito à administração da justiça.

3. Sujeitos ativo e passivo

Sujeito ativo será sempre o devedor demandado judicialmente. Nada impede que o sujeito ativo seja comerciante, contrariamente ao que pensava Heleno Fragoso[2]. Com efeito, o comerciante que praticar qualquer das constantes da descrição típica incorrerá nessa infração penal. Responderá por *crime falimentar* somente se for decretada judicialmente sua falência, uma vez que o decreto de sua quebra é *condição objetiva de punibilidade.*

O crime de *fraude à execução*, conquanto próprio no que diz respeito ao sujeito, pode admitir o concurso de outras pessoas. Sujeito ativo não é apenas o devedor, pois pode ocorrer que terceiro pratique a ação ilícita, subtraindo a coisa à execução, desviando-a, destruindo-a etc., insciente o devedor.

Sujeito passivo será o credor que aciona judicialmente o devedor ardiloso, isto é, o credor que propõe a execução judicial, que se vê esvaziado pela fraude praticada pelo sujeito ativo.

4. Tipo objetivo: adequação típica

O crime consiste em *fraudar execução*, por meio de uma das condutas relacionadas no tipo penal, inviabilizando a constrição de bens, que foram desviados pelo sujeito ativo, impossibilitando, em outros termos, a satisfação da pretensão demandada. Em outros termos, *fraudar a execução* significa tornar impossível a execução judicial pela inexistência de bens sobre os quais possa recair a penhora.

O agente pode "fraudar a execução" *alienando* seus bens, *desviando-os, destruindo-os* ou *danificando-os* ou, ainda, *simulando dívidas.* "Alienação" é todo ato de transferir o domínio de bens a terceiros, abrangendo inclusive a própria cessão de direitos. Convém destacar, contudo, que a alienação, em sede de direito penal, não se presume fraudulenta *juris et de jure.* Como o direito penal *não admite presunções* de

---

2. Heleno Cláudio Fragoso, *Lições de Direito Penal*, cit., v. 1, p. 506: "Pressuposto do crime é que o agente não seja comerciante, pois se o for, o crime será falimentar, desde que, com base na insolvência fraudulenta, seja requerida e declarada a falência".

nenhuma natureza, também a finalidade fraudadora da alienação deve ser comprovada. Nem toda alienação tem a finalidade de fraudar eventual credor, mesmo que exista eventual demanda judicial, pois pode ser necessária a alienação, ou economicamente conveniente ao agente. Assim, é fundamental detectar o elemento subjetivo que orientou a eventual alienação. Somente a alienação simulada, a título gratuito ou a preço vil, pode ser considerada, *prima facie*, fraudulenta. Enfim, a alienação por justo preço não é criminosa, desde que realizada sem o propósito de inviabilizar eventual penhora.

Desvio de bens é todo comportamento ou conduta que implique a inviabilização da penhora pela ausência de bens pertencentes ao agente, que pode configurar-se por inúmeras formas, tais como ocultação, simulação de transferência, remessa para o exterior etc.

Na *destruição*, a coisa deixa de existir em sua individualidade, ainda que subsista a matéria que a compõe (por exemplo, matar um animal, estilhaçar uma vidraça), ou também quando vem a desaparecer, tornando-se inviável sua recuperação. Na *inutilização*, embora a coisa não seja destruída, perde a adequação ao fim a que se destinava, desaparecendo sua utilidade, sem perder completamente a individualidade. Assim, a *inutilização* também pode ser uma forma de destruir, para efeitos de fraude à execução, uma vez que, ao contrário do crime de dano, não faz aqui essa distinção.

Danificar significa avariar o patrimônio, diminuir-lhe o valor, causando-lhe certa deterioração. *Deteriorar* tem o sentido de estragar, enfraquecer a essência, diminuindo seu valor ou utilidade, sem destruí-la ou inutilizá-la. Na *deterioração* a coisa sofre avaria substancial, embora não se desintegre totalmente, restando apenas diminuída sua utilidade ou seu valor econômico[3].

Simular dívida, finalmente, significa assumir obrigação inexistente, admitir a execução de crédito fictício. Nesse caso, sustentava Hungria, "é necessário que o crédito fictício (cujo titular é coautor do crime) provoque o concurso de credores e o rateio do ativo, em prejuízo dos credores legítimos. Antes disso, o que pode haver é simples tentativa"[4].

Pressuposto do crime de *fraude à execução* é exatamente a existência de uma ação de *execução judicial* cobrando o sujeito passivo. Com qualquer das ações arroladas — alienando, desviando, destruindo ou danificando bens, ou simulando dívidas — deve tornar-se inviável a execução da dívida, pela inexistência ou insuficiência de patrimônio do agente.

A *fraude à execução* é crime de que só cogita a lei penal na pendência de uma lide civil, que só tem lugar após a citação do devedor para o *processo de execução*. *Exe-*

---

3. Heleno Cláudio Fragoso, *Lições de Direito Penal*, cit., v. 1, p. 397; Nélson Hungria, *Comentários ao Código Penal*, cit., v. 7, p. 105; Luiz Regis Prado, *Curso de Direito Penal brasileiro*, cit., v. 2, p. 448.

4. Nélson Hungria, *Comentários ao Código Penal*, cit., v. 7, p. 298.

cução é o processo instaurado para exigir o cumprimento compulsório de um título judicial ou extrajudicial. Trata-se de um processo em que se procura, por meio da penhora de bens do executado, a satisfação do crédito do exequente. A questão é exatamente essa: a conduta tipificada objetiva impedir que o executado, por meios fraudulentos, inviabilize a concretização da execução, isto é, satisfaça sua pretensão. Por isso, não nos parece correta a abrangência que se tem dado à locução "fraude à execução" para alcançar o *processo de conhecimento*[5]. O direito penal não admite interpretação extensiva; se o legislador quisesse incluir os *processos de conhecimento* e *cautelar*, teria adotado outra terminologia menos restritiva, como lide, ação, demanda, processo judicial etc. Não o fez, desautorizando, portanto, ao intérprete fazê-lo.

Se o objeto da conduta praticada pelo agente recair em bens impenhoráveis, não haverá crime.

5. Tipo subjetivo: adequação típica

O tipo subjetivo é constituído pelo dolo e pelo elemento subjetivo especial do injusto. O dolo, direto ou eventual, é representado pela vontade consciente de fraudar a execução, praticando qualquer das condutas elencadas no tipo penal. É indispensável que o agente saiba que está sendo judicialmente executado. O desconhecimento dessa circunstância pode configurar erro de tipo, afastando o dolo.

O *elemento subjetivo especial* do injusto consiste na finalidade de prejudicar os credores. É irrelevante que o agente pretenda obter vantagem econômica, vingar-se de alguém ou qualquer outro interesse.

6. Consumação e tentativa

O crime consuma-se no momento em que a execução fraudada se torna inviável pela insolvência do agente, decorrente de qualquer das ações tipificadas. Como se trata de crime material, qualquer das ações praticadas pelo agente será atípica se, a despeito delas, continuar solvente. Restando-lhe bens suficientes para garantir o juízo, não se poderá falar em crime de fraude à execução.

A *tentativa* é perfeitamente admissível quando, por exemplo, o agente for impedido de consumar qualquer das ações tipificadas. Discordamos do entendimento manifestado por Regis Prado, segundo o qual haverá tentativa quando, "apesar das manobras fraudulentas, o devedor permanece com bens ou valores suficientes para garantir a execução"[6]. Com efeito, como destacamos no parágrafo anterior, se a conduta do agente não afetar seu patrimônio, permanecendo a possibilidade de fazer frente a demanda judicial, sua ação será atípica. Esse crime somente pode ocorrer em ação judicial na esfera cível, e é indispensável que o agente tenha conhecimento da existência da ação ajuizada.

---

5. No mesmo sentido, com absoluto acerto, Guilherme Souza Nucci, *Código Penal comentado*, cit., p. 595.
6. Luiz Regis Prado, *Curso de Direito Penal brasileiro*, cit., v. 2, p. 593.

7. Pena e ação penal

As penas cominadas são, *alternativamente*, detenção, de seis meses a dois anos, ou multa. *A ação penal é* de exclusiva iniciativa privada (art. 179, parágrafo único). No entanto, quando o crime for cometido contra a União, Estado ou Município, a ação penal é pública incondicionada[7], nos termos do art. 24, § 2º, do CPP, acrescentado pela Lei n. 8.699, de 27 de agosto de 1993.

7. Damásio de Jesus, *Direito Penal*, cit., v. 2, p. 480.

RECEPTAÇÃO XXVII

Sumário: 1. Considerações preliminares. 2. Bem jurídico tutelado. 3. Sujeitos ativo e passivo. 4. Tipo objetivo: adequação típica: receptação simples. 4.1. Novas figuras da Lei n. 9.426/96: receptação ou favorecimento. 4.2. Receptação de receptação: possibilidade. 5. Significado dogmático das elementares: "sabe" e "deve saber". 5.1. Síntese dos postulados fundamentais das teorias do dolo e da culpabilidade. 5.2. Sentido e função das elementares "sabe" e "deve saber" na definição do crime de receptação. 6. Consumação e tentativa. 7. Classificação doutrinária. 8. Receptação qualificada: tipo autônomo ou derivado. 8.1. Adequação típica: receptação qualificada. 8.2. Receptação simples, receptação qualificada e princípio da proporcionalidade. 8.3. Elemento normativo da receptação qualificada: no exercício de atividade comercial ou industrial. 9. Tipo subjetivo: adequação típica: dolo direto. 9.1. Elemento subjetivo especial do injusto: em proveito próprio ou alheio. 10. Receptação culposa. 11. Autonomia da receptação: independência relativa. 12. "Autor de crime": a culpabilidade não é mero pressuposto da pena. 13. Perdão judicial (§ 5º, 1ª parte). 14. Receptação privilegiada (§ 5º, 2ª parte). 15. Receptação majorada (§ 6º). 16. Pena e ação penal.

CAPÍTULO VII

DA RECEPTAÇÃO

Receptação

Art. 180. Adquirir, receber, transportar, conduzir ou ocultar, em proveito próprio ou alheio, coisa que sabe ser produto de crime, ou influir para que terceiro, de boa-fé, a adquira, receba ou oculte:

Pena — reclusão, de 1 (um) a 4 (quatro) anos, e multa.

• *Caput* com redação determinada pela Lei n. 9.426, de 24 de dezembro de 1996.

Receptação qualificada

§ 1º Adquirir, receber, transportar, conduzir, ocultar, ter em depósito, desmontar, montar, remontar, vender, expor à venda, ou de qualquer forma utilizar, em proveito próprio ou alheio, no exercício de atividade comercial ou industrial, coisa que deve saber ser produto de crime:

Pena — reclusão de 3 (três) a 8 (oito) anos, e multa.

• § 1º com redação determinada pela Lei n. 9.426, de 24 de dezembro de 1996.

§ 2º Equipara-se à atividade comercial, para efeito do parágrafo anterior, qualquer forma de comércio irregular ou clandestino, inclusive o Exercício em residência.

• § 2º com redação determinada pela Lei n. 9.426, de 24 de dezembro de 1996.

§ 3º Adquirir ou receber coisa que, por sua natureza ou pela desproporção entre o valor e o preço, ou pela condição de quem a oferece, deve presumir-se obtida por meio criminoso:

Pena — detenção, de 1 (um) mês a 1 (um) ano, ou multa, ou ambas as penas.

• § 3º com redação determinada pela Lei n. 9.426, de 24 de dezembro de 1996.

§ 4º A receptação é punível, ainda que desconhecido ou isento de pena o autor do crime de que proveio a coisa.

• § 4º com redação determinada pela Lei n. 9.426, de 24 de dezembro de 1996.

§ 5º Na hipótese do § 3º, se o criminoso é primário, pode o juiz, tendo em consideração as circunstâncias, deixar de aplicar a pena. Na receptação dolosa aplica-se o disposto no § 2º do art. 155.

• § 5º acrescentado pela Lei n. 9.426, de 24 de dezembro de 1996.

§ 6º Tratando-se de bens do patrimônio da União, de Estado, do Distrito Federal, de Município ou de autarquia, fundação pública, empresa pública, sociedade de economia mista ou empresa concessionária de serviços públicos, aplica-se em dobro a pena prevista no caput *deste artigo.*

• § 6º acrescentado pela Lei n. 9.426, de 24 de dezembro de 1996, com redação determinada pela Lei n. 13.531, de 7 de dezembro de 2017.

---

1. Considerações preliminares

No período de Justiniano surgiu, de forma mais clara, o crime de receptação, dividido entre receptação pessoal e receptação real. O receptador recebia o mesmo tratamento dispensado ao ladrão, e a receptação era considerada *cumplicidade subsequente*. Na Idade Média foi mantida a disciplina do crime de receptação da pena, que, ao longo do tempo, foi atenuada para o receptador, resultado do trabalho insistente dos "práticos"[1].

A autonomia da receptação em relação ao crime precedente consolidou-se, na doutrina, no alvorecer do século XIX, e seus antecedentes político-filosóficos podem ser creditados a Carpsóvio (século XVII). A partir desse período, a *receptação* passou a ter como pressuposto não apenas um crime especificamente contra o patrimônio, mas qualquer crime que pudesse, indevidamente, acarretar vantagem patrimonial em prol do agente. No direito codificado, contudo, coube a Feuerbach introduzi-la no Código bávaro de 1813, do qual foi seu autor intelectual. Afastou-se, a partir de então, o superado entendimento segundo o qual a *receptação* era uma forma de *cumplicidade*, ante o paradoxo de admitir-se a *participação* em crime já *consumado*.

As Ordenações Filipinas previam o crime de receptação, embora lhe cominassem a sanção correspondente ao crime originário (Livro V, Título 65, § 2º). O Código Criminal do Império considerava a receptação como uma espécie de cumplicidade posterior do crime precedente. O Penal de 1890 manteve a orientação do Código anterior.

1. Nélson Hungria, *Comentários ao Código Penal*, cit., v. 7, p. 311.

A Lei n. 9.426, de 24 de dezembro de 1996, publicada no *DOU* de 26 de dezembro de 1996 e retificada no de 15 de janeiro de 1997, acrescentou os dois primeiros parágrafos, renumerou os outros quatro, com pequenas alterações, além de incluir no *caput* do art. 180 os verbos-núcleo "transportar" e "conduzir".

2. Bem jurídico tutelado

Bem jurídico protegido diretamente é o patrimônio, público ou privado. Admitimos que a *posse* também seja objeto da tutela penal, na medida em que representa um aspecto importante do patrimônio, e, podendo ser objeto do crime de furto ou roubo, satisfaz a exigência de ser *produto de crime precedente*; não se pode negar, contudo, que a *propriedade* é o bem jurídico protegido por excelência.

Objeto de receptação somente pode ser *coisa móvel*, embora o Código Penal não faça essa exigência expressa na descrição típica. Nesse sentido, esclarecia Nélson Hungria que "um imóvel não pode ser receptado, pois a receptação pressupõe um deslocamento da 'res', do poder de quem ilegitimamente a detém para o receptador, de modo a tornar mais difícil a sua recuperação por quem de direito"[2].

O *ser humano*, vivo, por exemplo, não pode ser objeto de receptação, pela simples razão de que não se trata de *coisa*. A compra ou aquisição, a qualquer título, *de cadáver*, em princípio, tampouco pode ser objeto material de receptação, pois, em tese, não constitui *coisa*, além de não possuir, via de regra, *valor econômico*; trata-se, na verdade, de crime contra o respeito aos mortos (art. 211). No entanto, quando, eventualmente, o cadáver for propriedade de alguém, passando a ter valor econômico, pode ser objeto de receptação, como, por exemplo, algo que pertence a uma instituição de ensino para estudos científicos e é furtado; sendo objeto de furto, poderá, na sequência, ser também objeto de receptação.

Não *podem ser objeto de receptação*, por outro lado, aquelas mesmas coisas que também não podem ser objeto do crime de furto, como as que não pertencem a ninguém, tais como *res nullius* (coisa que nunca teve dono), *res derelicta* (coisa que já pertenceu a alguém, mas foi abandonada pelo proprietário)[3] e *res commune omnium* (coisa de uso comum, que, embora de uso de todos, como o ar, a luz ou o calor do sol, a água do mar e dos rios, não pode ser objeto de ocupação em sua totalidade ou *in natura*). Para efeitos penais, constitui *res derelicta* qualquer objeto abandonado pelo dono e, como tal, por ele declarado sem valor econômico, ainda que para terceiro possa ser valioso; apoderar-se de coisa de ninguém — *res nullius* — constitui, para o direito privado, forma de aquisição da propriedade de coisa móvel (ocupação), algo impossível de ocorrer quando a coisa tem dono. E assim o é porque a coisa subtraída, para constituir objeto de furto, deve pertencer a alguém e nas hipóteses antes mencionadas não pertence a ninguém.

---

2. Nélson Hungria, *Comentários ao Código Penal*, cit., v. 7, p. 304.
3. Observar o disposto no art. 1.263 do Código Civil.

Os *direitos*, reais ou pessoais, finalmente, tampouco podem ser objeto de furto, pois direitos não se confundem com coisa. Contudo, os *títulos ou documentos* que os constituem ou representam podem ser furtados ou subtraídos de seus titulares ou detentores; nesses casos, sendo produto de crime antecedente, podem igualmente ser objeto de receptação.

O *objeto material* do crime de receptação há de ser *produto de crime*, isto é, há de ser o resultado, mediato ou imediato, de um fato definido como crime. É irrelevante que tal *produto* haja sido substituído por outro. Embora se reconheça certa controvérsia na doutrina, a verdade é que, perante nosso Código Penal, que se refere apenas a "produto de crime", inegavelmente a coisa *sub-rogada*, representando produto de crime, também pode ser objeto de receptação. A *ilicitude* do produto do crime precedente não desaparece, evidentemente, com a substituição por qualquer outra coisa diretamente obtida com aquele.

Por fim, não são produto de crime os *instrumenta sceleris*. A razão é simples: esses instrumentos *não são produto do crime*; eventual aquisição, ocultação ou recebimento desses poderá configurar o crime de *favorecimento pessoal* (art. 348), se houver a intenção de auxiliar o autor do crime a subtrair-se à ação da autoridade pública.

3. Sujeitos ativo e passivo

Sujeito ativo pode ser qualquer pessoa, independente de qualidade ou condição especial, menos o coautor ou partícipe do *crime anterior* (participar do crime anterior, por exemplo, e a seguir comprar a parte dos demais), que seja pressuposto da receptação. A *receptação* para eventual participante do crime antecedente (coautor ou partícipe) constitui *pós-fato impunível*[4].

O § 1º, porém, com a redação determinada pela Lei n. 9.426/96, tipifica um *crime próprio*, que somente pode ser praticado por *comerciante* ou *industrial*, mesmo que a *atividade comercial* seja irregular ou clandestina.

Excepcionalmente, pode ser sujeito ativo o proprietário da coisa receptada[5], quando, por exemplo, esta for objeto de garantia (v. g., penhor), encontrando-se em poder de terceiro. Afinal, ao contrário do que ocorre nas hipóteses de furto, roubo, dano ou apropriação indébita, onde emprega a locução *coisa alheia*, na descrição do crime de receptação o legislador refere-se apenas a "coisa", sem se preocupar

---

4. Giuseppe Maggiore, *Derecho Penal*, cit., v. 5, p. 194.

5. Nesse sentido veja o exemplo destacado por Damásio de Jesus: "Suponha-se o caso de o sujeito realizar contrato de penhor com terceiro, entregando-lhe como garantia um relógio, que venha a ser furtado. Imagine que o ladrão ofereça o relógio ao credor, que imediatamente percebe ser de sua propriedade. Com a finalidade de frustrar a garantia pignoratícia, o proprietário compra, por baixo preço, o objeto material. Para nós, responde por delito de receptação, tendo em vista que está adquirindo, em proveito próprio, coisa que sabe ser produto de furto (art. 180, *caput*, 1ª parte)" (*Direito Penal*, cit., v. 2, p. 484).

com sua titularidade. Nesse particular, a doutrina dominante não tem admitido que o proprietário da coisa receptada possa eventualmente figurar como sujeito ativo do crime de receptação.

Sujeito passivo será sempre o sujeito passivo do crime de que proveio a coisa, bem ou objeto da receptação; em outros termos, o sujeito passivo do crime de receptação é o mesmo sujeito passivo do crime anterior.

4. Tipo objetivo: adequação típica: receptação simples

A despeito de a receptação estar topograficamente situada no Título que trata dos *crimes patrimoniais*, não é necessário que o *crime precedente* seja contra o patrimônio. Contudo, em razão do *bem jurídico* (patrimônio) que esse tipo penal tutela, é indispensável que o pressuposto dele (crime anterior) proporcione ao sujeito passivo vantagem econômica, que a receptação se encarrega de garantir ou assegurar.

Receptação é o crime que produz a *manutenção, consolidação ou perpetuidade* de uma situação patrimonial anormal, decorrente de crime anterior praticado por outrem[6].

O Código Penal de 1940 disciplina duas modalidades de *receptação dolosa* e uma *culposa*: a) a *receptação própria* consiste em *adquirir* (aquisição gratuita ou onerosa), *receber* (a qualquer título) ou *ocultar* (esconder), em proveito próprio ou alheio coisa que *sabe ser produto do crime;* b) na *receptação imprópria* (mediação para a receptação) a ação incriminada é *influir* (incentivar, estimular, aliciar, convencer) para que terceiro, de boa-fé, a adquira, receba ou oculte. É indispensável que o terceiro esteja de boa-fé, caso contrário será igualmente autor da receptação. O *terceiro de boa-fé* não comete crime. Distinguiu, ainda, o legislador de 1940, para dispensar-lhe um tratamento mais brando, a *receptação culposa*, que considerou uma espécie do gênero *receptare*.

A *receptação própria* apresenta, segundo a versão original do Código Penal de 1940, as seguintes condutas: *adquirir, receber ou ocultar* (as inovações — *transportar* e *conduzir* — serão examinadas em tópico separado). Todas elas (incluindo as novidades) direcionam-se para um objeto determinado pelo próprio tipo penal; não para um objeto qualquer, mas um objeto que deve apresentar uma característica peculiar, que é o fato de tratar-se de *coisa produto de crime*. Essa procedência criminosa do objeto da receptação define sua natureza acessória, dependente, *parasitária* de outro crime, na linguagem de Hungria.

A primeira conduta incriminada está representada pelo verbo "adquirir", que pode significar compra, permuta, troca, dação em pagamento, recebimento de herança. Como destacava Magalhães Noronha[7], verifica-se o crime mesmo *que o título não seja injusto*. Por exemplo, o herdeiro que, sabendo da origem criminosa da coisa, a adquire por sucessão; o credor que, para receber, aceita a coisa que sabe

6. Nélson Hungria, *Comentários ao Código Penal*, cit., v. 7, p. 302.
7. Magalhães Noronha, *Direito Penal*, cit., v. 2, p. 514.

ser produto de crime etc. Aquisição é a obtenção da coisa a título de domínio, em definitivo. Somente se aperfeiçoa com a efetiva tradição da coisa. Antes da *traditio* pode existir tentativa de receptação.

Na *aquisição onerosa* é indiferente que o preço pago seja vil ou justo. O preço vil, embora seja indício legal da receptação culposa, é irrelevante na receptação dolosa. A normalidade ou justeza do preço, por si só, não afasta a possibilidade da receptação dolosa, que, como veremos, repousa em outros fundamentos.

A segunda figura tipificada está representada pelo verbo *receber*, que tem sentido mais abrangente; pode significar *aceitar* o que lhe é oferecido ou entregue; *recolher* o que lhe é devido, *entrar na posse* da coisa que lhe é entregue etc. Na versão de Hungria, *recebimento* é a tomada de posse da coisa entregue a qualquer outro título que não seja o de propriedade. Hungria[8] exemplificava com "receber a coisa em depósito ou para guardá-la, ou em penhor, ou para usá-la, conservá-la, consumi-la". Nesse exemplo de Hungria constata-se que já está abrangido o "utilizar de qualquer modo", bem como *a novidade* da receptação qualificada, "ter em depósito".

Transportar, que também significa *conduzir* (que é sinônimo da próxima conduta), consiste em deslocar o objeto da receptação (produto de crime) de um lugar para outro, não necessariamente para o receptador, pois pode estar sendo desviado para algum intermediário etc. (essa conduta amplia exageradamente para alcançar o simples motorista do veículo que efetua o transporte do objeto receptado). *Transportar* significa ainda carregar, levar ou *conduzir* a coisa receptada de um lugar para outro.

Conduzir, que também significa *transportar* (que é a conduta tipificada anterior, também amplia a criminalização, atingindo o *condutor do veículo* que apenas efetua o transporte, por isso, essas duas condutas — transportar e conduzir — devem ser analisadas, casuisticamente, com extremo cuidado, para não penalizar indevidamente um mero funcionário que, por vezes, desconhece o significado do que está fazendo a mando de alguém), é levar de um lugar para outro, carregar, "transportar", mas também pode significar dirigir, manobrar, manejar ou guiar um veículo automotor. *Conduzir* significa ainda carregar, levar ou *transportar* a coisa receptada de um lugar para outro.

E a quinta figura é constituída pelo verbo *ocultar* que, ontologicamente, expressa a ideia de esconder fraudulentamente alguma coisa de alguém. Somente se oculta algo que deveria ser público ou do conhecimento geral. *Ocultar* é dissimular a posse ou detenção da coisa de origem criminosa, escondendo-a; é colocar o objeto da receptação em local onde seja difícil encontrá-lo ou localizá-lo. Tinha razão Hungria, referindo-se à receptação tradicional, em rechaçar o entendimento de que na *ocultação* estaria implícita a aquisição ou recebimento da coisa, que, naturalmente, precederiam aquela. O seguinte exemplo de Hungria[9] deixa esse aspecto muito claro:

---

8. Nélson Hungria, *Comentários ao Código Penal*, cit., v. 7, p. 304.
9. Nélson Hungria, *Comentários ao Código Penal*, cit., v. 7, p. 304.

"Quem apreende, por exemplo, a coisa abandonada pelo ladrão para acobertar-se de suspeitas, e a *oculta*, para posteriormente entregá-la, mediante recompensa, é, incontestavelmente, *receptador*, e, no entanto, não se pode dizer que tenha adquirido a coisa". Esse entendimento de Hungria aplica-se também na *receptação de semovente domesticável*, guardadas suas próprias peculiaridades, logicamente.

Por fim, a denominada *receptação imprópria*, descrita na segunda parte do *caput*, está vazada nos seguintes termos: *ou influir para que terceiro, de boa-fé, a adquira, receba ou oculte*.

Para Magalhães Noronha[10], o agente se conduz como *mediador*, pois o agente não executa as ações incriminadas: *apenas estimula* o terceiro de boa-fé a praticá-las. Em sentido contrário posiciona-se Paulo José da Costa Jr.[11], sustentando que, ao *influir* que terceiro de boa-fé fique com a coisa produto de crime, não age como mediador, mas como *autor intelectual* do crime, que se aperfeiçoa mesmo que sua sugestão não seja aceita.

A solução a esse impasse é facilmente encontrada com a resposta à seguinte questão: afinal, qual é a conduta típica imputada ao sujeito ativo da receptação imprópria? Resposta óbvia: *influir*! Ora, sendo essa a conduta incriminada, evidentemente a razão está com Paulo José da Costa Jr.: quem influi nos termos tipificados não é simples mediador da ação criminosa, mas verdadeiro e único autor da receptação imprópria, até porque, o terceiro induzido a erro deve estar de boa-fé, caso contrário será coautor da receptação.

Na *receptação imprópria*, a conduta de *influir*, que teoricamente representaria mera atividade de partícipe, nesse tipo de crime constitui o núcleo do tipo penal. Assim, quem *influir* para que o terceiro de boa-fé pratique qualquer das ações elencadas no dispositivo legal não será *partícipe*, mas autor do crime de receptação, e o terceiro de boa-fé não pratica crime algum. Não se pode esquecer que o partícipe não executa a conduta descrita no preceito primário da norma penal — no caso, *influir* —, mas realiza uma *atividade secundária*, que contribui, estimula ou favorece a execução da conduta proibida[12].

A receptação é crime estritamente comissivo, sendo impossível praticá-lo mediante omissão, salvo a figura representada pelo verbo-núcleo "ocultar". Quem não revela onde se encontra o produto de crime do qual não participou não comete crime algum, a não ser que tenha o *dever jurídico* de fazê-lo (art. 13, § 2º).

Convém, finalmente, destacar a *omissão do legislador* de 1996 relativamente à *receptação imprópria*, contida na parte final do *caput* do art. 180. Na verdade, o legislador *olvidou-se* de acrescentar à figura da *receptação imprópria* — representada pelo verbo "influir" — as condutas de "transportar" e de "conduzir", as mesmas que foram introduzidas na figura da *receptação própria* pela Lei n. 9.426/96.

10. Magalhães Noronha, *Direito Penal*, cit., v. 2, p. 515.

11. Paulo José da Costa Jr., *Comentários ao Código Penal*, cit., p. 610.

12. Cezar Roberto Bitencourt, *Tratado de Direito Penal — Parte Geral*, cit., v. 1, p. 574.

Assim, por exemplo, se alguém *influir* para que terceiro de boa-fé *transporte* ou *conduza* coisa que *sabe ser produto de crime*, praticará uma conduta penalmente irrelevante. Essa é apenas uma das tantas incoerências do legislador de reformas pontuais do Código Penal, que está sofrendo paulatina destruição em sua consistência sistemática.

A receptação descrita no *caput* apresenta a *curiosidade* de ser um tipo misto *alternativo* e, ao mesmo tempo, *cumulativo*. Com efeito, se o agente praticar cumulativamente as condutas de adquirir, receber, transportar, conduzir ou ocultar coisa produto de crime, praticará um único crime, ocorrendo o mesmo se *influir* para que terceiro de boa-fé adquira, receba ou oculte coisa proveniente de crime. Trata-se de *crimes de ação múltipla* ou *de conteúdo variado*. No entanto, se o agente praticar as duas espécies de receptação — *própria* e *imprópria* —, ou seja, primeiro adquirir coisa que sabe ser produto de crime e depois influenciar para que terceiro de boa-fé faça o mesmo, *cometerá dois crimes*; nessas modalidades, estamos diante de *tipos mistos cumulativos*, e não alternativos, como nas circunstâncias antes relacionadas.

4.1 *Novas figuras da Lei n. 9.426/96: receptação ou favorecimento*

Não se trata de profunda modificação conceitual, mas de simples ampliação de sua abrangência, incluindo no *caput*, ao lado das condutas tradicionais — adquirir, receber, ocultar e influir —, novos núcleos típicos, que, em si mesmos, não apresentam nenhum conteúdo lesivo: *transportar* e *conduzir*.

Como "presente de Natal" — dezembro de 1996 —, o legislador brasileiro incluiu no *caput* do art. 180 do CP mais duas condutas de "receptar": *transportar* ou *conduzir*, além das novidades incluídas nos §§ 1º e 2º, desfigurando a *natureza jurídica* e histórica da receptação. Dificilmente *transportar* e *conduzir* poderão assumir a conotação sugerida pela definição de receptação de acarretar a *manutenção*, *consolidação* ou *perpetuidade* de uma situação patrimonial anormal, ou simplesmente do *proveito econômico* decorrente de crime anterior praticado por outrem.

O Código Penal de 1940 fez a distinção entre *favorecimento* e *receptação*: classificou o primeiro como crime contra a administração da justiça e a segunda entre os crimes contra o patrimônio. O *animus lucrandi* é que distingue a *receptação* do *favorecimento*.

Em verdade, a distinção entre *receptação* e *crime de favorecimento* data do início do século XIX, no mesmo período em que se difundiu a autonomia da receptação em relação ao crime precedente. A *receptação pessoal* recebeu a qualificação de *favorecimento*, e à receptação real atribuiu-se o *nomen juris* de receptação[13].

As condutas de "transportar" ou "conduzir", *enxertadas* pela Lei n. 9.426/96, não implicam, em regra, aquele *animus lucrandi* próprio da receptação, constituin-

---

13. Lembrava Nélson Hungria que o Código Penal francês de 1810 manteve-se fiel ao sistema anterior, assim como os Códigos Penais português e espanhol, que se mantiveram em vigor até quase o final do século XX. Os Códigos brasileiros de 1830 e de 1890 também mantiveram essa orientação (*Comentários ao Código Penal*, cit., v. 7, p. 301 e 302).

do verdadeira *anomalia tipológica* no direito pátrio, simples amostra da criminosa retalhação do Código Penal a que se está procedendo com a inflação diária, desordenada e descriteriosa de leis esparsas, chamada de "reformas pontuais". Essa nossa crítica à nova estrutura do crime de receptação não logrou unanimidade perante os especialistas, como se pode constatar da seguinte observação: "... a simples introdução de condutas novas, aliás típicas do comércio clandestino de automóveis, não tem o condão de romper o objetivo do legislador de qualificar a receptação, alterando as penas mínima e máxima que saltaram da faixa de 1 a 4 anos para 3 a 8 anos"[14]. No entanto, reforçando nossa visão crítica, destacamos o magistério de Regis Prado, que, referindo-se à receptação qualificada, assevera: "Não se pode olvidar que a referida norma foi estruturada num manifesto erro técnico de composição típica, já que o legislador inseriu no § 1º do art. 180 um tipo penal independente, sem atrelagem ao tipo fundamental"[15].

4.2 *Receptação de receptação: possibilidade*

É admissível *receptação de receptação*, ou seja, a mesma coisa pode ser objeto material de sucessivas receptações. Tanto é produto de crime o resultado do crime originário como aquele que provém de intercorrente receptação. No entanto, se na cadeia criminosa houver aquisição ou recebimento por *terceiro de boa-fé*, estará configurada uma solução da continuidade do *status* ilícito criado pelo crime originário. Essa *anormalidade jurídica* somente seria mantida por meio de intercorrentes aquisições de má-fé. Assim, quem adquire *coisa* que fora recebida ou adquirida por terceiro de boa-fé não pratica crime de receptação, mesmo que *saiba* que a coisa provém de crime. Esse já era o entendimento esposado por Maggiore, segundo o qual "não há crime no caso de quem adquiria as coisas delituosas de um possuidor de boa-fé já que estas coisas em consequência da posse de boa-fé perderam a qualidade de delituosas"[16].

Nem sempre, contudo, a aquisição, recebimento ou ocultação de produto de crime constitui receptação, podendo, conforme as circunstâncias, tipificar outra infração penal. Quem adquire ou recebe, para guardar, por exemplo, *moeda falsa*, não pratica receptação, mas o crime do art. 289, § 1º, do CP; quando o faz para tornar seguro o produto do crime, em auxílio a outrem, incorre em *favorecimento real* (art. 349).

A aquisição ou recebimento de coisas *produto de vários crimes* caracteriza apenas uma receptação, desde que, logicamente, sejam adquiridas em uma única oportunidade, isto é, por meio de uma única ação.

---

14. Guilherme de Souza Nucci, *Código Penal comentado*, cit., p. 601.
15. Luiz Regis Prado, *Curso de Direito Penal brasileiro*, cit., v. 2, p. 602 e 603.
16. Giuseppe Maggiore, *Derecho Penal*, cit., v. 5, p. 1067.

5. Significado dogmático das elementares: "sabe" e "deve saber"

O legislador brasileiro contemporâneo, ao definir as condutas típicas, continua utilizando as mesmas técnicas que eram adotadas na primeira metade do século XX, ignorando a extraordinária evolução da teoria geral do delito. Continua utilizando expressões como "sabe" ou "deve saber", que, outrora, eram adotadas para identificar a natureza ou espécie de dolo. A adoção dessa técnica superada constitui demonstração evidente do desconhecimento do atual estágio da evolução do dolo e da culpabilidade. Ignora nosso legislador que a *consciência da ilicitude* não é mais elemento do dolo, mas da culpabilidade, e que tal *consciência*, por construção dogmática, não precisa mais ser atual, bastando que seja *potencial*, independente de determinação legal. A *atualidade* ou simples possibilidade de consciência da ilicitude servirá apenas para definir o grau de censura, a ser analisado na dosagem de pena, sem qualquer influência na configuração da infração penal.

Essa técnica de utilizar em alguns tipos penais as expressões "sabe" ou "deve saber" se justificava, no passado, quando a *consciência da ilicitude* era considerada, pelos *causalistas*, elemento constitutivo do dolo, a exemplo do *dolus malus* dos romanos, um *dolo normativo*. No entanto, essa construção está completamente superada, como superada está a utilização das expressões "sabe" e "deve saber" para distinguir a natureza ou espécie do dolo, diante da consagração definitiva da *teoria normativa pura da culpabilidade*, a qual retirou o dolo da culpabilidade, colocando-o no tipo, extraindo daquele a consciência da ilicitude e situando-a na culpabilidade, que passa a ser puramente normativa.

Para esclarecermos nossa crítica à equivocada utilização das expressões "sabe" e "deve saber" na construção dos tipos penais, precisamos fazer uma pequena digressão sobre a evolução da teoria do delito, particularmente em relação ao dolo e à culpabilidade. Com efeito, a *teoria do delito* encontra no finalismo um dos mais importantes pontos de sua evolução. Uma das mais caras contribuições da teoria finalista, que fora iniciada pelo *normativismo neokantiano*, foi a extração da culpabilidade de todos aqueles elementos subjetivos que a integravam até então, dando origem, assim, a uma concepção normativa "pura" da culpabilidade, a primeira construção verdadeiramente normativa, no dizer de Maurach.

Como se sabe, o finalismo desloca o dolo e a culpa para o injusto, retirando-os de sua tradicional localização, a culpabilidade, com o que a *finalidade* é levada ao centro do injusto. Como consequência, na culpabilidade concentram-se somente aquelas circunstâncias que condicionam a reprovabilidade da conduta contrária ao direito, e o objeto da reprovação repousa no próprio injusto[17].

---

17. Mir Puig, *Derecho Penal*, cit., p. 470.

O conteúdo da *culpabilidade finalista* (normativa pura) exibe substanciais diferenças em relação ao modelo *normativo neokantiano*, que manteve dolo e culpa como seus elementos. Diga-se mais uma vez que, enquanto na concepção causalista o dolo e a culpa eram partes integrantes da culpabilidade, no finalismo passam a ser elementos, não desta, mas do injusto. Também na corrente finalista inclui-se o conhecimento da proibição na culpabilidade, de modo que o dolo é entendido somente como *dolo natural* (puramente psicológico), e não como no causalismo, que era considerado o *dolus malus* dos romanos, constituído de vontade, previsão e conhecimento da realização de uma conduta proibida[18].

5.1 *Síntese dos postulados fundamentais das teorias do dolo e da culpabilidade*

Para melhor compreendermos a estrutura do *dolo* e da *culpabilidade* e, particularmente, a desintegração e reestruturação de ambos, faz-se necessário, pelo menos, passar uma vista d'olhos na evolução das teorias do dolo e da culpabilidade.

A *teoria extremada do dolo*, a mais antiga, situa o *dolo* na culpabilidade e a consciência da ilicitude, que deve ser atual, no próprio dolo. Defende a existência de um dolo normativo, constituído de vontade, previsão e conhecimento da realização de uma conduta proibida (consciência atual da ilicitude). Por isso, para essa teoria, o erro jurídico-penal, independentemente de ser erro de tipo ou erro de proibição, exclui sempre o dolo, quando inevitável, por anular ou o elemento normativo (consciência da ilicitude) ou o elemento intelectual (previsão) do dolo. Equipara, assim, as duas espécies de erro quanto a seus efeitos[19].

A locução "deve saber", se for considerada como indicativa de dolo — direto ou indireto —, revive, de certa forma, a superada *teoria limitada do dolo*, com sua "cegueira jurídica", sugerida por Mezger, ao recriar uma espécie de "dolo presumido". Na verdade, para relembrar, a *teoria limitada do dolo* foi apresentada como um aperfeiçoamento da *teoria extremada*, e, procurando evitar as lacunas de punibilidade que esta possibilitava, equiparou ao "conhecimento atual da ilicitude" a "cegueira jurídica" ou "inimizade ao direito".

Segundo Welzel[20], o aperfeiçoamento da teoria extremada do dolo foi buscado, sem sucesso, de duas formas: criando, de um lado, um tipo auxiliar de "culpa jurídica", pela falta de informação jurídica do autor, e, de outro lado, pela relevância da "cegueira jurídica" ou "inimizade ao direito", adotadas pelo Projeto de Código

---

18. Manuel Vidaurri Aréchiga, *La culpabilidad en la doctrina jurídicopenal española* (tese de doutorado, inédita), Universidad de Sevilla, p. 116.

19. Muñoz Conde, *El error en Derecho*, Valencia, Tirant lo Blanch, 1989, p. 26 e 31. Para maior aprofundamento das teorias do dolo e da culpabilidade, ver Francisco de Assis Toledo, Teorias do dolo e teorias da culpabilidade, *RT*, v. 566, 1982; Jorge de Figueiredo Dias, *O problema da consciência da ilicitude em Direito Penal*, 3. ed., Coimbra, Coimbra Ed., 1987, p. 150.

20. Hans Welzel, *El nuevo sistema del Derecho Penal — una introducción a la doctrina de la acción finalista*, trad. José Cerezo Mir, Barcelona, Ed. Ariel, p. 106.

Penal de 1936. Para Mezger, há casos em que o autor do crime (normalmente um delinquente habitual) demonstra desprezo ou indiferença tais para com os valores do ordenamento jurídico que, mesmo não se podendo provar o conhecimento da antijuridicidade, deve ser castigado por crime doloso[21].

De certa maneira, ainda que por via transversa, com essa "equiparação" ou "ficção", Mezger substitui, na *teoria limitada do dolo*, o conhecimento atual da ilicitude pelo *conhecimento presumido*, pelo menos nesses casos. Assim, Mezger, seu grande idealizador, introduziu, finalmente, o polêmico elemento denominado *culpabilidade pela condução de vida*, criando, dessa forma, a possibilidade de condenação do agente não por aquilo que ele faz, mas por aquilo que é, dando origem ao combatido *direito penal de autor*.

No entanto, essa proposição de Mezger, de *presumir-se o dolo* quando a ignorância da ilicitude decorresse de "cegueira jurídica" ou de "animosidade com o direito", isto é, de condutas incompatíveis com uma razoável concepção de direito ou de justo, não foi aceita, diante da incerteza de tais conceitos[22]. A mesma sorte merece ter a expressão "deve" ou "deveria saber", que cria uma espécie de "dolo presumido", dissimulador de autêntica *responsabilidade objetiva*, incompatível com a teoria do dolo; deve ela ser endereçada às construções jurídicas que se utilizam de subterfúgios como as expressões antes referidas, por violarem o princípio da culpabilidade.

No entanto, as *teorias do dolo* — extremada e limitada — caíram em desuso, ante a reforma penal alemã da segunda metade do século XX, que aderiu aos princípios fundamentais das *teorias da culpabilidade*. Não se pode perder de vista que a *teoria estrita da culpabilidade* parte da reelaboração dos conceitos de dolo e de culpabilidade. Empreendida pela doutrina finalista, com a qual surgiu, cujos representantes maiores foram Welzel, Maurach e Kaufmann, essa teoria separa o *dolo* da consciência da ilicitude. Assim, o dolo, em seu aspecto puramente psicológico — dolo natural —, é transferido para o injusto, passando a fazer parte do tipo penal. A *consciência da ilicitude* e a exigibilidade de outra conduta passam a fazer parte da culpabilidade, num *puro juízo de valor*. A culpabilidade passa a ser um pressuposto básico do juízo de censura[23].

---

21. Mezger, em edições posteriores, explicou que "a hostilidade ao Direito é equiparável ao dolo em suas consequências jurídicas, e não no seu conceito", como entenderam alguns (Edmund Mezger, *Derecho Penal*; Parte General, México, Cardenas Editor y Distribuidor, 1985, p. 251).

22. Mezger fez essa sugestão em 1952, segundo Juan Córdoba Roda, *El conocimiento de la antijuricidad en la teoría del delito*, p. 62.

23. Cezar Roberto Bitencourt, *Tratado de Direito Penal*, cit., v. 1, p. 580. "A teoria limitada da culpabilidade tem muitos pontos em comum com a teoria extremada da culpabilidade. Ambas situam o dolo no tipo e a consciência da ilicitude na culpabilidade; adotam o erro de tipo como excludente do dolo, e admitem, quando for o caso, o crime culposo; defendem o erro de proibição inevitável como causa de exclusão da culpabilidade, sem possibilidade de punição a qualquer título (dolo ou culpa).

Dolo e *consciência da ilicitude* são, portanto, para a teoria da culpabilidade, conceitos completamente distintos e com diferentes funções dogmáticas. Como afirma Muñoz Conde[24], "o conhecimento da antijuridicidade, tendo natureza distinta do dolo, não requer o mesmo grau de consciência; o conhecimento da antijuridicidade não precisa ser atual, pode ser simplesmente potencial...".

5.2 *Sentido e função das elementares "sabe" e "deve saber" na definição do crime de receptação*

Dolo é o conhecimento e a vontade da realização do tipo penal. Todo dolo tem um aspecto intelectivo e um aspecto volitivo. O aspecto intelectivo abrange o conhecimento atual de todas as circunstâncias objetivas que constituem o tipo penal[25]. Para a configuração do dolo, exige-se a *consciência* daquilo que se pretende praticar. Essa consciência, no entanto, deve ser atual, isto é, deve estar presente no momento da ação, quando ela está sendo realizada. É insuficiente, segundo Welzel, a *potencial consciência* das circunstâncias objetivas do tipo, uma vez que prescindir da consciência atual equivale a destruir a linha divisória entre dolo e culpa, convertendo aquele em mera ficção[26].

A *previsão*, isto é, a representação ou consciência, deve abranger correta e completamente todos os elementos essenciais do tipo, sejam eles descritivos ou normativos. Mas essa *previsão* constitui somente a consciência dos elementos integradores do tipo penal, ficando fora dela a *consciência da ilicitude*, que, como já afirmamos, está deslocada para o interior da culpabilidade[27].

É desnecessário o *conhecimento da proibição da conduta*, sendo suficiente o conhecimento das circunstâncias de fato necessárias à composição do tipo. A Lei n. 9.426/96, ao disciplinar o *crime de receptação*, utilizou as expressões "'sabe' ser produto de crime" (*caput*) e "'deve' saber ser produto de crime" (§ 1º do mesmo dispositivo). A *velha doutrina*, ao analisar as expressões "sabe" e "deve saber", via em ambas a identificação do elemento subjetivo da conduta punível: o *dolo direto* era identificado pela elementar "sabe" e o *dolo eventual* pela elementar "deve saber" (alguns autores identificavam, nesse caso, a culpa)[28]. Aliás, foi provavelmente com esse sentido que se voltou a utilizar essas expressões, já superadas, na Lei n. 9.426/96.

---

24. Muñoz Conde, *El error en Derecho*, p. 33. Para maiores detalhes, veja-se Welzel, *El nuevo sistema de Derecho Penal*, p. 112 e s.
25. Welzel, *Derecho Penal alemán*, cit., p. 96.
26. Idem, ibidem; no mesmo sentido, Gomez Benitez: "O momento cognoscitivo compreende o conhecimento real ou atual (não somente potencial) da realização dos elementos descritivos e normativos do tipo..." (*Teoria jurídica del delito — Derecho Penal*; Parte General, Madrid, Civitas, 1988, p. 205).
27. Cezar Roberto Bitencourt, *Tratado de Direito Penal — Parte Especial*, cit., v. 2, p. 323.
28. Heleno Cláudio Fragoso, *Lições de Direito Penal*, cit., v. 1; Nélson Hungria, *Comentários ao Código Penal*, 5. ed., 1979, v. 5, p. 405; Damásio de Jesus, *Direito Penal*, cit., v. 2, p. 148, todos analisando o art. 130 do Código Penal.

Na hipótese do "sabe" — afirmavam os doutrinadores —, há plena certeza da origem delituosa da coisa. Nesse caso, não se trata de mera suspeita, que pode oscilar entre a dúvida e a certeza, mas há, na realidade, plena convicção da origem ilícita da coisa receptada. Assim, a suspeita e a dúvida não servem para caracterizar o sentido da elementar "sabe". Logo — concluíam —, trata-se de *dolo direto*.

Na hipótese do "deve saber", a origem ilícita do objeto material, afirmavam, significa somente a possibilidade de tal conhecimento, isto é, a potencial consciência da ilicitude do objeto. Nas circunstâncias, o agente deve saber da origem ilícita da coisa, sendo desnecessária a ciência efetiva: basta a possibilidade de tal conhecimento. Dessa forma, na mesma linha de raciocínio, concluíam, trata-se de *dolo eventual*[29].

No entanto, essa interpretação indicadora do dolo, por meio do "sabe" ou "deve saber", justificava-se quando vigia, incontestavelmente, a *teoria psicológico-normativa da culpabilidade*, que mantinha o dolo como elemento da culpabilidade, situando a *consciência da ilicitude* no próprio dolo. Contudo, a sistemática hoje é outra: a elementar "'sabe' que é produto de crime" significa *ter consciência da origem ilícita* do que está comprando, isto é, ter consciência da ilicitude da conduta (elemento da culpabilidade normativa), e a elementar "deve saber", por sua vez, significa a *possibilidade de ter essa consciência* da ilicitude. Logo, considerando que esse *elemento normativo* — consciência da ilicitude — integra a culpabilidade, encontrando-se, portanto, fora do dolo, somos levados a concluir que as elementares referidas são indicativas de graduação da culpabilidade, e não do dolo, como entendia a velha doutrina.

Em contrapartida, a *consciência do dolo* — seu elemento intelectual —, além de não se limitar a determinadas elementares do tipo, como "sabe" ou "deve saber", não se refere à *ilicitude do fato*, mas a sua configuração típica, devendo abranger todos os elementos objetivos, descritivos e normativos do tipo. Ademais, o conhecimento dos elementos objetivos do tipo, ao contrário da consciência da ilicitude, tem de ser *atual*, sendo insuficiente que seja potencial, sob pena de destruir a linha divisória entre dolo e culpa, como referia Welzel. Em sentido semelhante manifesta-se Muñoz Conde[30], afirmando que: "O conhecimento que exige o dolo é o conhecimento atual, não bastando um meramente potencial. Quer dizer, o sujeito deve saber o que faz, e não haver devido ou podido fazer".

Na verdade, a admissão da elementar "deve saber" como identificadora de *dolo eventual* impede que se demonstre *in concreto* a impossibilidade de ter ou adquirir o conhecimento da origem ilícita do produto receptado, na medida em que tal conhecimento é *presumido*. E essa *presunção legal* outra coisa não é que autên-

29. Damásio de Jesus, em recente artigo publicado no *Boletim do IBCCrim*, n. 52, p. 5-7, mar. 1997.

30. Muñoz Conde e Mercedes García Arán, *Derecho Penal*; Parte General, 2. ed., Valencia, Tirant lo Blanch, 1996, p. 285.

tica responsabilidade objetiva: *presumir o dolo onde este não existe*. No entanto, reconhecendo-se a elementar "deve saber" como indicadora de potencial consciência da ilicitude, isto é, como *elemento integrante da culpabilidade*, poder-se-á demonstrar, quando for o caso, sua inocorrência ou mesmo a *existência de erro de proibição*, permitindo melhor adequação da aplicação da lei.

Com efeito, ante a reelaboração efetuada por Welzel do conceito de consciência de ilicitude, introduzindo-lhe o *dever de informar-se*, flexibilizou-se esse elemento, sendo suficiente a potencial consciência da ilicitude. No entanto, não basta, simplesmente, não ter consciência do injusto para inocentar-se. É preciso indagar se havia possibilidade de adquirir tal consciência e, em havendo essa possibilidade, se ocorreu negligência em não adquiri-la ou falta ao dever concreto de procurar esclarecer sobre a ilicitude da conduta praticada[31].

A expressão "deve saber", como elementar típica, é pura *presunção*, incompatível com o direito penal da culpabilidade. Precisa-se, enfim, ter sempre presente que não se admitem mais *presunções irracionais*, iníquas e absurdas, pois, a despeito de exigir-se uma consciência profana do injusto, constituída dos conhecimentos hauridos em sociedade, provindos das normas de cultura, dos princípios morais e éticos, não se pode ignorar a hipótese, sempre possível, de não se ter ou não se poder adquirir essa consciência. Com efeito, nem sempre o *dever jurídico* coincide com a lei moral. Não poucas vezes o direito protege situações amorais e até imorais, contrastando com a lei moral, por razões de política criminal, de segurança social etc. Assim, nem sempre é possível estabelecer, *a priori*, seja o crime uma ação imoral[32]. A ação criminosa poder ser, eventualmente, até moralmente louvável (v. g., art. 121, § 1º, do CP). A norma penal, por sua particular força e eficácia, induz os detentores do poder político a avassalar a tutela de certos interesses e finalidades, ainda que contrastante com os interesses gerais do grupo social.

Por derradeiro, constar de texto legal a *atualidade* ou *potencialidade* de consciência do ilícito é erronia intolerável, uma vez que a ciência penal encarregou-se de sua elaboração interpretativa. A constatação de sua atualidade ou mera possibilidade fundamentará a maior ou menor reprovabilidade da conduta proibida, a ser avaliada no momento de aplicação da pena, e jamais como identificadora do dolo no próprio tipo penal.

Concluindo, a previsão, isto é, o *conhecimento*, deve abranger todos os elementos objetivos e normativos da descrição típica. E *esse conhecimento deve ser atual*, real, concreto, e não meramente *presumido*. Agora, a *consciência da ilicitude*, essa sim pode ser potencial, mas será objeto de análise somente no exame da *culpabilidade*, que também é predicado do crime[33].

---

31. Cezar Roberto Bitencourt, *Tratado de Direito Penal — Parte Geral*, cit., v. 1, p. 496; *Teoria geral do delito*, cit., p. 206.
32. Cezar Roberto Bitencourt, *Tratado de Direito Penal — Parte Geral*, cit., v. 1, p. 494; *Teoria geral do delito*, cit., p. 205.
33. Cezar Roberto Bitencourt, *Tratado de Direito Penal — Parte Geral*, cit., v. 1, p. 428; *Teoria geral do delito*, cit., p. 152.

De todo o exposto, conclui-se que as elementares "sabe" e "deve saber" não são — ao contrário que sustentava a antiga doutrina penal brasileira — indicativas da *espécie de dolo* (direto ou eventual), mas configuram tão somente *elementos normativos do tipo*, que estabelecem a graduação da maior ou menor censura da conduta punível. Enfim, ignoramos completamente a existência das elementares "sabe" e "deve saber", para efeito de classificação das *espécies de dolo*, no crime de receptação dolosa, até porque o *dolo eventual* não se compõe da simples *possibilidade de consciência* (deve saber), como sustentava a *teoria da probabilidade*.

O *grau de reprovação* — para concluir — sobre quem age *sem saber*, apenas *podendo saber*, e sobre quem *age efetivamente sabendo*, isto é, *consciente da ilicitude* da sua conduta, não pode ser o mesmo. Manifesta-se Jescheck[34] admitindo uma diferença material entre o *atuar conscientemente* contra o direito e a sua *infração inconsciente*, consequente de erro vencível. Não se pode reprovar quem não sabia, mas apenas *podia saber*, igualmente a quem efetivamente sabia, isto é, a quem tinha a real consciência da ilicitude. Sem dúvida alguma a conduta de quem tinha real consciência da ilicitude é muito mais censurável. E é em virtude dessa *diferença no grau de reprovação* que, embora punindo-se *quem age com consciência potencial*, deve diminuir a pena aplicável, *proporcionalmente* ao menor juízo de reprovação. Diminui-se a pena aplicável, mas não se afasta a culpabilidade, que, nas circunstâncias, pode ser reconhecidamente diminuída.

6. Consumação e tentativa

A *receptação própria* (1ª figura) é crime material e consuma-se com a efetiva tradição da coisa proveniente de crime.

Na *receptação própria* é perfeitamente admissível a *tentativa*, considerando-se tratar-se de *crime material*; por conseguinte, admite o fracionamento de sua fase executória. Deve-se destacar que o simples acordo entre o ladrão e o futuro receptador não constitui tentativa. Contudo, se esse acordo for celebrado antes da prática do crime anterior, poderá, em princípio, configurar a participação do pretenso receptador, como coautor ou partícipe, dependendo das circunstâncias concretas (art. 29 do CP).

A ação delitiva nas modalidades de *transportar*, *conduzir* e *ocultar* configura *crime permanente*, cuja consumação se protrai no tempo, possibilitando a prisão em flagrante, enquanto perdurar a ação. Na *receptação qualificada*, além das mesmas condutas antes referidas, também *ter em depósito* e *expor à venda* constituem crime permanente.

Na *receptação imprópria* (2ª figura), o crime é formal, consumando-se com a *influência* exercida pelo sujeito ativo, embora parte da jurisprudência entenda necessária a realização da conduta típica pelo induzido. Na verdade, ao descrever essa

---

34. Jescheck, *Tratado de Derecho Penal*, cit., p. 628. Jescheck cita, na nota n. 19, Binding, o criador da teoria do dolo, que admitia a distinção "entre a oposição consciente ao Direito e à lei moral e a desatenção inconsciente daquele ou desta".

espécie de receptação, o Código Penal não exige que o terceiro de boa-fé acabe praticando a conduta a que o autor pretendeu induzi-lo. Assim, consuma-se a receptação imprópria com a simples influência exercida por aquele. Questão que merece cuidado é, contudo, o exame da idoneidade e eficácia do ato praticado para influenciar terceiro para adquirir, receber ou ocultar o produto de crime.

A *tentativa*, diante da natureza formal dessa espécie de receptação, é, teoricamente, inadmissível.

7. Classificação doutrinária

Trata-se de *crime comum*, na receptação própria, já que não exige qualquer qualificação ou condição especial do sujeito ativo; *doloso*, tanto na receptação simples quanto na qualificada; *culposo*, com características peculiares, descrito no § 3º; *material* (receptação própria), por se tratar de crime que deixa vestígios; *formal* (receptação imprópria), sendo desnecessária a produção do resultado; *comissivo*: as condutas implicam ações ativas; *omissivo*, na modalidade de "ocultar"; *instantâneo*, que se esgota com a ocorrência do resultado; *permanente,* nas formas de "transportar, conduzir, ocultar, ter em depósito e expor à venda", cuja execução se alonga no tempo; *unissubjetivo*, podendo ser praticado por um agente individualmente; *plurissubsistente*: na maioria das condutas dolosas, vários atos compõem a conduta punível.

8. Receptação qualificada: tipo autônomo ou derivado

A Lei n. 9.426/96 deu nova redação ao § 1º do art. 180, substituindo a *receptação culposa* por uma figura que recebeu a denominação de *receptação qualificada.*

A simples inclusão no *caput* dos verbos "transportar" e "conduzir", por si só, já desnaturou completamente o crime de *receptação*, que tem o sentido de *receptar*, isto é, adquirir, receber ou ocultar coisa de procedência criminosa (*Dicionário Aurélio*). O paradoxo se completa com a inclusão dos dois primeiros parágrafos, que estariam mais bem situados em um tipo penal autônomo, pois, como assevera Alberto Silva Franco, *força é convir que o tipo, tal como foi estruturado, expressa uma péssima qualidade técnica de composição típica*[35].

Essas inovações, inclusive no plano de técnica legislativa, estimularam o *questionamento* quanto à denominação "receptação qualificada". Na lição de Damásio de Jesus, "a Lei 42/99 atribuiu ao parágrafo a denominação 'receptação qualificada'. Ocorre que o dispositivo contém uma norma de ampliação. Além disso, o crime de receptação, mesmo com a nova redação, não possui nenhum tipo qualificado. E o § 1º, a que se refere o § 2º, não define figura típica qualificada. Trata-se de uma figura penal independente: contém verbos que não estão previstos no *caput*, repete outros e exige elementos subjetivos do tipo"[36]. Seguindo a mesma orientação

35. Alberto Silva Franco, *Código Penal e sua interpretação jurisprudencial*; Parte Especial, 7. ed., São Paulo, Revista dos Tribunais, 2001, v. 2, p. 2967.
36. Damásio de Jesus, *Código Penal anotado*, 11. ed., São Paulo, Saraiva, 2001, p. 673.

manifestou-se Alberto Silva Franco, para quem, "antes de mais nada, não se compreende que se denomine 'receptação qualificada', não uma figura criminosa derivada de um tipo básico mas, sim, um tipo com plena autonomia conceitual"[37].

A *qualificadora* constitui verdadeiro tipo penal — tipo derivado —, com novos limites, mínimo e máximo, mais elevados, dentro dos quais será calculada a pena-base. A qualificadora acrescenta elementos acidentais que alteram o tipo fundamental, com o fim de justificar a elevação da pena nele cominada. Essa, pode-se afirmar, é a construção tipológica tradicional do nosso sistema jurídico. Contudo, isso não quer dizer que a falta de técnica legislativa, com a inclusão de algumas condutas inexistentes no tipo fundamental e a inclusão de elementos normativos e subjetivos, seja suficiente para desnaturar conceitualmente a figura qualificada da receptação, assim denominada pelo legislador e topologicamente situada em parágrafo do artigo definidor do tipo básico, que, a nosso juízo, é suficiente para identificá-las. Socorre-nos Guilherme Nucci, que conclui: "Portanto, a simples introdução de condutas novas, aliás típicas do comércio clandestino de automóveis, não tem o condão de romper o objetivo do legislador de qualificar a receptação, alterando as penas mínima e máxima que saltaram da faixa de 1 a 4 anos para 3 a 8 anos"[38].

Não se pode negar, enfim, que na tipificação da receptação qualificada estão presentes circunstâncias especiais e acidentais — *crime próprio*; elemento normativo — *no exercício de atividade comercial ou industrial*; além dos verbos-núcleo especiais, que justificam a elevação da censura penal.

Finalmente, há outros aspectos relativos à receptação qualificada que demandam maior reflexão, especialmente a hipótese de violação do *princípio da proporcionalidade*.

8.1 *Adequação típica: receptação qualificada*

A receptação qualificada é *crime próprio*, exigindo do sujeito ativo uma *qualidade especial*, qual seja, tratar-se de comerciante ou industrial, que deve praticá-lo no exercício de seu mister profissional, mesmo que irregular ou clandestino. Essa exigência legal não apenas reconhece a maior desvalia da ação executada pelo agente como afasta a possibilidade de o cidadão comum, isto é, sem a qualificação especial mencionada, responder diretamente por essa espécie de infração penal. Na verdade, esse somente poderá ser alcançado por meio do concurso eventual de pessoas.

Na elaboração desse tipo penal, mais uma vez o legislador voltou a exceder-se ao elencar as condutas nucleares, representadas por doze verbos, mesmo tratando-se de um tipo misto alternativo, isto é, de conteúdo variado. Os verbos nucleares são os seguintes: "adquirir, receber, transportar, conduzir, ocultar, ter em depósito, desmontar, montar, remontar, vender, expor à venda e utilizar".

---

37. Alberto Silva Franco, *Código Penal e sua interpretação jurisprudencial*, cit., v. 2, p. 2967.

38. Guilherme de Souza Nucci, *Código Penal comentado*, cit., p. 601.

De modo geral, as condutas relacionadas no dispositivo em exame não trazem em seu bojo aquela *força lesiva* típica dos crimes mais graves do Código Penal (matar, extorquir, sequestrar, constranger etc.). Essas condutas podem inserir-se naquelas que Florian[39] denominava "moralmente inocentes". Por isso, somente com o complemento de elementos normativos e subjetivos poderão tornar-se penalmente relevantes. Essa complementação, que está contida no texto legal, é a "coisa... produto de crime". No entanto, muitas vezes a descrição objetiva da conduta proibida necessita não apenas de *elementos normativos*, como reconhecera Mayer[40], mas também de *elementos subjetivos*, que representam estados anímicos orientadores da conduta executada pelo agente. Por isso, qualquer das condutas descritas praticadas pelo sujeito ativo devem, necessariamente, ter como objetivo a obtenção de proveito, para si ou para outrem; em outros termos, o agente deve agir com *animus lucrandi*.

Quanto ao sentido e ao conteúdo das locuções "sabe" e "deve saber", que para nós são *elementos normativos*, receberam nossas considerações em outro tópico, e, como o próprio Damásio de Jesus reconhece, "esses elementos típicos não estão situados no plano da vontade, pertencendo ao intelecto. Nada têm que ver, pois, com o dolo, seja direto ou eventual, ou com a culpa"[41].

As condutas representadas pelos verbos contidos no *caput* foram examinadas em sede própria, para onde remetemos o leitor, evitando sua repetição.

Ter em depósito significa receber produto de crime, retendo-o e conservando-o, em proveito próprio ou de terceiro. Esse *depósito*, recebido por comerciante ou industrial, pode ser gratuito ou oneroso. Essa modalidade de conduta, de duvidosa técnica legislativa enquanto definidora de ação humana, afasta possível discussão sobre como a coisa produto de crime veio parar nas mãos do sujeito ativo, isto é, se houve aquisição, recebimento ou "qualquer outra forma" de utilização. Por outro lado, se facilita a repressão estatal, dificulta sobremodo a defesa do imputado, na medida em que *inverte o ônus da prova*, tendo de demonstrar que, a despeito de tal produto encontrar-se em suas dependências, desconhecia sua origem ilícita, não autorizou nem tomou parte na ação de depositar e até que não sabia da existência de tal depósito. Enfim, trata-se de uma figura que, ademais de constituir crime permanente, consagra indisfarçável responsabilidade objetiva.

Desmontar significa desarmar determinado mecanismo, invenção, veículo, computador ou qualquer outro *aparato*, separando-lhe as respectivas peças, total ou parcialmente. A *desmontagem* configura-se sem necessidade de tornar o objeto desmontado inútil a sua finalidade original. A *desmontagem* não implica, necessariamente, o ato de ter *em depósito*, isto é, aquela pode ocorrer sem a existência deste, que, se existir, não alterará a configuração típica, que continua sendo crime

39. Eugenio Florian, *Trattato di Diritto Penale*, Milano, 1910, v. 1, p. 308.

40. Luis Jiménez de Asúa, *Principios de Derecho Penal — la ley y el delito*, Buenos Aires, Abeledo-Perrot, 1990, p. 238.

41. Damásio de Jesus, *Direito Penal*, cit., v. 2, p. 488.

único (conteúdo variado). O óbvio ululante nos ensina que somente pode ser *desmontado* algo que tenha sido *montado*, e que tais operações se inserem em uma regra natural inversa da ordem em que aparecem no tipo penal, ou seja, montar, desmontar e, finalmente, remontar; essa, enfim, é a ordem natural das coisas: montar, desmontar e remontar.

Montar significa encaixar ou arrumar determinados *componentes*, cada qual em sua posição funcional, cujo somatório representará outro objeto, artefato ou instrumento resultante do conjunto harmonioso de peças previamente elaboradas normalmente para essa finalidade. Como o *objeto material* da receptação, em qualquer de suas espécies, deve, necessariamente, ser *produto de crime*, fica-se a imaginar aquele exemplo tradicional do *furto continuado*, em que o nubente, pretendendo casar-se e não dispondo dos recursos necessários, vai subtraindo da indústria em que trabalha peças individuais, que, ao final, montadas, garantem-lhe a geladeira de que necessita. As diversas subtrações efetuadas tipificam o conhecido furto continuado. Quem, nas circunstâncias, podendo saber da origem criminosa das peças, *montá-la*, visando proveito próprio ou de terceiro, em princípio praticaria receptação qualificada. É um pouco complicado admitir essa tipificação, especialmente considerando a abismal sanção cominada (3 a 8 anos de reclusão); essa conduta, dependendo do tipo de material produto de crime que é *montado*, está mais para *favorecimento real* (art. 349) do que para receptação qualificada, *venia concessa*. Enfim, a casuística, certamente, permitirá a melhor adequação típica, ficando apenas a lembrança da dificuldade pragmática.

Remontar, pela lógica do vernáculo, não pode seguir imediatamente após o ato de *montar*, especialmente quando se tem a locução *desmontar*, cujo significado acabamos de examinar. Explica-se: como *remontar* é "montar novamente", não pode ser *remontado* o que está *montado*, por isso destacamos a desordem em que esses três verbos estão enunciados. Na verdade, à operação de "montar-desmontar" segue-se a de *remontar*, pelo menos quando o agente pretende *refazer* o que fora desfeito. Perdoe-nos o leitor, mas o excesso de verbos utilizados pelo legislador leva-nos, por vezes, a jogar um pouco com as palavras, como acabamos de fazer.

Vender ou expor à venda: devia ser proibido esse tipo de construção tipológico-penal, pois acaba criando situações ridículas e não apenas inusitadas. 1) *Vender* é alienar algo a alguém por um preço convencionado, trocar, no caso, por dinheiro a *coisa produto de crime*; vender é comerciar, negociar o produto do crime. Vender é transferir a outrem, mediante pagamento, a *coisa* obtida com o crime anterior. 2) *Expor à venda* é colocar em exposição o objeto material (produto de crime) para atrair comprador; é a exibição do *corpus delicti* para ser vendido.

Finalmente, *utilizar* (de qualquer forma) coisa que deve saber ser produto de crime. Essa deve ser a ordem direta do enunciado, para melhor compreendê-lo. *Utilizar* é fazer uso da coisa, empregá-la de qualquer modo. Também nesse particular a redação do texto legal não é das mais felizes quando utiliza, depois de arrolar onze verbos, a expressão genérica "ou de qualquer forma utilizar...". Essa generalização infeliz pode conduzir a equívocos, como ocorre com a interpretação dada por Regis Prado, que, referindo-se à locução, conclui: "denota a necessidade de aplicação de interpretação analógica, de forma que qualquer conduta do comerciante ou do industrial, à similitude daquelas exemplificadamente expostas pelo legislador, que implicar em uso da coisa obtida criminosamente, caracteriza o delito em epígrafe"[42].

Na verdade, a expressão "ou de qualquer forma utilizar" não guarda nenhuma relação de "similitude" com as outras onze condutas elencadas no texto legal, como parece ter interpretado Regis Prado. Na realidade, a locução "de qualquer forma" está se referindo tão somente "ao modo de utilizar" a coisa produto de crime, tratando-se de *crime de forma livre*; isto é, na modalidade de *utilizar*, pode ser praticado de qualquer modo que o agente eleger. Com efeito, a despeito dessa fórmula genérica, é inadmissível a adoção de *analogia* ou mesmo de *interpretação analógica* em matéria repressiva penal. As condutas elencadas, quer no *caput*, quer no § 1º, são taxativas, *numerus clausus*[43], como convém ao *direito penal da culpabilidade*. Reforça nossa orientação o magistério de Silva Franco[44], ao sustentar que admitir que a *referida locução* significa a possibilidade de inclusão, no tipo, de outras ações não consagradas no texto legal corresponde a ofensa manifesta ao princípio da legalidade, sob o enfoque da estrita reserva legal.

8.2 *Receptação simples, receptação qualificada e princípio da proporcionalidade*

As alterações introduzidas pela Lei n. 9.426/96 na definição da *receptação* produziram efeitos além do desejado pelo legislador brasileiro, sendo objeto de profundas divergências conceituais, com indesejáveis consequências prático-jurídicas.

A controvérsia pode ser resumida no seguinte enunciado: no *caput* — definidor de *crime comum* — o tipo penal exige a presença de *dolo direto*, representado pela locução típica "que *sabe* ser produto de crime"; na redação do § 1º — definidor de *crime próprio* — exige-se *dolo eventual*, representado pela locução "que *deve saber* ser produto de crime". Assim, analisando essas duas locuções sob uma ótica superada, que as considera definidoras do dolo, punir-se-ia de forma mais grave (3 a 8 anos de reclusão) a figura mais branda — do § 1º, que só admitiria dolo eventual — em detrimento do crime mais grave — *caput*, que exige dolo direto —, cuja pena se mantém de um a quatro anos de reclusão.

Alguns doutrinadores chegaram ao extremo de sugerir a desconsideração da pena cominada no § 1º, aplicando-se aquela prevista para o *caput* do mesmo artigo.

---

42. Luiz Regis Prado, *Curso de Direito Penal brasileiro*, cit., v. 2, p. 604.

43. Paulo José da Costa Jr., *Comentários ao Código Penal*, 6. ed., São Paulo, Saraiva, 2000, p. 609.

44. Alberto Silva Franco, *Código Penal e sua interpretação jurisprudencial*, cit., v. 2, p. 2967.

Segundo Damásio de Jesus, essa seria a solução "menos pior", *in verbis*: "O preceito secundário do § 1º deve ser desconsiderado, uma vez que ofende os princípios constitucionais da proporcionalidade e da individualização legal da pena. Realmente, nos termos das novas redações, literalmente interpretadas, se o comerciante *devia saber* da proveniência ilícita do objeto material, a pena é de reclusão, de três a oito anos (§ 1º); *se sabia*, só pode subsistir o *caput*, reclusão de um a quatro anos. A imposição de pena maior ao fato de menor gravidade é inconstitucional, desrespeitando os princípios da harmonia e da proporcionalidade"[45].

Essa sugestão de Damásio de Jesus recebeu importantes adesões doutrinárias, embora tenha enfrentado a resistência dos tribunais[46]. No entanto, o sempre indefectível Alberto Silva Franco, com argumentação erudita, chancela o entendimento damasiano nos seguintes termos: "A argumentação de Damásio Evangelista de Jesus, sobre o tema (op. cit., p. 6), é irrespondível: 'se a pena, abstrata ou concreta, de quem 'sabe', é mais censurável do que a do sujeito que 'devia saber', sendo comum no sistema da legislação penal brasileira descrever as duas situações subjetivas no mesmo tipo, não podia a Lei 9.426/96, ferindo o princípio da proporcionalidade, inserir o 'devia saber', de menor censurabilidade, em figura autônoma (§ 1º) com pena de três a oito anos de reclusão, subsistindo o 'sabia, de maior reprovabilidade, no *caput*, com pena de um a quatro anos. A proporcionalidade que indica equilíbrio foi ferida. Não se observou, na palavra de Suzana de Toledo Barros, a ideia de 'relação harmônica entre dois valores' (*O princípio da Proporcionalidade e o controle constitucional das leis restritivas de direitos fundamentais*, Brasília, Brasília Editora, 1996, p. 71). Se a lei nova, fugindo do sistema, desvinculou o 'deve saber' do 'sabe', colocando-os em dois tipos autônomos, a pena abstrata do 'deve saber' não pode ser mais grave do que a do 'sabe'"[47].

Outro segmento doutrinário[48], embora com argumentação e concepção diversas da nossa, não endossa a orientação capitaneada por Damásio de Jesus no sentido de criar *um terceiro tipo penal de receptação*, um misto entre as previsões do *caput* e de seu § 1º: a união do preceito primário previsto no § 1º com a previsão do preceito secundário do *caput*[49]. Sugere-se um tipo penal, diga-se de passagem, não previsto em lei, as condutas descritas em um dispositivo com a aplicação de penas cominadas em outro, para condutas distintas: ilegalidade absurda, já que se trata de tipo penal desconhecido do legislador penal.

Pois bem, assim, está posta a divergência. Constata-se, de plano, que a análise crítica limitou-se à comparação das locuções "sabe" e "deve saber", ignorando

---

45. Damásio de Jesus, *Código Penal anotado*, 9. ed., São Paulo, Saraiva, 1999, p. 637.
46. TACrimSP, 7ª Câm. Crim., Ap. 1.275.895-4, j. 22-11-2001, rel. Des. Luiz Ambra; no mesmo sentido, TJSP, 2ª Câm. Crim., HC 314.358-3, rel. Juiz Silva Pinto, j. 5-6-2000.
47. Alberto Silva Franco, *Código Penal e sua interpretação jurisprudencial*, cit., v. 2, p. 2969.
48. Luiz Regis Prado, *Curso de Direito Penal brasileiro*, cit., v. 2, p. 604 e 605; Guilherme de Souza Nucci, *Código Penal comentado*, cit., p. 604.
49. Damásio de Jesus, *Direito Penal*, cit., v. 2, p. 496.

completamente todos os demais elementos constantes das duas estruturas tipológicas, inclusive a classificação dos dois crimes, sendo um comum (*caput*) e outro próprio (§ 1º); o desvalor das ações e dos resultados tampouco foram objeto de consideração, embora toda a crítica tenha sido centrada no *princípio da proporcionalidade*; as condutas distintas igualmente não foram avaliadas.

Percebe-se, mais uma vez, que o absurdo e, hoje, desnecessário uso das locuções "sabe" e "deve saber" na tipificação de condutas criminosas, como demonstramos no tópico anterior, só serve para dificultar a interpretação e boa aplicação da lei penal. Não houvesse o legislador contemporâneo inserido tais expressões nas construções tipológicas, não se estaria perdendo tempo com discussão puramente dogmática, com sérios reflexos nas consequências jurídicas do crime.

Estamos de pleno acordo que, num Estado Democrático de Direito, está assegurado como um dos seus princípios materiais o da *proporcionalidade*, que impede a cominação ou mesmo a aplicação de pena em flagrante contradição com a gravidade do fato. A aplicação de pena, nesses termos, viola não apenas o princípio da proporcionalidade, mas a própria *dignidade da pessoa humana*. Com efeito, o princípio da proporcionalidade exige o respeito à correlação entre a gravidade da pena e a relevância do dano ou perigo a que o bem jurídico protegido está sujeito, e, particularmente, a importância do próprio bem jurídico tutelado. No entanto, o *juízo* de proporcionalidade, *in concreto*, resolve-se por meio de *valorações* e *comparações*. Contudo, nessa *relação valorativa* não se pode ignorar toda a construção tipológica, com seus diversos elementos objetivos, subjetivos e normativos e, particularmente, desconsiderar o desvalor da ação e o desvalor do resultado, para fixar-se exclusivamente na comparação de duas locuções isoladas — "sabe" e "deve saber" — de duvidosa natureza, subjetiva ou normativa[50].

Com efeito, o tipo descrito no *caput* do art. 180 retrata um *crime comum* (que pode ser praticado por qualquer pessoa), enquanto a descrição contida no § 1º configura *crime próprio*, que exige uma *qualidade especial* do sujeito ativo, no caso, que se trate de *comerciante ou industrial*, e mais: que a conduta criminosa seja praticada "no exercício da atividade" profissional, mesmo que exercida irregular ou clandestinamente. Essa mudança da espécie de tipo penal — de comum para especial —, acrescida da exigência de que qualquer das condutas constantes do enunciado típico deve ser praticada no exercício de "atividade comercial ou industrial", denota um desvalor da ação muito superior àquele decorrente das condutas contidas no *caput* do mesmo artigo. Na verdade, no exercício das referidas atividades,

---

50. As elementares "sabe" e "deve saber", constantes em alguns tipos penais do Código Penal brasileiro, configuram, em nossa concepção, *elementares normativas*, sem qualquer identificação com o *dolo* (psicológico); devem ser analisadas em dois momentos: primeiro no exame da tipicidade e, depois, superado positivamente este, na *aplicação da pena*, como aspecto da graduação da *censura penal*. Para a corrente dominante, contudo, tais elementares teriam a função dogmática de identificar as *espécies de dolo*.

o indivíduo capta a confiança da sociedade em geral e do consumidor em particular; o sujeito ativo que se aproveita de sua atividade profissional (comerciante ou industrial) para receptar coisa produto de crime abusa da boa-fé do sujeito passivo, merecendo maior *censura penal*.

Por outro lado, as novas condutas acrescidas pela Lei n. 9.426/96, tais como *desmontar, montar, remontar, vender, expor à venda*, deixam clara a preocupação do legislador penal, a exemplo do que fez relativamente aos crimes de furto e de roubo de veículos automotores (arts. 155, § 5º — pena de 3 a 8 anos de reclusão; 157, § 2º, IV), de combater a praga que virou os furtos e roubos de veículos automotores. Visivelmente essas condutas — típicas do comércio "clandestino" de veículos — pretendem enfrentar com seriedade os conhecidos "desmanches" de carros, que criaram um mercado clandestino estimulador dos ladrões especializados em nosso país e, por extensão, em toda a América Latina. Nesse sentido, destaca, com acerto, Regis Prado: "No art. 180, § 1º, do Código Penal, o legislador, visando reprimir mais severamente a atuação de organização criminosa nos delitos patrimoniais, qualificou o delito de receptação, na modalidade dolosa, quando perpetrado no exercício de atividade comercial ou industrial". Nesse tipo de receptação, com efeito, o *desvalor do resultado*, invariavelmente, também é superior ao da receptação tradicional, não se configurando, por todo o exposto, a pretendida ofensa ao princípio da proporcionalidade, a ponto de inviabilizar a aplicação legal da sanção cominada, especialmente com todos os recursos que o Código Penal disponibiliza por meio do instituto da dosimetria penal (arts. 59 e s.). Aliás, nesse sentido, é razoável a justificativa da *Exposição de Motivos* sobre a necessidade de punir com maior severidade aquele que "faz da receptação um comércio, ainda que clandestino, conduta de maior gravidade e dano social do que a receptação individual ou simples". Ademais, "a grande incidência — prossegue a Exposição de Motivos — da receptação na atualidade, fator preponderante na ampliação dos casos de furto e roubo, é a receptação profissional, que vem, em geral, acompanhada do desmonte da coisa para venda dos componentes, dificultando sua identificação e recuperação. Nos dias de hoje, a receptação simples é insuficiente para coibir a atividade dos chamados 'desmanches' de veículos, joias, computadores e outros equipamentos. Daí a proposta da figura qualificada com pena significativamente maior".

Contudo, isso não quer dizer que estejamos de acordo com a exasperação exagerada da sanção cominada no § 1º, ora em exame, como deixamos claro quando do exame do crime de furto de veículos automotores (art. 155, § 5º). No entanto, apenas não chegamos ao ponto de considerá-la inconstitucional, como apregoa parte da doutrina.

Assim, *venia concessa*, consideramos equivocada, por carecedora de fundamento dogmático, a conclusão de que os tipos penais descritos no *caput* e no § 1º ferem o princípio da proporcionalidade porque, segundo entendem, a figura que admite dolo eventual recebe punição mais grave que a outra, que admite dolo direto. Como deixamos claro no tópico anterior, as elementares "sabe" e "deve saber", de cunho normativo, não identificam o dolo, que, a partir da *teoria normativa pura da culpabilidade*, é um dolo psicológico, despido de qualquer elemento normativo. Por isso, aquelas expressões não podem ter qualquer relação com o elemento subjetivo que orienta a conduta do agente, especialmente porque o (des)*conhecimento* (saber ou não) representa apenas o elemento *intelectual do dolo*, que, para aperfeiçoar-se, necessita também do elemento volitivo, que não está abrangido por aquelas elementares.

Pode figurar nos tipos penais, ao lado do dolo, uma série de características subjetivas que os integram ou os fundamentam. O próprio Welzel esclareceu que, "ao lado do dolo, como momento geral e *pessoal-subjetivo* daquele, que produz e configura a ação como acontecimento dirigido a um fim, apresentam-se, frequentemente, no tipo *especiais* momentos subjetivos, que dão colorido num determinado sentido ao conteúdo ético-social da ação"[51]. Assim, o *tomar* uma coisa alheia é uma atividade dirigida a um *fim* por imperativo do dolo; no entanto, seu sentido ético-social será inteiramente distinto se aquela atividade tiver como *fim* o uso passageiro ou se tiver o desígnio de apropriação.

Contudo, a excessiva utilização pelo legislador de *categorias subjetivadoras* da descrição típica, além do dolo propriamente dito, é uma forma disfarçada de ultrapassar, com roupagem de legitimidade, os limites taxativos do *princípio da reserva legal*. Essa *ideologia subjetivadora* na elaboração do *preceito primário* da norma penal, além de inadequada, é extremamente perigosa, pois esses estados anímicos, como *ser egoísta, cruel* ou *malvado*, entre outros, podem existir independentemente da relevância da lesão objetiva de bens jurídicos tutelados. E, nessas circunstâncias, quando a conduta é penalmente relevante, a tipificação desses estados anímicos pode conduzir à punição do ânimo, que é inadmissível no direito penal da culpabilidade[52]. Algo semelhante pode ocorrer com a utilização das locuções "sabe" e "deve saber", na medida em que nada têm que ver com o dolo, que não se limita ao aspecto puramente intelectivo "saber ou não saber", como a própria definição do Código Penal deixa muito claro (art. 18, I). Assim, a concepção normativa dessas locuções tem, entre outros, também o mérito de evitar a exagerada subjetivação na definição de crimes.

8.3 *Elemento normativo da receptação qualificada: no exercício de atividade comercial ou industrial*

De qualquer sorte, todas as condutas relacionadas no § 1º somente tipificarão a "receptação qualificada" se visarem a proveito próprio ou alheio, no *exercício de atividade comercial ou industrial*, seja ele regular, irregular ou clandestino.

A "fúria" cega as pessoas e embota o raciocínio, dificultando a avaliação adequada do sentido dos termos, expressões ou frases. O desejo de ser mais drástico e

---

51. Hans Welzel, *Derecho Penal alemán*, cit., p. 83.
52. Cezar Roberto Bitencourt, *Tratado de Direito Penal — Parte Geral*, 29. ed., São Paulo, Saraiva, 2023, v. 1, p. 354.

mais abrangente, por vezes, pode, ao mesmo tempo, tornar a previsão legal mais restritiva. Foi o que ocorreu nesse caso, pois nada impede que o agente *transporte, conduza, desmonte, monte* ou *remonte* — para ficar somente nas novidades — "coisa que deve saber ser produto de crime", sem fazê-lo, no entanto, "no exercício de atividade comercial ou industrial", regular ou irregular. Tais condutas não se amoldariam à figura da receptação qualificada.

Na verdade, no § 2º do art. 180, o legislador traz uma figura de equiparação, ampliando a abrangência do crime próprio contido no § 1º. Incorpora ao conceito de *atividade comercial* "qualquer forma de comércio irregular ou clandestino, inclusive o exercido em residência". A pretensão do legislador foi, inquestionavelmente, como reconhece Silva Franco[53], "alargar a incidência da receptação qualificada em relação às atividades de desmanche de veículos, realizadas, não apenas em oficinas registradas, mas também em oficinas de fundo de quintal". Com essa previsão, naquele *crime próprio*, que exige a condição especial de ser *comerciante ou industrial*, alarga-se o tipo para admitir, como sujeito ativo, também aquele que pratica comércio irregular e até clandestino.

Contudo, constata-se, mais uma vez, um lapso do legislador, que, ao ampliar a abrangência desse crime próprio, esqueceu-se de incluir quem exerce atividade industrial irregular ou clandestina, como fizera em relação à atividade comercial (§ 2º). Assim, quem praticar qualquer das condutas descritas no § 1º, no exercício de atividade industrial, mas em caráter irregular ou clandestino, não incorrerá nas sanções da receptação qualificada; se a conduta for uma daquelas contidas no *caput* (receber, transportar, conduzir, ocultar ou influir), poderá responder por *receptação simples*; caso contrário, se praticar qualquer das demais condutas contidas exclusivamente no § 1º, sua atividade será atípica.

Mas a previsão legal, tal como é, limita-se ao *exercício de atividade comercial ou industrial* (a atividade comercial, mesmo irregular ou clandestina). Fora dessa hipótese, ou seja, quando o *receptador* não se encontrar no exercício dessas atividades, a *qualificadora* não se tipificará.

9. Tipo subjetivo: adequação típica: dolo direto

A receptação dolosa, segundo a doutrina tradicional, contém duas espécies de dolo: a) o agente *sabe* que é produto de crime; b) *devia saber* que é produto de crime. Dessa distinção, origina-se a diversidade de *elementos subjetivos*: 1ª) (que sabe) ser produto de crime — *dolo direto*; 2ª) (que deve saber) ser produto de crime — *dolo eventual*. Já registramos nosso desapreço por essa concepção, que, a nosso juízo, encontra-se superada.

Para analisar o *elemento subjetivo* do crime de receptação dolosa — simples e qualificada —, tivemos de superar, preliminarmente, a divergência sobre o *sentido*

53. Alberto Silva Franco, *Código Penal e sua interpretação jurisprudencial*, cit., v. 2, p. 2972.

e *função* das elementares "sabe" ou "deve saber", contidas no tipo, relativos ao *grau de consciência* sobre o fato de tratar-se de produto de crime. Deixamos claro, no tópico anterior, que não concordamos com a *doutrina tradicional*, que considera referidas elementares indicativas das *espécies de dolo* (direto e eventual).

Segundo a orientação que adotamos, ao contrário do entendimento dominante, nenhuma das *espécies de receptação dolosa* — previstas no *caput* e no § 1º — admite *dolo eventual*. A impossibilidade do dolo indireto não decorre das elementares "sabe" e "deve saber" (que, como demonstramos, são *elementos normativos* indicadores do grau de censura), mas dos próprios verbos nucleares, que, por seus conteúdos semânticos, só aceitam o dolo direto[54].

Afinal, como destaca Wessels, haverá *dolo eventual* quando o autor não se deixar dissuadir da realização do fato *pela possibilidade próxima da ocorrência do resultado* e sua conduta justificar a assertiva de que, em razão do *fim pretendido*, ele se tenha conformado com a produção do resultado ou até concordado com sua ocorrência, em vez de renunciar à prática da ação. Ora, em qualquer das condutas contidas nas duas espécies de receptação dolosa, o agente — independente de saber ou dever saber da origem criminosa da coisa — *quer o resultado* de sua ação, e esse querer, essa vontade livre e consciente, é caracterizadora de *dolo direto* e não de dolo eventual. O "dever saber" não tem o mesmo significado da *assunção do risco da produção do resultado*.

O *dolo* será sempre *direto* — tanto na receptação simples quanto na qualificada — e consistirá na *vontade livre e consciente* de praticar quaisquer das condutas descritas nos tipos em exame, isto é, de *receptar* o produto de crime ou *influir* para que terceiro de boa-fé o recepte. Em outros termos, o *receptador*, consciente e voluntariamente, realiza uma ou mais das condutas proibidas. Age, nessa hipótese, com *dolo direto*, pois a *vontade consciente* do agente é dirigida à realização do fato típico. O objeto do dolo direto é o *fim proposto* (obtenção da coisa, em proveito próprio ou alheio), os *meios escolhidos* (crime de forma livre, qualquer meio que eleger) e os *efeitos colaterais* ou *secundários* (dano ou prejuízo ao proprietário, possuidor ou detentor da coisa) representados como necessários à realização do fim pretendido.

Em relação ao *fim proposto* e aos *meios escolhidos*, o dolo direto é de *primeiro grau*, e, em relação aos *efeitos colaterais*, representados como necessários, o dolo direto é de *segundo grau*. Os efeitos colaterais ou secundários são abrangidos *mediatamente* pela *vontade consciente* do agente, mas é sua produção necessária que os situa, também, como objeto do dolo direto: não é sua relação de *imediatidade*, mas a relação de *necessidade*, que o inclui no dolo direto.

---

54. Confirmando essa nossa afirmação, ao examinar o crime de perigo de contágio venéreo (art. 130), na mesma linha de raciocínio, admitimos ora dolo direto, ora dolo eventual (*Tratado de Direito Penal*, 19. ed., São Paulo, Saraiva, 2019, v. 2).

Não se pode esquecer que as elementares "sabe" e "deve saber" não se confundem com *dolo*, pois este se compõe de dois elementos, repetindo — *intelectivo* (consciência ou previsão) e *volitivo* (vontade) —, e a ausência de qualquer deles — volitivo ou intelectivo — é suficiente para impedir a configuração dolosa, tanto na forma direta quanto na eventual. Com efeito, a presença, *in concreto*, das elementares "sabe" e "deve saber" significa somente a *atualidade* ou *potencialidade da consciência da ilicitude*, respectivamente, sem qualquer relevância na definição ou constituição da espécie de dolo (direto ou indireto).

O dolo deve ser antecedente ou contemporâneo, não se admitindo o *dolo subsequente*. Não há *dolo subsequente* em direito penal. Quem adquire coisa alheia móvel de boa-fé e só posteriormente descobre tratar-se de produto de origem criminosa não pratica o crime de receptação. Poderá, contudo, praticar a receptação se, a partir desse conhecimento, procura ocultar tal aquisição.

Por fim, apenas para afastar alguns pruridos, convém lembrar que o Código Penal brasileiro equipara *dolo direto* e *dolo eventual* quanto a seus efeitos (art. 18, I), nos precisos termos da *Exposição de Motivos*, da lavra do Ministro Francisco Campos, *in verbis*: "O *dolo eventual* é, assim, plenamente equiparado ao *dolo direto*. É inegável que arriscar-se conscientemente a produzir um evento vale tanto quanto querê-lo: ainda que sem interesse nele, o agente o ratifica *ex ante*, presta anuência ao seu advento". Até porque a *consciência* e a *vontade*, que representam a essência do dolo, também devem estar presentes no *dolo eventual*. Para que este se configure é insuficiente a mera *ciência da probabilidade do resultado* ou a atuação consciente da possibilidade concreta da produção desse resultado, como sustentam os defensores da *teoria da probabilidade*. É indispensável determinada *relação de vontade* entre o resultado e o agente, e é exatamente esse elemento volitivo que distingue o dolo da culpa[55].

9.1 *Elemento subjetivo especial do injusto: em proveito próprio ou alheio*

Exige-se, ademais, o *elemento subjetivo especial do tipo*, constituído pelo *fim* especial de *obter vantagem, em proveito próprio ou alheio*. Pois é exatamente esse *fim especial* que distingue a receptação do crime de favorecimento real (art. 349).

Convém destacar que esse fim especial, configurador do elemento subjetivo do injusto, não precisa concretizar-se, sendo suficiente que exista na mente do sujeito ativo e que tenha sido a mola propulsora de sua ação delitiva. Esse especial fim de agir, embora amplie o aspecto subjetivo do tipo penal, não integra o dolo nem com ele se confunde, uma vez que o dolo esgota-se com a consciência e a vontade de realizar a ação com a finalidade de obter o resultado criminoso. A finalidade especial do agir que integra determinadas definições delituosas, como é o caso da receptação dolosa, condiciona ou fundamenta a ilicitude do fato, constituindo, assim, elemento subjetivo especial do crime, de forma autônoma e independente do dolo.

---

55. Cezar Roberto Bitencourt, *Tratado de Direito Penal*, cit., v. 1.

A ausência desse elemento subjetivo especial descaracteriza o tipo penal, independentemente da presença do dolo. Enquanto o dolo deve materializar-se no fato típico, o elemento subjetivo especial do tipo especifica o dolo, sem necessidade de se concretizar, sendo suficiente que exista no psiquismo do autor[56].

10. Receptação culposa

O legislador penal de 1940, além de dominar uma técnica legislativa invejável, sempre primou pela harmonia sistemática e pela estrutura metodológica. Tal qualidade do então legislador não impediu que, aqui ou acolá, fugisse de seus cuidados pragmáticos e metodológicos, dificultando, por vezes, a própria interpretação de alguns preceitos consagrados pelo diploma penal que elaborou. Essa situação excepcional também se faz presente na disciplina do crime de receptação, particularmente na definição de sua modalidade culposa, fugindo completamente à tradição e ao método adotado na definição dos crimes culposos.

Com efeito, na Parte Geral do Código, quando tratou de definições, afirmou que se diz do crime "culposo, quando o agente deu causa ao resultado por imprudência, negligência ou imperícia" (art. 18, II). Posteriormente, na Parte Especial, quando admite, pelo princípio da excepcionalidade, a infração penal em sua modalidade culposa (art. 18, parágrafo único), adota uma fórmula simples, repetidamente: *se o homicídio é culposo* (art. 121, § 3º); *se a lesão é culposa* (art. 129, § 6º); *se culposo o incêndio* (art. 250, § 2º); *se o crime é culposo* (art. 270, § 2º); *se o crime é culposo* (art. 272, § 2º); *se o crime é culposo* (art. 273, § 2º); *se o crime é culposo* (art. 278, parágrafo único); *se o crime é culposo* (art. 280, parágrafo único). Essa é a regra, mantida ao longo de todo o Código, com variação mínima, servindo-se sempre do conceito que emitiu lá na Parte Geral. Afinal, surpreendentemente, no crime de receptação, o legislador mudou o método tradicional, afastou a técnica até então adotada e emitiu a seguinte definição de receptação culposa: *adquirir ou receber coisa que, por sua natureza ou pela desproporção entre o valor e o preço, ou pela condição de quem a oferece, deve presumir-se obtida por meio criminoso* (§ 3º).

O primeiro questionamento a fazer é: afinal, nesta metodologia de definição, o legislador teria abandonado a concepção de *crime culposo* que orientou basicamente todas as tipificações da modalidade culposa? Aqueles *princípios orientadores do crime culposo* devem ser aplicados nessa definição de receptação culposa?

Todos esses aspectos exigem alguma consideração crítico-dogmática, que passamos a fazer.

Culpa é a inobservância do dever objetivo de cuidado manifestada em conduta produtora de um resultado não querido, objetivamente previsível. A estrutura do

---

56. Juarez Cirino dos Santos, *Direito Penal*; Parte Geral, Rio de Janeiro, Forense, 1985, p. 80.

tipo de injusto culposo é diferente da do *tipo de injusto doloso*: neste, é punida a conduta dirigida a um *fim ilícito*, enquanto no *injusto culposo* pune-se a *conduta mal dirigida*, normalmente destinada a um fim penalmente irrelevante, quase sempre *lícito*. O *núcleo do tipo de injusto* nos delitos culposos consiste na divergência entre a ação efetivamente praticada e a que devia realmente ter sido realizada, em virtude da observância do *dever objetivo de cuidado*.

A *direção final* da ação, nos crimes culposos, não corresponde à *diligência devida*, havendo uma contradição essencial entre o *querido* e o *realizado* pelo agente. Como afirma Cerezo Mir[57], "o fim perseguido pelo autor é geralmente irrelevante, mas não os meios escolhidos, ou a forma de sua utilização". O agente que conduz um veículo e causa, de forma não dolosa, a morte de um pedestre *realiza uma ação finalista*: conduzir o veículo. O *fim da ação* — ir a um lugar determinado — é jurídico-penalmente irrelevante. O *meio* escolhido, o veículo, neste caso, também o é. No entanto, será jurídico-penalmente relevante a *forma* de utilização do meio se o agente, por exemplo, dirigir a uma velocidade excessiva.

Na verdade, mesmo nessa *definição assistemática* da receptação culposa, é impossível ignorar os postulados fundamentais do crime culposo. Assim, recomendamos que se adote inclusive a definição emitida pelo legislador, na Parte Geral do Código Penal (art. 18, II), bem como as modalidades de culpa, excluindo-se apenas a *imperícia*, ante a impossibilidade prática de sua ocorrência.

Na realidade, os *indícios específicos de culpa* relacionados pelo legislador demonstram a necessidade de cautela nas operações mencionadas. Esses indícios são os seguintes: a) *natureza da coisa*; b) *desproporção entre o valor e o preço*; c) *condição de quem oferece*. Esses três requisitos exigem atenção do adquirente, cuja desconsideração ou má avaliação pode levar à *presunção* de culpa. A *inobservância* desses requisitos representa, na realidade, a *imprudência* ou *negligência* do agente. Com efeito, a *observância do dever objetivo de cuidado*, isto é, a *diligência devida*, constitui o elemento fundamental do *tipo de injusto culposo*, cuja análise constitui questão preliminar no exame da culpa. Na dúvida, no exame daqueles *indícios*, impõe-se o dever de abster-se da realização da conduta, pois quem se arrisca, nessa hipótese, age com *imprudência*, e, sobrevindo um resultado típico, torna-se autor de um crime culposo, no caso, de *receptação culposa*.

Os *indícios* relacionados no § 1º são de *natureza objetiva*. É indispensável que se examine se havia contraindícios razoáveis ou se o agente incidiu em erro invencível. Por isso, é indispensável investigar o que teria sido, *in concreto*, para o agente o *dever de cuidado*. E, como segunda indagação, deve-se questionar se a ação do agente correspondeu a esse comportamento "adequado". Somente nessa segunda hipótese, quando negativa, surge a *reprovabilidade da conduta*. A análise dessas questões deve ser extremamente criteriosa, na medida em que a aparente falta de cautela, por si só, não implica necessariamente a violação do dever objetivo de cuidado,

---

57. José Cerezo Mir, *Curso de Derecho Penal español*, Madrid, Tecnos, 1985, p. 279.

pois o agente pode ter fundadas razões para não duvidar da legitimidade da origem da coisa, ainda que, a final, se comprove sua origem criminosa. Nesses casos, a conduta é atípica.

11. Autonomia da receptação: independência relativa

A autonomia da receptação em relação ao crime precedente consolidou-se, na doutrina, no alvorecer do século XIX, e seus antecedentes político-filosóficos podem ser creditados a Carpsóvio (século XVII). A partir desse período a *receptação* passou a ter como pressuposto não apenas um crime especificamente contra o patrimônio, mas qualquer crime que pudesse, indevidamente, acarretar vantagem patrimonial em prol do agente.

No direito codificado, contudo, coube a Feuerbach introduzi-la no Código bávaro de 1813, do qual foi o autor intelectual. Afastou-se, a partir de então, o superado entendimento segundo o qual a *receptação* era uma forma de *cumplicidade*, ante o paradoxo de admitir-se a *participação* em um crime já *consumado*.

O Código Penal brasileiro de 1940, embora a inclua entre os crimes patrimoniais, não se encontra vinculado exclusivamente a eles: pode ser pressuposto da receptação todo e qualquer crime que possa proporcionar a seu autor algum proveito econômico, e que possa ser consolidado ou garantido, com *animus lucrandi*, pelo receptador.

A receptação, pode-se admitir, é um *crime acessório*, consequente, ou, se se preferir, parasitário de outro crime. Aliás, em sua tipificação legal consta a *elementar* "coisa... produto de crime", significando que, necessariamente, a receptação deve ser precedida de outro crime. Na verdade, embora, por disposição legal, seja irrelevante a identidade ou responsabilidade penal do autor do fato criminoso anterior, é indispensável que se comprove a *existência material do crime* de que proveio a coisa que se diz receptada.

Com efeito, como afirma o § 4º, a *receptação* é punível mesmo que seja *desconhecido* ou *isento de pena* o autor do crime anterior, bastando a *certeza* de que a *coisa é produto de crime*. A inexistência de condenação do crime precedente é irrelevante, sendo suficiente a comprovação de sua existência, algo que pode ser feito no próprio processo que investiga a receptação.

Nesse sentido, sobre a necessidade de comprovação da existência efetiva do crime precedente, pode-se afirmar que a independência ou *autonomia* da receptação é *relativa*, isto é, ela não existe por si só, sendo fruto de uma infração penal, com a qual está ontologicamente vinculada. Assim, a mencionada autonomia da receptação repousa tão somente em sua punibilidade, que é absolutamente independente da punibilidade do crime precedente, e não em sua configuração típica, que, ontologicamente, deve estar vinculada a outra infração penal precedente.

A *extinção da punibilidade* do crime (art. 108 do CP) do qual proveio a coisa objeto de receptação ou a ausência de investigação ou processo criminal é indiferente para a punibilidade da receptação.

12. "Autor de crime": a culpabilidade não é mero pressuposto da pena

A redação do § 4º, prevendo a punibilidade da receptação mesmo que "desconhecido ou isento de pena o autor do crime de que proveio a coisa", foi objeto de grande debate na doutrina nacional. A corrente capitaneada por Damásio de Jesus tem sustentado que o crime é a *ação típica e antijurídica*, sendo a culpabilidade mero pressuposto da pena[58], e que, ademais, com essa redação do § 4º, o Código Penal estaria adotando o mesmo entendimento.

A tipicidade, a antijuridicidade e a culpabilidade são *predicados* de um *substantivo*, que é a *conduta humana* definida como crime. Não nos convence o entendimento dominante na doutrina brasileira, segundo o qual a *culpabilidade,* no atual estágio, deve ser tratada como *mero pressuposto da pena*, e não mais como integrante da teoria do delito. Assumindo essa orientação, Damásio de Jesus, pioneiramente, passou a definir o *crime* como *a ação típica e antijurídica*, admitindo a *culpabilidade* somente como *mero pressuposto da pena*[59].

A seguinte afirmação de Ariel Dotti teria levado Damásio de Jesus a mudar seu entendimento sobre a matéria: "O crime como ação tipicamente antijurídica é *causa* da resposta penal como *efeito*. A sanção será imposta somente quando for possível e positivo o juízo de reprovação que é uma decisão sobre um comportamento passado, ou seja, um *posterius* destacado do fato antecedente"[60]. Essa afirmação de Dotti leva-nos, inevitavelmente, a fazer algumas reflexões: a) seria possível a imposição de sanção a uma ação típica, que não fosse antijurídica? b) poder-se-ia sancionar uma ação antijurídica que não se adequasse a uma descrição típica? c) a sanção penal (penas e medidas) não é uma consequência jurídica do crime?

Seguindo nessa reflexão, perguntamos: a tipicidade e a antijuridicidade não seriam também pressupostos da pena? Ora, na medida em que a sanção penal é consequência jurídica do crime, este, com todos os seus elementos, é pressuposto daquela. Assim, não somente a culpabilidade, mas igualmente a tipicidade e a antijuridicidade são pressupostos da pena, que é sua consequência. Aliás, nesse sentido, o saudoso Heleno Fragoso, depois de afirmar que "crime é o conjunto dos pressupostos da pena", esclarecia: "Crime é, assim, o conjunto de todos os requisitos gerais indispensáveis para que possa ser aplicável a sanção penal. A análise revela que tais requisitos são a conduta típica, antijurídica e culpável..."[61].

Welzel, a seu tempo, preocupado com questões semânticas, pela forma variada com que penalistas se referiam à culpabilidade normativa, frisou que "a essência da culpabilidade é a reprovabilidade". Destacou ainda que, muitas vezes, também se

58. Damásio de Jesus, *Direito Penal,* 20. ed., São Paulo, Saraiva, 1997, v. 1, p. 451-3.
59. Damásio de Jesus, *Direito Penal,* 12. ed., São Paulo, Saraiva, 1988, v. 1, p. 133-396.
60. René Ariel Dotti, *O incesto*, Curitiba, Dist. Ghignone, 1976, p. 173.
61. Heleno Cláudio Fragoso, *Lições de Direito Penal*, cit., v. 1, p. 216.

denomina "a reprovabilidade *reprovação* da culpabilidade e a culpabilidade *juízo de culpabilidade*". "Isto não é nocivo — prosseguia Welzel — se sempre se tiver presente o caráter metafórico destas expressões e se lembrar que a culpabilidade é uma qualidade negativa da própria ação do autor e não está localizada nas cabeças das outras pessoas que julgam a ação"[62]. Essa lição de Welzel, o precursor do finalismo, é lapidar e desautoriza inexoravelmente entendimentos contrários quanto à definição de crime e à própria localização da culpabilidade.

Na realidade, a expressão "juízo de censura" empregada com o significado de "censura", ou então "juízo de culpabilidade" utilizada como sinônimo de "culpabilidade", têm conduzido a equívocos, justificando, inclusive, a preocupação de Welzel, conforme acabamos de citar. É preciso destacar, com efeito, que *censurável* é a conduta do agente, e significa *característica negativa da ação* do agente perante a ordem jurídica. E "juízo de censura" — estritamente falando — é a avaliação que se faz da conduta do agente, concebendo-a como censurável ou incensurável. Essa avaliação sim — juízo de censura — é feita pelo aplicador da lei, pelo julgador da ação; por essa razão se diz que está na *cabeça do juiz*. Por tudo isso, deve-se evitar o uso metafórico de *juízo de censura* como se fosse sinônimo de *censurabilidade*, que constituindo a essência da culpabilidade, continua um atributo do crime. O *juízo de censura* está para a *culpabilidade* assim como o *juízo de antijuridicidade* está para a *antijuridicidade*. Mas ninguém afirma que a antijuridicidade está na cabeça do juiz!

Rosenfeld, em sua crítica contundente à *teoria normativa*, afirmou que a culpabilidade de um homem não pode residir na cabeça dos outros. Mezger, respondendo a essa objeção de Rosenfeld, reconhece que "O juízo pelo qual se afirma que o autor de uma ação típica e antijurídica praticou-a culpavelmente refere-se, na verdade, a uma determinada situação fática da culpabilidade, que existe no sujeito, mas valoriza-se ao mesmo tempo esta situação considerando-a como um processo reprovável ao agente. Somente através desse juízo valorativo de quem julga se eleva a realidade de fato psicológica ao conceito de culpabilidade"[63]. O *juízo de censura* não recai somente sobre o agente, mas, especial e necessariamente, sobre a *ação* por este praticada. Seguindo nessa linha, e aceitando a crítica de Rosenfeld e a explicação de Mezger, Jiménez de Asúa reconhece que o *fato concreto psicológico* sobre o qual se inicia o *juízo de culpabilidade* é do autor e está, como disse Rosenfeld, em sua cabeça, mas a valorização para a reprovação quem a faz é um juiz[64]. E Manuel Vidaurri Aréchiga, adotando o mesmo entendimento, conclui que, quanto a isso, parece não haver dúvida, pois "o juiz não cria a culpabilidade"[65]. Aliás, em não

---

62. Hans Welzel, *El nuevo sistema del Derecho Penal*, cit., p. 80.

63. Edmund Mezger, *Tratado de Derecho Penal*, Madrid, Revista de Derecho Privado, 1935, p. 12.

64. Luis Jiménez de Asúa, *Tratado de Derecho Penal*, Buenos Aires, Losada, 1976, p. 179 e 228.

65. Manuel Vidaurri Aréchiga, *La culpabilidad*, p. 83.

sendo assim, cabe perguntar aos opositores: onde estarão a *imputabilidade*, a *potencial consciência da ilicitude* e a *exigibilidade de conduta diversa*, elementos constitutivos da culpabilidade normativa? Estarão também na cabeça do juiz? Ora, fora da tese que sustentamos, essas indagações são irrespondíveis.

Por derradeiro, para não deixar dúvida sobre a natureza e a localização da culpabilidade, defendida por Welzel, invocamos as próprias palavras deste sobre sua concepção de delito: "O conceito da culpabilidade acrescenta ao da ação antijurídica — tanto de uma ação dolosa quanto de uma não dolosa — um novo elemento, que é o que a converte em delito"[66]. Em sentido semelhante é a lição de Muñoz Conde, que, definindo o crime, afirma: "Esta definição tem *caráter sequencial*, isto é, o peso da imputação vai aumentando à medida que passa de uma categoria a outra (da tipicidade à antijuridicidade, da antijuridicidade à culpabilidade etc.), tendo, portanto, de se tratar em cada categoria os problemas que lhes são próprios". Essa construção deixa claro que, por exemplo, se do exame dos fatos se constatar que a ação não é típica, será desnecessário verificar se é antijurídica, muito menos se é culpável. Cada uma dessas características contém critérios valorativos próprios, com importância e efeitos teóricos e práticos igualmente próprios[67].

Ora, é de uma clareza meridiana, uma ação típica e antijurídica somente se converte em crime com o acréscimo da culpabilidade.

Não impressiona o argumento de que o Código Penal brasileiro *admite a punibilidade da receptação* mesmo quando "desconhecido ou *isento de pena* o autor do crime de que proveio a coisa" e que, como a *receptação* pressupõe que o objeto receptado seja *produto de crime*, o legislador de 1940 estaria admitindo *crime sem culpabilidade*. Convém registrar que em 1942, quando nosso Código entrou em vigor, ainda não se haviam propagado as ideias do *finalismo welzeliano*, que apenas se iniciava.

Ao contrário do que se imagina, essa *política criminal* adotada pelo Código de 1940 tem outros fundamentos: 1º) de um lado, representa a adoção dos postulados da *teoria da acessoriedade limitada*, que também foi adotada pelo direito penal alemão em 1943, segundo a qual, para punir o *partícipe*, é suficiente que a ação praticada pelo autor principal seja *típica* e *antijurídica*, sendo indiferente sua *culpabilidade*; 2º) de outro lado, representa a consagração da *prevenção*, na medida em que pior que o ladrão é o *receptador*, pois a ausência deste enfraquece o estímulo daquele; 3º) finalmente, o fato de o nosso Código prever a possibilidade de punição do receptador, mesmo que o autor do crime anterior seja *isento de pena*, não quer dizer que esteja se referindo, *ipso facto*, ao inimputável. O *agente imputável*, por inúmeras razões, por exemplo, coação moral irresistível, erro de proibição, erro provocado por terceiro, pode ser *isento de pena*[68].

---

66. Welzel, *El nuevo sistema del Derecho Penal*, cit., p. 79.

67. Francisco Muñoz Conde e Mercedes García Arán, *Derecho Penal*, cit., p. 215.

68. Ver, na mesma linha do nosso pensamento, Guilherme de Souza Nucci, *Código Penal comentado*, cit., p. 606-8.

Concluímos com a afirmação irrefutável de Cerezo Mir: "Os diferentes elementos do crime estão numa relação lógica necessária. Somente uma ação ou omissão pode ser típica, só uma ação ou omissão típica pode ser antijurídica e só uma ação ou omissão antijurídica pode ser culpável"[69].

13. Perdão judicial (§ 5º, 1ª parte)

Na *receptação culposa*, sendo o acusado *primário*, e considerando as *circunstâncias*, pode ser concedido o *perdão judicial* (§ 5º, 1ª parte). Nas circunstâncias a que se refere referido parágrafo, além da primariedade, deve ser considerada a *culpa levíssima* e o *pequeno prejuízo causado*.

Perdão judicial é o instituto por meio do qual a lei possibilita ao juiz deixar de aplicar a pena diante da existência de circunstâncias expressamente determinadas (exs.: arts. 121, § 5º; 129, § 8º; 140, § 1º, I e II; 180, § 5º, 1ª parte; 242, parágrafo único; 249, § 2º). Na legislação especial também se encontram algumas hipóteses de perdão judicial.

Embora as opiniões dominantes concebam o *perdão judicial* como mero benefício ou favor do juiz, entendemos que se trata de *direito público subjetivo de liberdade* do indivíduo, a partir do momento em que preenche os requisitos legais. Como dizia Frederico Marques, os benefícios são também direitos, pois o campo do *status libertatis* se vê ampliado por eles, de modo que, satisfeitos seus pressupostos, o juiz é obrigado a concedê-los. Ademais, é inconcebível que uma causa extintiva de punibilidade fique relegada ao *puro arbítrio judicial*. Deverá, contudo, ser negado quando o réu não preencher os requisitos exigidos pela lei.

No crime de *injúria*, a lei prevê o perdão judicial quando o ofendido age de modo reprovável, a provocar diretamente, ou no caso de retorsão imediata; no *homicídio culposo* e na *lesão corporal culposa*, se as consequências da infração atingirem o próprio agente de forma tão grave que a sanção penal se torne desnecessária. Mesmo quando a lei possibilita o *perdão judicial* "conforme as circunstâncias" ou "tendo em consideração as circunstâncias" (arts. 176, parágrafo único, e 180, § 5º, do CP), prevê *requisito implícito*, qual seja, a *pequena ofensividade da conduta*, que, se estiver caracterizada, obrigará à concessão do *perdão*.

Enfim, se, ao analisar o contexto probatório, o juiz reconhecer que os requisitos exigidos estão preenchidos, não poderá deixar de conceder o perdão judicial por mero capricho ou qualquer razão desvinculada do referido instituto.

Para afastar a desinteligência das diversas interpretações que existiam sobre a *natureza jurídica da sentença* que concede o perdão judicial, a reforma penal de 1984 incluiu-o entre as causas extintivas de punibilidade e explicitou na *Exposição de Motivos* (n. 98) que a sentença que o concede não produz efeitos de sentença

---

69. José Cerezo Mir, *Curso de Derecho Penal español*, cit., p. 267; no mesmo sentido, Muñoz Conde e Mercedes García Arán, *Derecho Penal*, cit., p. 215.

condenatória. O acerto da inclusão do perdão judicial no art. 107, IX, não se repetiu ao tentar reforçar no art. 120 a natureza da sentença concessiva, propiciando a sobrevivência do equivocado entendimento de que se trata de sentença condenatória, que somente livra o réu da pena e do pressuposto da reincidência. A nosso juízo, referida sentença é, simplesmente, *extintiva da punibilidade*, sem qualquer efeito penal, principal ou secundário.

14. Receptação privilegiada (§ 5º, 2ª parte)

Na receptação dolosa é admissível o tratamento previsto para o *furto privilegiado* (art. 155, § 2º): a *primariedade* e o *pequeno valor* da coisa produto de crime permitem substituir a pena de reclusão por detenção, reduzi-la de um a dois terços ou aplicar somente multa. A "privilegiadora", presentes os requisitos legais, aplica-se a qualquer das espécies de receptação própria ou imprópria.

Com efeito, o § 2º do art. 155 prevê a possibilidade de reduzir a sanção cominada para o crime de furto, quando se tratar de réu "primário e de pequeno valor a coisa subtraída". Em outros termos, o pequeno desvalor do resultado e a *primariedade* do agente recomendam menor reprovação deste, determinando, em obediência ao princípio da *proporcionalidade*, a redução da sanção para adequá-la a menor gravidade do fato.

Pois bem, os mesmos fundamentos político-criminais que recomendam a redução da censura penal para o crime de furto, o legislador penal resolveu estendê-los para a receptação. Tudo o que se disse relativamente a sua aplicação no crime de furto deve estender-se, por determinação legal, ao crime de receptação.

A *primariedade*, como primeiro requisito necessário para a configuração da *minorante*, embora encerre um conceito negativo, não se confunde com *não reincidência*, especialmente a partir da reforma penal de 1984 (Lei n. 7.209), que introduziu um novo conceito, qual seja, "não reincidente". Assim, a Parte Geral do Código adota um critério distinto da Parte Especial: trabalha com os conceitos "reincidente" e "não reincidente", enquanto a Parte Especial utiliza os conceitos "reincidente" e "primário". Anteriormente, reincidente e primário constituíam definições excludentes: ou uma ou outra, tanto que se adotava o seguinte conceito: "primário é o não reincidente".

A partir da reforma penal, essa concepção deixou de ser verdadeira, na medida em que passaram a existir três, digamos, categorias: *primário, reincidente e não reincidente*. Com efeito, chama-se *primário* quem nunca sofreu qualquer condenação irrecorrível; *reincidente*, quem praticou um crime após o trânsito em julgado de decisão condenatória (em primeiro ou segundo grau), enquanto não tenha decorrido o prazo de cinco anos do cumprimento ou da extinção da pena; *não reincidente*, como categoria, é aquele que não é primário e tampouco ostenta a condição de reincidente (essa é definição exclusiva para o direito brasileiro, sendo inaplicável, genericamente, às legislações alienígenas). Não é reincidente, por exemplo, quem comete o segundo ou terceiro crime antes do trânsito em julgado de crime anterior;

quem comete novo crime após o decurso de cinco anos do cumprimento de condenação anterior ou da extinção da punibilidade etc.

Constata-se, enfim, que o termo "primariedade" tem, tecnicamente, um conceito bem delimitado. Eventuais condenações anteriores, por si sós, ou meros antecedentes criminais negativos não são causas impeditivas do reconhecimento da existência desse requisito, à luz do nosso ordenamento jurídico em vigor. Tratando-se de norma criminal, não pode ter interpretação extensiva, para restringir a liberdade do cidadão.

O segundo requisito legal é que se trate de "coisa de pequeno valor", definição que está longe de ser pacífica quer na doutrina, quer na jurisprudência. Como *elemento normativo do tipo*, para interpretá-lo adequadamente, dever-se-á ter em consideração as peculiaridades e as circunstâncias pessoais e locais de onde o fato é praticado.

A doutrina, em geral, tem definido como *pequeno valor* aquele cuja perda pode ser suportada sem maiores dificuldades pela generalidade das pessoas. "Ao rico — lembrava Magalhães Noronha — porque, talvez, nem perceberá sua falta; ao pobre porque, na sua penúria, de pouco lhe valerá"[70]. Embora nos desagrade a fixação de determinado *quantum*, por sua relatividade, ante a necessidade de um paradigma, aceitamos a orientação majoritária, segundo a qual de *pequeno valor* é a coisa que não ultrapasse o equivalente ao salário mínimo.

Contudo, na seara tributária, a própria Receita Federal encarregou-se de estabelecer valores muito superiores, para os quais não admite a execução fiscal (no momento, fixado em R$ 2.500,00). Diante desse entendimento da Receita, é natural que se considere, nos crimes fiscais ou tributários, não apenas "pequeno valor", mas valor insignificante, para excluir a própria tipicidade da conduta, segundo o princípio da insignificância[71].

15. Receptação majorada (§ 6º)

Na receptação dolosa, quando o objeto material constituir-se de "bens do patrimônio da União, Estado, Distrito Federal, Município ou de autarquia, fundação pública, empresa pública, sociedade de economia mista ou empresa concessionária de serviços públicos", justificará a majoração da reprovação penal.

Em razão da natureza dos bens, pertencentes ao Estado, agrava-se exageradamente a pena. Elevou-se o mínimo de um para dois anos de reclusão. Aliás, essa excessiva e injustificável exasperação penal já era censurada pelo saudoso Hungria, que, referindo-se à *equivocada* redação original do Código de 1940, destacava: "Em código algum figura a receptação com pena aprioristicamente mais grave do que a daqueles de que pode provir", e prosseguia: "No direito brasileiro, a tradição cons-

70. Magalhães Noronha, *Direito Penal*, cit., v. 2, p. 243.

71. Cezar Roberto Bitencourt, *Tratado de Direito Penal*, 25. ed., 2019, v. 1, p. 64.

tante foi no sentido da menor punibilidade da receptação, em confronto com o crime de que deriva"[72].

16. Pena e ação penal

Na *receptação dolosa* simples, as sanções penais são cumulativas: reclusão, de um a quatro anos, e multa; na *qualificada*, reclusão, de três a oito anos, e multa; na *culposa*, detenção, de um mês a um ano, ou multa, ou ambas (pode ser alternativa ou cumulativa), além de admitir-se o privilégio do art. 155, § 2º, se o réu for primário e as circunstâncias recomendarem; na *majorada* (§ 6º), a pena do *caput* pode ser duplicada (Lei n. 9.426/96).

A *ação penal* é pública incondicionada, ressalvadas as hipóteses do art. 182 do Código Penal.

72. Nélson Hungria, *Comentários ao Código Penal*, cit., v. 7, p. 311 e 316.

RECEPTAÇÃO DE SEMOVENTE DOMESTICÁVEL DE PRODUÇÃO — XXVIII

RECEPTAÇÃO DE ANIMAL

Art. 180-A. Adquirir, receber, transportar, conduzir, ocultar, ter em depósito ou vender, com a finalidade de produção ou de comercialização, semovente domesticável de produção, ainda que abatido ou dividido em partes, que deve saber ser produto de crime:

Pena — reclusão, de 2 (dois) a 5 (cinco) anos, e multa.

1. Considerações preliminares

A Lei n. 13.330, de 4 de agosto de 2016, alterou o Código Penal, para agravar os crimes de *furto* e de *receptação*, acrescentando-lhe, em primeiro lugar, o § 6º no art. 155, e o art. 180-A, para definir uma modalidade especial de receptação de "semovente domesticável de produção", cominando-lhe uma pena de reclusão de dois a cinco anos, na verdade, uma forma disfarçada de criar mais uma forma de receptação qualificada, além daquela relativa a veículos.

De plano, deve-se questionar, afinal, qual é o significado que se pode emprestar, adequadamente, à locução "*semovente domesticável de produção*"? Pretendemos encontrar a resposta adequada a essa demanda.

No caso da Lei n. 13.330/2016, denota-se que o objetivo imediato é exasperar a punição do conhecido *crime de abigeato*, ou seja, o furto de animais (boi, vaca, ovelha etc.), nas propriedades rurais de nosso imenso Brasil. Contudo, a nosso juízo, a *locução tipificada* para essa finalidade — *semovente domesticável de produção* — é de uma ambiguidade absurda, demandando profunda reflexão, e possibilita graves divergências a respeito de seu alcance e de seu real significado específico. Por esse motivo, torna-se, no mínimo, imprópria para a definição de qualquer conduta criminosa que exige um mínimo de clareza e precisão vernacular. Pode-se questionar a sua impropriedade por várias razões, das quais destacaremos apenas algumas, aquelas que têm reflexos diretos na tipificação propriamente da conduta incriminada, por ofender o princípio da tipicidade estrita.

Sobre a impropriedade de pretender combater o conhecido abigeato, que é uma modalidade de furto de animais do campo e das fazendas, *já analisamos quando trabalhamos o crime de furto, para onde remetemos o leitor.* No *entanto, relativamente a terminologia utilizada — semovente domesticável de produção —, para identificar objeto do crime (de furto e de receptação), não há como deixar de questionar a impropriedade de sua utilização.*

Referindo-se a *animais*, não se pode olvidar que existe uma infindável classificação, mas, para o que aqui interessa, lembramos que existem animais que se agrupam nas seguintes classificações: *selvagens, silvestres, domésticos, domesticáveis* e *domesticados*. Afinal, a elementar normativa do tipo — *semovente domesticável de produção* — adapta-se a qual desses grupos? O complemento "de produção" não parece facilitar essa identificação, pois acreditamos que significa, tão somente, que se trata de animais destinados ao abate ou à comercialização.

Acreditamos que se pode excluir, facilmente, alguns desses grupos, sem maiores dificuldades jurídicas, linguísticas ou mesmo biológicas. Referimo-nos aos animais selvagens e alguns silvestres; os demais, podem ser considerados domésticos ou domesticáveis. Para contextualizarmos o debate, devemos observar uma pequena definição de animais selvagens, silvestres e domésticos:

a) *Animais selvagens* são os ferozes, que vivem na selva ou grandes regiões de mata virgem; fazem parte da fauna, isto é, são animais que não se pode ter em casa. São patrimônio do País e dificilmente podem ser domesticados; b) *Animais silvestres* são todos os que vivem ou nasceram em um ecossistema natural, como florestas, rios e oceanos, mas não se confundem com os animais selvagens porque, normalmente, estão mais próximos da população e são pacíficos, apenas podem amedrontar-se com a aproximação das pessoas. Deve-se respeitar o seu espaço, mas podem facilmente ser domesticados, pelo menos alguns deles, v. g., papagaios, macacos, caturritas, entre outros; c) e, finalmente, *animais domésticos*, por sua vez, são aqueles que não vivem mais em ambientes naturais e tiveram, ao longo do tempo, seu comportamento alterado pelo convívio com o homem, e há muito tempo já nascem em ambiente doméstico. *Domesticáveis*, portanto, não são, genuinamente, animais domésticos, mas são aqueles que podem ser domesticados sem maiores dificuldades.

Os animais domésticos ou domesticados, a rigor, dependem do ser humano para viver, alimentar-se e abrigar-se. Enfim, os animais domésticos têm uma relação, pode-se afirmar, quase de dependência com os seres humanos. Aliás, essa relação é praticamente recíproca, pois o ser humano também tem grande dependência em relação a eles, inclusive para se alimentar. O próprio IBAMA exemplifica como *animais domésticos* os seguintes: gato, cachorro, cavalo, vaca, búfalo, porco, galinha, pato, marreco, peru, avestruz, codorna-chinesa, perdiz-chukar, canário-belga, periquito-australiano, abelha-europeia, *escargot,* mandarim, entre outros.

No entanto, por oportuno, convém enfatizar que os animais "domésticos" não precisam ser *domesticados*, pois, via de regra, *nascem domesticados*, pelo menos na sociedade contemporânea. Logo, *animais domésticos* não se confundem com *animais domesticáveis*, ou, na linguagem do texto legal, *semoventes domesticáveis*, pois, repetindo, já são domésticos, nascem assim. *Domesticáveis, por sua vez,* são animais não domésticos, mas que, por sua natureza não feroz, não muito agressiva ao ser humano, com algum treinamento adequado, podem vir a ser domesticados.

Por essas razões, consideramos inadequado denominar "semoventes domesticáveis", de produção ou não, *vacuns*, equinos, suínos, ovinos, caprinos etc., pois esses animais nascem *domésticos*, tanto que são criados, alimentados, controlados, produzidos e reproduzidos sob o controle humano e em ambiente "doméstico" e, como tais, não precisam ser *domesticados*: nascem domésticos, vivem em ambiente doméstico, e morrem (ou são mortos) domésticos. Só é *domesticável* o que não doméstico, seguindo a linha estrutural de nosso vernáculo. Agora, o javali, a capivara, o macaco, o papagaio e a caturrita, por exemplo, são *domesticáveis*, mas esses, teoricamente, pelo menos (talvez excluído o javali) não são "semoventes de produção"; consequentemente, não podem ser objeto material deste crime de receptação especial.

Por fim, a despeito da distinção existente, e que demonstramos acima, entre semoventes domesticáveis e semoventes domésticos, consideramos razoável pretender que qualquer dos dois — domésticos e domesticáveis — possa adequar-se à descrição típica contida no artigo *sub examine*, para permitir melhor funcionalidade dessa previsão legal, o que não afasta, por si só, a impropriedade do termo utilizado.

2. Bem jurídico tutelado e objeto material

Bem jurídico protegido diretamente é o patrimônio, público ou privado. Admitimos que a *posse* também seja objeto da tutela penal, na medida em que representa um aspecto importante do patrimônio, e, podendo ser objeto do crime de furto ou roubo, satisfaz a exigência de ser *produto de crime precedente*; não se pode negar, contudo, que a *propriedade* é o bem jurídico protegido por excelência.

Objeto desta *receptação* — que diríamos *especial*, por ser específica e distinta da receptação tradicional —, somente pode ser "semovente domesticável de produção", ainda que abatido ou dividido em partes, uma expressão mais rebuscada para referir-se a receptação de animal, que, aliás, é o *nomen iuris* do tipo penal, ou seja, seu objeto é absolutamente delimitado, pela própria descrição típica. A *receptação* de qualquer *outra coisa móvel* adequar-se-á à receptação tradicional descrita no art. 180 deste mesmo Código Penal.

Logicamente, o *objeto material* deste crime de *receptação animal* há de ser produto de crime de *"semovente domesticável de produção, ainda que abatido ou dividido em partes"*, isto é, há de ser o resultado, mediato ou imediato de crime haja tido o mesmo objeto. É irrelevante que tal *produto* já tenha sido abatido ou mesmo já dividido em parte, ou seja, cortado, picado ou esquartejado, pois continuará sendo receptação de produto *animal domesticável de produção*, que, regra geral, é o nosso conhecimento *animal doméstico* (gado, porco, ovelha, cabra, galinha etc.).

No entanto, nesta modalidade de receptação, contrariamente, ao que ocorre na receptação tradicional (art. 180), não é admissível como seu objeto, a coisa *sub-rogada*, pois não se refere, simplesmente, a "produto de crime", mas destaca, expressamente, *animal domesticável de produção*, cuja ampliação fica por conta, somente, de poder ser mesmo *abatido ou dividido em partes*. Essa especificação impede, certamente, a admissão de qualquer sub-rogação de coisa de outra natureza. Logicamente, isso não impede, por óbvio, receptação de receptação, desde que seja mantido o mesmo objeto.

3. Sujeitos ativo e passivo

Sujeito ativo pode ser qualquer pessoa, independente de qualidade ou condição especial, menos o autor, coautor ou partícipe do *crime anterior* (participar do crime anterior, por exemplo, e a seguir comprar a parte dos demais), que seja pressuposto da receptação. A "receptação" para eventual participante do crime antecedente (coautor ou partícipe) constitui *pós-fato impunível*[1].

Este artigo 184-A, com a redação determinada pela Lei n. 13.330/2016, tipifica um *crime próprio*, que somente pode ser praticado por "*comerciante*" ou "*industrialista*", mesmo que essa *atividade comercial* seja irregular ou clandestina, consoante sua *elementar normativo-subjetiva*, "com a finalidade de produção ou de comercialização", ainda que abatido ou dividido em partes. Em outros termos, referida elementar *afasta*, por completo, qualquer possibilidade de o cidadão comum, matuto, homem da roça ou da campanha que receptar (comprar, adquirir, vender etc.) "semoventes domesticáveis de produção" para consumo próprio ou da família, ou mesmo que distribua, gratuitamente, para sua comunidade pobre. Faltar-lhe-á a satisfação dessa elementar mencionada, logo, sua conduta não se adequará à descrição típica da receptação de animais, contrariamente ao que, provavelmente, pretendeu o distinto legislador. Portanto, sua conduta será absolutamente atípica, afastando, consequentemente, a sua punibilidade.

Sujeito passivo deste crime, ou seja, a vítima, será sempre o sujeito passivo do crime de que proveio o objeto receptado. Dito de outra forma, o sujeito passivo do crime de receptação é o mesmo sujeito passivo do crime anterior.

4. Tipo objetivo: adequação típica

Receptação é o crime que produz a *manutenção, consolidação ou perpetuidade* de uma situação patrimonial anormal, decorrente de crime anterior praticado por outrem. Contudo, a despeito de a *receptação de animal* estar topograficamente situada no Título que trata dos *crimes patrimoniais*, ao contrário da receptação tradicional, nesta é indispensável que o crime anterior tenha como objeto semovente domesticável de produção, ainda que abatido ou dividido em partes. Na receptação tradicional não é necessário, sequer, que o crime anterior seja crime contra o patrimônio,

---

1. Giuseppe Maggiore, *Derecho Penal*, cit., v. 5, p. 194.

bastando que o objeto receptado seja produto de crime. No entanto, em razão da natureza do *bem jurídico* (patrimonial) que esse tipo penal tutela, é indispensável que o pressuposto dele (crime anterior) proporcione ao sujeito passivo vantagem econômica, que a receptação se encarrega de garantir ou assegurar.

Ademais, destacamos, desde logo, que essa receptação especial apresenta um elemento subjetivo especial do injusto, que a modalidade tradicional não tem, qual seja, *com a finalidade de produção ou de comercialização* de semovente domesticável de produção. Como veremos adiante, *esse fim especial* limita consideravelmente o alcance dessa figura típica.

A *receptação de animal (semovente domesticável de produção)* tipifica as seguintes condutas: adquirir, receber, transportar, conduzir, ocultar, ter em depósito ou vender, com a finalidade de produção ou de comercialização, *semovente domesticável de produção*, ainda que abatido ou dividido em partes, que deve saber ser produto de crime.

Todas essas condutas direcionam-se para um *objeto determinado* pelo próprio tipo penal; não para um objeto qualquer, mas para um objeto que deve apresentar uma característica peculiar: *semovente domesticável de produção*, ainda que abatido ou dividido em partes. E mais: referido objeto especial vem acrescido também de um fim específico, qual seja, com a *finalidade de produção ou de comercialização*. Logo, qualquer outro objeto, como qualquer outra finalidade ou mesmo a simples ausência de finalidade alguma desnaturam esta *receptação*, podendo, dependendo das circunstâncias, adequar-se a descrição típica da receptação tradicional ou comum.

Vejamos, a seguir, ainda que sucintamente, cada uma dessas condutas configuradoras do crime de receptação de animal.

a) A primeira conduta incriminada está representada pelo verbo *adquirir*, que pode significar compra, permuta, troca, dação em pagamento, recebimento de herança. Configura-se o crime mesmo *que o título não seja injusto*. Por exemplo, o herdeiro que, sabendo da origem criminosa da coisa, a adquire por sucessão; o credor que, para receber, aceita a coisa que sabe ser produto de crime etc. Aquisição é a obtenção da coisa a título de domínio, em definitivo. Somente se aperfeiçoa com a efetiva tradição da coisa. Antes da *traditio* pode existir tentativa de receptação.

Na *aquisição onerosa* é indiferente que o preço pago seja vil ou justo. O preço vil, embora seja indício legal da *receptação culposa*, é irrelevante na receptação dolosa. A normalidade ou justeza do preço, por si só, não afasta a possibilidade da receptação dolosa, que, como veremos, repousa em outros fundamentos.

Não se pode olvidar nunca que, na *receptação de semovente domesticável de produção*, somente este pode ser objeto dela, mesmo que abatido ou dividido em partes.

b) A segunda figura tipificada está representada pelo verbo *receber*, que tem sentido mais abrangente; pode significar *aceitar* o que lhe é oferecido ou entregue; *recolher* o que lhe é devido, *entrar na posse* da coisa que lhe é entregue etc.

Na versão de Hungria, *recebimento* é a tomada de posse da coisa entregue a qualquer outro título que não seja o de propriedade.

c) *Transportar*, que também significa *conduzir* (que é sinônimo da próxima conduta), consiste em deslocar o objeto da receptação (semovente domesticável de produção) de um lugar para outro, não necessariamente para o receptador, pois pode estar sendo desviado para algum intermediário etc. (essa conduta amplia exageradamente para alcançar o simples motorista do veículo que efetua o transporte do objeto receptado). *Transportar* significa ainda carregar, levar ou *conduzir* a coisa receptada de um lugar para outro.

d) *Conduzir*, que também significa *transportar* (que é a conduta tipificada anterior, agora repetida, também amplia a criminalização, atingindo o *condutor do veículo* que apenas efetua o transporte, por isso, essas duas condutas — transportar e conduzir — devem ser analisadas, casuisticamente, com extremo cuidado, para não penalizar indevidamente um mero funcionário que, por vezes, desconhece o significado do que está fazendo a mando de alguém), é levar de um lugar para outro, carregar, "transportar", mas também pode significar dirigir, manobrar, manejar ou guiar um veículo automotor. *Conduzir* significa ainda carregar, levar ou *transportar* a coisa receptada de um lugar para outro.

e) A quinta figura desta *receptação especial* é constituída pelo verbo ocultar (*semovente domesticável de produção*) que, ontologicamente, expressa a ideia de esconder fraudulentamente alguma coisa de alguém. Somente se oculta algo que deveria ser público ou do conhecimento geral. *Ocultar* é dissimular a posse ou detenção da coisa de origem criminosa, escondendo-a; é colocar o objeto da receptação em local onde seja difícil encontrá-lo ou localizá-lo. Tinha razão Hungria, referindo-se à receptação tradicional, em rechaçar o entendimento de que na *ocultação* estaria implícita a aquisição ou recebimento da coisa, que, naturalmente, precederiam aquela. O seguinte exemplo de Hungria[2] deixa esse aspecto muito claro: "Quem apreende, por exemplo, a coisa abandonada pelo ladrão para acobertar-se de suspeitas, e a *oculta*, para posteriormente entregá-la, mediante recompensa, é, incontestavelmente, *receptador*, e, no entanto, não se pode dizer que tenha adquirido a coisa". Esse entendimento de Hungria aplica-se também na *receptação de semovente domesticável*, guardadas suas próprias peculiaridades, logicamente.

f) A sexta conduta incrimina é *ter em depósito* que significa receber produto de crime, retendo-o e conservando-o, em proveito próprio ou de terceiro. Esse depósito, recebido por comerciante ou industrial, pode ser gratuito ou oneroso. Essa modalidade de conduta, de duvidosa técnica legislativa enquanto definidora de ação humana, afasta possível discussão sobre como a coisa produto de crime veio parar nas mãos do sujeito ativo, isto é, se houve aquisição, recebimento ou "qualquer outra forma" de utilização. Por outro lado, se facilita a repressão estatal, dificulta sobremodo a defesa do imputado, na medida em que inverte o ônus da prova, tendo de demonstrar

---

2. Nélson Hungria, *Comentários ao Código Penal*, cit., v. 7, p. 304.

que, a despeito de tal produto encontrar-se em suas dependências, desconhecia sua origem ilícita, não autorizou nem tomou parte na ação de depositar e até que não sabia da existência de tal depósito. Enfim, trata-se de uma figura que, ademais de constituir crime permanente, consagra indisfarçável responsabilidade objetiva.

g) Finalmente, *vender que significa* alienar algo a alguém por um preço convencionado, trocar, no caso, por dinheiro a coisa produto de crime; *vender* é comerciar, negociar o produto do crime, neste caso específico, desde que seja relativo a semovente domesticável. *Vender* é transferir a outrem, mediante pagamento, a coisa obtida com o crime anterior.

4.1 *Receptação de receptação: possibilidade limitada*

É admissível *receptação de receptação de animal*, ou seja, a mesma coisa pode ser objeto material de sucessivas receptações, desde que ambas tenham como finalidade a *produção ou comercialização de semovente domesticável*. Tanto é *produto de crime* o resultado do crime originário como aquele que provém de intercorrente receptação, aliás, é da sua própria natureza jurídica, qual seja, *receptar produto de crime*. No entanto, se na cadeia criminosa houver aquisição ou recebimento por *terceiro de boa-fé*, estará configurada uma solução da continuidade do *status* ilícito criado pelo crime originário. Com efeito, a *anormalidade jurídica* somente seria mantida por meio de intercorrentes aquisições de má-fé, cuja corrente foi quebrada pela intercorrência de uma aquisição de boa-fé, afastando a ilicitude do seu produto.

Assim, quem adquire *coisa* que fora recebida ou adquirida por terceiro de boa-fé não pratica crime de receptação, mesmo que *saiba* que a coisa provém de crime. Esse já era o entendimento esposado por Maggiore, segundo o qual "não há crime no caso de quem adquiria as coisas delituosas de um possuidor de boa-fé já que estas coisas em consequência da posse de boa-fé perderam a qualidade de delituosas"[3].

Nem sempre, contudo, a aquisição, recebimento ou ocultação de produto de crime constitui receptação, podendo, conforme as circunstâncias, tipificar outra infração penal. Quem adquire ou recebe, para guardar, por exemplo, *moeda falsa*, não pratica receptação, mas o crime do art. 289, § 1º, do CP; quando o faz para tornar seguro o produto do crime, em auxílio a outrem, incorre em *favorecimento real* (art. 349).

5. Tipo subjetivo: adequação típica

Para analisar o elemento subjetivo do crime de receptação dolosa — simples e qualificada, previstas no art. 180 e seu § 1º —, tivemos de superar, preliminarmente, a divergência sobre o sentido e função das elementares "sabe" ou "deve saber", indevidamente contidas no tipo, para nós, relativos ao *grau de consciência* (atual

3. Giuseppe Maggiore, *Derecho Penal*, cit., v. 5, p. 1067.

ou potencial) sobre o fato de tratar-se de produto de crime. Deixamos claro, naquela oportunidade, que discordamos da velha doutrina clássica, que considera referidas elementares indicativas das espécies de dolo (direto e eventual).

Desafortunadamente, o legislador contemporâneo volta a repetir a mesma erronia ao utilizar, em sua redação final, a *elementar normativa* "que deve saber ser produto do crime" que, na nossa ótica, é indicadora do *grau de censura*, indiferente, portanto, para a definição do dolo, que é puramente psicológico.

Não se pode esquecer que as elementares "sabe" e "deve saber", que são puramente normativas, não se confundem com *dolo*, pois este se compõe de dois *elementos psicológicos* — um *volitivo* (vontade) e outro *intelectivo* (consciência) —, e a ausência de qualquer deles é suficiente para impedir a configuração dolosa do crime, tanto na forma direta quanto na eventual. Com efeito, a presença, *in concreto*, das elementares "sabe" ou "deve saber" significa somente a *atualidade ou potencialidade* da consciência da ilicitude, respectivamente, sem qualquer relevância na definição ou constituição da espécie de dolo (direto ou indireto).

O *elemento subjetivo* do crime de receptação animal é o *dolo* constituído pela *vontade consciente* de praticar qualquer das condutas descritas no tipo (*adquirir, receber, transportar, conduzir, ocultar, ter em depósito ou vender*) configuradoras dessa infração penal. A *consciência* de todas as elementares do tipo, como elemento do dolo, deve ser *atual*, isto é, deve existir no momento em que a ação está acontecendo. O agente deve ter *plena consciência*, no momento em que pratica a ação, daquilo que quer realizar, qual seja, praticar a receptação com finalidade de produção ou comercialização de semovente domesticável de produção. Assim, o agente deve ter não apenas *consciência* de que pratica uma ação receptadora, mas também *consciência* das consequências de sua ação e dos *meios* que utiliza para executá-la.

Além desse *elemento intelectual*, é indispensável ainda o *elemento volitivo*, sem o qual não se pode falar em *dolo*, direto ou eventual. Em outras palavras, a *vontade* deve abranger, igualmente, a *ação* (em qualquer de suas modalidades descritas no tipo), o *resultado* (obtenção do objeto da criminalização), os *meios* (no caso, livremente) e o *nexo causal* (relação de causa e efeito). Na realidade, o *dolo* somente se completa com a *presença simultânea* da *consciência* e da *vontade* de realizar todos os elementos constitutivos do tipo penal. Com efeito, quando o processo *intelectual-volitivo* não abrange qualquer dos requisitos da ação descrita na lei, não se pode falar em dolo, configurando-se o *erro de tipo*, e sem dolo não há crime, ante a ausência de previsão da modalidade culposa.

5.1 *Elemento subjetivo especial do injusto: produção ou comercialização de semovente domesticável*

Exige-se, ademais, o *elemento subjetivo especial do tipo*, constituído pelo seu *fim especial*, qual seja, *a finalidade de receptar produto de produção ou de comercialização de semovente domesticável de produção*. Pois é exatamente esse *fim especial* que distingue a *receptação de animal* da receptação tradicional, bem como da *receptação qualificada*, isto é, a receptação de veículos ou peças, nos termos do § 1º do art. 180 do Código Penal.

Convém destacar que essa finalidade especial, configuradora do elemento subjetivo do injusto, não precisa concretizar-se, sendo suficiente que exista na mente do sujeito ativo e que tenha sido o móvel propulsor de sua ação delitiva. O *especial fim de agir*, embora amplie o aspecto subjetivo do tipo penal, não integra o *dolo*, nem com ele se confunde, uma vez que o dolo esgota-se com a consciência e a vontade de realizar a ação com a finalidade de obter o resultado criminoso. A finalidade especial do agir que integra determinadas definições delituosas, como é o caso desta modalidade de receptação, condiciona ou fundamenta a ilicitude do fato, constituindo, assim, elemento subjetivo especial do crime, de forma autônoma e independente do dolo.

A ausência desse elemento subjetivo especial, concluindo, descaracteriza o tipo penal, independentemente da presença do dolo. Enquanto o dolo deve materializar-se no fato típico, o elemento subjetivo especial do tipo especifica o dolo, sem necessidade de se concretizar, sendo suficiente que exista no psiquismo do autor.

6. Consumação e tentativa

A *receptação de animal* é crime material e consuma-se com a efetiva subtração do semovente, isto é, do animal receptado. Nessa *receptação, como na receptação comum*, é perfeitamente admissível a *tentativa*, considerando-se tratar-se de *crime material*; por conseguinte, admite o fracionamento de seu *iter criminis*, ou seja, de sua fase executória. Deve-se, contudo, destacar que o simples acordo entre o ladrão e o futuro receptador não constitui tentativa, mas meros atos preparatórios, sendo incabível, portanto, a prisão em flagrante nesse momento. No entanto, se esse acordo for celebrado antes da prática do crime anterior (v. g. furto), poderá, em tese, configurar a participação do pretenso receptador no crime anterior, como coautor ou partícipe, dependendo das circunstâncias concretas (art. 29 do CP). Nessa hipótese, por outro lado, fica afastada a configuração da receptação.

A *tentativa*, diante da natureza material dessa modalidade de receptação comporta, certamente, a figura do crime tentado, dependendo somente das próprias circunstâncias dessa tentativa.

7. Classificação doutrinária

Trata-se de *crime comum* (a receptação de animal não exige qualquer qualificação ou condição especial do sujeito ativo); *doloso* (não havendo previsão de modalidade culposa); *material* (trata-se de crime que deixa vestígios, inclusive com a supressão do objeto receptado); *comissivo* (a conduta descrita implica na prática ação ativa); *instantâneo* (crime que se esgota com a ocorrência do resultado); *unissubjetivo* (pode ser praticado por um agente individualmente); *plurissubsistente* (a condutas dolosa tem *iter criminis* que pode ser seccionado, isto é, interrompido, compondo-se de vários atos).

8. Pena e ação penal

Na receptação de animais, as sanções penais são cumulativas: reclusão de 2 (dois) a 5 (cinco) anos e multa. Inclusive, por essa razão o STJ vem decidindo que "Deve ser aplicado, de forma retroativa, o disposto no art. 180-A introduzido pela Lei n. 13.330/2016, que previu o crime de receptação de animal e estabeleceu pena menor em relação à forma qualificada do crime de receptação, cuidando-se de lei mais favorável" (STJ, AgRg no AREsp n 1.495.089/MG, rel. Min. Antonio Saldanha Palheiro, Sexta Turma, julgado em 27-9-2022, *DJe* de 4-10-2022). Para esta modalidade de receptação há previsão de causas de aumento ou de diminuição. A ação penal, a exemplo da receptação tradicional, é pública incondicionada, ressalvadas as hipóteses do art. 182 do Código Penal.

DISPOSIÇÕES GERAIS DOS CRIMES CONTRA O PATRIMÔNIO

Sumário: 1. Considerações preliminares. 2. Repercussão do Estatuto da Pessoa Idosa nos crimes patrimoniais. 3. Imunidade penal absoluta. 4. Imunidade relativa: condição de procedibilidade. 5. Exclusão de imunidade ou privilégio. 5.1. Concurso eventual de estranhos: coautoria ou participação.

Capítulo VIII

DISPOSIÇÕES GERAIS

Art. 181. É isento de pena quem comete qualquer dos crimes previstos neste título, em prejuízo:

I — do cônjuge, na constância da sociedade conjugal;

II — de ascendente ou descendente, seja o parentesco legítimo ou ilegítimo, seja civil ou natural.

Art. 182. Somente se procede mediante representação, se o crime previsto neste título é cometido em prejuízo:

I — do cônjuge desquitado ou judicialmente separado;

II — de irmão, legítimo ou ilegítimo;

III — de tio ou sobrinho, com quem o agente coabita.

Art. 183. Não se aplica o disposto nos dois artigos anteriores:

I — se o crime é de roubo ou de extorsão, ou, em geral, quando haja emprego de grave ameaça ou violência à pessoa;

II — ao estranho que participa do crime;

III — se o crime é praticado contra pessoa com idade igual ou superior a 60 (sessenta) anos.

• Inciso III acrescentado pela Lei n. 10.741, de 1º de outubro de 2003.

Art. 183-A. Nos crimes de que trata este Título, quando cometidos contra as instituições financeiras e os prestadores de serviço de segurança privada, de que trata o Estatuto da Segurança Privada e da Segurança das Instituições Financeiras, as penas serão aumentadas de 1/3 (um terço) até o dobro.

• Artigo acrescentado pela Lei n. 14.967, de 9 de setembro de 2024.

1. Considerações preliminares

Por razões de ordem político-criminal, visando em primeiro plano a harmonia e a solidariedade família, as legislações penais, desde o direito romano, concederam imunidade penal, absoluta ou relativa, nos crimes patrimoniais praticados entre cônjuges ou parentes próximos. No direito romano se fundamentava essa orientação na concepção da copropriedade-familiar, que não admita a *actio furti* quando o autor fosse filho ou cônjuge do lesado[1]. Para os romanos a preservação da honorabilidade era mais importante do que punir incondicionalmente os crimes patrimoniais, especialmente quando eram praticados infrafamília.

O Código Napoleônico de 1810 não se afastou daquela orientação romana, admitindo a impunidade para o crime de furto, desde que cometido entre cônjuges, ascendentes e descendentes.

Os dois Códigos Penais brasileiros do século XIX (1830 e 1890) previam a impunidade para os crimes de furto praticados entre parentes.

O Código Penal brasileiro (1940) adotou a mesma orientação, seguindo a filosofia romana. Prioriza a harmonia e a integridade dos laços familiares, assegurando a imunidade, absoluta ou relativa, de acordo com o nível de parentesco entre autor e vítima, disciplinada nos arts. 181 e 182.

2. Repercussão do Estatuto da Pessoa Idosa nos crimes patrimoniais

Quando tratou dos crimes em espécie praticados contra quem o legislador conceituou como *idoso* (pessoa com idade igual ou superior a 60 anos de idade), o estatuto determinou que referidas infrações penais são de *ação pública incondicionada*, "não se lhes aplicando os arts. 181 e 182 do Código Penal" (art. 95). Embora, com algum esforço, se possa compreender a boa intenção do legislador, e especialmente tentando salvar aquela superada máxima de que *a lei não tem palavras inúteis*, concretamente, pode-se afirmar que não apenas as palavras são inúteis como toda a previsão relativa aos dois artigos mencionados é absolutamente desnecessária e supérflua. Com efeito, suprimindo-se essa previsão legal (art. 95), a situação continua exatamente a mesma, ou seja, aquelas prescrições dos arts. 181 e 182 do Código Penal não se aplicam aos crimes tipificados no Estatuto da Pessoa Idosa. A tradicional miopia do legislador brasileiro impediu-o de perceber que o conteúdo dos arts. 181 e 182 do Código Penal aplica-se exclusivamente aos *crimes contra o patrimônio* contidos no Título II da Parte Especial do Código Penal, e, certamente, os crimes especiais relativos ao idoso não têm natureza patrimonial. Na verdade, a nenhum outro crime, de natureza patrimonial ou não, aplica-se o disposto nos indigitados arts. 181 e 182 do CP.

Por outro lado, o mesmo Estatuto da Pessoa Idosa, no seu art. 110, amplia as causas excludentes daquelas imunidades dos crimes contra o patrimônio, incluin-

---

1. Nélson Hungria, *Comentários ao Código Penal*, cit., v. 7, p. 324.

do um terceiro inciso no art. 183 do CP, com a seguinte redação: "se o crime é praticado contra pessoa com idade igual ou superior a 60 (sessenta) anos". Com essa previsão legal, é irrelevante que o crime patrimonial seja praticado contra cônjuge, ascendente ou descendente, se o ofendido tiver idade igual ou superior a sessenta anos.

A despeito de pretender proteger o "idoso", a nosso juízo, é discriminatório taxar de "idoso" pessoa com sessenta anos de idade, especialmente quando a ciência tem comprovado o grande aumento na longevidade neste início de milênio. Com efeito, muitas pessoas, na faixa dos sessenta anos, não deixarão de se sentir, de certa forma, discriminadas, ao serem, por determinação legal, consideradas "idosas".

3. Imunidade penal absoluta

Trata-se de *causas pessoais* de exclusão de pena (*escusas absolutórias*), que funcionam, segundo Heleno Fragoso, como condições negativas de punibilidade do crime[2]. O fundamento que os romanos já utilizavam continua a justificar a política criminal adotada pelo legislador de 1940, ou seja, o Estado prefere renunciar ao *ius puniendi* para preservar a paz social, por razões de política criminal.

O fato não perde sua *ilicitude*, sendo puníveis, por essa razão, eventuais estranhos que dele participarem. A *escusa absolutória pessoal* não exclui o crime: impede somente a aplicação de pena às pessoas relacionadas no dispositivo (art. 181):

a) *Cônjuge, na constância da sociedade conjugal* — A primeira hipótese destina-se somente aos cônjuges na constância da sociedade conjugal, excluindo-se o concubinato, companheirismo, casamento religioso, sem efeitos civis, a união estável, bem como os cônjuges separados ou divorciados. A vigência do casamento é considerada ao tempo do crime e não ao tempo em que instaurada a ação penal ou julgada em primeiro ou segundo grau.

O casamento posterior ao fato não tem efeito extintivo da punibilidade, como ocorria nos crimes sexuais, antes da alteração procedida pela Lei n. 11.106/2005. Pela mesma razão, é irrelevante que, após o fato delituoso, sobrevenha separação judicial ou divórcio: a imunidade judicial persistirá, porque ao tempo do fato havia a causa extintiva. No mesmo sentido, a eventual anulação do matrimônio, independentemente da causa, não retroagirá para o fim de afastar a impunidade, salvo se ficar comprovada a má-fé do sujeito ativo.

É indiferente o regime de bens do casamento ou que tenha sido celebrado no País ou no estrangeiro. Também é irrelevante que sobrevenha a morte do cônjuge lesado.

b) *Ascendente ou descendente, seja o parentesco legítimo ou ilegítimo, civil ou natural* — Esta segunda hipótese dirige-se aos crimes praticados por *ascendente* contra *descendente* e vice-versa, seja qual for a natureza do parentesco (civil, natural, legítimo ou ilegítimo). Ascendentes e descendentes são os parentes vinculados uns aos outros em linha reta, tais como bisavô, avô, pai, filho, neto, bisneto etc.

---

2. Heleno Cláudio Fragoso, *Lições de Direito Penal*, cit., v. 1, p. 562.

Para se admitir a imunidade, nessa linha, não há grau de limitação. Pela previsão do Código Penal, admitindo a relação de parentesco, civil ou natural, já estaria incluída a filiação adulterina e incestuosa. Pelo Texto Constitucional de 1988, essa orientação foi reforçada, ficando absolutamente proibida qualquer discriminação relativa à filiação: "Os filhos, havidos ou não da relação do casamento, ou por adoção, terão os mesmos direitos e qualificações, proibidas quaisquer designações discriminatórias relativas à filiação" (art. 277, § 6º, da CF).

O "parentesco afim", como sogro, nora e genro, não é alcançado pela imunidade penal.

4. Imunidade relativa: condição de procedibilidade

No art. 182 o Código Penal trata das chamadas *imunidades relativas*, que não afastam a punibilidade do fato praticado, mas criam determinado obstáculo ao exercício da ação penal. Nas hipóteses relacionadas nesse dispositivo legal, a autoridade pública (autoridade policial ou Ministério Público) de uma *condição de procedibilidade* — representação do ofendido — para instaurar a ação penal.

Na verdade, não se trata de *imunidade*, absoluta ou relativa, mas simplesmente de alteração da *espécie de ação penal*, condicionada à *representação* do ofendido, desde que o crime patrimonial tenha sido praticado em prejuízo do cônjuge desquitado ou judicialmente separado; irmão, legítimo ou ilegítimo; tio ou sobrinho com quem o agente coabita.

Convém registrar, para evitar equívocos, que os crimes de exclusiva iniciativa privada não são abrangidos pelo disposto no artigo em exame, que se restringe aos crimes de ação pública, pois naqueles a iniciativa da ação penal já depende da vontade exclusiva da vítima.

As hipóteses destacadas são as seguintes:

a) *Cônjuge desquitado ou judicialmente separado* — Embora o texto legal utilize a terminologia "desquitado", deve-se dar-lhe interpretação contextualizada, uma vez que desde 1977 o *desquite* foi substituído pela separação judicial e pelo divórcio. Assim, essa *condição de procedibilidade* é exigida quando o crime patrimonial for praticado por ex-cônjuges, um contra o outro, que se encontrem separados ou divorciados. A *separação de fato* está excluída dessa relação, pois, nessa hipótese, estará configurada a *imunidade absoluta* disciplinada no art. 181, na medida em que a separação de fato não rompe, juridicamente, o vínculo matrimonial.

b) *Irmão, legítimo ou ilegítimo* — É indiferente que se trate de irmãos bilaterais (germanos) ou unilaterais. Se o dano for além do irmão, atingindo também algum estranho, desaparecerá a condição de procedibilidade, mantendo a ação penal sua natureza jurídica normal de pública incondicionada.

c) *Tio ou sobrinho com quem o agente coabita* — Tio e sobrinho são parentes em *linha colateral*, ao contrário de ascendente e descendente, que o são em linha reta, *ad infinitum*.

A exigência legal para condicionar a ação penal à representação do ofendido, nessa hipótese, é de que vítima e infrator *coabitem* sob o mesmo teto, com *animus* duradouro, sendo insuficientes algumas passagens esporádicas. *Coabitar* é morar junto, na mesma casa, sob o mesmo teto. Magalhães Noronha[3] destacava que "coabitação é qualidade que a lei requer entre os parentes; devem ser coabitantes, nada importando, todavia, que o crime se dê fora da residência comum, como quando, por exemplo, se acham em viagem, em cidade diferente daquela onde têm coabitação".

É necessário, segundo se presume do texto legal, que vítima e infrator convivam no momento do crime. A *coabitação anterior* ou posterior ao fato é indiferente para configurar a coabitação exigida.

5. Exclusão de imunidade ou privilégio

A imunidade (art. 181) e a condição de procedibilidade (art. 182) são afastadas em determinadas circunstâncias, que o legislador houve por bem especificar no texto legal (art. 183).

Assim, a isenção prevista no art. 181, que é absoluta, não se aplica quando o crime for de *roubo* ou *extorsão*, quando houver emprego de violência a pessoa ou grave ameaça ou quando a vítima for maior de sessenta anos. Nas mesmas circunstâncias, também é afastado o privilégio estabelecido no art. 182 quanto à necessidade de representação.

Nas hipóteses de crime de *roubo* ou *extorsão*, ou quando, de qualquer forma, houver emprego de violência ou grave ameaça, não se justificam os *favores* concedidos pela lei. De forma genérica, pode-se afirmar: os "benefícios" ora em exame somente se aplicam às hipóteses de crimes patrimoniais praticados sem violência ou grave ameaça à pessoa.

5.1 *Concurso eventual de estranhos: coautoria ou participação*

O concurso eventual de pessoas (art. 29) pode ocorrer em qualquer espécie de crime, com ou sem responsabilidade penal de um ou mais intervenientes. Por outro lado, no *concursus delinquentium*, as circunstâncias de *caráter pessoal* somente se comunicam quando forem *elementares do crime* (art. 30).

As condições ou *estado das pessoas* relacionadas nos arts. 181 e 182 não são *elementos constitutivos* dos crimes patrimoniais de que tratam. Por essa razão, de forma simplificada, pode-se afirmar que as "imunidades" previstas nesses dois dispositivos não se comunicam ao estranho que, eventualmente, *participe* da prática dos crimes, de acordo com a regra geral estabelecida pelo art. 30, antes referido. No entanto, o próprio legislador preocupou-se em espancar qualquer dúvida interpretativa possível e dispôs, expressamente, que a impunibilidade ou punibilidade relativa não se estende ao estranho.

---

3. Magalhães Noronha, *Direito Penal*, cit., v. 2, p. 533.

VIOLAÇÃO DE DIREITO AUTORAL

Sumário: 1. Considerações preliminares. 2. Bem jurídico tutelado. 3. Sujeitos ativo e passivo. 4. Tipo objetivo: adequação típica. 4.1. Inovações da Lei n. 10.695/2003. 5. Figuras qualificadas: majoração penal. 5.1. Intuito de lucro é o fundamento da majoração penal. 5.2. Elemento normativo do tipo: sem autorização. 6. Repressão da ciberpirataria. 7. Tipo subjetivo: adequação típica. 8. Consumação e tentativa. 9. Classificação doutrinária. 10. Pena e ação penal. 11. Algumas questões especiais.

TÍTULO III | DOS CRIMES CONTRA A PROPRIEDADE IMATERIAL

CAPÍTULO I

DOS CRIMES CONTRA A PROPRIEDADE INTELECTUAL

Violação de direito autoral

Art. 184. Violar direitos de autor e os que lhe são conexos:

Pena — detenção, de 3 (três) meses a 1 (um) ano, ou multa.

§ 1º Se a violação consistir em reprodução total ou parcial, com intuito de lucro direto ou indireto, por qualquer meio ou processo, de obra intelectual, interpretação, execução ou fonograma, sem autorização expressa do autor, do artista intérprete ou executante, do produtor, conforme o caso, ou de quem os represente:

Pena — reclusão, de 2 (dois) a 4 (quatro) anos, e multa.

§ 2º Na mesma pena do § 1º incorre quem, com o intuito de lucro direto ou indireto, distribui, vende, expõe à venda, aluga, introduz no País, adquire, oculta, tem em depósito, original ou cópia de obra intelectual ou fonograma reproduzido com violação do direito de autor, do direito de artista intérprete ou executante ou do direito do produtor de fonograma, ou, ainda, aluga original ou cópia de obra intelectual ou fonograma, sem a expressa autorização dos titulares dos direitos ou de quem os represente.

§ 3º Se a violação consistir no oferecimento ao público, mediante cabo, fibra ótica, satélite, ondas ou qualquer outro sistema que permita ao usuário realizar a seleção da obra ou produção para recebê-la em um tempo e lugar previamente determinados por quem formula a demanda, com intuito de lucro, direto ou indireto, sem autorização expressa, conforme o caso, do autor, do artista intérprete ou executante, do produtor de fonograma, ou de quem os represente:

Pena — reclusão, de 2 (dois) a 4 (quatro) anos, e multa.

§ 4º O disposto nos §§ 1º, 2º e 3º não se aplica quando se tratar de exceção ou limitação ao direito de autor ou os que lhe são conexos, em conformidade com o previsto na Lei n. 9.610, de 19 de fevereiro de 1998, nem a cópia de obra intelectual ou fonograma, em um só exemplar, para uso privado do copista, sem intuito de lucro direto ou indireto.

- Artigo com redação determinada pela Lei n. 10.695, de 1º de julho de 2003.

---

1. Considerações preliminares

A violação de direito autoral não era objeto de disciplina nas Ordenações Afonsinas e Manuelinas. O Código Criminal de 1830 criminalizava a violação de direitos autorais como uma forma *sui generis* do crime de furto (art. 261). O Código Penal de 1890, por sua vez, ampliou a proteção penal da violação dos direitos autorais, fazendo-o em vários dispositivos. O legislador de 1940 procurou sintetizar as previsões do diploma anterior.

Finalmente, o *caput* do art. 184 recebeu a redação dada pela Lei n. 6.895, de 17 de dezembro de 1980, e os §§ 1º e 2º receberam a redação da Lei n. 8.635, de 16 de março de 1993, que acrescentou o § 3º, cuja vigência durou até julho de 2003, com o advento da Lei n. 10.695/2003.

2. Bem jurídico tutelado

O bem jurídico protegido é o *direito autoral*, que, na verdade, constitui um complexo de direitos — morais ou patrimoniais — nascidos com a criação da obra. Em outros termos, o objeto jurídico da proteção penal é a *propriedade intelectual.* Os direitos autorais abrangem os direitos de autor e os direitos que lhe são conexos.

Direitos conexos aos do autor são os relativos à interpretação e à execução da obra por seu criador, considerando-se como tais a gravação, reprodução, transmissão, retransmissão, representação ou qualquer outra modalidade de comunicação ao público. O *direito de arena* também constitui um direito conexo ao do autor.

A locução "violar direitos do autor" adquiriu a abrangência ampliada para significar violação de todo e qualquer direito autoral, inclusive aqueles denominados conexos. Os direitos de autor nascem com a criação e utilização econômica de obra (intelectual, artística, estética, científica, literária, escultural ou cultural) e decorrem do próprio ato de criação; podem ser morais e patrimoniais.

3. Sujeitos ativo e passivo

Sujeito ativo pode ser qualquer pessoa, sem nenhuma condição especial. Nada impede que ocorram as figuras da coautoria e da participação, desde que presente o elemento subjetivo do crime.

Sujeito passivo somente pode ser o titular do direito autoral, isto é, o criador de obra intelectual, que pode ser literária, científica ou artística, ou, na ausência do criador, seus herdeiros ou sucessores. Em verdade, os direitos do autor podem ser total ou parcialmente transferidos a terceiros, ressalvados aqueles de natureza personalíssima, como o de proceder a modificações na obra.

A pessoa jurídica, de direito público ou privado, também pode ser *sujeito passivo* desse crime. Quando for pessoa jurídica de direito público, a ação penal será pública incondicionada.

4. Tipo objetivo: adequação típica

A violação dos direitos de autor pode concretizar-se de formas variadas, tais como a reprodução gráfica da obra original, ou comercialização de obras originais, sem autorização do autor ou seu representante legal.

A ação delituosa consiste em *violar direito de autor ou os que lhe são conexos*. Violar significa transgredir, falsificar ou ofender o direito do autor. A lei penal não define o que é *direito de autor* ou direito autoral. Essa definição deve ser buscada na lei civil (9.610/98), caracterizando-se, pois, como *norma penal em branco*. O direito autoral surge com a criação de obra original, independentemente de qualquer formalidade ou registro.

Direito autoral consiste nos benefícios, vantagens, prerrogativas e direitos patrimoniais, morais e econômicos provenientes de criação artísticas, científicas, literárias e profissionais de seu criador, inventor ou autor. Direito autoral, enfim, "engloba o direito de autor e os chamados direitos conexos do direito de autor (direitos dos artistas, intérpretes ou executantes, dos produtores de fonogramas e dos organismos de radiodifusão), disciplina a atribuição de direitos relativos às obras literárias, científicas e artísticas"[1]. Essa abrangência é favorecida pela nova definição legal que incluiu os direitos conexos aos de autor. *Violar* direito autoral significa infringir, ofender, transgredir direitos do autor (que podem ser morais, patrimoniais ou econômicos) e os que lhes são *conexos*.

4.1 *Inovações da Lei n. 10.695/2003*

A redação anterior punia a *violação de direito de autor* que não tivesse o intuito de obtenção de lucro, mantida nesse particular. A nova redação incluiu no *caput* a violação de *direitos conexos* aos de autor. As alterações produzidas pela Lei n. 10.695/2003, com efeito, incluíram nesse tipo penal os "direitos conexos" aos de autor, *que são aqueles relacionados aos* artistas intérpretes ou executantes, aos produtores fonográficos e às empresas de radiodifusão, consoante o disposto nos arts. 89 a 96 da Lei n. 9.610/98. Foi mantida a mesma pena de três meses a um ano de detenção, ou multa, para a figura simples.

---

1. Álvaro Mayrink da Costa, *Direito penal*; parte especial, 4. ed., Rio de Janeiro, Forense, 1994, v. 2, t. 2, p. 670-1.

Direitos conexos são, pode-se dizer, direitos análogos aos de autor, direitos afins, próximos ou vizinhos aos de autor. De um modo geral, a doutrina procura situar os denominados direitos conexos em três aspectos distintos: artistas, gravadoras de discos (incluímos aí as editoras de livros) e emissoras de rádio e de televisão. Esses três setores — e aí acrescentamos os próprios artistas, especialmente aqueles que são intérpretes —, como órgãos ou meios de divulgação do trabalho intelectual, artístico ou literário, são, na verdade, difusores, divulgadores ou multiplicadores das criações dos autores. Essa função difusora também é exercida pelas editoras gráficas e musicais. Na hipótese de livro, por exemplo, detentora de direito conexo é a editora que produz, divulga, comercializa e divulga a obra do autor.

A Lei n. 10.695/2003 acrescentou a conduta de quem "aluga" original ou cópia de obra intelectual ou fonograma reproduzido com violação do direito de autor, do direito de artista intérprete ou executante ou do direito do produtor de fonograma, ou, ainda, aluga original ou cópia de obra intelectual ou fonograma, sem a expressa autorização dos titulares dos direitos ou de quem os represente.

Não se inclui, ao contrário do que pretendem alguns doutrinadores, o "videofonograma", sob o equivocado argumento de que "foi extirpado do tipo por descuido" do legislador ou porque, nesse caso, a previsão ficaria sem sentido, pois não abrangeria a locação de fitas VHS e DVDs. Com efeito, o fato de não ser habitual, em nosso país, a locação de livros, revistas ou CDs musicais não autoriza a inclusão de figuras não contidas expressamente no tipo penal. Essa pretensão, desnecessário destacar, viola o *princípio da reserva legal*.

Na verdade, permanece uma lacuna, na medida em que a previsão da lei referida não abrange aquelas hipóteses das locadoras de vídeos e DVDs que, muitas vezes, servem-se de material adquirido licitamente — são originais e não cópias piratas —, mas que não têm autorização para serem locadas ou comercializadas dessa forma, isto é, embora sejam originais devidamente adquiridos, a sua destinação natural é o uso doméstico e não a locação.

5. Figuras qualificadas: majoração penal

Os §§ 1º e 2º do art. 184, com a nova redação, disciplinam as figuras qualificadas da violação de direitos autorais, com *sensível majoração* da resposta penal. São tipificadas como qualificadas as seguintes condutas:

1) Reproduzir (reprodução), por qualquer meio ou processo, obra intelectual, total ou parcialmente, para fins comerciais, isto é, *com intuito de lucro* (direto ou indireto), sem autorização expressa do detentor do direito. É proibida a reprodução de obra intelectual, interpretação, execução ou fonograma. A autorização pode ser dada pelo detentor do direito ou por seu representante legal (§ 1º).

2) Distribuir, vender, expor à venda, alugar, introduzir no País, adquirir, ocultar, emprestar, trocar ou ter em depósito, com o fim de lucro, original ou cópia de obra intelectual, fonograma ou videofonograma, produzidos ou reproduzidos com violação de direito autoral (§ 2º).

Esses dois parágrafos abrangem especialmente a prática da pirataria de obras intelectuais, culturais e artísticas. Nessas figuras, a pena mínima, que era de um ano, foi elevada para dois anos, mantendo-se a máxima nos mesmos quatro anos.

5.1 *Intuito de lucro é o fundamento da majoração penal*

A *finalidade lucrativa* da mesma conduta violadora de direitos autorais e dos que lhes são conexos qualifica o crime, cuja pena cominada é de dois a quatro anos de reclusão e multa. Aumentou-se a pena mínima de um para dois anos, mantendo-se a máxima nos quatro anos, cumulada com a de multa.

A finalidade "comercial" — intuito de lucro — amplia consideravelmente o desvalor da ação e do resultado da conduta violadora do direito autoral. Esse caráter mercenário da pirataria autoral justifica a majoração da sanção penal. A violação em si mesma já é criminosa e a sua finalidade mercantil a torna abjeta e merecedora de maior reprovação social. Essa providência legislativa tem o mérito de excluir a suspensão do processo, quando o móvel do crime for o intuito de lucro, visando maior coercibilidade no combate a essa modalidade tão difundida de infração penal. Na verdade, a elevação da pena mínima para dois anos teve um objetivo específico declarado: impossibilitar a figura do instituto da suspensão condicional do processo. Reforçou-se assim a proteção desse bem jurídico, que, no entanto, é absolutamente insuficiente para enfrentar o fenômeno da pirataria, se não vier acompanhada de uma política governamental que disponibiliza recursos materiais humanos tanto para a polícia judiciária quanto para o próprio Poder Judiciário.

A "indústria do xerox", nas universidades em geral, estava necessitando de uma medida legislativa mais enérgica e moralizadora em todo o país. Incrivelmente, os próprios professores de direito, irresponsavelmente, têm estimulado essa forma de violação de direitos autorais. A exploração da conhecida atividade fotocopiadora tipifica a figura qualificada, considerando-se o intuito de lucro de seus exploradores. É bom colocar a barba de molho, pois a figura qualificada é crime de ação pública incondicionada.

5.2 *Elemento normativo do tipo: sem autorização*

Trata-se de um elemento relativo à ilicitude inserta no próprio tipo, que assume dupla função, ou seja, não é apenas um aspecto relativo à ilicitude, mas também uma característica da própria tipicidade.

Para que se aperfeiçoe a adequação típica das figuras qualificadas é indispensável que a conduta ocorra "sem autorização expressa" de quem de direito. A ausência de autorização constitui elementar típica; havendo autorização, a conduta será atípica, pela falta desse elemento normativo.

O eventual desconhecimento da inexistência de autorização pode configurar o erro de tipo, que, sendo invencível, afasta completamente a tipicidade da conduta.

6. Repressão da ciberpirataria

A violação dos direitos autorais e conexos pode operar-se por meio das chamadas novas tecnologias, especialmente através da Internet. O § 3º, em consonância com o art. 26, VI, da Lei n. 9.610, reprime o *comércio ilegal* de obras intelectuais por vias tecnológicas. Pretende esse dispositivo coibir o trânsito ilegal de obras intelectuais na rede mundial de computadores (Internet). Na verdade, por esses meios, o sujeito ativo não promove a venda direta ao consumidor do produto (que tipificaria condutas do parágrafo anterior), mas disponibiliza em seu *site*, para *download*, obras não autorizadas pelo autor ou seu representante legal.

Por essa previsão, para a caracterização da violação do direito de autor, torna-se desnecessária a disponibilização física da obra em CD, DVD, VHS etc. A própria materialidade do delito será comprovada através de outros meios que a tecnologia pode oferecer, independentemente de eventual apreensão física dos produtos alterados, adulterados ou falsificados.

Essa previsão legal pode ainda não ser a ideal, mas já oferece as condições mínimas para se começar a combater a pirataria da era cibernética.

7. Tipo subjetivo: adequação típica

O elemento subjetivo do tipo é constituído pelo *dolo*, que é representado pela vontade livre e consciente de violar direito autoral alheio, além do *elemento subjetivo especial* do tipo, nas três figuras, a seguir discriminadas.

Nas modalidades qualificadas — em todas elas — exige-se o *elemento subjetivo do tipo*, constituído pelo *especial fim* de lucro direto ou indireto. Pois é exatamente essa motivação que justifica a maior gravidade da sua punição.

Nas modalidades de obra teatral e musical exige-se o *elemento subjetivo do tipo* constituído pelo *especial fim* de lucro direto e imediato; na figura do § 1º, representado pelo *fim especial* de comércio, e, finalmente, na figura do § 2º, pelo *fim especial* de venda.

O delito previsto no art. 184, § 2º, do Código Penal pressupõe a vontade livre e consciente do agente de vender, expor à venda, alugar, introduzir no País, adquirir, ocultar, emprestar, trocar ou ter em depósito, *com intuito de lucro*, original ou cópia de obra intelectual, fonograma ou videofonograma produzidos ou reproduzidos com violação de direito autoral. A eventual ausência dessa *vontade consciente* de praticar qualquer das condutas elencadas *com o fim de lucro* afasta a qualificadora.

8. Consumação e tentativa

Consuma-se com a prática efetiva das ações incriminadas, com a publicidade de obra inédita ou reproduzida; tratando-se de pintura ou escultura, com a exposição pública; no caso de obra *musical* ou teatral consuma-se com a publicação, com sua execução ou representação em local onde se exija retribuição. Nas formas de *exposição* e *depósito* trata-se de crime permanente.

Como crime material, é *admissível a tentativa* em qualquer das figuras descritas. Apresenta um *iter criminis* fracionável, durante o qual o agente pode ser involuntariamente interrompido.

9. Classificação doutrinária

Crime comum, podendo ser praticado por qualquer pessoa. Não exige qualquer qualidade ou condição especial; crime de mera conduta, sendo desnecessária a produção de resultado; crime instantâneo, com exceção das modalidades de "expor à venda" e "ter em depósito", descritas no § 2º, quando adquire a natureza de *permanente*; unissubjetivo, podendo ser executado por uma única pessoa.

10. Pena e ação penal

Na figura simples, é cominada, *alternativamente*, detenção, de três meses a um ano, ou multa; nas figuras qualificadas (§§ 1º e 2º), é *cumulativa*: reclusão, de dois a quatro anos, e multa.

Em relação à conduta do *caput*, a ação penal é de *iniciativa privada*, salvo se o crime for praticado em prejuízo de entidade de direito público, autarquia, empresa pública, sociedade de economia mista ou fundação instituída pelo Poder Público. Em relação às condutas tipificadas nos §§ 1º e 2º, a ação penal será *pública* incondicionada (art. 186).

11. Algumas questões especiais

A matéria tem sido objeto de numerosos tratados e convênios, celebrados com vários países, bem como de diversas convenções internacionais. No exame dessa matéria deve-se atentar sempre para essas convenções internacionais, a fim de evitar equívocos interpretativos.

O registro de obra intelectual não constitui condição para a propositura da queixa-crime por infringência ao art. 184 do Código Penal, uma vez que o bem imaterial, por se equiparar a propriedade móvel, transmite-se pela simples tradição, inexistindo, pois, qualquer formalidade para a defesa do direito do autor.

Ausente o *fim lucrativo* na aquisição de fitas de videocassete reproduzidas clandestinamente, tem-se por configurado o crime de receptação e não o de violação de direito autoral, previsto no art. 184, § 2º[2].

Além disso, a Lei n. 10.695/2003 alterou consideravelmente aspectos procedimentais desses crimes contra a propriedade imaterial (arts. 524 a 530 do CPP).

Por fim, diante da crescente realidade de que os meios digitais possibilitam a prática de delitos transnacionais, destaca-se que o Plenário do STF firmou o entendimento, no Tema Repetitivo n. 580, de que: "Compete à Justiça Federal processar e julgar o crime de violação de direito autoral de caráter transnacional" (STF, RE 702.362/RS, rel. Min. Luiz Fux, Tribunal Pleno, julgado em 19-12-2023, publicado em 15-3-2024).

2. TAMG, AC 162.824-8, rel. Des. Herculano Rodrigues, 0000969.

USURPAÇÃO DE NOME OU PSEUDÔNIMO ALHEIO

Sumário: 1. Considerações preliminares.

USURPAÇÃO DE NOME OU PSEUDÔNIMO ALHEIO

Art. 185. (Revogado pela Lei n. 10.695, de 1º-7-2003.)

1. Considerações preliminares

Esse dispositivo foi revogado pela Lei n. 10.695/2003 e tinha a seguinte redação: "Atribuir falsamente a alguém, mediante o uso de nome, pseudônimo ou sinal por ele adotado para designar seus trabalhos, a autoria de obra literária, científica ou artística". A pena era de detenção, de 6 meses a 2 anos, e multa.

Antes de sua revogação, comentamos que este era outro crime que não havia sido objeto dos Códigos Penais do século XIX (1830 e 1890). Foi o Código Penal de 1940 que tratou do crime de usurpação de nome ou pseudônimo alheio, insculpido entre os *crimes contra a propriedade material.*

Comentamos também que, a nosso juízo, essa infração penal estaria mais bem situada entre os crimes contra a fé pública, a exemplo da tradição italiana (Código Penal Rocco).

Com a mencionada revogação, atualmente essa conduta é reprimida pelo direito somente na esfera civil, agindo o legislador de acordo com o princípio da intervenção mínima estudado no volume 1 desta obra (*ultima ratio* do direito penal).

AÇÃO PENAL NOS CRIMES CONTRA A PROPRIEDADE INTELECTUAL — XXXII

Sumário: 1. Considerações preliminares. 2. Natureza da ação penal. 3. Prazo decadencial: geral ou especial. 4. Prova do direito de ação (art. 526 do CPP): pré-constituída.

Art. 186. Procede-se mediante:

I — queixa, nos crimes previstos no caput *do art. 184;*

II — ação penal pública incondicionada, nos crimes previstos nos §§ 1º e 2º do art. 184;

III — ação penal pública incondicionada, nos crimes cometidos em desfavor de entidades de direito público, autarquia, empresa pública, sociedade de economia mista ou fundação instituída pelo Poder Público;

IV — ação penal pública condicionada à representação, nos crimes previstos no § 3º do art. 184.

• Artigo com redação determinada pela Lei n. 10.695, de 1º de julho de 2003.

1. Considerações preliminares

O Código Penal de 1940, em sua redação original, prescrevia: "Nos crimes previstos neste Capítulo somente se procede mediante queixa, salvo quando praticados em prejuízo de entidade de direito público". No início da década de 1980, o legislador brasileiro, insatisfeito com a clareza da redação anterior, que manteve, preferiu estabelecer expressamente a abrangência do significado "entidade de direito público", acrescentando ao final daquele texto o seguinte: *autarquia, empresa pública, sociedade de economia mista ou fundação instituída pelo poder público, e nos casos previstos nos §§ 1º e 2º do art. 184 desta Lei* (Lei n. 6.895, de 17-12-1980), que resultou na redação (atual) que vigorou até julho de 2003.

2. Natureza da ação penal

A ação penal que era, em regra, de *exclusiva iniciativa do ofendido*, nos crimes contra *a propriedade intelectual*, assumiu as seguintes modalidades: de exclusiva *iniciativa privada* (I), nas hipóteses dos crimes previstos no *caput* do art. 184; *pública condicionada* à representação (IV), nos crimes previstos no § 3º do mesmo dispositivo e, finalmente, *pública incondicionada*, nos crimes previstos nos §§ 1º e 2º do art. 184 (II), bem como quando o crime for praticado contra entidade de direito público, autarquia, empresa pública, sociedade de economia mista ou fundação instituída pelo Poder Público (III).

3. Prazo decadencial: geral ou especial

Discute-se se permanece a regra geral dos seis meses dos arts. 103 do CP e 38 do CPP, ou se esta é afastada pelo disposto no art. 529 do CPP, que fixa o prazo de trinta dias para o oferecimento de queixa, *a partir da homologação do laudo pericial.*

O *prazo decadencial*, na realidade, é o de seis meses, conforme a regra geral, uma vez que os trinta dias referidos no art. 529 do CPP não constituem prazo decadencial e visam, tão somente, impedir que o ofendido procrastine a propositura da ação penal indefinidamente[1]. Caso contrário, qual seria, afinal, o prazo para iniciar as investigações policiais e para postular a realização da apreensão e da perícia? Sustentamos que essas diligências devem ocorrer dentro do prazo decadencial de seis meses. No entanto, a partir da homologação da *apreensão* ou da *perícia*, a *queixa* não pode tardar mais de trinta dias. Esse prazo, embora preclusivo, não se confunde com aquele chamado de decadencial, que se refere exclusivamente ao direito de ação; este, ao contrário, é um *prazo procedimental*, preclusivo, ininterrupto, que não se suspende, mas alheio ao direito de ação, ao contrário do que normalmente tem sido sustentado.

Nesse particular, o Supremo Tribunal Federal cometeu um *erro crasso* em matéria criminal no acórdão cuja ementa transcrevemos a seguir, a título de ilustração: "Tratando-se de ação privativa do ofendido em crime contra a propriedade imaterial, o prazo para oferecer a queixa é o de trinta dias, previsto no art. 529 do CPP, que é regra especial. E o entendimento que se extrai do aludido dispositivo é que este prazo de decadência começa a fluir da intimação do despacho homologatório do laudo pericial dos objetos que constituem o corpo de delito, pois, salvo os casos expressos, os prazos correrão da intimação, conforme dispõe o art. 798, § 5º, *a*, do CPP" (STF, RHC 67.300-7/SP, rel. Carlos Madeira, *RT*, *648*:349). Constata-se facilmente que, nesse julgamento, a Suprema Corte *confundiu alhos com bugalhos*. Não existe esse *prazo decadencial de trinta dias*, como procuramos demonstrar no parágrafo anterior.

A partir da vigência da Lei n. 10.695/2003 (31-7-2003), a previsão contida nos arts. 524 a 530 do CPP será aplicável exclusivamente aos crimes previstos no *caput* do art. 184 do CP, ou seja, naqueles cuja ação penal é de *exclusiva iniciativa privada* (art. 530-A do CPP, com redação determinada pelo art. 3º da lei referida).

---

1. Impecável, nesse sentido, o seguinte acórdão: "Nos crimes contra a propriedade imaterial, tenham ou não deixado vestígios, o prazo decadencial surge de seis meses, fluindo do conhecimento, pelo ofendido, de quem seja o autor do fato (arts. 103 do CP e 38 do CPP). Ultrapassado tal lapso temporal, opera-se a decadência do direito de queixa" (TACrimSP, Rec., rel. Des. A. C. Mathias Coltro, *RT*, *735*:635).

Sintetizando, o *prazo decadencial* para a propositura da *ação penal privada* é o de seis meses; contudo, *homologado o laudo pericial*, a queixa-crime deve ser intentada no prazo improrrogável de trinta dias (art. 529 do CPP), que não se confunde com aquele relativo ao direito de ação, conforme entendimento do STJ: "É possível e adequado conformar os prazos previstos nos arts. 38 e 529, ambos do CPP, de modo que, em se tratando de crimes contra a propriedade imaterial que deixem vestígio, a ciência da autoria do fato delituoso dá ensejo ao início do prazo decadencial de 6 meses, sendo tal prazo reduzido para 30 dias se homologado laudo pericial nesse ínterim" (STJ, REsp n 1.762.142/MG, rel. Min. Sebastião Reis Júnior, Sexta Turma, julgado em 13-4-2021, *DJe* de 16-4-2021).

4. Prova do direito de ação (art. 526 do CPP): pré-constituída

A prova do direito de ação, exigida pelo art. 526 do CPP, consubstancia-se com a *certidão do registro*[2] de marca, patente ou direito autoral junto ao órgão federal competente, que confere oficialmente a titularidade ao autor.

Se o crime houver deixado *vestígios*, é indispensável que a inicial da ação penal (denúncia ou queixa) seja instruída com *prova pericial* dos objetos que constituam o corpo de delito (art. 525 do CPP).

Nos crimes contra a propriedade imaterial, o *laudo pericial* exigido pelo art. 527 do CPP tem caráter de *medida cautelar-preparatória*, sendo pressuposto legal para o exercício da ação penal, porque envolve crime que deixa vestígios. Assim, a decisão que a homologa tem a natureza de *interlocutória mista* com força de definitiva, admitindo a apelação, nos termos do art. 593, II, do CPP.

CAPÍTULO II

DOS CRIMES CONTRA O PRIVILÉGIO DE INVENÇÃO

*Arts. 187 a 191. (*Revogados pela Lei n. 9.279, de 14-5-1996.*)*

CAPÍTULO III

DOS CRIMES CONTRA AS MARCAS DE INDÚSTRIA E COMÉRCIO

*Arts. 192 a 195. (*Revogados pela Lei n. 9.279, de 14-5-1996.*)*

---

2. "Constitui *conditio sine qua non* para o recebimento de queixa-crime, por violação de direito autoral, a prova do direito à ação, exigida pelo art. 526 do CPP, consubstanciada no registro de marca junto ao INDI ou repartição congênere, que, embora facultativo, confere ao autor a titularidade e o consequente direito a seu uso exclusivo, oponível *erga omnes*" (TAMG, Rec., rel. Des. Roney Oliveira, *RT*, *711*:369).

CAPÍTULO IV
DOS CRIMES DE CONCORRÊNCIA DESLEAL

Art. 196. *(*Revogado pela Lei n. 9.279, de 14-5-1996.*)*

• *V.* arts. 243 e 244 da Lei n. 9.279/96 (regula direitos e obrigações relativos à propriedade industrial). O art. 244 da referida lei revoga expressamente os arts. 169 a 189 do Decreto-Lei n. 7.903/45 (Código da Propriedade Industrial) e os arts. 187 a 196 do Código Penal.

• *Os crimes contra a propriedade industrial estão disciplinados nos arts. 183 a 195 da Lei n. 9.279/96.*

ATENTADO CONTRA A LIBERDADE DE TRABALHO XXXIII

Sumário: 1. Considerações preliminares. 2. Bem jurídico tutelado. 3. Sujeitos ativo e passivo. 3.1. Pessoa jurídica: impossibilidade. 4. Tipo objetivo: adequação típica. 4.1. Formas ou meios de execução: mediante violência ou grave ameaça. 5. Tipo subjetivo: adequação típica. 6. Consumação e tentativa. 7. Concurso com crimes praticados com violência. 8. Classificação doutrinária. 9. Pena e ação penal.

TÍTULO IV | DOS CRIMES CONTRA A ORGANIZAÇÃO DO TRABALHO

Atentado contra a liberdade de trabalho

Art. 197. Constranger alguém, mediante violência ou grave ameaça:

I — a exercer ou não exercer arte, ofício, profissão ou indústria, ou a trabalhar ou não trabalhar durante certo período ou em determinados dias:

Pena — detenção, de 1 (um) mês a 1 (um) ano, e multa, além da pena correspondente à violência;

II — a abrir ou fechar o seu estabelecimento de trabalho, ou a participar de parede ou paralisação de atividade econômica:

Pena — detenção, de 3 (três) meses a 1 (um) ano, e multa, além da pena correspondente à violência.

1. Considerações preliminares

Nas civilizações antigas e medievais, o trabalho normalmente era prestado pelos escravos, que, considerados como *res*, não possuíam personalidade jurídica[1]. Nessas legislações não era previsto o crime de atentado contra a liberdade de trabalho.

No Brasil, nem as Ordenações do Reino de Portugal nem o Código Criminal do Império (1830) regularam a matéria. O Código Penal de 1890 foi o primeiro diploma legal brasileiro a prever o crime contra o atentado à liberdade de trabalho (art. 203).

1. Nélson Hungria, *Comentários ao Código Penal*, 5. ed., Rio de Janeiro, Forense, 1981, v. 8, p. 8.

O legislador de 1940, do atual Código Penal, não apenas manteve a criminalização da conduta como a inseriu em Título autônomo, denominado *Crimes contra a Organização do Trabalho*.

A segunda parte do inciso II deste artigo foi revogada tacitamente e substituída pelo disposto no art. 29, VII, da Lei n. 4.330/64. Essa lei, no entanto, foi revogada pela Lei de Greve (n. 7.783/89), a qual não prevê crimes especiais, dispondo, apenas, que "a responsabilidade pelos atos praticados, ilícitos ou crimes cometidos, no curso da greve, será apurada, conforme o caso, segundo a legislação trabalhista, civil ou penal" (art. 15).

A Constituição Federal protege os *direitos dos trabalhadores*, urbanos e rurais, assim como o direito de greve, ou seja, a organização do trabalho (arts. 7º, 8º e 9º). A competência para julgá-los, segundo a CF, é da Justiça Federal (art. 109, VI); segundo o STF, no entanto, somente serão da competência da Justiça Federal aqueles que ofenderem interesses coletivos do trabalho: os demais serão da Justiça Estadual.

Compete à Justiça Federal processar e julgar os delitos decorrentes de greve se atentam contra a organização do trabalho ou os direitos e deveres dos trabalhadores coletivamente considerados[2].

2. Bem jurídico tutelado

O bem jurídico protegido é a liberdade de trabalho, isto é, a liberdade de escolher o trabalho, a profissão, arte, ofício ou indústria que o indivíduo deseja exercer e de decidir quando abrir ou fechar seu próprio estabelecimento de trabalho.

Não há crime contra a organização do trabalho quando não forem atacados *direitos dos trabalhadores* como um todo e sim caracterizada mera lesão a direito individual, de natureza patrimonial, em que a competência se firma em prol da Justiça Estadual. Cuidando-se de possível lesão somente a direito individual[3], não há falar em crime contra a organização do trabalho para que se dirima a competência a favor do juízo federal.

---

2. "Ações lesivas a direitos trabalhistas individuais, tal como atentado contra a liberdade de trabalho de uma funcionária de estabelecimento comercial que, após ter comunicado ao empregador seu estado de gravidez, teria sido submetida a cumprir seu horário de trabalho de forma constrangedora, não configura crime contra a organização do trabalho, susceptível de fixar a competência da Justiça Federal, prevista no art. 109, VI, da CF" (STJ, CComp 21.920/SP, rel. Min. Vicente Leal, j. 11-11-1998).

"O crime contra a liberdade do trabalho (CP, art. 197) não se confunde com o crime contra a organização do trabalho ou decorrente de greve (Lei n. 4.330/64, art. 29). Se o crime não ofende o sistema destinado a preservar coletivamente o trabalho, a competência é da Justiça Estadual comum" (STJ, CComp 13.953/SP, rel. Min. Edson Vidigal, 0000578).

3. STJ, CComp 23.188/SP, rel. Min. José Arnaldo da Fonseca, j. 9-6-1999.

Em sentido mais abrangente, pode-se afirmar que o bem jurídico tutelado é a liberdade individual ou pessoal de autodeterminação, ou seja, a liberdade do indivíduo de fazer ou não fazer o que lhe aprouver, dentro dos limites da ordem jurídica. A liberdade que se protege é a *psíquica* (livre formação da vontade, isto é, em coação) e a *física*, ou seja, liberdade de movimento.

A proteção desse bem jurídico, liberdade, ganhou assento constitucional, nos termos seguintes: ninguém será obrigado a fazer ou não fazer alguma coisa senão em virtude de lei (art. 5º, II, da CF). Assegura-se, assim, ao indivíduo o direito de fazer tudo o que a lei não proibir, não podendo ser obrigado a fazer senão aquilo que a lei lhe impuser. Nesse sentido, percuciente a afirmação de Flávio Augusto Monteiro de Barros: "A coação empregada para compelir a pessoa à prestação de ato ou abstenção de fato, fora dos casos em que a lei autoriza, constitui violação ao princípio da legalidade, dando ensejo à configuração do delito de constrangimento ilegal".

O que se viola ou restringe no crime de *atentado à liberdade de trabalho* não é propriamente uma vontade juridicamente válida, mas a *liberdade* e o *direito de querer* e *atuar* (agir ou não agir) de acordo com as condições pessoais e individuais de cada um. Na verdade, somente se diferencia do crime de constrangimento ilegal, que poderíamos chamar de tipo básico, pela natureza da ação ou omissão a que a coação indevida objetiva, que, na hipótese examinada, é específica.

3. Sujeitos ativo e passivo

Sujeito ativo pode ser qualquer pessoa, independentemente de condição ou qualidade especial; cuida-se, pois, de crime comum. O concurso eventual de pessoas pode normalmente se verificar.

Sujeito passivo em relação ao inciso I pode ser qualquer pessoa, desde que na condição de trabalhador, empregado ou patrão, conforme o caso; em relação ao inciso II, primeira parte, o sujeito passivo só pode ser o proprietário do estabelecimento. Na hipótese desse inciso, a pessoa jurídica também pode ser sujeito passivo.

Quando o constrangimento for praticado contra criança, poderá constituir, em concurso formal, o crime descrito no art. 232 da Lei n. 8.069/90 (ECA), desde que a criança se encontre "sob sua autoridade, guarda ou vigilância"(do sujeito ativo).

Nada impede que a violência ou grave ameaça sejam exercidas contra pessoa diversa daquela que se pretende constranger, ou seja, por meio de violência ou ameaça indireta. Nessa hipótese, se a *ameaça* for irresistível, e a conduta do ameaçado for tipificada criminalmente, haverá *autoria mediata*. O sujeito ativo será *autor mediato* e o *constrangido* não será autor, mas mero *executor*, isto é, simples instrumento nas mãos daquele, autor mediato, que tem o *domínio final do fato*. Nesse caso, não haverá concurso de pessoas — coautoria ou participação —, pois o *executor* agiu sem culpabilidade; na verdade, faltou-lhe o próprio dolo, nem se podendo falar em ação que pressupõe voluntariedade; por extensão, não se pode falar em tipicidade.

Nessa hipótese — ameaça contra terceiro —, não se trata de *autoria mediata*, mas de violência ou *ameaça indireta*, ou seja, o *constrangimento* a participar de greve é realizado por uma ameaça perpetrada pelo autor do crime, contra terceira pessoa. Por exemplo, o autor do crime ameaça o filho da vítima para que esta *participe* da greve. Nesse caso, estaremos diante de uma situação concreta em que a autoria continua sendo direta. O filho da vítima não sofre, ele mesmo, nenhum *constrangimento*. O *constrangimento* é exercido pelo próprio autor da ameaça, que se serve do direcionamento desta a terceiro, como forma de compelir a vítima a participar de greve.

3.1 *Pessoa jurídica: impossibilidade*

Pessoa jurídica não pode ser sujeito passivo desse crime, pois "alguém", segundo o vernáculo, refere-se exclusivamente à pessoa humana[4]. Ainda que evolua e se admita, sem restrições, a hipótese da responsabilidade penal da pessoa jurídica, haverá, sempre, muitas infrações em que não poderá figurar como sujeito passivo.

4. Tipo objetivo: adequação típica

Atentado contra a liberdade de trabalho é uma *espécie do gênero* constrangimento ilegal. A diferença fundamental deste último, no entanto, reside na *finalidade específica* que motiva o sujeito ativo do crime de *atentado* ora em exame; neste, o agente pretende constranger a vítima a praticar um dos comportamentos descritos no art. 197; naquele, isto é, no *constrangimento ilegal* (art. 146), a conduta do agente pretende levar a vítima "a não fazer o que a lei permite, ou a fazer o que ela não manda"; com sua característica de generalidade e subsidiariedade, esse tipo penal (art. 146) abrange todo *constrangimento* à livre determinação de vontade que não tenha recebido configuração legal específica sobre o que deve consistir o *fazer* ou o *não fazer* exigido pelo agente.

O núcleo do tipo, a exemplo do crime de constrangimento ilegal, é *constranger*, que significa obrigar, forçar, compelir, coagir *alguém* a fazer ou deixar de fazer alguma coisa a que não está obrigado. A *finalidade* pretendida pelo *constrangimento*, nesse tipo penal, é obrigar alguém *a fazer ou deixar de fazer qualquer das atividades enunciadas no dispositivo legal*. A conduta típica pode apresentar-se sob duas modalidades: *constranger alguém* "I — a exercer ou não exercer arte, ofício, profissão ou indústria, ou a trabalhar ou não trabalhar durante certo período ou em determinados dias; II — a abrir ou fechar o seu estabelecimento de trabalho, ou a participar de parede ou paralisação de atividade econômica".

São quatro as hipóteses previstas: constranger alguém a: a) *exercer* ou *não exercer* arte, ofício, profissão ou indústria (I, 1ª parte) — compreende-se aqui o

4. Hungria, *Comentários ao Código Penal*, cit., v. 8, p. 30.

exercício de toda e qualquer atividade econômica laborativa; b) *trabalhar* ou *não trabalhar* durante certo período ou em determinados dias (I, 2ª parte) — a finalidade da ação aqui é forçar a vítima a trabalhar ou não trabalhar em determinados dias ou períodos, isto é, suprimir-lhe a liberdade de trabalho, de decisão sobre onde, como e quando trabalhar; c) *abrir* ou *fechar* seu estabelecimento econômico — o estabelecimento pode ser relativo à exploração de qualquer atividade profissional, comercial, industrial ou agrícola; d) *participar* de parede ou paralisação de atividade econômica — esta figura foi revogada pelo art. 29 da Lei n. 4.330/64. O constrangimento pode ser praticado contra pessoa diversa daquela cujo trabalho o agente deseja cercear.

Não é necessário que o ofendido *oponha resistência efetiva* contra a coação ou procure superá-la, pedindo socorro ou empregando qualquer outro recurso; é suficiente que, mediante violência ou grave ameaça, tenha-se violentado sua liberdade interna, constrangendo-o, assim, a realizar o que lhe foi imposto ou a não fazer o que pretendia, sem amparo legal.

Havendo *greve ilegal*, tipificar-se-á o delito do art. 29 da Lei n. 4.330, de 1º de junho de 1964. Para a configuração do tipo penal é indispensável o emprego de violência, ficta ou real. Predomina o entendimento jurisprudencial de que só será da competência da Justiça Federal quando forem ofendidos órgãos e instituições que preservam, coletivamente, os direitos trabalhistas. Em que pese o entendimento do STF sobre a competência para julgar os "crimes contra a organização do trabalho", definida sob a égide da Constituição anterior, a atual estabelece que compete aos juízes federais processá-los e julgá-los (art. 109, VI, da CF/88), entendimento que foi seguido pelo STJ, conforme demonstra este julgado: "O Pleno do Supremo Tribunal Federal – STF, com apenas um voto vencido, ao julgar o Recurso Extraordinário 459.510, em 26 de novembro de 2015, resolveu que é da Justiça Federal a competência para julgar o crime contra a organização do trabalho previsto no art. 149 do Código Penal – CP" (STJ, AgRg nos EDcl no RHC n 125.488/RJ, rel Min. Joel Ilan Paciornik, Quinta Turma, julgado em 23-6-2020, *DJe* de 29-6-2020).

É indispensável a *relação de causalidade* entre o emprego da *violência* ou *grave ameaça* ou qualquer outro meio e a submissão da vítima à vontade do coator.

O *erro* sobre a legitimidade da ação, se for inevitável, exclui a responsabilidade penal a qualquer título; se for *evitável*, excluirá o dolo, restando, subsidiariamente, a culpa (art. 20, *caput*), que, nesse crime, é impunível.

4.1 *Formas ou meios de execução: mediante violência ou grave ameaça*

A lei estabelece as seguintes formas de realização do *atentado contra a liberdade de trabalho*: (a) mediante *violência* (força física, real) ou (b) *grave ameaça* (violência moral, intimidação, *vis compulsiva*).

Só é legítima a greve exercida pacificamente. O uso da *violência* ou *grave ameaça* a desnatura e transforma em atividade delituosa. No atentado contra a liberdade de trabalho os meios executivos são a violência e a grave ameaça. O emprego de uma ou de outra constitui a *ratio* da incriminação.

a) *Mediante violência* — O termo *violência* empregado no texto legal significa a força física, material, a *vis corporalis*, com a finalidade de vencer a resistência da vítima. Essa violência pode ser produzida pela própria energia corporal do agente, que, no entanto, poderá preferir utilizar outros meios, como fogo, água, energia elétrica (choque), gases etc. A *violência* poderá ser *imediata*, quando empregada diretamente contra o próprio ofendido, e *mediata*, quando utilizada contra terceiro ou coisa a que a vítima esteja diretamente vinculada.

Não é indispensável que a força empregada seja *irresistível*; basta que seja idônea para coagir a vítima a fazer ou não fazer o que o sujeito ativo quer.

b) *Mediante grave ameaça* — Constitui forma típica da "violência moral"; é a *vis compulsiva*, que exerce *força* intimidativa, inibitória, anulando ou minando a *vontade* e o *querer* do ofendido, procurando, assim, inviabilizar eventual resistência da vítima. Na verdade, a *ameaça* também pode perturbar, escravizar ou violentar a vontade da pessoa como a violência material. A *violência moral* pode materializar-se em gestos, palavras, atos, escritos ou qualquer outro meio simbólico. Mas somente a *ameaça grave*, isto é, aquela ameaça que efetivamente imponha medo, receio, temor na vítima, e que lhe seja de capital importância, opondo-se a sua liberdade de querer e de agir.

O *mal* prometido, a título de ameaça, além de *futuro* e *imediato*, deve ser *determinado*, sabendo o agente o que quer impor. O mal deve ser: a) *determinado*, pois, sendo indefinível e vago, não terá grandes efeitos coativos; b) *verossímil*, ou seja, que se possa realizar, e não fruto de mera fanfarronice ou bravata; c) *iminente*, isto é, suspenso sobre o ofendido: nem em *passado*, nem em *futuro* longínquo, quando, respectivamente, não teria força coatora, ou esta seria destituída do vigor necessário; d) *inevitável*, pois, caso contrário, se o ofendido puder evitá-lo, não se intimidará; e) *dependente*, via de regra, da vontade do agente, já que, se depender da de outrem, perderá muito de sua inevitabilidade. Enfim, esses são os requisitos que, em tese, a *ameaça* de mal ou dano deve apresentar. A enumeração não é absoluta nem *numerus clausus*, podendo, no caso concreto, apresentar-se alguns e outros não, sem desnaturar a gravidade da ameaça. É indispensável que a ameaça tenha idoneidade intimidativa, isto é, que tenha condições efetivas de constranger a vítima.

Ao contrário do que ocorre com o *crime de ameaça*, no crime de atentado contra a liberdade de trabalho não é necessário que o *mal prometido* seja *injusto*, sendo suficiente que injusta seja a pretensão ou a forma de obtê-la. A *injustiça do mal* não se encerra em si mesma, mas deverá relacionar-se ao fim pretendido e à forma de consegui-lo. O *mal pode ser justo*, mas o fundamento que leva o agente a prometê-lo ou o método utilizado podem não sê-lo.

5. Tipo subjetivo: adequação típica

O elemento subjetivo é o *dolo* (direto ou eventual), representado pela consciência e vontade de concretizar os elementos da descrição típica, mediante violência ou grave ameaça. São irrelevantes os motivos do *constrangimento*, como, por exemplo, ser executado com fins de reivindicação legítima ou por quaisquer outras razões.

A *consciência* abrange a ilegitimidade da ação, dos meios escolhidos (violência ou grave ameaça) e a *relação de causalidade* entre o constrangimento e a ação ou omissão do sujeito passivo, sendo irrelevantes os motivos determinantes, com exceção daqueles que excluem a antijuridicidade da conduta.

Se o constrangimento for praticado para satisfazer pretensão legítima, ou se a violência for praticada no exercício da função ou em razão dela, poderá configurar *exercício arbitrário das próprias razões* (art. 345) ou *violência arbitrária* (art. 322), de acordo com as demais circunstâncias.

O *elemento subjetivo especial* do tipo é constituído pelo *especial fim de agir*, qual seja, o *fim* de constranger a vítima à ação ou omissão pretendida. Não havendo a finalidade de constranger o ofendido a fazer ou não fazer o que o sujeito ativo pretende, o crime não será o de atentado à liberdade de trabalho, mas somente aquele que resultar da violência ou grave ameaça (vias de fato, ameaça, lesões corporais etc.).

Não há previsão da modalidade culposa de atentado à liberdade de trabalho.

6. Consumação e tentativa

Consuma-se o crime de atentado contra a liberdade de trabalho quando o ofendido *faz* ou *deixa de fazer* o que foi constrangido: na primeira hipótese, com o efetivo exercício ou suspensão do exercício de arte, ofício, profissão ou indústria, em face da violência; na segunda, com o trabalho quando não deveria ou com a *suspensão* quando deveria trabalhar, e, na terceira hipótese, com a abertura ou fechamento do estabelecimento de trabalho.

Deve-se ter presente que *não se trata de crime de mera atividade*, que se consuma com a simples ação, mas de crime de lesão que tem uma *execução complexa*, exigindo uma duplicidade comportamental: a *ação coativa* do sujeito ativo e a *atividade coagida* do sujeito passivo, fazendo ou não fazendo o que foi constrangido. Assim, *consuma-se* o crime quando o *constrangido*, em razão da *violência* ou *grave ameaça* sofrida, começa a fazer ou não fazer a imposição do sujeito ativo. Enquanto o coagido não ceder à vontade do sujeito ativo, isto é, enquanto não der início ao "fazer ou não fazer", a *violência ou grave ameaça* podem configurar somente a tentativa.

Como *crime material*, admite a *tentativa*, que se verifica com o início da ação constrangedora, que pode ser fracionada. A exigência de uma *execução complexa*, com a ação do sujeito ativo, de um lado, e a *atividade do coagido*, de outro, facilita a identificação do *conatus*.

Podem ocorrer também as hipóteses de *desistência voluntária* e *arrependimento eficaz*, respondendo o agente, é claro, pelos atos já executados, nos termos do art. 15.

7. Concurso com crimes praticados com violência

O preceito secundário da norma penal em exame determina "pena de detenção, de 3 (três) meses a 1 (um) ano, e multa, além da pena correspondente à violência".

Não nos convence o entendimento doutrinário, inclusive sustentado por Hungria[5], segundo o qual essa previsão legal estaria reconhecendo expressamente o *concurso material* (entre o atentado à liberdade de trabalho e o resultado da violência em si mesma).

O questionamento é inevitável: afinal, esse dispositivo estaria dando *nova definição* para o "concurso material" ou se limitou a *cominar a soma de penas*, adotando o sistema do *cúmulo material*, quando o crime de atentado à liberdade de trabalho for praticado com "violência tipificada", isto é, que constitua em si mesmo crime?

Com efeito, o que caracteriza o *concurso material* de crimes não é a soma ou *cumulação de penas*, como prevê o dispositivo em exame, mas a *pluralidade de condutas*, pois, no *concurso formal impróprio*, isto é, naquele cuja conduta única produz dois ou mais crimes, resultantes de *desígnios autônomos*, as penas também são aplicadas *cumulativamente*. Ora, esse comando legal — determinando a aplicação cumulativa de penas — não autorizou o intérprete a confundir o concurso formal impróprio com o concurso material. Na verdade, *concurso de crimes* e *sistema de aplicação de penas* são institutos inconfundíveis; o primeiro relaciona-se à teoria do delito e o segundo à teoria da pena, por isso a confusão é injustificável.

Concluindo, a *cominação cumulativa* com a pena correspondente à violência não criou uma espécie *sui generis* de concurso material, mas adotou tão somente o *sistema do cúmulo material* de aplicação de pena, a exemplo do que fez em relação ao *concurso formal impróprio* (art. 70, 2ª parte). Assim, quando a *violência* empregada na prática do crime de atentado contra a liberdade de trabalho constituir em si mesma outro crime, havendo unidade de ação e pluralidade de crimes, estaremos diante de *concurso formal* de crimes[6]. Aplica-se, nesse caso, por expressa determinação legal, o sistema de aplicação de pena do *cúmulo material*, independentemente da existência ou não de "desígnios autônomos". A *aplicação cumulativa de penas*, mesmo sem a presença de "desígnios autônomos", constitui exceção da aplicação de penas prevista para o concurso formal impróprio.

No entanto, a despeito de tudo o que acabamos de expor, nada impede que, concretamente, possa ocorrer *concurso material*, como acontece com quaisquer outras infrações penais, do crime de *atentado contra a liberdade de trabalho* com

---

5. Nélson Hungria, *Comentários ao Código Penal*, cit., v. 8, p. 31.
6. Cezar Roberto Bitencourt, *Tratado de Direito Penal*, 30. ed., v. 1.

outros crimes violentos, desde que, é claro, haja "*pluralidade* de condutas e *pluralidade* de crimes", mas aí, observe-se, já não será mais o caso de *unidade de ação ou omissão*, caracterizadora do concurso formal.

8. Classificação doutrinária

Trata-se de *crime comum*, podendo ser praticado por qualquer pessoa, pois não exige qualquer qualidade ou condição especial; *material*, somente se consuma com a produção do resultado, representado pela atividade do ofendido que cumpre as exigências do sujeito ativo; *doloso*, não havendo previsão da modalidade culposa; e, geralmente, instantâneo (a consumação não se alonga no tempo).

9. Pena e ação penal

Nas figuras do inciso I, a pena é *cumulativa*: detenção, de um mês a um ano, e multa; na figura do inciso II, as penas são as mesmas, mas o mínimo, porém, é de três meses. Em todas as hipóteses, são acrescidas ainda as penas correspondentes à violência que, de per si, constituírem crime.

A ação penal é pública incondicionada.

ATENTADO CONTRA A LIBERDADE DE CONTRATO DE TRABALHO E BOICOTAGEM VIOLENTA

Sumário: 1. Considerações preliminares. 2. Bem jurídico tutelado. 3. Sujeitos ativo e passivo. 4. Tipo objetivo: adequação típica. 4.1. Formas ou meios de execução: mediante violência ou grave ameaça. 5. Tipo subjetivo: adequação típica. 6. Consumação e tentativa. 7. Classificação doutrinária. 8. Concurso de crimes: violência tipificada. 9. Pena e ação penal.

ATENTADO CONTRA A LIBERDADE DE CONTRATO DE TRABALHO E BOICOTAGEM VIOLENTA

Art. 198. Constranger alguém, mediante violência ou grave ameaça, a celebrar contrato de trabalho, ou a não fornecer a outrem ou não adquirir de outrem matéria-prima ou produto industrial ou agrícola:

Pena — detenção, de 1 (um) mês a 1 (um) ano, e multa, além da pena correspondente à violência.

---

1. Considerações preliminares

O atentado contra a liberdade de contrato de trabalho é um crime que não tem antecedentes remotos. Como na sociedade greco-romana a mão de obra era fundamentalmente escrava, não havia fundamento político-social para preocupar-se com o direito, garantia ou liberdade para celebrar contrato de trabalho. Na verdade, não existia uma correlação entre direitos e deveres, mas somente direitos para alguns (proprietários de escravos) e deveres para outros (escravos).

No período medieval, com o domínio dos senhores feudais, a relação trabalhista não era muito diferente, embora não se tratasse de escravos — a subserviência era a tônica. Em todo o transcorrer da Idade Média, a despeito do surgimento das corporações, não houve possibilidade de assegurar o direito de o trabalhador celebrar seus contratos de trabalho.

A liberdade contratual foi uma das tantas conquistas asseguradas pela Revolução Francesa, que garantiu uma nova orientação libertadora do indivíduo das velhas e autoritárias relações medievais, representando uma mudança filosófica de concepção do indivíduo, do Estado e da sociedade.

O direito brasileiro desconheceu essa infração penal até o século XIX, sendo ignorada inclusive pelos Códigos Penais de 1830 e 1890. O Código Penal de 1940 foi o primeiro diploma nacional a disciplinar essa matéria, cujo texto se manteve inalterado até o início do século XXI.

2. Bem jurídico tutelado

Estamos diante de um tipo penal com objetividade jurídica complexa, tradicionalmente denominado *crime pluriofensivo,* isto é, com duas figuras típicas cujos bens jurídicos protegidos são distintos. Com efeito, na primeira parte do tipo, o *bem jurídico protegido* é a liberdade de trabalho, mais especificamente a *liberdade de celebrar contrato de trabalho.* A conduta proibida limita, indevidamente, a comercialização do produto do trabalho do ofendido. Na segunda parte do dispositivo, segundo a doutrina dominante, o objeto jurídico da proteção penal não é a liberdade de trabalho, mas a *normalidade das relações de trabalho*[1].

A conduta proibida é aquela que tem como objetivo que a vítima não forneça a outrem ou não adquira matéria-prima ou produto industrial ou agrícola; *matéria-prima* (matérias básicas à produção) seria a substância que serve ou se destina à elaboração ou fabricação de produto industrial (resultado da indústria manufatureira ou mecânica) ou agrícola.

3. Sujeitos ativo e passivo

Sujeito ativo pode ser qualquer pessoa, independentemente de qualidade ou condição especial, por exemplo: o empregador, preposto, terceira pessoa etc.

Sujeito passivo pode ser, igualmente, qualquer pessoa que sofra a coação tipificada, por exemplo, comerciante, industrial ou qualquer indivíduo que seja constrangido a não fornecer a matéria-prima ou o produto. O constrangimento exercido, em uma mesma circunstância, contra mais de uma pessoa constitui crime único.

Na forma de *boicotagem violenta*, sujeito passivo é não só quem sofre a coação como também quem sofre a boicotagem.

Embora não seja desarrazoado o entendimento de Regis Prado[2] quando sustenta que a *pessoa jurídica* pode ser sujeito passivo do crime de boicotagem violenta, não nos parece tecnicamente adequado à norma proibitiva. Com efeito, qualquer das duas figuras descritas no dispositivo em exame exige que a conduta de constranger seja praticada contra *alguém*, e, em nosso vernáculo, não há espaço para abranger como “alguém” uma ficção, em vez da pessoa natural.

4. Tipo objetivo: adequação típica

O núcleo do tipo, a exemplo do crime de constrangimento ilegal, é *constranger*, que significa obrigar, forçar, compelir, coagir *alguém* a fazer ou deixar de fazer alguma coisa a que não está obrigado. A *finalidade* pretendida pelo *constrangimento*,

---

1. Luiz Regis Prado, *Curso de Direito Penal brasileiro*, cit., v. 2, p. 77; Magalhães Noronha, *Direito Penal*, cit., v. 2, p. 61.
2. Luiz Regis Prado, *Curso de Direito Penal brasileiro*, cit., v. 2, p. 77.

nesse tipo penal, é obrigar alguém a fazer ou deixar de fazer qualquer das atividades enunciadas no dispositivo legal. A conduta típica pode apresentar-se sob três modalidades: "*constranger alguém*, mediante violência ou grave ameaça, (1) a celebrar contrato de trabalho, (2) ou a não fornecer a outrem ou (3) não adquirir de outrem matéria-prima ou produto industrial ou agrícola".

Esse tipo penal prevê duas modalidades de atentado: 1ª) *atentado contra a liberdade de contrato de trabalho;* 2ª) *boicotagem violenta na área do comércio-indústria.* Nas duas hipóteses há, como no crime anterior, *constrangimento ilegal,* especificado, porém, pela finalidade que orienta a conduta do agente.

Na primeira modalidade, o *constrangimento* objetiva a celebração de contrato de trabalho, coletivo ou individual. Somente se configurará o crime se o constrangimento for para a celebração do contrato de trabalho, isto é, se o constrangimento for para não celebrar referido contrato, não haverá esse crime, restando, como *crime subsidiário*, tão somente o crime de *constrangimento ilegal* (art. 146).

No entanto, se a conduta do sujeito ativo objetivar constranger alguém *a não celebrar contrato de trabalho*, sua ação será atípica, pois o legislador olvidou-se de criminalizar a forma negativa dessa conduta. Restará, contudo, subsidiariamente, a possibilidade de referido comportamento adequar-se ao tipo penal descrito no art. 146 (constrangimento ilegal). Não se pode ignorar que se trata de grave falha do legislador, pois tão grave quanto obrigar à celebração de contrato de trabalho é impedir sua celebração mediante violência ou grave ameaça.

Na segunda figura, pune-se a "boicotagem violenta"; nessa hipótese, o *constrangimento* é para não fornecer ou não adquirir matéria-prima ou produto industrial ou agrícola. Essa figura é também conhecida como boicotagem violenta. Somente o boicote violento — mediante violência ou grave ameaça — é adequado ao modelo descrito no tipo penal.

Contrato de trabalho, que pode ser individual ou coletivo, é o "acordo tácito ou expresso, correspondente à relação de emprego" (art. 442 da CLT). *Matéria-prima* é o produto original, massa ou substância bruta da qual se pode extrair alguma coisa, isto é, serve para produzir ou industrializar algum outro produto. Somente o boicote por matéria-prima ou produto industrial ou material caracterizam o crime. Em outros termos, o *boicote por dinheiro* não tipifica esse crime, em razão do princípio da tipicidade taxativa. Enfim, a boicotagem consiste em *não fornecer* a outrem ou *não adquirir* de outrem *matéria-prima* ou *produto industrial ou agrícola*, considerando-se que se trata de enumeração taxativa. Portanto, o não fornecimento de dinheiro (v. g., crédito), não integra o tipo *sub examen*. O que há, na verdade, é uma relação taxativa de objetos cujo fornecimento negado tipifica o crime. Não é necessário que o ofendido *oponha resistência efetiva* contra a coação ou procure superá-la, pedindo socorro ou empregando qualquer outro recurso; é suficiente que, mediante violência ou grave ameaça, tenha-se violentado sua liberdade interna, constrangendo-o, assim, a realizar o que lhe foi imposto ou a não fazer o que pretendia, sem amparo legal.

É indispensável a *relação de causalidade* entre o emprego da *violência* ou *grave ameaça* ou qualquer outro meio e a submissão da vítima à vontade do coator.

4.1 *Formas ou meios de execução: mediante violência ou grave ameaça*

A lei estabelece as seguintes formas de realização do *atentado contra a liberdade de contrato de trabalho e boicotagem violenta*: (a) mediante *violência* (força física, real) ou (b) *grave ameaça* (violência moral, intimidação, *vis compulsiva*).

No *atentado contra a liberdade de contrato de trabalho* e *boicotagem violenta*, a exemplo do crime examinado no capítulo anterior, os meios executivos são a *violência* e a *grave ameaça*. O emprego de uma ou de outra constitui a *ratio* da incriminação.

a) *Mediante violência* — O termo "violência" empregado no texto legal significa a força física, material, a *vis corporalis*, com a finalidade de vencer a resistência da vítima. Essa *violência* pode ser produzida pela própria energia corporal do agente, que, no entanto, poderá preferir utilizar outros meios, como fogo, água, energia elétrica (choque), gases etc. A *violência* poderá ser *imediata*, quando empregada diretamente contra o próprio ofendido, e *mediata*, quando utilizada contra terceiro ou coisa a que a vítima esteja diretamente vinculada.

b) *Mediante grave ameaça* — Constitui forma típica da "violência moral"; é a *vis compulsiva*, que exerce *força* intimidativa, inibitória, anulando ou minando a *vontade* e o *querer* do ofendido, procurando, assim, inviabilizar eventual resistência da vítima. Na verdade, a *ameaça* também pode perturbar, escravizar ou violentar a vontade da pessoa, como a violência material. A *violência moral* pode materializar-se em gestos, palavras, atos, escritos ou qualquer outro meio simbólico. Mas somente a *ameaça grave*, isto é, aquela que efetivamente imponha medo, receio, temor na vítima, e que lhe seja de capital importância, opondo-se a sua liberdade de querer e de agir.

Tudo o mais que se afirmou sobre violência ou grave ameaça ao examinar o crime descrito no art. 197 aplica-se integralmente a essa infração.

5. Tipo subjetivo: adequação típica

O tipo subjetivo, nas duas figuras típicas, é constituído pelo dolo, representado pela vontade consciente de constranger alguém mediante violência ou grave ameaça a firmar contrato de trabalho ou a boicotar alguém na entrega de matéria-prima ou produto industrial ou agrícola.

O *elemento subjetivo especial* do tipo é constituído pelo *especial fim de agir*, qual seja, o *fim* de constranger a vítima à ação ou omissão pretendida (descrita no tipo penal). Não havendo a finalidade de constranger o ofendido a fazer ou não fazer o que o sujeito ativo pretende, o crime não será o de atentado à liberdade de contrato de trabalho e boicotagem violenta, mas somente aquele que resultar da violência ou grave ameaça (vias de fato, ameaça, lesões corporais etc.).

De modo geral, a doutrina tem entendido desnecessária a presença de elemento subjetivo especial do injusto.

Não há previsão da modalidade culposa de atentado à liberdade de contrato de trabalho ou boicotagem violenta. Na verdade, os meios executórios — violência e grave ameaça —, por si sós, já afastam qualquer possibilidade de discutir a eventualidade ou razoabilidade de criminalizar a modalidade culposa.

6. Consumação e tentativa

Na primeira figura, consuma-se com a assinatura do contrato ou com o início do trabalho; na segunda, o crime consuma-se com a omissão pretendida pelo agente: não aquisição ou não fornecimento. A tentativa é, em tese, possível.

Deve-se ter presente que *não se trata de crime de mera atividade*, que se consuma com a simples ação, mas de crime de lesão, que tem *execução complexa*, exigindo duplicidade comportamental: a *ação coativa* do sujeito ativo e a *atividade coagida* do sujeito passivo, fazendo ou não fazendo o que foi constrangido. Assim, *consuma-se* o crime quando o *constrangido*, em razão da *violência* ou *grave ameaça* sofrida, começa a fazer ou não fazer a imposição do sujeito ativo. Enquanto o coagido não ceder à vontade do sujeito ativo, isto é, enquanto não der início ao "fazer ou não fazer", a *violência ou grave ameaça* podem configurar somente a tentativa.

Como *crime material*, admite a *tentativa*, que se verifica com o início da ação constrangedora, que pode ser fracionada. A exigência de uma *execução complexa*, com a ação do sujeito ativo, de um lado, e a *atividade do coagido*, de outro, facilita a identificação do *conatus*.

7. Classificação doutrinária

Trata-se de *crime comum*, podendo ser praticado por qualquer pessoa, pois não exige qualquer qualidade ou condição especial; *material*, somente se consuma com a produção do resultado, representado pela atividade do ofendido que cumpre as exigências do sujeito ativo; *doloso*, não havendo previsão da modalidade culposa; e, geralmente, instantâneo (a execução não se alonga no tempo) e permanente, na hipótese da segunda figura (o processo executório alonga-se no tempo).

8. Concurso de crimes: violência tipificada

Se qualquer das condutas for praticada com *violência à pessoa*, haverá concurso de crimes (formal impróprio), *cumulando-se* as respectivas penas (critério do cúmulo material).

A *cominação cumulativa* das sanções cominadas ao crime de atentado à liberdade de contrato de trabalho e boicotagem violenta com a pena correspondente à *violência* não criou uma espécie *sui generis* de concurso material, mas adotou tão somente o *sistema do cúmulo material* de aplicação de pena, a exemplo do que fez em relação ao *concurso formal impróprio* (art. 70, 2ª parte). Assim, quando a *violência* empregada na prática do crime de atentado contra a liberdade de contrato de trabalho constituir em si mesma outro crime, havendo unidade de ação e pluralidade de crimes, estar-se-á diante de *concurso formal* de crimes[3]. Aplica-se, nesse caso, por expressa determinação legal, o sistema de aplicação de penas do *cúmulo material*, independentemente da existência ou não de "desígnios autônomos".

A *aplicação cumulativa de penas*, mesmo sem a presença de "desígnios autônomos", constitui exceção da aplicação de penas prevista para o concurso formal impróprio.

No entanto, a despeito de tudo o que acabamos de expor, nada impede que, concretamente, possa ocorrer *concurso material*, como acontece com quaisquer outras infrações penais, do crime de *atentado contra a liberdade de trabalho* com outros crimes violentos, desde que, é claro, haja "*pluralidade* de condutas e *pluralidade* de crimes", mas aí, observe-se, já não será mais o caso de *unidade de ação ou omissão*, caracterizadora do concurso formal.

Considerações que fizemos sobre o mesmo tema no capítulo anterior aplicam-se integralmente à infração penal ora em exame.

9. Pena e ação penal

A pena cominada, cumulativamente, é detenção, de um mês a um ano, e multa, além da pena correspondente à violência; a ação penal é *pública incondicionada*.

Em todas as hipóteses, são acrescidas ainda as penas correspondentes à violência, que, de per si, constitui crime. A competência é da Justiça Federal (art. 109, VI, da CF).

---

3. Cezar Roberto Bitencourt, *Tratado de Direito Penal*, 30. ed., v. 1.

ATENTADO CONTRA A LIBERDADE DE ASSOCIAÇÃO

Sumário: 1. Considerações preliminares. 2. Bem jurídico tutelado. 3. Sujeitos ativo e passivo. 4. Tipo objetivo: adequação típica. 4.1. Trabalho individual e crime contra a organização do trabalho. 5. Tipo subjetivo: adequação típica. 6. Consumação e tentativa. 7. Classificação doutrinária. 8. Pena e ação penal.

ATENTADO CONTRA A LIBERDADE DE ASSOCIAÇÃO

Art. 199. Constranger alguém, mediante violência ou grave ameaça, a participar ou deixar de participar de determinado sindicato ou associação profissional:

Pena — detenção, de 1 (um) mês a 1 (um) ano, e multa, além da pena correspondente à violência.

1. Considerações preliminares

Embora haja quem afirme que na Antiguidade podem ter existido alguns indicativos da prática associativa, as *associações profissionais*, institucionalizadas, surgiram no século XVIII. As corporações que existiram na Idade Média eram órgãos de representação patronal. No entanto, o tratamento legal somente foi dispensado às associações a partir da Revolução Industrial. Todos os problemas advindos com a introdução da máquina despertaram no homem a consciência da necessidade de organizar-se para defender seus direitos.

No Brasil, a Constituição de 1934 foi o primeiro estatuto legal a garantir o direito de *sindicalizar-se*. A proteção penal, contudo, que fora desconhecida dos Códigos Penais anteriores, foi introduzida pelo legislador de 1940. Sebastian Soler[1], comentando artigo do Código Penal argentino, semelhante ao nosso, afirmou que referida infração penal é uma *criação moderna da luta econômica*.

A liberdade associativa foi elevada a garantia fundamental pela Constituição Federal de 1988 (arts. 5º, XVII, e 8º, V).

2. Bem jurídico tutelado

O bem jurídico protegido é a liberdade de associação e filiação sindical ou profissional, assegurada pela atual Constituição Federal (arts. 5º, XVII, e 8º, V).

1. Sebastian Soler, *Derecho Penal argentino*, 3. ed., Buenos Aires, TEA, 1970, v. 4, p. 144.

Com absoluta razão Heleno Fragoso[2], com a coragem que sempre o caracterizou, criticava duramente a forma como a "liberdade sindical" era concebida nos "anos de chumbo", nos seguintes termos: "Todos sabem que se trata de liberdade inteiramente ilusória, pois o Ministério do Trabalho controla com mão de ferro a organização dos sindicatos, aplicando textos ditatoriais da CLT (arts. 528 e 530, *a*). Seja como for, a liberdade de associação é que constitui o bem jurídico que a lei penal tutela".

A *liberdade sindical* e de associação representam um dos pressupostos de um *Estado Democrático de Direito*.

Pelos termos do art. 199, a tutela penal abrange as diversas modalidades de associações e sindicatos, pois o que protege é exatamente a liberdade associativa.

3. Sujeitos ativo e passivo

Sujeito ativo pode ser qualquer pessoa, sendo desnecessária condição ou qualidade especial. Pode ser, inclusive, membro ou integrante de sindicato ou associação. Esses, normalmente, são as pessoas mais interessadas no ingresso ou não de certas pessoas em determinado sindicato ou associação.

Se o sujeito ativo for *funcionário público*, sua conduta poderá configurar também o crime de abuso de autoridade (art. 3º, *f*, da Lei n. 4.898/65).

Sujeito passivo, igualmente, pode ser qualquer pessoa, desde que se trate de trabalhador ou profissional que possa integrar algum sindicato ou alguma associação de classe.

Na modalidade de conduta "deixar de participar", sujeito passivo somente pode ser membro ou integrante de associação ou sindicato, o qual seja constrangido a *abandonar*; nessa modalidade, portanto, trata-se de *crime próprio*.

4. Tipo objetivo: adequação típica

A ação básica do tipo é *constranger* alguém mediante violência ou grave ameaça. Constrangimento mediante violência e grave ameaça tem o mesmo sentido daquele utilizado nos artigos anteriores, já analisados, para onde remetemos o leitor.

Somente é criminalizada a conduta de constranger, mesmo mediante violência ou grave ameaça, a participação ou não participação em *determinado* sindicato ou em *determinada* associação profissional. O constrangimento a participar ou não participar, *genericamente*, de qualquer sindicato ou associação não tipifica esse crime, mas tão somente o crime de constrangimento ilegal (art. 146).

Associação profissional pode ser definida como gênero da qual o sindicato é a espécie. Associação é a união ou agrupamento de pessoas cuja finalidade é a defesa, estudo e coordenação dos interesses profissionais que constituem ou integram referida entidade associativa (art. 1º do Decreto-Lei n. 1.402/39 e art. 511 do

---

2. Heleno Cláudio Fragoso, *Lições de Direito Penal*, cit., v. 1, p. 652.

Decreto-Lei n. 5.452/43 — CLT)[3]. *Sindicato*, por sua vez, é a associação profissional reconhecida pelo Poder Público como legítima representante da classe de sindicalizados (art. 50 do Decreto-Lei n. 1.402/39 e art. 561 da CLT). Não há sindicato sem os requisitos ou formalidades legais. A partir do decreto-lei antes referido, distinguiu-se associação e sindicato; assim, é possível categorias associarem-se sem se sindicalizar, mas é impossível sindicalizarem-se sem associar-se, numa verdadeira relação de gênero e espécie.

4.1 *Trabalho individual e crime contra a organização do trabalho*

Trabalho, protegido penalmente, neste Título, é instituto de *interesse coletivo*. Não se confunde com o direito individual do *empregado* ou do *empregador*, pois interessa, antes de tudo, à coletividade, ao Estado, em última instância. A lesão produzida por essa infração penal deve repercutir nas relações de trabalho, e não apenas no interesse particular deste ou daquele trabalhador ou empregador, individualmente considerado. Em outros termos, se a conduta do sujeito ativo nem sequer gerar perigo para a organização do trabalho, isto é, não ultrapassar os interesses individuais para atingir os do sindicato ou associação profissional, não se pode falar em crime contra a organização do trabalho.

Somente haverá resultado próprio do crime de atentado contra a liberdade de associação *ocorrendo perigo* para a existência ou funcionamento do sindicato ou da associação. Caso contrário, o fato será restrito à *relação individual de trabalho*. O trabalho, como bem despersonalizado, não é afetado[4].

Os meios executórios do crime de atentado à liberdade de associação — violência ou grave ameaça — são os mesmos dos artigos anteriores, que receberam exaustiva e até repetitiva análise de nossa parte.

5. Tipo subjetivo: adequação típica

O elemento subjetivo do crime de atentado contra a liberdade de associação é o *dolo*, constituído pela vontade livre e consciente de constranger alguém, mediante violência ou grave ameaça, a *participar* ou *deixar de participar* de determinado sindicato ou associação profissional.

Não há previsão de modalidade culposa.

6. Consumação e tentativa

Consuma-se o atentado contra a liberdade de associação quando o agente, com violência ou grave ameaça, impede a associação de alguém em determinado sindicato ou associação profissional ou quando, por meio da mesma espécie de conduta,

---

3. Antes do Decreto-Lei n. 1.402/39, "associação profissional" tinha o sentido de sindicato ou associação sindical.
4. STJ, RHC, rel. Min. Luiz Vicente Cernicchiaro, *RT*, *730*:488.

consegue fazer alguém associar-se em determinado sindicato ou associação profissional. Em outros termos, o atentado à liberdade de associação consuma-se no momento em que o ofendido, em razão dos meios violentos empregados, participa ou deixa de participar de sindicato ou de associação profissional[5].

Admite-se, em tese, a tentativa. O eventual emprego de meio violento, sem conseguir a efetiva adesão a sindicato ou associação profissional, ou então o impedimento de tal adesão, o crime não passará de sua modalidade tentada.

7. Classificação doutrinária

Trata-se de *crime comum*, podendo ser praticado por qualquer pessoa, pois não exige qualquer qualidade ou condição especial; *material*, somente se consuma com a produção do resultado, representado pela atividade do ofendido que cumpre as exigências do sujeito ativo; *doloso*, não havendo previsão da modalidade culposa; *instantâneo* (a consumação não se alonga no tempo) e, eventualmente, *permanente* (cuja execução alonga-se no tempo).

8. Pena e ação penal

A pena cominada, *cumulativamente*, é de detenção, de um mês a um ano, e multa, além da pena correspondente à violência, que, em si mesma, constitui crime. Eventual contravenção (vias de fato, por exemplo) não determina a cumulação de penas.

A ação penal é de natureza *pública incondicionada*. A competência é da Justiça Federal, e, por extensão, a atribuição investigativo-policial é da Polícia Federal. Mas a competência somente será da Justiça Federal se a ação do agente atingir a existência da associação ou do sindicato, que é um interesse coletivo de todos os trabalhadores. No entanto, será da competência da Justiça Estadual, se for atingido somente o interesse individual do trabalhador.

5. Heleno Cláudio Fragoso, *Lições de Direito Penal*, cit., v. 1: "O crime se consuma com a prática de ação positiva (participar) ou negativa (não participar), em consequência da violência, sendo admissível a tentativa".

PARALISAÇÃO DE TRABALHO, SEGUIDA DE VIOLÊNCIA OU PERTURBAÇÃO DA ORDEM

Sumário: 1. Considerações preliminares. 2. Bem jurídico tutelado. 3. Sujeitos ativo e passivo. 4. Tipo objetivo: adequação típica. 4.1. Abandono coletivo e suspensão do trabalho. 4.2. Violência contra pessoa ou coisa. 5. Tipo subjetivo: adequação típica. 6. Consumação e tentativa. 7. Pena e ação penal.

PARALISAÇÃO DE TRABALHO, SEGUIDA DE VIOLÊNCIA OU PERTURBAÇÃO DA ORDEM

Art. 200. Participar de suspensão ou abandono coletivo de trabalho, praticando violência contra pessoa ou contra coisa:

Pena — detenção, de 1 (um) mês a 1 (um) ano, e multa, além da pena correspondente à violência.

Parágrafo único. Para que se considere coletivo o abandono de trabalho é indispensável o concurso de, pelo menos, três empregados.

---

1. Considerações preliminares

A greve, um dos sagrados direitos da competição entre trabalho e capital, tem origem discutível. Para alguns, é produto da Antiguidade, enquanto para outros se trata de um fenômeno social surgido com o liberalismo[1] do século XVIII, já que rebelião de escravos não pode ser considerada greve: os escravos, além de serem considerados *res*, não possuíam nenhum direito; também não eram considerados trabalhadores, mas meros instrumentos de trabalho, como qualquer outro animal irracional. Os escravos não lutavam por melhores salários ou condições de trabalho, mas apenas para serem tratados como seres humanos[2].

O Código Penal napoleônico, de 1810, criminalizava as *coalizões trabalhistas*, especialmente quando realizadas pelos operários e, excepcionalmente, quando praticadas pelos empregadores, desde que fossem consideradas abusivas. Depois de algumas alterações, porém, a realização de coalizão ou de greve deixou de ser considerada crime (Lei de 25-5-1864). A partir de 1884, outro diploma legal autorizou na França a *liberdade de associação profissional*, facilitando desde então o exercício da greve no berço do liberalismo mundial.

---

1. Seabra Fagundes, O direito de greve, *RF*, *154*:12, 1954.
2. Para exame mais detalhado, ver Segadas Vianna, *Direito coletivo do trabalho*, São Paulo, LTr, 1972, p. 195.

No direito brasileiro, a criminalização do exercício da greve ocorreu, pela primeira vez com o Código Penal de 1890, na contramão do espírito filosófico-econômico que animava os proclamadores da República. Esse descompasso político-filosófico levou a rápida alteração, nesse particular, do primeiro Código republicano.

A Constituição de 1937 considerou toda greve e todo *lockout* condutas antissociais, incompatíveis com os interesses nacionais (art. 139), postura adequada, diga-se de passagem, ao período ditatorial do *Estado Novo*. O Código Penal de 1940, no entanto, proibiu somente a *greve violenta* ou aquela em que houvesse interrupção de serviço de interesse coletivo (art. 201).

O natimorto Código Penal de 1969 não contemplava o *lockout* como crime, o que não significa que eventual violência praticada pelo empregador seja impune. Essa infração penal recebeu o *nomen juris* de "greve violenta".

A Constituição Federal, símbolo de outros tempos, ao contrário daquela do Estado Novo, assegura aos trabalhadores o direito de greve (art. 9º), nos limites de um Estado Democrático de Direito.

2. Bem jurídico tutelado

O bem jurídico protegido, ao contrário do que tem sustentado a imensa maioria da doutrina, *não é a liberdade de trabalho*. Greve e *lockout* não são exercício do direito de trabalhar, mas sua negação, ou seja, é seu não exercício; greve é o não trabalho.

O bem jurídico tutelado é a regularidade e moralidade das relações trabalhistas, é a correção e a moralidade que devem orientar os contratos de trabalho, que, *venia concessa*, não se confunde com "liberdade de trabalho".

Na verdade, *greve* e *suspensão de trabalho*, como elementares do crime em exame, em princípio não o caracterizam; somente quando qualquer das duas for executada *com violência* contra a pessoa ou contra coisa.

3. Sujeitos ativo e passivo

O *sujeito ativo* deve ser necessariamente *empregado* ou *empregador*, pois o tipo penal prescreve a *suspensão* ou o *abandono coletivo de trabalho*. Em outros termos, sujeito ativo será o participante da greve violenta, ou o empregador que tenha promovido a *suspensão do trabalho* (*lockout*) mediante violência.

Na hipótese da *greve*, o crime é plurissubjetivo[3], isto é, crime de concurso necessário, uma vez que, além de referir-se a *abandono coletivo*, reforça, a nosso juízo desnecessariamente, a exigência do concurso de no mínimo três empregados. Equivocam-se aqueles doutrinadores que sustentam tratar-se de crime unissubjetivo[4], pois ignoram que não existe "coletivo representado por uma unidade".

---

3. No mesmo sentido, Luiz Regis Prado, *Curso de Direito Penal brasileiro*, cit., v. 2, p. 94.
4. Guilherme de Souza Nucci, *Código Penal comentado*, cit., p. 628; Paulo José da Costa Jr., *Comentários ao Código Penal*, cit., p. 680.

No caso do *lockout*, é desnecessária a multiplicidade de empregadores, não sendo hipótese de concurso necessário; se houver concurso, será eventual (art. 29 do CP). Nesse particular, Magalhães Noronha[5] sustentava equivocadamente ser "indispensável que os patrões (da mesma empresa) sócios ou empregados de categoria *participem* do *lockout* violento".

Sujeito passivo pode ser qualquer pessoa, sem condição especial, incluindo empregado e empregador. A *pessoa jurídica* pode ser sujeito passivo do crime na modalidade de abandono coletivo de trabalho, independentemente de a violência ser praticada contra a pessoa ou contra coisa, ao contrário do entendimento sustentado por Luiz Regis Prado[6]. Na verdade, pode haver dupla subjetividade passiva, isto é, a vítima da violência pode ser distinta da vítima da greve ou da suspensão de trabalho.

4. Tipo objetivo: adequação típica

A conduta tipificada é *participar*, que, segundo o próprio texto legal, exige *pluralidade de pessoas*, no mínimo três (parágrafo único); *de suspensão ou abandono coletivo de trabalho*, praticado com violência contra pessoa ou contra coisa.

A *violência* (real) deve ser praticada durante a suspensão ou abandono de trabalho coletivo. A violência é aquela utilizada contra a pessoa ou contra a coisa no exercício da ação tipificada propriamente, e não para coagir alguém a participar da greve ou suspensão de trabalho[7]. Essa conduta está tipificada no art. 197, II. Como a finalidade da violência empregada é garantir a eficácia da pressão, inviabilizar possível tentativa de conciliação ou, entre outras razões, pela brutalidade natural dos participantes, ela deve ocorrer no curso da ação, isto é, da suspensão ou da paralisação coletiva do trabalho.

A nosso juízo, a incriminação alcança todos os que *participarem*, independentemente de serem ou não os autores da violência, sendo suficiente o vínculo psicológico entre eles. Com efeito, a locução "praticando com violência" é elementar do tipo, que, nos termos do art. 30 do CP, comunica-se a todos os que intervierem em sua realização, independentemente de terem ou não empregado violência. Basta que tenham anuído à conduta dos demais.

O simples porte de armas brancas pelos "piquetes" de greve com o objetivo de impedir o trabalho de outros companheiros, ocasionando a paralisação das atividades do empregador, não constitui violência contra a pessoa ou contra a coisa, respaldada pela previsão do art. 200 do CP.

As ações ilícitas decorrentes de greves não podem ser enquadradas como crimes contra a organização do trabalho se não ofendem órgãos e instituições destinados a preservar coletivamente o trabalho, mas pessoas isoladamente.

---

5. Magalhães Noronha, *Direito Penal*, cit., v. 2, p. 65.
6. Luiz Regis Prado, *Curso de Direito Penal brasileiro*, cit., v. 2, p. 95.
7. Se a violência for empregada para conseguir adesão à greve, *vide* art. 29 da Lei n. 4.330/64.

4.1 *Abandono coletivo e suspensão do trabalho*

Abandono coletivo do trabalho é a paralisação efetuada pelos trabalhadores, ou seja, a tradicional greve. Contudo, a despeito de o dispositivo falar em "abandono coletivo", não se trata de crime de concurso necessário, isto é, aquele que exige, necessariamente, a participação de mais de uma pessoa em sua execução. Na verdade, o legislador pretendeu apenas evidenciar a necessidade de o abandono coletivo ocorrer pelo menos de parte de três empregados conjuntamente.

Quanto à *suspensão do trabalho*, que é sua paralisação promovida pelos empregadores (*lockout*), isto é, a "greve patronal", não há a mesma exigência no tipo penal, por isso não se pode afirmar que para a configuração da conduta típica a suspensão deva operar-se por, pelo menos, três patrões. Contudo, segundo a doutrina majoritária, o verbo nuclear, "participar", demonstra a necessidade da intervenção de, pelo menos, três pessoas, podendo ser um empregador e dois empregados, por exemplo[8].

4.2 *Violência contra pessoa ou coisa*

A greve em si mesma não constitui crime; além de ser um direito democraticamente assegurado aos trabalhadores, foi elevada ao nível de garantia constitucional (art. 9º). Somente a *greve* promovida mediante *violência*, tanto contra pessoa quanto contra coisa, é tipificada como crime. Por isso, a *greve sem violência*, mesmo que seja declarada ilegal pelos órgãos fiscalizadores, não constituirá crime *se não houver violência física*.

A simples ilegalidade da greve não a transforma, *ipso facto*, em crime, pois a ilicitude penal sempre enriquecida de exigências típico-normativas não respalda todas as ilicitudes do ordenamento jurídico, mas somente aquelas que se adequarem a determinado modelo descrito em um dispositivo penal.

Esse dispositivo afasta as consequências da distinção que o Código Penal faz em relação à *violência praticada sobre a coisa* e à *violência praticada contra a pessoa*, quando tipifica *os crimes de furto e de roubo*. Assim, indiferentemente, tanto a violência empregada contra a coisa como a utilizada contra a pessoa são elementares do crime "paralisação de trabalho, seguida de violência ou perturbação da ordem".

A *violência* deve ser anterior ou contemporânea ao período de suspensão ou abandono coletivo de trabalho. Na verdade, não há qualquer relevância se a violência contra pessoa ou coisa se opera antes ou depois do início da greve ou da suspensão do trabalho, desde que, logicamente, se concretize antes da consumação do crime.

A ausência de previsão legal dos meios, modos ou formas de praticar a violência autoriza a utilização de quaisquer deles — manuais ou mecânicos —, desde que sejam idôneos para o fim proposto.

---

8. Magalhães Noronha, *Direito Penal*, cit., v. 2, p. 65.

Sobre violência praticada contra a pessoa, remetemos o leitor aos capítulos que tratam dos crimes tipificados nos arts. 197 e 198, onde examinamos, com vagar, essa matéria.

5. Tipo subjetivo: adequação típica

Elemento subjetivo é o dolo, constituído pela vontade livre e consciente de participar de suspensão ou abandono coletivo de trabalho, praticando violência contra pessoa ou contra coisa. É indispensável que o sujeito ativo tenha consciência do emprego da violência no exercício da atividade incriminada.

Não é exigido qualquer elemento subjetivo especial do tipo, sendo, por isso, irrelevante o motivo ou a razão pela qual a greve ou o *lockout* se realiza. Não há previsão, tampouco, de modalidade culposa.

6. Consumação e tentativa

Consuma-se com a suspensão ou abandono coletivo do trabalho e a prática de violência, isto é, consuma-se o crime no momento em que, instalada a greve ou o *lockout*, se produz a violência contra pessoa ou coisa. Como normalmente a maioria dos grevistas está investida de espírito pacífico, isto é, participa da greve realmente pelos fins nela declarados, somente respondem pela violência aqueles que dela participaram ou, de alguma forma, para ela concorreram, embora todos respondam pelo crime previsto neste artigo. Em outros termos, para os *autores da violência* haverá o *cúmulo material* de penas (não concurso material de crimes), desde que estas constituam em si mesmas crimes.

Não se trata de crime de *mera atividade*, isto é, não se consuma com a simples "participação" em atividade tendente a *suspender* ou *abandonar* coletivamente o trabalho, mas, ao contrário, consuma-se com a ação de *participar* de efetiva suspensão ou abandono coletivo do trabalho! Consequentemente, trata-se de uma ação transformadora, ação que produz uma consequência direta, real e concreta, qual seja, o abandono ou a suspensão efetiva do trabalho, coletivamente. Isso é *resultado* decorrente da conduta do agente de participar no impedimento da continuidade do trabalho. E o *meio*, legalmente previsto, é "praticando violência" contra pessoa ou contra coisa. A nosso juízo, esse crime somente se consuma com a efetiva *paralização coletiva do trabalho*, seja pela "suspensão" da atividade laboral dos grevistas, seja pelo seu "abandono coletivo", e, por exigência da tipicidade estrita, desde que esse *resultado* seja obtido com a prática de violência contra a pessoa ou contra a coisa.

Assim, o crime não atingirá sua *consumação* se, a despeito da ação empreendida pelo agente, mesmo praticando violência, não lograr êxito em conseguir que se concretize a "suspensão" ou o "abandono" coletivo do trabalho. Nesse caso, à evidência, restará, no máximo, caracterizada a figura do crime tentado.

Consequentemente, na nossa ótica, admite-se, como crime material, a tentativa. Quando, por exemplo, a despeito da violência empregada, por razões estranhas à vontade dos participantes, o resultado pretendido — qual seja, a suspensão ou o abandono efetivo do trabalho, coletivamente — não se produzir, caracterizada estará a tentativa.

7. Pena e ação penal

As penas cominadas, *cumulativamente*, são detenção, de um mês a um ano, e multa, além da pena correspondente à violência. Aplicar-se-á a pena correspondente à violência se essa constituir, em si mesma, crime (lesão corporal, por exemplo). Nessa pena incorrerá somente quem concorrer com a violência; os demais participantes responderão somente pelo crime do tipo, que exige violência como seu *meio* de execução.

A ação penal é de natureza pública incondicionada, isto é, não depende de qualquer manifestação do ofendido.

PARALISAÇÃO DE TRABALHO DE INTERESSE COLETIVO

Sumário: 1. Considerações preliminares. 2. Bem jurídico tutelado. 3. Sujeitos ativo e passivo. 4. Tipo objetivo: adequação típica. 5. Tipo subjetivo: adequação típica. 5.1. Tipicidade de greve pacífica: excepcionalmente. 6. Consumação e tentativa. 7. Pena e ação penal.

PARALISAÇÃO DE TRABALHO DE INTERESSE COLETIVO

Art. 201. Participar de suspensão ou abandono coletivo de trabalho, provocando a interrupção de obra pública ou serviço de interesse coletivo:

Pena — detenção, de 6 (seis) meses a 2 (dois) anos, e multa.

1. Considerações preliminares

O Código Penal de 1940 dispensa tratamento distinto para a greve em *empresas privadas* (art. 200) e *empresas públicas* ou que pelo menos executem serviços de interesse coletivo (art. 201). Ao contrário do diploma anterior, não admitiu como meio executório a greve mediante grave ameaça, mas somente aquela praticada mediante violência física; inovou igualmente nas sanções cominadas, como veremos ao final.

Sob os auspícios da Constituição ditatorial de 1937, o legislador de 1940 criminalizou a prática de greve ou do *lockout*, pacíficos ou não, de atividades públicas ou de interesse social. Posteriormente a esse diploma legal codificado, inúmeras leis disciplinaram o direito de greve, ampliando ou restringindo esse direito, dentre as quais destacamos as seguintes: a Lei n. 4.330, de 1º de junho de 1964, que, para parte da doutrina[1], ao regulamentar o direito de greve, teria revogado o art. 201 do Código Penal, admitindo-a, contudo, em atividades fundamentais (art. 16). A Lei n. 7.783, de 28 de junho de 1989, conhecida como Lei de Greve, revogou a Lei n. 4.330, disciplinou o direito de greve, definiu as atividades essenciais, além de regular o atendimento das atividades inadiáveis da comunidade.

Discute-se longamente sobre a validade ou revogação do art. 201 ora em exame, não apenas pela Lei n. 7.783/89, mas com o reforço que esta recebeu com o advento

1. Paulo José da Costa Jr., *Comentários ao Código Penal*, cit., p. 681.

da Constituição Federal de 1988. De modo geral, a doutrina tem considerado revogado esse dispositivo penal, orientação que também adotamos[2].

Confrontando a atual Lei de Greve (n. 7.783/89) e a Constituição Federal de 1988, parece-nos inquestionável que o disposto no art. 201 do Código Penal se encontra efetivamente revogado. Contudo, considerando as divergências reinantes sobre o tema, faremos brevíssimas considerações sobre esse dispositivo penal, embora consideremos impecável a conclusão de Alberto Silva Franco[3] ao afirmar que, caso "seja usada violência ou grave ameaça para a interrupção da obra pública ou serviço de interesse coletivo, então o delito cometido será aquele do art. 200 do CP. Em conclusão, a penalização ou tipificação da conduta antes descrita no revogado art. 201 como crime é que ficará na dependência da lei complementar a que se refere o art. 37, VII, da CF, à qual cometeu a tarefa de estabelecer os limites do direito de greve e as sanções cabíveis".

2. Bem jurídico tutelado

O bem jurídico protegido, a exemplo do artigo anterior, *não é a liberdade de trabalho*. Greve e *lockout* não são exercício do direito de trabalhar, mas sua negação, ou seja, o seu não exercício; greve é o não trabalho.

O bem jurídico são a regularidade e a moralidade das *relações trabalhistas*, especialmente aquelas *relacionadas a obras públicas ou serviços de interesse coletivo*; são a correção e a moralidade que devem orientar os contratos de trabalho, o que, *venia concessa*, não se confunde com "liberdade de trabalho".

Na verdade, a simples *greve* ou *suspensão de trabalho*, mesmo sem violência, tipificam o crime, desde que provoquem a interrupção de obra pública ou serviço de interesse coletivo, ao contrário do previsto no artigo anterior, em que somente se configuram quando qualquer das duas for executada *com violência* contra pessoa ou contra coisa.

3. Sujeitos ativo e passivo

Sujeito ativo deve ser, necessariamente, o *empregado* (greve), o *empregador* (suspensão) que tem sob sua responsabilidade a obra pública ou o serviço de interesse coletivo, pois o tipo penal prescreve a *suspensão* ou o *abandono coletivo de trabalho*. Pode ser, inclusive, o próprio trabalhador, na hipótese, conjugando-se a abrangência do art. 29 do CP, por meio da figura do concurso de pessoas.

Em outros termos, sujeito passivo será o participante da greve violenta, ou o empregador que tenha promovido a *suspensão do trabalho* (*lockout*) mediante violência.

---

2. Alberto Silva Franco, *Código Penal e sua interpretação jurisprudencial*, cit., v. 2, p. 2863; Guilherme de Souza Nucci, *Código Penal comentado*, cit., p. 630; Luiz Regis Prado, *Curso de Direito Penal brasileiro*, cit., v. 2, p. 101 e 102.
3. Alberto Silva Franco, *Código Penal e sua interpretação jurisprudencial*, cit., v. 2, p. 2863.

Na hipótese da *greve*, o crime é plurissubjetivo[4], isto é, crime de concurso necessário, uma vez que, além de referir-se a *abandono coletivo*, reforça, a nosso juízo desnecessariamente, a exigência do concurso de no mínimo três empregados. Equivocam-se aqueles doutrinadores que sustentam tratar-se de crime unissubjetivo[5], pois ignoram que não existe "coletivo representado por uma unidade".

No caso de *lockout*, é desnecessária a multiplicidade de empregadores, não sendo hipótese de concurso necessário; se houver concurso, será eventual (art. 29 do CP). Nesse particular, Magalhães Noronha[6] sustentava equivocadamente ser "indispensável que os *patrões* (da mesma empresa), sócios ou empregados de categoria *participem* do *lockout* violento".

Sujeito passivo pode ser qualquer pessoa, sem condição especial, incluindo empregado e empregador. A *pessoa jurídica de direito público* pode ser sujeito passivo do crime na modalidade de abandono coletivo de trabalho. Mediatamente, pode ser sujeito passivo a coletividade, beneficiária da obra pública ou serviço do interesse coletivo.

4. Tipo objetivo: adequação típica

A conduta tipificada é *participar* de suspensão ou abandono coletivo de trabalho, nos mesmos termos do artigo anterior. No entanto, a incriminação, aqui, ocorreria quando provocasse a interrupção de obra pública ou serviço de interesse coletivo, independentemente do emprego de violência contra coisa ou pessoa.

Suspensão coletiva de trabalho é a greve patronal (*lockout*). *Abandono coletivo de trabalho* é a greve dos empregados. Constituirá crime se de qualquer deles — suspensão ou abandono — resultar a interrupção de obra pública ou serviço de interesse coletivo.

É indispensável que haja a participação de um número razoável de empregados. A participação de determinado número, insuficiente para acarretar a interrupção da obra pública ou serviço de interesse coletivo, não tipifica a ação.

5. Tipo subjetivo: adequação típica

O elemento subjetivo é o dolo, representado pela vontade consciente de participar de suspensão ou abandono coletivo de trabalho, provocando, assim, a interrupção de obra pública ou serviço de interesse coletivo.

O dolo pode ser direto e eventual, mas sem qualquer exigência de elemento subjetivo especial do injusto. Tampouco há previsão de modalidade culposa.

---

4. No mesmo sentido, Luiz Regis Prado, *Curso de Direito Penal brasileiro*, cit., v. 2, p. 94.
5. Guilherme de Souza Nucci, *Código Penal comentado*, cit., p. 628; Paulo José da Costa Jr., *Comentários ao Código Penal*, cit., p. 680.
6. Magalhães Noronha, *Direito Penal*, cit., v. 2, p. 65.

Não sendo exigido elemento subjetivo especial do injusto, é, por isso mesmo, irrelevante o motivo ou a razão pela qual a greve ou o *lockout* se realizam.

Não há previsão, tampouco, de modalidade culposa.

5.1 *Tipicidade de greve pacífica: excepcionalmente*

A greve pacífica e ordeira em *atividades fundamentais* era incriminada. Este dispositivo (art. 201), como referido nas considerações preliminares, foi revogado pela Lei n. 4.330/64, que regula o direito de greve, tornando-a admissível em atividades fundamentais. A Emenda Constitucional de 1969 declarou que não será permitida a greve nos serviços públicos e atividades essenciais, definidas em lei (art. 162). Evidentemente que esse texto constitucional não tem o condão de revigorar a incriminação de uma lei revogada. A "nova" Lei de Greve, n. 7.783/89, por sua vez, revogou a Lei n. 4.330/64. A atual Constituição Federal (1988) consagrou o *direito de greve* de forma ampla. Somente os abusos sujeitam os responsáveis às penas da lei (art. 9º, § 2º, da CF). Assim, o art. 201 do CP, em nossa concepção, é inaplicável.

Há, no entanto, crime de greve pacífica, nos casos dos arts. 2º, I, e 22 da Lei n. 4.330/64, devendo-se considerar o disposto na Lei de Greve (n. 7.783/89).

6. Consumação e tentativa

Consuma-se com a suspensão ou abandono de obra pública ou serviço de interesse coletivo, isto é, consuma-se o crime no momento em que, instalada a greve ou o *lockout*, se produz a interrupção da obra pública ou serviço referido no tipo.

Admite-se, como crime material, a tentativa. Quando, por exemplo, a despeito do início da realização de greve pacífica, por razões estranhas à vontade dos participantes, não ocorrer a paralisação de obra ou serviço de interesse público, caracterizada estará a tentativa.

7. Pena e ação penal

As *penas cominadas,* cumulativamente, são detenção, de um mês a um ano, e multa, além da pena correspondente à violência, com as observações que fizemos relativas a esse tema, nos exames dos arts. 197 e 198; a ação penal é pública incondicionada.

INVASÃO DE ESTABELECIMENTO INDUSTRIAL, COMERCIAL OU AGRÍCOLA. SABOTAGEM

INVASÃO DE ESTABELECIMENTO INDUSTRIAL, COMERCIAL OU AGRÍCOLA. SABOTAGEM

Art. 202. Invadir ou ocupar estabelecimento industrial, comercial ou agrícola, com o intuito de impedir ou embaraçar o curso normal do trabalho, ou com o mesmo fim danificar o estabelecimento ou as coisas nele existentes ou delas dispor:

Pena — reclusão, de 1 (um) a 3 (três) anos, e multa.

1. Considerações preliminares

Os Códigos Penais de 1830 e 1890 não prescreveram nenhum modelo típico semelhante à "invasão de estabelecimento industrial, comercial ou agrícola", descrito no art. 202 do atual Código Penal, pois vigiam em períodos em que o direito de greve e a liberdade de trabalho não tinham a mesma expressão sociopolítica.

O Código Penal de 1940, surgindo em período econômica, política e culturalmente distinto daquele do século XIX, necessitava reprimir eventuais excessos que pudessem ser cometidos por organizações, associações profissionais ou sindicatos, visando garantir a ordem e estabilidade sociais. Essa nova realidade sociocultural justificou a adoção, pelo legislador de 1940, do crime em exame, inspirando-se no Código Penal Rocco de 1930 (art. 508).

2. Bem jurídico tutelado

Os bens jurídicos protegidos são, ao mesmo tempo, a liberdade e a organização do trabalho. O patrimônio do proprietário também se inclui na proteção jurídica desse tipo penal. Trata-se, na verdade, de *crime pluriofensivo*, pois viola bens jurídicos individuais que se vinculam ao funcionamento normal de estabelecimento de trabalho e a sua integridade[1].

1. Heleno Cláudio Fragoso, *Lições de Direito Penal*, cit., v. 1, p. 656.

A despeito de esse crime situar-se em outro Título do Código Penal, a verdade é que não se pode ignorar que o patrimônio individual é o centro da tutela penal. Por isso, acreditamos que se trata de uma figura topograficamente mal situada; certamente estaria mais bem localizada no Título que cuida dos crimes contra o patrimônio.

3. Sujeitos ativo e passivo

Sujeito ativo pode ser qualquer pessoa, empregada ou não. Apesar de não ser crime de concurso necessário, por sua natureza dificilmente será executado por uma única pessoa. Assim sendo, como crime de forma livre, pode ser executado por uma ou mais pessoas, indistintamente.

Sujeitos passivos são o proprietário do estabelecimento e a coletividade, conjuntamente. Ninguém pode ser mais interessado na regularidade dos serviços prestados e particularmente na integridade de seu estabelecimento, seja ele industrial, comercial ou agrícola, do que o próprio dono[2]. Vivemos em um país capitalista, gostem ou não. O interesse comum da coletividade, embora, no conjunto, seja superior, não é mais intenso, direto e imediato que o do proprietário do patrimônio atingido.

Esse aspecto, aliás, é tão eloquente que podemos demonstrá-lo com um dado definitivo: o consentimento do empregador afasta a tipicidade dos comportamentos descritos no dispositivo em exame.

4. Tipo objetivo: adequação típica

O objeto material é o estabelecimento industrial, comercial ou agrícola. Há duas figuras distintas: 1ª) *invasão ou ocupação de estabelecimento*; 2ª) *sabotagem*.

As condutas, alternativas, tipificadas são *invadir*, que significa entrar à força, arbitrária ou hostil; e *ocupar*, que tem o sentido de apossar-se arbitrariamente de estabelecimento industrial, comercial ou agrícola. A *invasão* ou *ocupação* tem a finalidade de impedir ou embaraçar o curso normal do trabalho. A ausência dessa finalidade desclassifica o crime para simples invasão de domicílio. *Impedir* é obstaculizar, não permitir, tornar inviável o curso normal do trabalho. *Embaraçar* tem o sentido de obstar, criar dificuldades, opor óbices etc.

A *sabotagem* apresenta-se sob três modalidades de ação: a) *danificar o estabelecimento*; b) *danificar as coisas existentes no estabelecimento*; c) *dispor das coisas existentes no estabelecimento*[3]. Danificar significa destruir, inutilizar, deteriorar o objeto da proteção jurídica, no caso, qualquer dos estabelecimentos mencionados.

---

2. Damásio de Jesus, *Direito Penal*, cit., v. 2, p. 43.
3. Damásio de Jesus, *Direito Penal*, cit., v. 2, p. 44: "A sabotagem possui duas modalidades de conduta: a) danificar o estabelecimento industrial, comercial ou agrícola, ou as coisas nele existentes, com o intuito de impedir ou embaraçar o curso normal do trabalho; e b) dispor das coisas existentes no estabelecimento industrial, comercial ou agrícola, com o intuito de impedir ou embaraçar o curso normal do trabalho".

Em qualquer das três hipóteses a ação deve ser praticada *com o fim de impedir ou perturbar* o trabalho; caso contrário, o crime será simplesmente de dano.

5. Tipo subjetivo: adequação típica

O *tipo subjetivo* é constituído pelo *dolo*, representado pela vontade consciente de *invadir* ou *ocupar* estabelecimento industrial, comercial ou agrícola ou *danificar* os próprios estabelecimentos ou as coisas neles existentes ou, ainda, delas *dispor*.

O elemento subjetivo especial do tipo, que é indispensável, é constituído pelo *fim especial* de impedir ou embaraçar o curso normal do trabalho. Não há previsão de modalidade culposa.

Agindo o sujeito ativo, por exemplo, para fazer justiça com as próprias mãos, não se caracteriza a conduta em exame, mas exercício arbitrário das próprias razões. Sem o *especial fim de agir* podem caracterizar-se os crimes dos arts. 163 (dano) ou 155 (furto), ou ainda do art. 150 (invasão de domicílio); para qualquer das condutas praticadas com *fins políticos*, *vide* o art. 15 da Lei n. 7.170/83.

6. Consumação e tentativa

Consuma-se com a invasão ou ocupação, com danificação ou disposição, nas formas descritas, independentemente da obtenção dos fins pretendidos. A sabotagem, por sua vez, consuma-se no momento em que o sujeito ativo danifica o estabelecimento ou as coisas nele existentes, ou no instante em que delas dispõe.

A tentativa é admissível em ambos os crimes, visto que a fase executória de qualquer deles admite fracionamento.

7. Pena e ação penal

As penas cominadas, *cumulativamente*, são reclusão, de um a três anos, e multa. Não há previsão de violência, nem como elementar típica nem como qualificadora ou majorante da sanção penal.

A ação penal é de natureza pública incondicionada.

8. Questões especiais

Praticado o *dano* contra propriedade particular, sem que a denúncia demonstre a intenção do agente de *embaraçar* o curso normal do trabalho, competente é a *Justiça Estadual* para o processo e julgamento da infração, mediante queixa. Sem o motivo determinante da ação delituosa não se pode inferir a prática do delito previsto no art. 202 do CP, sob qualquer de suas formas.

A entrada de sócio de empresa comercial em escritório da firma para verificar irregularidades que comprometiam seu patrimônio não constitui crime contra a organização do trabalho, pois o que caracteriza o delito do art. 202 do CP é o intuito de embaraçar o curso normal do trabalho, ou, com o mesmo fim, danificar o estabelecimento.

FRUSTRAÇÃO DE DIREITO ASSEGURADO POR LEI TRABALHISTA

Sumário: 1. Considerações preliminares. 2. Bem jurídico tutelado. 3. Sujeitos ativo e passivo. 4. Tipo objetivo: adequação típica. 5. Tipo subjetivo: adequação típica. 6. Consumação e tentativa. 7. Novos tipos assemelhados. 8. Penas e ação penal. 8.1. Sanções cominadas. 8.2. Natureza da ação penal. 9. Questões especiais.

FRUSTRAÇÃO DE DIREITO ASSEGURADO POR LEI TRABALHISTA

Art. 203. Frustrar, mediante fraude ou violência, direito assegurado pela legislação do trabalho:

Pena — detenção, de 1 (um) ano a 2 (dois) anos, e multa, além da pena correspondente à violência.

§ 1º Na mesma pena incorre quem:

I — obriga ou coage alguém a usar mercadorias de determinado estabelecimento, para impossibilitar o desligamento do serviço em virtude de dívida;

II — impede alguém de se desligar de serviços de qualquer natureza, mediante coação ou por meio da retenção de seus documentos pessoais ou contratuais.

• § 1º acrescentado pela Lei n. 9.777, de 29 de dezembro de 1998.

§ 2º A pena é aumentada de 1/6 (um sexto) a 1/3 (um terço) se a vítima é menor de 18 (dezoito) anos, idosa, gestante, indígena ou portadora de deficiência física ou mental.

• § 2º acrescentado pela Lei n. 9.777, de 29 de dezembro de 1998.

---

1. Considerações preliminares

O Código Criminal do Império (1830) e o Código Penal republicano (1890) não se preocuparam com a necessidade de proteção penal de direitos trabalhistas. Assim, o Código Penal de 1940 foi o primeiro diploma legal brasileiro a disciplinar essa matéria no âmbito criminal.

O preceito secundário do art. 203 (sanção penal) recebeu nova redação, determinada pela Lei n. 9.777, de 29 de dezembro de 1998. Os §§ 1º e 2º foram acrescentados pela mesma lei.

A expressão "crimes contra a organização do trabalho", utilizada no art. 125, VI, da CF, não abrange o crime praticado pelo empregador que, fraudulentamente, viola direito trabalhista de determinado empregado[1].

---

1. STF, RE, rel. Min. Moreira Alves, *RT*, *540*:416.

2. Bem jurídico tutelado

O *bem jurídico* protegido abrange todo e qualquer direito que seja protegido pela legislação trabalhista. Como destaca Damásio de Jesus[2], "O legislador buscou tutelar a legislação trabalhista, entendendo indispensável ao desenvolvimento harmônico da sociedade o cumprimento dos deveres impostos ao empregado e ao empregador".

Trata-se, como se percebe, de *norma penal em branco*, pois à legislação trabalhista compete definir e disciplinar os direitos assegurados aos empregados e aos empregadores.

3. Sujeitos ativo e passivo

Sujeito ativo pode ser o empregador, o empregado ou qualquer pessoa (empregador, preposto ou alguém estranho à relação trabalhista), independentemente da existência de relação empregatícia, embora, naturalmente, haja uma relação de emprego entre o autor do fato e o sujeito passivo.

Sujeito passivo direto é a pessoa cujo direito trabalhista é frustrado, violado ou sonegado. Quem sofre direta e imediatamente o dano consequente da infração penal inegavelmente é o titular do "direito frustrado". Mediatamente, pode-se admitir o próprio Estado como sujeito passivo. Com efeito, a *fraude* pode ser praticada pelo patrão ou pelo operário, ou por ambos, de comum acordo[3], para, por exemplo, violar direito assegurado pelas leis trabalhistas, que, sendo de ordem pública, são irrenunciáveis. Nessa hipótese, o sujeito passivo direto e imediato é o Estado, e não o empregado ou operário.

4. Tipo objetivo: adequação típica

A ação consiste em *frustrar* (impedir, iludir, privar), mediante violência ou fraude, direito assegurado pela legislação do trabalho. Os meios executivos devem ser mediante *violência* (*vis corporalis*) ou *fraude* (manobra ardilosa, astuciosa, uso de artifício). Sobre o que seja violência, recomendamos que se observem as considerações feitas na análise dos arts. 197 e 198 deste código.

A ameaça (*vis compulsiva*) não é meio idôneo para praticar o crime, pois o tipo penal adota como meios executivos somente violência (*vis corporalis*) e fraude.

A ação do agente frustra *direito assegurado pela legislação do trabalho*. Trata-se de *norma penal em branco*, dependente de definição da legislação trabalhista, pois será nela que identificaremos essa norma complementadora do tipo penal em análise.

Embora a lei não distinga, pelo menos expressamente, entre direitos renunciáveis e irrenunciáveis, certamente visa, sobretudo, proteger. Tratando-se, é fácil reconhecer, de *direitos renunciáveis*, o empregado pode legalmente deles abrir mão, sendo desnecessária a adoção, pelo empregador, dos meios fraudulentos, que o legislador pretende coibir.

---

2. Damásio de Jesus, *Direito Penal*, cit., v. 2, p. 47.
3. Nélson Hungria, *Comentários ao Código Penal*, cit., v. 7, p. 40.

5. Tipo subjetivo: adequação típica

O elemento subjetivo do crime é o *dolo*, constituído pela vontade consciente de *frustrar*, mediante fraude ou violência, direito assegurado pela legislação trabalhista. É indispensável que o agente tenha consciência e vontade de empregar o meio executivo, seja a fraude, seja a violência.

Não há necessidade da presença de qualquer elemento subjetivo especial do injusto, sendo irrelevantes as razões ou motivos que levaram o agente a praticar a ação incriminada.

O preceito primário da norma penal incriminadora é incompleto, tratando-se de caso típico de norma penal em branco. Somente se poderá identificar uma infração penal após investigação preliminar sobre a existência de um direito trabalhista violado, que deverá ser esclarecido pelas leis trabalhistas.

6. Consumação e tentativa

Consuma-se o crime no lugar e no momento em que o titular de direito assegurado pela legislação trabalhista se vê impedido de exercê-lo, ou seja, *com a frustração efetiva do direito*.

Admite-se a tentativa, na medida em que sua execução pode sofrer fracionamento.

7. Novos tipos assemelhados

Os dois incisos do § 1º, acrescentados pela Lei n. 9.777/98, *criam*, na verdade, *dois novos tipos penais*. O inciso I exige o *elemento subjetivo especial do injusto*. Assim, a *coação* (obrigar também é coagir) para usar mercadorias de determinado estabelecimento só constituirá esse tipo penal se objetivar a impossibilidade de desligamento do serviço. No inciso II, mediante coação ou retenção dos documentos da vítima, objetiva-se impedir o desligamento do trabalho.

8. Penas e ação penal

8.1 *Sanções cominadas*

As sanções penais anteriormente cominadas, cumulativamente, eram detenção, de um mês a um ano, e multa, além da correspondente à violência, alteradas com o advento da Lei n. 9.777, de 29 de dezembro de 1998.

Com efeito, as penas cominadas, cumulativamente, passaram a ser *detenção*, de um a dois anos, e *multa*, além da correspondente à violência, para o tipo básico e *assemelhados* (incisos I e II).

A política criminal *despenalizadora* e *descarcerizadora* das Leis n. 9.099/95 e 9.714/98 trazem em seu ventre, involuntariamente, o embrião da velha *política criminal funcional*: para afastar-se da abrangência desses dois diplomas legais, os *detentores do poder* exasperam as cominações penais daquelas infrações que lhes aprouverem, como tem ocorrido com inúmeras infrações penais.

Na previsão do § 2º, a pena deverá, obrigatoriamente, ser *majorada* entre um sexto e um terço. Pela redação, que é taxativa, parece que houve aí uma preocupação com as "minorias". Nesse sentido, esqueceram-se de arrolar, entre outros, homossexuais, prostitutas, negros, amarelos, asiáticos, dependentes de drogas etc. Convém recordar, no entanto, que é inadmissível analogia.

8.2 *Natureza da ação penal*

A ação penal é de natureza *pública incondicionada*. Predomina o entendimento jurisprudencial segundo o qual só será da competência da Justiça Federal quando forem ofendidos órgãos e instituições que preservem, coletivamente, os direitos trabalhistas.

9. Questões especiais

Pagamento de salário inferior ao mínimo legal tipifica esse crime. Pode haver concurso desse delito com o de falsidade ideológica (art. 299). Há decisões jurisprudenciais entendendo que o pagamento dos salários dos empregados com cheque sem fundo não tipifica o crime[4] (TRF, *DJU*, 7 nov. 1979, p. 8331), mas sim estelionato. Praticam o crime em questão, a nosso juízo, os donos de *postos de gasolina* que descontam do salário dos frentistas os cheques sem fundos recebidos de clientes.

"Compete à Justiça Comum processar e julgar crime de falsificação e uso de documento particular em reclamação trabalhista, por não importar em prejuízo aos bens, serviços ou interesses da União"[5]. "O que estabelece a competência da Justiça Federal são os crimes que afrontam o chamado 'sistema' de órgãos e instituições preservadores, coletivamente, dos direitos e deveres dos trabalhadores, e não o delito cometido por empregador que, em tese, viola, mediante fraude, qualquer direito trabalhista[6]." Em outros termos, quando a infração deste art. 203 realizar-se contra direito de alguns trabalhadores, a competência será da justiça estadual, v. g., a falsificação de documento particular em reclamatória trabalhista, não importando em dano a bens, serviços ou interesses da União, a competência será da justiça comum estadual (STJ, CC 1748, rel. Fernando Gonçalves, 6ª Turma, *DJ* 9-12-1997). Por outro lado, será competência da justiça federal julgar os crimes praticados *contra a organização do trabalho*, quando violar direitos coletivos dos trabalhadores. Contudo, quando se tratar de violação de direitos individuais dos trabalhadores, a competência será da justiça comum estadual.

---

4. "Ações lesivas a direitos trabalhistas individuais, tal como o não pagamento de direitos trabalhistas pelo ex-empregador em decorrência de rescisão contratual, não configura crime contra a organização do trabalho, susceptível de fixar a competência da Justiça Federal, prevista no art. 109, VI, da Constituição Federal" (STJ, CComp 22.304/SP, rel. Min. Vicente Leal, j. 11-11-1998).
5. STJ, CComp 17.428/SP, rel. Min. Fernando Gonçalves, *DJU*, 9-12-1997.
6. TACrimSP, HC, rel. Des. Roberto de Almeida, *RT*, *587*:327.

FRUSTRAÇÃO DE LEI SOBRE A NACIONALIZAÇÃO DO TRABALHO

XL

Sumário: 1. Considerações preliminares. 2. Bem jurídico tutelado. 3. Sujeitos ativo e passivo. 4. Tipo objetivo: adequação típica. 4.1. Meios executórios normativos: mediante fraude ou violência. 5. Tipo subjetivo: adequação típica. 6. Consumação e tentativa. 7. Penas e ação penal.

FRUSTRAÇÃO DE LEI SOBRE A NACIONALIZAÇÃO DO TRABALHO

Art. 204. Frustrar, mediante fraude ou violência, obrigação legal relativa à nacionalização do trabalho:

Pena — detenção, de 1 (um) mês a 1 (um) ano, e multa, além da pena correspondente à violência.

1. Considerações preliminares

Desde o início do século XX, os países europeus, asiáticos e os Estados Unidos já externavam a preocupação em evitar a concorrência de estrangeiros com nacionais. Essa preocupação tinha seus fundamentos, mesmo um século antes da moderna globalização da economia internacional. A Constituição brasileira de 1937 aderiu a essa política nacionalista, instituindo a nacionalização do trabalho, proibindo que empresas nacionais contratassem mais estrangeiros do que brasileiros (art. 146)[1].

O mesmo princípio nacionalizador foi mantido nas Constituições de 1946 (art. 157, XI) e 1967, com a Emenda n. 1/69 (art. 165, XII). A Constituição Federal de 1988 adotou, nesse particular, outra orientação, determinando que todos — brasileiros e estrangeiros residentes no País — são iguais perante a lei e livres para exercer qualquer atividade profissional (art. 5º, XIII).

1. "Art. 146. As empresas concessionárias de serviços públicos federais, estaduais e municipais deverão constituir com maioria de brasileiros a sua administração ou delegar a brasileiros todos os poderes de gerências." "Art. 150. Só poderão exercer profissões liberais os brasileiros natos e os naturalizados que tenham prestado serviço militar no Brasil, excetuados os casos de exercício legítimo na data da Constituição e os de reciprocidade internacional admitidos em lei. Somente a brasileiros natos será permitida a revalidação de diplomas profissionais expedidos por institutos estrangeiros de ensino." "Art. 153. A lei determinará a percentagem de empregados brasileiros que devem ser mantidos obrigatoriamente nos serviços públicos dados em concessão e nas empresas e estabelecimentos de comércio."

Na mesma senda da Constituição de 1937, o Código Penal do mesmo ano tipificou como crime a "frustração de lei sobre a nacionalização do trabalho, desde que fosse praticado mediante fraude ou violência". No entanto, as regras disciplinadoras da nacionalização do trabalho encontram-se nos arts. 352 a 371 da Consolidação das Leis Trabalhistas.

No entanto, as regras disciplinadoras da nacionalização do trabalho encontram-se nos arts. 352 a 371 da Consolidação das Leis Trabalhistas.

O Código Penal de 1969 era mais feliz em sua redação, que eliminava a expressa referência aos meios executivos como elementos do tipo objetivo, qual seja, mediante fraude ou violência, adotando a seguinte redação: "Frustrar obrigação legal relativa à nacionalização do trabalho".

2. Bem jurídico tutelado

Bem jurídico protegido é o interesse na nacionalização do trabalho, particularmente o interesse do Estado em garantir a reserva de mercado para os brasileiros, em seu próprio território.

3. Sujeitos ativo e passivo

Sujeito ativo pode ser o empregador, o empregado ou qualquer pessoa, independentemente da existência de relação empregatícia. Embora normalmente o sujeito ativo seja o empregador, o crime pode ser praticado por terceiros que, com conhecimento de causa, pratiquem a ação.

Sujeito passivo não é necessariamente uma pessoa física, individual somente, mas o Estado, como órgão representativo da coletividade. A ofensa, pelo texto legal, produz-se diretamente a interesse coletivo, que é bem representado pelo Estado[2].

4. Tipo objetivo: adequação típica

A ação tipificada consiste em *frustrar* (impedir, iludir, privar), mediante violência ou fraude, direito assegurado pela legislação do trabalho. O meio executivo deve ser *violência* (*vis corporalis*) ou *fraude* (manobra ardilosa, astuciosa, uso de artifício). A ameaça (*vis compulsiva*) não é meio idôneo para praticar o crime.

A ação do agente visa frustrar *obrigação legal relativa à nacionalização do trabalho*, isto é, as normas legais que determinam o emprego de mão de obra nacional, mais especificamente as leis trabalhistas. Destaca Rogério Greco que "a finalidade da norma em estudo é a de responsabilizar criminalmente o agente que dirigir sua conduta no sentido de frustrar, mediante fraude ou violência, obrigação legal relativa à nacionalização do trabalho, quer dizer, à proteção que a lei confere aos traba-

---

2. Heleno Cláudio Fragoso, *Lições de Direito Penal*, cit., v. 1, p. 660.

lhadores nacionais, a exemplo do que ocorre com a regra da proporcionalidade, prevista nos arts. 352 e 354 da CLT"[3]. Trata-se também de norma penal em branco.

4.1 *Meios executórios normativos: mediante fraude ou violência*

O Código Penal resolveu determinar as formas de conduta que são tipificadas criminalmente, limitando-as em duas modalidades: aquelas que forem praticadas mediante fraude ou violência. Assim, a *frustração de obrigação legal relativa à nacionalização do trabalho* que não for cometida mediante fraude ou violência, embora ilegal, não tipificará esse crime, sendo penalmente irrelevante.

a) *Mediante fraude*

Mediante fraude é o primeiro *modus operandi* contemplado expressamente no tipo penal ora em exame. *Fraude* é a utilização de artifício, de estratagema ou ardil para vencer a vigilância da vítima; em outros termos, trata-se de manobra enganosa para ludibriar a confiança existente em uma relação interpessoal, destinada a induzir ou a manter alguém em erro, com a finalidade de atingir o objetivo criminoso. Na verdade, a *fraude* não deixa de ser uma forma especial de *abuso de confiança*, ou, na feliz expressão de Guilherme Nucci, "é uma relação de confiança instantânea, formada a partir de um ardil"[4].

Não há nenhuma restrição quanto à forma, meio ou espécie de *fraude*: basta que seja idônea para desviar a atenção de quem deve vigiar o estrito cumprimento da nacionalização do trabalho. Assim, caracteriza *meio fraudulento* qualquer artimanha utilizada para provocar a desatenção ou distração da vigilância, para facilitar a frustração dessa obrigação legal.

b) *Mediante violência*

A violência requerida pelo tipo penal é somente a *vis corporalis*, estando afastada a violência moral (grave ameaça), que, aliás, foi intencionalmente omitida pelo legislador.

Sobre violência praticada contra a pessoa, remetemos o leitor para os capítulos que tratam dos crimes tipificados nos arts. 197 e 198, onde examinamos, com vagar, essa matéria.

5. Tipo subjetivo: adequação típica

O elemento subjetivo é o *dolo*, constituído pela vontade consciente de frustrar obrigação legal relativa à nacionalização do trabalho, com emprego de violência ou fraude. O eventual uso de ameaça não tipifica esse crime.

Não há exigência de elemento subjetivo especial do injusto. Não há, tampouco, previsão de modalidade culposa.

---

3. Rogério Greco. *Código Penal comentado*, 4. ed., Niterói, Impetus, 2010, p. 564.
4. Guilherme Souza Nucci, *Código Penal comentado*, cit., p. 435.

6. Consumação e tentativa

Consuma-se o crime com a efetiva frustração de lei que disponha sobre a nacionalização do trabalho. O momento consumativo será o descumprimento da obrigação legal relativa à nacionalização do trabalho.

Admite-se a tentativa, uma vez que é possível o fracionamento de sua execução. Quando, por exemplo, o agente inicia a execução do crime, não consegue atingir o momento consumativo por circunstâncias alheias a sua vontade.

7. Penas e ação penal

As penas cominadas são, cumulativamente, detenção, de um mês a um ano, e multa, além da correspondente à violência. Sobre a *aplicação cumulativa* da pena correspondente à violência, vejam-se as considerações que fizemos ao analisar os arts. 197 e 198, nesta mesma obra.

Heleno Fragoso destacava que "se frustrando, com violência ou fraude, obrigação relativa à nacionalização do trabalho (art. 204), o agente violar direito individual assegurado pela lei trabalhista, praticará em *concurso formal*, igualmente, o crime previsto no art. 203, CP (art. 70, CP)"[5].

A ação penal é de natureza pública incondicionada.

---

5. Heleno Cláudio Fragoso, *Lições de Direito Penal*, cit., v. 1, p. 660.

EXERCÍCIO DE ATIVIDADE COM INFRAÇÃO DE DECISÃO ADMINISTRATIVA

XLI

Sumário: 1. Considerações preliminares. 2. Bem jurídico tutelado. 3. Sujeitos ativo e passivo. 4. Tipo objetivo: adequação típica. 5. Tipo subjetivo: adequação típica. 6. Consumação e tentativa. 7. Pena e ação penal.

EXERCÍCIO DE ATIVIDADE COM INFRAÇÃO DE DECISÃO ADMINISTRATIVA

Art. 205. Exercer atividade, de que está impedido por decisão administrativa:

Pena — detenção, de 3 (três) meses a 2 (dois) anos, ou multa.

1. Considerações preliminares

Nossos Códigos Penais do século XIX (1830 e 1890) não cuidaram do crime de exercício de atividade com infração de decisão administrativa. Trata-se de *inovação* acolhida pelo Código Penal de 1940, que a incluiu entre os *crimes contra a organização do trabalho*. É infração penal que, segundo a Exposição de Motivos, "ou atenta *imediatamente* contra o interesse público, ou *imediatamente* ocasiona uma grave perturbação da ordem econômica" (item 67).

2. Bem jurídico tutelado

O bem jurídico protegido é *a garantia de execução das decisões administrativas*, ou, mais especificamente, o interesse do Estado no cumprimento de suas decisões administrativas.

Embora o tipo penal não demonstre essa diretriz, induzindo inclusive a entendimento contrário, a verdade é que a decisão administrativa caracterizadora dessa infração penal será somente aquela relativa a trabalho, ofício ou profissão. Infração a outras decisões administrativas, por certo, não tipifica essa infração penal.

3. Sujeitos ativo e passivo

Sujeito ativo é a pessoa que está impedida de exercer determinada atividade administrativa. Não deixa de ser uma espécie *sui generis* de crime próprio, embora não exija qualidade ou condição especial; mas somente quem está proibido de exercer pode desobedecer tal proibição. É o óbvio ululante.

Sujeito passivo é o Estado, titular do interesse violado.

4. Tipo objetivo: adequação típica

A ação consiste em *exercer*, isto é, desempenhar, desenvolver, realizar atividade. *Exercer*, ademais, tem o significado de *prática repetitiva de atos próprios* da atividade administrativamente proibida. Requer que o agente aja com *habitualidade*, porquanto o *exercício de atividade implica reiteração*, repetição, constância. Tem, em outros termos, a natureza de *habitualidade*, e somente essa repetitividade é que caracteriza seu exercício, donde se pode concluir que a prática isolada de uma ou outra ação, de um ou outro ato executório por si só, mesmo violando decisão administrativa, isto é, ainda que constitua ilícito administrativo, não tem o condão de caracterizar a infração penal, que é enriquecida, como dissemos, de exigências típico-dogmáticas. Nesse particular, não foi feliz o Supremo Tribunal Federal, em decisão que teve como relator o Ministro Sydney Sanches, ao assumir a seguinte orientação: "A conduta típica prevista no art. 205, por ser específica, exclui a do art. 282, que trata do exercício ilegal de medicina. Basta um ato de desobediência à decisão administrativa, para que se configure o delito em questão (art. 205)"[1].

Atividade é trabalho, função, ofício, labor; não são, por conseguinte, somente aquelas profissões regulamentadas e aprovadas pelo Ministério do Trabalho, tais como médico, secretária, contador, advogado, doméstica, como entendem alguns[2].

É necessário que haja *decisão administrativa* impedindo seu exercício, e não decisão judicial. Se houver infração à decisão judicial a infração penal será outra (art. 330 — *desobediência* — ou art. 359 — *desobediência a decisão judicial sobre perda ou suspensão de direito*), e não esta. Se a desobediência for por exercer função pública, ilegalmente, a figura delitiva será a prevista no art. 324 (exercício funcional ilegalmente antecipado ou prolongado).

Faz-se necessário, ademais, que tal decisão tenha emanado de órgão administrativo legalmente competente para emiti-la. Enfim, o crime consiste em violar a decisão administrativa impeditiva do exercício da atividade. Nesse sentido, pode-se exemplificar com o acerto da seguinte decisão do STJ: "Tendo sido a suspensão da inscrição determinada pela autoridade competente, qual seja, no caso, a OAB, em processo administrativo, está configurado o crime do art. 205 do Código Penal, qual seja, 'Exercer atividade, de que está impedido por decisão administrativa'"(STJ, CC n. 165.781/MG, rel Min. Laurita Vaz, Terceira Seção, julgado em 14-10-2020, *DJe* de 21-10-2020).

Pendendo recurso de eventual decisão administrativa, precisa-se distinguir: havendo *efeito suspensivo*, eventual prática da atividade impedida não configura o crime; contudo, sendo o *efeito meramente devolutivo*, configurada estará a infração penal.

---

1. STF, HC 74.826-1/SP, rel. Min. Sydney Sanches, *DJU*, 29-8-1997. Em sentido contrário, destacamos a seguinte decisão do TRF da 2ª Região: "Habitualidade necessária. Para configuração do delito previsto no art. 205 do Estatuto Repressor, necessária a reiteração de atos próprios da conduta da qual o agente está impedido de exercer por força de decisão administrativa" (TRF-2ª Reg., AC 97.02.46075-1/RJ, rel. Juiz Benedito Gonçalves, *DJU*, 12-9-2000).

2. Luiz Regis Prado, *Curso de Direito Penal brasileiro*, cit., v. 2, p. 127.

5. Tipo subjetivo: adequação típica

O elemento subjetivo constitutivo do tipo subjetivo é o dolo, representado pela vontade consciente de infringir decisão administrativa, praticando a atividade que lhe fora proibida.

Não há exigência de elemento subjetivo especial do injusto, sendo, assim, irrelevante a razão ou motivo pelo qual o sujeito passivo infringe a decisão administrativa que lhe veda tal prática.

Não há previsão de modalidade culposa.

6. Consumação e tentativa

Consuma-se o crime com a *prática reiterada dos atos próprios da atividade* que o sujeito se encontra impedido de exercer, isto é, consuma-se com o efetivo exercício da atividade que está proibido de realizar.

Trata-se de *crime habitual*, e, por essa razão, é inadmissível a tentativa, pois somente a prática reiterada de conduta proibida é capaz de tipificar essa infração penal. Assim, atos isolados constituem um indiferente penal, por não se adequarem à descrição típica.

7. Pena e ação penal

As *penas cominadas*, alternativamente, são detenção, de três meses a dois anos, ou multa.

A natureza da ação penal é *pública incondicionada*. Nessa infração penal, não há previsão do meio executório mediante violência; por conseguinte, tampouco se comina cumulativamente pena correspondente à violência.

Considerando-se que, a despeito de encontrar-se no Título que trata dos Crimes contra a Organização do Trabalho, essa infração penal não envolve *interesse coletivo do trabalho*, a competência não é da Justiça Federal, mas da Justiça Estadual[3].

---

3. Em sentido contrário, ver Luiz Regis Prado, *Curso de Direito Penal brasileiro*, cit., v. 2, p. 128.

ALICIAMENTO PARA O FIM DE EMIGRAÇÃO XLII

Sumário: 1. Considerações preliminares. 2. Bem jurídico tutelado. 3. Sujeitos ativo e passivo. 4. Tipo objetivo: adequação típica. 5. Tipo subjetivo: adequação típica. 6. Consumação e tentativa. 7. Pena e ação penal.

ALICIAMENTO PARA O FIM DE EMIGRAÇÃO

Art. 206. Recrutar trabalhadores, mediante fraude, com o fim de levá-los para território estrangeiro.

Pena — detenção, de 1 (um) a 3 (três) anos, e multa.

• Redação determinada pela Lei n. 8.683, de 15 de julho de 1993.

1. Considerações preliminares

O crime de aliciamento de trabalhadores para o fim de emigração não foi objeto de disciplina no Código Criminal do Império (1830). O Código Penal de 1890 tampouco se preocupou com essa infração penal, regulando tão somente o aliciamento de trabalhadores para deixarem o emprego, mediante recompensa ou ameaça (art. 205).

Essa infração penal foi disciplinada pela primeira vez em nosso ordenamento jurídico pelo Código Penal de 1940, sob o *nomen juris* "aliciamento para o fim de emigração".

A Lei n. 8.683, de 15 de julho de 1993, deu nova redação ao art. 206, acrescentando-lhe a exigência de fraude como elemento objetivo do tipo, além de substituir o verbo "aliciar" por "recrutar" trabalhadores.

O Anteprojeto de Código Penal, Parte Especial, propõe alterações relevantes que, no entanto, a exemplo dos demais dispositivos, optamos por não analisar, em razão da variedade de projetos e anteprojetos que emperram o Congresso Nacional.

2. Bem jurídico tutelado

O bem jurídico protegido é o interesse do Estado em garantir a permanência dos trabalhadores brasileiros no Brasil, ou seja, manter a mão de obra no território nacional. Protege-se o interesse público na não emigração do trabalhador nacional, partindo da presunção de que essa evasão de trabalhadores é danosa à economia nacional. Essa presunção é absoluta, não podendo ser elidida, para afastar sua atipicidade, em nenhuma circunstância.

3. Sujeitos ativo e passivo

Sujeito ativo pode ser qualquer pessoa, independentemente de qualidade ou condição especial, tratando-se, portanto, de crime comum.

Sujeito passivo mediato é o Estado, e imediato, qualquer pessoa na condição de trabalhador que seja recrutada mediante fraude. Não nos parece adequado priorizar sempre o Estado em detrimento de direitos sagrados dos cidadãos; por isso, sempre que for possível identificar o titular do direito lesado, será ele o sujeito passivo do crime, como normalmente ocorre nesse tipo de infração penal, embora grande parte da doutrina entenda que sujeito passivo seja apenas o Estado. Nesse particular, estamos mudando orientação que adotamos em nosso *Código Penal comentado*.

4. Tipo objetivo: adequação típica

A ação consiste em *recrutar*, que tem o sentido de atrair, *aliciar* (aliás, este era o verbo-núcleo, na redação anterior), seduzir pessoas para levá-las a trabalhar no exterior. *Trabalhadores* significa pluralidade, isto é, no mínimo três pessoas que tenham qualificação profissional. O legislador utilizou o vocábulo no plural exatamente para exigir multiplicidade, que, em nossa concepção, deve ser de no mínimo três, pois, quando se contenta com apenas dois, declara expressamente (arts. 150, § 1º, 155, § 4º, e 157, § 2º, II, etc.). O grau de habilidade ou qualificação técnica dos trabalhadores é irrelevante para a tipificação do crime. Por trabalhadores deve ser compreendido todos os prestadores de serviço (estagiários remunerados ou não, empregados, autônomos, trabalhadores domésticos, trabalhadores eventuais etc.), e qualquer deles pode ser aliciado.

É necessário que a ação se dirija a pluralidade de pessoas que reúnam a qualidade exigida pelo tipo, isto é, que sejam efetivamente de trabalhadores.

A lei pune a *emigração fraudulenta*, enganadora do trabalhador, não a espontânea. A exigência da elementar "mediante fraude" foi introduzida pela Lei n. 8.683/93, que não existia na redação anterior. Exemplo típico ocorre com o *aliciamento de mulheres* para trabalhar no exterior, exercendo atividades dignas, com altos salários, quando, na verdade, a finalidade é *exercer a prostituição*.

O *aliciamento* para fim de emigração exige a elementar normativa da *fraude* no recrutamento. Simplesmente recrutar trabalhadores com o fim de levá-los para o exterior em si mesmo não é crime, ainda que possa caracterizar-se como ilícito em outras searas jurídicas.

5. Tipo subjetivo: adequação típica

O elemento subjetivo geral é o *dolo*, representado pela vontade consciente de recrutar trabalhadores para o exterior, com o uso de meio fraudulento.

Há necessidade de um *elemento subjetivo especial do injusto*, constituído pelo *especial fim* de realizar emigração, ao contrário do que pensava Heleno Fragoso[1]. Se a finalidade for levar trabalhadores, em vez do exterior, para outro lugar do território nacional, o crime será o do art. 207, que a seguir será examinado, e não o deste dispositivo. A ausência de tais finalidades na prática dessas condutas as torna irrelevantes para o direito penal.

6. Consumação e tentativa

Consuma-se o crime com o *aliciamento* de trabalhadores, recrutando-os com o emprego de fraude, com a finalidade de levá-los para o exterior, independentemente da efetiva emigração (crime formal)[2].

É, teoricamente, admissível a tentativa.

7. Pena e ação penal

As penas cominadas, *cumulativamente*, são detenção, de um a três anos, e multa.

A natureza da ação penal é pública incondicionada.

---

1. Heleno Cláudio Fragoso, *Lições de Direito Penal*, cit., v. 1, p. 662; Magalhães Noronha, *Direito Penal*, cit., v. 2, p. 77.
2. Paulo José da Costa Jr., *Comentários ao Código Penal*, cit., p. 691.

ALICIAMENTO DE TRABALHADORES DE UM LOCAL PARA OUTRO DO TERRITÓRIO NACIONAL

XLIII

ALICIAMENTO DE TRABALHADORES DE UM LOCAL PARA OUTRO DO TERRITÓRIO NACIONAL

Art. 207. Aliciar trabalhadores, com o fim de levá-los de uma para outra localidade do território nacional:

Pena — detenção de 1 (um) a 3 (três) anos, e multa.

§ 1º Incorre na mesma pena quem recrutar trabalhadores fora da localidade de execução do trabalho, dentro do território nacional, mediante fraude ou cobrança de qualquer quantia do trabalhador, ou, ainda, não assegurar condições do seu retorno ao local de origem.

• § 1º acrescentado pela Lei n. 9.777, de 29 de dezembro de 1998.

§ 2º A pena é aumentada de 1/6 (um sexto) a 1/3 (um terço) se a vítima é menor de 18 (dezoito) anos, idosa, gestante, indígena ou portadora de deficiência física ou mental.

• § 2º acrescentado pela Lei n. 9.777, de 29 de dezembro de 1998.

---

1. Considerações preliminares

Os Códigos Penais do século XIX (1830 e 1890) não se preocuparam com eventual aliciamento de trabalhadores, especialmente dentro do próprio território nacional. O Código de 1890 criminalizava somente a conduta que aliciasse trabalhador para deixar o emprego sob a promessa de recompensa ou ameaça. Assim, o legislador de 1940 inovou com essa figura; se houve justificativa para sua existência naquele tempo, na atualidade perdeu sua razão de ser.

Curiosamente, a Lei n. 9.777, de 29 de dezembro de 1998, ampliou a sanção penal e acrescentou ao artigo os §§ 1º e 2º, majorando as penas exageradamente.

2. Bem jurídico tutelado

O bem jurídico protegido é o interesse do Estado em evitar o êxodo de trabalhadores no território nacional. Procura-se evitar que alguma região fique despovoada, em detrimento de outra. Interessa ao Estado, como destaca Paulo José da Costa Jr.[1], evitar o êxodo de mão de obra barata, proveniente de zonas desfavorecidas do País, produzindo concentrações urbanas e desajustes socioeconômicos.

3. Sujeitos ativo e passivo

Sujeito ativo pode ser qualquer pessoa, independentemente de qualidade ou condição especial, tratando-se, portanto, de crime comum.

Sujeito passivo mediato é o Estado; imediato, qualquer pessoa na condição de trabalhador que seja aliciada (mediante fraude, na hipótese do § 1º). Não nos parece adequado priorizar sempre o Estado em detrimento de direitos sagrados dos cidadãos; por isso, sempre que for possível identificar o titular do direito lesado, será ele o sujeito passivo do crime, como normalmente ocorre nesse tipo de infração penal, embora grande parte da doutrina entenda que sujeito passivo seja apenas o Estado. Nesse particular, estamos mudando a orientação que adotamos em nosso *Código Penal comentado*.

4. Tipo objetivo: adequação típica

Essa infração penal é similar àquela do artigo anterior, distinguindo-se somente na finalidade: naquele, o recrutamento tem a finalidade de propiciar a emigração; neste, o aliciamento é feito para deslocar os trabalhadores de um local para outro, dentro do próprio território nacional.

A ação consiste em *aliciar*, isto é, atrair, recrutar, seduzir trabalhadores, agora internamente. *Trabalhadores*, a exemplo da previsão do artigo anterior, significa pluralidade, isto é, no mínimo três pessoas que tenham qualificação profissional. A lei pune o *êxodo aliciado*, não o espontâneo, uma vez que este é assegurado pela Constituição (direito de ir, vir e ficar); procura preservar essas pessoas em seus locais de origem, visando o equilíbrio da *geografia humana*, e impedir o desajuste social e econômico que o êxodo das zonas mais desfavorecidas produziria. *Localidade* é qualquer lugarejo, vila, cidade ou povoado.

Como a expressão "trabalhadores" não está no singular, exige-se, no mínimo, mais de dois trabalhadores para que possa configurar-se o tipo penal.

Para o êxodo ser penalmente relevante, as localidades precisam ser consideravelmente afastadas. Há entendimento jurisprudencial, segundo o qual é necessária a demonstração de prejuízo efetivo para a região onde o aliciamento ocorre.

Se o fim é levar trabalhadores para fora do País, o crime será o do art. 206.

5. Tipo subjetivo: adequação típica

O elemento subjetivo geral é o dolo; e o elemento subjetivo especial do tipo é constituído pelo *especial fim* de propiciar o êxodo.

---

1. Paulo José da Costa Jr., *Comentários ao Código Penal*, cit., p. 691.

6. Consumação e tentativa

Consuma-se com o aliciamento de trabalhadores, independentemente do êxodo efetivo (crime formal). O crime de *aliciamento* de trabalhadores definido no art. 207 do Código Penal se *consuma* no momento em que o agente convence o trabalhador a transferir-se para outra localidade do território nacional, acertando com ele as condições e os meios como isso se fará. Por conseguinte, os veículos de qualquer natureza utilizados para deslocar-se ao lugar de destino de nenhuma forma podem ser considerados instrumentos desse ilícito ou prova de sua materialidade. No momento do deslocamento, o crime já está consumado.

É, teoricamente, admissível a tentativa.

7. Novo tipo penal (§ 1º)

A Lei n. 9.777, de 29 de dezembro de 1998, acrescentou os §§ 1º e 2º ao art. 207; no primeiro, cria nova figura penal; no segundo, uma majorante, elevando a pena de um sexto a um terço.

O tipo descrito no § 1º é um *misto das infrações* descritas nos arts. 206 e 207, ao menos em uma de suas modalidades, onde consta como meio executório "mediante fraude". Daquele dispositivo contém a exigência de "fraude", e, desse, o êxodo de trabalhadores limita-se ao território nacional. Apresenta três formas: (a) mediante *fraude*; (b) *cobrança de valores* do trabalhador; e (c) não assegurar condições de retorno ao local de origem. As duas primeiras modalidades são de fácil comprovação; a terceira apresenta uma dificuldade dogmática: *prática condicional* do crime. A ação típica nuclear será o "recrutamento de trabalhadores" ou "a não facilitação do retorno à origem"? E se o trabalho no local recrutado durar dez anos? Qual será o *iter criminis*? É de difícil configuração.

Nesse dispositivo não se pune a transferência de trabalhadores dentro do território nacional; pune-se a transferência mediante aliciamento.

8. Pena e ação penal

As penas anteriormente cominadas, *cumulativamente*, eram detenção, de dois meses a um ano, e multa; atualmente, são detenção, de um a três anos, e multa. Mais uma vez, constata-se uma exasperação absurda, *desproporcional* e injustificada das penas cominadas.

Na previsão do § 2º, a pena deverá, obrigatoriamente, ser *majorada* entre um sexto e um terço. Pela redação, que é taxativa, parece que houve aí uma preocupação com as "minorias": menor de dezoito anos, idosa, gestante, indígena ou portadora de deficiência física ou mental. É inadmissível analogia.

A ação penal é pública incondicionada.

9. Leis n. 9.099/95 e 9.714/98: "fundamentos" para exasperação penal

Repete-se aqui exatamente o mesmo procedimento adotado no § 2º do art. 203. Não só a redação é a mesma mas também, o que é pior, a orientação *político-criminal* que há tempo estamos denunciando: a política criminal *despenalizadora* e *des-*

carcerizadora dessas duas leis — 9.099 e 9.714 — traz, em seu ventre, involuntariamente, o embrião da velha *política criminal funcional*: para afastar da abrangência desses dois diplomas legais, os *detentores do poder* exasperam as cominações penais daquelas infrações que lhes aprouverem. Mais detalhes sobre esse tema podem ser encontrados em nossa monografia sobre *Novas penas alternativas*[2].

Trata-se, na verdade, de um tipo penal esdrúxulo, desnecessário, superado e, na atualidade, absolutamente injustificado. Nos primórdios da nossa República, ou, vá lá, na primeira metade do século XX até se podia admitir que houvesse esse tipo de preocupação nacional. Contudo, na atualidade, num país absolutamente povoado, com tanta carência de emprego em todos os recantos, sobrando mão de obra em todos os segmentos sociais, essa criminalização perdeu sua razão de ser, pois, como destacava Magalhães Noronha, "a lei tem em vista a regularidade, a normalidade do trabalho no país, evitando que regiões mais favorecidas corram o risco do *chômage*, enquanto outros, que não oferecem as mesmas vantagens, se despovoem e lutem com a falta de braços. Tal fato rompe a harmonia e o equilíbrio necessários à ordem econômica e social"[3].

---

2. Cezar Roberto Bitencourt, *Novas penas alternativas*, 2. ed., São Paulo, Saraiva, 2000.
3. Magalhães Noronha, *Direito Penal*, cit., v. 2, p. 78.

ULTRAJE A CULTO E IMPEDIMENTO OU PERTURBAÇÃO DE ATO A ELE RELATIVO

XLIV

Sumário: 1. Considerações preliminares. 2. Bem jurídico tutelado. 3. Sujeitos ativo e passivo. 4. Tipo objetivo: adequação típica. 4.1. Escárnio por motivo de religião. 4.2. Impedimento ou perturbação de culto religioso. 4.3. Vilipêndio público de ato ou objeto obsceno. 5. Tipo subjetivo: adequação típica. 6. Consumação e tentativa. 7. Classificação doutrinária. 8. Majorante especial: com violência. 9. Pena e ação penal.

TÍTULO V | *DOS CRIMES CONTRA O SENTIMENTO RELIGIOSO E CONTRA O RESPEITO AOS MORTOS*

CAPÍTULO I

DOS CRIMES CONTRA O SENTIMENTO RELIGIOSO

Ultraje a culto e impedimento ou perturbação de ato a ele relativo

Art. 208. Escarnecer de alguém publicamente, por motivo de crença ou função religiosa; impedir ou perturbar cerimônia ou prática de culto religioso; vilipendiar publicamente ato ou objeto de culto religioso:

Pena — detenção, de 1 (um) mês a 1 (um) ano, ou multa.

Parágrafo único. Se há emprego de violência, a pena é aumentada de um terço, sem prejuízo da correspondente à violência.

- *V.* arts. 40 e 65 do Decreto-Lei n. 3.688/41 (Lei das Contravenções Penais).

1. Considerações preliminares

O legislador de 1940, ao contrário de outros crimes, optou por classificar em um mesmo Título os crimes contra o sentimento religioso e os crimes contra o respeito aos mortos, como esclarece a Exposição de Motivos, *in verbis*: "São classificados como *species* do mesmo *genus* os 'crimes contra o sentimento religioso' e os 'crimes contra o respeito aos mortos'. É incontestável a afinidade entre uns e outros. O *sentimento religioso* e o *respeito aos mortos* são valores ético-sociais que se assemelham. O tributo que se rende aos mortos tem um fundo religioso. Idêntica, em ambos os casos, é a *ratio essendi* da tutela penal" (item n. 68).

Além de o respeito aos antepassados e aos mortos apresentar estreita ligação com as mais antigas formas de religião, a Constituição brasileira de 1988 passou a garantir *a liberdade de consciência e de crença, sendo assegurado o livre exercício dos cultos religiosos e garantida, na forma da lei, a proteção aos locais de culto e a suas liturgias* (art. 5º, VI).

2. Bem jurídico tutelado

O bem jurídico protegido é o *sentimento religioso*[1], como interesse ético-social, independentemente da religião professada; secundariamente, protege-se a *liberdade de culto e de crença*, a exemplo do que fazia o primeiro Código Penal republicano de 1890. Essa liberdade constitui atualmente uma das *garantias individuais*/coletivas asseguradas pela atual Constituição Federal (1988, art. 5º, VI). O Estado tem interesse em proteger as religiões, como instituições ético-sociais que lhe são úteis e, ao mesmo tempo, necessárias.

3. Sujeitos ativo e passivo

O *sujeito ativo* pode ser qualquer pessoa, independentemente de sua crença religiosa ou qualquer outra qualidade ou condição especial. Podem ser sujeito ativo desse crime inclusive pastores, sacerdotes ou "ministros" de outras religiões, como já tivemos exemplos em programas televisivos, num passado recente.

Alguns o denominam *crime vago*, em razão da indeterminação do sujeito passivo, pois protegeria interesses coletivos (sentimento religioso e liberdade de culto), sendo o *sujeito passivo imediato* desse crime a *coletividade* e, mediatamente, a pessoa que sofrer a ação diretamente[2]. Nesse sentido, segundo Heleno Fragoso, "Estes crimes violam diretamente interesses coletivos, motivo pelo qual sujeito passivo deles é, primariamente, o corpo social. Será sujeito passivo particular ou secundário qualquer pessoa física ou jurídica que sofrer a ação incriminada". Outros, contudo, exigem a presença efetiva de alguma *pessoa determinada* para satisfazer a exigência da elementar *alguém* constante do tipo em exame, o que, decididamente, não quer dizer um *grupo indeterminado* de pessoas[3].

Embora possa parecer, à primeira vista, uma discussão meramente acadêmica, ela se justifica a partir do atual Texto Constitucional, que elevou a *liberdade de consciência e de crença* ao nível de *garantia constitucional individual*. Nessa linha, em princípio, era o entendimento sustentado por Magalhães Noronha: "Sujeito passivo, portanto, é a pessoa (alguém) que sofre a ação designada pelo verbo: escarnecer. Nada na disposição exige que ele esteja presente ao ato de escarnecimento. É a opinião comum dos doutrinadores"[4].

---

1. Damásio de Jesus, *Direito Penal*, 15. ed., São Paulo, Saraiva, 2000, v. 3, p. 69.
2. Damásio de Jesus, *Direito Penal*, cit., v. 3, p. 71: "Protegendo interesses coletivos (sentimento religioso e liberdade de culto), o sujeito passivo do delito é a coletividade. Secundariamente, a pessoa que sofrer a ação de forma direta, como, por exemplo, no caso do escárnio, em que se exige seja dirigido contra pessoa determinada, ou no caso de impedimento de cerimônia, em que poderão figurar como sujeitos passivos os assistentes ou o celebrante".
3. Heleno Cláudio Fragoso, *Lições de Direito Penal*, cit., v. 1, p. 669 e 670; Guilherme de Souza Nucci, *Código Penal comentado*, cit., p. 643.
4. Magalhães Noronha, *Direito Penal*, 11. ed., São Paulo, Saraiva, 1978, v. 3.

Pessoalmente, achamos que o sujeito passivo ora pode ser a *pessoa individual* (primeira parte do dispositivo penal), ora pode ser a *coletividade ou corpo social* (segunda e terceira partes), dependendo, *in concreto*, da figura lesiva que é praticada. É incontroverso que a *liberdade de consciência e de crença* constitui uma *garantia fundamental individual*, assegurada pela atual Constituição brasileira; no entanto, "o livre exercício dos cultos religiosos" (individual e, ao mesmo tempo, coletivo) e "a proteção aos locais de culto e a suas liturgias" são garantias constitucionais coletivas. Na primeira hipótese, o *sujeito passivo* é a pessoa de quem se zomba (sacerdote, ministro, crente, religioso etc.); na segunda, pode ser o indivíduo "impedido" ou "turbado" em sua prática religiosa, se a ação incriminada for contra ele praticado, ou a coletividade, quando aquela for dirigida contra o *exercício coletivo de culto religioso*, e, finalmente, na terceira hipótese, o sujeito passivo imediato somente pode ser a coletividade e apenas mediatamente o indivíduo. Nesse particular, pela clareza e precisão, merece ser transcrita a orientação de Paulo José da Costa Jr., a qual subscrevemos integralmente: "Sujeito passivo, no caso do ultraje, é a pessoa de quem se zomba (sacerdote, ministro, crente). Ou então, no caso de turbação ou vilipêndio de culto, a ofendida é a coletividade religiosa atingida"[5].

Resumindo, a identificação do provável sujeito passivo está diretamente vinculada à conduta tipificada: na primeira figura, do escarnecimento, sujeito passivo é a pessoa física determinada que sofre o escárnio; essa ação, dirigida aos crentes em geral, não é adequada a essa descrição típica, ao contrário do apregoado pela *Exposição de Motivos*; na segunda, isto é, no impedimento ou turbação de prática ou culto religioso, o sujeito passivo pode ser aquele que sofre diretamente a ação ou, dependendo das circunstâncias, a coletividade religiosa, quando a ação for contra o *exercício coletivo de culto religioso*; finalmente, no caso de vilipêndio, o sujeito passivo é a coletividade como um todo.

4. Tipo objetivo: adequação típica

Embora o Código Penal dispense somente um artigo para o sentimento religioso, prevê na verdade três crimes, como se constata, nas figuras que tipifica. Com efeito, como dissemos nas considerações preliminares, o Código Penal de 1940 reuniu em um único dispositivo esses crimes; aliás, essa é a causa da dificuldade de apurar com segurança, no plano teórico, quem pode ser sujeito passivo dessas infrações penais. Teria adotado melhor técnica legislativa e teria sido mais preciso e mais sistemático se tivesse, por exemplo, destacado o *ultraje a culto religioso* do *impedimento ou da turbação de culto*.

O tipo prevê três figuras distintas: a) *escarnecer de alguém publicamente, por motivo de crença ou função religiosa*; b) *impedir ou perturbar cerimônia ou prática de culto religioso*; c) *vilipendiar publicamente ato ou objeto de culto religioso*.

---

5. Paulo José da Costa Jr., *Comentários ao Código Penal*, São Paulo, Saraiva, 2000, p. 695.

4.1 *Escárnio por motivo de religião*

A primeira conduta punível é *escarnecer*, que significa zombar, troçar de alguém. O escárnio deve ser realizado *publicamente*, de sorte que a conduta realizada particularmente, sem que chegue ao conhecimento das pessoas em geral, *não é adequada* ao tipo penal. Não é necessário, porém, que o ofendido esteja presente ou que o escárnio se realize face a face; no entanto, deverá dirigir-se a pessoa determinada e não contra grupos religiosos em geral. Isso justifica a afirmação inicial que fizemos sobre o *sujeito passivo imediato* ser a pessoa em particular, alguém. Por fim, o *escárnio* deve ser praticado *por motivo de crença ou função religiosa* da vítima.

Crença é a fé que alguém tem em determinada religião, cujos postulados são aceitos e respeitados incondicionalmente. *Função*, aqui, não é aquela própria do direito administrativo, mas se refere à atividade exercida por padres, pastores, freiras ou rabinos no desempenho da missão religiosa que escolheram.

4.2 *Impedimento ou perturbação de culto religioso*

A segunda conduta criminalizada pela norma é *impedir* ou *perturbar* cerimônia ou prática de culto religioso. *Impedir* significa evitar que comece ou paralisar cerimônia já em andamento. *Perturbar*, por sua vez, é tumultuar, embaraçar ou atrapalhar culto ou cerimônia religiosa. Como se trata de crime de forma livre, o meio pode ser qualquer um, escolhido livremente pelo sujeito ativo, tais como vaias, ruídos, violência etc. Perturba a cerimônia ou prática de culto religioso quem a tumultua, desorganiza e altera seu desenvolvimento regular.

Cerimônia é a realização de culto religioso praticado solenemente, isto é, aquele praticado com certo aparato (missa, procissão, casamento, batizado etc.). Prática de *culto* religioso é o ato religioso não solene (reza, ensino de catecismo etc.).

A conduta *impeditiva* ou *turbadora* deve, necessariamente, dirigir-se contra culto ou cerimônia religiosa. É irrelevante o local em que esta ou aquele se realiza, ou seja, se ocorre dentro ou fora do templo, como, por exemplo, numa procissão, na via-sacra, que normalmente os católicos celebram na Quaresma.

Convém destacar, ademais, que o culto ou cerimônia religiosa protegidos pela lei não podem atentar contra a moral e os bons costumes, como magia negra, macumba etc.

4.3 *Vilipêndio público de ato ou objeto obsceno*

Por fim, a terceira modalidade de conduta é *vilipendiar* publicamente ato ou objeto de culto religioso. *Vilipendiar* é aviltar, menosprezar, ultrajar ato ou objeto de culto religioso. Essa figura penal preserva o *sentimento religioso* e ao mesmo tempo também a liberdade de culto, aliás, repetindo, assegurados pela Constituição (art. 5º, VI).

Também o vilipêndio pode ocorrer em local fechado, dentro ou fora do templo.

Ato de culto religioso, referido no texto legal, são exatamente as cerimônias e práticas religiosas a que acabamos de nos referir; *objeto de culto religioso* são todos aqueles que servem para a celebração desses atos, tais como altar, púlpito, paramentos, turíbulos etc.

Estão excluídos da tipificação aqueles objetos que não integram a essência do culto propriamente dito, como bancos, instrumentos musicais, luminárias, entre outros. Finalmente, é necessário que os objetos do culto estejam destinados ao culto, pois, se se encontrarem expostos à venda, não tipificarão o crime.

5. Tipo subjetivo: adequação típica

O *tipo subjetivo* é constituído pelo dolo, direto ou eventual, representado pela vontade consciente de escarnecer publicamente de alguém, em razão de sua religião ou função religiosa; de impedir ou perturbar a realização de culto religioso ou vilipendiar publicamente ato ou objeto de culto religioso.

Sintetizando, na primeira figura — *escarnecer* —, o elemento subjetivo geral é o dolo (exigido nas três figuras), e o *elemento subjetivo especial* do tipo representado "por motivo de crença ou função religiosa"; na segunda, o elemento subjetivo resume-se a *impedir* ou *perturbar* cerimônia ou culto religioso, não sendo exigido nenhum elemento subjetivo especial do injusto; por fim, na terceira figura — *vilipendiar* —, além do *dolo*, exige-se também o *elemento subjetivo especial do injusto*, qual seja, o propósito de ofender o sentimento religioso.

Nas figuras primeira e terceira, não existindo o elemento subjetivo, estará afastada a adequação típica.

6. Consumação e tentativa

Consuma-se o crime, na primeira figura, com o *escarnecimento* de pessoa determinada; na forma escrita, é *admissível a tentativa*; na segunda figura, consuma-se com o efetivo impedimento ou perturbação (crime material). Consuma-se, em outros termos, o crime do art. 208 do CP com a perturbação da cerimônia religiosa, bastando, para integrar o elemento subjetivo geral das figuras penais, o *dolo eventual*, sendo irrelevante o fim visado pelo agente. Teoricamente, é admissível a tentativa.

Por fim, na terceira figura, o crime consuma-se com o efetivo vilipêndio, isto é, com o menosprezo de ato ou objeto de culto religioso.

7. Classificação doutrinária

Trata-se de *crime comum* (não exige sujeito qualificado ou portador de alguma condição especial), *doloso* (não há previsão de modalidade culposa); *formal* (na modalidade de *escarnecer*, não exigindo resultado material); *material* (nas formas de *impedimento* ou *perturbação*); *instantâneo* (a execução não se prolonga no tempo, produzindo o resultado de imediato); na figura do *impedimento* o crime pode ser *permanente*; *de forma livre* (pode ser praticado por quaisquer meios escolhidos pelo agente); *unissubjetivo* (qualquer das três figuras pode ser praticada isoladamente por apenas um agente).

8. Majorante especial: com violência

Não há previsão de figura qualificada (com novos limites mínimo e máximo), como normalmente tem sido afirmado pela doutrina. Há previsão de uma majorante apenas, quando for praticada *com violência*. Na verdade, o emprego de violência (real) majora a pena em um terço (parágrafo único). Se a violência constituir crime em si, haverá a soma de penas. A violência pode ser praticada contra a pessoa ou contra a coisa.

Quando da *violência* empregada resultarem lesões corporais, haverá a *aplicação cumulativa das penas* correspondentes ao crime contra o sentimento religioso e as decorrentes das lesões corporais (violência).

Registramos, desde logo, que *consideramos um grande equívoco* a afirmação de que a *violência implica concurso material de crimes*[6], pois se ignora a verdadeira *natureza* desse *concurso*. O fato de determinar-se a *aplicação cumulativa de penas* não significa que se esteja reconhecendo *concurso de crimes*, mas apenas que se adota o sistema do *cúmulo material de penas*[7], que é outra coisa.

Com efeito, o que caracteriza o *concurso material* de crimes não é a soma ou cumulação de penas, como prevê o dispositivo em exame (art. 208, parágrafo único, *in fine*), mas a *pluralidade de condutas*, pois no concurso formal impróprio, isto é, naquele cuja conduta única produz dois ou mais crimes, resultantes de *desígnios autônomos*, as penas também são aplicadas *cumulativamente*. Ora, esse comando legal — art. 208, parágrafo único —, determinando a *aplicação cumulativa de penas*, não autorizou o intérprete a confundir o *concurso formal impróprio* com o *concurso material*. Na verdade, concurso de crimes e sistema de aplicação de penas são institutos inconfundíveis; o primeiro relaciona-se à teoria do crime; o segundo, à teoria da pena, por isso a confusão é injustificável[8].

Concluindo, o art. 208, parágrafo único, não criou uma espécie *sui generis* de concurso material, mas adotou tão somente o *sistema do cúmulo material* de aplicação de pena, a exemplo do que fez em relação ao *concurso formal impróprio* (art. 70, 2ª parte). Assim, quando a *violência* empregada na prática do crime em exame constituir em si mesma outro crime, havendo unidade de ação e pluralidade de crimes, estaremos diante de concurso formal. Impõe-se, nesse caso, por expressa determinação legal, o *sistema do cúmulo material* de aplicação de pena, independentemente da existência de *desígnios autônomos*. A aplicação de penas, mesmo sem a presença de desígnios autônomos, constitui uma exceção de penas prevista para o *concurso formal* impróprio. Mas aquela é *norma genérica*, prevista na Parte Geral do Código Penal (art. 70, 2ª parte); esta, constante do dispositivo em exame (art. 208, parágra-

---

6. Luiz Regis Prado, *Curso de Direito Penal brasileiro*, cit., v. 2, p. 450.

7. Ver o que dissemos sobre o sistema do cúmulo material de penas em *Tratado de Direito Penal — Parte Geral*, 30. ed., v. 1, p. 849.

8. Ver algo semelhante que escrevemos sobre o tema no v. 2 de nosso *Tratado de Direito Penal*, p. 472 e 510.

fo único) é *norma específica*, contida na Parte Especial do diploma legal, onde se individualizam as normas genéricas ao destiná-las a cada figura delituosa.

No entanto, a despeito de tudo o que acabamos de expor, nada impede que, concretamente, possa ocorrer *concurso material* da presente infração penal com outros crimes violentos, como acontece com quaisquer outras infrações, desde que, é claro, haja "*pluralidade* de condutas e *pluralidade* de crimes"[9], mas aí, observe-se, já não será mais o caso de unidade de ação ou omissão, caracterizadora do concurso formal.

9. Pena e ação penal

As penas cominadas, *alternativamente*, são detenção, de um mês a um ano, ou multa. Havendo *violência real*, será majorada em um terço, sem prejuízo da pena correspondente à violência; a ação penal é *pública incondicionada*.

9. Cezar Roberto Bitencourt, *Tratado de Direito Penal — Parte Especial*, cit., v. 2, p. 511.

IMPEDIMENTO OU PERTURBAÇÃO DE CERIMÔNIA FUNERÁRIA

XLV

Sumário: 1. Considerações preliminares. 2. Bem jurídico tutelado. 3. Sujeitos ativo e passivo. 4. Tipo objetivo: adequação típica. 5. Tipo subjetivo: adequação típica. 6. Consumação e tentativa. 7. Figura majorada. 8. Pena e ação penal.

CAPÍTULO II

DOS CRIMES CONTRA O RESPEITO AOS MORTOS

Impedimento ou perturbação de cerimônia funerária

Art. 209. Impedir ou perturbar enterro ou cerimônia funerária:

Pena — detenção, de 1 (um) mês a 1 (um) ano, ou multa.

Parágrafo único. Se há emprego de violência, a pena é aumentada de um terço, sem prejuízo da correspondente à violência.

1. Considerações preliminares

Os romanos cultuavam os mortos e puniam os crimes que violassem as sepulturas, desde o tempo dos imperadores. Essa tradição foi recepcionada pelo direito canônico, que considerava os violadores como réus de *quase sacrilégio*, submetidos à pena de excomunhão. A profanação e ou subtração de cadáver eram punidas pelas leis bárbaras com a privação da paz.

O Código Criminal do Império, de 1830, em nosso ordenamento jurídico, não disciplinava essa modalidade de infração penal. O primeiro Código Penal republicano, de 1890, foi o primeiro a preocupar-se com esse tema ao contemplar a profanação de cadáver, sepulturas ou mausoléus como contravenção.

Segundo a Exposição de Motivos do Código Penal brasileiro de 1940, os crimes contra o respeito aos mortos têm parentesco próximo com os crimes contra o sentimento religioso, o que justificaria a reunião dessas duas categorias de infrações penais num mesmo Título da Parte Especial do Código Penal.

2. Bem jurídico tutelado

Bem jurídico protegido é o sentimento de respeito aos mortos. Protege-se o sentimento de veneração que se tem pelos que já faleceram ou, na feliz expressão de

Hungria[1], o que a lei penal protege não é a paz dos mortos, mas o sentimento de reverência dos vivos para com eles.

Com efeito, o sentimento de reverência e piedade para com os mortos é comum à generalidade dos povos; feri-los é ferir a própria sociedade. Todo ser humano normal tem consciência desse sentimento ético-social.

3. Sujeitos ativo e passivo

Sujeito ativo é qualquer pessoa, independentemente de qualidade ou condição especial. Toda pessoa natural dotada de capacidade de entender e querer pode figurar como sujeito ativo dessa infração penal.

Sujeito passivo é o corpo social, ou seja, a coletividade. Ao corpo social como um todo interessa a manutenção do respeito aos entes que já passaram. A impossibilidade de o cadáver figurar como sujeito passivo reside em sua natureza de *res*, insuscetível de dispor de algum direito: cadáver é objeto, e não sujeito.

4. Tipo objetivo: adequação típica

A segunda conduta criminalizada pela norma penal contida no art. 209 é *impedir* ou *perturbar* enterro ou cerimônia fúnebre. Protege-se, na verdade, o sentimento de veneração e de piedade que os mortos suscitam. *Impedir* significa evitar que comece ou paralisar a cerimônia já em andamento. *Perturbar*, por sua vez, é tumultuar, embaraçar ou atrapalhar enterro ou cerimônia funerária. Como se trata de crime de forma livre, o meio pode ser qualquer um, escolhido livremente pelo sujeito ativo, tal como vaias, ruídos, violência etc. *Perturba* o enterro ou a cerimônia funerária quem a tumultua, desorganiza e altera seu desenvolvimento regular.

A conduta *impeditiva* ou *turbadora* deve dirigir-se, necessariamente, contra enterro ou cerimônia fúnebre. É irrelevante o local onde esta ou aquele se realiza, ou seja, se ocorre dentro ou fora de templo, de cemitério ou capela mortuária.

Enterro é o transporte do corpo do falecido até o local de sepultamento ou de cremação; é a transladação do cadáver para sua última morada, com ou sem acompanhamento. *Cerimônia funerária* é o ato religioso ou civil de encomendação e despedida que se realiza em homenagem ao defunto. *Cerimônia funerária* é a realização da atividade de encomendação da alma do defunto praticada solenemente, isto é, realizada com certo aparato (com missa, procissão etc.);

---

1. Nélson Hungria, *Comentários ao Código Penal*, 5. ed., Rio de Janeiro, Forense, 1981, v. 8, p. 69: "É em obséquio aos vivos, e não aos mortos (tal como no caso da 'calúnia contra os mortos', prevista no art. 138, § 2º, que surge a incriminação. O respeito aos mortos (do mesmo modo que o sentimento religioso) é um relevante valor *ético-social*, e, como tal, um interesse jurídico digno, por si mesmo, da tutela penal".

em outros termos, consiste nos últimos atos de homenagem e despedida que se presta ao morto.

5. Tipo subjetivo: adequação típica

O *tipo subjetivo* é constituído pelo dolo e pelo *elemento subjetivo especial* do tipo, representado pelo *especial fim*, implícito, de violar o sentimento de respeito ao morto. Para a configuração do crime do art. 209 do CP é necessário que o agente tenha vontade e consciência de *perturbar*, com sua conduta, a *cerimônia funerária*. Trata-se, certamente, de crime doloso; o elemento subjetivo, em todo o caso, pode ser *eventual*.

A necessidade do *elemento subjetivo especial do injusto* tem encontrado resistência particularmente na jurisprudência[2]. No entanto, no plano dogmático, é indispensável o propósito do agente de impedir ou perturbar a cerimônia funerária, sob pena de não se configurar essa conduta típica.

6. Consumação e tentativa

Consuma-se o crime com o efetivo impedimento ou perturbação de enterro ou cerimônia fúnebre. Admite-se, em princípio, a tentativa, por se tratar de crime material, cujos atos executórios podem ser fracionados contra a vontade do sujeito ativo. Se o resultado pretendido não for atingido, apesar de terem sido utilizados meios idôneos, não se poderá falar em crime consumado, mas tão somente na figura tentada.

7. Figura majorada

Não há previsão de figura qualificada (com novos limites mínimo e máximo), mas somente uma majorante especial, isto é, quando for praticada com *violência*. Na verdade, o emprego de violência (real) majora a pena em um terço (parágrafo único). Se a violência constituir crime em si mesma, haverá soma de penas.

Para não sermos repetitivo, remetemos o leitor ao capítulo anterior, em rubrica semelhante, pois tudo o que lá dissemos a respeito da violência e da aplicação cumulativa de pena aplica-se aqui[3].

---

2. "Nos crimes contra o respeito aos mortos, não se exige qualquer fim específico, sendo, pois, irrelevante que o fim ulterior deles fosse o lucro" (TJSP, AC, rel. Juiz Marino Falcão, *RJTJSP*, *107*:467).

3. Com certeza, Nélson Hungria não entendeu a crítica que Beni Carvalho ousou fazer à redação da majorante relativa à violência constante dos arts. 208 e 209, nos seguintes termos: "Pela má redação desse dispositivo, pareceria poder a violência, por si mesma, constituir figura delituosa autônoma, e não, apenas um dos elementos integradores de vários delitos, com exceção apenas das hipóteses do art. 322 — violência arbitrária — em que, entretanto, é requisito essencial achar-se o agente no exercício da função". Sarcasticamente, como era de seu feitio, Hungria deu-lhe a seguinte resposta: "Lê-se e relê-se o comentário e não se pode entendê-lo. Poderá, acaso, alguém duvidar que a violência constitua crime autônomo, além de

funcionar como condição de maior punibilidade do crime a que serve de meio executivo, quando a lei assim o declara de modo explícito, categórico, iniludível? Se há emprego de violência, dá-se uma majorante (ou condição de maior punibilidade), em relação aos crimes definidos no *caput* do artigo, e isto sem prejuízo de aplicação da pena correspondente à violência considerada em si mesma. Além do efeito de majorar a pena correspondente ao crime contra o sentimento religioso, a violência é punida *per se*, como crime autônomo (lesão corporal, homicídio, dano etc.). O texto legal é de uma clareza tal, que custa crer que alguém o considere impreciso ou confuso. Toda a vez que o Código, nos casos em que a violência é prevista como *possível* meio executivo do crime (e não somente na hipótese de violência arbitrária), ressalva as penas relativas a ela, o que evidentemente quer significar é que se tem de reconhecer um *concurso material* entre os crimes de que a violência é famulativa (e constitui causa de aumento de pena) e a própria violência, como crime independente. A diafanidade e correção de estilo do parág. único do art. 208 somente podem ser negadas e submetidas ao processo mental que se costuma chamar, ironicamente, de 'filtro às avessas'" (Nélson Hungria, *Comentários ao Código Penal*, cit., v. 8, p. 66).

Pois bem, honestamente, com todos os encômios que Hungria mereceu, sem querer parodiá-lo, temos imensa dificuldade em entender e aceitar sua incompreensão em relação aos fundamentos da crítica de Beni Carvalho. Na verdade, embora desconhecêssemos a crítica que o referido autor, percucientemente, fez, comentando a distinção estabelecida pelo legislador entre "violência" e "vias de fato" na tipificação da *injúria real*, tecemos as seguintes considerações:

"A contravenção 'vias de fato' é absorvida, mas há concurso formal de crimes com eventuais lesões corporais, leves ou graves, pois o § 2º determina a aplicação da pena cominada, além da pena correspondente à violência. A questão é, afinal, a que violência o preceito secundário do referido parágrafo está se referindo? Será a toda *violência*, inclusive *vias de fato*, ou será somente àquela que, isoladamente, também constituir crime?

Constata-se que, embora 'vias de fato' também constitua 'violência', nesse caso específico a lei as distinguiu, determinando a cumulação de penas daqueles fatos violentos, distintos de vias de fato, que, em si mesmos, constituírem crimes, pois a violência, pura e simplesmente, e as vias de fato são elementares da injúria real, e, em sendo assim, já estão valoradas na cominação das penas de três meses a um ano de detenção e multa. Contudo, quando a violência, necessária para caracterizar a injúria real for além, configurando em si mesma crime, como, por exemplo, lesões leves ou graves, nesses casos e somente nesses casos as penas devem ser cumuladas.

Registre-se que, ao contrário do que se tem afirmado, a simples previsão de cumulação das penas da violência e da injúria real não significa que se esteja reconhecendo ou instituindo uma modalidade *sui generis* de concurso material de crimes, como já tivemos oportunidade de discorrer longamente sobre o assunto em outro capítulo. Com efeito, o que define a natureza do concurso de crimes é a unidade ou pluralidade de condutas e não o sistema de aplicação de penas, que, no caso, é o do cúmulo material (art. 70, 2ª parte). Somente haverá concurso material se houver mais de uma conduta, uma com violência aviltante caracterizadora da injúria real e outra produtora de lesões (leves ou graves); caso contrário, o concurso

8. Pena e ação penal

As penas cominadas, *alternativamente*, são detenção, de um mês a um ano, ou multa, com a majoração de um terço, se houver violência. Se a violência constituir crime em si mesma haverá aplicação cumulativa de penas.

A ação penal, a exemplo dos demais crimes deste capítulo, é pública incondicionada.

---

será formal, embora com aplicação cumulativa de penas" (Cezar Roberto Bitencourt, *Manual de Direito Penal*, 2. ed., São Paulo, Saraiva, 2002, v. 2, p. 380 e 381).

Na verdade, a revolta de Hungria o cegou, impedindo-o de perceber que nem sempre a violência a que se refere o legislador constitui crime, caso contrário não haveria necessidade de distinguir "violência" de "vias de fato". Ninguém nega que *vias de fato* são uma forma de *violência*; no entanto, todos reconhecem que elas são tipificadas como mera contravenção.

VIOLAÇÃO DE SEPULTURA XLVI

Sumário: 1. Considerações preliminares. 2. Bem jurídico tutelado. 3. Sujeitos ativo e passivo. 4. Tipo objetivo: adequação típica. 5. Tipo subjetivo: adequação típica. 6. Consumação e tentativa. 7. Furto em sepultura: tipificação. 8. Classificação doutrinária. 9. Pena e ação penal.

VIOLAÇÃO DE SEPULTURA

Art. 210. Violar ou profanar sepultura ou urna funerária:

Pena — reclusão, de 1 (um) a 3 (três) anos, e multa.

1. Considerações preliminares

Os romanos consideravam seus mortos como divindades, denominando-os deuses *manes*, e concebiam as sepulturas como os templos desses deuses. Primeiramente, a *violação tumular* era abrangida pelos crimes privados; somente no final do Império passou a ser objeto de ação pública[1], apesar de ser punida com sanção pecuniária.

No direito canônico, os túmulos eram considerados coisa sagrada, e seus profanadores eram punidos como autores de quase sacrilégio, sujeitos à pena de excomunhão. Posteriormente, eram entregues ao chamado "braço secular", para lhes serem aplicadas outras sanções[2].

A criminalização das condutas de violar ou profanar sepultura ou urna funerária somente veio a ocorrer em nosso ordenamento jurídico com o surgimento do *Código Penal de 1940*, uma vez que as próprias *Ordenações do Reino* e o Código Criminal do Império (1830) não se preocuparam com essa infração penal. O Código Penal de 1890, por sua vez, tratou dessa infração penal como contravenção.

2. Bem jurídico tutelado

O bem jurídico protegido é o sentimento de respeito aos mortos, a exemplo do que ocorre no artigo anterior. Protege-se, igualmente, o sentimento de veneração que se tem pelos que já faleceram. Embora, na doutrina alienígena, haja quem susten-

1. Paulo José da Costa Jr., *Comentários ao Código Penal*, cit., p. 699.
2. Idem, ibidem.

te ser o bem tutelado "a saúde pública" (Carrara) ou o sentimento religioso (Eugenio Cuello-Calón)[3], a doutrina brasileira, a nosso juízo, acertadamente sustenta que o bem jurídico protegido é o *sentimento de respeito aos mortos*[4]. A defesa da religião é objeto de disciplina em outro capítulo. Tampouco será a saúde pública, que, por sua vez, encontra proteção em outro Título da Parte Especial deste Código.

Na verdade, o bem jurídico tutelado não é a chamada "paz dos mortos", pois *os mortos não são titulares de direito*. Magalhães Noronha[5] afirmava que *é um direito dos vivos que a lei protege*. Tal como na "calúnia aos mortos" (art. 138, § 2º), o que aqui se tutela é o sentimento dos parentes ou amigos sobrevivos de respeito e reverência aos que partiram desta vida.

3. Sujeitos ativo e passivo

Sujeito ativo pode ser qualquer pessoa, não requerendo nenhum predicado ou condição particular. Não ficam afastados nem mesmo familiares do defunto.

Sujeito passivo são os familiares e amigos do morto e, mediatamente, a coletividade, a despeito de o entendimento majoritário da doutrina nacional ser no sentido inverso, isto é, primeiro a coletividade e, secundariamente, os familiares e amigos.

4. Tipo objetivo: adequação típica

A primeira conduta típica consiste em *violar*, isto é, abrir, devassar, alterar o objeto material, que é *sepultura* (lugar próprio para receber cadáveres) ou *urna funerária* (recipiente onde se guardam partes do cadáver, ossos ou cinzas)[6]. A *sepultura comum*, conhecida como vala ou cova, pode ser violada com a remoção da terra que a cobre, expondo os restos mortais; as sepulturas de melhor padrão são conhecidas como túmulos, que podem ser violados com sua abertura, expondo igualmente o cadáver ou seus fragmentos. Tratando-se de urna funerária, a violação dar-se-á, de qualquer forma, desde que exponha os restos mortais às intempéries.

Profanar significa tratar com desprezo, aviltamento ou irreverência; profanar é ultrajar, vilipendiar ou macular sepultura ou urna funerária. Profana sepultura quem remove suas pedras, danifica ornamentos, apaga inscrições, escreve palavras injuriosas ou pornográficas, coloca objetos grotescos ou obscenos, provocando irrisão, zombaria etc.

---

3. Francesco Carrara, *Programa de Derecho Criminal*, § 3.185; Eugenio Cuello Calón, *Derecho Penal*, Madrid, 1936, v. 2, p. 286.
4. Paulo José da Costa Jr., *Comentários ao Código Penal*, cit., p. 700.
5. Magalhães Noronha, *Direito Penal*, cit., v. 3, p. 89.
6. Magalhães Noronha, *Direito Penal*, cit., v. 3, p. 91: "Urnas funerárias são pequenas caixas, cofres ou vasos, onde repousam as cinzas de um cadáver ou seus ossos. Diferem a urna cinerária ou ossuária, por suas dimensões, forma e estrutura, mas ambas estão sob a tutela da lei".

Embora pareça que o legislador tratou as duas condutas como sinônimas, na verdade elas não se confundem: a profanação é independente da violação — quem viola profana, mas nem sempre quem profana viola.

Não é necessário, para a configuração dessa infração penal, que os restos mortais (cadáver, ossos ou cinzas) sejam removidos da sepultura ou da urna mortuária.

O vocábulo "sepultura" deve ser compreendido em sentido amplo, para abranger não apenas o local — cova ou urna — onde se deixam os restos mortais, mas tudo o que integra esses locais, como seus acessórios naturais, tais como "o túmulo, isto é, a construção acima da cova, a lápide, os ornamentos estáveis, as inscrições. A lei não distingue entre a vala comum e o mausoléu"[7]. À sepultura pertencem, com efeito, todos os objetos e ornamentos que a ela se ligam permanentemente, não estando incluídas, porém, as coroas e flores.

Para a configuração do crime é necessário que haja *restos humanos* na sepultura ou urna.

5. Tipo subjetivo: adequação típica

A violação de sepultura somente é punível a título de dolo, sendo necessário que haja no agente a vontade consciente de violar ou profanar sepultura ou urna funerária.

O tipo subjetivo é composto pelo elemento subjetivo geral, o *dolo*, e o elemento subjetivo especial do tipo, na modalidade de profanar, que é representado pelo *especial fim de ultrajar*, de macular sepultura ou urna funerária.

Não há previsão de modalidade culposa.

6. Consumação e tentativa

Consuma-se com a violação ou profanação efetiva, sendo irrelevante que a sepultura ou urna se encontre em cemitério público ou privado. Consuma-se, enfim, com qualquer ato de vandalismo sobre a sepultura ou alteração chocante, de aviltamento ou de grosseira irreverência.

Como crime material, admite a *tentativa*, pois sua execução é passível de fracionamento. Deve-se atentar, no entanto, a que, frequentemente, a tentativa de violação já poderá constituir a figura consumada de profanação.

7. Furto em sepultura: tipificação

Há duas correntes: a) a subtração dos dentes do cadáver configura o crime do art. 211, ou mesmo o do art. 210, e não o do art. 155, pois cadáver é coisa fora do comércio. Não pertence a ninguém (*RJTJSP*, *107*:467). Configurar-se-á o crime de furto, no entanto, se o cadáver pertencer a instituto científico ou peça arqueológica

---

7. Nélson Hungria, *Comentários ao Código Penal*, cit., v. 8, p. 70.

(TJSP, *RT*, *619*:291); b) se a finalidade era furtar, a violação da sepultura é absorvida pelo crime de furto (TJSP, *RT*, *598*:313).

O furto de objetos da sepultura, sem violação ou profanação, tipifica o crime do art. 155.

8. Classificação doutrinária

Trata-se de *crime comum* (não exige sujeito qualificado ou portador de alguma condição especial); *doloso* (não há previsão de modalidade culposa); *material* (exige resultado naturalístico, consistente na violação ou profanação de sepultura ou urna funerária); *instantâneo* (a execução não se prolonga no tempo, produzindo o resultado de imediato); *de forma livre* (pode ser praticado por quaisquer meios escolhidos pelo agente); *unissubjetivo* (qualquer das duas figuras pode ser praticada isoladamente por apenas um agente).

9. Pena e ação penal

As penas cominadas são, cumulativamente, reclusão, de um a três anos, e multa.

A ação penal é de natureza pública incondicionada.

DESTRUIÇÃO, SUBTRAÇÃO OU OCULTAÇÃO DE CADÁVER

XLVII

Sumário: 1. Considerações preliminares. 2. Bem jurídico tutelado. 3. Sujeitos ativo e passivo. 4. Tipo objetivo: adequação típica. 4.1. Objeto material do crime: cadáver. 5. Tipo subjetivo: adequação típica. 6. Consumação e tentativa. 7. Classificação doutrinária. 8. Pena e ação penal.

DESTRUIÇÃO, SUBTRAÇÃO OU OCULTAÇÃO DE CADÁVER

Art. 211. Destruir, subtrair ou ocultar cadáver ou parte dele:

Pena — reclusão, de 1 (um) a 3 (três) anos, e multa.

1. Considerações preliminares

A preocupação e o respeito para com os mortos são sentimentos que as civilizações têm demonstrado ao longo da história da Humanidade, desde a Antiguidade. Os Códigos Criminais brasileiros do século XIX (1830 e 1890) não se ocuparam desse crime.

A criminalização das condutas de destruir, subtrair ou ocultar cadáver somente veio a ocorrer em nosso ordenamento jurídico com o advento do Código Penal de 1940, já que as próprias *Ordenações do Reino*, que vigoraram por longo tempo no Brasil-colônia, tampouco se preocupavam com essa infração penal.

2. Bem jurídico tutelado

Bem jurídico protegido é o sentimento de respeito aos mortos, o sentimento de veneração que se tem pelos que já faleceram. Tutela-se, em outros termos, o sentimento dos parentes e amigos do morto e não o próprio *de cujus*, que não é titular de direito.

A Lei n. 9.434, de 4 de fevereiro de 1997, alterada pela Lei n. 10.211, de 23 de março de 2001, fixa normas sobre a remoção de órgãos, tecidos e partes do corpo humano para *fins de tratamento e de transplantes*. Assim, essas atividades médico--cirúrgicas, para transplantes ou outra finalidade terapêutica, dependerão de autorização do cônjuge ou parente maior de idade, observando-se a linha sucessória, reta ou colateral até o segundo grau, inclusive, firmada em documento subscrito por duas testemunhas presentes à verificação da morte (art. 4º). Após a retirada de tecidos, órgãos e partes, o cadáver será condignamente recomposto para ser entregue aos familiares ou seus responsáveis legais para encomendação e sepultamento.

A violação dos preceitos da Lei n. 9.434/97 constitui crime, nos termos de seus arts. 14 a 20.

3. Sujeitos ativo e passivo

Sujeito ativo pode ser qualquer pessoa, inclusive os parentes do morto, não requerendo nenhuma condição particular. Tratando-se, no entanto, de crime comum, é perfeitamente possível a ocorrência do instituto do concurso eventual de pessoas (art. 29).

Sujeito passivo, a exemplo dos tipos anteriores, são os familiares e amigos do morto, e só mediatamente a coletividade. Nesse particular, acreditamos que a maioria da doutrina não tem razão quando sustenta que o sujeito passivo imediato é a coletividade[1]. Na verdade, a definição de quem pode ser *sujeito passivo* desse crime deve estar intimamente vinculada ao bem jurídico tutelado, e, na medida em que se admite que esse *bem jurídico* é "o sentimento dos parentes e amigos do morto e não o próprio *de cujus*", *sujeito passivo direto* só podem ser os *parentes e amigos*, restando a coletividade, secundariamente, como titular passivo. E, por mais que se queira argumentar, nenhuma coletividade, por mais harmônica, integrada e coesa que seja, sentirá mais a perda de um de seus membros que os próprios familiares; logo, não é justo nem sensato que aquela e não estes seja sujeito passivo desse crime contra o respeito aos mortos.

4. Tipo objetivo: adequação típica

São três as condutas tipificadas: *destruir*, *subtrair* e *ocultar*. Destruir (demolir, destroçar, fazer desaparecer) um cadáver é fazê-lo desaparecer, isto é, levá-lo a deixar de ser considerado como tal; *subtrair significa* retirá-lo do local em que se encontrava, sob a proteção e a vigilância de alguém. É a retirada do cadáver — segundo Damásio de Jesus[2] — da situação em que se encontra sob a guarda da família, de amigos, parentes ou empregados do cemitério, mesmo que tal proteção seja exercida de forma indireta ou a distância; *ocultar é fazer* desaparecer o cadáver de alguém, sem destruí-lo, esconder temporariamente. Damásio de Jesus[3] destaca, com muita propriedade, que esse crime somente pode ser executado antes de o cadáver ser sepultado, pois, após ter sido depositado em seu lugar definitivo, o crime somente poderá ser cometido por destruição ou subtração.

As partes do cadáver, prevê o tipo penal, também podem ser objeto material. No entanto, como objeto material por excelência dessa infração penal é o cadáver, é necessário que as partes sejam retiradas de um cadáver, isto é, um corpo sem vida, não o configurando, por conseguinte, a amputação de membro de uma pessoa, por exemplo, que, evidentemente, não pode ser equiparada a cadáver[4].

---

1. Por todos, Damásio de Jesus, *Direito Penal*, cit., v. 3, p. 83; Luiz Regis Prado, *Curso de Direito Penal brasileiro*, cit., v. 2, p. 177.

2. Damásio de Jesus, *Direito Penal*, cit., v. 3, p. 83.

3. Damásio de Jesus, *Direito Penal*, cit., v. 3, p. 83.

4. Questão interessante é o fato, não muito incomum, do abandono de vítima de acidente de veículo automotor em terreno baldio: afinal, configura ou não este crime? A jurisprudência tem-se dividido a respeito: "Não ocorre o crime de ocultação de cadáver se a atitude do réu foi apenas a de abandonar a vítima ao lado da estrada, sem o intuito de ocultar o corpo das

4.1 *Objeto material do crime: cadáver*

O objeto material é o *cadáver*, que é o corpo humano inanimado, inclusive o natimorto. Não se compreendem na expressão *cadáver* os ossos nem as cinzas. Como *parte dele* devem ser compreendidas não só aquelas que foram sepultadas separadamente, mas também, por exemplo, a subtração de partes, como cabeça, tronco ou membros.

Cadáver, na definição de Von Liszt, "é o corpo humano inanimado, enquanto a conexão de suas partes não cessou de todo". *Cadáver*, na definição popular, é o corpo humano sem vida, embora se possa acrescentar que o é enquanto conserva a aparência humana; os restos *dele* em completa decomposição ou mesmo suas cinzas não são parte de cadáver, como os escombros de uma construção destruída ou demolida podem ser considerados como tais.

Cadáver, por sua destinação natural, não pode ser objeto de furto ou mesmo de dano, por exemplo, ou qualquer outro crime patrimonial, pois se trata de coisa *extra commercium*, não integrando o patrimônio de ninguém, salvo quando é submetido a experiências científicas[5].

O *corpo de natimorto e o feto* podem ser objeto material desse crime, ou seja, podem ser considerados *cadáver* para efeitos do previsto no art. 211 ora em exame?

Para uma corrente, *natimorto* e o *feto* não são cadáveres por lhes faltar o elemento essencial para caracterizá-los como tais: *vida extrauterina autônoma*. Para essa concepção, portanto, *cadáver* refere-se aos "restos exânimes de alguém que tenha vivido; para a segunda, em sentido contrário, é abrangido pela noção *cadáver* não apenas o *natimorto* como também o *feto* de mais de seis meses, que considera desnecessária vida extrauterina autônoma; finalmente, para a terceira concepção, somente o *natimorto* pode ser cadáver, por considerar que o natimorto inspira o mesmo sentimento de respeito de coisa sagrada[6], sendo tratado na vida social como defunto, o que não ocorre com o feto.

Modernamente, Luiz Regis Prado adota a segunda orientação, afirmando que "cadáver abarca em seu sentido tanto o natimorto quanto o feto, desde que este já tenha

---

vistas de quem por ali passava" (TJMS, AC, rel. Juiz Sebastião Rosenburg, *RT*, *684*:350); "Comete o delito de ocultação de cadáver o motorista que, atropelando pedestre e constatando ter ele falecido, abandona-o em lugar ermo" (TJSP, AC, rel. Juiz Álvaro Cury, *RT*, *593*:317).

5. "O cadáver — salvo quando perde sua individualidade, o que se dá, p. ex., se constituir patrimônio de algum instituto científico, passando a ter valor econômico e a ser coisa alheia — é coisa fora do comércio e sua proteção é erigida em razão de princípios éticos, religiosos, sanitários e de ordem pública impostos pelo Direito Positivo" (TJSP, AC, rel. Juiz Marino Falcão, *RT*, *619*:291).

6. Heleno Cláudio Fragoso, *Lições de Direito Penal*, cit., v. 1, p. 678.

atingido a maturidade necessária para sua expulsão"[7]. Segundo doutrina e jurisprudência majoritárias, o *corpo do natimorto*, expulso do ventre materno após ter atingido a capacidade de vida extrauterina, é considerado *cadáver* para efeito de caracterização do crime previsto no art. 211 do CP[8]. Nesse sentido, a jurisprudência, com alguma reiteração, tem entendido que, no caso do feto que não atinge a maturidade necessária para sua expulsão, com probabilidade de vida extrauterina, por não estar a gestação acima de 180 dias, seu corpo não deve ser considerado cadáver para a finalidade penal[9].

5. Tipo subjetivo: adequação típica

O elemento subjetivo é o *dolo*, constituído pela vontade consciente de destruir, subtrair ou ocultar cadáver ou parte dele, independentemente da finalidade que tenha animado sua conduta.

Logicamente, a *vontade consciente* do agente deve abranger todos os elementos constitutivos do tipo, como exige o princípio da tipicidade taxativa.

6. Consumação e tentativa

Consuma-se o crime do art. 211 com a *destruição* do cadáver; não é necessário que haja destruição total, pois o próprio tipo penal se satisfaz com "parte dele"; com a *subtração*, isto é, a retirada do corpo da esfera de vigilância ou proteção de quem de direito ou com a sua *ocultação*, ou seja, fazendo-o desaparecer, mesmo que temporariamente.

Como nas três figuras se trata de crime material, é perfeitamente admissível a forma tentada[10], bastando que a consumação não ocorra por circunstâncias alheias à vontade do agente.

7. Classificação doutrinária

Trata-se de *crime comum* (não exige sujeito qualificado ou portador de alguma condição especial); *doloso* (não há previsão de modalidade culposa); *material* (exige resultado naturalístico, consistente na destruição, subtração ou ocultação de cadáver ou parte dele); *instantâneo* (a execução não se prolonga no tempo, produzindo o resultado de imediato; na figura de *ocultar* o crime pode ser *permanente*); *de forma livre* (pode ser praticado por quaisquer meios escolhidos pelo agente); *unissubjetivo* (qualquer das três figuras pode ser praticada isoladamente por apenas um agente).

8. Pena e ação penal

As penas cominadas são, cumulativamente, reclusão, de um a três anos, e multa. A ação penal é de natureza pública incondicionada.

---

7. Luiz Regis Prado, *Curso de Direito Penal brasileiro*, cit., v. 2, p. 178.
8. TJSP, AC, rel. Juiz Luiz Tâmbara, *RT*, *526*:328.
9. TJSP, Rec., rel. Juiz Ângelo Gallucci, *RT*, *733*:563.
10. "O *summatum opus* ocorre com a simples efetividade da subtração, pouco importando o fim último do agente" (TJSP, AC, rel. Juiz Márcio Bonilha, *RT*, *522*:324).

VILIPÊNDIO A CADÁVER XLVIII

Sumário: 1. Considerações preliminares. 2. Bem jurídico tutelado. 3. Sujeitos ativo e passivo. 4. Tipo objetivo: adequação típica. 5. Tipo subjetivo: adequação típica. 6. Consumação e tentativa. 7. Classificação doutrinária. 8. Pena e ação penal.

VILIPÊNDIO A CADÁVER

Art. 212. Vilipendiar cadáver ou suas cinzas:

Pena — detenção, de 1 (um) a 3 (três) anos, e multa.

1. Considerações preliminares

A criminalização das condutas de destruir, subtrair ou ocultar cadáver somente veio a ocorrer em nosso ordenamento jurídico com o advento do Código Penal de 1940. As Ordenações do Reino e o Código Criminal de 1830 não disciplinaram o crime de vilipêndio a cadáver. O Código Penal de 1890, por sua vez, como pioneiro em nosso sistema jurídico, tipificou infração penal semelhante, porém como mera contravenção penal.

2. Bem jurídico tutelado

Bem jurídico protegido é o sentimento de respeito aos mortos, a exemplo do que ocorre com o dispositivo anteriormente analisado (art. 211); tutela-se, em outros termos, o sentimento dos parentes e amigos do morto e não o próprio *de cujus*, que não é titular de direito.

3. Sujeitos ativo e passivo

Sujeito ativo pode ser qualquer pessoa, inclusive os parentes do morto, não requerendo nenhuma condição particular. Tratando-se, porém, de *crime comum*, nada impede que possa configurar-se o instituto do concurso eventual de pessoas (art. 29).

Sujeito passivo, a exemplo dos crimes anteriores deste mesmo Capítulo, são os familiares e amigos do morto, e só mediatamente a coletividade. Nesse particular, discordamos da maioria da doutrina quando sustenta que sujeito passivo imediato é a coletividade[1]. Na realidade, a definição de quem pode ser *sujeito passivo* desse crime deve estar intimamente vinculada ao bem jurídico tutelado, e, na medida em que se admite que esse *bem jurídico* é "o sentimento dos parentes e amigos do morto e não o próprio *de cujus*", o *sujeito passivo direto* só podem ser os *parentes e amigos*, restando a coletividade, secundariamente, como titular passivo. Por mais que se queira argumentar, nenhuma coletividade, por mais harmônica, integrada e coesa que seja, sentirá mais a perda de um de seus membros que os próprios familiares, não sendo, portanto, justo nem sensato que aquela e não estes sejam sujeito passivo desse crime.

4. Tipo objetivo: adequação típica

A ação tipificada é *vilipendiar*, que significa aviltar, ultrajar, e pode ser praticada de diversas formas, v. g., com palavras, gestos, escritos etc. O vilipêndio pode ser por palavras, atos ou escritos. Com efeito, vilipendiar cadáver é ultrajá-lo, aviltá-lo. Trata-se de ato que se pratica junto ao cadáver ou a suas cinzas, e não mediante declarações em público, publicações em jornais etc.

Objeto material é o cadáver, que é o corpo humano inanimado, inclusive do natimorto, como afirmamos ao examinar o crime descrito no artigo anterior. No entanto, ao contrário da previsão deste artigo, o vilipêndio a cadáver não destaca que as partes deste também são protegidas pela norma penal. Tutela-se o cadáver e suas cinzas, isto é, os menores fragmentos possíveis de um cadáver; assim sendo, quer-nos parecer que a omissão quis significar a desnecessidade de sua repetição, além de que cinzas constituem, teoricamente, as menores porções em que se pode fragmentar alguma coisa material, como é o caso de um cadáver. Acreditamos que as partes (tronco, membros, cabeça etc.) de um cadáver também encontram a proteção da norma penal contida no art. 212. Não seria racional sustentar que o menosprezo das cinzas de um cadáver constitui crime, e a mesma conduta praticada contra membros ou órgãos dele não o seja, pois como destacava Magalhães Noronha, referindo-se a lei às cinzas humanas, não precisava falar sobre a *parte* do cadáver; protegendo aquela, não pode deixar de proteger esta[2].

5. Tipo subjetivo: adequação típica

O elemento subjetivo geral é o dolo, representado pela vontade consciente de menosprezar cadáver ou suas cinzas.

O *elemento subjetivo especial* do tipo é constituído pelo *fim especial* de aviltar, de ultrajar, de vilipendiar. Para a configuração do crime de *vilipêndio de cadáver* é indispensável a presença do *elemento moral*, do *fim específico*, consistente no desejo

1. Por todos, Damásio de Jesus, *Direito Penal*, cit., v. 3, p. 83; Luiz Regis Prado, *Curso de Direito Penal brasileiro*, cit., v. 2, p. 177.
2. No mesmo sentido, Damásio de Jesus, *Direito Penal*, cit., v. 3, p. 87; Magalhães Noronha, *Direito Penal*, v. 3, p. 95.

consciente de desprezar o corpo sem vida da vítima, com intenção clara de ultrajá-lo. Assim, por exemplo, o agente que, depois de atirar na vítima, ausenta-se do local dos fatos, retornando logo depois e, com o pé, empurra a vítima, supostamente falecida, para conferir se realmente está morta, não pratica o crime de vilipêndio, por faltar o elemento subjetivo especial, que é a vontade consciente dirigida à prática da ação, *com o objetivo de profanar o cadáver*.

6. Consumação e tentativa

Consuma-se o crime com o ato ultrajante, quando material, ou simplesmente com o vilipêndio verbal junto ou sobre o cadáver ou suas cinzas. Dependendo da forma de execução, é possível, em tese, a tentativa, salvo quando é praticado oralmente.

7. Classificação doutrinária

Trata-se de *crime comum* (não exige sujeito qualificado ou portador de alguma condição especial); *doloso* (não há previsão de modalidade culposa); *material* (exige resultado naturalístico, quando realizado por meio de escritos, por exemplo, consistindo em desrespeito à memória do morto); *formal* (quando praticado oralmente); *instantâneo* (a execução não se prolonga no tempo, produzindo o resultado de imediato); *de forma livre* (pode ser praticado por quaisquer meios escolhidos pelo agente); *unissubjetivo* (qualquer das três figuras pode ser praticada isoladamente por apenas um agente).

8. Pena e ação penal

As penas cominadas são, *cumulativamente*, detenção, de um a três anos, e multa. A ação penal é de natureza pública incondicionada.

BIBLIOGRAFIA

ANTOLISEI, Francesco. *Manuale di Diritto Penale;* Parte Speciale. Milano, 1954 e 1977.

ASÚA, Luis Jiménez de. *Principios de Derecho Penal — la ley y el delito*. Buenos Aires, Abeledo-Perrot, 1990.

BACIGALUPO, Silvina. *La responsabilidad penal de las personas jurídicas*. Barcelona, Bosch, 1998.

BAJO FERNANDEZ, M. *Manual de Derecho Penal*; Parte Especial. 2. ed. Madrid, Ed. Civitas, 1991.

BALESTRA, Fontán. *Tratado de Derecho Penal*. Buenos Aires, 1969. t. 5.

BARBOSA, Marcelo Fortes. *Latrocínio*. São Paulo, Malheiros Ed., 1997.

BATISTA, Nilo. *Decisões criminais comentadas*. Rio de Janeiro, Liber Juris, 1976.

———. *Introdução crítica ao Direito Penal brasileiro*. Rio de Janeiro, Revan, 1990.

———. *Temas de Direito Penal*. Rio de Janeiro, Liber Juris, 1984.

BATISTA, Weber Martins. *O furto e o roubo no direito e no processo penal*. 2. ed. Rio de Janeiro, Forense, 1997.

BELING, Ernest von. *Esquema de Derecho Penal. La doctrina del delito tipo*. Trad. Sebastian Soler. Buenos Aires, Depalma, 1944.

BETTIOL, Giuseppe. *Diritto Penale*. Padova, s. e., 1945.

———. *Direito Penal*. Trad. Paulo José da Costa Jr. e Alberto Silva Franco. São Paulo, Revista dos Tribunais, 1977. v. 1.

BEVILÁQUA, Clóvis. *Código Civil*. 1934. v. 4.

BIERRENBACH, Sheila de Albuquerque. *Crimes omissivos impróprios*. Belo Horizonte, Del Rey, 1996.

BITENCOURT, Cezar Roberto. *Código Penal comentado*. São Paulo, Saraiva, 2002.

———. *Erro de tipo e erro de proibição* — uma análise comparativa. 2. ed. São Paulo, Saraiva, 2000.

———. *Juizados Especiais e alternativas à pena privativa de liberdade*. 3. ed. Porto Alegre, Livr. do Advogado Ed., 1997.

———. *Lições de Direito Penal*. 2. ed. Porto Alegre, Livraria Editora Acadêmica/EDIPUCRS, 1993.

———. *Lições de Direito Penal*. 3. ed. Porto Alegre, Livr. do Advogado Ed., 1995.

———.*Manual de Direito Penal*; Parte Geral. 6. ed. São Paulo, Revista dos Tribunais, 2000. v. 1.

———. *Manual de Direito Penal*; Parte Geral. 7. ed. São Paulo, Saraiva, 2002. v. 1.

———. Reflexões sobre a responsabilidade penal da pessoa jurídica. In: *Responsabilidade penal da pessoa jurídica e medidas provisórias e Direito Penal* (obra coletiva). São Paulo, Revista dos Tribunais, 1999.

———. *Teoria geral do delito*. São Paulo, Revista dos Tribunais, 1997.

———. *Tratado de Direito Penal*; Parte Geral. 29. ed. São Paulo, Saraiva, 2023.

BITENCOURT, Cezar Roberto & MUÑOZ CONDE, Francisco. *Teoria geral do delito*. São Paulo, Saraiva, 2000.

BITENCOURT, Cezar Roberto & PRADO, Luiz Regis. *Código Penal anotado*. 2. ed. São Paulo, Revista dos Tribunais, 1999.

BONAVIDES, Paulo. *Curso de direito constitucional*, 6. ed., São Paulo, Malheiros, 1994.

BOSCHI, José Antonio Paganella. *Ação penal*. Rio de Janeiro, Aide, 1993.

BRUNO, Aníbal. *Direito Penal*. 3. ed. Rio de Janeiro, Forense, 1967. v. 1 e 2.

CARRARA, Francesco. *Programa de Derecho Criminal*; Parte Especial. Bogotá, Ed. Temis, 1973. v. 4 e 5.

CARVALHO, Érika Mendes de. *Tutela do patrimônio florestal brasileiro*. São Paulo, Revista dos Tribunais, 1999.

CEREZO MIR, José. *Curso de Derecho Penal español*; Parte General. 4. ed. Madrid, Ed. Civitas, 1995.

———. *Curso de Derecho Penal español.* Madrid., Tecnos, 1985.

———. O tratamento do erro de proibição no Código Penal. *RT*, *643*:400, 1989.

CERNICCHIARO, Luiz Vicente. *Questões penais*. Belo Horizonte, Del Rey, 1998.

CERVINI, Raúl. Macrocriminalidad económica — apuntes para una aproximación metodológica. *RBCCrim*, n. 11, 1995.

CÓRDOBA RODA, Juan. *El conocimiento de la antijuricidad en la teoría del delito*, Barcelona, 1962.

COSTA, Álvaro Mayrink da. *Direito Penal — doutrina e jurisprudência*; Parte Especial. 3. ed. Rio de Janeiro, Forense, 1993. v. 2. t. 1.

COSTA JR., Paulo José da. *Comentários ao Código Penal*; Parte Especial. São Paulo, Saraiva, 1988. v. 2.

———. *Comentários ao Código Penal.* 6. ed. São Paulo, Saraiva, 2000.

———. *Direito Penal objetivo*. 2. ed. Rio de Janeiro, Forense Universitária, 1991.

CRIVELLARI, Giulio. *Dei reati contro la proprietà*. Itália, 1887.

CUELLO CALÓN, Eugenio. *Derecho Penal*; Parte Especial. Madrid, 1936 e 1955.

D'AVILA, Fabio Roberto. Lineamentos estruturais do crime culposo. In: *Crime e sociedade* (obra coletiva). Curitiba, Ed. Juruá, 1999.

DIAS, Jorge de Figueiredo. *O problema da consciência da ilicitude em Direito Penal.* 3. ed. Coimbra, Coimbra Ed., 1987.

DOHNA, Alexandre Graf Zu. *La estructura de la teoría del delito*. Trad. Carlos F. Balestra e Eduardo Friker. Buenos Aires, Abeledo-Perrot, 1958.

DOTTI, René Ariel. A incapacidade criminal da pessoa jurídica. *RBCCrim*, n. 11, jul./set. 1995.

———. *O incesto*. Curitiba, Dist. Ghignone, 1976.

ESPÍNOLA FILHO, Eduardo. *Código de Processo Penal brasileiro anotado*. Edição histórica. Rio de Janeiro, Ed. Rio, 1990. v. 1.

FARIA, Bento de. *Código Penal brasileiro (comentado)*; Parte Especial. Rio de Janeiro, Record, 1961. v. 4.

FERNANDES, Antonio Scarance. *O papel da vítima no processo criminal*. São Paulo, Malheiros Ed., 1995.

FERRI, Enrico. *Princípios de Direito Criminal*. Trad. Lemos d'Oliveira. São Paulo, 1931.

FIGUEIREDO, Ariosvaldo Alves de. *Comentários ao Código Penal*. São Paulo, 1986. v. 2.

———. *Compêndio de Direito Penal*; Parte Especial. Rio de Janeiro, Forense, 1990. v. 2.

FLORIAN, Eugenio. *Delitti contro la libertà individuale*. Milano, 1936.

———. *Ingiuria e diffamazione*. Milano, 1939.

———. *Trattato di Diritto Penale*. Milano, 1910. v. 1.

———. *Trattato di Diritto Penale*. Milano, 1936.

FONSECA, João Eduardo Grimaldi da. O "furto" de sinal de televisão a cabo. *Boletim do IBCCrim*, n. 103, jun. 2001.

FRAGOSO, Heleno Cláudio. *Lições de Direito Penal*; Parte Geral. 2. ed. São Paulo, Bushatsky, 1962. v. 1.

———. *Lições de Direito Penal*; Parte Especial. 10. ed. Rio de Janeiro, 1988. v. 1; 11. ed. Rio de Janeiro, Forense, 1995.

FRANCO, Alberto Silva et alii. *Código Penal e sua interpretação jurisprudencial*. 7. ed. São Paulo, Revista dos Tribunais, 2001.

GALLAS, Wilhelm. La struttura del concetto di illecito penale. Trad. Francesco Angioni. *Rivista di Diritto e Procedura Penale*, ano 25, 1982.

GALVÃO, Fernando. *Imputação objetiva*. Belo Horizonte, Mandamentos, 2000.

———. *Concurso de pessoas*. Belo Horizonte, Mandamentos, 2000.

GARCIA, Basileu. *Instituições de Direito Penal*. São Paulo, Max Limonad, 1982. v. 1 e 2.

GARCÍA ARÁN, Mercedes & MUÑOZ CONDE, Francisco. *Derecho Penal*; Parte General. Valencia, Tirant lo Blanch, 1999.

GIMBERNAT ORDEIG, Enrique. *Delitos cualificados por el resultado y causalidad.* Madrid, Ed. Reus, 1966; ECERA, 1990.

GOMES, Luiz Flávio. *Erro de tipo e erro de proibição.* 3. ed. São Paulo, Revista dos Tribunais, 1998.

GOMES, Luiz Flavio; SANCHES, Rogério. *Sequestro relâmpago deixou de ser crime hediondo: lei 11.923/2009 é mais favorável ao réu.* Disponível em: <http://www.lfg.com.br/public_html/article.php?story=20090420144538510>. Consulta em: 9 out. 2009.

GOMES, Mariângela Gama de Magalhães. *O princípio da proporcionalidade.* São Paulo, Revista dos Tribunais, 2003.

GOMEZ, Eusebio. *Tratado de Derecho Penal.* 1939. v. 2.

GOMEZ BENITEZ, José Manuel. *Teoría jurídica del delito — Derecho Penal*; Parte General. Madrid, Ed. Civitas, 1988.

GONÇALVES, Victor Eduardo Rios. *Dos crimes contra a pessoa.* São Paulo, Saraiva, 1998 (Col. Sinopses Jurídicas, v. 8).

HASSEMER, Winfried. *Fundamentos del Derecho Penal*, trad. de Francisco Muñoz Conde e Luís Arroyo Sapatero, Barcelona, Bosch, 1984.

———. *Três temas de Direito Penal.* Porto Alegre, Escola Superior do Ministério Público, 1993.

HUNGRIA, Nélson. *Comentários ao Código Penal.* Rio de Janeiro, Forense, 1942. v. 2; 1958. v. 5; 5. ed. 1979. v. 5; 5. ed. 1980. v. 6; 5. ed. 1980. v. 7; 5. ed. 1981. v. 8.

———. O arbítrio judicial na medida da pena. *RF*, n. 90, jan. 1943.

IRECHE, Gamil Föppel El; SANTOS, Pedro Ravel Freitas. Mudança no crime de estelionato é síntese de ano consequencialista. *Revista Conjur*, 30 dez. 2015, 12h21.

JACQUES LECLERC, Abbé. *Leçons de droit naturel.* 1937. v. 4.

JAKOBS, Günther. *Derecho Penal — fundamentos y teoría de la imputación;* Parte General. Madrid, Marcial Pons, 1995.

———. *Suicidio, eutanasia y Derecho Penal.* Madrid, Marcial Pons, 1999.

JESCHECK, H. H. *Tratado de Derecho Penal.* Trad. Santiago Mir Puig e Francisco Muñoz Conde. Barcelona, Bosch, 1981.

———. *Tratado de Derecho Penal*. Trad. da 4. ed. al. de 1988 José Luis Manzanares Samaniago. Granada, Comares, 1993.

JESUS, Damásio E. de. *Código Penal anotado*. São Paulo, Saraiva, 1999.

———.*Direito Criminal*. São Paulo, Saraiva, 1998.

———.*Direito Penal*; Parte Especial. 22. ed. São Paulo, Saraiva, 1999. v. 2; 15. ed. 2002. v. 3.

———. Dois temas da Parte Penal do Código de Trânsito Brasileiro. *Boletim do IBC-Crim*, n. 61, dez. 1997.

———. *Novíssimas questões criminais*. São Paulo, Saraiva, 1998.

LAGONEGRO JÚNIOR, Rinaldo Pignatari; GOULART, Douglas Lima. Roubo com arma de brinquedo: fim de uma discussão e início de outra. *Conjur*. Disponível em: <https://www.conjur. incom.br/2018-jul-15/roubo-arma-brinquedo-fim-discussao--inicio-outra>. Consulta em: 19 jul. 2019.

LOGOZ, Paul. *Commentaire du Code Pénal suisse*; Partie Spéciale. Paris, Neuchâtel, 1955. v. 1.

———. *Commentaire du Code Pénal suisse*. 2. ed. Paris, Delachaux & Nestlé, 1976.

LOPES, Jair Leonardo. *Curso de Direito Penal*. 3. ed. São Paulo, Revista dos Tribunais, 1997.

LUISI, Luiz. *Os princípios constitucionais penais*. Porto Alegre, Sérgio A. Fabris, Editor, 1991.

LUNA, Everardo Cunha. O crime de omissão de socorro e a responsabilidade penal por omissão. *Revista Brasileira de Direito Penal e Criminologia*, n. 33, 1982.

LYRA, Roberto. Estelionato. *Repertório Enciclopédico do Direito Brasileiro*. Rio de Janeiro, Borsoi, s. d. v. 21.

———. *Noções de Direito Criminal*; Parte Especial. 1944. v. 1.

MAGGIORE, Giuseppe. *Derecho Penal*. Trad. José J. Ortega Torres. Bogotá, Temis, 1956. v. 5.

———. *Diritto Penale*; Parte Speciale. Bologna, 1953 e 1958. v. 1. t. 2.

MANZINI, Vincenzo. *Istituzioni di Diritto Penale italiano*; Parte Speciale. 3. ed. Padova, CEDAM, 1955. v. 2.

———. *Trattato di Diritto Penale italiano*. Padova, 1947. v. 3.

———. *Trattato di Diritto Penale italiano*. Padova. 1947. v. 8.

———. *Trattato di Diritto Penale italiano*. Torino, Utet, 1952. v. 9.

MARQUES, José Frederico. Estelionato, ilicitude civil e ilicitude penal. *RT, 560*: 285-8, jun. 1982.

———. *Tratado de Direito Penal*; Parte Especial. São Paulo, Saraiva, 1961. v. 3.

———. *Tratado de Direito Penal*. São Paulo, Saraiva, 1961. v. 4.

MARTINELLI, João Paulo Orsini. *Projeto de lei que tipifica o "sequestro relâmpago" aprovado pelo senado*. Disponível em: <http://www.ibccrim.org.br/site/noticias/conteúdo.php?not id+13263>. Consulta em: 8 out. 2009.

MAURACH, Reinhart & ZIPF, Heins. *Derecho Penal*; Parte General. Buenos Aires, Ed. Astrea, 1997. v. 1.

MENDES, Gilmar. *Direitos fundamentais e controle de constitucionalidade*. 3. ed. São Paulo, Saraiva, 2004.

MEZGER, Edmund. *Derecho Penal*; Parte General. México, Cardenas Editor y Distribuidor, 1985.

———. *Tratado de Derecho Penal*. Trad. José Arturo Rodriguez Muñoz. Madrid, Revista de Derecho Privado, 1935. t. 1 e 2.

MIRABETE, Julio Fabbrini. *Manual de Direito Penal*. São Paulo, Atlas, 1995. v. 2.

MIR PUIG, Santiago. *Derecho Penal*; Parte General. 5. ed. Barcelona, Ed. PPU, 1998.

MONTEIRO, Washington de Barros. *Curso de Direito Civil*; Direito de Família. São Paulo, Saraiva, 1984.

MUÑOZ CONDE, Francisco. *Derecho Penal*; Parte Especial. 12. ed. Valencia, Tirant lo Blanch, 1999.

———. *El error en Derecho*. Valencia, Tirant lo Blanch, 1989.

———. Principios políticos criminales que inspiran el tratamiento de los delitos contra el orden socioeconómico en el proyecto de Código Penal español de 1994. *RBCCrim*, n. 11, 1995.

MUÑOZ CONDE, Francisco & BITENCOURT, Cezar Roberto. *Teoria geral do delito*. São Paulo, Saraiva, 2000.

MUÑOZ CONDE, Francisco & GARCÍA ARÁN, Mercedes. *Derecho Penal*; Parte General. 3. ed. Valencia, Tirant lo Blanch, 1996.

NASCIMENTO, José Flávio Braga. *Direito Penal*; Parte Especial. São Paulo, Atlas, 2000.

NORONHA, Edgard Magalhães. *Curso de Direito Processual Penal*. 21. ed. São Paulo, Saraiva, 1992.

———. *Direito Penal*; Parte Especial. 15. ed. São Paulo, Saraiva, 1979. v. 2; 11. ed. 1978. v. 3.

———. *Direito Penal*; Parte Geral. São Paulo, Saraiva, 1985. v. 1.

NUCCI, Guilherme Souza. *Código Penal comentado*. 2. ed. São Paulo, Revista dos Tribunais, 2002.

NUNES JR., Flavio Martins Alves. *O furto de uso*. Disponível em: <www.direito-criminal.com.br>.

OLIVEIRA, William Terra de. CBT — Controvertido, natimorto, tumultuado. *Boletim do IBCCrim*, n. 61, dez. 1997.

PEDROSO, Fernando de Almeida. Apropriação indébita, estelionato e furto qualificado pelo emprego de fraude: distinção típica entre as espécies. *RT*, n. 697, nov. 1993.

PIERANGELI, José Henrique. *Códigos Penais do Brasil — evolução histórica*. São Paulo, Jalovi, 1980.

PIERANGELI, José Henrique & ZAFARONI, Eugenio Raul. *Da tentativa — doutrina e jurisprudência*. 4. ed. São Paulo, Revista dos Tribunais, 1995.

PIMENTEL, Manoel Pedro. *Contravenções penais*. 2. ed. São Paulo, Revista dos Tribunais, 1978.

PITOMBO, Cleunice A. Valentim Bastos. *Da busca e da apreensão no processo penal*. São Paulo, Revista dos Tribunais, 1999.

PRADO, Luiz Regis. *Crimes contra o ambiente*. São Paulo, Revista dos Tribunais, 1998.

———. *Curso de Direito Penal brasileiro*; Parte Especial. São Paulo, Revista dos Tribunais, 2000. v. 2; 2001. v. 3.

PRADO, Luiz Regis & BITENCOURT, Cezar Roberto. *Código Penal anotado*. 2. ed. São Paulo, Revista dos Tribunais, 1999.

———. *Elementos de Direito Penal.* São Paulo, Revista dos Tribunais, 1995. v. 1.

QUINTANO RIPOLLÉS, Antonio. *Compendio de Derecho Penal.* Madrid, Revista de Derecho Privado, 1958.

———. *Curso de Derecho Penal.* Madrid, Revista de Derecho Privado, 1963. t. 1.

QUINTERO OLIVARES, Gonzalo, MORALES PRATS, Fermín & PRATS ANUT, Miguel. *Curso de Derecho Penal*; Parte General. Barcelona, Cedecs Editorial, 1996.

RANIERI, Silvio. *Manuale di Diritto Penale*; Parte Especial. Milano, 1952. v. 3.

REQUIÃO, Rubens. *Curso de Direito Comercial.* 28. ed. São Paulo, Saraiva, 1977. v. 2.

ROCCO, Arturo. *L'oggeto del reato.* Roma, 1932.

ROCHA, Luiz Otavio de Oliveira. Código de Trânsito Brasileiro: primeiras impressões. *Boletim do IBCCrim*, n. 61, dez. 1997.

RODRIGUES, José Eduardo Ramos. *Tombamento e patrimônio cultural — dano ambiental: prevenção, reparação e repressão.* 1993.

RODRIGUEZ DEVESA, José Maria. *Derecho Penal español*; Parte Especial. 9. ed. Madrid, Artes Gráficas Carasa, 1983.

RODRIGUEZ MOURULLO, Gonzalo. *Derecho Penal.* Madrid, Ed. Civitas, 1978.

ROSA, Antonio José Miguel Feu. *Direito Penal*; Parte Especial. São Paulo, Revista dos Tribunais, 1995.

ROXIN, Claus. *Autoría y dominio del hecho en Derecho Penal.* Madrid, Marcial Pons, 1998.

———. *Derecho Penal*; Parte General. Fundamentos. La estructura de la teoría del delito. Madrid, Ed. Civitas, 1997. t. 1.

———. *Política criminal y sistema del Derecho Penal.* Trad. Francisco Muñoz Conde. Barcelona, Bosch, 1999.

———. *Política criminal e sistema de Direito Penal.* Trad. Luis Grecco. Rio de Janeiro, Renovar, 2000.

SALES, Sheila Jorge Selim de. *Dos tipos plurissubjetivos.* Belo Horizonte, Del Rey, 1997.

SALLES JR., Romeu de Almeida. *Código Penal interpretado.* São Paulo, Saraiva, 1996.

SANCHES, Rogério & GOMES, Luiz Flavio. Sequestro relâmpago deixou de ser crime hediondo: Lei 11.923/2009 é mais favorável ao réu. Disponível em: <http://www.lfg.com.br/public_html/article.php?story=20090420144538510>. Consulta em: 9 out. 2009.

SANTOS, Juarez Cirino dos. *Direito Penal*; Parte Geral. Rio de Janeiro, Forense, 1985.

SANTOS, Marcos Paulo Dutra. *Colaboração (delação) premiada*. Salvador, JusPodivm, 2016.

SANTOS, Maria Celeste Cordeiro Leite dos. *Do furto de uso*. Rio de Janeiro, Forense, 1986.

SCHMIDT, Andrei Zenckner. *O princípio da legalidade penal no Estado Democrático de Direito*. Porto Alegre, Livr. do Advogado Ed., 2001.

SERRANO GOMEZ, Alfonso. *Derecho Penal*; Parte Especial. Madrid, Ed. Dykinson, 1997.

SHECAIRA, Sérgio Salomão. A mídia e o Direito Penal. *Boletim do IBCCrim*, edição especial, n. 45, ago. 1996.

———. Primeiras perplexidades sobre a nova Lei de Trânsito. *Boletim do IBCCrim*, n. 61, dez. 1997.

SILVA, José Afonso da. *Curso de Direito Constitucional Positivo*. 5. ed. São Paulo, Revista dos Tribunais, 1989.

SILVEIRA, Euclides Custódio da. *Crimes contra a honra*. São Paulo, Max Limonad, 1959.

SIQUEIRA, Galdino. *Tratado de Direito Penal*; Parte Especial. Rio de Janeiro, Konfino, 1947. t. 4.

SOLER, Sebastian. *Derecho Penal argentino*. Buenos Aires, Tipográfica Editora Argentina, 1970. v. 3.

———. *Derecho Penal argentino*. 3. ed. Buenos Aires, TEA, 1970. v. 4.

———. *Derecho Penal argentino*. Buenos Aires. TEA, 1951. v. 4.

STEVENSON, Oscar. Concurso aparente de normas penais. In: *Estudos de Direito Penal e processo penal em homenagem a Nélson Hungria*. Rio de Janeiro, Forense, 1962.

STOCO, Rui. Código de Trânsito Brasileiro: disposições penais e suas incongruências. *Boletim do IBCCrim*, n. 61, dez. 1997.

STRECK, Lenio Luiz. *As interceptações telefônicas e os direitos fundamentais: Constituição — cidadania — violência*. Porto Alegre, Livr. do Advogado Ed., 1997.

———. O "crime de porte de arma" à luz da principiologia constitucional e do controle de constitucionalidade: três soluções à luz da hermenêutica. *Revista de Estudos Criminais do ITEC*, n. 1, 2001.

TAVARES, Juarez. *As controvérsias em torno dos crimes omissivos*. Rio de Janeiro, ILACP, 1996.

———. *Direito Penal da negligência*. São Paulo, Revista dos Tribunais, 1985.

———. Espécies de dolo e outros elementos subjetivos do tipo. *Revista de Direito Penal*, n. 6, Rio de Janeiro, Borsoi, 1972.

TIEDEMANN, Klaus. Responsabilidad penal de personas jurídicas y empresas en Derecho Comparado. *RBCCrim*, n. 11, 1995.

TOLEDO, Francisco de Assis. *Princípios básicos de Direito Penal*. 5. ed. São Paulo, Saraiva, 1994.

———. *Teorias do delito*. São Paulo, Revista dos Tribunais, 1980.

———. *Teorias do dolo e teorias da culpabilidade*. Revista dos Tribunais, v. 566, 1982.

TORNAGHI, Hélio. *Curso de processo penal*. 4. ed. São Paulo, Saraiva, 1987.v. 1.

TORRES, Antonio Magarinos. *Autoria incerta*. Rio de Janeiro, 1936.

TOURINHO FILHO, Fernando da Costa. *Código de Processo Penal comentado*. São Paulo, Saraiva, 1996. v. 2.

———. *Código de Processo Penal comentado*. São Paulo, Saraiva, 1996. v. 1.

———. *O processo penal*. 2. ed. São Paulo, Jalovi, 1977. v. 3.

———. *Manual de processo penal*. São Paulo, Saraiva, 2001.

VALAMAÑA OCHAITA, Silvia. *El tipo objetivo de robo con fuerza en las cosas*. Madrid, Centro de Publicaciones del Ministerio de Justicia, 1993.

VARGAS, José Cirilo. *Introdução ao estudo dos crimes em espécie*. Belo Horizonte, Del Rey, 1993.

VERGARA, Pedro. *Os motivos determinantes no Direito Penal.* Rio de Janeiro, 1980.

VIANNA, Segadas. *Direito coletivo do trabalho.* São Paulo, LTr, 1972.

VICENTE MARTINEZ, Rosario de. *El delito de robo con fuerza en las cosas.* Valencia, Tirant lo Blanch, 1999.

VIDAURRI ARÉCHIGA, Manuel. *La culpabilidad en la doctrina jurídicopenal española.* Tese de doutorado — inédita. Sevilla, 1989.

WELZEL, Hans. *Derecho Penal alemán.* Trad. da 12. ed. al. Juan Bustos Ramírez e Sérgio Yáñez Pérez. 3. ed. castelhana. Santiago, Ed. Jurídica de Chile, 1987.

———. *El nuevo sistema del Derecho Penal — una introducción a la doctrina de la acción finalista.* Trad. José Cerezo Mir. Barcelona, Ed. Ariel, 1964.

WESSELS, Johannes. *Direito Penal*; Parte Geral. Trad. Juarez Tavares. Porto Alegre, Sérgio A. Fabris, Editor, 1976.

XAVIER, Carlos. *Tratado de Direito Penal brasileiro.* 1942. v. 7.

YACOBUCCI, Guillermo. *El sentido de los principios penales.* Buenos Aires, Depalma, 1998.

ZAFFARONI, Eugenio Raul & PIERANGELLI, José Henrique. *Da tentativa — doutrina e jurisprudência.* 4. ed. São Paulo, Revista dos Tribunais, 1995.

———. *Manual de Derecho Penal.* 6. ed. Buenos Aires, Ediar, 1991.

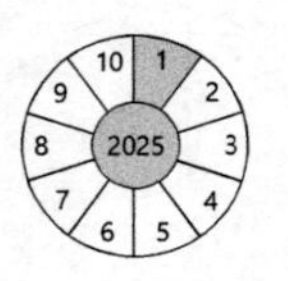
2025
1
2
3
4
5
6
7
8
9
10